Öffentlichkeitsarbeit

Hrsg.: Haedrich/Barthenheier/Kleinert

Öffentlichkeits-arbeit

Dialog zwischen Institutionen
und Gesellschaft

Ein Handbuch

herausgegeben von
Günther Haedrich
Günter Barthenheier
und Horst Kleinert

W DE G
Walter de Gruyter
Berlin · New York 1982

CIP-Kurztitelaufnahme der Deutschen Bibliothek

Öffentlichkeitsarbeit : Dialog zwischen Institutionen u. Gesellschaft ; e. Handbuch / hrsg. von Günther Haedrich . . . – Berlin ; New York : de Gruyter, 1982.
ISBN 3-11-008020-6

NE: Haedrich, Günther [Hrsg.]

Satz und Druck: Arthur Collignon GmbH, Berlin
Bindearbeiten: Lüderitz & Bauer Buchgewerbe GmbH, Berlin

Vorwort

Öffentlichkeitsarbeit und Public Relations (PR) werden in der Regel synonym verwendet. Wir meinen jedoch, daß dem Anliegen dieses Buches durch die Überschreibung mit dem Begriff Öffentlichkeitsarbeit insofern besser Rechnung getragen wird, als sich Public Relations – historisch gesehen – stärker auf kommerzielle Institutionen beziehen und in der Praxis damit eher als Instrument der Marktbeeinflussung gelten. Öffentlichkeitsarbeit soll dagegen zum Ausdruck bringen, daß es sich um eine bestimmte Art der Kommunikation nicht nur von Unternehmen, sondern auch von nicht-kommerziellen Institutionen wie Verbänden, staatlichen und kommunalen Organisationen, Parteien, Kirchen und Gewerkschaften u.a. handelt. Gerade in derartigen Organisationen bekommt Öffentlichkeitsarbeit einen immer größeren Stellenwert, weil hier die organisatorischen und planerischen Voraussetzungen verbessert werden müssen, um mit kommerziellen Institutionen und ihren ausgebauten Kommunikationsabteilungen Schritt halten zu können.

Dieser Akzentuierung des Begriffs Öffentlichkeitsarbeit steht indessen nicht entgegen, daß er in den einzelnen Beiträgen des Handbuches synonym mit Public Relations verwendet wird.

Das vorliegende Handbuch stellt die allgemeine Anwendbarkeit von Öffentlichkeitsarbeit dar. Grundsätzlich alle Institutionen und Organisationen, die bestimmte Interessen bzw. Interessenspektren vertreten, können, ja müssen Öffentlichkeitsarbeit realisieren, d.h. bewußte Beziehungen zur sozialen Umwelt, zur Öffentlichkeit bzw. zu ihren „Teilöffentlichkeiten" aufbauen und kontinuierlich entwickeln. Dies geschieht selbstverständlich unter den konkreten Bedingungen und gesellschaftlichen Funktionen der betreffenden Institution bzw. Organisation.

Eine zunehmend kritischer werdende Öffentlichkeit verstärkt den Legitimationsdruck nicht nur auf die gesellschaftlichen Institutionen und Organisationen, sondern auch auf die Öffentlichkeitsarbeit selber. Wohl verstandene Öffentlichkeitsarbeit kann nicht bei ihren klassischen Aufgaben der Selbstdarstellung und Legitimation von Interessen und Leistungen ihrer Auftraggeber stehen bleiben. Darüber hinaus hat sie möglichst dialogische Beziehungen zwischen ihren Auftraggeber-Institutionen und den relevanten internen und externen Öffentlichkeiten zu gestalten.

Öffentlichkeitsarbeit, die über die Interessenauseinandersetzung hinaus gegenseitige Anpassung durch Beteiligung der Adressaten an den Entscheidungsprozessen und durch Kompromisse fördert, kann so einen produktiven Beitrag zum sozialen Wandel und zur Entwicklung der pluralistischen Demokratie leisten. Öffentlichkeitsarbeit ist also vornehmlich politisch zu verstehen; sie spricht den Bürger an, nicht den Konsumenten. Sie erfüllt nicht primär absatzpolitische Ziele. Wenngleich damit nicht ausgeschlossen ist, daß die Öffentlichkeitsarbeit in einem bestimmten Verhältnis zur Absatzpolitik durchgeführt und mit ihr abgestimmt wird, so sollte doch eine Grenzverwischung zu Funktionen der Werbung und Verkaufsförderung, wie sie in der Praxis immer wieder vorkommt, vermieden werden. Diese Unsicherheit im Selbstverständnis der Praxis, aber auch der theoretischen Ansätze der Öffentlichkeitsarbeit, kommt auch in einigen Beiträgen des Handbuches zum Ausdruck. Die Öffentlichkeitsarbeit befindet sich noch auf der Suche nach ihrer Identität. Diese Unsicherheit ist aber auch darin begründet, daß die wissenschaftliche Erforschung der Öffentlichkeitsarbeit empirisch und theoretisch noch in den Anfängen steckt.

Zwar gibt es eine umfangreiche „Praktiker-Literatur", sie erschöpft sich jedoch weitgehend in Apologetik, Beschreibungen einzelner Bereiche und allgemeinen Handlungsanleitungen.

Die bestehenden Defizite versucht das Handbuch insbesondere durch einen interdisziplinären Ansatz zu verringern.

Im ersten Teil des Handbuches werden deshalb allgemeine Grundlagen und strukturelle Bedingungen der Öffentlichkeitsarbeit von Fachbeiträgen verschiedener Disziplinen, wie Politik-, Kommunikationswissenschaft, Rechts- und Wirtschaftswissenschaften, vorgestellt. Zwar wird die allgemeine Möglichkeit und Notwendigkeit der Öffentlichkeitsarbeit deutlich gemacht, den Schwerpunkt dieses Teils bildet jedoch die Öffentlichkeitsarbeit im Wirtschaftsbereich, nicht zuletzt deshalb, weil hier die Forschungslage am besten entwickelt ist. Teil 2 des Handbuches gibt anhand von Fallbeispielen einen Überblick über den Stand der Praxis der Öffentlichkeitsarbeit in den verschiedenen Anwendungsbereichen wie Unternehmen, Gewerkschaften, Verbraucherverbänden, Kommunen, Parteien, Kirchen bis hin zu den Bürgerinitiativen. Für andere Bereiche konnten leider keine geeigneten Autoren gefunden werden.

Dabei war es unvermeidbar, daß die Autoren nicht immer eine einheitliche Begrifflichkeit verwenden.

Von einer nachträglichen Harmonisierung oder Bewertung divergierender Auffassungen haben die Herausgeber abgesehen.

Der dritte Teil des Handbuches stellt die Aus- und Fortbildungsansätze von staatlichen und privaten Ausbildungsinstitutionen für unterschiedliche Abschlüsse im Fach Öffentlichkeitsarbeit dar. Der Beitrag über Public Relations-Ausbildung in den USA bietet die Möglichkeit zu einem abschließenden Vergleich.

Dieses Handbuch ist sowohl für die berufstätigen Öffentlichkeitsarbeiter und Auszubildenden als auch für Studierende, Lehrende und Forschende im Bereich der Öffentlichkeitsarbeit geschrieben worden. Darüber hinaus kann es auch den Managements von Unternehmen, den Leitungen von staatlichen und kommunalen Behörden, sowie Verbänden und anderen Interessengruppen empfohlen werden, um sich mit der Bedeutung von Öffentlichkeitsarbeit auseinanderzusetzen. Denn nicht zuletzt von ihrem Verständnis der Öffentlichkeitsarbeit hängt der Aufbau von Öffentlichkeitsarbeits-Abteilungen sowie ihr Einflußbereich in den Institutionen bzw. Organisationen ab.

Damit erfüllt das Handbuch Aus- und Fortbildungsansprüche eines breiten Interessentenkreises.

Der besondere Dank der Herausgeber gilt an dieser Stelle allen Autoren, ferner insbesondere Frau Dipl.-Kfm. Hannelore Selinski für ihre Mühe bei der Zusammenstellung und Redaktion der einzelnen Beiträge sowie Herrn Dipl.-Kfm. Manfred Adam für die Mithilfe bei der Korrektur des Manuskripts.

Berlin

Günter Barthenheier
Günther Haedrich
Horst Kleinert

Inhalt

Teil 1
Grundlagen und Bedingungen der Öffentlichkeitsarbeit

I. Allgemeine Grundlagen der Öffentlichkeitsarbeit

1. Auf der Suche nach Identität – Zur historischen Entwicklung der Öffentlichkeitsarbeit/Public Relations

Günter Barthenheier

1.1 Einleitung

Der Versuch, die Entwicklung der Praxis der Öffentlichkeitsarbeit/Public Relations nachzuzeichnen, stößt auf verschiedene Schwierigkeiten, die das Vorhaben einschränken. Die historische Erforschung dieses Bereichs steht noch am Anfang und bezieht sich hauptsächlich auf die Verhältnisse in den USA. Es kann auch nicht auf sozialgeschichtliche Darstellungen und Analysen der Berufsforschung zurückgegriffen werden.

Grundlage für die folgende Abhandlung bildet deshalb hauptsächlich Literatur von PR-Praktikern. Zusätzliche Probleme ergeben sich aus der mangelnden Präzisierung des Gegenstandes Öffentlichkeitsarbeit/PR sowie dem Fehlen einer allgemeinen Theorie der Öffentlichkeitsarbeit/PR. Es ist nicht immer klar, welche Tätigkeiten und Funktionen dem Bereich Öffentlichkeitsarbeit/PR zugerechnet worden sind und welche nicht bzw. welche als Vorläufer gelten können. Diese Frage stellt sich z. B. hinsichtlich der Pressestellen staatlicher Institutionen und Wirtschaftsunternehmen. Die städtischen Pressebüros werden meistens im Rahmen journalistischer Arbeit dargestellt (z. B. Müller 1977); sie können aber auch als Entwicklungsstufe von Öffentlichkeitsarbeit/PR gesehen werden. Darüber hinaus beschränken sich historische Abrisse meistens auf die Öffentlichkeitsarbeit/PR in der Wirtschaft.

Nichtsdestoweniger beanspruchen die vorliegenden speziellen (zumeist praxeologischen) PR-Theorien die universelle Anwendbarkeit des PR-Instrumentariums, und in der Tat werden Stellen für Öffentlichkeitsarbeit/PR zunehmend auch bei staatlichen und kommunalen Behörden, bei Verbänden und Vereinen eingerichtet. Die allgemeine Anwendbarkeit von Öffentlichkeitsarbeit/PR erledigt jedoch noch nicht die Frage nach ihren besonderen Voraussetzungen, Bedingungen und Funktionen in den unterschiedlichen Bereichen von Wirtschaft, Politik und Kultur.

Zweifellos mußten eine Reihe von Voraussetzungen erfüllt sein, ehe Öffentlichkeitsarbeit/PR im modernen Sinne entstehen konnten. Dazu gehören die Entwicklung von industrieller Produktionsweise und bürgerlichem Staat, Massenmedien,

Journalismus und Öffentlichkeit, oligopolistischer Wirtschaft und Markenartikelwerbung sowie die Organisationsfähigkeit partikularer Interessen. Diese Zusammenhänge sind bisher jedoch kaum erforscht.

In der amerikanischen und deutschen PR-Literatur wird die Entwicklung der PR im Rahmen der Wirtschaftsgeschichte gesehen, als Ursprungsland gelten die USA. Für die Entstehung der PR in den USA werden drei Gründe angeführt (Raucher 1968, S. VIf.): Zum einen wird die Notwendigkeit für die Anwendung von PR in der Verteidigung und Legitimation des „Big Business" gegen die Kritik des Enthüllungsjournalismus der „muckrakers" zu Beginn des 20. Jahrhunderts gesehen; zum anderen werden die Rationalisierung der Verwaltung im Großbetrieb sowie die Einführung neuer Kommunikationstechniken als Ursachen für die Entstehung von PR genannt. Eine dritte Begründung leitet PR aus der ökonomischen Notwendigkeit von Kommunikationsbeziehungen zwischen Wirtschaft und Gesellschaft ab.

In Deutschland wird der Beginn der PR in der Zeit des Wiederaufbaus nach dem Zweiten Weltkrieg angesetzt. Ihre Einführung wird direkt auf den ökonomischen und politischen Einfluß der USA auf das Nachkriegsdeutschland zurückgeführt. Diese Darstellung, daß PR in Deutschland keine Vorläufer und keine Tradition habe, scheint auch durch die Übernahme und Rezeption von PR-Theorien aus den USA bestätigt zu sein. Besonders Carl Hundhausen, ehemaliger PR-Chef der Firma Friedrich Krupp in Essen, hat sich das Verdienst erworben, einen der Begründer und Theoretiker der PR in den USA – Edward L. Bernays – in Deutschland bekanntgemacht zu haben. Hundhausen übernahm bereits 1937 den Begriff „Public Relations", verbreitet und akzeptiert wurde dieser Begriff jedoch erst in der Wiederaufbauphase der deutschen Industrie.

Für Bernays besteht das Wesen der PR in dem Prozeß, Partikularinteressen und Gemeinwohl in Übereinstimmung zu bringen. Die Systematik und Methodik dieses Prozesses beschrieb er folgendermaßen:

„Public Relations is the attempt, by information, persuasion, and adjustment, to engineer public support for an activity, cause, movement, or institution.

Professionally, its activities are planned and executed by trained practioners in accordance with scientific principles, based on the findings of social scientists. Their dispassionate approach and methods may be likened to those of the engineering professions which stem from the physical sciences." (Bernays 1956, S. 3f.).

Hundhausen übernimmt das Verständnis der PR von Bernays und schreibt:

„Aus diesen Spannungen zwischen Gesamtinteressen und Teilinteressen ist das Phänomen „Public Relations" zu erklären und zu begreifen. Public Relations haben (1) die primäre Aufgabe eines „adjustment", d. h. einer Angleichung oder Anpassung dieser unterschiedlichen Interessen; Public Relations haben die Aufgabe eines „engineering of consent", d. h. einer Herbeiführung von Übereinstimmungen. Die Ausgangsbasis für Public Relations ist damit deutlich gekennzeichnet. Nach Edward L. Bernays umfaßt dieser Begriff weiter: (2) Information der Öffentlichkeit, (3) das Bemühen, die Öffentlichkeit davon zu überzeugen (to persuade), daß Verhaltensweisen und Handlungen von Einzelpersonen, Gruppen oder Gesellschaften geändert werden müssen und (4), daß Anstrengungen zu unternehmen sind, Verhaltensweisen und Handlungen dieser Personen oder Gruppen mit der Öffentlichkeit und solcher der Öffentlichkeit mit ihnen zu integrieren. Edward L. Bernays betont aber nachdrücklich (5), daß (berechtigte) öffentliche Interessen den Vorrang vor privaten Interessen haben. Public Relations sind also (6) ein sozialer Prozeß gegenseitiger Kommunikation, in dem das „playback" – oder „feed-back" – Prinzip, das Prinzip des Echos oder der Rückkopplung, besonders wichtig ist." (Hundhausen 1969, S. 128f.).

Albert Oeckl brachte die Definition von PR später auf eine knappe Formel: „Öffentlichkeitsarbeit = Information + Anpassung + Integration" (Oeckl 1976, S. 52).

Auf diesem hypothetischen Niveau befindet sich die PR-Theorie bis in die jüngste Zeit, wenn auch bestimmte Akzente wie die Management- und Führungsfunktion oder das Verhältnis zum Marketing besonders herausgearbeitet worden sind (z. B. Neske 1977).

Ein neuer Ansatz zu einer allgemeinen Begründung von PR/Öffentlichkeitsarbeit aus politikwissenschaftlicher Sicht ist erst in den letzten Jahren von Ronneberger entwickelt worden. Dieser Ansatz scheint geeignet zu sein, neue Denkanstöße für die Theorieentwicklung zu geben (Ronneberger 1977).

Wenn auch die Wissenschaften lange Zeit kaum Notiz von den PR nahmen, die Praxis entwickelte sich weiter. Nachdem Oeckl, damaliger PR-Chef von BASF, 1950 „Public Relations" in „Öffentlichkeitsarbeit" übersetzt hatte, machten sich auch zunehmend politische Institutionen das Instrumentarium der PR/Öffentlichkeitsarbeit zu eigen und schufen Abteilungen für Öffentlichkeitsarbeit. Dieser deutschen Übersetzung folgten dann wieder Wirtschaftsunternehmen mit der Einrichtung entsprechender Abteilungen, so daß heute beide Begriffe synonym verwendet werden.

Was bis heute fast gänzlich vernachlässigt worden ist, ist die Erforschung der spezifischen deutschen Entwicklung des Phänomens PR/Öffentlichkeitsarbeit, ihrer besonderen Bedingungen, Erscheinungsformen und Vorläufer. Daß es Indizien für eine deutsche Geschichte der Öffentlichkeitsarbeit bereits im 19. Jahrhundert gibt, darauf hat der Publizistik-Professor Wilmont Haacke aufmerksam gemacht (Haacke 1969).

So hatte der Industrielle Gustav von Mevissen schon 1857 die größtmögliche Öffentlichkeit und umfassende Geschäftsberichte für die Aktiengesellschaft gefordert (Haacke, a. a. O., S. 6). Betrachtet man die Pressestellen als Vorläufer von PR/Öffentlichkeitsarbeits-Abteilungen, dann ließe sich auch hier eine der Entwicklungslinien von PR/Öffentlichkeitsarbeit in Deutschland aufzeigen. Mögen einige Daten diese Linie andeuten:

1893 richtet die Firma Friedrich Krupp in Essen eine Presseabteilung ein (Franzmann/Zitzelsberger 1974).

1894 beauftragt die Reichsmarine unter Admiral Tirpitz auf allen größeren Schiffen einen Offizier mit Aufgaben der Information und des Besucherempfangs.

1906 wird die erste städtische Pressestelle in Magdeburg geschaffen (Müller 1977).

Da die Erscheinungsformen und Funktionen von PR/Öffentlichkeitsarbeit von den gesellschaftlichen Bedingungen, den politischen und ökonomischen Strukturen abhängig sind, lassen sich dementsprechend Unterschiede in den PR/Öffentlichkeitsarbeit in den USA und in Deutschland annehmen. Die Rolle, die Demokratie und Privatinitiative von Anfang an in den USA gespielt haben, unterscheidet sich deutlich von der allmählichen Durchsetzung liberaler und demokratischer Prinzipien in Deutschland. Waren doch Obrigkeitsstaat und Untertan noch bis vor einigen Jahrzehnten bezeichnende Merkmale für den politischen Entwicklungsstand Deutschlands. Andererseits hatte sich in Deutschland im 19. Jahrhundert eine starke Arbeiterbewegung entwickelt, die schon früh von der Wirtschaft und vom Staat mit dem Aufbau eines „sozialen Netzes", freiwilligen und gesetzlichen sozialen Hilfen für die Arbeitnehmer beantwortet wurde. Der Obrigkeitsstaat hat sich zum Sozialstaat gewandelt.

Insbesondere wäre von großem Interesse, die Öffentlichkeit als die zentrale Bezugsgröße für die PR/Öffentlichkeitsarbeit auf ihre Struktur und ihre Funktionen in den verschiedenen Gesellschaften zu untersuchen. Folgt man der Analyse des „Strukturwandels der Öffentlichkeit" von Habermas, so fällt zunächst auf, daß die deutsche „Öffentlichkeit" – anders als in Nordamerika – sich im Kampf gegen den Feudalstaat und seine Arcanpolitik herausbildete und gegen ihn ihre Funktion der Kritik und Kontrolle entfaltete.

Die Öffentlichkeit hatte den Charakter von Aufklärung. Im Laufe der geschichtlichen Entwicklung, der Emanzipation des Bürgertums wurde Öffentlichkeit zu einer Herrschaftsfunktion, die sich das Prinzip Öffentlichkeit, nämlich Schaffung von Transparenz, Einsichtigkeit in die Angelegenheiten von öffentlichem Interesse, unterordnete.

Es ist nun verständlich, daß Öffentlichkeitsarbeit/PR funktional und formal von der Öffentlichkeit einerseits abhängig sind, diese aber andererseits auch aktiv beeinflussen. Da die Möglichkeit von Öffentlichkeitsarbeit/PR an die Existenz einer Form von Öffentlichkeit gebunden ist, sind Öffentlichkeitsarbeit/PR nicht nur in pluralistischen Gesellschaften möglich – wie Ronneberger erklärt – (Ronneberger 1977, S. 13ff.), sondern auch in kommunistischen Gesellschaften, selbstverständlich in entsprechend reglementierter Form (Informations- und Öffentlichkeitsarbeit 1974).

1.2 Die Entwicklung der Public Relations in den USA

Die Public Relations in den USA haben Vorläufer und Voraussetzungen, die zum einen in der Entwicklung der Presse, zum anderen in der Konzentration wirtschaftlicher Macht und rücksichtsloser Geschäftspraktiken gesehen werden (vgl.

Raucher 1968). Mitte des 19. Jahrhunderts entstanden Presseagenturen (press agencies), die Nachrichten ihrer Auftraggeber in die Presse lancierten, z. B. gesponserte Theaterkritik und bezahlte versteckte Werbung für Banken und Handel oder auch Parteienpropaganda. Dies war Werbung im redaktionellen Gewande. Die damaligen „Presseagenten" wurden von den Journalisten mit größtem Mißtrauen betrachtet, da legitime Information und beauftragte Manipulation nur schwer auseinanderzuhalten waren.

Auch die Wirtschaftswerbung, mit der sich zum größten Teil die privatwirtschaftliche Presse finanzierte, hat in gewisser Weise die spätere Public Relations vorbereitet. Auch sie ist eine Auftragskommunikation. Im späteren 19. Jahrhundert wurden die Presseagenten „publicity-men" genannt, ihre Aufgabe war es, „publicity" zu machen, d. h. eine möglichst große Bekanntheit über Ansichten, Meinungen und Leistungen der Auftraggeber herzustellen. „Publicity" wurde zum synonym für „advertising" (Werbung).
Das erste unabhängige „Publicity Bureau" wurde 1900 in Boston von Georg V. S. Michaelis und Herbert Small eingerichtet. „Publicity" war aber auch die Forderung von Wirtschaftsreformern, die den Begriff im Sinne von Transparenz und Öffentlichmachung verwendeten und sich mit ihrer Hilfe eine Kontrolle der Geschäfte der Aktiengesellschaften versprachen.

Die Entwicklung der Public Relations in den USA wird von Bernays – einem ihrer Begründer – nach der Mitte des 19. Jahrhunderts in sieben Phasen eingeteilt (vgl. Bernays 1961):

1. 1865–1900 The Public be Damned
2. 1900–1917 The Public be Informed Period
3. 1917–1919 World War I
4. 1920–1929 Rise of a New Profession
5. 1929–1941 The Public Relations Profession
6. 1941–1945 Period of World War II
7. 1946 to the Present (1961): Public Relations Expands

Die Nachkriegsphase von 1865–1900 war gekennzeichnet durch eine schnelle und rücksichtslose Industrialisierung, technischen Fortschritt und Anhäufung von Kapital in privaten Händen der „robber barons" zu Lasten breiter Bevölkerungsschichten, ohne daß der Staat regulierend eingriff. Die öffentlichen Interessen und Bedürfnisse wurden nicht beachtet. „The public be damned" war der Geschichte machende Ausruf eines Besitzers einer Eisenbahn-Gesellschaft – Mr. Vanderbilt – angesichts massiver öffentlicher Proteste gegen die Expansion der Eisenbahn.

Allmählich wurde deutlich, daß „publicity" die soziale Kontrolle industrieller Aktivitäten durch den Staat bewirken und ebenso das öffentliche Interesse auf eine Person oder eine Organisation lenken konnte. Publicity brauchte man zum Aufbau von „goodwill". Der Terminus „Public Relations" wurde nach Bernays das erste

Mal 1882 von dem Rechtsanwalt Dorman Eaton gebraucht, und zwar im Sinne von „Beziehungen zum öffentlichen Wohl" (vgl. Bernays 1961, S. XXVIII).

In der zweiten Phase wuchs die Einsicht der Wirtschaft, daß die Öffentlichkeit nicht länger ignoriert werden durfte. Zu der Zeit, als Theodore Roosevelt seine „Square Deal"-Politik praktizierte, wurden die großen Trusts von Schriftstellern wie Upton Sinclar und Ida M. Tarbell und Verlegern wie Hearst öffentlich angeklagt. Diese öffentlichen Ankläger, die Mißstände aufdeckten, wurden als „muckrakers" (Mistharken, Schmutzaufwühler) diffamiert. Die großen privaten und öffentlichen Firmen engagierten zu ihrer Verteidigung ehemalige Zeitungsjournalisten und machten sie zu ihren „Publicity"-Beratern oder -Direktoren. Dabei herrschte die Strategie vor, negative Ergebnisse der Firmenpolitik „weißzuwaschen", über positive Auswirkungen allerdings ausführlich zu informieren.

Dagegen sah Präsident Th. Roosevelt in der Publizität ein Mittel gegen fragwürdige Praktiken in Wirtschaft und Politik: „The mere fact of the publication would cure some great evils, for the light of day is a deterrent to wrongdoing" (vgl. Th. Roosevelt 1902, zit. n. Bernays 1961, S. XXX).

Das Public Relations-Symbol dieser Zeit war Ivy Lee. Er konzentrierte sich vornehmlich auf Probleme, die die großen Unternehmen mit der Öffentlichkeit hatten. 1904 gründete er zusammen mit George F. Packer eine gemeinsame Public Relations-Agentur (vgl. Raucher, S. 184). Zu seinen Klienten gehörten u. a. die Rockefellers und die Pennsylvania Railroad. In seiner „Declaration of Prinziples" von 1906 stellte er erstmals die Prinzipien von Public Relations in Abgrenzung zu den „pressagencies" und der Werbung dar. Insbesondere betonte er die Offenheit und öffentliche Zugänglichkeit der Public Relations-Information (Hiebert 1966, S. 48).

Bis 1917 gingen viele Unternehmen, wie die Telephone Company, Swoft, Rockefeller, Eisenbahn- und Autounternehmen sowie öffentliche Dienstleistungsbetriebe zu Aktivitäten der informativen Publizität über (Bernays 1961, S. XXXI). Obwohl nun bereits die Öffentlichkeit informiert wurde, hatte diese Information noch kaum Rückwirkung auf die Geschäftspolitik selbst.

Der Erste Weltkrieg förderte die Entwicklung der professionellen Public Relations besonders auf dem Gebiet der Planungstechniken. Um die Bevölkerung der USA auf die Notwendigkeit des Kriegseintritts vorzubereiten, wurden umfassende staatliche Public Relations-Kampagnen durchgeführt. Geleitet wurden sie von einem „Comitee on Public Information". Wenn jene Public Relations „Ideen als Waffen" gebrauchten, wurde allerdings die Grenze zur Propaganda überschritten (vgl. Hundhausen 1969, S. 143).

Die staatlichen Public Relations verstärkten im übrigen das Phänomen der „free publicity", die durch den redaktionellen Teil der Presse vermittelt wurde. Sie war Anlaß heftiger und andauernder Kritik vor allem von Zeitungsleuten, die sie als „space grabbing" empfanden. (Bernays 1961, S. XXXIII).

Nach dem Krieg nahmen die Public Relations in Wirtschaft und Wissenschaft einen deutlichen Aufschwung. Ihre im Krieg entwickelten Methoden wurden nun für die Friedenszeit angepaßt. Die Propaganda- und Massenkommunikationsforschung u. a. von Lasswell hatten einen großen Anteil an der Erforschung der Bedingungen für effektive Public Relations (Lasswell 1927).

1920 erschien erstmals der Begriff „public opinion" in Webster's Dictionary und Bernays nannte sich nun „public relations counsel" (PR-Berater). 1923 veröffentlichte er sein erstes Buch über Public Relations: „Crystallizing Public Opinion", und er führte den ersten PR-Kurs an einer amerikanischen Universität, an der New York University durch. Dennoch wurde noch lange Zeit der Public Relations-Berater mit dem Presseagenten, der verdeckte Werbung und Propaganda betrieb und den Journalisten redaktionellen Raum wegnahm, gleichgesetzt.

Die nächste Phase der Public Relations-Geschichte in den USA füllt die Zeit zwischen dem großen Börsenkrach und dem Kriegseintritt der USA in den Zweiten Weltkrieg. Die Wirtschaft stand nach der Weltwirtschaftskrise unter dem Zwang, sich zu legitimieren und ihre gesellschaftliche Nützlichkeit nachzuweisen. Infolgedessen wurden zunehmend PR-Berater konsultiert und große Unternehmen richteten PR-Abteilungen ein. Außerdem bedienten sich auch immer mehr Not-for-Profit-Organisationen der Public Relations.

Darüber hinaus bewirkte der sich zuspitzende Widerspruch der USA zu den anti-demokratischen Regimen in der Sowjetunion, Italien und Deutschland auf dem Gebiet der Public Relations, daß Public Relations und Propaganda in dieser Zeit immer austauschbarer wurden. Öffentlichkeit herzustellen wurde eine Methode der Kontrolle durch den Staat, ohne daß sich jedoch die Hoffnungen der Reformer nach sozialem Ausgleich erfüllten.

Dabei spielten auch die Massenmedien, die Werbung und die Erforschung der „öffentlichen Meinung" eine immer wichtigere Rolle. Die Werbeagenturen legten sich Public Relations-Beratungs-Abteilungen zu. George Gallup gründete 1935 das „American Institute of Public Opinion".

Public Relations wurden zunehmend in den Fachöffentlichkeiten von Wirtschaft und Kultur diskutiert und das Wesen von Public Relations wurde immer besser herausgearbeitet. Die Unternehmen begannen zu erkennen, daß sie nicht länger Privatsache, sondern öffentliche Angelegenheit waren. In den Public Relations kamen die Unternehmen zum Bewußtsein ihrer politischen Existenz: „Public relations is the name business gives to its recognition of itself as a political entity" (Bernays 1961, S. XLVIIf.).

Die Beteiligung der USA am zweiten Weltkrieg gab der Wirtschaft Gelegenheit, ihr Selbstbewußtsein wiederzugewinnen. Die Kriegswirtschaft hatte es leichter, Public Relations als Zusammenführung des öffentlichen Interesses mit dem eigenen Interesse zu betreiben. Die Anwendung von Public Relations in der Praxis und ihre wissenschaftliche interdisziplinäre Reflexion breiteten sich weiter aus. Die Kriegsjahre hatten vielen Unternehmern und Managern sowie Politikern die Nützlichkeit von Public Relations vor Augen geführt und das Verständnis gefördert.

In der Nachkriegszeit bis in die Gegenwart vermehrten sich die Public Relations-Agenturen und -Abteilungen in allen Bereichen. Unabhängige Public Relations-

Berater-Firmen siedelten sich in den 50er Jahren vor allem in New York, Washington, Chicago und Los Angeles an.

Ende der 50er Jahre stellte Bernays dennoch fest, daß trotz 40jähriger Diskussion das Verständnis von Public Relations vielfältig und ungenau geblieben ist, obwohl sich der Beruf rasant entwickelt hatte.

1.3 Die Entwicklung der Public Relations in Deutschland

Eine eigenwillige charakterisierende Darstellung der geschichtlichen Entwicklung der Public Relations der Wirtschaft haben in jüngster Zeit Jessen und Lerch gegeben (Jessen/Lerch 1978). Sie machen deutlich, daß die PR auch in Deutschland ihre Identität noch nicht gefunden haben. Die Autoren unterscheiden vier Phasen, deren erste den Entwicklungsstand der PR in den USA beschreibt, an den die deutschen PR anknüpften:

1. die Zeit, als Public Relations noch nicht das waren, was sie vorgaben zu sein;
2. die Zeit, als Public Relations etwas sein sollten, was sie nicht sein konnten;
3. die Zeit, als die Public Relations etwas waren, was sie nicht sein wollten und
4. die Gegenwart, in der die Zukunft der Public Relations bereits begonnen hat.

Die erste Phase war geprägt zunächst durch Ivy Lee, der Public Relations als Methode des „Reinwaschens" oder auch „Übertünchens" praktizierte. So überzeugte er z. B. Rockefeller, mit einem imponierenden Stiftungswerk sein negatives Image zu korrigieren. Diese Art von Spenden seien jedoch nicht aus dem Motiv der Hilfeleistung, sondern als Methode Publicity zu schaffen, eingesetzt worden. Sie seien deshalb eine Pervertierung menschlichen Verhaltens.

Auf Lee folgte Edward L. Bernays. Auch er war im Gegensatz zu seiner Theorie ein „Publicity-Man", der sich meistens mit der Herstellung öffentlicher Aufmerksamkeit begnügte. Seine spezifische Methode war die Schaffung von Pseudo-Ereignissen und sein Ziel „Promotion". Es gelang ihm z. B. mit einem „Ball in grün", einen neuen Modetrend zu kreieren, nur um letztlich eine Zigarettenmarke besser verkaufen zu können.

Die zweite Phase der industriellen PR verlegen Jessen/Lerch ins westliche Nachkriegs-Deutschland. Entscheidend für die PR dieser Zeit sei das Ziel gewesen, „Interessen-Identitäten" zwischen Wirtschaft und Bevölkerung herzustellen. Die „freie Marktwirtschaft" war den Deutschen fremd. In Abgrenzung zu den Propagandamethoden des Nationalsozialismus sollte die „moderne Meinungspflege" informieren, nicht formieren. Mit Hilfe quasineutraler Einrichtungen wie „Die Waage – Gemeinschaft zur Förderung des sozialen Ausgleichs" sollten gesellschaftliche Interessenkonflikte harmonisiert werden.

Neben der Meinungspflege stand die Beziehungspflege im Zentrum der PR-Arbeit, insbesondere die Beziehungen zu den verschiedenen Bezugsgruppen der Unternehmen. In der Lösung der „sozialen Fragen" sahen auch die PR-Theoretiker jener Zeit die Hauptaufgabe (Groß 1952; Vogel 1952). Sie räumten der Relation Unternehmen-Mitarbeiter die Priorität ein. Die Belegschaftsmitglieder wurden zu einer internen Öffentlichkeit erklärt. Das Unternehmen wurde somit als soziale und nicht nur ökonomische oder rechtliche Einheit verstanden; gleichwohl wurden die Hindernisse zur Entfaltung einer betrieblichen Öffentlichkeit nicht herausgearbeitet. Hindernisse blieben auch nach dem Mitbestimmungsgesetz von 1952 und 1972 bestehen, so daß die Rede von interner Öffentlichkeit und Öffentlichkeitsarbeit bis heute eher programmatischen Charakter hat, als daß sie Realität sein kann.

Weiterhin wurde der Begriff Öffentlichkeit in sog. Teilöffentlichkeiten segmentiert, so daß sich das Spektrum der Beziehungs- und Meinungspflege abstrakt erweiterte und von dem unterschiedlichen Interesseninhalt der Beziehungen abgesehen wurde. Die Beziehungen der Unternehmensleitung zu den verschiedenen Betroffenen- und Zielgruppen, wie Mitarbeitern, Gewerkschaften, Kunden und Kapitalgebern sowie zu den staatlichen Stellen wurden formal gleichgestellt. Eine systematische Klärung der Bezugs- und Zielgruppen der Öffentlichkeitsarbeit steht bis heute aus.

Indessen erstarkten die Gewerkschaften zunehmend und es wurde deutlich, daß die Strategie der Interessen-Identitäten nicht eingelöst werden konnte. Die „Wir-sitzen-alle-in-einem-Boot"-Ideologie mußte scheitern, da sozialökonomische Interessenunterschiede nicht durch Kommunikation beseitigt werden können.

Allerdings wurde dieses Scheitern vernebelt durch den wirtschaftlichen Aufschwung der 60er Jahre, der die Illusion der Gemeinsamkeit weiternährte.

PR wurden zur Waffe des Konkurrenzkampfes. Sie wurden dem Marketing untergeordnet. Die Pressearbeit wurde zum Schwerpunkt der Öffentlichkeitsarbeit.

Das Verdienst der PR jener Zeit bestand in folgenden Einsichten:

- Öffentlichkeitsarbeit/PR haben wesentlich politischen Charakter
- Öffentlichkeitsarbeit/PR gehören in das Kalkül der unternehmerischen Entscheidungsfindung
- Öffentlichkeitsarbeit/PR müssen die Beziehungen des Unternehmers bzw. der Organisation zur Umwelt kontinuierlich pflegen
- Die Wünsche und Meinungen der Mitarbeiter müssen ermittelt und nach Möglichkeit berücksichtigt werden.

Illusionen machte die PR-Theorie sich hinsichtlich:

- der Möglichkeit einer Identität von Interessen der Unternehmung bzw. Organisation mit denen der Öffentlichkeit
- der Gleichverteilung der Machtpotentiale bei den verschiedenen Interessengruppen

- der Unabhängigkeit der Öffentlichkeitsarbeiter, die über den beteiligten Interessen schweben
- der Beziehungen zu den Mitarbeitern, die eine unabdingbare Voraussetzung für Öffentlichkeitsarbeit/PR darstellen würden.

Die PR-Konzeption jener Zeit diente der Befestigung der bestehenden gesellschaftlichen Machtverhältnisse. Die Diskussion über die Ziele der Gesellschaft und damit über soziale Reformen sollte verhindert werden.

Was den PR der Nachkriegszeit nicht gelingen konnte, nämlich den Interessenkonsens zwischen den Sozialpartnern herzustellen, das gelang schließlich durch die Erfahrung des sog. Wirtschaftswunders. Die Fülle der Warenwelt schien Argument genug zu sein. Da die politische Systemverteidigung jetzt überflüssig war, konzentrierten sich die PR auf Verkaufsförderungsfunktionen durch Publicity-Methoden. PR wurden zunehmend zum Marketing-Instrument der Absatzpolitik. Insbesondere mit der Methode der Schaffung von „Pseudo-Ereignissen" versuchten die PR, den redaktionellen Raum der Presse für sich zu gewinnen.

Indem die PR die Konsumenten statt die Staatsbürger ansprachen, gingen sie an ihrem eigentlichen Zweck vorbei; dieser Zweck besteht darin, sich mit den Ansprüchen der politischen Öffentlichkeit auseinanderzusetzen.

Wachsende und zunehmend schwieriger werdende Aufgaben für die PR werden vor dem Hintergrund sich häufender weltweiter ökonomischer, politischer und kultureller Krisen verständlich. Das Auseinanderbrechen der Verbindlichkeit von Konventionen, von Verhaltensweisen und Lebensansprüchen erfordert um so mehr vom Staat und den formellen und informellen Trägern öffentlicher Aufgaben die Fähigkeit zum „Brückenbauen", zur Interesseninterpretation, zum Interessenausgleich, zum Kompromiß.

Dem sinkenden Ansehen der Unternehmer in der Öffentlichkeit steht ihre wachsende öffentliche Verantwortung gegenüber z. B. bezüglich der Arbeitslosigkeit und der Umweltbelastung sowie anderer sozialer Kosten.

PR können ihren Beitrag bei der Bewältigung dieser Aufgaben nur dann erfüllen, wenn sie sich gesellschaftspolitisch verstehen und sich ernsthaft mit den Ansprüchen und der Kritik der Gesellschaft öffentlich auseinandersetzen.

1.4 Resümee

Betrachtet man die Geschichte der Öffentlichkeitsarbeit/PR, vor allem in der Wirtschaft, so wird deutlich, daß ihr Selbstverständnis und ihre Praxis uneinheitlich und schwankend sind. Sie haben bis heute ihre Identität nicht gefunden. Die Selbstkritik der PR kreist im wesentlichen um zwei Probleme:

Zum einen werden in der PR-Praxis immer wieder PR-Aufgaben mit denen der Werbung, Verkaufsförderung, aber auch mit denen der Propaganda vermischt. Dies liegt nicht so sehr an mangelnder theoretischer Reflexion als vielmehr an

Zwängen der Berufspraxis. Denn es scheint so, daß die Mehrheit der PR-Fachleute bzw. Öffentlichkeitsarbeiter, freien Berater und Agenturen ökonomisch nicht existieren könnten, wenn sie sich nicht bei ihrer Arbeit auf Kompromisse in Richtung direkter oder indirekter Verkaufsförderung einließen (Spindler 1976).

Damit ist das zweite Problem angesprochen: Das PR-Verständnis der Unternehmensführungen. Erst wenn die Unternehmensführungen verstehen, daß unternehmerisches Handeln keine Privatsache mehr ist, sondern Verantwortung gegenüber der Öffentlichkeit erfordert, kann eine öffentlichkeitsbezogene Unternehmensphilosophie und -politik entwickelt werden, die eine tragfähige Grundlage für glaubwürdige Öffentlichkeitsarbeit abgibt (Kreici 1974). PR als unternehmerische Führungsaufgabe bedürfen der politischen, gesellschafts- und wirtschaftspolitischen Einbindung (Bohmert 1978).

Das politische Verständnis der Öffentlichkeitsarbeit/PR ermöglicht dann auch eine Abgrenzung zu den Aufgaben und Funktionen der Werbung, Verkaufsförderung und der Propaganda.

Literatur

Bernays, E. L. (1961): Crystallizing Public Opinion. 3rd ed. New York.

– (1956): The Theory and Practice of Public Relations. A Resume. – In: ders. (Hg.): The Engineering of Consent. 2nd ed. Oklahoma.

Boeckler, M. (1976): Berufsfeld Public Relations. Eine Pilotstudie zu einem nicht-medialen Kommunikationsberuf. M. A.-Arbeit. München, Ludwig-Maximilian-Universität.

Bohmert, F. (1978): Die Öffentlichkeitsarbeit muß neu beginnen. Düsseldorf/Wien.

Franzmann, B., und W. Zitzelsberger (1974): Arbeitsfeld Presse und Öffentlichkeitsarbeit. Frankfurt/M.

Groß, H. (1952): Moderne Meinungspflege. Düsseldorf.

Haacke, W. (1969): „public relations" – oder das Vertrauen der Öffentlichkeit. – In: aus politik und zeitgeschichte. beilage zur wochenzeitung das parlament. B 48/69, S. 3–16.

Hiebert, R. E. (1966): Courtier to the Crowd. The Story of Ivy Lee and the Development of Public Relations. Iowa.

Hundhausen, C. (1969): Public Relations. Theorie und Systematik. Berlin.

Jessen, J., und D. Lerch (1978): PR für Manager. Das Bild des Unternehmens. München.

Kreici, H. (1974): Kritik und Selbstkritik der Public Relations. – In: Werbepolitik. Hg. v. F. Swoboda. Wien u. a., S. 70–81.

Lasswell, H. D. (1927): Propaganda Technique in the World War. London.

Müller, E. (1977): Bürgerinformation. Kommunalverwaltung und Öffentlichkeit. Köln.

Oeckl, A. (1976): PR-Praxis. Der Schlüssel zur Öffentlichkeitsarbeit. Düsseldorf/Wien.

Pimlott, J. A. R. (1951): Public Relations and American Democracy. Princeton.

Raucher, A. R. (1968): Public Relations and Business 1900–1929. Baltimore.

Ronneberger, F. (1977): Legitimation durch Information. Düsseldorf/Wien.

Spindler, G. P. (1976): Profilneurose – Berufskrankheit der PR-Leute? In: PR-Magazin 3, S. 48f.

Vogel, E. (1952): Öffentliche Meinungs- und Beziehungspflege in Theorie und unternehmerischer Praxis. Frankfurt/M.

Informations- und Öffentlichkeitsarbeit – Erfahrungen aus der Praxis (1974). (Hg.: Akademie für Staats- und Rechtswissenschaft der DDR). Berlin.

2. Zur Notwendigkeit von Öffentlichkeitsarbeit – Ansätze und Elemente zu einer allgemeinen Theorie der Öffentlichkeitsarbeit

Günter Barthenheier

2.1 Begründungsprobleme

Es ist kennzeichnend für den Berufsstand der Öffentlichkeitsarbeiter bzw. Public Relations-Fachleute in der Bundesrepublik Deutschland, daß ihr Ansehen in der breiten Öffentlichkeit sowie in der wissenschaftlichen Fach-Öffentlichkeit umstritten ist. Das Klischee vom „Frühstücksdirektor" und „Sektglashalter" erklärt sich aus der vermuteten Nähe der PR zur Werbung einerseits und zum Unternehmen andererseits. Werbung und Unternehmen waren in den vergangenen 15 Jahren erheblichen Angriffen bedeutender meinungsbildender Kreise in den Massenmedien und Universitäten ausgesetzt. (Jahrbücher der Werbung 1970–1980; Kalusche 1976). 30–50% der Bevölkerung kritisieren die Werbung bzw. stellen ihre Existenznotwendigkeit überhaupt in Frage; Unternehmen werden häufig, vor allem in der Jugend, als unsozial und undemokratisch eingeschätzt. Beide Images färben auf das Ansehen der PR bzw. Öffentlichkeitsarbeit ab. So werden sie in der kritischen Öffentlichkeit oft als „Schleichwerbung", „bessere Werbung" oder „Manipulation" deklassiert. Auch daß es noch kein verbindliches Berufsbild für Öffentlichkeitsarbeiter gibt, mag ihrem Ansehen nicht zuträglich sein. Im übrigen erscheinen die Public Relations aufgrund der unzureichenden Erforschung ihrer Geschichte in Deutschland als Importware aus den USA und z. T. schon deshalb als fragwürdig.

Last not least aber mag der Umstand, daß der Nutzen von PR bisher nicht eindeutig, d. h. in Zahlen nachgewiesen worden ist, dazu beitragen, daß PR von vielen Auftraggebern nicht ernstgenommen wird und der PR-Etat in Notzeiten deshalb zuerst als kürzbar oder verzichtbar erscheint.

Mit dem umstrittenen Ansehen der PR in der Öffentlichkeit korrespondiert ein ebenso fragwürdiges Selbstverständnis, das sich immer noch in der Phase der Selbstvergewisserung bzw. Identitätssuche befindet. Davon legt die Fachliteratur des Berufsstandes der letzten zehn Jahre beredtes Zeugnis ab (PR-Magazin). Nur allzu häufig verstehen sich die Öffentlichkeitsarbeiter noch als „Sprachrohr und Verpackungskünstler" (Seelbach 1977). Um so mehr ist es notwendig, die Frage zu stellen, ob Öffentlichkeitsarbeit/PR eine beliebige oder eine notwendige Erscheinung sind, die in der modernen Gesellschaft unverzichtbare Funktionen erfüllen.

Die nachfolgenden theoretischen Ansätze und Elemente werden als wesentliche Bestandteile einer allgemeinen Theorie der Öffentlichkeitsarbeit betrachtet, sie erheben jeoch nicht den Anspruch auf Vollständigkeit.

2.2 Verständnisweisen von PR

In der PR-Praxis gibt es kein einheitliches Verständnis von PR/Öffentlichkeitsarbeit. Vielmehr können verschiedene Verständnisweisen festgestellt werden. Verstehen z. B. Spindler und Reineke/Sachs PR als flankierende Maßnahme zur Werbung (vgl. Spindler 1974, S. 28; Reineke/Sachs 1975, S. 44), so werden PR in betriebswirtschaftlicher Sicht häufig als Instrument der Marketinggestaltung funktionalisiert (vgl. Nieschlag 1979). Hier werden PR – neben Werbung – als eigenständiger Faktor des Absatzmarketing begriffen. Daneben werden den PR eine Managementfunktion zuerkannt (vgl. Hundhausen 1957, S. 19; Oeckl 1976, S. 331; Neske 1977, S. 19ff.).

Neben diesen Verständnisweisen von PR, die das einzelne Unternehmen bzw. die einzelne Institution zum Ausgangspunkt für die Funktionsbestimmung nehmen, ist neuerdings ein gesamtgesellschaftlicher Ansatz entwickelt worden. Ronneberger wendet den demokratietheoretischen Ansatz des Neopluralismus auf den Gegenstand PR an und fragt nach der Funktion von PR für die parlamentarische Demokratie (Ronneberger 1977).

In der Tat kann erst ein gesamtgesellschaftlicher Ansatz als theoretische Basis der Frage nach der gesellschaftlichen Notwendigkeit von PR nachgehen und damit eine allgemeine Theorie von PR begründen.

2.3 Pluralismus der Interessen – Ansatz der neopluralistischen Demokratietheorie

Ausgangspunkt ist die Anerkennung der gleichzeitigen Existenz vielfältiger partikularer Interessen in der Gesellschaft.

Diese Gruppeninteressen sind organisiert und werden verkörpert in Organisationen und Institutionen. Dazu zählen sowohl Verbände, Parteien, Vereine als auch Wirtschaftsunternehmen, die öffentliche Verwaltung, die Regierung und andere staatliche Institutionen. Auch die Regierung verkörpert in parlamentarischen Demokratien ein Gruppeninteresse, da sie von Parteien, die zwar die Mehrheit, aber nicht die Ganzheit bilden, gestellt wird. Wenn auch die Verfügung über die Stimmenmehrheit als Ausdruck des Allgemeininteresses interpretiert wird, so stellt die Regierung im soziologischen Sinne eine Gruppe dar, die ein besonderes Interesse vertritt, jedoch nachweisen muß, daß die Erfüllung dieses besonderen Interesses zugleich die allgemeinen Interessen des ganzen Volkes befriedigt.

Von hier aus wird deutlich, daß die zentrale PR-Aufgabe, das partikulare Interesse der Organisation/Institution mit den allgemeinen Interessen der Öffentlichkeit zu versöhnen, vereinbar zu machen, also einen Konsens herzustellen, auch für die Regierung gilt.

Im Gegensatz zu dem staatlichen Monismus Rousseauscher Tradition, bei dem die „volonté generale", das Gemeinwohl, nicht das Ergebnis eines Meinungskampfes sein kann, sondern sich durch die richtige Einsicht vernünftiger Bürger ergibt, nimmt der klassische Pluralismus im angelsächsischen Bereich eine harmonisierende Gleichgewichtstheorie an. Danach bildet sich das „allgemeine Interesse" durch den Kampf der organisierten Interessen im Rahmen verfassungsmäßiger Regeln fast automatisch heraus (vgl. Ronneberger 1977, S. 9). Der Staat stellt dabei keine über allen Gruppen stehende Einheit dar, er ist also nicht souverän – sondern nur eine spezifische Form innerhalb einer Pluralität sozialer Gebilde (vgl. Laski 1948). Das Pluralismuskonzept, daß in Deutschland seit der Weimarer Republik scharfer Kritik von rechts und links ausgesetzt ist, ist heute insofern weiterentwickelt, als es dem Staat eine Integrationsfunktion zuerkennt; der Staat integriert fortlaufend die Vielfalt der gesellschaftlichen Interessen zur Einheit eines Staatswillens. Dadurch wird die Idee des Pluralismus mit der dem Staatswillen zugeschriebenen Idee der Einheit produktiv verbunden (vgl. Sontheimer 1967, S. 256; Fraenkel 1973; Steffani 1980). Empirische Untersuchungen zur Wirklichkeit des Pluralismus haben jedoch ein „Unbehagen an der pluralistischen Gesellschaft" (Kremendahl 1980) erzeugt. Denn nicht alle Interessen werden vertreten, weil nicht alle organisierbar sind; die organisierbaren Interessen sind nicht alle konfliktfähig und schließlich haben die konfliktfähigen nicht alle gleiche Chancen. So sind kurzfristige, spezielle und etablierte Interessen leichter zu organisieren, konfliktfähiger und stärker als langfristige, noch nicht etablierte und allgemeine Interessen. Diese Unterschiede führen dazu, daß im Pluralismus ganz bestimmte Interessen von der Regierung oder Interessengegnern stärker berücksichtigt werden als andere (Böhret et al. 1979, S. 202).

Darüber hinaus ist zu berücksichtigen, daß Organisationen nur dann die Interessen ihrer Mitglieder adäquat vertreten können, wenn sie selbst demokratisch strukturiert sind. In diesem Rahmen stellt sich die Frage, in welchem Maße Demokratie, d. h. Partizipation an Entscheidungsprozessen und Effektivität miteinander vereinbar sind (Naschold 1971).

Von der innerorganisatorischen Demokratie hängt wiederum die Möglichkeit und die Funktion von interner Öffentlichkeit in bezug zum internen Entscheidungsprozeß ab.

Wenn auch die Integration der vielfältigen Interessen aufgrund ihres unterschiedlichen Gewichts an Macht und politischem Einfluß fragwürdig bleibt, so hat der Pluralismus doch zur notwendigen Voraussetzung eine freiheitliche Verfassung, deren Grundrechte größtmögliche individuelle Freiheit sowie eine freie Gruppenbildung ermöglichen.

Außerdem werden die Folgen der Ungleichgewichtigkeit der Interessen durch das Sozialstaatsgebot gemildert. Es gebietet dem Staat, die sozial schwachen Schichten durch eine Vielzahl von Interventionsmöglichkeiten zu schützen.

2.4 Verhältnis von Staat und Gesellschaft

Der Herausbildung des Sozialstaats liegt ein verändertes Verhältnis von Staat und Gesellschaft zugrunde, das seinen Ausdruck in einem „Strukturwandel der Öffentlichkeit" (Habermas 1980) gefunden hat. Staat und Gesellschaft stehen sich heute nicht mehr wie im Liberalismus des 19. Jahrhunderts dualistisch gegenüber, sondern haben sich zunehmend miteinander verschränkt. Greift der Staat einerseits regulierend in die Sphäre des Warenverkehrs und der gesellschaftlichen Arbeit ein, so übernehmen nun auch gesellschaftliche Mächte politische Funktionen. Diese Entwicklung kommt auch in den kritischen Begriffen von der „Verbändegesellschaft" und dem „Parteienstaat" zum Ausdruck (vgl. Sontheimer 1972, S. 199f.). Parteien und Verbände sind durch eine „Doppelgesichtigkeit" (Ellwein/Lippert/Zoll 1975, S. 128ff.) gekennzeichnet, da sie dem Staat und der Gesellschaft zugewandt sind. Sie vermitteln zwischen den Bedürfnissen der Gesellschaft und den Aufgaben des Staates und artikulieren die Interessen der Bürger. Dabei herrscht jedoch keine Gleichgewichtigkeit der Interessen und es ist auch unsicher, ob alle Interessen artikuliert und erfaßt werden. So besteht die Gefahr, daß die „großen Organisationen ... mit dem Staat und untereinander politische Kompromisse, möglichst unter Ausschluß der Öffentlichkeit anstreben." (Habermas 1967, S. 225). Der Staat ist dabei nicht bloßer Erfüllungsgehilfe gesellschaftlicher Mächte, (wie es marxistische Theorien des „Staatsmonopolistischen Kapitalismus" nachzuweisen versuchen), sondern besitzt eine „relative Autonomie" (Offe 1972, S. 103). Durch Integration und Selektion der konkurrierenden und widersprüchlichen Interessen der Gesellschaft versucht der Staat als politisch-administratives System, ein Konzept von Gemeinwohl zu realisieren.

2.5 Öffentlichkeit und öffentliche Meinung

2.5.1 Öffentlichkeit

Als Vermittlungsinstanz zwischen Gesellschaft und Staat dient die „Öffentlichkeit", die selber nun durch das Verschränkungsverhältnis von Gesellschaft und Staat geprägt ist.

War das liberale Modell der Öffentlichkeit gegen den Feudalstaat des 19. Jahrhunderts gerichtet und getragen von „zum Publikum versammelten Privatleuten" (Habermas 1980), die in herrschaftsfreier Diskussion unter Gleichen ihre allgemeinen Interessen ermitteln und politische Autorität in rationale überführen wollten, so unterscheidet sich sozialstaatliche Öffentlichkeit durch einen gravierenden Strukturwandel.

Die Öffentlichkeit ist zum Feld der Konkurrenz organisierter Privatinteressen geworden, die sich auf den Staat beziehen. Der Staat selber ist Faktor und Mitgestalter der Öffentlichkeit geworden. Öffentlichkeit ist der Raum, in dem sich die vielfältigen gesellschaftlichen und staatlichen Interessen artikulieren, sich am öffentlichen Meinungs- und Willensbildungsprozeß beteiligen können und müssen.

Öffentlichkeit bietet die Chance der aktiven und passiven Teilnahme. Die aktive Beteiligung ist allerdings an die Voraussetzungen der Interessenorganisation und ihrer Repräsentation durch Interessenvertreter sowie an eine allgemeine Kommunikationsfähigkeit gebunden. Die passive Teilnahme ist lediglich vom Informationsinteresse und der Rezeptionsfähigkeit des Publikums abhängig.

Die einstige politische Funktion der Öffentlichkeit, den Staat zu kritisieren und zu kontrollieren scheint heute durch sozialtechnologische Funktionen der selektiven Integration überlagert und zurückgedrängt zu sein. Öffentlichkeit ist eine Funktion demokratischer Herrschaft. Sie ermöglicht eine weitgehende Transparenz der gesellschaftlichen und staatlichen Interessen. Zwar kann vor allem wegen der großen Heterogenität und Komplexität der beteiligten Interessen, Werte und Normen ein rationaler Gesamtkonsens kaum gefunden werden, aber sie gewährleistet den Umgang der Interessenorganisationen und Institutionen miteinander sowie die Meinungs- und Willensbildung des breiten Publikums über die öffentlichen Angelegenheiten. Voraussetzung ist allerdings die Anerkennung allgemeiner Spielregeln.

Mit Hilfe der Öffentlichkeitsarbeit leisten die Organisationen und Institutionen einen Beitrag zur Herstellung von Öffentlichkeit, indem sie ihre Interessen, Absichten und Leistungen artikulieren und legitimieren. Gerade die Abwesenheit bzw. der Mangel an allgemeinverbindlichen Normen und Werten in der pluralistischen Demokratie erfordert eine „Legitimität durch Verfahren" (Luhmann 1975), die auf pragmatische Weise akzeptierbare Kompromisse ergeben. Beteiligung an der Öffentlichkeit kann m. E. dazugerechnet werden.

2.5.2 Teilöffentlichkeiten/interne Öffentlichkeit

Teilöffentlichkeiten sind das Ergebnis zunehmender gesellschaftlicher Differenzierung in räumlicher, struktureller, funktionaler Hinsicht. Darüber hinaus sind Teilöffentlichkeiten an die besonderen Interessen sowie an spezifische „Betroffenheit" gebunden. Betroffenheit ist gerade das Kennzeichen für Bürgerinitiativen, die zumeist begrenzte und kurzfristige Interessen verfolgen und nach Lösung ihrer Probleme wieder zerfallen, z. B. in der Stadtsanierung (vgl. Großhans 1972).

In der Literatur werden häufig die Begriffe Teilöffentlichkeit und Interessenorganisation bzw. soziale Gruppe synonym verwendet. Es sollte jedoch stets berücksichtigt werden, daß die Interessengruppe in Wirklichkeit nicht identisch ist mit ihrer internen Öffentlichkeit als Teilöffentlichkeit. Denn nicht alle Mitglieder nehmen aktiv oder passiv am internen Meinungsbildungsprozeß teil.

Die interne Öffentlichkeit einer Organisation ist m. E. eine Teilöffentlichkeit. Erst wenn eine interne Öffentlichkeit vorhanden ist oder entstehen kann, ist interne Öffentlichkeitsarbeit möglich.

2.5.3 „Gegenöffentlichkeit"

In den letzten Jahren ist im Zuge der Entwicklung von Bürgerinitiativen der Ruf nach „Gegenöffentlichkeit" lautgeworden. Damit ist die Schaffung öffentlicher Aufmerksamkeit gegen die Öffentlichkeit der Massenmedien, die bestimmte Interessen und Bedürfnisse „auszugrenzen" (Negt/Kluge 1972) scheinen, gemeint. Da allerdings die Massenmedien die größte „Reichweite" besitzen und die Meinungs- und Willensbildung größerer Bevölkerungsschichten beeinflussen können, besteht für die Institutionen und Organisationen ein gewisser Zwang, ihre Mitteilungen und Meinungsäußerungen über diese zu verbreiten. Voraussetzung ist allerdings, daß die dahinter stehenden Interessen entsprechend verallgemeinerungsfähig sind. Unter „Gegenöffentlichkeit" ist dann die Erweiterung der bisher etablierten Öffentlichkeit um bisher verdrängte Themen und Interessen zu verstehen.

Die Chancen für den Zugang solcher Interessen sind prinzipiell gegeben. Diese haben sich aber als „gesellschaftlich relevant" auszuweisen. Die gesellschaftliche Relevanz ist letztlich abhängig von der Organisationsfähigkeit und der Konfliktfähigkeit der Interessen (vgl. Oeckl 1977, S. 69ff.).

2.5.4 Kommunikative Kompetenz

Berücksichtigt man, daß nur organisierte Interessen unter bestimmten Bedingungen Chancen haben, in der massenmedial vermittelten Öffentlichkeit berücksichtigt zu werden, so bezieht sich die Kommunikationsfähigkeit bzw. kommunikative Kompetenz (in Anlehnung an Habermas, aber nicht identisch) letztlich auf die Interessenorganisation.

Diese muß in der Lage sein, einen oder mehrere Kommunikationsfachleute mit der besonderen Aufgabe der Öffentlichkeitsarbeit zu betrauen, um damit kommunikationsfähig zu werden.

Aber auch die Mitglieder einer (potentiellen) Interessenorganisation sollten kommunikationsfähig sein, um sich aktiv oder passiv am öffentlichen und teilöffentlichen Meinungsbildungsprozeß beteiligen zu können. Diese kommunikative Kompetenz umfaßt dann soziale Verhaltensdispositionen wie die Bereitschaft zur Solidarität mit Interessengleichen (Organisationsbereitschaft) sowie verbale und körperliche Sprachfähigkeit und die Fähigkeit des Umgangs mit den Massenmedien.

Im Sinne der Chancengleichheit bezüglich der aktiven Teilhabe an Öffentlichkeit ist zu prüfen, ob der Staat für die Ausbildung einer solchen kommunikativen Kompetenz verantwortlich gemacht werden könnte, z. B. durch einen Ausbau von entsprechenden Schul- und Studienfächern.

Hier wird auf die politisch-pädagogische Bedeutung der Öffentlichkeitsarbeit aufmerksam gemacht. Denn Öffentlichkeitsarbeit vollendet sich erst dann, wenn dialogische Kommunikation mit den Ziel- und Bezugsgruppen verwirklicht wird.

2.5.5 Öffentliche Meinung

Öffentliche Meinung wird von Luhmann als Selektions- und Integrationsleistung sozialer Systeme betrachtet (Luhmann 1979). Indem Luhmann Habermas systemtheoretisch interpretiert, kommt er zur folgenden funktionalen Bestimmung der öffentlichen Meinung:

Aufgrund der stärkeren Differenzierung von Religion, Politik, Wirtschaft und Wissenschaft zu Beginn der Neuzeit verloren die überlieferten Wahrheitsgrundlagen der Politik ihre Glaubwürdigkeit und ihren Leitcharakter. Es entwickelte sich der „Bedarf für eine labilere Führungsgröße, die ihre Gesichtspunkte und Themen ändern konnte . . . Sie konnte nicht mehr als Wahrheit, sondern nur noch als Meinung begriffen werden – als vorübergehend verfertigte Ansicht des Richtigen, die gewisse Kontrollen der subjektiven Vernunft und der öffentlichen Diskussion durchlaufen hatte.

Öffentliche Meinung ist gleichsam substantivierte politische Kontingenz – ein Substantiv, dem man die Lösung des Problems der Reduktion der Beliebigkeit des rechtlich und politisch Möglichen anvertraut.“ (a. a. O., S. 31)

Inhaltlich bedeutet die öffentliche Meinung eine „Themenstruktur“ politischer Kommunikation, zu deren einzelnen Themen sich unterschiedliche „Meinungen“ herausbilden.

PR als Teilhaber an der öffentlichen Meinung können daher sowohl auf die Themenstruktur sowie auf die Meinungsbildung zu bestimmten Themen einwirken.

Da die öffentliche Aufmerksamkeit knapp ist, müssen bestimmte „Aufmerksamkeitsregeln“ (a.a.O., S. 38ff.) eingehalten werden, um die Chance der Wahrnehmung zu erhöhen. Öffentlichkeit entsteht dann, wenn eine Themenstruktur institutionalisiert werden kann. „Sieht man öffentliche Meinung als institutionalisierte Themenstruktur des gesellschaftlichen Kommunikationsprozesses, wird sie in doppeltem Sinne zum Problem: Nicht nur in der Bewirkung eines komprimierten Meinungsdrucks auf die Entscheidenden, sondern auch in der Themenkapazität der Struktur. Unbestimmtheit und Deutungsbedürftigkeit, Widersprüchlichkeit und Labilität der öffentlichen Meinung sind von daher gesehen keine Mängel, sondern Element ihrer Funktion, deren Korrektiv man nicht in ihr selbst, sondern in anderen Einrichtungen der Gesellschaft und ihres politischen Systems zu suchen hat, namentlich in solchen, die die Entscheidungsfähigkeit der Systeme sicherstellen. Der Doppelaspekt dieser Funktion der öffentlichen Meinung, offen und instruktiv zu sein, korreliert mit der evolutionären Lage des Gesellschaftssystems. Insofern ist öffentliche Meinung eine evolutionäre Erscheinung“ (a.a.O., S. 58).

2.6 System – Umwelt – Relation

Betrachtet man die Öffentlichkeitsarbeit systemtheoretisch, so läßt sie sich als eine ausdifferenzierte Kommunikationsfunktion von gesellschaftlichen Teilsystemen verstehen. Die Ausdifferenzierung wird von einem bestimmten Grad der Komplexität des gesellschaftlichen Gesamtsystems sowie seiner Institutionen als Teilsysteme notwendig. Um die wachsenden Aufgaben der Information und Kommunikation zu bewältigen, wurde die Schaffung neuer Subsysteme notwendig: Die Abteilungen und Agenturen für Öffentlichkeitsarbeit/PR. Ihre Funktion besteht in der „Reduktion von Komplexität" (Luhmann 1979), d. h. die Umweltkomplexität, ihre Anforderungen, Erwartungen und ihr Informations-output werden reduziert bei gleichzeitiger Erhöhung der Komplexität der interagierenden Teilsysteme.

Die über Information, Kommunikation bzw. „symbolische Interaktion" (Blumer 1973) gesteuerte System-Umwelt-Relation ermöglicht gegenseitige Lernprozesse und damit sozialen Wandel.

Die inhaltliche Seite der wachsenden Komplexität der Anforderungen von Umwelt und System ist damit jedoch noch keineswegs verständlich. Zur Beantwortung dieser Frage hilft die historische Betrachtung weiter. Die Entstehung der Public Relations in den USA hat deutlich gemacht, daß Konflikte zwischen dem Handeln von Industrieunternehmen und einflußreichen Teilen der öffentlichen Meinung, ihren Erwartungen und Anforderungen die Unternehmen zwangen, PR zu betreiben, also gute Beziehungen zur Öffentlichkeit bzw. ihren relevanten Bereichen aufzubauen. Damit sollten zugleich staatliche Restriktionen gegenüber den Unternehmen überflüssig gemacht bzw. verhindert werden.

Durch PR/Öffentlichkeitsarbeit sollen also Konflikte zwischen den Interessen der einzelnen Institutionen und Organisationen einerseits und denen der Öffentlichkeit bzw. der Teilöffentlichkeiten andererseits geregelt oder gelöst werden. Entscheidend ist dann für PR, daß Konflikte nicht negativ gesehen werden, sondern daß Konflikte zwischen verschiedenen Interessen in der Gesellschaft gerade die Voraussetzung für den Einsatz von PR sind. Von der Art der Konflikte hängt es ab, ob sie mit Hilfe der PR gelöst oder nur geregelt werden können. PR/Öffentlichkeitsarbeit sind demnach eine Methode, ein Verfahren, mit gesellschaftlichen Konflikten umzugehen; sie sind eine institutionalisierte Verhaltensweise öffentlichkeitsrelevanter sozialer Gebilde, Organisationen und Institutionen, mit den sie betreffenden Öffentlichkeiten und den dort artikulierten Interessen umzugehen.

2.7 Öffentlichkeitsgebote

Der Umgang von Staat und Gesellschaft ist durch eine Reihe von Öffentlichkeitsgeboten rechtlich geregelt. „Das allgemeine Öffentlichkeitsgebot des Grundgesetzes verpflichtet die besonderen Organe der Gesetzgebung, der vollziehenden Gewalt und der Rechtsprechung zur Publizität." (Jerschke 1971, S. 116).

Darüber hinaus leitet sich aus den Staatsformbestimmungen der Bundesrepublik, nämlich Demokratie, Rechts- und Sozialstaat zu sein, eine Pflicht zur Öffentlichkeit ab (vgl. Jerschke 1971, S. 64ff.). Demnach kann sich das Öffentlichkeitsgebot der staatlichen Organe auf zwei Aspekte stützen. „Demokratische Publizität erklärt sich aus der legitimierenden Nähe, rechts- und sozialstaatliche Publizität aus der kalkulierbaren Distanz zwischen Staatsbürger und ausübender Staatsgewalt" (a.a.O., S. 86). Der Öffentlichkeitsbedarf der Gesellschaft, und das bedeutet der Informationsbedarf, Meinungsbildungs- und Orientierungsbedarf der Gesellschaft, erfordert einerseits die systematische und kontinuierliche Öffentlichkeitsarbeit des Staates, andererseits die der verschiedenen gesellschaftlichen Interessen.

Die Herstellung von Öffentlichkeit durch öffentliche Auseinandersetzung von Interessen ermöglicht diesen, ihre Verhältnisse untereinander sowie ihr Verhältnis zum Staat als Konkurrenz, Kooperation oder Gegnerschaft zu gestalten, andererseits erhält der Staat damit Einsicht und Überblick über die gesellschaftlichen Verhältnisse, um sie wiederum bewußt und gezielt – wenn auch nicht unabhängig – kontrollieren und beeinflussen zu können.

Die Öffentlichkeitsgebote bzw. Publizitätspflichten der privaten Organisationen und Institutionen sind deshalb zunehmend ausgeweitet worden. Hier sind besonders die Publizitätsgesetze von 1969 und 1974 sowie das Betriebsverfassungsgesetz von 1972 bezüglich der Wirtschaftsunternehmen zu beachten.

Der Öffentlichkeitsbezug privater bzw. partikularer Interessen bedingt ihre Politisierung. Öffentlichkeitsarbeit hat deshalb die Funktion, die Politik der Organisationen und Institutionen zu vermitteln, zu interpretieren, überzeugend darzustellen sowie diese durch Rückbindung an die Organisationsmitglieder und die betroffenen externen Teilöffentlichkeiten zu korrigieren.

Öffentlichkeitsarbeit hat primär politische Funktionen und nur sekundär ökonomische. Bei der staatlichen Öffentlichkeitsarbeit scheint das evident zu sein. Sie ist integrierter Bestandteil des Regierungs- und Verwaltungshandelns (vgl. Böckelmann/Nahr 1979, S. 11f.).

Aber auch bei privaten Unternehmen hat die Öffentlichkeitsarbeit zunächst politischen Charakter. Sie dient der Integration nach innen und der Vermittlung der Unternehmenspolitik in der Gesellschaft und auf den Staat bezogen. Indirekt wirken sich die Öffentlichkeitsarbeit/PR auf Produktivität, Gewinn, Umsatz und die langfristige Entwicklung aus. Öffentlichkeitsarbeit kann und sollte auch mit den ökonomischen Zielen einer Organisation abgestimmt, d. h. mit ihnen vereinbar (kompatibel) sein, also auch mit dem Absatzmarketing einer Unternehmung. Sie ist jedoch nicht identisch mit den oder eine Unterfunktion der ökonomischen Funktionen. Unternehmenspolitik geht über ökonomische Zielsetzungen hinaus, sie ist Gesellschaftspolitik, gestaltet menschliche Beziehungen, Lebenssinn und Lebensstandard.

2.8 Öffentlichkeitsarbeit und die „öffentliche Aufgabe" der Massenmedien

Aus der Sicht der Massenmedien gehören die PR/Öffentlichkeitsarbeit zum „System der Informationssammlung" (Langenbucher 1975, S. 260), das dem

Massenmediensystem vorgelagert ist. Die Kommunikatorforschung, die sich mit der Informationsproduktion beschäftigt, hat sich vornehmlich auf die Massenmedien als Informationsproduzenten konzentriert. Dabei werden die PR/Öffentlichkeitsarbeits-Abteilungen lediglich passiv als Informationsquelle für Journalisten wahrgenommen, nicht jedoch als aktive Informationsproduzenten für die Massenmedien. Gerade diese Funktion hat aber in den letzten Jahren an Bedeutung gewonnen. Das wird durch empirische Studien zum Informationsverhalten der Journalisten bewiesen (vgl. Baerns in diesem Buch). Danach werden die Informationen von PR- und Pressestellen zunehmend von den Journalisten genutzt und mit nur unwesentlichen Änderungen über die Massenmedien verbreitet.

Immer mehr Journalisten verzichten auf die eigene Recherche und werden in die Rolle von Mediatoren gedrängt oder zumindest an den Rand des Kommunikatorsystems.

Hier erhebt sich also die Frage, ob PR und Journalismus einem dauerhaften Rollenwandel unterliegen oder ob sich hier nur eine willkürliche Rollenverschiebung zeigt, die wieder rückgängig gemacht werden kann.

M. E. kann dieser Prozeß als ein objektiver verstanden werden, der irreversibel ist. Der Journalismus scheint mit seiner eigenen Recherche-Kapazität überfordert zu sein, um den Informationsbedarf von Gesellschaft und Staat aus eigener Kraft zu befriedigen. Das wird verständlich, wenn man bedenkt, daß die Informationen in den Bereichen gesellschaftlicher Praxis aufgrund originärer Erfahrung der Menschen in den verschiedenen Produktions- und Reproduktionsbereichen entstehen. Mit der Erweiterung der gesellschaftlichen Komplexität sowie des öffentlich Relevanten – durch die Verschränkung von Staat und Gesellschaft –, wird die journalistische Informationssammlung überfordert.

Eine Arbeitsteilung bietet sich zwischen Informationsangebot von seiten der PR und Informationsverarbeitung und -kanalisierung durch den Journalismus an.

Eine solche Arbeitsteilung erscheint allerdings problematisch, da nicht vorausgesetzt werden kann, daß die von den PR angebotenen Informationen unkontrolliert weitergeleitet werden können bzw. dürfen. Denn der Journalismus der Massenmedien hat eine „öffentliche Aufgabe" zu erfüllen, indem er zum politischen Meinungs- und Willensbildungsprozeß der Bevölkerung beiträgt.

Diese Funktion, die für die Verfassung „schlechthin konstituierend" (Stammler 1971, S. 215) ist, können die privatwirtschaftliche Presse und die öffentlich-rechtlichen Rundfunkanstalten nur erfüllen, wenn sie eine umfassende Information und Meinungsvielfalt ermöglichen, die alle „gesellschaftlich relevanten" Gruppen zu Wort kommen und keine Gruppe dominieren lassen.

Damit diese Aufgabe erfüllt werden kann, darf der Journalismus nicht auf seine Recherche-Aufgabe verzichten. Seine Kapazität muß so erweitert werden, daß eine kritische Prüfung und Selektion der von der PR-Seite angebotenen Informationen möglich ist. Denn die Massenmedien haben eine dialektische Stellung zum Staat. Sind sie einerseits „Verfassungsinstitution", so stehen sie andererseits in „kritischer Distanz zum Staat" (Stammler 1971, S. 205).

Die PR können langfristig kein Interesse daran haben, die relative Objektivität und Ausgewogenheit der massenmedialen Berichterstattung zu unterlaufen, da letztlich die Glaubwürdigkeit der Massenmedien beim Publikum schwinden und mangelnde Glaubwürdigkeit der Massenmedien auch den PR-Zielen schaden würde.

Wenn die Garantie der „öffentlichen Aufgabe“ der Medien als „wesentliche Staatsaufgabe“ (Stammler, S. 215f.) betrachtet werden kann, dann sind auch die Informationsrechte und Auskunftpflichten der Institutionen und Organisationen gegenüber den Massenmedien in diesem Rahmen zu bewerten.

Literatur

Blumer, H. (1973): Der methodologische Standort des symbolischen Interaktionismus. In: Alltagswissen, Interaktion und gesellschaftliche Wirklichkeit. Bd. 1. Hg. v. Arbeitsgruppe Bielefelder Soziologen. Hamburg, S. 80–146.

Böckelmann, F., und G. Nahr (1979): Staatliche Öffentlichkeitsarbeit im Wandel der politischen Kommunikation. Berlin.

Böhret, C. et al. (1979): Innenpolitik und politische Theorie. Opladen.

Ellwein, T., E. Lippert, R. Zoll (1975): Politische Beteiligung in der Bundesrepublik Deutschland. Göttingen.

Fraenkel, E. (1964): Strukturdefekte der Demokratie und deren Überwindung. In: ders.: Deutschland und die westlichen Demokratien. 6. Aufl. Stuttgart u. a. 1974.

– (1973): Strukturanalyse der modernen Demokratie. In: ders.: Reformismus und Pluralismus. Hamburg.

Friedrich, W., R. Hupfeld, K. Pauler (1978): Der Verständniswandel von Public Relations (PR). In: Rühl, M., und J. Walchshöfer: Politik und Kommunikation, S. 375–395 (Nürnberger Forschungsberichte, Sonderband) Nürnberg.

Großhans, H. (1972): Öffentlichkeit und Stadtentwicklungsplanung. Düsseldorf.

Habermas (1967): Öffentlichkeit. In: Fraenkel, E., und K. D. Bracher: Staat und Politik. 9. Aufl. Frankfurt.

– (1980) Strukturwandel der Öffentlichkeit. 11. Aufl. Darmstadt/Neuwied.

Hundhausen, C. (1957): Industrielle Publizität als Public Relations. Essen.

Jahrbuch der Werbung (1970–1980): Hg.: ZAW. Bonn.

Jerschke, H. v. (1971): Öffentlichkeitspflicht der Exekutive und Informationspflicht der Presse. Berlin.

Kalusche, B. (1976): Unternehmer-Image mit negativer Tendenz. In: PR-Magazin 3/76, S. 26–29.

Klein, H. (1973): Die öffentliche Aufgabe der Presse. Düsseldorf.

Kremendahl, H. (1980): Das Unbehagen an der pluralistischen Gesellschaft. In: Oberreuter, H. (Hg.): Pluralismus – Grundlagen und Diskussion. Opladen, S. 203–229.

Langenbucher, W. R. (1974/75): Kommunikation als Beruf. In: Publizistik 3 – 4/74 und 1 – 2/75, S. 260.

Laski, H. (1948): A Grammar of Politics. 5. Aufl. London.

Luhmann, N. (1979): Öffentliche Meinung. In: Politik und Kommunikation. Über die öffentliche Meinungsbildung. Hg. v. W. R. Langenbucher, S. 29–61. München/Zürich.

– (1975): Legitimation durch Verfahren. In Wohlfahrtsstaat und Massenloyalität. Hg. v. W. D. Narr und C. Offe. S. 323–334. Köln.

Naschold, F. (1971): Organisation und Demokratie. 2. Aufl. Stuttgart u. a.

Negt, O., und A. Kluge (1972): Öffentlichkeit und Erfahrung. Frankfurt/M.
Neske, F. (1977): PR-Management. Gernsbach.
Nieschlag, R., E. Dichtl, H. Hörschgen (1979): Marketing im entscheidungstheoretischen Ansatz. 10. Aufl. Berlin.
Oeckl, A. (1976): PR-Praxis. Der Schlüssel zur Öffentlichkeitsarbeit. Düsseldorf/Wien.
Oeckl, W. (1977): Chancen von Gegenöffentlichkeiten. In: Reimann, H., und H. Reimann (Hg.): Information (Soziale Probleme 6) S. 69–92. München.
Offe, C. (1972): Strukturprobleme des kapitalistischen Staates. Frankfurt.
– (1973): Das pluralistische System von organisierten Interessen. In: Interessenverbände in Deutschland. Hg.: H. J. Varain. Köln.
Ronneberger, F. (1977): Legitimation durch Information. Düsseldorf/Wien.
Seelbach, J. (1977): „Horch, was kommt von draußen rein . . ." Public Affairs – über die Wandlung eines Berufsbildes. In: PR-magazin 3, S. 42f.
Sontheimer, K. (1967): Pluralismus. In: Staat und Politik. Hg.: Fraenkel, E., und K. D. Bracher. 9. Aufl., S. 254–257. Frankfurt.
– (1972): Staatsidee und staatliche Wirklichkeit heute. In: Nuscheler/Steffani (Hrsg.): Pluralismus, Konzeptionen und Kontroversen, S. 199f. München.
Spindler, G.-P. (1974): Public Relations. Aufgabe für Unternehmer. Frankfurt.
Stammler, D. (1971): Die Presse als soziale und verfassungsrechtliche Institution. Berlin.
Steffani, W. (1980): Vom Pluralismus zum Neopluralismus. In: Oberreuters, H.: Pluralismus. Grundlagen und Diskussion. Opladen, S. 37–108.

3. Ökonomische Aspekte der Öffentlichkeitsarbeit

Horst Kleinert

Voraussetzung für das Funktionieren einer wettbewerbsorientierten Marktwirtschaft ist die Information der Verbraucher über das existierende Angebot von Gütern und Dienstleistungen. Die von der klassischen und neoklassischen Wirtschaftstheorie postulierte Annahme eines vollständig informierten, sich rational verhaltenden Konsumenten vom Typ eines „Homo oeconomicus" dürfte allerdings wenig Realitätsgehalt aufweisen – trotz der in der politischen bzw. ideologischen Diskussion noch gelegentlich gebrauchten These vom „mündigen und aufgeklärten Verbraucher".

Zweifellos werden aber Kauf- und Konsumhandlungen maßgeblich durch das Informationspotential und -niveau der Konsumenten – und damit auch durch Art und Ausmaß der von den Anbietern initiierten Kommunikationsarbeit – bestimmt. Unternehmerische Marktkommunikation ist deshalb zielgerichtet; sie dient der Sicherung und Stärkung der Marktposition. Die Öffentlichkeitsarbeit als ein Instrument der Kommunikationspolitik muß sich aus diesem Grunde daran messen lassen, inwieweit sie diese konkrete Aufgabe erfüllt. Beurteilungskriterium könnte dabei das realisierte Kosten-Leistungs-Verhältnis sein, also das sog. *Wirtschaftlichkeitsprinzip*.

Dieser betriebswirtschaftliche Aspekt – Öffentlichkeitsarbeit als unternehmerische Investition – sei im Rahmen dieses Abschnitts zuerst behandelt. Anschließend wird die gesamtwirtschaftliche Bedeutung der Öffentlichkeitsarbeit diskutiert, insbesondere die Frage ihres volkswirtschaftlichen Nutzens. Es gehört nicht viel Prophetie zu der Vermutung, daß die Öffentlichkeitsarbeit in naher Zukunft – ähnlich wie die Absatzwerbung in den vergangenen Jahren – zunehmender gesellschaftspolitischer Kritik ausgesetzt sein wird. Zwar werden dabei eher soziologische Aspekte im Vordergrund stehen, der Vorwurf einer wettbewerbsfeindlichen, preistreibenden Funktion der Öffentlichkeitsarbeit bzw. der Verschwendung volkswirtschaftlicher Leistungskraft dürfte in diesem Zusammenhang aber sicher zu erwarten sein.

Der dritte und letzte ökonomische Gesichtspunkt sei der Analyse der wirtschaftlichen Bedeutung der PR-Branche vorbehalten. Trotz des Fehlens detaillierten Zahlenmaterials und der offenkundigen Abgrenzungsschwierigkeiten soll versucht werden, die Höhe und Entwicklung der Aufwendungen für Öffentlichkeitsarbeit in der Bundesrepublik Deutschland sowie die berufliche Situation dieses Wirtschaftszweiges zumindest qualitativ darzustellen und zu erläutern.

3.1 Öffentlichkeitsarbeit als betriebswirtschaftliche Investition

Diskussionen mit PR-Fachleuten erwecken häufig den Eindruck, daß die Beurteilung unternehmerischer Öffentlichkeitsarbeit nach betriebswirtschaftlichen Kriterien weder sinnvoll noch machbar wäre. Auch wenn dieser Eindruck nicht repräsentativ sein muß, für das Selbstverständnis der PR-Branche scheint er zumindest symptomatisch zu sein. Auch die beobachtbaren „Kommunikationsschwierigkeiten" zwischen marketingorientierten Kaufleuten und den Experten für Öffentlichkeitsarbeit nicht nur auf Unternehmens-, sondern auch auf Fachverbandsebene deuten auf zunehmende Divergenzen bei der Einschätzung der Rolle der Öffentlichkeitsarbeit für die Unternehmenspolitik hin: Marketing-Manager erwarten von der Öffentlichkeitsarbeit eher eine akquisitorische Unterstützung ihrer Absatzbemühungen; PR-Fachleute sehen sich dagegen vielfach als „neutrale Instanz", zuständig für den Dialog und den Interessenausgleich mit bzw. zwischen unternehmensinternen und -externen Gruppen oder Personen.

Vor dem Hintergrund der historischen Entwicklung des Verkäufermarktes zum Käufermarkt und der damit verbundenen unternehmenspolitischen „Umorientierung" wird dieser Konflikt plausibel. Die lange Zeit akzeptierte Auffassung von Öffentlichkeitsarbeit als „Werbung (sic!) um öffentliches Vertrauen" nach dem Motto „Tu Gutes und rede darüber!" war in der Phase wachsender Kaufkraft und Konsumorientierung bei einer gleichzeitigen Verschärfung des Wettbewerbs legitim und betriebswirtschaftlich sinnvoll. (Vgl. Graf Zedtwitz-Arnim 1961). Public Relations hätten – wie in den vorangegangenen Abschnitten dieses Kapitels bereits erläutert – direkte verkaufsunterstützende Funktionen; die Schaffung einer positiven „Marktatmosphäre" und die Förderung von Wettbewerbsvorteilen mit Hilfe die Werbung flankierender PR-Maßnahmen waren erklärtes (allerdings nicht immer optimal und professionell realisiertes) Hauptziel.

Doch die Entwicklung ging weiter. Die gravierenden gesellschafts- und wirtschaftspolitischen Änderungen seit Ende der sechziger Jahre – gekennzeichnet durch programmatische Schlagworte wie „Konsumerismus", „Lebensqualität", „Mitbestimmung", „Umweltschutz" oder „qualitatives Wachstum" sowie durch spürbare konjunkturelle Rückschläge – haben zu einer Identitätskrise geführt, die sowohl in den Unternehmen als auch bei den Verbrauchern noch immer nicht überwunden ist. Bürger empfinden sich nicht länger ausschließlich als „Konsumenten". Sie erwarten von Unternehmen nicht nur die optimale Bereitstellung bedarfsgerechter Güter und Dienstleistungen, sondern gleichzeitig auch Anpassung bzw. Unterstützung bei der Durchsetzung sozialer oder beispielsweise ökologischer Interessen. Daß die aus dieser dualistischen Zielvorstellung resultierenden Konflikte von den PR-Fachleuten nicht immer gelöst werden, ist für den derzeitigen Diskussionsstand charakteristisch. Andererseits scheint in vielen Unternehmen der eingetretene gesellschaftliche Wandel nicht ausreichend erkannt oder akzeptiert worden zu sein: Die Konsequenzen, die sich aus dem Agieren in einem nicht mehr allein ökonomisch, sondern auch sozial, politisch und ökologisch orientierten Umfeld für die praktische Unternehmenspolitik ergeben, werden oftmals noch ignoriert. (In den Ausführungen des Kapitels III zu den Implikationen der Systemtheorie für die Unternehmenspolitik wird dieser Gedanke noch einmal aufgegriffen und diskutiert. Nur soviel sei bereits an dieser Stelle angemerkt: Der eindimensionale Begriff „Käufermarkt“ ist nicht mehr geeignet, das heutige differenzierte unternehmerische Um- und Aktionsfeld hinreichend und kennzeichnend zu beschreiben.)

Daß diese grundsätzliche Situationsänderung neue Ansprüche an die Öffentlichkeitsarbeit zur Folge haben muß, dürfte von PR-Experten eher erkannt worden sein – einfach auf Grund ihrer spezifischen Berufsqualifikation und -erfahrung – als von den ökonomisch orientierten Marketing-Managern. Öffentlichkeitsarbeit ist in der heutigen Zeit nicht mehr nur „Absatzpolitik mit anderen Mitteln“; sie hat hauptsächlich Aufgaben zu erfüllen, die mit Absatz und Verkauf nur indirekt zusammenhängen: Der Dialog mit internen oder externen, formellen oder informellen „Pressure Groups“ zum Zwecke eines Interessenausgleichs dient nicht vordergründig der Förderung von Umsätzen und Marktanteilen, sondern in erster Linie der unternehmerischen *Existenzsicherung*. Somit ist Öffentlichkeitsarbeit *Voraussetzung* für langfristiges erfolgreiches Handeln im Markt.

Für die unternehmenspolitische Umsetzung dieser Erkenntnis gibt es bereits positive Beispiele. Unternehmensziele und -strategien beinhalten in zunehmendem Maße – wie in Kapitel II erläutert – auch gesellschaftspolitische und ökologische Aspekte. In Kapitel III sind darüber hinaus auch Ansätze für eine Weiterentwicklung des Marketing-Konzepts – durch Einbeziehung von z. B. sozialen oder ethischen Zielen in die Marketingplanung – dargestellt. Anzeichen, die auf ein Umdenken, auf eine qualitative Änderung der Unternehmenspolitik hindeuten, sind also gegeben.

Erfüllt Öffentlichkeitsarbeit die vorstehend skizzierten Aufgaben, ließe sie sich (im Gegensatz zu der am Anfang dieses Abschnitts formulierten Forderung) im Grunde nicht mehr nach betriebswirtschaftlichen Gesichtspunkten beurteilen: Der positive Einfluß, den sie auf die zukünftige Marktposition ausübt, dürfte in den meisten Fällen jenseits des sog. ökonomischen Horizonts liegen. Kurz- und mittelfristig kann „gute“ Öffentlichkeitsarbeit sogar zu Umsatzeinbußen und Marktanteilsverlusten führen (z. B. durch prophylaktische Rücknahme eines ethisch umstrittenen Produkts) – natürlich nur unter der Voraussetzung, daß sich die Öffentlichkeitsarbeit in der praktischen Unternehmenspolitik auch tatsächlich konkretisiert und ihr nicht nur die Funktion eines Alibis oder ideologischer Schönfärberei zukommt.

Als Fazit bleibt: Öffentlichkeitsarbeit dient der Sicherung der unternehmerischen Existenz und damit auch der langfristigen Stärkung der Marktposition. Somit ist Öffentlichkeitsarbeit eine betriebswirtschaftliche Investition – ihr Nutzen für die Marktanteils- und Umsatzentwicklung läßt sich allerdings nicht quantifizieren (einmal abgesehen vom speziellen Fall sog. Produkt-PR). Im Gegenteil: Den Erfolg von Öffentlichkeitsarbeit allein mit Hilfe marktökonomischer Kennziffern beurteilen zu wollen, wäre genauso wenig sinnvoll wie die Messung der Wassertemperatur mit einem Zollstock.

Das bedeutet nun jedoch nicht, auf jegliche Erfolgskontrolle der Öffentlichkeitsarbeit verzichten zu müssen. Das heutige methodische Forschungsinstrumentarium ist bereits soweit entwickelt, daß die Realisierung auch sozial bzw. gesellschaftspolitisch orientierter Zielsetzungen überprüft werden kann; und zwar unter der generellen Fragestellung, ob die Erfüllung der – operational definierten – Ziele mit dem dafür erforderlichen geringsten Mitteleinsatz erreicht worden ist. Dieser Grundsatz, bekannt als Rational- bzw. Wirtschaftlichkeitsprinzip, sollte Maßstab für die Effizienzkontrolle der Öffentlichkeitsarbeit nicht nur von Unternehmen, sondern auch von kulturellen, sozialen oder politischen Institutionen sein. (Im Kapitel VIII zum methodischen Rahmen von Öffentlichkeitsarbeits-Maßnahmen sind die damit zusammenhängenden Probleme detailliert erläutert.)

3.2 Der gesamtwirtschaftliche Nutzen der Öffentlichkeitsarbeit

Eine extreme Auslegung der neoliberalen Wirtschaftstheorie – „Gut für die Gesellschaft ist das, was den Unternehmen nützt" –, wie sie beispielsweise heute u. a. Milton Friedman vertritt, gäbe eine eindeutige Antwort auf die Frage nach dem gesamtwirtschaftlichen Nutzen der Öffentlichkeitsarbeit: Fördert Öffentlichkeitsarbeit die Prosperität von Unternehmen, dient sie damit auch dem Gemeinwohl. Der Vorwurf „volkswirtschaftlicher Verschwendung" wäre vom Tisch.

Nun ist es gerade kennzeichnend für Wirtschaftsordnungen mit dem Etikett der sozialen Marktwirtschaft, dem liberalen Laissez-faire als Garant für unternehmerisches *und* individuelles Wohlergehen – wohl mit Recht – zu mißtrauen. Dem „freien Spiel der Marktkräfte" wird deshalb durch staatliche Restriktionen und Reglementierungen Grenzen gesetzt, die den sozialen Schutz des Einzelnen bzw. das Allgemeinwohl gewährleisten sollen.

Charakteristisch für die soziale Marktwirtschaft ist aber auch, daß an Unternehmen die Forderung gestellt wird – über die gesetzlichen und tarifpolitischen Regelungen hinaus –, gesellschaftspolitisch und sozial verantwortlich zu handeln. Unternehmen unterliegen damit einem ständigen Legitimationszwang; selbst das Grundgesetz der Bundesrepublik Deutschland garantiert nicht *a priori* die Existenzberechtigung privatwirtschaftlicher Organisationen.

Hier offenbart sich die gesamtwirtschaftliche Notwendigkeit von Öffentlichkeitsarbeit, aber auch ihre systemimmanente Problematik: Einerseits muß Öffentlichkeitsarbeit für einen akzeptierten und als notwendig erachteten wirtschaftlichen „Freiraum" von Unternehmen sorgen, andererseits soll sie für die soziale Verantwortung im unternehmerischen Zielsystem plädieren. Gelingt Öffentlichkeitsarbeit diese „Gratwanderung" zwischen öffentlichen und privaten Interessen, stünde ihr volkswirtschaftlicher Nutzen im Rahmen einer sozialen Marktwirtschaft außer Zweifel.

Allerdings muß Öffentlichkeitsarbeit nicht an ihrem Anspruch, sondern an ihren realen Erscheinungsformen gemessen werden. Und hierbei ist der Vorwurf volkswirtschaftlicher Verschwendung nicht ohne weiteres von der Hand zu weisen: Nur zu oft wird Öffentlichkeitsarbeit noch allein als Wettbewerbsinstrument verstanden. Unter dem Deckmantel sozialer Verantwortung wird versucht, durch spektakuläre Aktionen und eine manipulierende Informationspolitik kurzfristig Marktanteile zu halten, zu gewinnen oder Kosten abzubauen. Die Folge ist eine Beschleunigung des Konzentrationsprozesses oder bestenfalls eine preistreibende Neutralisierung konkurrierender, sich gegenseitig „übertreffender" Öffentlichkeitsarbeit. Notwendig ist deshalb die Rückbesinnung der Öffentlichkeitsarbeit auf ihre eigentlichen Aufgaben: Sicherung der Existenz und Akzeptanz freier Unternehmen als staatstragende, unverzichtbare Institutionen. Das bedeutet allerdings auch – wie in Kapitel VII gefordert – die organisatorische und hierarchische Ansiedlung der Öffentlichkeitsarbeit in der Unternehmens*spitze*, verbunden mit der Kompetenz, Entscheidungen und Maßnahmen durchzusetzen, die den kurz- und mittelfristigen Marketing- (oder besser Absatz-) Zielen unter Umständen auch entgegenstehen können. Nur so kann die Öffentlichkeitsarbeit – bei entsprechender Qualifikation der zuständigen Manager – ihre „Korrektivfunktion" erfüllen.

Zum Schluß dieser Ausführungen sei R. Milliband zitiert, der sich mit der Erscheinungsform der *Werbung* befaßt hat. Ob dessen kritische Anmerkung auch für das Kommunikationsinstrument Öffentlichkeitsarbeit zutrifft, soll dem Urteil der Leser selbst überlassen bleiben:

„Zu ihrer Verteidigung (gemeint ist die Verteidigung der Werbung) wird immer gesagt, die Werbung sei ein notwendiger und wertvoller Teil eines fortgeschrittenen Wirtschaftssystems. Darüber muß man nicht diskutieren. Das wirkliche Problem liegt anderswo, nämlich darin, daß die Werbung in *diesem* besonderen Typ eines Wirtschaftssystems bestimmte Charakteristika annimmt, die der Tätigkeit selbst nicht inhärent sind (nicht zum wenigsten ihre Entwürdigung der Sprache und Bedeutung und ihre gewöhnliche idiotische Trivialität), und daß sich unter diesen Charakteristika die Intention befindet, die Menschen so zu manipulieren, daß sie einen ‚way of life' ebenso wie Waren kaufen." (Milliband 1972, S. 289.)

3.3 Die Bedeutung der Öffentlichkeitsarbeit als Wirtschaftsbranche

Die in den vorstehenden Abschnitten skizzierte Entwicklung führte nicht nur zum beschriebenen qualitativen Bedeutungswandel der Öffentlichkeitsarbeit, sondern auch zu einem forcierten quantitativen Wachstum: Etats, Personalaufwendungen und Stellenpotential für Öffentlichkeitsarbeit stiegen (und steigen) im Vergleich zu anderen Branchen überproportional an; nicht zuletzt auch durch die Tatsache, daß die Institutionen der öffentlichen Hand ebenfalls in zunehmendem Maße die Notwendigkeit professioneller Öffentlichkeitsarbeit erkennen. Nach Schätzungen von Branchenkennern hat die Öffentlichkeitsarbeit inzwischen (1981) einen jährlichen Umsatz von einer bis drei Milliarden DM – je nach Breite des verwendeten PR-Begriffs – erreicht. (Vgl. Gotthelf 1981, S. 13.)

Relevante statistische Zahlen gibt es allerdings so gut wie nicht. Der positive Trend läßt sich jedoch auch aus einzelnen Umfrageergebnissen und Analysen ableiten, die ohne Ausnahme darauf hindeuten, daß Öffentlichkeitsarbeit inzwischen zum Milliardengeschäft geworden ist. So kam beispielsweise eine Ende 1980 veröffentlichte Studie einer Fachzeitschrift (in Zusammenarbeit mit der Gesellschaft Public-Relations-Agenturen e. V.) bei 18 GPRA-Agenturen zu folgenden Ergebnissen (vgl. „absatzwirtschaft" 10/1980, S. 88ff.):

(1) Die Aufwendungen für Public Relations steigen. Tendenziell ist eine Umschichtung von Werbeetats zu PR-Etats zu registrieren: 72 Prozent aller PR-Etats sind 1980 um 10 Prozent und mehr gegenüber dem Vorjahr gestiegen, PR-Etats weisen gegenüber Werbeetats die dreifache prozentuale Steigerung auf.

(2) Die Qualität der PR-Leute in Wirtschaft und Verwaltung sowie im Agentur- und Beratungsbereich nimmt deutlich zu; die Quantität reicht jedoch bei weitem nicht aus: PR-Leute gehören zu den meistgesuchten Führungskräften in der Bundesrepublik Deutschland. Dieser Mangel dürfte im Verlauf der achtziger Jahre weiter zunehmen.

Der ökonomische und hierarchische Stellenwert der Öffentlichkeitsarbeit sei im folgenden noch durch drei weitere Rand-Aspekte verdeutlicht, die im Rahmen der zitierten Studie der „absatzwirtschaft" untersucht worden sind. Die Ergebnisse sind für die etwa 300 Auftraggeber der GPRA-Agenturen repräsentativ und dürften darüber hinaus ein charakteristisches Bild aller Unternehmen darstellen, die generell Öffentlichkeitsarbeit betreiben.

(3) Je größer die Umsatzbedeutung eines Unternehmens ist, desto höher sind die Aufwendungen für Öffentlichkeitsarbeit – angesichts der stärkeren Marktaktivitäten und eines höheren Konflikt- und Problempotentials größerer Unternehmen ein plausibles Ergebnis (vgl. Tab. 1).

Tab. 1: Gesamtaufwendungen pro Jahr von Wirtschaftsunternehmen für PR (einschl. Personal- und Sachkosten)

	Kleine Unternehmen (bis 100 Mio. DM Umsatz)	Mittlere Unternehmen (bis 500 Mio. DM Umsatz)	Große Unternehmen (über 500 Mio. DM Umsatz)
Bis 100 000 DM	61%	6%	–
weniger als 250 000 DM	39%	10%	5%
250 000 DM bis 1 Mio. DM	–	72%	32%
1 Mio. DM bis 2 Mio. DM	–	6%	42%
mehr als 2 Mio. DM	–	2%	21%

(4) Die höhere Bedeutung der Öffentlichkeitsarbeit für größere Unternehmen spiegelt sich auch in den unterschiedlichen Zahlen der für Öffentlichkeitsarbeit zuständigen Mitarbeiter wider (vgl. Tab. 2).

Tab. 2. Zahl der hauptamtlichen Mitarbeiter für PR

	Kleine Unternehmen	Mittlere Unternehmen	Große Unternehmen
0	30%	5%	–
1	62%	42%	–
2	7%	37%	–
3	1%	12%	1%
bis 5	–	4%	29%
bis 10	–	–	43%
mehr als 10	–	–	21%
mehr als 50	–	–	6%

(5) Die Öffentlichkeitsarbeit ist noch zu 30 Prozent organisatorisch im Marketingbereich angesiedelt. Experten vermuten – so die „absatzwirtschaft“ –, daß in den nächsten Jahren PR in zunehmendem Maße eine selbständige Führungsfunktion zukommen wird (vgl. Tab. 3).

Tab. 3: Ansiedlung der PR im Unternehmen

Vorstand/Geschäftsführung	61 Prozent
Marketing	30 Prozent
Werbung	7 Prozent
Personal	1 Prozent
Einkauf	1 Prozent

Literatur

Gotthelf, M. A. (1981): Zwischen Wahrheit und Werbung. In: Frankfurter Allgemeine Zeitung, Nr. 38 vom 14. 2. 1981.

Milliband, R. (1972): Der Staat in der kapitalistischen Gesellschaft. Frankfurt/M.

o. V. (1980): PR-Etats wachsen schneller als Werbeetats. In: absatzwirtschaft, Sonderausgabe 10, S. 88ff.

Graf Zedtwitz-Arnim, G. V. (1961): Tu Gutes und rede darüber. Berlin/Frankfurt/M./Wien.

II. Öffentlichkeitsarbeit als Unternehmensfunktion

1. Unternehmen und Gesellschaft

Andreas Hoff und Burkhard Strümpel

Die gesellschaftliche Umwelt der Unternehmen hat sich seit den Zeiten des Wiederaufbaus der Wirtschaft nach dem zweiten Weltkrieg, als Produktion, Investition und wirtschaftliches Wachstum einsame Ehrenplätze in der Palette der gesellschaftspolitischen Prioritäten einnahmen, in charakteristischer Weise verwandelt. Die Großunternehmen zumindest sehen sich einem wachsenden Druck der Öffentlichkeit ausgesetzt, nicht nur ihre Tätigkeit und deren Resultate zu legitimieren, sondern diese auch zu verändern und umfassend darüber Rechnung zu legen. Dabei ergeben sich Aufgaben, die im gängigen Instrumentarium der Öffentlichkeitsarbeit angedeutet, aber nicht ausgeprägt sind. Eine selbstbewußte, anspruchsvolle und intelligente Öffentlichkeit, die über den Kreis von Anbietern und Nachfragern weit hinausreicht, läßt sich mit Informationen über den wirtschaftlichen Erfolg oder den selbst definierten gesellschaftlichen Wert der Produktionstätigkeit des Unternehmens nicht abspeisen. Sie erwartet gründliche Informationen über ein breites Spektrum gesellschaftlicher Konsequenzen der Unternehmenstätigkeit und über die Entwicklung von Produkten und Verfahren, weit über die Befriedigung der Bedürfnisse der Nachfrager und Nutzer hinaus. Eine derartige Erwartungshaltung mündet teilweise in Partizipationsansprüchen von Gruppen ein, die von der Unternehmenstätigkeit mehr oder weniger direkt betroffen sind.

Dieses Programm richtet einmal weitergehende Anforderungen an die Kommunikationspolitik der Unternehmen: Aus Produkt- und Imagewerbung wird Rechnungslegung, wie sie sich in den vorliegenden Ansätzen zu einer Sozialberichterstattung andeutet. Zum anderen wird die Produktentwicklung in einen weiteren Rahmen gestellt, der sowohl die physische Umwelt wie die soziale Funktion der Produktion mit einbezieht. Schließlich erweitern sich die von den Unternehmen beschafften und verwendeten Informationen von der Zielsetzung her: Das Modell der Marktforschung wird in Richtung Bedürfnisforschung verlassen.

Im folgenden wird das Verhältnis Unternehmen – Gesellschaft unter folgenden Aspekten beleuchtet: Zunächst geht es um die Ursachen der neuerdings feststellbaren gesellschaftsbezogenen Wende in der Unternehmenspolitik (Teil 1). Anschließend wird das Verhältnis Unternehmen – Gesellschaft in verschiedenen Stadien der gesellschaftswissenschaftlichen Theoriebildung nachgezeichnet (Teil 2). Teil 3 gibt die wesentlichen Ergebnisse eines kürzlich abgeschlossenen Forschungsvorhabens über das gesellschaftliche Engagement deutscher Unternehmen wieder.

Eine Schlußbetrachtung, in der auch auf Konflikte im Verhältnis Unternehmen–Gesellschaft und auch auf die veränderte Rolle der Öffentlichkeitsarbeit hingewiesen wird, wie sie sich aus der vorhergehenden Analyse ergibt, rundet die Darstellung ab.

1.1 Ursachenkomplexe für die gesellschaftsbezogene Wende der Unternehmenspolitik

Die Anstrengungen der deutschen Unternehmen, sich gegenüber der Öffentlichkeit positiv darzustellen, haben in den letzten Jahren auffällig zugenommen. Das reicht von verbalen Beteuerungen der Wahrnehmung gesellschaftlicher Verantwortung über die Ausdehnung von freiwilligen Verhaltenskodizes für das Management bis hin zur erweiterten Form der gesellschaftsbezogenen Rechnungslegung, wie sie in der Bundesrepublik von einigen Großfirmen in Form von „Sozialbilanzen" praktiziert wird. Die gesellschaftsbezogenen Stellungnahmen weisen die folgenden gemeinsamen Charakteristika auf, wenngleich in verschiedener Intensität:

- sie betonen die *Freiwilligkeit*, mit der die Unternehmensführungen auf die Bedürfnisse der Gesellschaft eingehen (vgl. Böhm 1979, S. 60ff.; Dierkes 1974)
- sie betonen die Notwendigkeit, die *Funktionsfähigkeit* der Unternehmen als wirtschaftliche Einheiten nicht zu gefährden (vgl. Weitzig 1979, S. 49f.)
- sie betonen, daß die *Kompetenz* zur Lösung von gesellschaftlichen Problemen bei den Unternehmen konzentriert sei.

Die Art der Unternehmensstellungnahmen läßt Rückschlüsse auf die Ursachen dieser gesellschaftsorientierten Wende zu. Ihr Grundcharakter ist defensiv; die Unternehmen verteidigen ihre Position, die aus verschiedenen Gründen in den letzten Jahren geschwächt worden ist. Die folgenden Argumentationsmuster werden zur Erklärung dieser Entwicklung in der Literatur angeboten (vgl. Anmerkung 1).

1.1.1 Machtzuwachs der Unternehmen

Im Zentrum der meisten neueren Analysen der Unternehmenspolitik steht die Anerkennung eines Machtzuwachses der Unternehmen (vgl. Ulrich 1977; Steinmann 1969; Weitzig 1979) – in Form von Marktmacht gegenüber Konsumenten, Lieferanten und Arbeitnehmern und von politischer Macht gegenüber Regierung, Staat und Öffentlichkeit. Dieser Machtzuwachs bringt zumindest die Großunternehmen in die „quasi-öffentliche" Sphäre („corporate citizen"): Ihre Aktivität gewinnt einen Umfang, der ein Kontrollinteresse der Öffentlichkeit über die heute zudem oft schlecht arbeitenden ökonomischen Sanktionsmechanismen hinaus hervorruft. Besonders auffällig ist dies bei den multinationalen Unternehmen.

Dieser Machtzuwachs wird auch von den meisten Praktikern kaum bestritten – zumindest aber indirekt darüber zugestanden, daß von einem sozialen Gestaltungspotential des Managements ausgegangen wird (vgl. Steinmann 1973), das sich von der Erfüllung der ökonomischen Funktionen abhebt. Die schärfsten Kritiker des Konzeptes einer gesellschaftlichen Verantwortung der Unternehmenspolitik bestreiten dann auch gerade diesen Autonomie-Spielraum des Managements.

1.1.2 Wachstumskosten der Produktion

Mit „Wachstumskosten der Produktion" sollen die externen Effekte der industriellen Produktionsweise bezeichnet werden, wie sie in Form von Umweltverschmutzung, Arbeitslosigkeit, Problemen der Entwicklung der Dritten Welt usw. allgegenwärtig sind. Der offensichtliche Machtzuwachs großer Unternehmen und ein säkularer Wertwandel in der Bevölkerung der Industrieländer (vgl. Inglehart 1977; Strümpel 1977; Dierkes 1978) haben dazu geführt, daß die Unternehmen in höherem Maße als früher für die Wachstumskosten verantwortlich gemacht werden.

1.1.3 Legitimationskrise

Die Unternehmensführungen der Großunternehmen haben neben dem Problem der Legitimation ihres Machtzuwachses und der Verteidigung ihrer Aktivitäten das weitere schwerwiegende Manko zu verarbeiten, daß eine überzeugende Philosophie oder Theorie ihres Wirkens nicht mehr zur Verfügung steht. Das neoklassische Paradigma ist in seiner methodischen, empirischen und normativen Fragwürdigkeit (vgl. Weitzig 1979; Ulrich 1977; beide mit weiterer Literatur) der Wirklichkeit kaum noch angemessen, taugt jedenfalls nicht zu einer Selbstdarstellung der Unternehmenstätigkeit in der Öffentlichkeit. Das „ideologische Dilemma", das sich in der faktischen Irrelevanz der liberalen Theorie für die Unternehmenspraxis und ihrer weiteren Behauptung in großen Bereichen der Unternehmenstheorie auftut, führt dazu, daß „ein Element der Unsicherheit und Unglaubwürdigkeit in die Gesellschaft hinein(ge)tragen" wird (vgl. Böhm 1979, S. 41, in Anlehnung an Pross 1965), das eine Selbstdarstellung der Unternehmen verstärkt notwendig macht. Die Diskussion um die „soziale Verantwortung" der Unternehmen, die seit einiger Zeit die Debatte Gesellschaft/Unternehmen beherrscht, kann sicherlich als Reflex dieser Unsicherheit interpretiert werden.

1.1.4 Das Entstehen von Gegenbewegungen

Auf seiten der von Unternehmensentscheidungen Betroffenen haben sich in den letzten Jahren vermehrt Bewegungen entwickelt, die in die Reihe derjenigen aufgestiegen sind, die Forderungen an die Unternehmen stellen. Den Anfang machten – zusätzlich zu Staat und Gewerkschaften, den traditionellen Forderern, die immer noch zentrale Bedeutung behalten – die Verbrauchervereinigungen, besonders in den Vereinigten Staaten. In der Bundesrepublik haben sich insbesondere im Umweltschutzbereich, aber auch im Einflußgebiet von unternehmerischen Investitionsentscheidungen, Bürgerinitiativen gebildet. Wenn es auch sicherlich übertrieben ist, diesen Kräften ausreichende Gegenmacht zur Neutralisierung der Unternehmensmacht zuzuschreiben (zum Konzept vgl. Galbraith 1952), so haben diese Bewegungen doch dazu beigetragen, bis dahin unvertretene Interessen im Entscheidungsprozeß der Unternehmen wirksam werden zu lassen und das Darstellungsinteresse der einzelnen Firmen zu fördern.

1.1.5 Politische Gesichtspunkte

Die Erhaltung der Wirtschaftsordnung mit ihrer relativ hohen Autonomie dezentraler Entscheidungseinheiten, der Unternehmen, wird durch ihre Infragestellung durch Gruppen, die sich auf objektive Faktoren wie den Machtzuwachs der Unternehmen und die externen Effekte der spätindustriellen Produktion sowie das Fehlen adäquater Legitimationsmechanismen berufen können, für die Unternehmen selbst zum Thema. Dieser Aspekt trägt zentral zum vorwiegend defensiven Charakter der Unternehmensstellungnahmen bei: Es geht um die Verteidigung der Wirtschaftsordnung, als deren Alternative der verstärkte Staatseingriff bis hin zur zentralen Investitionslenkung angesehen wird (vgl. Faltlhauser 1978; vgl. auch Dierkes 1979, S. 57f.). Die Verbindung der Verteidigung der Marktwirtschaft mit dem Eigeninteresse des Managements trägt nicht unbedingt zur Glaubwürdigkeit der unternehmensseitigen Argumentation bei, insbesondere wenn häufig genug auf der Basis überkommener Theorien realitätsblind die Schattenseiten der industriellen Produktionsweise nicht mitreflektiert werden.

1.1.6 Wirtschaftliche Gesichtspunkte

Auch wirtschaftliche Gesichtspunkte werden für die zunehmende Berücksichtigung gesellschaftlicher Belange in der Unternehmenspolitik häufig genannt. Kurzfristig lassen sich mit der Berücksichtigung gesellschaftlicher Bedürfnisse nach dieser Argumentation durchaus ökonomische Erfolge erzielen – z. B. mit dem Angebot von Sonnenkollektoren, gesunden Lebensmitteln etc.. Mittelfristig kann das Eingehen auf gesellschaftliche Bedürfnislagen mit der Existenz des Unternehmens verknüpft werden, wenn man den Wertwandel in der Bevölkerung für dauerhaft hält. Schließlich steht und fällt die gesamte Wirtschaftsordnung, wie sie heute existiert, mit der Flexibilität der Unternehmen, auf gesellschaftliche Bedürfnisse adäquat zu reagieren.

Diese allgemeine Aussage soll exemplarisch anhand der unternehmenspolitischen Aufgabe Umweltschutz konkretisiert werden. Die verfügbaren demoskopischen Daten zeigen deutlich, daß der Wunsch nach konsequenterem Umweltschutz seit Ende der 60er Jahre eine große Dringlichkeit in der Bevölkerung erreicht hat und im Konfliktfalle bei den meisten Menschen selbst um den Preis von Abstrichen an der Erhöhung der Produktion befürwortet wird (vgl., auch im folgenden, Strümpel 1979, S. 123–127). Wenn Umweltschonung als politischer und ökonomischer Aktivposten dennoch weit hinter den Möglichkeiten zurückbleibt, dann ist dies darauf zurückzuführen, daß das Angebot weit hinter der Nachfrage herhinkt. Dies liegt nur zum kleinen Teil an einem unbefriedigenden technischen Wissensstand, wie er in dem Angebot der „Öko-Industrie" vorliegt. Entscheidend ist, daß die den Herstellern der Umweltschutzgüter nachgelagerten Industrien, so z. B. die Automobil-, die Nahrungs- und Genußmittelindustrie oder die Elektrizitätswirtschaft, nicht hinreichend erkennen, daß umweltfreundliche Produkte einen zusätzlichen Spielraum zur Erhöhung der Wertschöpfung und des Umsatzes bieten. Umweltschutz wird überwiegend als Steuer- oder Kostenfaktor, nur selten aber als Grundlage zur Erweiterung der Leistungspalette und damit der Marktchancen interpretiert.

Dieser Punkt läßt sicht beispielhaft wie folgt illustrieren:

Obgleich die deutsche Automobilindustrie die strengen Umweltschutzauflagen für die Abgasentgiftung für den Export nach den USA erfüllt, sperrt sie sich gegen die Einführung entsprechender Auflagen für den heimischen Markt, ja, sie weigert sich sogar, Automobile mit entsprechender Exportausrüstung an solche inländischen Kunden abzugeben, die bereit sind, einen entsprechenden Aufpreis zu zahlen.

Die deutsche Elektrizitätswirtschaft befindet sich in zahlreichen Fällen in einem Konflikt mit den staatlichen Aufsichtsbehörden über die Schärfe der Auflagen für Abgasentschwefelungen, obgleich gerade sie angesichts ihres natürlichen Monopols eine hohe Chance hat, Aufwendungen für Umweltschutz in Preis- und damit Umsatzerhöhungen zu verwandeln, d. h. das Produkt Umweltschutz zusätzlich zu der Leistung Elektrizität zu vermarkten. So prozessiert das Berliner Elektrizitätsversorgungsunternehmen BEWAG in zweiter Instanz erfolglos gegen einen Mehrheitsaktionär, den Senat von Berlin (West), um eine Zurücknahme der Auflage, eine Entschwefelungsanlage in einem großen Kraftwerk einzubauen, zu erwirken.

Als Kontrastbeispiel soll hier der Schweizer MIGROS-Konzern dienen, der vor mehr als 50 Jahren von dem Schweizer Unternehmer und Philanthropen Gottlieb Duttweiler gegründet wurde. MIGROS ist die größte und auf einigen Märkten beherrschende Schweizer Unternehmensgruppe; sie liefert heute schon etwa 40% aller Lebensmittel des täglichen Bedarfs und hatte bisher stets ein rascheres Wachstum als der Durchschnitt der Konkurrenz zu verzeichnen. Von den zahlreichen Initiativen zum Umweltschutz und zur Rohstoffschonung seien nur beispielhaft die folgenden aus der 1978 herausgegebenen Sozialbilanz des Konzerns zitiert:

„Das Problem der Zusatzstoffe in Lebensmitteln beschäftigt MIGROS schon seit längerer Zeit. Die Verwendung derartiger Zusatzstoffe wird wo immer möglich eingeschränkt. So kann die MIGROS viele Produkte, die bei der Konkurrenz noch Zusatzstoffe enthalten, heute bereits ohne Zusätze anbieten. Gegenwärtig konzentrieren sich die Anstrengungen auf die Ausschaltung der künstlichen Farbstoffe in Lebensmitteln.

Den Bestrebungen der MIGROS zur ständigen Verbesserung der Produktqualität dient auch das seit 1972 im Aufbau begriffene „MIGROS-SANO"-Programm. Dieses bezweckt, den Konsumenten landwirtschaftliche Produkte mit minimalstem Gehalt an chemischen Dünger- und Schutzmitteln darzubieten und damit einen wirksamen Beitrag zum Schutz der Gesundheit zu leisten.

Um dies zu erreichen, wird der ganze Produktionsablauf eines Produktes vom Ursprung bis zum Fertigprodukt durch speziell geschultes Personal und durch die MIGROS-Laboratorien auf Einhaltung der festgesetzten strengen Qualitätsnormen überwacht. Die nach den MIGROS-SANO-Methoden produzierten Nahrungsmittel sind mit einem speziellen Güte-Zeichen versehen („MIGROS-S-Produktion"). Ende 1977 umfaßte das Sortiment insgesamt 48 Produkte aus dem Früchte- und Gemüse-Großsektor. Rund 2000 Produzenten aus der ganzen Schweiz produzierten 1977 auf über 3000 ha rund 42 000 Tonnen MIGROS-SANO-Produkte; außerdem lieferten rund 50 inländische Geflügelhalter 20 Millionen Stück Eier, die nach MIGROS-SANO-Normen produziert wurden. 1977 beliefen sich die gesamten Betriebskosten der MIGROS-SANO-Organisation (für Beratertätigkeit, Überwachung usw.) auf 1,623 Mill. Fr. . . .

Es ist ein Prinzip der M-Unternehmen, möglichst umweltfreundliche Verpackungsmaterialien zu verwenden. Der Mengenanteil an PVC-Verpackungen ist 1976 auf 11% aller Kunststoffverpackungen oder unter 2% aller Verpackungsmaterialien gefallen . . . Die MIGROS bemüht sich, umweltfreundliche Produkte herzustellen, was vor allem im Bereich von Waschmitteln und Badezusätzen im Hinblick auf die Abwasserbelastung von Bedeutung ist:

- Seit 1964 verkauft die MIGROS biologisch abbaubare Waschmittel.
- Der trotzdem noch drohenden Überdüngungsgefahr unserer Gewässer begegnet die MIGROS seit 1971 durch eine massive Senkung des Phosphatgehaltes.
- 1977 wurde ein Waschmittel mit noch geringerem Phosphatgehalt lanciert.
- Die MIGROS entwickelt und verkauft Shampoons und Schaumbad-Essenzen aus biologisch abbaubaren Substanzen, obschon die dafür verwendeten Rohmaterialien etwa 30% teurer sind.

Zu den umweltgefährdenden Treibgasen (Freon) für Spraydosen wurden Alternativen entwickelt: Heute werden vorwiegend problemlose Treibgase oder Verpackungen mit Handpumpe verwendet" (MIGROS-Sozialbilanz, S. 14, S. 47f.).

1.2 Das Verhältnis Unternehmen – Gesellschaft in der gesellschaftswissenschaftlichen Theoriebildung

Das Verhältnis Unternehmen – Gesellschaft hat schon immer einen zentralen Platz in der Theorie des Wirtschaftens eingenommen. Wir wollen im folgenden die wesentlichen, heute in der Diskussion vertretenen Ansätze ohne Anspruch auf Vollständigkeit referieren, um ihre Tauglichkeit für die Erklärung der gesellschaftsorientierten Wende der Unternehmenspolitik zu untersuchen.

1.2.1 Das liberale Modell

Das liberale Modell baut auf einer atomistischen Marktstruktur mit funktionierendem Wettbewerb auf. Der Markt entscheidet darüber, ob die Unternehmensleistungen den Anforderungen der Umwelt entsprechen oder nicht. Ein „zusätzliches" gesellschaftliches Engagement der Unternehmen wird von den Vertretern dieser Theorierichtung konsequent – und mit Hinweis auf die ordnungspolitischen Konsequenzen eines Eindringens der Unternehmen in den politischen Raum – abgelehnt: „The social responsibility of the firm is to increase its profits" (vgl. Friedman 1970, seinen klassischen Aufsatz); Biedenkopf etwa befürwortete kürzlich eine Reduktion der Firmenaktivitäten auf ihre wirtschaftliche Kernfunktion (vgl. Anmerkung 2).

Neben der gängigen Kritik an den Prämissen neoklassischer Theoriebildung, die hier nicht wiederholt zu werden braucht, muß insbesondere auf die unrealistischen Basisannahmen bezüglich Marktmacht und Wettbewerb hingewiesen werden. Das orthodoxe Modell mag normativ anzustreben sein; die Wirklichkeit hat es zumindest längst überholt. Die heutige Unternehmensstruktur ragt von selbst in den politischen Raum hinein. Das liberale Modell kann so zur Erklärung des zunehmenden gesellschaftlichen Engagements nichts beitragen.

1.2.2 Das Konzept der Countervailing Power

Dieses Konzept, wie es vor allem von Galbraith entwickelt worden ist (vgl. Weitzig 1979, S. 69), geht von vermachteten Märkten aus – mit der wesentlichen konzeptionellen Ergänzung, daß Mächte Gegenmächte hervorrufen, die eine Art „Quasi-Gleichgewicht" auf den Märkten erzeugen. Prominente Beispiele sind die Konsumentenbewegung in den USA und in neuerer Zeit die Bürgerinitiativen. Diese Gegenmachtbildung führt zu einer Modifikation des unternehmerischen Entscheidungsraumes, ohne daß die Autonomie der Unternehmensleitung direkt beschnitten wird.

Kritisch anzumerken bleibt, daß dieses Konzept die neoklassische Theorie paradigmatisch nicht hinter sich läßt (vgl. Riese 1975, S. 46f.), insofern – trotz einiger Modifikationen in Richtung größerer Realitätsnähe – einer ähnlichen Kritik unterliegt. Zudem ist die Wirksamkeit der vorhandenen Gegenmächte ebenso strittig wie die allgemeine These der Gegenmachtbildung als Reaktion auf Machtkonzentration. Die empirische Basis, auf der Galbraith argumentiert, ist brüchig (vgl. Weitzig 1979, S. 69f.). Sein Konzept trägt dennoch zur Erklärung des zunehmenden gesellschaftlichen Engagements der Unternehmen bei.

1.2.3 Das Treuhänder-Modell

Dieses Modell ist besonders in der Management-Literatur populär. Es liegt auch den meisten Verhaltenskodizes zugrunde, die Manager für sich selbst entworfen haben (vgl. Anmerkung 3). Es geht davon aus, daß der Unternehmensleitung die Aufgabe zukommt, die gegenüber dem Unternehmen geäußerten, häufig einander widersprechenden Interessen auszugleichen, spricht also dem Management die zentrale Position zu, deren Ausfüllung eine bleibende Autonomie geradezu bedingt.

Zweifel sind vor allem an der Fähigkeit des Managements, Interessen zu erfassen und auszugleichen, laut geworden (vgl. Steinmann 1973). Eine Legitimation der Managemententscheidungen wird darüber hinaus nicht geliefert, insbesondere weil die Verhaltenskodizes in weiten Teilen Leerformelcharakter aufweisen, also die Unternehmensführungen zu nichts verpflichten. Soziales Engagement kann aus dieser Perspektive nur mit verschiedenen Spielarten des Motivationswandels beim Management erklärt werden. Nach unserer oben gelieferten Analyse reicht das nicht aus.

1.2.4 „Soziale Partnerschaft"

„Soziale Partnerschaft" war ein Unternehmens- und Gesellschaftsmodell, das besonders in der Aufbauphase nach dem 2. Weltkrieg in der Bundesrepublik weit verbreitet war. Seine Grundgedanken sind beispielsweise im Betriebsverfassungsgesetz präsent (vgl. Anmerkung 4). Seine Grenzen im Rahmen unserer Analyse liegen vor allem darin, daß es sich fast ausschließlich auf das Verhältnis Arbeitgeber – Arbeitnehmer konzentriert und dabei die Interessen anderer, von Unternehmensentscheidungen Betroffener ignoriert. Es wird so der vielfältigen Realität von heute nicht mehr gerecht und ist als Erklärungsansatz für das zunehmende gesellschaftliche Engagement deutscher Unternehmen kaum tauglich.

1.2.5 Das Unternehmen als Koalition

Dieses besonders in der neueren Betriebswirtschaftslehre populäre Unternehmensmodell (vgl. Cyert/March 1963; Budäus 1975) erweitert den Kreis der Gruppen, die an dem Unternehmen in der einen oder anderen Weise partizipieren. Das Unternehmen wird als Koalition verschiedener Interessenträger gesehen, die an dieser Koalition so lange teilnehmen, wie ihr Nutzen größer als die mit der Teilnahme verbundenen Kosten ist. Unternehmensentscheidungen sind Kompromisse; die Autonomie des Managements wird durch einen innerbetrieblichen demokratischen Ausgleichungsprozeß beschnitten.

Schwierigkeiten macht in diesem Konzept die Abgrenzung der Koalitionsteilnehmer von den Außenstehenden. Es ist zudem fraglich, inwieweit den einzelnen Interessenträgern tendenziell gleiche Machtpotentiale zukommen, wie in dieser Theorie gemeinhin unterstellt wird. Die Autonomie der Unternehmensleitungen ist de facto sicherlich größer, als das politische Modell unterstellt. Als Denkansatz hat sich das Koalitionsmodell aber durchaus bewährt, obgleich seine Operationalisierung Schwierigkeiten aufwirft.

1.2.6 Gesellschaftsbezogene Unternehmenskonzeptionen

Derartige Konzeptionen, wie sie um den Begriff des „Corporate Social Accounting“ angelegt sind, wollen durch eine Dokumentation der Unternehmensbeziehungen zur Umwelt Möglichkeiten der Einflußnahme für die durch die Unternehmensaktivitäten betroffenen Gruppen eröffnen. Die Mechanismen der Einflußnahme sind dabei bewußt nicht näher festgelegt; denkbar ist ein weites Spektrum von „Moral Suasion“ bis hin zu gesetzlichen Auflagen, je nach Problemlage. Die Öffnung der Unternehmen nach außen setzt die Unternehmensleitungen verstärkt dem Druck der Öffentlichkeit aus, die unternehmerische Autonomie wird eingeengt. Hieraus erklärt sich wohl auch die Skepsis weiter Teile der Wirtschaft gegenüber derartigen Konzeptionen.

Auf der anderen Seite bleiben dem Management Reaktionsspielräume erhalten, insbesondere auch deshalb, weil die mit der Aufstellung der gesellschaftsbezogenen Rechnungslegung (vgl. Anmerkung 5) verbundenen methodischen Probleme (vgl. Mintrop 1976; Budäus 1977) kaum befriedigend gelöst werden können, diese Rechnungslegung also die Realität – etwa über Sozialindikatoren – immer nur unzureichend erfassen kann. Als Denkansatz zur Erklärung des gesellschaftlichen Engagements trägt das Konzept die Einsicht in die Notwendigkeit einer Öffnung der Unternehmen gegenüber weiteren Teilen der sozialen Umwelt als nur der ökonomischen bei. Außerdem liefert es Ansatzpunkte für Mechanismen, die das Verhältnis Gesellschaft – Unternehmen auf eine neue Stufe stellen könnten. Es ist allerdings darauf hinzuweisen, daß die methodischen Probleme einer solchen gesellschaftsbezogenen Unternehmensstrategie unüberwindbar erscheinen.

1.2.7 Notwendigkeit institutioneller Reformen?

In der neueren kritischen betriebswirtschaftlichen Literatur wird zunehmend eine Mitwirkung von Vertretern der Öffentlichkeit bei der Kontrolle der Unternehmen propagiert, die Unternehmung als „quasi-öffentliche Institution" (Ulrich 1977) gefaßt. Das Verhältnis Gesellschaft – Unternehmen wird durch eine Reform der Unternehmensverfassung, die die Berücksichtigung aller Koalitionsteilnehmer einschließlich des Staates, von Gläubigern, Konsumenten etc. ermöglicht, revolutioniert. Die Autonomie des Managements wird auf die Führung der laufenden Geschäfte reduziert (vgl. Anmerkung 6).

Bei sämtlichen dieser Modelle ist grundsätzlich die Frage zu stellen, ob die Kontrollfunktion von einem sehr heterogen zusammengesetzten Gremium erfüllt werden kann. Außerdem ist die Frage der Legitimität der Vertreter der verschiedenen Gruppen durchaus ungelöst – wer soll z. B. für die Konsumenten sprechen, wer die Interessen der natürlichen Umwelt wahrnehmen, wer die Staatsseite vertreten? Während also dem Grundgedanken dieser Richtung, die gesellschaftlichen Gruppen direkter in die unternehmerische Entscheidungsfindung einzubeziehen, durchaus gefolgt werden kann, scheint die Zeit für derartige Reformen auf dem gegenwärtigen Stand der gesellschaftlichen Interessenartikulation noch nicht gekommen zu sein. Es wird dazu notwendig sein, Mechanismen dafür zu entwickeln, daß sich eine Sensibilisierung der Unternehmen für die Bedürfnisse ihrer Umwelt nach und nach herausbildet, die ja auch in einem evtl. Stadium ausgeweiteter gesellschaftlicher Kontrolle der Unternehmen keineswegs überflüssig wird.

Sämtliche vorgestellten theoretischen Ansätze konzentrieren sich auf eine Operationalisierung von „gesellschaftlicher Verantwortung" der Unternehmen; sei es dadurch, daß die Unternehmen ihre ökonomische Funktion optimal erfüllen sollen, bis hin zum anderen Pol, an dem die Notwendigkeit direkterer gesellschaftlicher Kontrolle postuliert wird, um auf diese Weise die Affinität von Gesellschaftserwartungen und Unternehmensaktivitäten herzustellen. Nun ist der term „gesellschaftliche Verantwortung" häufig für seinen Leerformelcharakter gescholten worden (vgl. Anmerkung 7); der Versuch, gesellschaftliche Verantwortung zu konkretisieren, führt folglich zu einer Vielzahl von Empfehlungen, die ohne eine genauere Fassung des Grundlagenbegriffs inhaltsleer bleiben. Hier zeigen sich die Grenzen der vorwiegend philosophisch und/oder ideologisch geführten Debatte über die „gesellschaftliche Verantwortung" von Unternehmen.

Die Erkenntnis dieser Grenzen hat seit Anfang der 70er Jahre in den Vereinigten Staaten zum Aufkommen einer Richtung beigetragen, die der „Social Responsibility" einen pragmatisch orientierten Ansatz gegenüberstellt: „Social Responsiveness" (vgl. Anmerkung 8), der die Sensibilisierung der Unternehmen gegenüber Forderungen der Umwelt und das Management der Umsetzung dieser Forderungen in die betriebliche Politik zum Thema hat. Hier geht es ganz einfach darum, von Unternehmensseite aus Bedürfnisse zu identifizieren, in die Möglichkeiten und Grenzen betrieblicher Aktivität einzubauen und schließlich kontrolliert zu realisieren. Die Mechanismen der Erkennung von gesellschaftlichen Forderungen, der innerbetrieblichen Durchsetzung und der abschließenden Realisierung sind nicht festgelegt; es dürfte aber in jedem Fall sinnvoll sein, „Social Responsiveness" durch eine Form der gesellschaftsbezogenen Rechnungslegung zu dokumentieren, um das Unternehmen gegenüber der Öffentlichkeit transparenter zu machen und auch eventuelle Grenzen der Leistungsfähigkeit aufzuzeigen.

Das Konzept einer größeren Sensibilität der Unternehmen gegenüber Forderungen der Umwelt löst die Grundfrage, was gesellschaftliche Verantwortung nun eigentlich bedeuten soll, nicht. Es kann aber dazu verhelfen, daß sich Stück für Stück ein breiterer Konsensus darüber herausbildet, welche gesellschaftlichen Bedürfnisse das Unternehmen in seiner wirtschaftlichen Funktion und darüber hinaus zu erfüllen hat. Es betont den Prozeßcharakter eines Lernvorgangs, der in der gegenwärtigen Diskussion über das soziale Engagement häufig zu kurz gekommen ist.

1.3 Das gesellschaftliche Engagement deutscher Unternehmen heute

Das Ausmaß, in dem die Unternehmen ihre gesellschaftliche Verantwortung, wie sie sie selbst sehen, wahrnehmen, wurde in einer unter Mitwirkung von Hoff durchgeführten Erhebung festgestellt (vgl. Anmerkung 9). Die Befragung der 500 größten deutschen Industrieunternehmen (Rücklaufquote etwa 25%) ergab die folgenden wesentlichen Entwicklungstendenzen:

- Während die Jahre 1970–74, der Zeitraum einer vorhergegangenen Parallel-Untersuchung (vgl. Manager Magazin 1976), durch eine starke Expansion der Unternehmensleistungen in allen Bezugsbereichen, insbesondere aber im Hinblick auf die Mitarbeiter, gekennzeichnet waren, zeigt sich jetzt ein deutlich anderes Bild: Das gesellschaftliche Engagement der deutschen Wirtschaft nimmt zwar weiter zu, die Wachstumsraten sind jedoch geringer geworden, das Bild wird differenzierter – alles Zeichen, die auf eine Konsolidierung bei hoher Sensibilität für diese Fragen hinweisen. Insgesamt bleibt jedoch festzustellen, daß auch in den letzten Jahren der Mitarbeiter weiter im Vordergrund der gesellschaftsbezogenen Unternehmenspolitik stand. Die Unternehmen reduzierten ihre Belegschaften allerdings, besonders im gewerblichen Bereich. Während der Aufwand für Mitarbeiterinformation, die Aufwendungen für Ausbildung und die Löhne und Gehälter weiter anstiegen, jedoch keineswegs in dem spektakulären Umfang des Zeitraums 1970–1974, sanken die freiwilligen Sozialleistungen real wie auch anteilsmäßig, während die gesetzlichen und tariflichen weiter anstiegen. Etwas stärkere Wachstumsraten sind wiederum im Bereich der Aufwendungen für Arbeitssicherheit zu finden.
- Beim Umweltschutz scheint im Gegensatz zur Vorperiode ein gewisser Plafond erreicht zu sein, erwartet doch die Industrie keine steigenden Aufwendungen für die kommenden Jahre 1978–1982. Die Betriebskosten sind bereits heute in vielen Bereichen größer als die Investitionen, ein Trend, der sich noch verstärken dürfte.

- Verbraucherschutzbelange scheinen – soweit es die Konsumgüterindustrie betrifft, die hier allein befragt wurde – keine allzu wichtige Rolle in der Organisation und in der Unternehmenspolitik zu spielen. Es gilt jedoch zu betonen, daß es in diesem Bereich sehr schwer fällt, über alle Industriezweige der Konsumgüterindustrie hinweg verläßliche Indikatoren zu entwickeln.
- Nach wie vor hat die Mehrzahl der Unternehmen keine schriftlich fixierten Unternehmensgrundsätze als Leitlinie ihrer gesellschaftsbezogenen Politik festgelegt. Das gleiche gilt auch für Führungsgrundsätze als Richtlinien einer Politik im inneren Bezugsfeld.
- Knapp die Hälfte der Industrieunternehmen verfügen über eine gesellschaftsorientierte Berichterstattung, in der intern oder extern über die in dieser Enquête angeschnittenen Fragen berichtet wird. Besonders beliebt sind Sozialberichte, gefolgt von Wertschöpfungsrechnungen, während Sozialrechnungen eher selten sind. Die Kombination aller drei Elemente entsprechend den Empfehlungen des Arbeitskreises „Sozialbilanz-Praxis" (vgl. Anmerkung 10) ist demzufolge nur bei einer Minderheit der sozialbilanzierenden Unternehmen eingeführt.
- Das Engagement der Unternehmen für die soziale Umwelt und die allgemeine Öffentlichkeit beschränkt sich im wesentlichen auf die Bereitstellung von Geldmitteln: Spenden, Beihilfen und sonstige finanzielle Zuwendungen für gemeinnützige Zwecke sind allerdings gegenüber der ersten Untersuchungsperiode real nicht angestiegen. Sachanlagen und Einrichtungen des Unternehmens stehen nur in wenigen Fällen der Öffentlichkeit zur Verfügung. Während sich kleinere Unternehmen der Industrie stärker auf Zuwendungen an lokale Stellen konzentrieren, haben größere Unternehmen in ihrer Spendenpolitik einen eher übergreifenden Adressaten- und Aufgabenkreis. Schwerpunkte sind eindeutig im Bereich von Wissenschaft, Forschung, Bildung sowie bei karitativen und sozialen Aufgaben zu sehen.

Als Gesamteindruck der Erhebung ergibt sich, daß der Mitarbeiterbereich im Vordergrund des selbst empfundenen Engagements der Unternehmer steht. Alle anderen Bereiche treten demgegenüber in den Hintergrund, was zum Teil auf noch unzureichende Erfassungsmethoden zurückzuführen ist, den generellen Eindruck aber nicht verwischen kann, daß der Einfluß gesellschaftlicher Forderungen auf die Unternehmenspolitik nur gering zu veranschlagen ist.

1.4 Konflikt im Verhältnis Unternehmen – Gesellschaft und Möglichkeiten ihrer Verarbeitung

Die Frage, ob Unternehmen die Aufgabe der sozialen Verantwortlichkeit überhaupt erfolgreich bewältigen können, ist nur mit größter Differenzierung zu beantworten. Klar läßt sich sagen, daß Unternehmen ein wie auch immer geartetes soziales Engagement nicht isoliert, nicht auf eigene Füße gestellt, sondern nur im Rahmen der vom Staat und von der Gesellschaft gesetzten Rahmenbedingungen ausüben können. Klar scheint aber auch zu sein, daß über die gesetzlichen Vorschriften hinaus ein Spielraum für gesellschaftliches Engagement besteht, dessen Nutzung keineswegs auf Kosten der Erfüllung wirtschaftlicher Zielsetzungen zu gehen braucht, deren Verletzung auch längerfristig die Existenzfähigkeit des Unternehmens gefährden würde. Das Beispiel des Schweizer MIGROS-Konzerns zeigt, daß eine eindrucksvolle Palette von Maßnahmen realisiert werden kann, die Gewinn und Umsatz nicht etwa gefährden, sondern sogar noch erhöhen. Umgekehrt zeigt das Beispiel des frühindustriellen Rockefeller-Konzerns, dessen rücksichtsloser unternehmerischer Machiavellismus schließlich zur Antikartellgesetzgebung der Jahrhundertwende führte, daß die Verletzung gesellschaftlicher Belange sich über den Umweg des politischen Prozesses in einer Verschärfung der Rahmenbedingungen unternehmerischer Existenz gegen die traditionellen, wirtschaftlichen Unternehmensziele auswirken kann.

Dies soll nicht heißen, daß die Verfolgung gesellschaftlicher Belange stets im Interesse des Unternehmens ist. Vielmehr gibt es weite Bereiche, in denen klare Konflikte zwischen dem Eigeninteresse der Unternehmen und den gesellschaftlichen Interessen gegeben sind, in denen in der Tat ein noch so kühn angelegtes gesellschaftliches Engagement der Unternehmen überfordert wäre. Ein solcher Fall scheint uns bei der Lebensdauer von vielen Gebrauchsgütern vorzuliegen (vgl. auch im folgenden Strümpel 1979, S. 127f.). Dieser Zusammenhang wird plausibel im Lichte von Praktiken, die wenig schmeichelhaft aber treffend als „geplanter Verschleiß“ bezeichnet werden; hier ist Rohstoffverschwendung gerade ein Mittel zum Zweck der Nachfragesteigerung. Es ist mittlerweile hinreichend dokumentiert, u. a. durch das vom Bundesminister für Forschung und Technologie in Auftrag gegebene Entwicklungsprojekt „Langzeit-Auto“, daß mit geringen zusätzlichen Kosten Autoreifen, Auspuffe, Wälzlager, ja ganze Automobile und viele andere Gebrauchsgüter mehr produziert werden können, deren Lebensdauer die der gängigen Fabrikate um ein mehrfaches übersteigt und die daher, auf die Nutzungseinheit gerechnet, dem Konsumenten viel Geld und der Gesellschaft viel Energie, viele Rohstoffe und viel Umweltbeeinträchtigung ersparen würden. Auch die massive Fehlallokation durch den Einsatz der teuren Elektrizität, die unter hohen Umwandlungsverlusten erzeugt wird, zum Heizen, Kochen und zur Warmwasserbereitung sowie die „Temperaturregelung“ durch Fenster-Öffnen und die Wärmeverluste durch viel zu dünne Hauswände dringt immer stärker ins öffentliche Bewußtsein.

Es ist wahrscheinlich müßig, sich darüber zu erregen, daß die Lebensdauer häufig nicht zu den Produkteigenschaften gehört, mit denen der Wettbewerb zwischen den Anbietern ausgetragen wird, daß also die Marktwirtschaft die technischen und wirtschaftlichen Möglichkeiten einer rationellen Produktgestaltung und eines sparsamen Energie- und Rohstoffeinsatzes unausgeschöpft läßt und sich damit den Vorwurf der Ineffizienz ebenso gefallen lassen muß wie weite Teile des hochbürokratisierten öffentlichen Sektors. Das Hauptproblem liegt hier in der Diskrepanz zwischen mikroökonomischer und makroökonomischer Rationalität, die mit der Verwirklichung von technischen Verfahren verbunden ist, die die Umsatzziele der Unternehmen langfristig gefährden.

Solche Konflikte zeigen sich in größerem Maße auch bei der Entscheidung über die Art und Weise, in der auf negative Effekte der industriellen Produktion reagiert wird: Schadensvermeidung oder Schadensbeseitigung? Immerhin hat Martin Jänicke in einem jüngst veröffentlichten Buch (vgl. Jänicke 1979) ernstzunehmende Evidenz dafür angeführt, daß das Zusammenspiel von Staat und Wirtschaft in den Bereichen Umweltschutz, Gesundheitsfürsorge und Kriminalitätsbekämpfung Erfolge hauptsächlich dort vorzuweisen hat, wo Schäden kompensiert, aber nicht vermieden werden. Was Bedeuten nun diese Konfliktpotentiale im Verhältnis Unternehmen – Gesellschaft für dessen Zukünftige Entwicklung? Betrachten wir die Ursachen für die gesteigerte Aktualität und Bedeutung, die gesellschaftsorientierten Aktivitäten von den Unternehmen beigemessen wird, im Zusammenhang, so läßt sich als „roter Faden" das Streben der Unternehmensleitungen nach Aufrechterhaltung ihrer autonomen Entscheidungs- und Handlungsspielräume formulieren. Diese Autonomie-Spielräume der Unternehmen sind angesichts des Machtzuwachses bei den Unternehmen und der zunehmenden Wachstumskosten der Produktion in steigendem Ausmaße der Kritik wachsender Minderheiten in den westlichen Industrieländern ausgesetzt. „Gesellschaftliche Verantwortung" der Großunternehmen dient dazu, die Legitimation unternehmerischer Aktivität zu steigern, ohne deren Autonomie zu gefährden. Dieses Konzept ist als Denkansatz weit genug, fast sämtliche der in der bisherigen theoretischen Diskussion entwickelten Modelle des Verhältnisses Unternehmen – Gesellschaft abzudecken. Das macht zugleich die zentrale Schwachstelle dieses Konzeptes aus.

Wie wir sahen, beruht die Strategie der Unternehmensseite auf einer nachdrücklichen Verteidigung der Autonomie. Autonomie bei der Verfolgung gesellschaftlicher Interessen wirft aber im demokratischen Staat Probleme der Legitimation auf. Die gesellschaftliche Verantwortung der Unternehmensführung kann als Alternative zur institutionalisierten gesellschaftlichen Kontrolle korporativer Macht nicht infrage kommen; ein hoher ethischer Standard der Unternehmensführung wäre eine notwendige, aber nicht hinreichende Bedingung für die Ordnung der in der Wirtschaft ausgeübten Macht (vgl. Steinmann 1973, S. 472).

Die erforderliche Legitimation kann ebensowenig durch eine auf Kommunikation beschränkte Öffentlichkeitsarbeit der Unternehmen erzeugt werden. In der Spezialliteratur wird unter Public Relations meist ein zweiseitiger sozialer Prozeß gegenseitiger Kommunikation verstanden (Zwei-Weg-Kommunikation), der zu einer Angleichung der unterschiedlichen Interessen von Unternehmen und Öffentlichkeit führen soll (vgl. Weitzig 1976); dem PR-Management fällt so die ausführende Funktion als Vermittlungsinstanz zwischen Unternehmen und Gesellschaft zu. Damit wird allerdings die Autonomie des Managements, im Rahmen selbstdefinierter betrieblicher Grenzen auf gesellschaftliche Forderungen zu reagieren oder nicht zu reagieren, nicht beschnitten. Mittelfristig wird sich Öffentlichkeitsarbeit in ihrer Vermittlungsfunktion aber nur dann bewähren können, wenn sich das Unternehmen partizipativen Mechanismen von innen her öffnet.

Daß aber auch Problemlösungsstrategien, die auf einer Einschränkung der Autonomie beruhen, von Unternehmensseite akzeptiert und sogar ohne Schaden verdaut werden können, zeigt das Beispiel der Warentests, deren Einführung und Institutionalisierung auf heftigen Widerstand der Konsumgüterindustrie gestoßen ist, mittlerweile aber gleichermaßen effizient und akzeptiert ist. Dieses Modell ist im Hinblick auf weitere gesellschaftliche Belange, die über die Produktqualität hinausgehen, ausbaufähig. Die Stiftung Warentest beschränkt sich darauf, die Prüfung und Bewertung am Markt angebotener Güter zu besorgen und im Ergebnis zu publizieren, wobei sie übrigens den Gesichtspunkten der Dauerhaftigkeit und des Energie- und Rohstoffverbrauchs bisher nur wenig Raum gegeben hat. Es fehlt eine Instanz, die Prototypen alternativer Produktausführungen entwickeln läßt und es damit nicht den privaten Anbietern selbst überläßt, den Stand der Technik im Hinblick auf die Lebensdauer der Produkte und andere wichtige gesellschaftliche Forderungen zu realisieren, was, wie wir gesehen haben, aus Gründen des Interessenkonfliktes nicht zu erwarten ist. Analog zu dem erwiesenen beträchtlichen Markteinfluß von Warentestinformationen läßt sich vermuten, daß solche unabhängigen, weithin publizierten Entwicklungen entsprechende Produktionsentscheidungen stimulieren würden.

Anmerkungen

1 Die folgenden Ausführungen lehnen sich dem Aufbau nach teilweise an Weitzig 1979, Teil II, an.

2 Vgl. Biedenkopf 1979, der zu dem Fazit kommt (S. 21): „Die Übernahme von Verantwortung bedeutet auch die Inanspruchnahme von Zuständigkeiten. Wenn das Unternehmen seine Zuständigkeit so definiert, daß sich daraus breit angelegte gesellschaftspolitische Verantwortlichkeiten ergeben, dann muß es sich darüber im klaren sein, daß es möglicherweise den privatrechtlichen Legitimationsraum überschreitet. Dies kann zu einer gemeinwirtschaftlichen oder sozialisierten und damit zu einer neuartigen Form der Legitimation von Großunternehmen führen."

3 Einige Verhaltenskodizes sind bei Böhm 1979 dokumentiert.

4 Vgl. § 2 Abs. 1 Betriebsverfassungsgesetz: „Arbeitgeber und Betriebsrat arbeiten unter Beachtung der geltenden Tarifverträge vertrauensvoll und im Zusammenwirken mit den im Betrieb vertretenen Gewerkschaften und Arbeitgebervereinigungen zum Wohl der Arbeitnehmer und des Betriebes zusammen."

5 Vgl. hierzu den nachfolgenden Abschnitt: „Die Sozialbilanz als gesellschaftspolitisches Instrument."

6 Eine konzise Zusammenstellung der vorgestellten Unternehmensmodelle findet sich bei Weitzig 1979, S. 191.

7 Vgl. als ein Beispiel unter vielen Smith 1975.

8 Vgl. zu diesem Ansatz Frederick 1978, Ackermann/Bauer 1976, exempl.: Post/Mellis 1978.

9 Erste Ergebnisse finden sich in Dierkes/Ullmann 1979.

10 Vgl. die Empfehlungen des Arbeitskreis Sozialbilanz Praxis 1977 und die genaueren Ausführungen im nachfolgenden Abschnitt.

Literatur

Ackermann, R., und R. Bauer (1976): Corporate Social Responsiveness: The Modern Dilemma, Reston, Virginia.
Arbeitskreis Sozialbilanz-Praxis (1977): Sozialbilanz heute. Sonderdruck.
Biedenkopf, K. (1979): Großunternehmen in der Legitimationskrise. In: manager-magazin Heft 8, S. 18–21.
Böhm, H. (1979): Gesellschaftlich verantwortliche Unternehmensführung. Weilheim/Teck.
Budäus, D. (1975): Entscheidungsprozeß und Mitbestimmung. Wiesbaden.
– (1977): Sozialbilanzen – Ansätze gesellschaftsbezogener Rechnungslegung als Ausdruck einer erweiterten Umweltorientierung? In: ZfB 47. Jg., S. 183–202.
Chamberlain, N. W. (1973): The Limits of Corporate Responsibility. New York.
Cyert, R. M., und J. G. March (1963): A Behavioral Theory of the Firm. Englewood Cliffs.
Dierkes, M. (1974): Die Sozialbilanz. Frankfurt/M.
– (1978): Corporate Social Performance in Germany – Conceptual Developments, Practical Experience and Political Interests. IIUG preprints, Wissenschaftszentrum Berlin.
– (1979): Corporate Social Reporting: The German Experience. In: Corporate Social Reporting in the United States and Western Europe. Report of the Task Force on Corporate Social Performance, U.S. Department of Commerce.
Dierkes, M., und A. Ullmann (1979): Wird die Offensive blockiert? In: manager-magazin Heft 7, S. 88–96.
Faltlhauser, K. (1978): Unternehmen und Gesellschaft. Theorie und Praxis der Sozailbilanz. Berlin.
Frederick, W. C. (January 1978): From CSR_1 To CSR_2: The Evolution of Business-and-Society Theory. Pittsburgh (mimeo).
Friedman, M. (1970): The Social Responsibility of Business is to Increase its Profits. In: The New York Times Magazine. Sept. 13.
Galbraith, J. K. (1952): American Capitalism. The Concept of Countervailing Power. Boston.
Hartmann, H., und H. Furch (1974): Ansprüche an ein sozial verantwortliches Unternehmungsverhalten. In: Wirtschaftsdienst, S. 583–589.
Inglehart, R. (1977): The Silent Revolution. Changing Values and Political Styles Among Western Publics. Princeton.
Jänicke, M. (1979): Wie das Industriesystem von seinen Mißständen profitiert. Opladen.
Manager Magazin (1976): Enquête über das soziale Engagement der deutschen Industrie. Hamburg (Sonderdruck).
Migros-Sozialbilanz (o. J.): Eine Darstellung der gesellschaftsbezogenen Ziele und Tätigkeiten der Migros-Gemeinschaft. Zürich.
Mintrop, A. (1976): Gesellschaftsbezogene Rechnungslegung. Zürich.
Post, J. E., und M. Mellis (1978): Corporate Responsiveness and Organizational Learning. In: California Management Review, S. 57–63.
Preston, L. E. (1975): Corporation and Society: The Search for a Paradigm. In: Journal of Economic Literature, S. 434ff.
Pross, H. (1965): Manager und Aktionäre in Deutschland. Frankfurt/M.
Riese, H. (1975): Wohlfahrt und Wirtschaftspolitik. Reinbek.
Smith, R. R. (1975): „Social Responsibility": A Term We Can Do Without. In: Heilbronner, R. L., and P. London (eds.): Corporate Social Policy, Reading etc.

Steinmann, H. (1969): Das Großunternehmen im Interessenkonflikt. Stuttgart.
– (1973): Zur Lehre von der „Gesellschaftlichen Verantwortung der Unternehmensführung“ – Zugleich eine Kritik des Davoser Manifestes –. In: WiSt Heft 10, S. 467–472.
Stitzel, M. (1977): Unternehmerverhalten und Gesellschaftspolitik. Stuttgart etc.
Strümpel, B. (1977): Die Krise des Wohlstands. Stuttgart.
– (1979): Natürliche Grenzen als wirtschaftliche Chancen – wider die falsche Alternative Umweltschonung contra Wachstum. In: Geissler, H. (Hrsg.): Optionen auf eine lebenswerte Zukunft. München/Wien.
Ulrich, P. (1977): Die Großunternehmung als quasi-öffentliche Institution. Stuttgart.
Wächter, H. (1969): Unternehmungsziele und unternehmerische Verantwortung. In: BFuP, S. 193–206.
Weitzig, J. K. (1976): Sammelbesprechung Public Relations. In: Literatur-Berater Wirtschaft 4/76, S. 7–9.
– (1979): Gesellschaftsorientierte Unternehmenspolitik und Unternehmensverfassung. Berlin/New York.

2. Die Sozialbilanz als gesellschaftspolitisches Instrument

Andreas Hoff

Kaum eine Innovation im betriebswirtschaftlichen Bereich ist in den letzten Jahren derart intensiv und kontrovers diskutiert worden wie das Konzept der „Gesellschaftsbezogenen Rechnungslegung" von Unternehmen, in der diese über die traditionelle Geschäftsberichterstattung hinaus Rechenschaft über gesellschaftsbezogene Aktivitäten ablegen. Eine einheitliche Begrifflichkeit für diese Konzepte hat sich noch nicht herausgebildet; vielmehr herrscht eine kaum zu überblickende Begriffsvielfalt vor, aus der als vielleicht gebräuchlichster Begriff die Bezeichnung „Sozialbilanz" herausragt – obgleich dieser Begriff aufgrund der geweckten Assoziationen unglücklich gewählt ist: Der deutsche Begriff „sozial" impliziert, im Gegensatz zum angelsächsischen Sprachgebrauch, den Fürsorgeaspekt als zentral, und „Bilanz" steht für ein nach festen Konventionen organisiertes, integriertes Datengebilde (vgl. Anmerkung 1). Weder die eine noch die andere Assoziation stimmt mit der gegenwärtigen Praxis der gesellschaftsbezogenen Rechnungslegung überein. „Grundsätze ordnungsgemäßer Sozialbilanzierung" sind erst in Ansätzen entwickelt. Deshalb soll der Begriff Sozialbilanz in den weiteren Ausführungen sehr breit für alle Versuche verwendet werden, die Beziehung zwischen Unternehmen und Umwelt über das auf Zahlungsvorgängen beruhende traditionelle Rechnungswesen hinaus regelmäßig zu erfassen. Dabei konzentrieren wir uns auf unternehmensseitige Sozialbilanzen; denkbar sind auch Darstellungen unternehmensexterner Gruppen (vgl. Anmerkung 2).

Die Ursachen der zunehmenden unternehmensseitigen Veröffentlichung von Sozialbilanzen sind allgemein weniger strittig als Wünschbarkeit und Realisierbarkeit eines derartigen – in der weiten Fassung ihrer Befürworter – Planungs-, Rechnungslegungs- und Informationssystems (vgl. Anmerkung 3). Die Veröffentlichung von Sozialbilanzen ist gesetzlich nicht vorgeschrieben – mit der Ausnahme Frankreichs, wo allerdings ausschließlich Daten aus dem Personalbereich abgefordert werden. Grundsätzlich kann man in ihrer Publikation eine unternehmensseitige Offensive gegenüber den auch im Zuge der Diskussion über „Lebensqualität" Anfang der siebziger Jahre gestiegenen gesellschaftlichen Ansprüchen an die Unternehmen sowie eine Reaktion auf ein verbreitertes öffentliches Kritikpotential gegenüber den externen Effekten der industriellen Produktion sehen (vgl. Hoff/Strümpel 1982). In den Vereinigten Staaten, dem Herkunftsland des „Corporate Social Accounting" (vgl. Anmerkung 4), sind Sozialbilanzen im wesentlichen eine Entwicklung der Unternehmenspraxis gewesen und waren vor allen Dingen auf die Gemeindeebene ausgerichtet mit dem Ziel, etwa die Berücksichtigung lokal ermittelter Minderheitenquoten in der Belegschaft nachzuweisen, sich gegenüber Konsumentengruppen zu legitimieren oder die Übernahme bestimmter Sozialprogramme anzuzeigen (vgl. Anmerkung 5). In der Bundesrepublik ging die Initiative ebenfalls von den Unternehmen aus, wobei die konzeptionelle Weiterentwicklung dann allerdings in wesentlich stärkerem Ausmaß als in den USA von der Wissenschaft beeinflußt worden ist (vgl. Anmerkung 6). Die ersten Sozialbilanzen wurden von Firmen des Energiebereichs vorgelegt (Steag 1973, Saarbergwerke 1974). Die bis heute publizierenden etwa 20 Firmen hat Kondratowitz wie folgt zutreffend charakterisiert:

- Einmal handelt es sich um marktbeherrschende, großenteils multinationale Großunternehmen, die zudem bezüglich der von ihnen produzierten sozialen Kosten besonderen Rechtfertigungszwängen ausgeliefert sind (beispielsweise in der Chemischen Industrie).
- Hinzu kamen in einer zweiten Entwicklungsphase Unternehmen, die entweder sozialpolitische Modelle praktizieren und als Alternative zu vermehrten Staatseingriffen propagieren (z. B. Pieroth) oder aufgrund ihrer grundsätzlichen genossenschaftlichen Orientierung in stärkerem Ausmaß zu einer Klärung ihres Verhältnisses zur Gesellschaft tendieren (z. B. MIGROS).

Aus dieser Charakterisierung ergibt sich als inhaltliche Grundtendenz bei der Veröffentlichung von Sozialbilanzen die Legitimierung von Unternehmenstätigkeit im Allgemeinen und Besonderen durch eine Dokumentation der gesellschaftsbezogenen Aktivitäten des Unternehmens im Berichtszeitraum, der meist mit dem Geschäftsjahr identisch ist. Darüber hinaus sind die veröffentlichten deutschen Sozialbilanzen noch durch ein starkes Übergewicht des Mitarbeiterbereichs gekennzeichnet (vgl. Anmerkung 7). Schließlich darf auch nicht übersehen werden, daß die Sozialbilanz nur die Spitze des Eisbergs einer allgemein zunehmenden Publikationstätigkeit von Unternehmensseite im Sozialbereich darstellt: Werkszeitungen, die Erweiterung der traditionellen Sozialberichte und die zunehmende Veröffentlichung von Rechenwerken wie z. B. Personalnebenkostenrechnungen seien als Beispiele angeführt.

Im Laufe der Jahre sind verschiedene Konzepte für die gesellschaftsbezogene Rechnungslegung entwickelt worden, die z. T. auch Durchgangsstadien bei der praktischen Umsetzung darstellten.

2.1. Gesellschaftsbezogene Kosten- und Nutzenrechnung

Diese stellt den wohlfahrtstheoretisch begründeten Versuch dar, Kosten und Nutzen der Unternehmenstätigkeit mit Hilfe teilweise fiktiver Preise durchgehend zu quantifizieren und so zu einem sozialen Gesamterfolg der Unternehmenstätigkeit – analog zum Erfolgsbegriff der herkömmlichen Rechnungslegung – zu gelangen (vgl. Anmerkung 8). Ähnliche Konzepte wurden in der Frühzeit der Sozialbilanzbewegung von Abt und Linowes in den Vereinigten Staaten entwickelt (vgl. Dierkes 1974). Meß- und Bewertungsprobleme (vgl. Anmerkung 9) haben dazu geführt, daß diese Ansätze praktisch nie relevant geworden sind: „Wegen der Komplexität sozialer Folgen und wegen der Verschiedenheit der Wertsysteme der Adressaten scheint eine einheitliche Bewertung in DM ... nicht möglich" (Ordelheide 1976, S. 146). Vereinzelte Versuche, Aufwandsgrößen in der gesellschaftsbezogenen Berichterstattung dem durch sie verursachten Nutzen an die Seite zu stellen (vgl. Anmerkung 10), sind in der weiteren Entwicklung einem differenzierteren Vorgehen gewichen.

2.2 Der Sozialindikatorenansatz

Diesem Ansatz lassen sich die meisten praktizierten Konzepte gesellschaftsbezogener Rechnungslegung zuordnen. Analog zu Versuchen auf der gesellschaftlichen Ebene, ein multidimensionales Maß für „Wohlfahrt" zu entwickeln (vgl. Anmerkung 11), wird angestrebt, die betriebliche Realität und die Unternehmensaktivitäten in verschiedenen Bereichen durch Berichte unter Zuhilfenahme statistischer Maßzahlen zu dokumentieren. Dabei bildeten sich zunächst Konventionen darüber heraus, in welchen *Bereichen* dokumentiert werden sollte: Der Arbeitskreis „Sozialbilanz-Praxis", ein Zusammenschluß von gesellschaftsbezogene Rechnungslegung praktizierenden deutschen Pionierunternehmen, empfahl als Hauptbezugsfelder

- Unternehmen und Mitarbeiter
- Unternehmen und Kapitalgeber
- Unternehmen und Staat
- Unternehmen und Öffentlichkeit
- Unternehmen und natürliche Umwelt
- Unternehmen.

Dabei wurden die Beziehungen des Unternehmens zu seinen Kunden bewußt nicht mit aufgenommen, „um die Abgrenzung zum rein wirtschaftlichen Tun des Unternehmens zu erleichtern" (vgl. Arbeitskreis „Sozialbilanz-Praxis" 1977, III. 2). Diese Problemstellung durchzieht jedoch auch die Berichte in den genannten Dimensionen.

Eine weitergehende Standardisierung der Berichterstattung in den einzelnen Feldern wird vom Arbeitskreis „Sozialbilanz-Praxis" zwar für wünschenswert gehalten, auf der anderen Seite scheinen die damit verbundenen Probleme der Selektion, Präsentation und Interpretation der zu Dokumentationszwecken genutzten Indikatoren noch weitgehend ungelöst zu sein (vgl. Werner 1975, S. 128ff.).

Der Arbeitskreis „Sozialbilanz-Praxis" empfiehlt über die Aufteilung der Berichterstattung nach Bezugsfeldern hinaus zwei Rechenwerke, die den durch Statistiken angereicherten *Sozialbericht* über die Aktivitäten in den verschiedenen Bezugsfeldern ergänzen sollen: Zum einen die *Wertschöpfungsrechnung* (vgl. Übersicht 1), die den Beitrag des Unternehmens zum volkswirtschaftlichen Sozialprodukt dokumentieren soll und in eine Entstehungs- und eine Verwendungsrechnung aufgegliedert ist (vgl. Anmerkung 12), zum anderen die *Sozialrechnung*, „die zahlenmäßige Darstellung aller quantifizierbaren gesellschaftsbezogenen Aufwendungen eines Unternehmens im Berichtszeitraum sowie der betriebsindividuellen, direkt erfaßbaren gesellschaftsbezogenen Erträge" (vgl. Arbeitskreis „Sozialbilanz-Praxis" 1977, III. 1). Die Schwierigkeiten, zu einer realistischen Abschätzung der Wirkungen der Unternehmenstätigkeit zu gelangen, werden hierbei mit Hilfe einer inputorientierten Betrachtungsweise verdeckt. Der zwischenbetriebliche Vergleich wird dadurch erschwert, daß eindeutige Auswahlkriterien für in der Sozialrechnung zu berücksichtigende gesellschaftsbezogene Aufwendungen nicht gegeben werden (vgl. Übersicht 2).

Sozial- und Wertschöpfungsrechnung gehören zu den umstrittensten Teilen der gesellschaftsbezogenen Rechnungslegung. Ein kürzlich veröffentlichter, am Sozialindikatorenansatz orientierter Vorschlag des Deutschen Gewerkschaftsbundes (vgl. Arbeitskreis der Sachbearbeiter 1979) konzentriert sich so auf einen Katalog von Kennzahlen, wobei dem Mitarbeiterbereich überragende Bedeutung zukommt (vgl. Übersicht 3).

2.3 „Goal accounting and reporting"

Dieses Konzept wurde in der Bundesrepublik zuerst von der Deutschen Shell AG praktiziert (vgl. Dierkes 1978b, S. 28–30). Es beinhaltet, daß die Unternehmen sich in ihrer Sozialbilanz Ziele setzen, die nach Ablauf des Berichtszeitraums in der folgenden Sozialbilanz auf ihre Erfüllung hin überprüft werden. So ist auch das goal accounting auf die Verwendung von Indikatoren angewiesen. Hauptprobleme des Ansatzes sind Selektion, Formulierung und Operationalisierbarkeit der Unternehmensziele im Hinblick auf ihre Überprüfung. Die bisher realisierten Ansätze lassen hierbei große Mängel erkennen (vgl. Weitzig 1979, Budäus 1977, S. 196–199).

2.4 Zum Stand der empirischen Entwicklung der gesellschaftsbezogenen Rechnungslegung (vgl. Anmerkung 13)

Insgesamt läßt sich für die letzten Jahre eine stete Zunahme der gesellschaftsbezogenen Elemente in der betrieblichen Berichterstattung feststellen. Firmen mit ausführlicherer gesellschaftsbezogener Rechnungslegung entwickeln diese nicht aus dem Stand, sondern auf der Grundlage bereits vorher erstellter Teilberichte. Dabei geht die Entwicklung über die Veröffentlichung erweiterter Sozialberichte Ende der sechziger Jahre über eine Anreicherung mit der Wertschöpfungsrechnung hin bis zu einer Vollausschöpfung der vom Arbeitskreis „Sozialbilanz-Praxis" als Teile einer Sozialbilanz definierten Elemente bei einigen Firmen. Auf den einzelnen Stufen dieses Entwicklungsganges lassen sich jeweils Verharrungstendenzen feststellen.

Eine Analyse von 30 Berichten, die sowohl den konzeptionellen Stand wie auch die Entwicklung der gesellschaftsbezogenen Rechnungslegung seit 1975 repräsentieren, ergibt als die wesentlichen Zielgruppen der unternehmensseitigen Publikationen in erster Linie die Mitarbeiter sowie die interessierte Öffentlichkeit. Berücksichtigt man die Form, in der Sozialbilanzen publiziert werden – entweder integriert in den Geschäftsbericht, als eigenständige Broschüre oder als Teil der Werkszeitung –, so läßt sich ein Wandel gegenüber dem traditionellen Adressatenkreis dieser betrieblichen Berichterstattung höchstens ansatzweise erkennen.

Die quantitative Inhaltsanalyse zeigt einen im Rahmen der Sozialbilanz ausgesprochen dominanten Mitarbeiterbereich auf: Knapp 3/4 ihres Gesamtumfangs sind diesem im Durchschnitt gewidmet. Demgegenüber erreichen die anderen Bestandteile – natürliche Umwelt, Gesellschaft, Forschung und Entwicklung, Lieferanten, Konkurrenten, Konsumenten –, die sämtlich nicht von allen Firmen berücksichtigt werden, im Durchschnitt aller Unternehmen einzeln maximal 9 Prozent; besonders der Bereich Konsumenten liegt allerdings bei den Unternehmen, die ihn in ihrer Berichterstattung berücksichtigen, deutlich höher (über 20 Prozent). Auch im letzteren Fall bleibt allerdings die absolute Vorherrschaft des Mitarbeiterbereichs erhalten. Rechenwerke wie Wertschöpfungs- und Sozialrechnung spielen auch quantitativ in der gesellschaftsbezogenen Rechnungslegung eine große Rolle; je umfangreicher sie angelegt sind, desto kürzer sind im Mittel die inhaltlichen Ausführungen gehalten.

Der Versuch, auf der Grundlage von „Grundsätzen ordnungsgemäßer Buchführung" wie Wahrheit und Vollständigkeit, Klarheit, Vergleichbarkeit, Vorsicht und Wirtschaftlichkeit zu einer qualitativen Beurteilung der gesellschaftsbezogenen Rechnungslegung in den gängigen Berichtsdimensionen „verbale Darstellungen" und „verwendete Indikatoren" zu kommen, führt zu den folgenden wesentlichen Ergebnissen:

- der Bereich Mitarbeiter ist sowohl nach Grob- wie nach Feinstruktur das am besten erschlossene Bezugsfeld. Die Unterdimensionen sind allerdings qualitativ verschieden gut dokumentiert. Während die bereits in der gängigen Geschäftsberichterstattung üblichen Indikatoren Personalstand – mit Angaben zur Personalstruktur –, Personalaufwand einschließlich Sozialleistungen und Bildungsanstrengungen qualitativ relativ hochwertig ausfallen, sind die über Personalinformationssysteme weniger leicht erhebbaren Bereiche Arbeitsbedingungen, Betriebsklima und Mitbestimmung relativ schlecht erschlossen. Auffallend ist allgemein die Tendenz, Aufwands-, also Inputgrößen in den Vordergrund zu stellen; subjektive Indikatoren werden dagegen kaum verwendet, obgleich gerade durch sie die bisher qualitativ schlecht dokumentierten Berichtsdimensionen verbessert werden könnten.

- Sämtliche anderen Bereiche sind höchstens von Pionierunternehmen ansatzweise erschlossen: Während es im Bereich Mitarbeiter bereits gewisse implizite

Wertschöpfungsrechnung
(Verband der chemischen Industrie e. V.)

a) Ermittlung der Wertschöpfung (Entstehungsrechnung)

		Positionsnummer nach § 157 AktG
	Umsatzerlöse	1
±	Erhöhung oder Verminderung des Bestands an fertigen und unfertigen Erzeugnissen	2
+	andere aktivierte Eigenleistungen	3
=	Gesamtleistung	4
+	alle übrigen Erträge	7–15[1])
=	Unternehmensleistung	
–	Vorleistungen außer Abschreibungen	
	Aufwendungen für Roh-, Hilfs- und Betriebsstoffe sowie für bezogene Waren	5
	Verluste aus Wertminderungen oder dem Abgang von Gegenständen des Umlaufvermögens außer Vorräten und Einstellung in die Pauschalwertberichtigung zu Forderungen	21
	Aufwendungen aus Verlustübernahme	25
	Einstellungen in Sonderposten mit Rücklagenanteil[2])	
	Sonstige Aufwendungen	26
=	Wertschöpfung vor Abzug der Abschreibungen	
–	Vorleistungen aus Abschreibungen	
	Abschreibungen und Wertberichtigungen auf Sachanlagen und immaterielle Anlagewerte	19
	Abschreibungen und Wertberichtigungen auf Finanzanlagen mit Ausnahme des Betrags, der in die Pauschalwertberichtigung zu Forderungen eingestellt ist	20
	Verluste aus dem Abgang von Gegenständen des Anlagevermögens	22
=	Wertschöpfung (nach Abzug der Abschreibungen)	
	darin: außerordentliche Erträge gem. § 157 Abs. 1 Nr. 14 AktG[3])	

b) Verteilung der Wertschöpfung (Verwendungsrechnung)

		Positionsnummer nach § 157 AktG
an **Mitarbeiter**	(Löhne und Gehälter, soziale Abgaben, Aufwendungen für Altersversorgung und Unterstützung)	16–18
an **öffentliche Hand**	(Steuern vom Einkommen, vom Ertrag und vom Vermögen, sonstige Steuern, Lastenausgleichsvermögensabgabe)	24a + b
an **Darlehensgeber**	(Zinsen und ähnliche Aufwendungen)	23
an **Aktionäre/ Gesellschafter**	(auf Grund einer Gewinngemeinschaft, eines Gewinnabführungs- und eines Teilgewinnabführungsvertrages abgeführte Gewinne,	27
	Bilanzgewinn[4])	32
an **Unternehmen** (Rücklagenbildung)	(Gewinnvortrag/Verlustvortrag aus dem Vorjahr[5]),	29
	Entnahmen aus offenen Rücklagen,	30
	Überschuß in offene Rücklagen,	31
	Bilanzgewinn[6])/Bilanzverlust	32
Wertschöpfung		

[1]) incl. Erträge gemäß § 158 Abs. 6 AktG.
[2]) gemäß § 158 Abs. 6 AktG.
[3]) eventuell auch saldiert mit außerordentlichen Aufwendungen.
[4]) gegebenenfalls nur anteilig in Höhe der Dividendenausschüttung.
[5]) ein Gewinnvortrag wird wie eine negative Rücklagenbildung (Entnahme), ein Verlustvortrag wie eine Rücklagenzuführung behandelt; dies erklärt sich aus der für die Jahresabgrenzung erforderlichen Saldierung mit den übrigen hier ausgewiesenen Posten.
[6]) gegebenenfalls nur anteilig in Höhe des Gewinnvortrages auf neue Rechnung.

Übersicht 1: Wertschöpfungsrechnung (Verband der chemischen Industrie e. V.) (aus: Arbeitskreis „Sozialbilanz-Praxis“ 1977)

Inneres Beziehungsfeld

Art der Leistung			Aufwand der Saarbergwerke AG 1978 in 1000 DM	
A. Belegschaft				
I. Löhne, Gehälter (1)				**545.721**
II. Leistungen, die den Belegschaftsmitgliedern neben dem eigentlichen Lohn bzw. Gehalt direkt zufließen	1. Allgemein gewährt a) Jahresvergütung		50.040	
	b) Fahrgeld bzw. Bergarbeiterberufsverkehr		19.726	
	c) Vermögenswirksame Leistung (Arbeitgeber)		12.975	
	d) Deputate und Sachbezüge		35.613	
	Summe zu A. II. 1)		**118.354**	
	2. Aus besonderen Anlässen gewährt a) Verbesserungsvorschläge und Erfinderprämien		235	
	b) Zuwendungen an Arbeitsjubilare		941	
	c) Prämien für besonderen Einsatz		1.090	
	d) Unterstützung bei Krankheit und Tod		288	
	Summe zu A. II. 2)		**2.554**	
	Summe zu II.			**120.908**
III. Leistungen, die den Belegschaftsmitgliedern indirekt zufließen (incl. Leistungen zur sozialen Absicherung der Pensionäre und Hinterbliebenen)	a) Arbeitgeberbeitrag zur Rentenversicherung	(2)	93.098	
	b) Arbeitgeberbeitrag zur Krankenversicherung	(3)	35.824	
	c) Arbeitgeberbeitrag zur Arbeitslosenversicherung	(4)	8.943	
	d) Bergbauberufsgenossenschaft	(5)	49.949	
	e) Aufwand für die Zukunftssicherung aktiver Mitarbeiter sowie Leistungen für Pensionäre und Hinterbliebene	(6)	105.718	
	f) Leistungen auf Grund von Sozialplänen		5.867	
	Summe zu III.			**299.399**
	3. Wohnungs- und Siedlungswesen a) Wohnungswirtschaft	(7)	3.264	
	b) Beitrag zur Stiftung Wohnungsbau		594	
	Summe zu IV. 3)		**3.858**	
	4. Sonstiges a) Arbeits- und Schutzkleidung		2.978	
	b) von Saarberg übernommene Kosten der Kantinen		530	
	c) Feiern, Bergkapelle und Saarknappenchor		369	
	d) Mitarbeiterinformation		843	
	e) Sonstige Kosten für soziale Sicherheit und Betreuung		1.549	
	Summe zu IV. 4)		**6.269**	
	Summe zu IV.			**83.696**
	Inneres Beziehungsfeld			**1.049.724**

IV. Leistungen, die den Belegschaftsmitgliedern in ihrer Gesamtheit zufließen	1. Betriebsärztlicher Dienst, Arbeitswissenschaft und Unfallverhütung a) Arbeitsmedizin und Arbeitswissenschaft		4.948	
	b) Kinderferienaufenthalte und Familienbetreuung		815	
	c) Sicherheitsdienst unter Tage		24.140	
	d) Hauptrettungsstelle		2.914	
	Summe zu IV. 1)		**32.817**	
	2. Aus- und Weiterbildung a) Berufsausbildung und Bergingenieurschule		18.160	
	b) Ausbildungsvergütung		16.169	
	c) Lohnausgleich und Beihilfen bei Ausbildung, Umschulung und Weiterbildung		6.423	
	Summe zu IV. 2)		**40.752**	

Äußeres Beziehungsfeld

Art der Leistung			Aufwand der Saarbergwerke AG 1978 in 1000 DM	
B. Öffentlichkeit und Umwelt				
I. Forschung und Entwicklung		(8)		**11.171**
II. Öffentlichkeitsarbeit und Spenden				**2.300**
III. Umweltschutz	1. Luftreinhaltung	(9)	7.280	
	2. Gewässerschutz	(10)	6.669	
	3. Abfallbeseitigung	(11)	17.219	
	4. Lärmbekämpfung	(12)	880	
	5. Landschaftsschutz und -pflege	(13)	12.853	
	Summe zu III.			**44.901**
	Summe zu B.			**58.372**
C. Bund, Land, Kommunen, Behörden und Verbände	1. Steuern	(14)	50.403	
	2. Gebühren		891	
	3. Beiträge		6.219	
	4. Umlage Montanunion		2.281	
	Summe C.			**59.794**
	Äußeres Beziehungsfeld			**118.166**

Übersicht 2: Beispiel für eine Sozialrechnung
(aus: Sozialbilanz 1978 der Saarbergwerke AG, S. 36/37)

Katalog von arbeitsorientierten Indikatoren bzw. Kennzahlen – Gewerkschaftliche Forderungen zum Inhalt einer gesellschaftsbezogenen Rechnungslegung (Sozialbilanz) von Großunternehmen

Gliederung

1. Beschäftigung
   - 1.1 Personalbestand und Personalstruktur
   - 1.2 Fluktuation
   - 1.3 Kündigungsschutz
2. Einkommen
   - 2.1 Lohnformen und Verfahren zur Ermittlung des Leistungssolls
   - 2.2 Brutto-Löhne und Gehälter
   - 2.3 Zuschläge und Zulagen
   - 2.4 Sonstige Zahlungen und Leistungen
   - 2.5 Soziale Einrichtungen/Sachleistungen mit Einkommenseffekten
3. Arbeitszeit
   - 3.1 Länge der Arbeitszeit
   - 3.2 Arbeitszeiteinteilung
   - 3.3 Erholzeiten und Urlaub
4. Arbeitsgestaltung
   - 4.1 Veränderte Technik
   - 4.2 Arbeitsorganisation
   - 4.3 Gesundheit und Arbeitssicherheit
5. Qualifikation
   - 5.1 Qualifikationsstruktur
   - 5.2 Bildungsmaßnahmen und Bildungsaufwand
   - 5.3 Berufsausbildung
6. Mitbestimmung und Information
   - 6.1 Informationspolitik des Unternehmens
   - 6.2 Interessenvertretung der Arbeitnehmer
   - 6.3 Besondere Konflikte
7. Ökonomische Daten
   - 7.1 Produktion, Produktivität, Absatz
   - 7.2 Wertschöpfung, Einkommensverteilung
   - 7.3 Ausgabenpolitik des Unternehmens
8. Subventionierung/Belastung öffentlicher Haushalte
   - 8.1 Art der Subventionen
   - 8.2 Herkunft der Mittel
   - 8.3 Zielsetzung der Förderung, Art des Förderungsprogramms
   - 8.4 Indirekte Subventionierung
9. Umweltbelastung
   - 9.1 Ausmaß der Belastung
   - 9.2 Maßnahmen des Unternehmens zur Milderung der Belastung oder Kompensation
   - 9.3 Erfüllung von gesetzlichen Normen
10. Beitrag zur Erfüllung gesellschaftlicher Ziele
    - 10.1 Investitionen unter regionalem Gesichtspunkt
    - 10.2 Investitionen und Beschäftigung
    - 10.3 Produktpolitik

Erläuterung: „Inneres Beziehungsfeld“: Gruppe 1 bis 7
„Äußeres Beziehungsfeld“: Gruppe 8 bis 10

Übersicht 3: Katalog von arbeitsorientierten Indikatoren bzw. Kennzahlen (aus: Arbeitskreis der Sachbearbeiter . . . 1979)

Konventionen über Berichtsfelder und zugehörige Indikatoren zu geben scheint, steht die Entwicklung in den übrigen Bereichen noch am Anfang.

- Die Verfügbarkeit von Daten scheint allgemein eine wesentlichere Qualifikation für ihre Verwendung in Ansätzen zu einer gesellschaftsbezogenen Rechnungslegung zu sein, als eine unzweifelhafte Indizierung des abzudeckenden Bereichs. Schon daraus erklärt sich zum großen Teil, warum die Schwerpunkte der vorliegenden Ansätze in den traditionell datenmäßig gut erschlossenen Gebieten betrieblicher Berichtserstattung liegen.
- Die Wertschöpfungsrechnung wird von der Mehrzahl der Unternehmen vornehmlich unter verteilungspolitischen Gesichtspunkten eingesetzt. Bei ihrer Gestaltung wie auch bei derjenigen der Sozialrechnung, deren inhaltliche Bedeutung aus den vorliegenden Ansätzen zu einer gesellschaftsbezogenen Rechnungslegung nicht hervorgeht, spielen die Empfehlungen des Arbeitskreises „Sozialbilanz-Praxis" eine entscheidende Rolle.

Insgesamt ist die Qualität der gesellschaftsbezogenen Rechnungslegung deutscher Unternehmen noch höchst unterschiedlich. Entwicklungen, die von einigen Pionierunternehmen in die Wege geleitet worden sind – vor allen Dingen von der MIGROS und der Deutschen Shell AG –, zeigen aber, daß noch ein großes Potential für die weitere Verbesserung der Sozialbilanzen vorliegt.

Unternehmen, die eine gesellschaftsbezogene Berichterstattung ablehnen, geben dafür als Begründung rechnungstechnische Argumente (z. B. ungenügende betriebliche Statistiken), methodische Einwände (mangelnde Vergleichbarkeit, fehlende Konventionen, fehlende grundlegende Kriterien für eine derartige Berichterstattung), den geringen Informationswert über die herkömmliche Berichterstattung hinaus, die Verwendung anderer Informationswege, den relativ hohen Aufwand sowie die Infragestellung der Notwendigkeit einer derartigen Berichterstattung (kein Bedarf dafür vorhanden) an. Immerhin läßt sich feststellen, daß auch diejenigen Unternehmen, die die Sozialbilanz als Element einer gesellschaftsbezogenen Unternehmenspolitik nicht akzeptieren, sich intensiv mit den Vor- und Nachteilen eines solchen Konzeptes auseinandergesetzt haben (vgl. Anmerkung 14).

2.5 Ausblick

Während sich in der Veröffentlichungspraxis der gesellschaftsbezogenen Rechnungslegung bereits ansatzweise Konventionen in Aufbau und Indikatorenwahl abzeichnen, hat sich der Deutsche Gewerkschaftsbund aus seiner ursprünglich ablehnenden Haltung (vgl. DGB-Dokumentation 1977) gelöst und strebt nun die Publikation standardisierter Datensätze durch alle Unternehmen, die Sozialbilanzen veröffentlichen, an. Verhandlungen auf Betriebsebene sollen die Durchsetzung der gewerkschaftlichen Forderungen ermöglichen. Eine gesetzliche Publizitätspflicht wird von beiden Tarifparteien zur Zeit abgelehnt: Die Unternehmen möchten das Experimentierfeld nicht eingeschränkt sehen, die Gewerkschaften eine ihrer Auffassung nach unzureichende Praxis nicht gesetzlich festschreiben. Eine gesetzliche Regelung ist damit für die nächste Zukunft nicht zu erwarten.

Mögliche Entwicklungsschwerpunkte für die weitere Arbeit von Wissenschaft und Praxis an einer Verbesserung der gesellschaftsbezogenen Rechnungslegung hat Dierkes wie folgt angegeben (vgl. Dierkes 1978c, S. 213ff.):

- Entwicklung von Indikatoren in den Feldern, in denen vorläufige Konventionen bisher nicht zu finden sind, und Verbesserung der gängigen Sozialindikatoren. Dabei darf allgemein nicht die Unmöglichkeit vergessen werden, komplexe Vorgänge verbal oder indikatorenmäßig vollständig zu erfassen. Hier liegt eine prinzipielle Grenze der auf Sozialindikatoren basierenden Ansätze zu einer gesellschaftsbezogenen Rechnungslegung.
- Schematisierung und Komprimierung der Datenpräsentation – besonders zur Überwindung der häufig noch zu stark auf Public-Relations-Bemühungen traditioneller Prägung ausgerichteten Ansätze.
- Empirische Erforschung der Informationsbedürfnisse und Entwicklung eines Feedback-Systems mit diesen Bezugsgruppen.
- Weitere Standardisierung der Berichterstattung.
- Ausweitung des Anwendungsfeldes von Sozialbilanzen in den Dienstleistungsbereich und auch in den öffentlichen Sektor hinein.
- Nutzung der Sozialbilanz als internes Führungsinstrument.
- Schließlich „ist natürlich auch die ordnungspolitische Grundsatzdiskussion um die Rolle, Stellung und zukünftige Aufgaben von Sozialbilanzen im Rahmen einer gesellschaftsbezogenen Unternehmenspolitik und, damit verknüpft, die umfassendere Frage nach der gesellschaftlichen Rolle der Institution ‚Unternehmen' in einer entwickelten Marktwirtschaft erforderlich" (vgl. Dierkes 1978c, S. 218). Mit der Sozialbilanz wird der Tendenz nach ordnungspolitisches Grenzgebiet zwischen unternehmerischer Autonomie und öffentlicher Kontrolle betreten. Die Vermutung, daß sich gerade angesichts der konkreten Forderungen von Gewerkschaftsseite das Innovationstempo bei der Implementation von Sozialbilanzen vermindern könnte, ist daher nicht von der Hand zu weisen (vgl. Kondratowitz 1981).

Anmerkungen

1 Vgl. Dierkes 1978a, Gärtner 1979 (mit Literaturübersicht und einer Vielzahl im Bereich gesellschaftsbezogener Rechnungslegung verwendeter Begriffe).
2 Vgl. die Beispiele bei Wysocki 1978, S. 16.
3 Vgl. dazu das Grundlagenwerk Dierkes 1974.
4 Vgl. den repräsentativen Sammelband Dierkes/Bauer 1973.
5 Vgl. auch im folgenden Kondratowitz 1981.
6 Inzwischen hat die Bundesrepublik auf diesem Gebiet den international gesehen relativ höchsten Entwicklungsstand erreicht; vgl. Task Force 1979.

7 Vgl. dazu die empirischen Anmerkungen im Abschnitt 2.4.
8 Vgl. als geschlossensten Ansatz Eichhorn 1974.
9 Vgl. die Diskussion darüber zwischen Eichhorn 1976 und Wysocki 1976.
10 Vgl. z. B. die erste Pieroth-Sozialbilanz, teilweise enthalten in: Kittner/Mehrens 1977.
11 Vgl. Steinhausen 1975, Leipert 1978; eine praktische Umsetzung für einige Bereiche enthält Zapf 1977.
12 Der Arbeitskreis Sozialbilanz-Praxis folgt hierbei den Empfehlungen des Arbeitskreises „Das Unternehmen in der Gesellschaft“ 1975.
13 Den Ausführungen dieses Abschnitts liegen folgende Untersuchungen zugrunde, an denen der Autor mitgewirkt hat: Zur allgemeinen Verbreitung der gesellschaftsbezogenen Rechnungslegung und zu den von Unternehmensseite geäußerten Argumenten gegen Sozialbilanzen vgl. Dierkes/Ullmann 1979 (unter Verwendung weiteren, unveröffentlichten Materials), zu den speziellen Ausführungen über Struktur und Inhalt der vorliegenden Ansätze zu einer gesellschaftsbezogenen Rechnungslegung vgl. Dierkes/Hoff 1981.
14 Auf internationale Trends kann im Rahmen dieser knappen Ausführungen nicht eingegangen werden. (vgl. dazu Task Force 1979, Dierkes 1978b, Faltlhauser 1978).

Literatur

Arbeitskreis „Das Unternehmen in der Gesellschaft“ im Betriebswirtschaftlichen Ausschuß des Verbandes der Chemischen Industrie (1975): Das Unternehmen in der Gesellschaft. In: Der Betrieb, 28. Jg., Heft 5, S. 161–173.

Arbeitskreis „Sozialbilanz – Praxis“ (1977): Sozialbilanz heute. Sonderdruck.

Arbeitskreis der Sachbearbeiter „Gesellschaftsbezogene Rechnungslegung/Sozialbilanzen“ (1979): Abschlußbericht. Düsseldorf (Ms.).

Brockhoff, K. (1975): Zur externen gesellschaftsbezogenen Berichterstattung deutscher Unternehmen. Köln.

Budäus, D. (1977): Sozialbilanzen – Ansätze gesellschaftsbezogener Rechnungslegung als Ausdruck einer erweiterten Umweltorientierung? In: ZfB, 47. Jg., S. 183–202.

DGB-Dokumentation (1977): Sozialbilanzen. In: WSI-Mitteilungen, Heft 1, S. 55–56.

Dierkes, M. (1974): Die Sozialbilanz. Ein gesellschaftsbezogenes Informations- und Rechnungslegungssystem. Frankfurt/New York.

– (1978a): Was sind Sozialbilanzen? In: Pieroth 1978, S. 34–44.

– (1978b): Corporate Social Performance in Germany – Conceptual Developments, Practical Experience and Political Interests. IIUG-preprints. Wissenschaftszentrum Berlin.

– (1978c): Sozialbilanzen – Einige Gedanken zur konzeptionellen und politischen Entwicklung der letzten Jahre. In: Pieroth 1978, S. 202–221.

Dierkes, M., und R. A. Bauer (eds.) (1973): Corporate Social Accounting. New York/Washington/London.

Dierkes, M., und A. Hoff (1981): Sozialbilanzen und gesellschaftsbezogene Rechnungslegung – Eine empirische Analyse der bisherigen konzeptionellen Entwicklung. In: Hoffmann-Nowotny 1981, S. 9–67.

Dierkes, M., und A. Ullmann (1979): Wird die Offensive blockiert? In: manager magazin, Heft 7, S. 88–96.

Eichhorn, P. (1974): Gesellschaftsbezogene Unternehmensrechnung. Göttingen.

– (1976): Gesellschaftsbezogene Unternehmensrechnung und betriebswirtschaftliche Sozialindikatoren. In: Haeseler, H. R. (Hrsg.): Gemeinwirtschaftliche Betriebe und öffentliche Verwaltungen. Opladen, S. 159–169.

Faltlhauser, K. (1978): Unternehmen und Gesellschaft. Theorie und Praxis der Sozialbilanz. Bielefeld/Berlin.
Gärtner, U. (1979): Soziale Indikatoren – Sozialbilanzen. In: Literatur-Berater Wirtschaft, Heft 5, S. 3–10.
Hemmer, E. (1978): Sozialbilanzen. Konzepte und Realität. Köln.
Hoffmann-Nowotny. H.-J. (Hrsg.) (1981): Sozialbilanzierung. Soziale Indikatoren VIII. Frankfurt/New York.
Kittner, M., und K. Mehrens (1977): Gesellschaftsbezogene Rechnungslegung. In: WSI-Mitteilungen, Heft 1, S. 20–33.
Kondratowitz, H.-J. von (1979): Sozialbilanzen als Element sozialer Präventionsstrategien der Unternehmen. In: Hoffmann-Nowotny 1981, S. 177–193.
Küller, H.-D. (1977): Sozialbilanzen – neues Instrument unternehmerischer Abwehrstrategien. In: WSI-Mitteilungen, Heft 1, S. 33–40.
Leipert, C. (1978): Gesellschaftliche Berichterstattung. Eine Einführung in Theorie und Praxis sozialer Indikatoren. Berlin/Heidelberg/New York.
Ordelheide, D. (1976): Gesellschaftsorientierte Unternehmensberichterstattung. In: ZfbF-Kontaktstudium 28, S. 143–152.
Pieroth, E. (Hrsg.) (1978): Sozialbilanzen in der Bundesrepublik Deutschland. Ansätze, Entwicklungen, Beispiele. Düsseldorf/Wien.
Steinhausen, J. (1975): Soziale Indikatoren als Elemente eines gesellschaftlichen Planungs- und Steuerungssystems. Meisenheim.
Task Force on Corporate Social Performance (1979): Corporate Social Reporting in the United States and Western Europe, US. Department of Commerce. Washington.
Weitzig, J. K. (1979): Gesellschaftsorientierte Unternehmenspolitik und -verfassung. Berlin/New York.
Werner, R. (1975): Soziale Indikatoren und politische Planung. Reinbek.
Wysocki, K. v. (1976): Meß- und Bewertungsprobleme der sozialen Rechnungslegung. In: Haeseler, H. R. (Hrsg.): Gemeinwirtschaftliche Betriebe und öffentliche Verwaltungen. Opladen, S. 171–180.
– (1978): Das Unternehmen in seiner Umwelt – Möglichkeiten und Grenzen der Sozialbilanz. In: Pieroth 1978, S. 15–33.
Zapf, W. (Hrsg.) (1977): Lebensbedingungen in der Bundesrepublik. Frankfurt/New York.

III. Öffentlichkeitsarbeit und Marketing

Günther Haedrich

1. Marketing als unternehmerische Führungskonzeption

Unter der Führungskonzeption eines Unternehmens – dabei bleibt offen, ob es sich um einen erwerbswirtschaftlichen oder nicht erwerbswirtschaftlichen Anbieter handelt – kann man den *zentralen Orientierungsrahmen* verstehen, der die Realisierung der Unternehmensziele und des daraus abgeleiteten unternehmerischen Zielsystems gewährleistet. Diese Führungskonzeption wird in jedem Falle durch die Geschäftsleitung verkörpert, die unabhängig von Art und Struktur des unternehmerischen Führungssystems entscheidend bei der Festlegung des Zielsystems beteiligt ist.

Wir lassen den Inhalt der Unternehmensziele hier undiskutiert und deuten nur allgemein an, daß die *Wahrung der Existenzfähigkeit* des Unternehmens in jedem Falle eine ausschlaggebende Rolle spielen wird. Ob damit im Einzelfalle dann die Zielsetzung zusammenhängt, den unter den gegebenen Umständen höchstmöglichen Gewinn zu erwirtschaften, hinzunehmende Verluste zu minimieren bzw. angestrebte außerökonomische Ziele zu realisieren, sei dahingestellt. In der Regel wird sich das Unternehmensziel aus verschiedenen Zielkomponenten zusammensetzen, und es kommt darauf an, die einzelnen Komponenten mindestens längerfristig in eine ausgewogene Relation zu bringen, um die unternehmerische Existenz zu gewährleisten. Das unternehmerische Zielsystem setzt sich aus dem Unternehmensziel und aus Zielen für einzelne Hauptabteilungen, Abteilungen und Stellen im Unternehmen zusammen. Genauso wie das Unternehmensziel den Orientierungsrahmen für die Geschäftsleitung absteckt, stellen die Ziele auf einzelnen Ebenen des Unternehmens mehr oder weniger konkrete Handlungsrichtlinien dar, die einzelne Stellen im Unternehmen veranlassen sollen, entsprechend ihrer organisatorischen Einordnung und ihren Aufgaben bestmöglich an der Erfüllung des Unternehmensziels mitzuwirken.

Je nachdem, in welcher Marktsituation sich das Unternehmen nun befindet – m. a. W. abhängig davon, ob es beispielsweise eine quasi-monopolistische Stellung am Markt hat, auf einem Markt mit starkem Wettbewerbsdruck und Angebotsüberhang tätig ist oder ob eine starke Nachfrage nach seinen Produkten besteht, die nicht befriedigt werden kann – wird die unternehmerische Führungskonzeption in der Realität anders formuliert sein. Kotler spricht von vier Phasen, die den unterschiedlichen Orientierungsrahmen deutlich zum Ausdruck bringen: Von der Phase der *Produktionsorientierung*, der *finanziellen Orientierung*, der *Verkaufsorientierung* und der *Marketingorientierung* der Anbieterseite (vgl. Kotler 1974, S. 15). Dieser Verhaltenskatalog müßte heute ergänzt werden um das *Streben nach sozialer Akzeptanz*, das viele Unternehmen zu einer Revision ihrer Ziele und Maßnahmen veranlaßt.

Obwohl sich – im Zuge der Veränderung der Märkte – im Zeitablauf einzelne Phasen deutlich in den Vordergrund geschoben haben und ständig mit einer Erweiterung des genannten Orientierungsrahmens gerechnet werden muß, ist diese Aufzählung nicht ausschließlich unter zeitlichem Aspekt zu sehen, sondern das unternehmerische Führungskonzept stellt jeweils die Antwort auf konkrete Marktkonstellationen dar. Das Unternehmen strebt längerfristig an, sich an dem „Minimumsektor" auszurichten (vgl. Gutenberg 1971, S. 164f.). „Minimumsektor" kann die Produktion sein, wenn beispielsweise Absatzchancen durch Engpässe in der Produktion nicht ausgenutzt werden können. Das kann von einem Monopolisten aus gesehen auch unter heutigen Aspekten der Fall sein; ob diese Betrachtung allerdings auch unter längerfristigem Blickwinkel zutreffend ist, mag dahingestellt bleiben, denn der rasche Wandel der Anbieter- und Abnehmermärkte bedeutet für monopolähnliche Angebote im allgemeinen nur zeitlich begrenzt monopolistische Absatzchancen.

Kotler macht an einer graphischen Skizze deutlich, worin der *Übergang von der Verkaufsorientierung zur Marketingorientierung* besteht (Kotler 1974, S. 17). Wir geben diese Darstellung als Abb. 1 wieder.

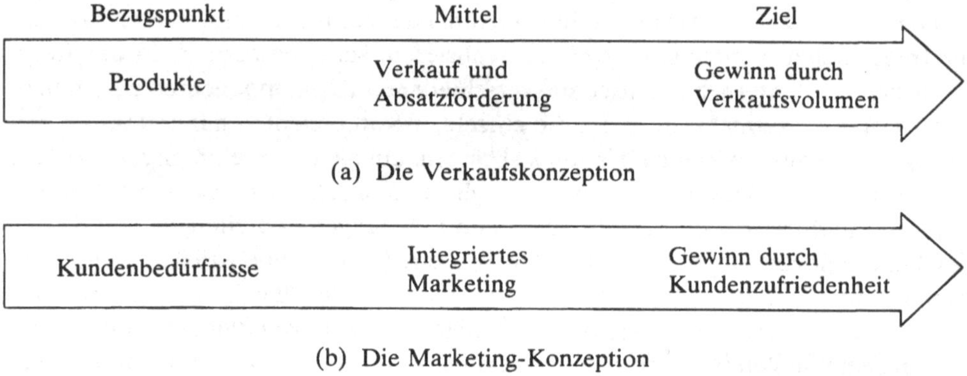

Abb. 1: Gegenüberstellung der Verkaufs- und der Marketing-Konzeption

Wichtig ist die *Reihenfolge des Planungsablaufs*: Nicht die produzierten Erzeugnisse stehen am Anfang, sondern die *Kundenbedürfnisse*. Diese Planungsabfolge ist vor allem für erwerbswirtschaftliche Anbieter relevant, da sich diese heute in ganz besonderem Maße auf die Wünsche der Abnehmerseite einzurichten haben.

Im folgenden werden wir uns mit den Implikationen der Führungskonzeption Marketing befassen. Dabei werden wir uns vor allem mit dem Begriff des „integrierten Marketing" näher auseinandersetzen müssen, außerdem mit verschiedenen Erweiterungsmöglichkeiten, die die Marketingkonzeption in letzter Zeit erfahren hat.

2. Implikationen der Führungskonzeption Marketing

Raffée trifft zweifellos den Kern, wenn er einräumt, „daß zumindest im deutschen Sprachgebrauch der Begriff Marketing in Gefahr ist, zum Schlagwort zu degenerieren" (Raffée 1974, S. 106). Das liegt daran, daß der Begriff unscharf ist, wozu nicht zuletzt widersprüchliche wissenschaftliche Definitionen beigetragen haben. Auch die überwiegend praktizierte Einengung des Begriffs auf den erwerbswirtschaftlichen Bezugsrahmen bereitet zunehmend Schwierigkeiten.

Besonders häufig trifft man in der Praxis Marketing als neue Vokabel für „Verkauf" an, wobei in der Regel differenzierte Absatzinstrumente eingesetzt werden und eine organisatorische Koordinationsstelle geschaffen worden ist, die für die Effizienz der „Verkaufskonzeption" verantwortlich zeichnet. Die *Denkhaltung,* die einer Führungskonzeption eigen ist und die – wie wir gezeigt haben – von der obersten Unternehmensleitung ausgeht und in konkreten Unternehmenszielen sowie einem daraus abgeleiteten unternehmerischen Zielsystem gipfelt, kommt dabei jedoch nicht zum Tragen.

Was ist das Besondere an der „marketingorientierten Denkhaltung" des Unternehmens?

Wir versuchen in Abb. 2, die Antwort auf diese Frage durch die graphische Darstellung des unternehmerischen Zielsystems zu geben (Haedrich 1976, S. 33 f.).

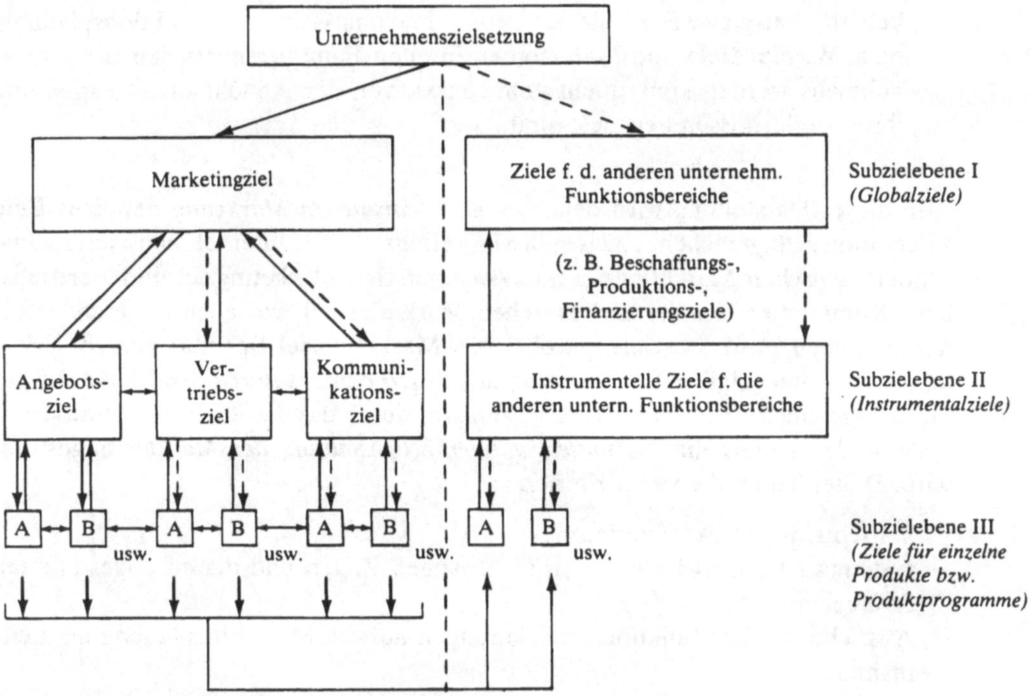

Abb. 2. Ableitung der Kommunikationsziele aus den Unternehmenszielen

Wie ersichtlich, ist das Marketingziel *Leitziel* des Unternehmens in mehrfachem Sinne:

(1) *Das Unternehmensziel ist vorrangig mit dem Marketingziel abzustimmen.* Bei Divergenz genießt das Marketingziel Priorität – mit der Maßgabe, daß damit längerfristig ein „Einpendeln" auf das Unternehmensziel gewährleistet ist (Beispiel: Marktanteilsplanung genießt Priorität vor Gewinnplanung und kann zu einer Revision der Unternehmenszielsetzung führen; allerdings wird dadurch längerfristig eine Annäherung an die Unternehmenszielsetzung erwartet).
(2) *Das Marketingziel ist für die Angebotszielplanung (betreffend die Produkt- und Preisplanung) maßgebend.* Nicht das produzierte Produkt mit seinem – aus der internen Kalkulation abgeleiteten – Preis steht am Anfang, sondern die Zielsetzung, ein Produkt in einer bestimmten, marktadäquaten Weise zu gestalten.
(3) Die Instrumente Distribution und Kommunikation dienen dazu, das marktgerecht gestaltete Angebot der Abnehmerzielgruppe zugänglich zu machen und bei den Abnehmern ein positives wettbewerbsabgrenzendes Image aufzubauen.
(4) *Ziele für die anderen Funktionsbereiche des Unternehmens werden erst dann formuliert, nachdem die Anforderungen der Marketingplanung festliegen.* Das betrifft beispielsweise die Finanz-, Personal- und Produktionsplanung, m. a. W. die Ziele und Maßnahmen in allen Funktionsbereichen des Unternehmens werden konsequent vom Markt, von der Abnehmerzielgruppe und ihren Bedürfnissen her, bestimmt.

In dieser Darstellung wird der *integrative Ansatz im Marketing* deutlich: Eine Integration erfolgt nicht nur zwischen Marketingziel und Unternehmenszielsetzung, sondern zwischen Marketingziel und Angebotsziel, Marketingziel und Vertriebs- bzw. Kommunikationsziel und zwischen Marketingziel und allen anderen unternehmerischen Funktionszielen, wobei das Marketingziel Priorität genießt. Marketing bedeutet folglich die *Steuerung des Unternehmens durch den Markt* auf der Grundlage eines *integrierten Planungssystems*, durch das die Realisierung des Zielsystems des Unternehmens *mittels aktiver Mitgestaltung des Marktes* angestrebt wird. Dabei haben die vier Kriterien

– konsequente Marktorientierung
– systematische Entwicklung von langfristigen Zielen und darauf abgestimmten Strategien
– Ausrichtung aller funktionalen Planungen auf die Marketingplanung als Leitplanung
– aktive Mitgestaltung des Marktes

konstitutiven Charakter.

Die integrierte Führungskonzeption Marketing hat – richtig verstanden – erhebliche Auswirkungen auf die Verhaltensweise aller Mitarbeiter im Unternehmen: Nicht nur die Unternehmensspitze denkt in kundenbezogenen Kategorien, sondern ebenso alle Mitarbeiter in den Planungsabteilungen für einzelne Produkte (Produkt-Managements), nicht zuletzt auch die Mitarbeiter in allen anderen Funktionsbereichen, hierarchisch gesehen bis hinab zu den untersten Verästelungen der Organisationspyramide. Die Unternehmensleitung sorgt dafür, daß sich diese Marketing-Denkhaltung konsequent durchsetzt, und die Marketingleitung ist ihrerseits eine wichtige Koordinationsstelle, die die Marketingplanung mitentwickelt und überwacht und die dafür sorgt, daß das unternehmerische Zielsystem und alle in diesem Zusammenhang eingeleiteten Entscheidungen auf die übergeordneten Marketingziele ausgerichtet sind.

3. Weiterentwicklung der Marketingkonzeption

An dieser Stelle ist es wichtig, auf einzelne Weiterentwicklungen der Marketingkonzeption hinzuweisen. Zunächst ist es realistisch davon auszugehen, daß das hier als Führungskonzeption beschriebene „Absatzmarketing" durch andere marktgerichtete Führungskonzeptionen ergänzt werden kann, z. B. bei Engpässen auf den Finanz-, Beschaffungs- bzw. Personalmärkten. Man spricht in diesen Fällen von Finanz-, Beschaffungs- bzw. von Personalmarketing; die Planungs- und Abstimmungsprozesse in diesen „Primärfunktionen" erfolgen analog denen des „Absatzmarketing", wobei entsprechende Instrumentarien entwickelt werden müssen (vgl. Demarchi, 1974; Schmidbauer, 1975). Beispielsweise kann in Verknappungssituationen „das Beschaffungs-Marketing als Denkhaltung mit dem absatzmarktorientierten Marketing in Konkurrenz treten und es u. U. verdrängen" (Raffée 1974, S. 108).

Eine zweite Erweiterungsmöglichkeit bietet sich neuerdings im Hinblick auf die immer notwendiger werdende Einbeziehung nicht erwerbswirtschaftlicher Organisationen in die Marketingkonzeption an. Kotler und Levy verstehen das als „Broadening the Concept of Marketing" (vgl. Kotler und Levy 1969, S. 10ff.). Den Hintergrund dafür bildet die Erweiterung des Marketingbegriffs schlechthin auf das von einer Organisation angestrebte „wirksame Management der Austauschbeziehungen mit den verschiedenen Märkten und Interessengruppen" (Kotler 1978, S. VII). Als Beispiele für Austauschbeziehungen führt Kotler neben kommerziellen Transaktionen Lohnleistungstransaktionen (zwischen Arbeitgeber und Arbeitnehmer), öffentlich-private (z. B. zwischen Polizei und Bürger), religiöse (z. B. zwischen der Kirche und ihren Mitgliedern) und karitative Transaktionen (zwischen karitativen Organisationen und Spendern) an. Derartige Austauschbeziehungen sind stets durch den *gegenseitigen Austausch von Leistungen* charakterisierbar: Lohnleistungen des Arbeitsgebers werden gegen produktive Leistungen des Arbeitnehmers eingetauscht, Schutzleistungen der Polizei gegen Steuern und kooperatives Verhalten, religiöse Leistungen der Kirche gegen Kirchenbeiträge und die Mitwirkung ihrer Mitglieder an kirchlichen Gestaltungsaufgaben, schließlich das Selbstwertgefühl, das karitative Organisationen vermitteln können, gegen Spendenbeiträge (vgl. Kotler 1978, S. 25). In diesem Zusammenhang ist zunächst die *Definition der „Marketing-Zielgruppe“* bedeutsam, die – anders als beim kommerziellen Marketing – wesentlich weiter gefaßt sein kann und unter Umständen in zahlreiche Teilgruppen zergliedert werden muß. Außerdem wird die Formulierung neuartiger Zielkategorien und die angemessene Gestaltung von Maßnahmen notwendig, wobei beim kommerziellen Marketing zwar hin und wieder Anleihen gemacht werden können, eine blinde Übertragung der dort herrschenden Gesetzmäßigkeiten aber sicherlich fragwürdig bleiben muß.

Ähnlich problematisch ist die ungeprüfte Übertragung des Marketing-Gedankengutes auf *organisationsinterne Austauschprozesse,* die durch das „Generic Concept of Marketing“ angesprochen wird (vgl. Kotler 1972, S. 46ff.). Kotler bezieht in derartige Austauschprozesse alle sozialen Einheiten ein, seien es Organisationen, Personengruppen oder Einzelpersonen innerhalb der Organisation (vgl. Kotler 1972, S. 48). Hier besteht leicht die Gefahr, daß der Marketingbegriff verwässert wird; Raffée weist mit Recht darauf hin, daß dafür gesorgt werden sollte, daß es sich um *zweckgerichtete* Werttransaktionen handelt (vgl. Raffée 1974, S. 111).

Schließlich ist eine „*Vertiefung*“ der Marketingkonzeption vorgeschlagen worden (vgl. Enis 1973, S. 57ff.); dieser Ansatz wird besonders deutlich in dem „Human Concept“ als Unternehmenskonzeption (vgl. Dawson 1969, S. 29f.). Neben ökonomischen Zielen müssen nach der Ansicht von Dawson in immer stärkerem Maße humanitäre Zielvorstellungen in die Planung des kommerziellen Marketing einbezogen werden, die ihren Ausdruck u. a. in ethisch-moralischen und ökologischen Anforderungen an die Unternehmen finden können. Eine derartige „Vertiefung“ des kommerziellen Marketing ist notwendig, um die Existenz der Unternehmen langfristig sicherzustellen. Die Unternehmen sind gezwungen, sich gegenüber ihrer Umwelt zu öffnen, indem in die Gestaltung der Unternehmensaktivitäten nicht nur interne, sondern mehr und mehr auch externe Zielvorstellungen (z. B. ökologische Ziele der Umwelt) einbezogen werden.

Ohne die hier gegebenen Ansatzpunkte zu überfordern, ist eine gewisse positive Resonanz nicht zu verkennen; wie Raffée u. E. richtig sieht, wird zum einen „mit der ethischen Dimension ein *kritisches Potential* erschlossen, das die öffentliche Diskussion beeinflussen könnte ... zum anderen dürfte sich die Thematisierung marketing-ethischer Probleme auch unmittelbar auf unternehmerisches Handeln auswirken“ (Raffée 1979, S. 34f.). Das gilt nicht nur für erwerbswirtschaftliche Unternehmen, sondern für Institutionen aller Art. Die Einbeziehung organisationsinterner Austauschprozesse in die Marketingkonzeption kann u. a. bedeuten, daß stärker als bisher auf die Zielvorstellungen der Arbeitnehmer bei dem Entwicklungs- und Abstimmungsprozeß betreffend das unternehmerische Zielsystem Rücksicht genommen wird. Letztlich ist auch deutlich geworden, daß Marketing nicht nur die aktive Einflußnahme auf Absatzmärkte einschließt, sondern eine umfassende Führungskonzeption darstellt, die grundsätzlich auf die Beseitigung von Engpässen und damit auf die bestmögliche Realisierung unternehmenspolitischer Ziele und Strategien ausgerichtet ist.

Diese Erweiterungs- bzw. Vertiefungsansätze sind besonders im Zusammenhang mit der Frage von Bedeutung, welche Stellung die Öffentlichkeitsarbeit im Marketing als Führungskonzeption einnimmt.

4. Auswirkungen der Marketingkonzeption auf die Einordnung von Öffentlichkeitsarbeit

Die Tatsache, daß Marketing als Aufgabe der obersten Unternehmensleitung dargestellt und daß ein klarer Trennungsstrich zwischen der Funktion Marketing gleich Verkauf und einer umfassenden Führungskonzeption Marketing gezogen worden ist, macht eine neue Betrachtungsweise der Einordnung von Öffentlichkeitsarbeit in die Unternehmung notwendig. Marketing als Führungskonzeption will einen internen und externen Bedingungsrahmen für das Unternehmen schaffen, in dem es sich im Wettbewerb auf allen relevanten Märkten behaupten und Vorteile gegenüber den Wettbewerbern erwirtschaften kann, um auf diese Weise langfristig seine Existenz zu sichern. Es geht darum, die Frage zu beantworten, welche Rolle der Öffentlichkeitsarbeit in einer derartigen Führungskonzeption zufällt.

Eine so formulierte Unternehmenspolitik ist der Aufgabendefinition von Öffentlichkeitsarbeit sehr ähnlich, wie wir sie beispielsweise bei Ross finden: „The simple purpose of public relations activity is to help the organization obtain and maintain a social climate in which it can prosper best“ (Ross 1977, S. 9). Dabei setzt Ross Public Relations mit „externer Öffentlichkeitsarbeit“ gleich. Diese zentrale Aufgabe stützt Ross durch verschiedene Forderungen ab: „Das PR-Management im Unternehmen hat die Verantwortung dafür, daß unternehmerische Entscheidungen so gefällt werden, daß damit die bestmögliche Entwicklung der Organisation in ihrer Umwelt gewährleistet wird ... Der PR-Manager muß das Verhalten der Organisation beobachten und durch Zusammenarbeit mit den unternehmerischen Funktionsbereichen sicherstellen, daß sich die Organisation aus der Sicht der Öffentlichkeit richtig verhält ... Die Organisation existiert nur durch öffentlichen Konsens, und ihre Existenz ist nur insoweit gerechtfertigt, als sie in den Augen der Gesellschaft Beiträge für die Gesellschaft leistet. Das Public Relations-Management muß die geplanten Entscheidungen und die Handlungsweisen der Organisation beobachten um zu gewährleisten, daß die Bilanz zwischen Gewinn auf der einen und Berücksichtigung des öffentlichen Interesses auf der anderen Seite ausgeglichen ist.“ (Ross 1977, S. 48f.).

Wie wir gesehen haben, handelt es sich bei den Umweltbeziehungen des Unternehmens nicht nur um Austauschprozesse mit Blickrichtung auf den Absatzmarkt, sondern um Wechselbeziehungen mit vielfältigen Interessengruppen, für die dieser Forderungskatalog an die externe Öffentlichkeitsarbeit Gültigkeit hat. Marston führt in diesem Zusammenhang den modernen Terminus des „Corporate Image" an: „By corporate image, then, we mean simply the mental pictures that people have in their heads about companies and corporations. These mental pictures may come from direct or indirect experience. They may be rational or irrational, depending on evidence or hearsay, appear in an infinite number of patterns. The fundamental reality of mental pictures in people's heads is evident to all" (Robinson and Barlow 1959, zit. nach Marston 1979, S. 129). Die Aufgabe für Public Relations setzt Marston gleich mit „doing something about the Corporate Image" (Marston 1979, S. 131).

Der Schritt zur Einbeziehung der *internen Öffentlichkeitsarbeit* ist nun nicht mehr schwierig, wenn man von der Erfahrung ausgeht, daß der Markterfolg eines Unternehmens von der Leistung *sämtlicher Mitarbeiter*, m. a. W. von der Akzeptanz der Unternehmenspolitik durch eine möglichst große Zahl der Mitarbeiter in den Funktionsbereichen und auf den verschiedenen Hierarchiestufen, beeinflußt wird; nicht zuletzt ist auch die informelle Kommunikation der Mitarbeiter einer Institution mit der Umwelt ein wichtiges Moment, das das „Corporate Image" eines Unternehmens formt und die formale Kommunikation unterstützt, ihr aber auch zuwiderlaufen kann.

Die notwendige organisatorische Einordnung des Leiters der Abteilung Öffentlichkeitsarbeit kann auf der Basis der diskutierten Sachverhalte nicht strittig sein: Wenn Öffentlichkeitsarbeit direkter Ausfluß der Unternehmenspolitik ist, ist ihm ein Platz in der Unternehmensleitung zuzuweisen – ob als Stab oder Linie, sei dahingestellt, da sich die Grenzen zwischen Stabs- und Linienstellen in der Praxis immer stärker verwischen. Eine organisatorische Eingliederung in die Marketingabteilung, der die markt- und produktbezogene Planung und Koordination der Unternehmensaktivitäten obliegt, würde mit der gesamtunternehmerischen Denkweise zwangsläufig in Kollision geraten müssen (vgl. Haedrich 1976, S. 48).

Andererseits ist unseres Erachtens die Frage diskussionswürdig, ob Public Relations nicht die „Basis für alle kommunikationspolitischen Maßnahmen, ... darüber hinaus für sämtliche absatzpolitischen Aktivitäten" bilden sollten (Haedrich 1976, S. 46; in diesem Sinne auch Nieschlag et al. 1976, S. 381), oder ob damit bereits falsche Weichen gestellt werden im Hinblick auf die Kopflastigkeit der Öffentlichkeitsarbeit in Richtung Absatzmarkt.

Die Ansicht, daß Öffentlichkeitsarbeit das Fundament für jede Kommunikation darstellt, würde nichts an der oben postulierten organisatorischen Eingliederung der Abteilung Öffentlichkeitsarbeit ändern, sondern lediglich bedeuten, daß die Kommunikation des Unternehmens mit seiner Umwelt unteilbar ist. Um ein einheitliches „Corporate Image" aufzubauen, muß die Kommunikation des Unternehmens nach außen eindeutig sein, ob es sich um Werbung für bestimmte Produkte oder Dienstleistungen, um Verkaufsförderung oder um Public Relations handelt. Eine „Angleichung von Gesamtinteressen und Teilinteressen oder zwischen öffentlichen Interessen und privaten Interessen" (Hundhausen 1967, S. 40) „kann nur in dem Sinne verstanden werden, daß das Unternehmen eine langfristig tragfähige Plattform erarbeitet, um von hier aus auf eine günstige Positionierung des Gesamtunternehmens in der Öffentlichkeit bzw. auf eine nachhaltige Verbesserung seiner Ausgangssituation einwirken zu können" (Haedrich 1976, S. 47).

Verfolgt man diesen Gedankengang konsequent weiter, so unterliegt auch die unternehmensinterne Öffentlichkeitsarbeit dem gleichen Grundsatz; zwar ist die Richtung der Kommunikation eine andere, aber die Orientierung wird durch die allgemeinen Prinzipien der Unternehmenspolitik und durch festgelegte Führungsrichtlinien gesteuert. Eine Institution kann z. B. nicht glaubwürdig nach außen die Idee vertreten, humanitäre Zielkomponenten bei seiner Gestaltungstätigkeit zu berücksichtigen, sich nach innen jedoch dem Gedanken einer Partizipation der Mitarbeiter verschließen; das würde langfristig einen unüberbrückbaren Widerspruch bewirken, der der Existenzsicherung des Unternehmens abträglich ist.

Öffentlichkeitsarbeit ist kein Marketinginstrument, gleichzusetzen beispielsweise mit den übrigen Kommunikationsinstrumenten des Absatzmarketing, sondern ist zentrales Kommunikationsinstrument einer marketingorientierten Unternehmenspolitik, das den Dialog mit allen relevanten externen Märkten und Interessengruppen und den internen Dialog fördert und auf diesem Wege dazu hilft, die unternehmerischen Ziele in Abstimmung mit den beteiligten Interessengruppen bestmöglich zu realisieren. In jedem Falle kommt es auf die in der Unternehmens- und Marketingpolitik verankerte *Einheitlichkeit* aller internen und externen Kommunikationsmaßnahmen an, um für das Unternehmen ein positives Corporate Image aufzubauen und zu erhalten.

Literatur

Dawson, L. M. (1969): The Human Concept: New Philosophy for Business. In: Business Horizons, Dez.

Demarchi, Ch. (1974): Beschaffungsmarketing. Düsseldorf/Wien.

Enis, B. M. (1973): Deepening the Concept of Marketing. In: Journal of Marketing Vol. 37.

Gutenberg, E. (1971): Grundlagen der Betriebswirtschaftslehre. 1. Band: Die Produktion. 18. Auflage. Berlin/Heidelberg/New York.

Haedrich, G. (1976): Werbung als Marketinginstrument. Berlin/New York.

Hundhausen, C. (1967): Public Relations. Essen.

Kotler, Ph., und S. Levy (1969): Broadening the Concept of Marketing. In: Journal of Marketing Vol. 33.

Kotler, Ph. (1972): A Generic Concept of Marketing. In: Journal of Marketing Vol. 36.

– (1974): Marketing Management. 2. überarbeitete Aufl. Stuttgart.

– (1978): Marketing für Nonprofit Organisationen. Stuttgart.

Marstón, J. E. (1979): Modern Public Relations. New York usw.

Nieschlag, R. et al. (1976): Marketing, 9. Auflage. Berlin.

Raffée, H. (1974): Grundlagen der Betriebswirtschaftslehre. Göttingen.

– (1979): Marketing und Umwelt. Stuttgart.

Ross, R. D. (1977): The Management of Public Relation. New York usw.

Schmidbauer, H. (1975): Personal-Marketing. Essen.

IV. Unternehmensinterne Öffentlichkeitsarbeit

1. Der Bedingungsrahmen für die unternehmensinterne Öffentlichkeitsarbeit

Wilhelm Scior

1.1 Kommunikationsziele

Das Bedürfnis nach Information und der Wunsch nach Partizipation hat allgemein, deutlich erkennbar im Beziehungsfeld Unternehmen und Gesellschaft, zugenommen; dort, wo dem nicht oder nicht ausreichend bzw. nicht rechtzeitig entsprochen wird, entstehen Konflikte. Um dieses Konfliktpotential nicht weiter anwachsen zu lassen, müssen sich die Unternehmen mehr denn je den gesellschaftlichen Herausforderungen stellen. Diese Forderungen werden zunehmend akzeptiert für die Beziehung zwischen Unternehmen und Kommunen, Unternehmen und Konsumenten sowie für die Beziehung Unternehmen und Umwelt. Nicht zuletzt stellt sich diese Notwendigkeit jedoch auch für das Beziehungsfeld zwischen Unternehmen und Mitarbeitern. In vielen Fällen sind Spannungen und Konflikte im Unternehmen auf ungenügende Information über Entscheidungszusammenhänge bzw. auf eine nicht vorhandene Beteiligung der Mitarbeiter am Prozeß der Entscheidungsfindung zurückzuführen.

Daß das Management diesem, z. T. latenten Verlangen nach Kommunikation und Partizipation vielfach nur unzureichend Rechnung trägt, hat verschiedene Gründe. Einer ist sicher die Nichtbeachtung von Kommunikation als Führungsinstrument und eine ungenügende Kenntnis der Informationsbedürfnisse der Mitarbeiter.

Unternehmensinterne Öffentlichkeitsarbeit wird in der Regel als Information „von oben nach unten" verstanden, was eine Partizipation der Mitarbeiter am Kommunikationsprozeß ausschließt. Fürstenberg beschreibt diese Informationsart wie folgt:

„Die industrielle Arbeitswelt wird in zunehmendem Maße durch sehr komplexe, teilweise sogar abstrakte und sich zudem rasch verändernde Wirkungszusammenhänge gekennzeichnet. Trotz ihrer immer geringer werdenden Durchsichtigkeit besteht für den arbeitenden Menschen der Zwang, richtig und d. h. situations- und zieladäquat zu handeln. Hierzu ist eine hinreichende Information unerläßlich. Je weniger die Möglichkeit besteht, die das eigene Handeln bestimmende Umwelt unmittelbar zu erfahren, desto größer wird der Wunsch, sich zuverlässig, rechtzeitig und umfassend zu orientieren. Wir können also davon ausgehen, daß in jedem modernen Unternehmen nicht nur ein großes Informationsbedürfnis besteht, sondern daß Information geradezu die Grundlage jedes Arbeitsablaufs und damit auch der betrieblichen Zusammenarbeit bildet." (Fürstenberg 1971, S. 12)

Die Unternehmensleitung muß sich dessen bewußt sein, daß sie mit der praktizierten Informationspolitik die Kommunikation der Mitarbeiter untereinander und die Kommunikation zwischen Mitarbeiter und Unternehmensleitung in ganz charakteristischer Weise ausrichtet. Jedes Unternehmen übt auf seine Mitarbeiter einen bestimmten Verhaltensdruck aus. Gewünschte Verhaltensweisen wie Pünktlichkeit, Leistungsbereitschaft werden durch Förderung oder Aufstieg honoriert, andere nicht offiziell autorisierte Verhaltensweisen haben eher Sanktionen zur Folge. Die Auswirkungen eines solchen Bedingungsfeldes lassen sich dynamisch als *Sozialisationsprozeß* beschreiben. Die wesentlichen Mechanismen dieses Prozesses beruhen auf der Interaktion und damit auf der Art und Weise der im Arbeitsprozeß vollzogenen Kommunikation. Will ein Unternehmen aus dieser Erkenntnis heraus seine Kommunikationsstruktur verbessern, so muß zunächst das *Ziel der Kommunikation* bestimmt werden, da ohne dessen Definition Kommunikation nicht effektiv sein kann. Hier sind verschiedene Zielperspektiven denkbar:

- Soll der Empfänger eine Nachricht nur sinngemäß verstehen?
- Soll er so informiert sein, daß er auf Fragen richtige Antworten geben kann?
- Soll er instruktionsgemäß handeln können, d. h. z. B. eine Maschine fehlerfrei bedienen?
- Soll die Information einen Dialog unter den Mitarbeitern bzw. zwischen Mitarbeitern und Geschäftsleitung initiieren?
- Soll der Mitarbeiter seine eigenen Meinungen, Einstellungen und sein Verhalten reflektieren und ggfs. ändern können?

Die vorstehend genannten Zielperspektiven sind hierarchisch dargestellt worden. Das übergeordnete, generelle Ziel von Kommunikation ist es, einander zu verstehen, d. h. subjektive Sichtweisen und Erkenntnisse anderer Menschen sollen nachvollzogen oder nachempfunden werden können.

Der Kommunikationsvorgang selbst muß sich also an vorher zu definierenden Zielen orientieren. Diese Ziele sind Soll-Werte, die einen Zustand angeben, in dem sich ein Empfänger von Informationen nach einem Kommunikationsvorgang befindet; dagegen beschreibt der Ist-Wert den Zustand vor einem Kommunikationsprozeß. Die Differenz zwischen Soll und Ist wird Zieldiskrepanz genannt. Jede Kommunikation strebt eine Verringerung dieser Zieldiskrepanz an.

In den Bereichen, in denen durch Informationsabgabe die Kommunikationsstruktur verändert werden soll, muß zunächst die Zieldiskrepanz gemessen werden. Als Meßinstrument dient hierfür ein „Test" im weitesten Sinne. Im einfachsten Fall kann es sich um die allgemeine Frage handeln: „Welche Probleme haben Sie in Ihrem Arbeitsbereich?" Dabei kann sich z. B. herausstellen, daß die vom Management gerade veranlaßte Regelung einer gleitenden Arbeitszeit, von der man annahm, daß sie den Bedürfnissen der Mitarbeiter optimal entgegenkomme, von den Mitarbeitern eher negativ wahrgenommen und deshalb abgelehnt wird. Eine solche Feststellung einer Zieldiskrepanz dient dann als weitere Entscheidungsgrundlage darüber, wie durch weitere Informationen eine Verringerung der Zieldiskrepanz erreicht werden kann. Es findet also zunächst eine diagnostische Verwertung der Test-Ergebisse statt, d. h. aufgrund der Analyse können Maßnahmen entwickelt werden, die darauf abzielen, Information und Kommunikation in einem speziellen Zielbereich zu verbessern.

In dem oben gewählten Beispiel könnte sich im Kommunikationsprozeß herausstellen, daß die Arbeitnehmer mit der gleitenden Arbeitszeit nicht umgehen können, weil sie nicht genügend Informationen bekommen haben, wo für sie die wirklichen Vorteile liegen; oder es könnte sich ergeben, daß die Mitarbeiter die Vorteile der gleitenden Arbeitszeit gar nicht nutzen können, weil das Management übersehen hat, daß hierzu entsprechende Umstellungen in der Arbeitsorganisation vorzunehmen sind.

Um festzustellen, inwieweit sich die Zieldiskrepanz durch Information und Kommunikation verringert hat, muß nach der Einleitung entsprechender Maßnahmen eine erneute Messung (Nachtest) vorgenommen werden. Das Ergebnis dieser neuen Messung liefert den Entscheidungsträgern (also den Initiatoren der Kommunikation) eine Rückmeldung (Feedback) darüber, welche Wirkung der von ihnen in Gang gebrachte Kommunikationsprozeß hatte.

Die Wichtigkeit des Feedbacks ergibt sich aus seiner zweifachen Wirkung:

– Präzise Information über den erzielten Effekt bzw. Entscheidungsgrundlage für weitere Kommunikation
– Verbesserung des Kommunikationsverhaltens über einen eingeleiteten Lernprozeß bei allen Beteiligten.

Schon allein zur Realisierung dieser beiden Wirkmöglichkeiten sollte ein effizientes Feedback-System geschaffen werden. Darüber hinaus wird aus einer Einbahnkommunikation eine zweiseitige Interaktion, die unsymmetrische Beziehung wird zu einer symmetrischen: Die symmetrische Beziehung beruht auf der Gleichheit der Partner, eine unsymmetrische auf Ungleichheit (z. B. Überordnung/Unterordnung, Teilnehmer nehmen verschiedene Rollen ein usw.) und damit auf Kommunikationsrestriktionen, die demotivierend wirken können.

1.2 Die gesetzliche Informationspflicht

Im Betriebsverfassungsgesetz in seiner Fassung vom 15. 1. 1972 wird festgestellt, daß die Information der Mitarbeiter nicht mehr nur auf der Basis der Freiwilligkeit beruht. Die Informationspflichten des Unternehmens werden in vier Bereiche aufgeteilt:

– Information für den einzelnen Mitarbeiter
– Information an die Betriebsversammlung

- Information an den Betriebsrat
- Information an den Wirtschaftsausschuß

In § 110, Abs. 1 BetrVG heißt es:
„In Unternehmen mit in der Regel mehr als 1000 ständig beschäftigten Arbeitnehmern hat der Unternehmer mindestens einmal in jedem Kalendervierteljahr nach vorheriger Absprache mit dem Wirtschaftsausschuß oder den in § 107, Abs. 3 genannten Stellen und dem Betriebsrat die Arbeitnehmer schriftlich über die Wirtschaftslage und Entwicklung des Unternehmens zu unterrichten."

Obwohl das Gesetz es nicht explizit vorschreibt, muß gewährleistet sein, daß diese Informationen jedem Mitarbeiter zugänglich sind. Für Unternehmen mit mehr als 20, aber weniger als 1000 Mitarbeitern schreibt § 110, Abs. 2 vor: „... gilt Absatz 1 mit der Maßgabe, daß die Unterrichtung mündlich erfolgen kann."

Ein weiteres Informationsrecht des Mitarbeiters wird in § 81 BetrVG festgelegt:

Abs. 1: „Der Arbeitgeber hat den Arbeitnehmer über dessen Aufgaben und Verantwortung sowie über die Art seiner Tätigkeit und ihrer Einordnung in den Arbeitsablauf des Betriebes zu unterrichten. Er hat den Arbeitnehmer vor Beginn der Beschäftigung über die Unfall- und Gesundheitsgefahren, denen dieser bei der Beschäftigung ausgesetzt ist, sowie über Maßnahmen und Einrichtungen zur Abwendung dieser Gefahren zu belehren.

Abs. 2: „Über Veränderungen in seinem Arbeitsbereich ist der Arbeitnehmer rechtzeitig zu unterrichten. Absatz 1 gilt entsprechend."

Arbeitsplatz- und Stellenbeschreibungen sind gute Möglichkeiten, insbesondere dem neuen Mitarbeiter die notwendigen Informationen zu vermitteln.

§ 82, Abs. 2 BetrVG räumt dem Mitarbeiter schließlich das Recht ein, „daß ihm die Berechnung und Zusammensetzung seines Arbeitsentgeltes erläutert und daß mit ihm die Beurteilung seiner Leistungen sowie die Möglichkeiten seiner beruflichen Entwicklung im Betrieb erörtert wird." Es ist wichtig, daß der Mitarbeiter die Chance erhält, seine eigenen Arbeitsleistungen einzuschätzen. Für größere Betriebe empfiehlt sich hier ein schematisiertes Beurteilungssystem. Dem Mitarbeiter muß diese Beurteilung zur Kenntnißnahme vorgelegt werden. § 83 BetrVG gibt dem Mitarbeiter das Recht auf Einsicht in seine Personalakte.

§ 42, Abs. 1 BetrVG regelt die Teilnahme an der Betriebsversammlung. Die Betriebsversammlung kann einmal im Vierteljahr für alle im Unternehmen tätigen Mitarbeiter einberufen werden. Schwerpunkt der Versammlung ist der Tätigkeitsbericht des Betriebsrats. Der Arbeitgeber ist zu den Betriebsversammlungen einzuladen, wobei ihm gemäß § 43, Abs. 2 BetrVG das Recht zusteht, in dieser Versammlung zu sprechen.

§ 43, Abs. 2 des Betriebsverfassungsgesetzes behandelt die Informationspflicht des Arbeitgebers anläßlich der Betriebsversammlungen: „Der Arbeitgeber oder sein Vertreter haben mindestens einmal in jedem Kalenderjahr in einer Betriebsversammlung über das Personal- und Sozialwesen des Betriebes und über die wirtschaftliche Lage und Entwicklung des Betriebes zu berichten, soweit dadurch nicht Betriebs- und Geschäftsgeheimnisse gefährdet werden."

§ 45, Abs. 1 BetrVG beschreibt die Themenkreise von Betriebsversammlungen: „Die Betriebsversammlungen können Angelegenheiten einschließlich solcher tarifpolitischer, sozialpolitischer und wirtschaftspolitischer Art behandeln, die den Betrieb oder seine Arbeitnehmer unmittelbar betreffen."

Was den *Betriebsrat* betrifft, so regelt § 9 BetrVG die Zahl der Betriebsratsmitglieder. § 80, Abs. 2 BetrVG beschreibt die Informationspflicht des Arbeitgebers gegenüber dem Betriebsrat so: „Zur Durchführung seiner Aufgaben nach dem Gesetz ist der Betriebsrat rechtzeitig und umfassend vom Arbeitgeber zu unterrichten. Ihm sind auf Verlangen jederzeit die zur Durchführung seiner Aufgaben erforderlichen Unterlagen zur Verfügung zu stellen . . .".

§ 90 BetrVG beschreibt die Informationspflichten wie folgt: „Der Arbeitgeber hat den Betriebsrat über die Planung:

(1) von Neu-, Um- und Erweiterungsbauten von Fabrikations-, Verwaltungs- und sonstigen betrieblichen Räumen,
(2) von technischen Anlagen,
(3) von Arbeitsverfahren und Arbeitsabläufen oder
(4) der Arbeitsplätze

rechtzeitig zu unterrichten und die vorgesehenen Maßnahmen insbesondere im Hinblick auf ihre Auswirkungen auf die Art der Arbeit und die Anforderungen an die Arbeitnehmer mit ihm zu beraten. Arbeitgeber und Betriebsrat sollen dabei die gesicherten arbeitswissenschaftlichen Erkenntnisse über die menschengerechte Gestaltung der Arbeit berücksichtigen."

§ 106 BetrVG schreibt vor, daß in allen Unternehmen mit mehr als 100 beschäftigten Arbeitnehmern ein Wirtschaftsausschuß zu bilden ist. „Der Wirtschaftsausschuß hat die Aufgabe, die wirtschaftlichen Angelegenheiten mit dem Unternehmer zu beraten und den Betriebsrat zu unterrichten." Um die Mitglieder des Wirtschaftsausschusses bei der Ausübung ihrer Aufgabe zu unterstützen, hat der Unternehmer „den Wirtschaftsausschuß rechtzeitig und umfassend über die wirtschaftlichen Angelegenheiten des Unternehmens unter Vorlage der erforderlichen Unterlagen zu unterrichten, soweit dadurch nicht die Betriebs- und Geschäftsgeheimnisse des Unternehmens gefährdet werden sowie die sich daraus ergebenden Auswirkungen auf die Personalplanung darzustellen."

Zu den wirtschaftlichen Angelegenheiten im Sinne der Vorschrift gehören nach § 106, Abs. 3 BetrVG insbesondere:

„1. die wirtschaftliche und finanzielle Lage des Unternehmens;
2. die Produktions- und Absatzlage;
3. das Produktions- und Investitionsprogramm;
4. Rationalisierungsvorhaben;

5. Fabrikations- und Arbeitsmethoden, insbesondere die Einführung neuer Arbeitsmethoden;
6. die Einschränkung oder Stillegung von Betrieben oder von Betriebsteilen;
7. die Verlegung von Betrieben oder Betriebsteilen;
8. der Zusammenschluß von Betrieben;
9. die Änderung der Betriebsorganisation oder des Betriebszwecks sowie
10. sonstige Vorgänge und Vorhaben, welche die Interessen der Arbeitnehmer des Unternehmens wesentlich berühren können."

In der Regel werden zu Punkt 10 zwischen Unternehmen und Betriebsrat Betriebsvereinbarungen geschlossen.

In Ergänzung zur Informationsregelung zwischen Arbeitgeber und Betriebsrat besteht für den Mitarbeiter ein Beschwerde- und Anhörungsrecht. In § 84 BetrVG ist festgelegt:

„Jeder Arbeitnehmer hat das Recht, sich bei den zuständigen Stellen des Betriebes zu beschweren, wenn er sich vom Arbeitgeber oder von Arbeitnehmern des Betriebes benachteiligt oder ungerecht behandelt oder in sonstiger Weise beeinträchtigt fühlt. Er kann ein Mitglied des Betriebsrates zur Unterstützung oder Vermittlung hinzuziehen. Der Arbeitgeber hat den Arbeitnehmer über die Behandlung der Beschwerde zu bescheiden und, soweit er die Beschwerde für berechtigt hält, ihr abzuhelfen. Wegen der Erhebung einer Beschwerde dürfen dem Arbeitnehmer keine Nachteile entstehen."

Die Informationspflicht nach dem Betriebsverfassungsgesetz erstreckt sich weitgehend auf den Arbeitsplatz des einzelnen Mitarbeiters. Bedauerlicherweise wurde Art und Umfang des innerbetrieblichen Informationsaustausches im BetrVG nicht umfassend behandelt. Auch ist die Mitarbeit der Arbeitnehmervertretung bei innerbetrieblichen Publikationen wie zum Beispiel der Werkzeitschrift im Gesetz nicht geregelt.

1.3 Einstellungen und Informationsbedürfnisse von Mitarbeitern

Die Einstellung der Mitarbeiter gegenüber ihrer Arbeit und ihrer Arbeitswelt, insbesondere die relative Arbeitszufriedenheit, wird zu einem immer wichtigeren Einflußfaktor für die Effektivität und Produktivität des gesamten Produktionsprozesses. Fernbleiben von der Arbeit, überhöhte Fluktuation, überdurchschnittlicher Krankenstand und schließlich auch bestimmte Unfälle werden innerhalb der Arbeitswissenschaften als Indikatoren für nur wenig akzeptable Arbeitsbedingungen angesehen, deren Konsequenzen sich vielfach in geringer Produktqualität, hohen Ausschußquoten oder Kontrollkosten, teuren Anlernzeiten, vermeidbaren Überstunden und dergleichen mehr niederschlagen.

Eine frühzeitige und kontinuierliche Bereitschaft zur Kommunikation zwischen Unternehmer und Mitarbeiter erhöht die Identifikation des einzelnen mit seinem Arbeitsplatz und steigert die Verantwortungsbereitschaft.

Die Informationsbedürfnisse von Mitarbeitern sind abhängig von deren Einstellungen und Werthaltungen, insbesondere ihrer Erwartungshaltung bzw. ihrem Anspruchsniveau. Die Erwartungen können z. B. gerichtet sein auf die Arbeitsplatzsicherheit, Entlohnung, Art und Vielfalt der Arbeit, Verantwortung, sowie auf die Möglichkeiten zur Entfaltung sozialer Kontakte. Die Mehrzahl dieser Einflußgrößen läßt sich am besten durch innerbetriebliche Umfragen ermitteln. Bei der Durchführung einer solchen Untersuchung sind zwei Aspekte besonders zu berücksichtigen:

- Einerseits die Informations- und Kommunikationsbedürfnisse der Arbeitnehmer untereinander und in Bezug auf die Unternehmensleitung,
- andererseits die Informationsbedürfnisse der Unternehmensleitung, die bestimmte Daten aus dem Mitarbeiterbereich als Grundlage für ihre Entscheidungen benötigt.

Gerade der letztgenannte Aspekt gilt als Voraussetzung für eine gezielte Informationsabgabe sowie für die Einleitung von funktionalen Kommunikationsprozessen (symmetrischer Dialog). Zum erstgenannten Aspekt ist anzumerken, daß wissenschaftliche Untersuchungen einen Zusammenhang zwischen dem Grad der Identifikation des Mitarbeiters mit seinem Betrieb und dem Grad seiner Informiertheit festgestellt haben. Je größer das Ausmaß der Informiertheit über innerbetriebliche Vorgänge, um so größer ist auch das Engagement der Mitarbeiter, bei sozialen Konflikten eigenständig nach Lösungswegen zu suchen. In einer Battelle-Umfrage unter den Vorstandsvorsitzenden der deutschen Wirtschaft zeigte sich, daß Selbständigkeit, ein gutes Betriebsklima und die Ausweitung des Entscheidungsspielraums für Arbeitnehmer von rund zwei Dritteln der befragten Führungskräfte als die wichtigsten Komponenten von Arbeitsmotivation und Arbeitszufriedenheit angesehen werden. Auf die direkte Frage nach den Ursachen geringer Arbeitsmotivation gaben 46% mangelnde Identifikationsmöglichkeiten und Verantwortungsarmut als Gründe an. Repräsentativuntersuchungen in der Bundesrepublik Deutschland und Berlin (West) unter den Arbeitnehmern haben ergeben, daß 50% der Arbeitnehmer mehr Information über die allgemeine und wirtschaftliche Situation des Betriebes haben wollen. Hierbei spielt aber nicht nur der Umfang der Information, sondern insbesondere Art und Qualität der Information und die Einbeziehung der innerbetrieblichen Zielgruppen eine wichtige Rolle. Im allgemeinen zeigt die Verteilung der Antworten, daß die Arbeitnehmer sich darüber hinaus besonders für organisatorische und technische Entwicklungen des eigenen Betriebes interessieren. Das, was ein Unternehmen produziert und die Auswirkungen seiner Produkte auf die Umwelt rückt zunehmend in den Interessenskreis der Arbeitnehmer. Auf der Basis der Gesamtheit der Arbeitnehmer ist das Informationsbedürfnis in Bezug auf Höhe der Löhne und Gehälter, Methoden der Lohnfindung sowie Einstellungen und Entlassungen demgegenüber geringer.

Arbeitnehmer in Großbetrieben haben darüber hinaus einen Bedarf nach mehr Information über geplante Rationalisierungsmaßnahmen, da technischer Fortschritt und organisatorische Modernisierung des Arbeitsprozesses überwiegend in Großbetrieben stattfinden und dies hier auch in großem Ausmaß zu Umsetzungen oder Entlassungen führen kann. Die innerbetriebliche Information wird hier dem Bedarf nach mehr Klarheit über die Entwicklung des Betriebes offensichtlich nicht ausreichend gerecht. Bei einer vergleichenden Zufriedenheitsmessung wurde deutlich, daß besonders die Arbeitnehmergruppe, die sich für Partizipationsfragen interessiert, ein hohes Informationsbedürfnis hat.

Zusammenfassend sind folgende Informationsdimensionen von besonderer Bedeutung:

(1) Einstellungen zum Unternehmen
(2) Einstellungen zu Vorgesetzten
(3) Einstellungen gegenüber Kollegen
(4) Einstellungen zu Untergebenen
(5) Einstellungen gegenüber Aufgaben-/Arbeitsbelastung
(6) Einstellungen zur Arbeitssituation/-umwelt
(7) Einstellungen gegenüber existierenden Kommunikationskanälen und der Informationspolitik

Intensivierung der Kommunikation bedeutet aber auch, daß anhand einer Analyse Zielgruppen bestimmt werden müssen, mit denen kommuniziert werden soll. Erst das Herausarbeiten und Definieren von Zielgruppen ermöglicht eine gerichtete und abgestufte Informationsabgabe, die von den definierten Empfängern auch tatsächlich verstanden werden kann und diese interessiert.

Hinter diesem Zusammenhang steht ein eher psychologisch-technisches Problem: Im Kommunikationsprozeß will jemand einem anderen Menschen einen gedanklichen Inhalt vermitteln. Er bedient sich dazu eines Kommunikationsmittels (persönliche Ansprache, Betriebszeitung o. ä.). Entscheidend für den Grad der Informationsaufnahme – schließlich auch für das Eintreten der beabsichtigten Reaktion – ist eine empfängeradäquate Formulierung (Codierung) des Inhalts.

Die Form der Kommunikation wird durch die Wahl der Medien im gewissen Sinne determiniert. Oder anders ausgedrückt: Die verwendeten Informationselemente oder Medien eines Kommunikationssystems haben einen sozial-normativen Charakter.

Die Kommunikationsmedien müssen also so beschaffen sein, daß gewährleistet ist, daß die Information von einer Vielzahl von Menschen eindeutig in ihrer Aussage erfaßt werden kann (nämlich im Sinne des Kommunikationsziels); das gilt sowohl hinsichtlich der kognitiven Verarbeitung der Informationen als auch bezüglich der Gestaltung der Kommunikationsmittel unter dem Aspekt, daß sie in der Realität in Konkurrenz mit anderen Objekten der Umgebung stehen. Bei der Einführung neuer Kommunikationsmedien und -techniken muß also das Umfeld der Nachrichtenträger auch rückkoppelnd auf deren Gestaltung Einfluß nehmen. Dies impliziert, daß auch die Kommunikationsmedien nicht isoliert gestaltet werden können, sondern in mehreren Phasen eingeführt werden müssen, während deren ein intensiver Dialog mit den Informationsempfängern stattfinden muß.

Bei dem Versuch, den Informationsbedarf in komplexen Organisationen vollständig zu beschreiben, zeigen sich jedoch einige Schwierigkeiten:

- Die speziellen Ausprägungen der einzelnen Informationsbedürfnisse werden nicht nur von der Zugehörigkeit bzw. der Beziehung des einzelnen zur Organisation bestimmt, sondern ebenfalls von dessen Stellung in anderen sozialen Bereichen und den damit verbundenen Interessen, Verpflichtungen usw.
- Ein weiterer Grund liegt in der Methode der Analyse des Informationsbedarfs: Eine Messung des Informationsbedarfs sollte möglichst neutral sein; dies ist jedoch schwierig. Befragungen nämlich nach zukünftig einzurichtenden Kommunikationssystemen beeinflussen den Befragten entweder in Richtung auf Bedarfsweckung oder, was wichtiger ist, übersteigen dessen Vorstellungsvermögen.
- Ein Kommunikationssystem wird nicht für individuelle Bedürfnisse entwickelt, sondern immer für Zielgruppen; dies impliziert, daß die nachgefragten Informationen klassifiziert werden müssen.
- Schließlich beeinflußt der ständige allgemein-gesellschaftliche Entwicklungsprozeß die menschlichen Bedürfnisse und bewirkt damit eine Veränderung des Informationsbedürfnisses.

Einem solchen Entwicklungsprozeß ist natürlich auch eine Organisation unterworfen; ihre Struktur wird sich deshalb – den veränderten Bedürfnissen gemäß – ebenfalls von Zeit zu Zeit verändern müssen.

In diesem Zusammenhang ist allerdings darauf hinzuweisen, daß sich die Kommunikationsfunktionen nicht allein aus den Informationsbedürfnissen der Mitarbeiter ableiten lassen; es müssen auch die Interessen berücksichtigt werden, die dem Zweck und dem Ziel des Unternehmens dienen; dies steht aber nicht unbedingt im Widerspruch zu den Bedürfnissen der Mitarbeiter.

1.4 Methodisches Vorgehen zur Ermittlung der Einstellungen und Informationsbedürfnisse der Mitarbeiter

Für die Durchführung einer Einstellungs- und Kommunikationsuntersuchung werden hier sieben Stufen vorgeschlagen. Zentrale Untersuchungsbereiche sind dabei

- Einstellungen der Mitarbeiter zum Unternehmen,
- Einstellungen zur Arbeit und zum Arbeitsplatz,
- Ermittlung des objektiven Informationsbedarfs von Zielgruppen und der subjektiven Informationsbedürfnisse der Mitarbeiter,
- Kommunikationsanalyse in ausgewählten Problembereichen.

Zur Ermittlung der Einstellungen und der Informationsbedürfnisse wird ein Deskriptorenkatalog zur Analyse und Bewertung von Arbeitsorganisationen verwendet. Dieser Deskriptorenkatalog besteht im wesentlichen aus einem Analyseschema, das zur Beschreibung von realen Organisationen geeignet ist. Der Aufbau des Deskriptorenkatalogs geht von den materiellen Rahmenbedingungen der Arbeit aus: Arbeitsentgelt und Arbeitszeit. Das Kernstück des Analysenschemas bilden die daran anschließenden Fragen zum Arbeitsinhalt und zu den Interaktionsbedingungen; der derzeitige objektive Zustand der zu untersuchenden Organisation wird durch die Beschreibung des Arbeitsumfeldes abgerundet. Der jeweilige Erhebungsumfang richtet sich nach der spezifischen Zielsetzung der Untersuchung.

Um die Untersuchung möglichst ökonomisch zu gestalten, sollten in der *ersten Stufe* Vorgespräche mit Vertretern u. a. aus dem Verwaltungs-, dem Forschungs- und dem Produktionsbereich geführt werden. Diese Vorgespräche ermöglichen eine grobe Problemübersicht, die zu einer Konkretisierung der Zieldefinition führen soll. Die so gewonnenen Definitionen werden anschließend mit dem Management des Unternehmens und dem Betriebsrat weiter verdichtet oder ggfs. modifiziert. Das Untersuchungsteam führt in der ersten Untersuchungsstufe überwiegend Einzelgespräche oder Gruppendiskussionen durch.

In der *zweiten Stufe* wird das gesammelte Material aus der ersten Stufe durch das Untersuchungsteam ausgewertet. Ziel dieser Untersuchungsstufe wird es sein, ein Erhebungsmodell zu erarbeiten (z. B. Gesprächsleitfaden oder standardisierter Fragebogen), das die unternehmensspezifischen Belange und Probleme zu erfassen gestattet. Nach der Fertigstellung eines solchen Erhebungsinstruments soll dies dem Auftraggeber vorgestellt und mit ihm abgestimmt werden.

Die *dritte Stufe* ist die eigentliche Durchführungsstufe; hier werden durch Erhebungen bzw. Befragungen die Einstellungen und Informationsbedürfnisse der Mitarbeiter gegenüber dem Unternehmen festgestellt. Es ist anzustreben, diese Erhebung möglichst repräsentativ bezogen auf die Mitarbeiterstruktur durchzuführen und darüber hinaus von vornherein Schwerpunkte für bestimmte Problem- bzw. Zielgruppen zu setzen. Sollten schon zu Beginn der Erhebung bestimmte Schwachstellen ausgemacht sein, so sollte dort in der Erhebungsphase bereits eine Kommunikationsanalyse durchgeführt werden. Als Instrumente verwendet man dazu z. T. modifizierte Formen der Soziometrie und der Interaktionsanalyse.

In der *vierten Stufe* der Untersuchung wird das gesamte Erhebungsmaterial aufbereitet und analysiert. Die Auswertung sollte problemorientiert erfolgen, d. h. sich von vornherein nach vorab zu bestimmenden Zielkriterien ausrichten. Schwerpunkte werden dabei sein:

- die Identifikation der Informationsbedürfnisse auf der Mitarbeiterseite,
- die Lokalisation des Informationsbedarfs in bestimmten Unternehmensbereichen und
- eine Analyse der Diffusion der bislang praktizierten Informationsformen.

Aus der Datenanalyse sollen bereits erste Hinweise für alternative Maßnahmen zur Intensivierung notwendig erscheinender Kommunikation erarbeitet werden.

In der *fünften Stufe* wird das aufbereitete Material der Ist-Analyse interpretiert und diskutiert. Gegebenenfalls werden bereits erarbeitete alternative Lösungskonzepte präsentiert. Das wesentliche Ziel dieser Untersuchungsstufe ist darin zu sehen, daß das Untersuchungsteam gemeinsam mit Gruppen aus dem Management, dem Betriebsrat und ggfs. anderen relevanten Bezugsgruppen zu einer Bewertung der vorgestellten Analyseergebnisse kommt. Dieser Bewertungsvorgang hat zum Ziel, eine Gewichtung der Problembereiche vorzunehmen, so daß es zu einer Prioritätenliste von zu entwickelnden Maßnahmen zur Verbesserung der Informations- und Kommunikationsstruktur des Unternehmens kommen kann.

In der *sechsten Stufe* entwickelt das Untersuchungsteam Lösungsstrategien zur Verbesserung der analysierten Problemlagen. Eventuell werden in dieser Untersuchungsstufe noch einmal Diskussion und Einzelgespräche mit Experten für die jeweilig anstehenden Problemlagen notwendig werden. Ergebnisse dieser Konzeptionsarbeit werden dann in Vorschläge zur Verbesserung von Information und Kommunikation in den herausgearbeiteten Problembereichen eingehen.

In der *siebenten Stufe* wird dieses Arbeitsergebnis dem Auftraggeber dargestellt. In der anschließenden Diskussion und Bewertung der Arbeitsergebnisse sollte festgestellt werden, in welcher Reihenfolge die Vorschläge für Maßnahmen zur Verbesserung der Informations- und Kommunikationsstruktur zunächst realisiert werden sollten. Eine aus Mitarbeitern des Unternehmens, Vertretern des Betriebsrates und Kommunikationsexperten zu bildende Arbeitsgruppe muß prüfen, welche Folgen die Implementierung von Einzelmaßnahmen auf das erarbeitete Kommunikationskonzept und den Maßnahmenkatalog haben kann. Darüber hinaus werden in dieser Arbeitsgruppe praxisrelevante Kriterien zur Evaluation, d. h. Bewertung der Wirksamkeit der Einzelmaßnahmen, entwickelt.

Anhänge

Vorbemerkung:

Die folgenden Mustertexte einer „Betriebsvereinbarung über die Arbeit eines Redaktionsausschusses" und eines „Redaktionsstatutes" haben den Charakter skelettartiger Beispiele. Sie müssen vor Verwendung weitgehend ausformuliert und mit den spezifischen Unternehmensgegebenheiten angereichert werden.

Anhang 1:

Muster einer Betriebsvereinbarung über die Arbeit eines Redaktionsausschusses (A)

Zwischen dem Vorstand der X-Werke und deren Betriebsrat wird folgende Betriebsvereinbarung über die „Mitarbeit des Betriebsrates im Redaktionsausschuß der Betriebszeitschrift X-Kurier" abgeschlossen.

1. Die X-Werke geben . . . mal im Jahr eine *Betriebszeitschrift* heraus, die kostenlos an die Arbeitnehmer verteilt wird.
2. *Verantwortlich* für die Herausgabe des X-Kurier ist das für . . . . Geschäftsleitungsmitglied. Es setzt im Einvernehmen mit dem Betriebsrat die Mitglieder der Redaktion ein.
3. *Aufgabe der Betriebszeitschrift* ist es unter anderem,
   - die Mitarbeiter derart über alle mit ihrem Arbeitsverhältnis zusammenhängenden Fragen zu informieren, so daß sie sich darüber eine eigene Meinung bilden können;
   - in Erfüllung betriebsverfassungsrechtlicher Vorschriften die Arbeit der Unternehmensleitung und des Betriebsrates publizistisch zu unterstützen;
   - die Mitarbeiter zur Mitwirkung an der menschengerechten Gestaltung der Arbeitsplätze zu bewegen (Vorschlagswesen, Ergonomie, Arbeitssicherheit).
4. Der Redaktionsausschuß setzt sich zusammen aus dem für die Betriebszeitschrift zuständigen Geschäftsleitungsmitglied . . . ., weiteren von der Geschäftsleitung berufenen Mitgliedern bzw. deren Beauftragten . . . ., Mitgliedern des Betriebsrates und der Redaktion. Vertreter von Fachabteilungen können hinzugezogen werden.
   Seine Aufgabe ist es, die von der Redaktion vorgelegten Themenpläne und Berichterstattungsvorhaben nach seinen Gesichtspunkten abzustimmen und Empfehlungen zur Realisierung auszusprechen. Vorgelegte Manuskripte und Fotos sind nicht obligatorisch, aber soweit von der Redaktion als opportun erachtet, von ihm aus seiner Sicht zu korrigieren und freizugeben.
   Seine Aufgabe ist es weiterhin, eine ausgewogene Berichterstattung zu gewährleisten, wobei ggfs. die Absender jener Informationen zu kennzeichnen sind, über deren Veröffentlichung keine Übereinstimmung erzielt werden kann.
   Nicht zuletzt ist es auch seine Aufgabe, Vorschläge für künftige Berichterstattung zu unterbreiten und der Redaktion den Zugang zu den dafür notwendigen Informationen sicherzustellen.
5. Zur Wahrung des *Redaktionsgeheimnisses* sind sowohl die Redaktion als auch der Redaktionsausschuß verpflichtet.
6. Die Betriebsvereinbarung tritt am . . . . in Kraft. Laufzeit der Vereinbarung: 1 Jahr.

Anhang 2:

Muster eines Redaktionsstatutes (B)

Dieses Statut legt Aufgaben, Rechte und Plichten der Redaktion fest und regelt den Arbeitsablauf. Damit ist es Bestandteil des Arbeitsvertrages der Redaktionsmitglieder.

1. *Aufgaben:*

   Der X-Kurier ist die Betriebszeitschrift der X-AG und erscheint alle X-Monate. Als Organ der innerbetrieblichen Information hat er folgende Aufgaben:
   - den hier Beschäftigten die Bedingungen ihres Arbeitsverhältnisses so überschaubar zu machen, daß sie sich dazu eine eigene Meinung bilden können,
   - die Mitarbeiter zum Mitdenken zu bewegen und somit in die Mitverantwortung einzubeziehen,
   - die Wechselbeziehungen zur Öffentlichkeit aufzuzeigen (z. B. Berufsverkehr, Wohnraum, Umweltschutz).

2. *Inhalte:*

   Zum Inhalt des X-Kuriers gehören folgende Gebiete:
   - Organisation, Führung und Planung
   - Produktionsstätten, Produkte, wirtschaftliche Ergebnisse
   - Arbeitnehmergruppen und deren berufliche Bildung
   - Sozialbereich (Arbeitsmedizin, Ergonomie)
   - Betriebsrat und Mitbestimmung
   - Vorschlagswesen
   - Arbeitssicherheit
   - Personalien
   - Umweltbeziehungen
   - Wirtschaftspolitik

3. *Redaktion:*

   Die Redaktion besteht aus einem leitenden Redakteur und ...Redakteuren.

4. *Redaktionsausschuß:*

   Der Redaktionsausschuß setzt sich aus 2 vom Vorstand zu benennenden Mitgliedern und einem Vertreter des Betriebsrats und der leitenden Angestellten sowie dem leitenden Redakteur zusammen. Dazu können Vertreter von Fachabteilungen wie Recht und Arbeitssicherheit, Personalwesen, beratend hinzugezogen werden.

5. *Arbeitsablauf:*

   Nach Meinungsbildung im Redaktionsausschuß gestaltet die Redaktion die Betriebszeitschrift selbständig in eigener Verantwortung. Nach Redaktionsschluß legt sie dem Ausschuß alle Manuskripte, Fotos und Grafiken von geschäftspolitischer Bedeutung vor, die vorher mit den Fachabteilungen auf sachliche Richtigkeit abgestimmt worden sind.

Anhang 3:

Das Instrumentarium der innerbetrieblichen Öffentlichkeitsarbeit

Schriftliche Instrumente:

Mitarbeiterhandbuch
Unternehmensbroschüre
Einführungsbroschüre
Schwarzes Brett
Werkszeitschrift/-zeitung
Informationsbrief für Führungskräfte
Informationsbrief für Mitarbeiter mit Leitungsfunktionen
Aktuelle Sonderdienste
Rundschreiben
Umläufe
Geschäftsbericht
Sozialbericht
Jubiläumsschriften
Handbuch für Vorgesetzte
Betriebsbibliothek
Informationsschrift für das betriebliche Vorschlagswesen
Informationsschriften zur Sicherheit am Arbeitsplatz

Mündliche Instrumente:

Betriebsversammlung
Ständige Ausschüsse
Arbeitsgruppen
Mitarbeiterbesprechungen
Sprechstunde des Vorgesetzten
Informationsveranstaltungen einzelner Abteilungen
Das persönliche Gespräch
Telefonisch abrufbare Firmennachrichten
Kurse
Seminare
Fachvorträge
„Tag der offenen Tür"

Visuelle Instrumente:

Plakate
Ausstellungen
Dias
Tonbildschau
Filme
Fernsehen

Anhang 4:

Zeitstufenplan für wichtige Informationen

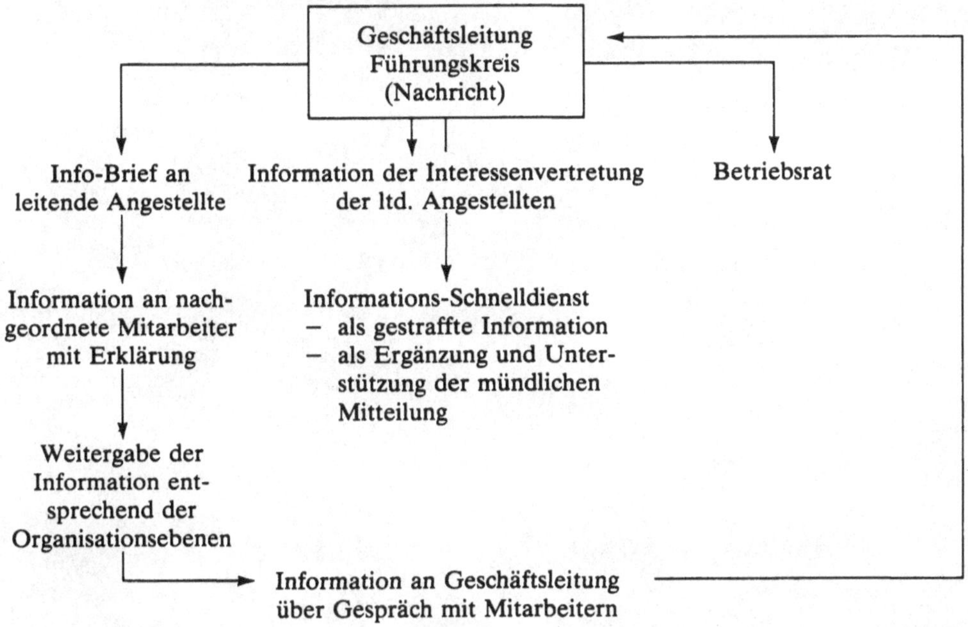

Literatur

Fürstenberg, F. (1971): Die innerbetriebliche Information in einer fortschrittlichen Unternehmensstruktur. In: Arbeit und Leistung, Heft 1/1971, S. 12–15.

2. Aufgaben und Probleme der innerbetrieblichen Öffentlichkeitsarbeit

Michael Kalmus

Die Verwendung des Begriffs „innerbetriebliche Öffentlichkeitsarbeit" spiegelt wider, daß man die Interne Information als Teil der Öffentlichkeitsarbeit versteht. Ob sie das ist, wird nicht weiter untersucht. Tatsächlich wird die Frage, ob die Interne Information ein Teil der PR-Arbeit ist, in der Literatur vielfach bejaht. Geht man von den allgemeinen Definitionen des Begriffs Öffentlichkeitsarbeit aus, so ist die Zuordnung der Internen Information zu diesem Bereich auch auf den ersten Blick einleuchtend. Denn Öffentlichkeitsarbeit wird allgemein bezeichnet als das ununterbrochene Bestreben, durch Aufklärung, Offenheit und Tatsachen bei der Öffentlichkeit um Verständnis und damit um Vertrauen zu werben.

Unterschiedlich dazu wird die Arbeit der innerbetrieblichen Öffentlichkeitsarbeit definiert (vgl. Kalmus/Classen 1979, S. 187ff.):

Die Interne Information hat die Aufgabe, die Mitarbeiter über Vorgänge, die sie und das Unternehmen betreffen, zu informieren, um dadurch ihren Informationsstand zu verbessern und die Meinungsbildung über das Geschehen im Unternehmen zu unterstützen. Weiter ist es Sache der Internen Information, Standpunkte darzulegen und eine Kommunikation zwischen allen Gruppen im Betrieb zu fördern. Grundsätzlich hat die Interne Information mit dafür zu sorgen, daß der Betriebsfrieden gewahrt bleibt und mögliche Spannungen abgebaut werden. Die Faktoren Mitarbeiter, Unternehmen und indirekt die Öffentlichkeit bestimmen den Aufgabenbereich der Internen Information.

Der Mitarbeiter hat ein Recht auf Information über betriebliche Vorgänge und Zusammenhänge, über Unternehmensziele, geplante Maßnahmen und über das Umfeld des Unternehmens. Informationen fördern das Verständnis für das Geschehen innerhalb des Unternehmens; sie stärken das Beurteilungsvermögen und dadurch das Selbstverständnis des einzelnen Mitarbeiters.

Schon die eben genannten Ziele und Funktionszuweisungen der Internen Information und ihrer Medien machen deutlich, daß die Zielgruppen und deren Interessen und Ansprüche sehr unterschiedlich sind. Der Mensch am Arbeitsplatz steht im Mittelpunkt der Internen Information und nicht eine diffuse Öffentlichkeit. Doch soll die theoretische Diskussion, ob die Interne Information ein Teilgebiet der Öffentlichkeitsarbeit ist oder nicht, in einem Handbuch dieser Art nicht fortgeführt werden. Sicher ist, daß die Öffentlichkeitsarbeit auf den Kommunikationsfaktor Mitarbeiter nicht verzichten kann, daß er sogar eine gewichtige Rolle im Gesamtkonzept der öffentlichen Darstellung eines Unternehmens spielt und damit als selbständiger Faktor innerhalb des Dialogs zwischen Institutionen und Gesellschaft behandelt werden muß.

Eine weitere definitorische Anmerkung sei dem Verfasser dieses Kapitels hier gestattet. Wenn man davon ausgeht, daß Wissen für ein soziales System erst dann

Bedeutung erhält, wenn die Möglichkeit des Austausches besteht, d. h. Kommunikation entsteht und wenn man weiter akzeptiert, daß Kommunikation kein prinzipieller gesellschaftlicher Prozeß, sondern eine soziale Eigenschaft von Wissen ist, die nicht nur den bloßen Transport von Nachrichten, sondern zugleich eine Verarbeitung von Sinn beinhaltet, dann muß man auch akzeptieren, daß Kommunikation nur ein angestrebtes Ziel der Internen Information sein kann. Eine „Einbahnkommunikation" ist dementsprechend – nach Meinung des Verfassers – nicht möglich.

Doch kommen wir zurück auf die Aufgaben und Probleme in der betrieblichen Öffentlichkeitsarbeit, die hier als Interne Information dargestellt werden soll. Dabei wird die Interne Information als Sammelbegriff für das Informations- und Kommunikationswesen verstanden, das im Unternehmen für einen definierten Empfängerkreis mit vorwiegend journalistischen Mitteln verwirklicht wird.

2.1 Möglichkeiten und Grenzen in der betrieblichen Öffentlichkeit

Die innerbetriebliche Information hat bis heute die Bedeutung der Public Relations nicht erreichen können, wenngleich der Stellenwert dieser Aufgabe in den letzten Jahren mehr und mehr erkannt worden ist. „Mitarbeiten kann nur, wer mitdenken kann, mitdenken kann nur, wer informiert ist." Dieses Schlagwort wurde in den letzten Jahren in der deutschen Industrie immer mehr mit Leben erfüllt. Schon Hans Friedrichs beschreibt, was die Information im Rahmen der Personalpolitik leisten kann: „Nämlich den Mitarbeiter in die Lage zu versetzen, seine Funktion mit einem Höchstmaß an Einsicht in die Zusammenhänge, an Verständnis um die Probleme und an Wissen für die optimale Leistung erfüllen zu können" (Friedrichs 1973, S. 174). Das, was mit Schlagworten wie „Humanisierung der Arbeitswelt", „Moderner Führungsstil", „Vertrauensvolle Zusammenarbeit", aber auch „Mitbestimmung" angestrebt wird, läßt sich nur mit Hilfe der Information verwirklichen. Wissenschaft und Praxis müssen sich mit einem wachsenden und sich wandelnden Informationsbedürfnis eines neuen Mitarbeitertyps beschäftigen und die bisherigen Informationsinhalte und -methoden der Unternehmen dieser Entwicklung anpassen. Für den, der die Bedeutung der Information für ein Unternehmen erkannt hat, sind die Möglichkeiten der Weiterentwicklung der Information praktisch unbegrenzt.

Zwei Erscheinungen unserer Zeit stehen sich innerhalb der innerbetrieblichen Öffentlichkeitsarbeit gegenüber: Einmal das wachsende Bedürfnis der Menschen, die Bedingungen ihrer eigenen Existenz – und dazu gehört ganz wesentlich die Arbeit und damit das Unternehmen – zu begreifen, und auf der anderen Seite die durch Technik und wirtschaftliche Verflechtung immer komplizierter werdende Funktionsweise des Unternehmens, insbesondere des Großunternehmens, die sich nicht mehr vollständig erfassen und in wenigen klaren Linien ordnen läßt. Jedoch ist eine solche Ordnung und Begreifbarkeit notwendig, will man sich ein Urteil darüber bilden, was ein Unternehmen seiner Umwelt schuldig ist und welchen Raum umgekehrt ihm die Umwelt einräumen muß, damit es zu einem fruchtbaren Zusammenleben kommen kann. Letztlich ist dies nicht nur eine Frage des Zusammenlebens zwischen Unternehmen und Umwelt, sondern für das Unternehmen selbst eine Frage des Überlebens: Die moderne Gesellschaft wird auf Dauer keine Institution hinnehmen, deren Sinn, deren Zielsetzung und deren Führungsgrundsätze sie nicht verstehen und bejahen kann. Wer informiert, kann am ehesten verstanden und akzeptiert werden.

Damit sind die Möglichkeiten der Internen Information klar umrissen. Sie hat Aufgaben zu erfüllen, für die zum Teil heute das Wissen und die Methoden noch erarbeitet werden müssen. Um die Möglichkeiten der Weiterentwicklung nur anzudeuten, hier einige Hinweise:

Die Information der Mitarbeiter wird immer stärker zielgruppenspezifisch erfolgen. Zwar ist in allen Mitarbeitergruppen ein latentes Informationsbedürfnis vorhanden, doch ist z. B. das Informationsverhalten eines Meisters ein ganz anderes als das eines leitenden Mitarbeiters. Mit der Erarbeitung der zielgruppenspezifischen Information stehen wir aber erst am Anfang.

Das Informations- und Kommunikationssystem wird immer stärker zum Nervensystem eines Unternehmens. Die formelle Kommunikation läuft über organisierte Informationskanäle und dient der Erreichung der betrieblichen Ziele. In jedem Betrieb gibt es darüber hinaus noch informelle Kommunikation, die vorwiegend zur Befriedigung von emotionalen und sozialen Informationsbedürfnissen dient. Die informellen und formellen Informationskanäle eines Unternehmens dürfen nicht auseinander laufen, wenn nicht Unzufriedenheit das Ergebnis sein soll, es muß vielmehr versucht werden, sie parallel zu schalten oder sie sogar deckungsgleich zu machen. Um dies leisten zu können, muß man sie aber kennen. Bis heute gibt es in Deutschland keine Diffusionsstudie von Nachrichten innerhalb eines Unternehmens. (Allerdings beschäftigt sich zur Zeit eine Dissertation des Kommunikationswissenschaftlichen Instituts der Universität Münster mit diesem Problem.)

Wenn in dem letzten Abschnitt die zukünftigen Möglichkeiten der Internen Information im Mittelpunkt standen, so geschah dies, weil die zahlreichen Argumente für den Ausbau der innerbetrieblichen Öffentlichkeitsarbeit heute bereits Allgemeingut sind und in diesem Zusammenhang nicht wiederholt werden müssen. Stichworte wie „Motivation, Leistungssteigerung, Betriebsklima, Führungsgrundsätze, Mitverantwortung, gesellschaftliche Verpflichtung des Unternehmens" sind in zahlreichen Begründungen und Abhandlungen zu diesem Thema zu finden. Die Notwendigkeit der innerbetrieblichen Information ist unumstritten – um so wichtiger ist es, ihre Fortentwicklungsmöglichkeiten aufzuzeigen, aber auch ihre Problematik.

2.2 Grenzen der innerbetrieblichen Information

Die Grenzen der Internen Information ergeben sich weniger aus theoretischen Überlegungen, als vielmehr aus praktischen Gegebenheiten. Sei es, daß das Betriebsverfassungsgesetz die Möglichkeiten der politischen, besonders der parteipolitischen Information ausschließt und damit die journalistischen Möglichkeiten einschränkt; sei es, daß durch das Gebot ‚der vertrauensvollen Zusammenarbeit' des gleichen Gesetzes es nur möglich ist, über Entwicklungen und Probleme zu informieren, die bei den Verhandlungen zwischen Unternehmensleitung und Betriebsrat zu einem gewissen Abschluß gekommen sind. Letzteres sei hier etwas verdeutlicht.

In einem Unternehmen ist ein Problem aufgetreten, zu dem der Betriebsrat eine Meinung, die Unternehmensleitung eine gegenteilige Meinung vertritt. Zwar könnte nun der innerbetriebliche Publizist beide Meinungen darstellen, doch würde er durch das Fixieren und Publizieren beider Meinungen einen möglichen Kompromiß in weiteren Verhandlungen wesentlich erschweren – wenn nicht sogar unmöglich machen. Und da die ‚vertrauensvolle Zusammenarbeit' häufig vom Kompromiß zwischen Unternehmensleitung und Betriebsrat lebt, würde er gegen dieses Gebot verstoßen. Die Interne Information kann also nur über Entwicklungen berichten, die zu einem gewissen Abschluß gebracht worden sind. Das gilt auch dann, wenn im Vorfeld der Meinungsfindung erhebliche Diskussionen innerhalb der verschiedenen Gruppierungen des Unternehmens vorhanden sind. Daß dies innerhalb der Aufgabenstellung der Internen Information nicht immer befriedigend ist, liegt auf der Hand. Doch hat sie nicht die Aufgabe, ständig Sand ins Getriebe zu streuen, sondern ihr Ziel ist es im Gegenteil, mögliche Spannungen abzubauen.

Ein weiteres Problem ist die Tatsache, daß sich kaum eine Publikation an so verschiedenartige Leserschichten wendet wie die Werkzeitschrift. Die betriebliche Lesergemeinschaft ist ausgesprochen heterogen hinsichtlich ihrer Altersstufen, Bildungsvoraussetzungen und Interessen. Der Redakteur müßte also eigentlich eine Art Gruppenbetreuung vornehmen, z. B. für Lehrlinge, kaufmännische Angestellte, Techniker oder Ausländer. Er müßte für jeden die richtigen Informationen und eine gruppenspezifisch verständliche Sprache finden. Diese Aufgabe ist theoretisch lösbar, sie stellt aber ein personelles und finanzielles Problem dar, das in der Praxis häufig ungelöst bleibt.

Außerdem ist das Image des Werkredakteurs nach wie vor wenig positiv. Oft ist er als „Hofberichterstatter" verschrien, man spricht ihm jegliche journalistische Freiheit, was Informationsauswahl und Kritikmöglichkeit angeht, ab. Doch ist hier – glücklicherweise – gerade in jüngster Zeit ein erheblicher Wandel zu beobachten. Immer häufiger wird auch von den Unternehmen die Werkzeitschrift als Organ des Unternehmens und nicht als Organ der Unternehmensleitung angesehen. Mit der zunehmenden Erkenntnis der Bedeutung der Internen Information für das Unternehmen wächst auch ihre Wertigkeit innerhalb des Unternehmens und damit das Ansehen der für die Interne Information tätigen Publizisten. Diese Imageverbesserung zieht nun wieder eine verbesserte Qualifikation der Fachleute der innerbetrieblichen Öffentlichkeitsarbeit nach sich und diese wiederum die Übertragung von größeren Verantwortungsbereichen innerhalb der Unternehmen. Diese sich abzeichnende wechselseitige Beeinflussung innerhalb der deutschen Industrie wird die Qualifikation der Internen Information positiv beeinflussen.

2.3 Stellenwert der Internen Information gegenüber der Externen

Damit ändert sich auch der Stellenwert, den die interne Öffentlichkeitsarbeit verglichen mit der externen innerhalb der Unternehmen hat. Die Public Relations-Arbeit, also die externe Information, gehört heute zu den Top-Aufgaben des Managements. Die Interne Information, und zwar ist hier besonders an die Werkzeitung (vgl. Anmerkung 1) gedacht, ist zwar viel älter, doch stand die innerbetriebliche Information in den letzten 15 bis 20 Jahren nicht unter dem gleichen Zwang zur Entwicklung wie die Öffentlichkeitsarbeit. Die Industrie war zum Buhmann der Nation geworden und mußte, um Angriffe abzufangen, die Selbstdarstellung nach außen besonders forcieren. Die Mitarbeiter-Information stand nicht vor der gleichen Problematik. Man gab seit langem die Werkzeitschrift heraus und glaubte, daß sie die Informationsbedürfnisse der Mitarbeiter voll befriedigte. Deshalb sahen die Unternehmen sich nicht veranlaßt, mehr zu tun. Und so war es nur verständlich, daß die Schwerpunkte der Informationsarbeit bei der deutschen Industrie wesentlich stärker nach außen gerichtet waren als nach innen. Das läßt sich auch an den besseren organisatorischen Voraussetzungen für die PR-Arbeit in den Unternehmen zeigen: Mehr Personal, größere Budgets, höhere Positionen in der Unternehmenshierarchie. Doch auch dies beginnt sich in den letzten 5 bis 8 Jahren zu ändern. Die Interne Information hat eine ständige Aufwärtsentwicklung innerhalb der Unternehmen zu verzeichnen, sie ist, um es einmal salopp auszudrücken, auch innerhalb der Unternehmenshierarchie „salonfähig" geworden. Welchen Stellenwert sie aber innerhalb eines Unternehmens gegenüber der Öffentlichkeitsarbeit hat oder haben wird, hängt häufig von der Durchsetzungskraft des jeweiligen Stelleninhabers und – wo vorhanden – seiner Mitarbeiter ab. Gelingt es ihnen, das Top-Management davon zu überzeugen, daß die Bedeutung der Internen Information innerhalb eines modernen Führungsstils wenigstens genauso groß ist wie die einer Public-Relations-Arbeit, dann werden auch die Möglichkeiten und Mittel für eine wirksame Interne Information bereitgestellt. In den personalpolitischen Grundsätzen eines deutschen Großunternehmens heißt es: „Der Mitarbeiter hat ein Recht auf Information ..." Hier sind die Grundlagen geschaffen, der Mitarbeiter-Information innerhalb des Unternehmens einen gleichrangigen Stellenwert zu geben wie der Öffentlichkeitsarbeit. Daß dies in der Praxis der deutschen Unternehmen bis heute nur selten verwirklicht wird, liegt einerseits zum Teil noch an der mangelnden Qualifikation der Verantwortlichen für die Interne Information und andererseits daran, daß eine solche Entwicklung natürlich auch innerhalb der Unternehmen auf Widerstände stößt. Zwar wird die Notwendigkeit eingesehen, doch ist die Realisierung einer solchen Informationspolitik – besonders auch in wirtschaftlich schwierigen Zeiten – nicht immer einfach, sie ist häufig recht unbequem. Doch setzt sich immer stärker die Meinung durch, daß Öffentlichkeitsarbeit und Interne Information für die Führung eines Unternehmens in dem heutigen Umfeld auf Dauer den gleichen Stellenwert erreichen müssen.

2.4 Die organisatorische Ansiedlung der Internen Information

Über eine einheitliche Zuordnung der Abteilung für Interne Information innerhalb der Unternehmenshierarchie streiten sich die Fachleute schon seit einiger Zeit. Und das ist verständlich, da die Abgrenzung gegenüber anderen Informationsabteilungen bzw. Informationsströmen eines Unternehmens nicht ganz einfach ist. Sie hängt letztlich nicht nur von der Größe eines Unternehmens ab und damit von den finanziellen und personellen Mitteln, die ein Unternehmen aufbringen kann oder sollte, sondern auch von historisch gewachsenen Strukturen des jeweiligen Betriebes.

In der deutschen Industrie gehört etwa ein Drittel der internen Informationsabteilungen zum Bereich Öffentlichkeitsarbeit, ein Drittel zum Personalwesen und ein Drittel ist in anderen Bereichen – wie etwa der Werbung – angesiedelt.

Die Zielgruppe der Internen Information, die z. B. durch die Werkzeitschrift erreicht werden soll, ist der Mensch am Arbeitsplatz. Die Interne Information hat die Aufgabe, den Menschen und seine Tätigkeit innerhalb des Unternehmens anzusprechen, während sich die Öffentlichkeitsarbeit an einen differenzierten Empfängerkreis in erster Linie nach außen wenden und eine Grundlage zur Beurteilung des Unternehmens und seiner Leistung bilden soll. Allerdings kann die Werkzeitschrift auch eine erhebliche Wirkung nach außen haben. Untersuchungen zeigen nämlich, daß eine beachtliche Anzahl nicht nur die Mitarbeiter des Unternehmens erreicht, sondern auch deren Familienangehörige, Pensionäre, Hochschulen, Institute, Verbände und Gemeinden sowie die örtliche Presse. Den Funktionszuweisungen einer Internen Information entsprechend, ist für Informationsinhalte und -gestaltung jedoch immer die Zielgruppe Mitarbeiter ausschlaggebend.

Bestimmte Normen oder Leitsätze, die die organisatorischen Voraussetzungen einer Internen Information festlegen, gibt es bis heute noch nicht. Sie zu postulieren wäre auch problematisch, denn die unterschiedlichen Strukturen und die organisatorischen Formen der Unternehmen müßten genauso berücksichtigt werden wie politische Überlegungen (z. B. das Mitbestimmungsgesetz). Sicher ist aber, daß das beschriebene umfangreiche und wichtige Aufgabengebiet der Internen Information für eine selbständige, personell und finanziell gut ausgestattete Organisationsform spricht. Zur Zeit ist ein Trend festzustellen, daß einige Großunternehmen der deutschen Industrie die Interne Information eher zum Personalbereich zählen als zum Bereich der Öffentlichkeitsarbeit. Doch wäre es falsch, diesen Trend für die Zukunft verallgemeinern zu wollen.

2.5 Zusammenarbeit mit dem Betriebsrat

Ebenso wie es für die organisatorische Anbindung der Internen Information innerhalb eines Unternehmens kein Patentrezept für alle Unternehmen geben kann, gilt dies auch für die Rolle, die der Betriebsrat innerhalb der innerbetrieblichen Öffentlichkeitsarbeit spielt oder zu spielen hat. Auf die gesetzlich festgelegten Informationspflichten des Unternehmens, auch gegenüber dem Betriebsrat – z. B. nach § 110 BetrVG –, braucht hier nicht weiter eingegangen zu werden, da sie im vorangegangenen Kapitel ausführlich beschrieben wurden. Festzuhalten ist, daß nach allgemeiner Rechtsprechung die Interne Information nicht zu den sozialen Einrichtungen im Sinne von § 87 BetrVG gehört und damit nicht mitbestimmungspflichtig ist. (Ausgenommen wieder hier die Information nach § 110 BetrVG – aber auch diese Information ist nicht mitbestimmungs-, sondern nur absprachepflichtig.) Da es eine gesetzlich festgelegte Zusammenarbeit zwischen Unternehmensleitung und Betriebsrat auf dem Gebiet der Information der Mitarbeiter nicht gibt – es sei denn, man legt den Grundsatz der ‚vertrauensvollen Zusammenarbeit' als gesetzliche Maxime aus –, haben sich in den Unternehmen die verschiedensten Formen der Zusammenarbeit entwickelt. Natürlich haben die Betriebsräte das Recht, die Mitarbeiter über alles zu informieren, was sie für notwendig halten. Doch kann und sollte dies mit den Medien der Internen Information geschehen? Die Antworten auf diese Frage, die man in den verschiedenen Unternehmen gefunden hat, sind sehr unterschiedlich. Das fängt bei der direkten Mitarbeit des Betriebsrates in der Abteilung Mitarbeiter-Information an, geht über die Mitwirkung an der Werkzeitschrift im Rahmen eines Redaktionsstatuts und endet dabei, daß Leiter der Abteilungen offizielle Mitglieder des Wirtschaftsausschusses sind und damit immer gleichzeitig die Meinungen der Unternehmensleitung *und* der Betriebsräte erfahren. Daß dabei normalerweise keine Berichterstattung über die Wirtschaftsausschußsitzungen erfolgt, versteht sich aus der vereinbarten Vertraulichkeit für diese Sitzungen. Grundsätzlich ist es so, daß die meisten Betriebsräte genauso wie die Unternehmensleitungen an einer sachlichen, möglichst objektiven Information der Mitarbeiter interessiert sind. Daß es dabei zu Meinungsverschiedenheiten kommen kann, liegt in der Natur der Sache, doch steht Kooperation und nicht Konfrontation im Vordergrund.

2.6 Sozialforschung im Betrieb

„Wir werden ständig informiert – aber wir sind ohne Orientierung (Steinbuch 1978, S. 16). Dieser Satz von Karl Steinbuch charakterisiert die heutige Situation mündiger Bürger. Der Ausdruck Mündigkeit wird heute für die Fähigkeit des einzelnen gebraucht, in persönlichen wie in öffentlichen Angelegenheiten aus eigenem Urteil heraus zu wissen, was zu tun ist, was die Situation verlangt oder das allgemeine Interesse erfordert. Mündig bedeutet, selbst dafür verantwortlich zu sein, die Orientierung nicht zu verlieren. Dazu gehört entscheidend die Bereitschaft, Informationen aufzunehmen, zu verarbeiten und zu nutzen.

Die Informationen müssen aber so aufbereitet werden, daß sie – zielgruppenspezifisch – aufnehmbar sind. Inhalt, Umfang und Form sind dementsprechend zu gestalten.

Wohl zu keiner Zeit wurden die Menschen umfassender informiert als heute. Steinbuch sieht jedoch in dieser Tatsache keine qualitative Verbesserung der Information, im Gegenteil, denn „dieses ‚Mehr' bringt kein besseres Verständnis unserer Wirklichkeit, keine vernünftigen Urteile und besseres Handeln, sondern vor allem mehr Selbsttäuschung, Verführung und Verrücktheit" (Steinbuch 1978, S. 9).

Ein Mittel, um das Problem in den Griff zu bekommen, könnten optimal gestaltete Informationsnetze sein, die den Menschen eine Orientierung anhand von Informationen ermöglichen. Solche Informationsnetze, durch die eine geplante, gezielte und empfängerorientierte Informationsweitergabe geschaffen wird, sind auf Dauer auch für die Interne Information im Unternehmen unabdingbar, um so mehr, als besonders hier das Problem der Informationsüberflutung einem Informationsmangel an anderen Stellen gegenübersteht.

Um die Qualität der Informationsaufnahme zu gewährleisten, bedarf es einer gewissen Quantität der Informationsvermittlung, und zwar soviel wie nötig und so wenig wie möglich. Denn schließlich sind der Aufnahmefähigkeit und dem Speicherungsvermögen von Informationen bei den Mitarbeitern Grenzen gesetzt.

Hier können wissenschaftliche Methoden und Erkenntnisse, die sich schon in anderen Bereichen des Journalismus bewährt haben, gezielt eingesetzt werden. Resultate der Wirkungsforschung, Zielgruppen- und Inhaltsanalysen müssen verwendet und so die Qualität der Information verbessert werden. Information ist zu teuer und zu wichtig, als daß man sie ausschließlich nach dem ‚journalistischen Gefühl' steuern könnte. Dabei soll hier die Bedeutung des journalistischen Gespürs, z. B. für die Gestaltung einer Werkzeitschrift, in keiner Weise unterschätzt werden. Doch dies allein reicht eben nicht aus. Methoden und Resultate der Sozialforschung, gezielt im Betrieb eingesetzt, können weiterhelfen. Schon eine regelmäßige quantitative Inhaltsanalyse von Werkzeitschrift oder von Informationsdiensten bietet den Redakteuren der Information klare Hinweise auf die weitere Gestaltung. Wer solche Analysen im eigenen Betrieb durchführt, wird voller Erstaunen feststellen, daß es in einem Großunternehmen ganze Bereiche, Werke, Sparten oder Mitarbeitergruppen gibt, die von der Information nur wenig betroffen werden und über die selbst gar nicht berichtet wird. Weiße Flecken auf der Landkarte der Information aber sollte es bei einem geplant aufgebauten Informationsnetz nicht geben. Mitarbeiterbefragungen sind in den letzten Jahren in vielen Unternehmen durchgeführt worden. Sie bieten – selbst dann, wenn sie nicht mehr ganz neu sind – dem Informationsfachmann die Möglichkeit, Fehler und Störungen innerhalb seines Informationssystems zu erkennen und dementsprechend Kurskorrekturen durchzuführen.

Auch die Ergebnisse der Wirkungsforschung werden in den nächsten Jahren für die Interne Information eine erhebliche Rolle spielen müssen, wenn man die Kosten-Nutzen-Relation der Information besser durchschauen und dementsprechend den Nutzen gezielt optimieren und nachweisen will. Anstelle des journalistischen Fingerspitzengefühls, anstelle des „Gießkannenprinzips" mit seinen hohen Streuverlusten sowie der Scheu der Unternehmen, vielschichtig statt einseitig zu informieren, muß und wird eine Informationspolitik treten, die sich – zumindest in Teilergebnissen – an der publizistischen Wirkungsforschung ausrichtet.

Die publizistische Wirkungsforschung als Wissenschaft ist noch relativ jung; sie besteht aus einer kaum überschaubaren Vielfalt von – teils widersprüchlichen – Einzeluntersuchungen, die aber erhebliche Relevanz für die Interne Information haben. Sicher ist vieles, was die Wirkungsforschung aufzeigt, den Praktikern der Information seit langem geläufig, sie machen sich die Ergebnisse täglich zunutze. Doch ist der Weg vom erfahrungsgemäßen Einsatz zum bewußten Verwerten weit und wird auch nicht allgemein akzeptiert.

Es würde den Rahmen dieses Aufsatzes sprengen, wollte man die Ergebnisse der Wirkungsforschung für die Verwertbarkeit in der Internen Information hier untersuchen. Das ist an anderen Stellen geschehen (siehe u. a. Kalmus/Classen 1979, S. 55ff.). Doch ist es sicher, daß man die Ergebnisse der Kommunikationswissenschaften brauchen wird, wenn man ein effektives Informationssystem für ein Unternehmen aufbauen will.

2.7 Die Rolle der Werkzeitschrift in der innerbetrieblichen Öffentlichkeitsarbeit

Auch wenn in einem Unternehmen ein umfangreiches Informationssystem mit verschiedenen Medien aufgebaut wurde, auch wenn die zielgruppenspezifische Information innerhalb der Informationspolitik eine wichtige Rolle spielt, so darf die Bedeutung der Werkzeitung bzw. der Werkzeitschrift in keiner Weise unterschätzt werden. Sie ist das Bindeglied, das die verschiedenen Zielgruppen wieder zusammenfassen soll; sie soll für alle hierarchischen Strukturen des Unternehmens Geltung haben. Eine schwer zu verwirklichende, aber überaus wichtige Aufgabe.

Die Sozialpsychologie sieht in der Werkzeitschrift einen wichtigen Faktor zur Lösung der sozialen Fragen im Betrieb, denn sie soll:

- den Betrieb für jeden Mitarbeiter durchsichtig machen,
- das Betriebsgeschehen chronologisch registrieren und verständlich mitteilen,
- die Aussprache zwischen Unternehmensleitung und Belegschaft fördern, Meinungen vermitteln, Anregungen geben,
- eine Pflegestätte der Gemeinschaftsarbeit im Betrieb sein,

- die Betriebsverbundenheit fördern und den Stolz auf die eigene Leistung heben,
- Ventilfunktionen bei auftretenden Schwierigkeiten erfüllen.

Das unternehmerische Verkündigungsblatt alten Stils wird deshalb zu Recht von Theoretikern und Praktikern abgelehnt. Statt der alten problemverniedlichenden Gartenlaube wird eine Werkzeitschrift gefordert, die schnell, kontinuierlich und möglichst umfassend die Mitarbeiter über wichtige wirtschafts- und sozialpolitische Vorkommnisse in den jeweiligen Unternehmen informiert. Auch Berichterstattungen über persönliche Leistungen, Erfolge, Jubiläen und Betriebsfeiern werden für wichtig gehalten. Ebenso sollen soziale Hilfen, Einrichtungen, Fortbildungs- und Nachwuchsfragen, Firmengeschichte, Warenkunde, Urlaubsratschläge und Freizeitthemen erörtert werden.

Als Ziel wird die Verwurzelung des Mitarbeiters im Betrieb angesehen, die wiederum dem Gedanken der Partnerschaft und damit der langfristigen Erfolgssicherung des Unternehmens dient.

2.8 Neue Medientechnologien für die Interne Information

Bei der Weiterentwicklung der Internen Information dürfen auch die Möglichkeiten audiovisueller Medien nicht außer acht gelassen werden. Im Vergleich zu den vergangenen Jahren ist ein klarer Trend zu den Medien zu beobachten, die neben der Schrift auch den Ton und das Bild liefern, wie etwa Dia-Vorträge, Tonbildschauen, Filme und Fernsehübertragungen. Dieser Trend ist um so verständlicher, wenn man sich die folgenden Untersuchungsergebnisse anschaut: Menschen behalten zu 10%, was sie gelesen haben, zu 20%, was sie gehört haben, zu 30%, was sie gesehen haben, zu 50%, was sie gehört und gesehen haben.

Auch wenn es in Europa und z. T. auch in Deutschland bei einigen Firmen vielversprechende Ansätze für den Einsatz neuer Medien gibt, so ist der große Durchbruch der neuen Technologien sicher heute noch nicht erfolgt. Die audiovisuellen Medien haben jedoch im Bereich der Internen Information eine Zukunft, wenn sie auch vielfach – und das derzeit noch zu Recht – für die meisten Unternehmen nicht in Frage kommen. Dabei wird weniger an der Wirksamkeit des neuen Mediums als an der praktischen Durchführbarkeit des Systems innerhalb eines Unternehmens gezweifelt, nicht zuletzt wegen der noch sehr hohen Kosten.

Daß auch andere Formen der neuen Medien, wie z. B. Videotext, Eingang in die Informationssysteme der Internen Informationen finden werden, ist nicht zu bezweifeln. Doch sind – wenigstens im Bereich der deutschen Industrie – hier bisher nur tastende Schritte zu beobachten.

Daß die elektronischen Medien einen Menschentyp mit völlig veränderten Kommunikationsgewohnheiten prägen oder schon geprägt haben, ist offensichtlich. Daß sich die Interne Information, wenn sie ihre Aufgabenstellung ernst nimmt, diesen Kommunikationsgewohnheiten anpassen muß, ist eine Selbstverständlichkeit. Es ist zu erwarten, daß erst ein Verbund der heute vorrangig eingesetzten Printmedien mit den neuen Techniken die optimale zielgruppenspezifische Informationsbetreuung der Mitarbeiter ermöglichen wird. Wahrscheinlich liegt in einem zukünftigen Medienverbund die Chance, von der planlosen Informationsstreuung über die zielgruppenspezifische Information zu einer ‚echten' Kommunikation zu kommen.

Anmerkung

1 In Deutschland gilt allgemein der 1888 erschienene „Schlierbacher Fabriksbote" der Wächtersbacher Steingutfabrik als die erste Werkzeitschrift.

Literatur

Friedrichs, H. (1973): Moderne Personalführung. München.
Kalmus, M., und D. Classen (1979): Zielgruppe unbekannt? – Neue Wege der Internen Information. Köln.
Steinbuch, K. (1978): Maßlos informiert. München.

V. Unternehmensexterne Öffentlichkeitsarbeit

Hugo Jung

1. Politische, wirtschaftliche, soziale und technische Entwicklungen erfordern eine intensivere Öffentlichkeitsarbeit

Bürgerinitiativen werden gegründet, sie kämpfen gegen den Bau von Atomkraftwerken, von Autobahnen, Fabriken usw. Hunderte von Millionen Mark könnten für Investitionen und damit für zusätzliche Arbeitsplätze abgerufen werden. Sie sind blockiert, weil alle zur Verfügung stehenden Rechtsmittel ausgeschöpft werden, um sich gegen übermächtige Gruppen unserer Gesellschaft zu wehren. Warum?

Es ist ein *wachsendes Mißtrauen* der Bürger gegenüber allen einflußreichen Gruppen unserer Gesellschaft zu beobachten. Der einzelne fühlt sich hilflos gegenüber

- dem *Staat*, der mit seiner wachsenden Bürokratie und perfektionierten Datenerfassung immer einflußreicher und auch anonymer wird,
- *großen Unternehmen*, da er diese nicht mehr überschauen, beurteilen, geschweige denn beeinflussen kann,
- *Parteien, Verbänden, Gewerkschaften usw.*, in denen er auch als Mitglied häufig nicht viel erreichen kann.

Revolutionäre technische Neuerungen bei Presse, Funk, Fernsehen, Film usw. ermöglichen heute nahezu jedem Bürger eine *rasche* und *außerordentlich umfangreiche* Information. Die Flut von Informationen ist jedoch so groß und kompliziert, daß sie der einzelne nicht mehr selektieren kann oder will. Demoskopische Untersuchungen lassen vermuten, daß der Informationsstand des „Durchschnittsbürgers" nicht wesentlich gestiegen ist. Gerade die Massenmedien erreichen oft nicht den Adressaten.

Die skizzierten Veränderungen bewirken, daß die Unternehmenskonzeptionen vor allem von Großunternehmen *nicht mehr ausschließlich von wirtschaftlichen Kriterien* bestimmt werden. Die heutige Unternehmensgröße muß zwangsläufig zu zusätzlichen Berührungs- und auch Spannungsmomenten mit allen Gruppen der Gesellschaft führen, vom Umweltschutz (Bürgerinitiativen) bis zur Kulturpolitik. Die Öffentlichkeitsarbeit eines Großunternehmens wird diese Entwicklungen berücksichtigen müssen.

Wenn unter „Demokratisierung der Gesellschaft" eine ständige Mitsprache des einzelnen bei politischen, wirtschaftlichen und sozialen Prozessen zu verstehen ist, dann muß in Zukunft die Öffentlichkeitsarbeit weiter intensiviert werden. Entsprechende gesetzgeberische Ansätze sind im Aktiengesetz (Publizitätspflicht), Betriebsverfassungsgesetz (BetrVG), Baurecht und an anderen Stellen erkennbar.

2. Die „Gesamt-Öffentlichkeit" ist nicht einheitlich, sondern zerfällt in unterschiedliche „Teil-Öffentlichkeiten"

Der Begriff „Öffentlichkeitsarbeit" ist von der Deutschen Public Relations Gesellschaft (DPRG) wie folgt definiert worden, wobei Öffentlichkeitsarbeit und Public Relations in gleicher Bedeutung verwendet werden: „Public Relations sind das bewußte und legitime Bemühen um Verständnis sowie um Aufbau und Pflege von Vertrauen in der Öffentlichkeit auf der Grundlage systematischer Erforschung". Dies bedeutet im einzelnen

- Arbeit *mit* der Öffentlichkeit.

  Der Dialog mit der Öffentlichkeit muß *kontinuierlich* geführt werden, es darf sich nicht nur um punktuelle Kontakte handeln. Dabei muß geprüft werden, *welche* „Öffentlichkeit" angesprochen werden soll, wer *innerhalb* des Unternehmens und wer *außerhalb* (Presse, Funk, Fernsehen usw.) regelmäßig Informationen erhalten sollte.

  Unter *Öffentlichkeit* ist dabei grundsätzlich der freie Zugang zu Ereignissen und Informationen zu verstehen.

- Arbeit *in* der Öffentlichkeit.

  Wichtige unternehmerische Konzeptionen und Entscheidungen sollten grundsätzlich nicht verheimlicht werden. Öffentlichkeitsarbeit ist keine Geheimdiplomatie. Dies gilt einmal für den Informationsfluß *innerhalb des Unternehmens (interne Öffentlichkeitsarbeit)*. Es muß geprüft werden, *ob* und *wie* das Kommunikationssystem innerhalb des Unternehmens funktioniert, wie regelmäßig und umfangreich die Mitarbeiter informiert, d. h. in die Öffentlichkeitsarbeit einbezogen werden. Man verwendet in diesem Zusammenhang den Begriff *Human Relations*. Objektiver und subjektiver Informationsstand müssen dabei nicht identisch sein.

  Die genannten Kriterien der Human Relations gelten auch analog für die *Außenbeziehungen des Unternehmens*. Der Kontakt mit Presse, Funk, Fernsehen usw. darf nicht überwiegend in Form einer Reaktion auf Anfragen von außen gepflegt werden. Es darf keine defensive Politik, sondern es muß eine *Vorwärtsstrategie* entwickelt werden. Weniger angenehme Probleme können häufig diskreter behandelt werden, wenn Partner von vornherein wissen, daß das Unternehmen grundsätzlich eine informationsfreudige Politik betreibt.

  Diese Intention deckt sich mit dem dritten Prinzip der Öffentlichkeitsarbeit, der

- Arbeit *für* die Öffentlichkeit.

  Die Kommunikationspartner müssen den Eindruck haben, daß *das Unter-*

nehmen selbst an einer kontinuierlichen Information der Öffentlichkeit interessiert ist. Das Unternehmen muß glaubhaft machen können, daß die Information der Öffentlichkeit zu seinem demokratischen Selbstverständnis gehört.

3. Öffentlichkeit – öffentliche Meinung – veröffentlichte Meinung

Der ominöse Begriff „öffentliche Meinung" kann als „artikulierte Öffentlichkeit" umrissen werden. Mit zunehmendem Einfluß der Massenmedien verstärkt sich der *temporäre* Charakter der öffentlichen Meinung. Öffentliche Meinung entsteht immer häufiger aus „zweiter Hand". Politiker, Journalisten, Wissenschaftler, sog. Meinungsführer (Opinion Leader) prägen mit ihren Äußerungen, Stellungnahmen usw. *(„veröffentlichte Meinung")* die öffentliche Meinung. Diese Sekundärinformationen sind nicht zu umgehen, da der einzelne die immer komplizierter werdenden Vorgänge in der Gesellschaft meist nicht mehr selbst analysieren und beurteilen kann. Er vertraut „Experten". Der Stellenwert der öffentlichen Meinung muß in diesem Zusammenhang nicht besonders betont werden: „Nicht die Tatsachen selbst beunruhigen die Menschen, sondern die Meinungen darüber".

4. Ziele und Aufgaben der externen Öffentlichkeitsarbeit

Die genannten generellen Prinzipien der Öffentlichkeitsarbeit ergeben kein Patentrezept, das es auch gar nicht geben kann. Die wichtigsten Aufgabenbereiche und Ziele der externen Öffentlichkeitsarbeit können jedoch abgegrenzt werden; im einzelnen handelt es sich um

– den *Aufbau eines Image*. Fast immer besteht eine Divergenz zwischen Selbsteinschätzung und Fremdeinschätzung;
– das *Gewinnen von Vertrauen*. Dies erfordert Zeit und muß ununterbrochen erarbeitet werden. Drei Phasen sind zu beachten: Das Vertrauen muß aufgebaut, gepflegt und evtl. wieder errungen werden;
– *Gesellschaftspolitische Arbeit*. Hier werden Informationen über Funktionen unseres Wirtschaftssystems, Probleme des Umweltschutzes usw. nach außen vermittelt;
– *Informationen über Vorgänge, Planungen, Entscheidungen des Unternehmens*. Komplizierte technische und wirtschaftliche Vorgänge sollen erklärt werden. Öffentlichkeitsarbeit hat eine transformatorische Funktion, z. B. bei der Umsetzung wissenschaftlicher Artikel in eine allgemein verständliche Sprache;
– *Vorbeugende Maßnahmen* zur Vermeidung von Konflikten, Mißverständnissen und zum Abbau von Vorurteilen;
– das *Abwehren* von Angriffen, Beschuldigungen usw.;
– die *Geschäftsförderung* durch publizistisch wirksame Darstellung technischer und anderer Probleme;

- die *Koordinierung* wirtschaftspolitischer und anderer Aussagen innerhalb des Unternehmens;
- die *Einwirkung* auf die öffentliche Meinung *generell* (z. B. „Was unternimmt Hoechst allgemein und kontinuierlich für den Umweltschutz?") und bei *konkreten einzelnen Vorfällen*;
- *persönliche Kontaktpflege* (einschließlich Lobbying) und Beratung von Personen innerhalb und außerhalb des Unternehmens.

Bei der Bewältigung dieser Aufgaben müssen zusätzlich bestimmte Eigengesetzlichkeiten berücksichtigt werden. Die Öffentlichkeitsarbeit eines Automobilkonzerns z. B. ist vergleichsweise weniger problematisch als die eines Unternehmens der Chemischen Industrie: Die Produktpalette ist *bekannt, begrenzt, überschaubar* und *jedem verständlich*; das Produkt nimmt – trotz zahlreicher Kampagnen gegen das Automobil – in der Bedürfnisskala des Käufers, in der Bevölkerung allgemein, einen hohen Rang ein.

Ein Chemisches Unternehmen dagegen
- ist in *zahlreichen Geschäftsbereichen* tätig,
- bietet eine *umfangreiche*, für den Betriebsfremden kaum überschaubare, nur teilweise bekannte, *komplizierte Produktpalette* an,
- wird als *der* Umweltverschmutzer angesehen, der auch die Sicherheit seiner Anlagen und Produkte nicht ernst genug nimmt,
- gilt zwar als sehr *leistungsfähiges*, aber *nicht besonders sympathisches* Unternehmen („tüchtig, aber unsympatisch") (vgl. Anmerkung 1).

Als Fazit ergibt sich, das die genannten Prinzipien, Aufgaben und Ziele nur durch eine „maßgeschneiderte" Konzeption der Öffentlichkeitsarbeit realisiert werden können. Sie liefern auch lediglich die Rahmenbedingungen für konkrete Situationen; generelle Rezepte sind untauglich.

5. Abgrenzung zwischen Öffentlichkeitsarbeit und anderen Funktionen

Die Öffentlichkeitsarbeit deckt nach der bisherigen Auffassung ein breites unternehmerisches Aufgabengebiet ab. Ohne den Versuch zu wagen, die babylonische Vielfalt der Begriffe und Definitionen zu entwirren, sollen jedoch einige grundsätzliche Abgrenzungen vorgenommen werden.

„Public Relations Begin at Home". Die Qualität der *internen Beziehungen* ist eine entscheidende Voraussetzung für erfolgreiche externe Öffentlichkeitsarbeit. Dieser Bereich sollte der Abteilung für Öffentlichkeitsarbeit und nicht – wie in einigen Fällen – der Personalabteilung zugeordnet werden, da heute das interne Informationssystem die Mitarbeiter eines Großunternehmens über sämtliche Probleme laufend zu informieren hat.

„*Public Affairs*" beschäftigen sich vor allem mit *gesellschaftspolitischen* Fragen, mit den Unternehmensbeziehungen zur sozialen und politischen Umwelt (Steuer,

Politik, gesetzliche Vorschriften zur Sozialpolitik, Energiepolitik usw.). Adressaten der Information sind meist die Regierung, Behörden und ähnliche Institutionen. Auch dieser Bereich sollte nicht ausgegliedert bzw. verselbständigt werden, sondern Bestandteil der Öffentlichkeitsarbeit sein.

Marketing und Öffentlichkeitsarbeit bauen auf gemeinsamen Disziplinen auf, haben häufig die gleichen Medien als Partner, benutzen demoskopische Verfahren und haben ein identisches Unternehmensziel. Trotzdem differieren einzelne Ziele und Zielgruppen: Marketing richtet sich ausschließlich nach dem Absatzmarkt aus (Marketing als marktgerichtete und marktgerechte Unternehmenspolitik). Dies trifft nach den bisherigen Feststellungen für die Öffentlichkeitsarbeit nicht zu.

Öffentlichkeitsarbeit und *Werbung* haben Gemeinsamkeiten und ergänzen sich. Sie sind Teilgebiete der Kommunikation, benutzen häufig die gleichen Medien, wenn auch in unterschiedlicher Form, Zielrichtung, Auswahl und Intensität. Beispielsweise richtet sich die Öffentlichkeitsarbeit an zahlreiche Teil-Öffentlichkeiten, d. h. auch an die Konsumenten. Dies stärkt sekundär das Produktimage. Umgekehrt dient die produkt- und absatzorientierte Firmenwerbung sekundär auch dem Gesamtimage des Unternehmens. Unterschiede ergeben sich daraus, daß die Werbung helfen soll, Produkte und Dienstleistungen zu verkaufen, zuständig ist für die Absatzpolitik, für verkaufsfördernde Maßnahmen und die Markterschließung, marktorientiert ist und sich an die entsprechend interessierten Gruppen richtet, sowie mithelfen soll, einen möglichst großen Marktanteil zu erringen.

Öffentlichkeitsarbeit dagegen

- soll ein intern und extern funktionsfähiges Kommunikationssystem aufbauen,
- ist zuständig für die Darstellung und Interpretation der Gesamtpolitik des Auftraggebers,
- orientiert sich am „Markt" der Nachrichten und Meinungen,
- richtet sich an *alle* Öffentlichkeiten (intern und extern) und
- soll einen möglichst großen Sympathiegewinn erzielen.

6. Phasen und Instrumente der externen Öffentlichkeitsarbeit

Die generellen Prinzipien der Öffentlichkeitsarbeit (Arbeit *mit, in, für* die Öffentlichkeit) sind als *grundsätzliche Leitlinien* anzusehen, als Kodex für die einzelnen Aktionen. Ein methodisches Vorgehen bietet sich in folgender Reihenfolge an.

(1) *Analyse der Ausgangslage.* Ausgangspunkt muß eine Analyse des Standortes sein, die Frage: „Wo stehen wir?" Eine derartige Diagnose ist unerläßliche Voraussetzung für eine erfolgversprechende Therapie. Dazu müssen alle intern und extern erreichbaren Informationen gesammelt werden. Wichtig ist die Beurteilung, *ob, wie weit* und *warum* Eigen- und Fremdeinschätzung differenzieren. Eine Identität, d. h. eine Deckung von Selbsteinschätzung und äußerem Image dürfte selten sein.

(2) *Planung*. Grundlage sollten folgende Überlegungen sein: Was, welches Image möchte ich langfristig erreichen *(strategische Zielsetzung)* und mit welchen Mitteln bzw. Medien? Was ist kurzfristig „machbar" *(taktische Ziele)*?
Diese „Destillation" der Zielsetzung ist unverzichtbar. Für ein Unternehmen der Chemischen Industrie zum Beispiel (Image: „tüchtig, aber unsympathisch") würde dies bedeuten, daß vor allem auch Arbeit im *emotionalen Bereich* geleistet werden muß (Sympathieerwerb). Hier bieten sich Medien an, die ohne Filterung, *direkt, unkompliziert* und vor allem *in interessanter Form* breite Schichten der Bevölkerung ansprechen.
Allerdings gelten diese Feststellungen nicht nur für das breite Publikum. Es ist zu beobachten, daß Wirtschaftsjournalisten, Finanzanalytiker und auch die Börse nicht nur nach bilanztechnischen Kriterien urteilen. Sie unterliegen ebenfalls emotionalen Einflüssen.
Zusammenfassend kann festgehalten werden, daß der Wahl der *Zielgruppen* und der *Instrumente*, die eingesetzt werden sollen, entscheidende Bedeutung zukommt (vgl. Abb.). Zur Selbstverständlichkeit gehört hier die Aufstellung eines entsprechenden Zeitplanes, z. B. die Wahl des günstigsten Termins für eine Veröffentlichung.

(3) *Durchführung*. Wie mehrfach betont, können hier keine Rezepte angeboten werden. Es muß von Fall zu Fall individuell entschieden werden, ob z. B. kleine Gruppen (bestimmte Fachjournalisten) oder eine breite Öffentlichkeit angesprochen werden sollen, und ob dazu am ehesten vorhandene oder neue Medien geeignet sind.

(4) *Erfolgskontrolle*. Diese Phase ist ein „wunder Punkt" der Öffentlichkeitsarbeit. Wenn etwas nicht oder nur schwer quantifizierbar ist, dann löst dies (nicht nur bei naturwissenschaftlich orientierten Menschen) ein gewisses Unbehagen aus. Es gibt heute jedoch gesicherte Methoden der *quantitativen* und *qualitativen* Beurteilung von PR-Aktionen, die allerdings zu wenig bekannt und verbreitet sind.
Man kann daher davon ausgehen, daß heute nur bei ca. 50% aller PR-Aktionen eine Erfolgsauswertung vorgenommen wird. Die Gründe dafür sind vielschichtig: Zu nennen sind *fehlende finanzielle Mittel* (oft wird Geld nur für die betreffende Aktion zur Verfügung gestellt), außerdem *fehlende Zeit*. Gerade bei der Öffentlichkeitsarbeit kommt vieles ungeplant. Meist löst dann eine Aktion die andere ab. Diese Ad hoc-Arbeit, in der Regel mit personellen Engpässen verbunden, verursacht chronische Zeitprobleme. Schließlich sind die *Unsicherheit* darüber, *wie* eine Erfolgsmessung zweckmäßig erfolgen sollte, und *generelle Zweifel an ihrer Zweckmäßigkeit* weit verbreitet.

Anmerkung

1 Ergebnis einer Umfrage des Verbandes der Chemischen Industrie

Das KOMMUNIKATIONSSYSTEM der AÖA unterstützt das Unternehmen bei der Realisierung der Unternehmensziele

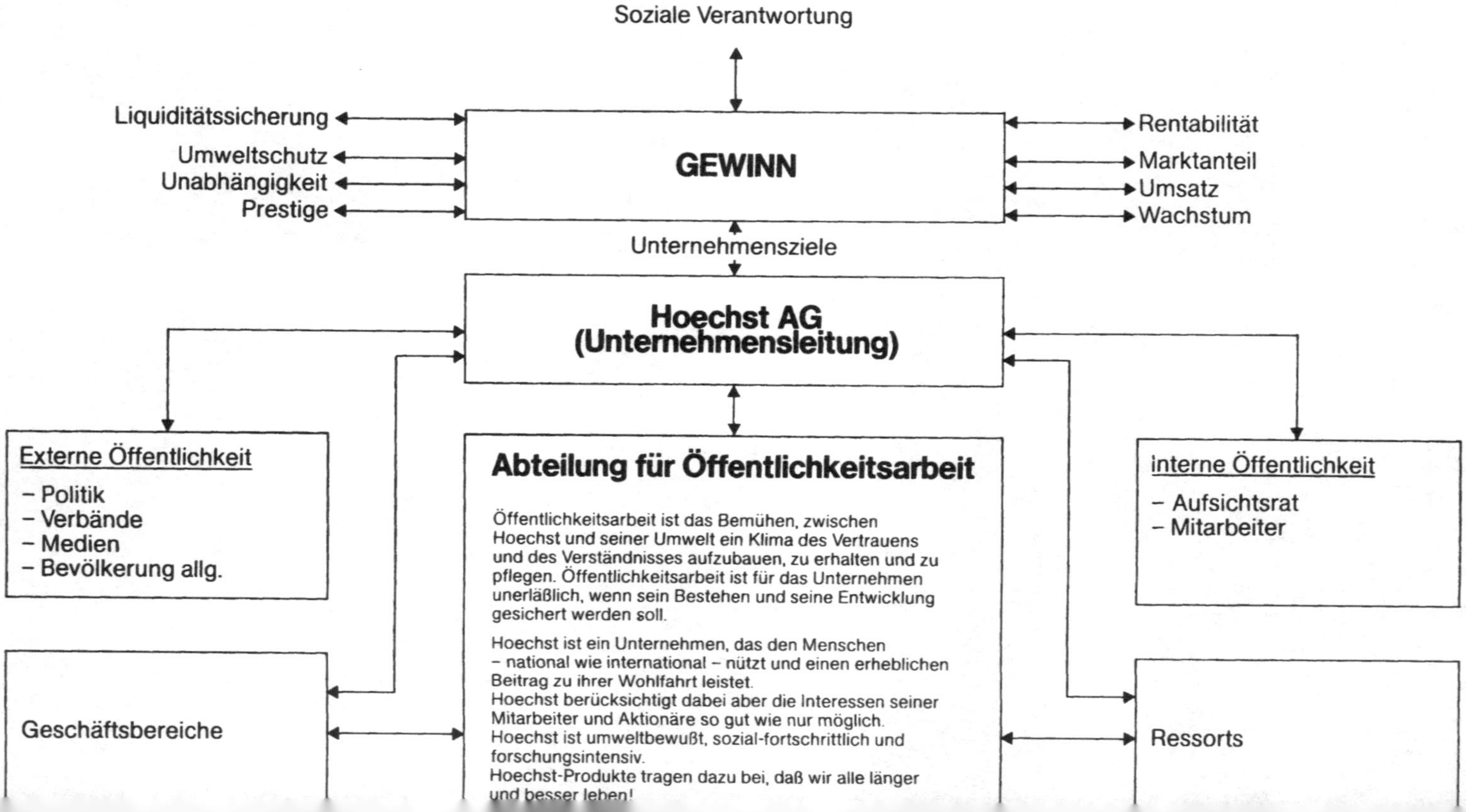

Instrumente																	Zielgruppen		Instrumente									
Anzeigen	Vereinsbetreuung	Nachbarschafts-Gespräche	Messen · Ausstellungen	Vorträge	Tonbildschauen	Filme	Bücher	Publikationen	Geschäftsbericht	Hoechst Heute	Dienste	Blick	Pressekonferenzen	Pressemitteilungen	Interviews	Pressegespräche			Aktionärsbrief	Hoechst Heute	„Für Sie gelesen" (Presseauswertung)	Blick	Pressemappe	Matinée/Filme	Farbenpost	Betr.-Versammlung	Mitarb. Schulung	Pens.-Versammlung
																	Extern	**Intern**										
																	Presse/Funk/Fernsehen	Vorstand										
																	Polit./Parteien	Aufsichtsrat										
																	Behörden	Aktionäre										
																	Verbände	Mitarbeiter										
																	Gewerkschaft.	Geschäftsbereiche										
																	Vereine	Ressorts										
																	And. Unternehmen	Betriebsrat										
																	Wissenschaftler	Auszubildende										
																	Lehrer/Schüler	Pensionäre										
																	Nachbarn	Werke										
																	Kunden	Auslandsges.										
																	Lieferanten											
																	Handel											
																	Ärzte/Apotheker											
																	Verbraucher											
																	Besucher/Gäste											
																	Ausland											

VI. Einordnung der Abteilung Öffentlichkeitsarbeit in formale Organisationsstrukturen

1. Organisatorische Einordnung der Abteilung Öffentlichkeitsarbeit in Unternehmen

Gernot Brauer

Öffentlichkeitsarbeit ist per definitionem Arbeit für die Öffentlichkeit, in ihr und mit ihr, ein Kommunikationsangebot also auf dem Markt der Meinungen einer breiten Allgemeinheit. Sie wendet sich zugleich auch an die Organisatoren der öffentlichen Meinung, also die Medien, und bedient sich hierzu durchaus anderer Instrumente als gegenüber dem Informationsverbraucher. Öffentlichkeitsarbeit wendet sich weiter an die Repräsentanten der Allgemeinheit, also an Parlament und Behörden, Gewerkschaften und Verbände. Sie wendet sich nicht zuletzt auch an die Unternehmen, andere und eigene, an deren Management und an die Belegschaften. Öffentlichkeitsarbeit ist demnach zweckgerichtete Kommunikation mit bestimmbaren Zielgruppen, entlang unterschiedlicher Wege, abgestufter Prioritäten und mit zielgruppenspezifischen Mitteln. Diese Prämisse bedingt Grundentscheidungen über die organisatorische Einordnung der Öffentlichkeitsarbeit in Unternehmen.

Vor einer Erörterung der Folgerungen sind zwei Anmerkungen zur Legitimation der PR und zur Struktur sozialer Verständigung nötig. Anschließend wird die Positionierung von Unternehmen umrissen, der organisatorische Rahmen der Öffentlichkeitsarbeit in den Unternehmen skizziert und die praktische Einordnung und Gliederung der einzelnen Funktionen von Öffentlichkeitsarbeit dargestellt. Abschließend werden Prioritäten dieser Arbeit bewertet.

1.1 Öffentliche Verständigung – Eine Anmerkung zur Legitimationsfunktion der PR in der Industriekultur

Großunternehmungen sind ein integraler Teil unseres wirtschaftlichen und sozialen Gefüges. Wirksame Formen der Produktion und Distribution sind ohne die Konzentration von Wissen und Handlungsautorität in Großunternehmungen nicht möglich. Die letzte Arbeitsstättenzählung läßt den Schluß zu, daß gut jeder dritte Berufstätige in einer Großunternehmung arbeitet. Die Öffentlichkeit schreibt daher großen Unternehmungen erhebliche Macht zu, unterstellt jedoch in hohem

Maße eine Werte-Disparität zwischen Unternehmungen und Allgemeinheit. Die Komplexität von Unternehmens-Zielsetzungen ist selten bewußt; gesellschaftsbezogene, auch sozialpolitische Zielsetzungen und Auswirkungen treten im öffentlichen Bewußtsein hinter der Gewinnorientierung zurück. In der Bewertung von Unternehmen ersetzt der Mangel an Einblick der Öffentlichkeit bisweilen Urteile durch Vorurteile mit der Folge, daß diese durch ein Mehr an Informationen nicht sogleich änderbar sind.

Das System sozialer Verständigung in bezug auf wirtschaftliche Tätigkeit wäre in gefährlichem Maße steuerlos, gelänge es nicht, wirtschaftliche Macht im Gefüge staatlicher Ordnung und sozialer Bezüge erkennbar und rational bewertbar zu machen. Öffentlichkeitsarbeit muß also dahin wirken, Vorstellungsbilder von Unternehmen zu entwickeln, sie vom Objekt des Vorurteils zum Objekt des Urteils werden lassen. Öffentlichkeitsarbeit hat den Auftrag, Unternehmen als Teilsystem im Gesamtsystem Wirtschaftsgesellschaft darzustellen, zu deren positiver Ertragsbilanz sie beitragen. Sie hat dieses Beziehungsgeflecht zu erläutern und zu vermitteln. Sie ist damit Teil unternehmerischer Tätigkeit; ihre organisatorische Einordnung in den Unternehmen ist damit vor-definiert.

1.2 Herkunft, Können, Charakter – Eine Anmerkung zur Struktur sozialer Verständigungsprozesse im Meinungsfeld

Menschen aus bestimmten Gegenden werden ebenso wie Unternehmen in bestimmten Herstellerländern Eigenschaften zugesprochen. Mit Begriffen wie „Made in Germany“ verbinden sich Annahmen und Erfahrungen ebenso wie mit dem Namen einzelner Anbieter von Waren oder Dienstleistungen. Die Öffentlichkeit bewertet ihre Herkunft und bezieht dazu die ihr bekannten oder von ihr vermuteten Informationen über die Ziele und das Selbstverständnis von Eigentümern, Management und Mitarbeitern ebenso ein wie die historischen Leistungen des Anbieters, sein „Standing“ in finanzieller Hinsicht, als Arbeitgeber, als Verbraucher von Ressourcen und Veränderer von Lebensraum und Umwelt. Unternehmen haben einen „Stallgeruch“; und es ist Aufgabe der Öffentlichkeitsarbeit, diese Komponente „Herkunft“ zu entwickeln.

Die Produktsubstanz, das in Produkten verwirklichte Know-how und dessen Umsetzung in Technik, die Summe der einzelnen Leistungen von Naturwissenschaftlern, Ingenieuren oder Kaufleuten verdichtet sich in der Öffentlichkeit zu Annahmen und Erfahrungen über das Können einer Unternehmung. Es ist Aufgabe der Öffentlichkeitsarbeit, dieses Merkmal „Können“ zu kommunizieren.

Die unterschiedliche Nutzung von Waren und Dienstleistungen läßt Schlüsse zu auf den „Charakter“ von Personen. Welche Kleidung jemand trägt, welches Automobil er fährt und welches Urlaubsangebot er nutzt, weist ihn aus. Öffentlichkeitsarbeit ist also gut beraten, Beispiele zu entwickeln und zu kommunizieren, die dieses Charakterbild deutlich machen. In ihm vermischen sich wirtschaftlicher

Nutzen und Geltungsnutzen eines Waren- und Leistungsangebotes von Unternehmen.

Soziale Verständigung, soweit sie über Waren und Dienstleistungen von Unternehmen erfolgt, bewertet Herkunft, Können und Charakter. Traditionelle Werbung stützt vorwiegend die Imagefelder Können und, in zweiter Linie, Charakter. Öffentlichkeitsarbeit kommuniziert Unternehmen als Ganzes; auch dies bestimmt ihre organisatorische Einordnung vor.

1.3 Die Positionierung – Zielsetzung von außen gesehen

Was Unternehmen tun, ist eines; was sie wollen, nicht immer völlig deckungsgleich; und was man ihnen zutraut, hiervon manchmal sehr unterschieden. In der PR-Positionierung von Unternehmen wird der Versuch der Kongruenz zwischen Eigen- und Fremdbild formuliert. Diese setzt eine nutzbare Definition von Unternehmenszielsetzungen ebenso voraus wie eine Analyse des Bildes von Unternehmen in der Öffentlichkeit. Sie ermittelt aus den Abweichungen sowie je nach der unterschiedlichen Gewichtung einzelner Urteile im Eigen- bzw. im Fremdverständnis das Bild, das die Öffentlichkeit vom Unternehmen gewinnen soll und weist gleichzeitig die Instrumente vor, mit denen dieses Bild erreicht werden kann, sei es auch zum Preise geänderter Schwerpunkte im Eigenverständnis des Unternehmens selbst.

Mit der Positionierung, einem inhaltlichen Kernstück in der Planung von Öffentlichkeitsarbeit, trägt der für sie verantwortliche Funktionsträger also direkt zur Unternehmenspolitik bei. Er formuliert die Unternehmenszielsetzung aus dem Blickwinkel der Öffentlichkeit, auf die sich seine Tätigkeit richtet; denn die Positionierung ist nichts anderes als diese Zielsetzung von außen gesehen.

Als Ergebnis der vorangestellten Anmerkungen und dieser zuletzt erwähnten Aufgabe läßt sich ableiten: Öffentlichkeitsarbeit ist eine Funktion der Unternehmensleitung. Sie ist im einzelnen delegierbar, im Grundsatz jedoch vom Präsidenten, Vorstandsvorsitzenden, Hauptgeschäftsführer etc. einer Organisation oder Unternehmung zu verantworten.

1.4 Ein organisatorischer Rahmen für Kompetenz – Stab, Linie, Matrix

In der Funktion Öffentlichkeitsarbeit eines Unternehmens sollte die direkte Verantwortung für alle generellen Unternehmensaussagen und alle Kontakte zur Öffentlichkeit jenseits des Marktes liegen.

Unterschiedlich bewerten deutsche Unternehmen die Verantwortung für die Prägung des innerbetrieblichen Bewußtseins. In führenden Unternehmen der Elektro- und der Chemieindustrie, aber auch in anderen Branchen ist die Mitarbeiterinformation eine Funktion des Personalwesens. Eines der größten deutschen Unternehmen ordnet sie innerhalb dieses Ressorts der gesellschaftspolitischen Öffentlichkeitsarbeit zu. Die größte Gruppe der leitenden Werkredakteure ist in die Direktionsebene oder in Stabsabteilungen der Unternehmensleitungen eingegliedert. Große Gruppierungen gehören jeweils zu den Presse-/PR-Abteilungen und zu den Personal-/Sozialabteilungen. Diese Zuordnung wird durch Erfahrungen mit Praktiken der Mitbestimmung und Erwartungen an zukünftige Praktiken sowie an Herkunft und Rang des Arbeitsdirektors überlagert.

Funktionell ist Mitarbeiterinformation jedoch Öffentlichkeitsarbeit und daher mit deren weiteren Arbeitsbereichen zu verknüpfen. Sie sind, wie ausgeführt, Teil der Leitungsaufgabe in Unternehmen bzw. aus ihr direkt abgeleitet.

Öffentlichkeitsarbeit ist fachliche Tätigkeit wie andere in Unternehmen, insofern die für sie zuständige Funktionsstelle z. B. über die Nutzung von Medien als Informationsquellen entscheidet, selbst Informationen für die Medien produziert und distribuiert oder insofern sie Veranstaltungen für Zielgruppen der Öffentlichkeit plant und durchführt. Dies ist Tätigkeit in Linienfunktion, also als Fachstelle neben anderen in einer betrieblichen Hierarchie.

Öffentlichkeitsarbeit wird jedoch zu gleicher Zeit als Stabsfunktion aufgefaßt. Die für sie zuständige Fachstelle versteht sich in aller Regel als Berater und Koordinator verantwortlicher Tätigkeitsbereiche, soweit deren Handeln oder Verhalten Öffentlichkeitsbezug hat oder erhalten soll. Dies gilt in gleicher, häufig sogar vorrangiger Weise für die Beratung der Unternehmensleitung.

Öffentlichkeitsarbeit wirkt schließlich in Form von Matrix-Beziehungen in Unternehmen. Sie überlagert mit einem fachlichen Weisungsrecht horizontal die vertikale Linienstruktur von Weisungsberechtigung und Ausführungsanspruch. In Matrix-Beziehungen kann methodisch bestimmt werden, wie Aufgaben mit Öffentlichkeitswirkung durch Fachstellen zu behandeln sind, jedoch auch, welche Aufgaben von Fachstellen an die Funktion Öffentlichkeitsarbeit abzugeben sind. In Matrix-Beziehungen sind Planungs-, Koordinations- und Überwachungs-Rechte des Funktionsbereichs Öffentlichkeitsarbeit regelbar. Dies geschieht zweckmäßig durch Funktionsbeschreibungen, in denen das Beziehungsgeflecht umrissen wird.

Funktionsbeschreibungen und die sie detaillierenden Arbeitsplatzbeschreibungen sind personenneutrale, aufeinander bezogene Darstellungen der Arbeitsbereiche aller selbständig Tätigen in einer Organisation. Es ist zweckmäßig, solche Arbeitsplatzbeschreibungen für jede Stelle innerhalb der Funktion Öffentlichkeitsarbeit so zu formulieren, daß Zusammenarbeit und Abgrenzung horizontal wie vertikal ebenso deutlich werden wie Planungsverantwortung, Entscheidungsberechtigung und Überwachungspflicht.

1.5 Das praktische Netzwerk – Die Organisation der Öffentlichkeitsarbeit im einzelnen

Wie eingangs erwähnt, ist die Orientierung nach Zielgruppen der Öffentlichkeitsarbeit ein geläufiges Organisationsprinzip innerhalb der jeweiligen Fachstellen. Sie wird auch in den folgenden Abschnitten zugrunde gelegt. In einige der folgenden Abschnitte sind Vorschläge für Funktionsbeschreibungen der einzelnen Tätigkeiten eingearbeitet.

1.5.1 Das eigene Haus und seine Benutzer

Die Belegschaften von Unternehmen sind die engste Zielgruppe von Öffentlichkeitsarbeit. Sie sind ein Teil der Öffentlichkeit und nutzen selbstverständlich alle Möglichkeiten, sich zu informieren. Mitarbeiterinformation als Aufgabe der Öffentlichkeitsarbeit nach innen muß in dieser Medienkonkurrenz bestehen.

Die Abteilungen für Mitarbeiterinformation in Unternehmen der Bundesrepublik Deutschland sind sehr unterschiedlich stark besetzt und – wie erwähnt – teilweise den Personalabteilungen zugeordnet. In führenden Unternehmen großer Branchen erreichen die innerbetrieblichen Medien eines einzigen Konzerns Gesamtauflagen von zwei Millionen. Sie werden von voll ausgebauten Redaktionen produziert, die eigene Nachwuchsprogramme entwickelt haben. Im Regelfall sind die Abteilungen für Mitarbeiterinformation jedoch wesentlich kleiner und beschäftigen außer ihrem Leiter nur eine oder wenige mitarbeitende Personen.

Der Leiter (die Leiterin) der Mitarbeiterinformation
entwickelt im Auftrage des Leiters der Öffentlichkeitsarbeit (in anderen Fällen im Auftrage des Leiters des Personalressorts) die innerbetrieblichen Kommunikationsmedien mit der Aufgabe:

- die Unternehmensziele sowie Mittel und Wege ihrer Realisierung in den Belegschaften des jeweiligen Unternehmens – gegebenenfalls in allen von größeren Gruppen der Belegschaft gesprochenen Sprachen – darzustellen
- die Unternehmenspolitik in Abstimmung mit der Unternehmensleitung in den Belegschaften sowie bei deren Angehörigen bekannt und verstehbar zu machen sowie Zustimmung zu ihr zu erwirken
- die betriebliche Orientierung der Mitarbeiter zu verbessern
- zu einer abgewogenen Meinungsbildung aller Mitarbeiter in den Gesellschaften des Unternehmens im Sinne des Hauses beizutragen
- durch seine (ihre) Tätigkeit mögliche Gefahren abzuwenden, die dem Unternehmen oder den Mitarbeitern aufgrund der Meinungsbildung in den Unternehmensbereichen drohen können oder bei deren Bewältigung mitzuwirken
- die Argumentationsfähigkeit der Mitarbeiter in der wirtschaftspolitischen Auseinandersetzung zu stärken;

untersucht dazu die Bedarfslage für Mittel und Wege der Mitarbeiterinformation oder gibt solche Untersuchungen in Auftrag, ermittelt durch systematische Nachforschungen über Ereignisse und Vorhaben, Problemsituationen und Entwicklungsphasen die thematischen Schwerpunkte:

- plant dazu betriebliche Kommunikationsmedien (Periodica wie Werkzeitschrift oder Werkzeitung sowie Informationsdienste ggf. getrennt für obere, mittlere und untere Führungskräfte sowie Einzelveröffentlichungen, ggf. gesprochene, gesendete sowie visuelle bzw. audiovisuelle Medien für betrieblichen Gebrauch) und entscheidet über ihren Inhalt
- plant jährlich die Personal- und Sachkapazität sowie die Kosten der Mitarbeiterinformation und überwacht deren Einhaltung
- organisiert den Informationsfluß durch systematische Pflege auf allen Ebenen des Unternehmens;

entwickelt daraus ein langfristiges Konzept der betrieblichen Kommunikation innerhalb des Unternehmens und entscheidet über Mittel und Wege dieser Arbeit:

- entwickelt und formuliert Grundaussagen über Handeln und Verhalten des Unternehmens gegenüber den Mitarbeitern in den Publikationen sowie für mündliche Äußerungen gegenüber der Belegschaft von grundsätzlicher Bedeutung
- ermittelt betriebliche und außerbetriebliche Sachverhalte, verfaßt oder beschafft textliche und bildliche Informationen, bearbeitet Beiträge Dritter, jeweils nach journalistischen Grundsätzen und den Erfordernissen der Informationspolitik des Unternehmens, entscheidet über Annahme oder Ablehnung sowie Art und Zeitpunkt der Verwendung
- entwirft die Gestaltung der Medien und überwacht das graphische Bild; leitet oder überwacht die Produktion sowie den Vertrieb der Medien;

kontrolliert den Erfolg der Mitarbeiterinformation und paßt sie kontinuierlich dem Wandel der Unternehmenspolitik, den Adressaten, dem Wandel der öffentlichen Meinung und der Kommunikationstechniken an.

Zu den Benutzern der Unternehmensgebäude (Verwaltungen und Produktionsbereiche) gehören natürlich nicht nur die Führungskräfte, die Angestellten und die Arbeiter, sondern auch die regelmäßigen Besucher (Lieferanten, Kunden) und die gelegentlichen Besucher (Gäste, Besichtigungen). Hierüber wird im Abschnitt 1.5.7 gesprochen.

1.5.2 Außenstellen, Töchter, Handel

Die Außenorganisation eines Unternehmens vervielfältigt seinen Eindruck und seine Botschaft. Öffentlichkeitsarbeit berücksichtigt daher, daß die Kategorie „Herkunft" auf die Außenorganisation abstrahlt und sichert, daß das Erscheinungsbild des Unternehmens an allen Standorten – auch bei Partnerbetrieben des Handels – wiedererkennbar bleibt.

Zur Funktion der Öffentlichkeitsarbeit – in einer Reihe von deutschen Unternehmen auch zur Funktion des Marketings und damit der Werbung – gehört also die Festlegung und Verwirklichung eines äußeren Erscheinungsbildes aller Gebäude, Außenanlagen, Fahrzeuge, Drucksachen usw. Die hierfür verantwortliche Funktionsstelle hat eine zentrale Aufgabe und ist daher auch der Zentrale zuzuordnen. Sie

- plant und formuliert Grundlagen für ein visuelles Erscheinungsbild des Unternehmens, seiner Außenstellen, Tochtergesellschaften und Handelsbetriebe, plant den erforderlichen Zeitbedarf für Konzeption, Entwicklung und Verwirklichung der verschiedenen Programme
- plant und arbeitet den Kostenrahmen für das Gesamtprogramm und die Einzelprojekte aus, ermittelt und bestimmt die hierzu zu beschäftigenden Dienstleistungsunternehmen
- entwickelt die Zielsetzung für ein visuelles Erscheinungsbild ggf. in Zusammenarbeit mit externen Stellen, verfaßt oder beschafft einen Stufenplan für die Verwirklichung dieser Zielsetzung, eingeschlossen einen Zeit- und Kostenplan
- vertritt dieses Programm gegenüber der Unternehmensleitung und holt deren Zustimmung ein
- entwickelt, ergänzt oder modifiziert aufgrund entsprechender Beschlüsse der Unternehmensleitung zur Realisierung eines solchen Programmes Richtlinien für alle Unternehmensteile
- gestaltet und produziert oder beschafft Durchsetzungsmittel für die einzelnen Programmteile und stellt diese den ausführenden Stellen zu
- überwacht die Richtlinien auf ihre Einhaltung, überwacht Kosten- und Terminpläne
- kontrolliert den Erfolg des Programms und paßt es kontinuierlich dem Wandel der Unternehmenspolitik sowie technischen und gestalterischen Wandlungen an.

Je nach Nähe oder Ferne von Außenstellen, Tochterunternehmen und Handelsbetrieben wird es erforderlich sein, die bereits genannten Aufgaben der Mitarbeiterinformation (Ziffer 1.5.1) und die im folgenden genannten Aufgaben der PR- und Pressearbeit auch in Außenstellen zu tun. Hierzu sind Praktiken der Matrix-Organisation (Einzelheiten in Abschnitt 1.4) einzusetzen. Da der Leiter der Öffentlichkeitsarbeit für alle generellen Unternehmensaussagen und für alle Kontakte zur Öffentlichkeit jenseits des Marktes direkt verantwortlich sein muß, benötigt er gegenüber den für diese Tätigkeit in der Außenorganisation eventuell einzurichtenden Stellen ein fachliches Weisungsrecht. Der Leiter (die Leiterin) Öffentlichkeitsarbeit

- schlägt die Einrichtung oder Auflassung von solchen nachgeordneten Stellen für Öffentlichkeitsarbeit in Außenstellen, Tochterunternehmen oder im Handel vor
- berät die Leitungen der genannten Stellen in wichtigen Personalfragen für diese Tätigkeitsbereiche
- veranlaßt Analysen über das Bild des Unternehmens oder seiner dezentralen Stellen in einzelnen Ländern oder Regionen

- unterrichtet die Außenorganisation über Fragen der Unternehmenszielsetzung und -politik
- bestimmt Unternehmensaussagen der Außenorganisation
- überwacht die Entwicklung des Unternehmensprofils weltweit
- plant und koordiniert übergreifende Aktivitäten der Öffentlichkeitsarbeit für einzelne oder alle Zielgruppen.

Die Organisaton von Fachstellen für Öffentlichkeitsarbeit in Außenstellen, Tochtergesellschaften und beim Handel wird sich im einzelnen nach den Arbeits- und Interessenschwerpunkten dieser Gesellschaften richten und dem Grundsatz der Funktionsübersichten der Zentralstellen entsprechen. Funktionsbeschreibungen werden sich daher nach den in den Ziffern 1.5.1, 1.5.4 und 1.5.7 erläuterten Aufgabenkatalogen richten.

1.5.3 Käufer, Benutzer, Betroffene

Hier überschneiden sich Werbung und Öffentlichkeitsarbeit. Werbung muß, im Jargon der Branche gesprochen, das Produkt verkaufen, PR will Zustimmung zu Handeln und Verhalten des Unternehmens erwirken. Da Werbung in diesem Kontext außer Ansatz bleibt, sind Käufer oder Benutzer von Produkten oder Dienstleistungen eines Unternehmens eine Zielgruppe innerhalb der allgemeinen Öffentlichkeit. Einzelheiten sind im Abschnitt 1.5.7 umrissen.

1.5.4 Die Medien

Presse, Hörfunk und Fernsehen vermitteln Informationen aus Unternehmen an die allgemeine Öffentlichkeit, wenn sie diese einer Vermittlung für wert erachten, und bewerten sie durch den Rang der Plazierung, in Wort- oder Bildauswahl und durch Kommentar. Gesprächspartner der Medien in den Unternehmen sind die Presseabteilungen, ihrerseits analog der Medienlandschaft zielgruppenspezifisch organisiert:

- Referat für Tages- und Publikumspresse national
- Referat für Wirtschaftspresse national oder national und international
- Referat für Hörfunk und Fernsehen
- Referat für technische Fachpresse
- weitere parallel eingeordnete oder nachgeordnete Referate sind nicht selten: Nachrichten-Koordination, Bildstelle, Filmstelle, Sportreferat, Kulturreferat usw., je nach Notwendigkeit einer Ansprechstelle für die Redaktionen bei Presse und Funk.

Es ist zweckmäßig, für jede Fachstelle (jedes Referat) eine eigene Funktionsbeschreibung zugrunde zu legen. Für die Funktion „Leiter (Leiterin) der Presseabteilung" ist folgende Funktionsbeschreibung denkbar.

Er (Sie) konzipiert und verantwortet im Auftrage des Leiters der Öffentlichkeitsarbeit die Pressepolitik des Unternehmens mit den Einzelaufgaben:

- Unternehmensziele, Firmenpolitik und Informationen über Produkte oder Dienstleistungen des Unternehmens den Medien sach- und termingerecht zu übermitteln und dafür zu sorgen, daß aus ihnen nach Möglichkeit ein positives Bild des Unternehmens in den Medien entsteht und erhalten bleibt
- Aufgaben und Leistungen des Unternehmens und ggf. der Außenorganisation zu erläutern
- Interesse und Verständnis der Multiplikatoren in den Medien für die Handlungen des Unternehmens, für die Produkte oder Dienstleistungen des Unternehmens zu fördern
- Inhalt und Art der Pressearbeit bei Außenstellen, Tochtergesellschaften und ggf. im Handel zu koordinieren, die Belieferung mit Pressematerial für diese Stellen zu regeln und das Konzept für deren finanzielle und organisatorische Aufgabenstellung auf dem Gebiet der Pressearbeit zu entwickeln
- nach Möglichkeit Gefahren abzuwenden, die dem Unternehmen aufgrund der Meinungsbildung in den Medien drohen können bzw. bei deren Bewältigung mitzuwirken;

entscheidet über Wege und Mittel der Pressearbeit, beauftragt die einzelnen Referatsleiter zu systematischen Nachforschungen über Ereignisse und Vorhaben, Problemsituationen und Entwicklungsphasen zur Festlegung der thematischen Schwerpunkte, entwickelt daraus ein langfristiges Konzept der Pressearbeit für das Unternehmen:

- entwickelt und formuliert Grundaussagen über Handeln und Verhalten des Unternehmens gegenüber den Medien
- legt Besprechungen der Unternehmensleitung mit Journalisten fest bzw. regt solche an
- legt in Absprache mit den Fachstellen die verbindliche Aussage über die Produkte oder Dienstleistungen des Hauses gegenüber den Medien fest
- plant und organisiert die Vorstellung von Produkten oder Dienstleistungen sowie Informationskampagnen über Maßnahmen oder Situationen des Unternehmens gegenüber den Medien (gedruckte oder gesendete, ggf. visuelle oder audiovisuelle) national und international
- plant und organisiert Pressekonferenzen und Presseempfänge und agiert als Sprecher des Unternehmens
- entwickelt und erhält die regelmäßige Kommunikation zwischen seinem Tätigkeitsbereich und den Fachstellen in der Außenorganisation, soweit Pressefragen berührt sind
- hält ständig Kontakt mit allen für das Unternehmen relevanten opinion leaders der Medien;

- bestimmt Darstellung und Inhalt der Gesamtinformation für die Medien und der dazu nötigen Arbeitsmittel, überwacht deren Produktion und Vertrieb
- kontrolliert den Erfolg der Maßnahmen und paßt sie kontinuierlich dem Wandel der Unternehmenspolitik, den Adressaten, dem Wandel der öffentlichen Meinung und der Kommunikationstechniken an
- berät die Führungskräfte des Unternehmens in allen Fragen der Zusammenarbeit mit Medien
- ist presserechtlich verantwortlich für Planung, Organisation und Durchführung aller Maßnahmen der Pressearbeit des Unternehmens.

Aktive Aufgabe der Presseabteilung ist es selbstverständlich auch, das eigene Unternehmen über Kenntnisse, Ansichten und Forderungen der Öffentlichkeit zu unterrichten, soweit sich diese in den Medien spiegeln. Sie wird deshalb die veröffentlichte Meinung daraufhin untersuchen, was deren Repräsentanten für richtig und wertvoll halten. Die Presseabteilung wird daher das eigene Unternehmen auf Tendenzen aufmerksam machen, die sie aus den Medien ermittelt. Direkter, schneller Zugang zur Unternehmensleitung ist unverzichtbar.

1.5.5 Der politische Raum („Public Affairs")

Große Unternehmen sind auf ein intensives Gespräch mit den Repräsentanten des öffentlichen Lebens ebenso angewiesen wie diese auf den Kontakt mit der Wirtschaft. Dieses Gespräch vollzieht sich in weniger exakt beschreibbaren Regeln. Zur Organisation dieser Tätigkeit im Rahmen der Öffentlichkeitsarbeit müssen wenige Anmerkungen genügen. Das Gespräch mit Vertretern politischer Instanzen in Regierungen, Parlamenten oder Behörden ist nach dem Verständnis dieser Darstellung Öffentlichkeitsarbeit, insofern in solchen Gesprächen regelmäßig generelle Unternehmensaussagen erfolgen und diese insgesamt Teil der Kontakte zur Öffentlichkeit jenseits des Marktes sind. Die Fachstelle für solche Kontakte wird daher zweckmäßig in die Gesamtverantwortung der Öffentlichkeitsarbeit integriert, wenn auch ggf. mit besonderen Vollmachten ausgestattet. So kann ihr Stelleninhaber z. B. als „Beauftragter der Direktion" oder „Beauftragter des Vorstandes" bei der entsprechenden politischen Institution eingeführt werden. Entsprechend den Möglichkeiten der Matrix-Organisation erhielte er Weisungen sowohl vom Leiter der Öffentlichkeitsarbeit als auch von der Unternehmensspitze direkt.

1.5.6 Verbände, Gruppierungen

Die Mitarbeit in Verbänden und Gruppierungen unterschiedlichster Art ist für Fachstellen von Unternehmen die Regel. Diese Tätigkeiten zu koordinieren und sie in die in der PR-Positionierung formulierten Zielsetzungen einzubinden, ist eine weitere Aufgabe von Öffentlichkeitsarbeit. Eine Fachstelle für das Referat Verbände und Mitgliedschaften, ggf. kombiniert mit dem wirtschaftspolitischen Referat, ist daher in großen Unternehmen teilweise eingerichtet. Diese Fachstelle

- koordiniert die Präsenz aller Funktionsbereiche des Unternehmens in unternehmenspolitisch relevanten Gruppierungen, arbeitet Stellungnahmen oder Initiativen des Unternehmens in diesen Gruppierungen aus bzw. koordiniert die Aussagen verschiedener Stellen des Unternehmens
- nimmt an Aktivitäten solcher Gruppierungen nach Bedarf persönlich teil, vertritt das Unternehmen in dieser Hinsicht.

Auch für diese Tätigkeit gelten in hohem Maße Regeln der Matrix-Organisation, da sie Aktivitäten wichtiger Bereiche eines Unternehmens überlagert und nach außen vertritt.

1.5.7 Die allgemeine Öffentlichkeit

Zu ihr zählen die Bewohner im Einzugsbereich von Unternehmensstandorten ebenso wie die Freunde und Bekannten der Mitarbeiter, die Besucher von öffentlichen Teilbereichen (Ausstellungen, Museen etc.) in Unternehmen – sie zählen bisweilen nach Hunderttausenden im Jahr. Öffentlichkeit sind die Benutzer von Produkten oder Dienstleistungen und schließlich alle Personen, die mit dem Namen oder der Tätigkeit des Unternehmens in irgendeiner Weise in Berührung kommen. An sie alle wendet sich die Fachstelle, deren Aufgabe es ist:

- Unternehmensziele und Firmenpolitik der breiten Allgemeinheit über PR-Instrumente zu übermitteln und durch die Verbindung der Einzelmaßnahmen das gewünschte Unternehmensprofil bei den Zielgruppen zu verankern
- das Unternehmensimage ständig zu kontrollieren und – falls nötig – geeignete PR-Maßnahmen zu veranlassen oder zu empfehlen, die eine Imagekorrektur, ggf. auch eine Verhaltenskorrektur des eigenen Unternehmens, begünstigen
- die gesellschaftlichen, politischen, wirtschaftlichen und kulturellen Entwicklungen außerhalb des Unternehmens zu beobachten, zu deuten und das PR-Konzept darauf abzustimmen
- dafür Sorge zu tragen, daß das angestrebte Unternehmensprofil über die Fachstellen in der Außenorganisation auch in anderen Staaten oder Bereichen auf- und ausgebaut wird.

Der Leiter dieser Fachstelle erarbeitet dazu aufgrund von Situationsanalysen die Zielsetzungen und ein Arbeitsprogramm, bestimmt die zu benutzenden Instrumente und überwacht den Effekt dieser Arbeit. Die Gliederung der hier umrissenen Aufgaben in einzelne Referate folgt keinem festen Prinzip. Arbeitsschwerpunkte und damit Möglichkeiten für eine organisatorische Gliederung sind häufig:

- die Besucherbetreuung mit der Aufgabe, Gruppen der Öffentlichkeit für einen Besuch des Unternehmens zu interessieren oder bei großem Interesse dieser Gruppen die für einen Besuch besonders geeigneten auszuwählen. Informationen zusammenzustellen oder, wenn nötig und möglich, besucherspezifische Informationsangebote zu produzieren und zu präsentieren (Firmenmuseum, Ausstellungen, Schauräume, Besucherterrassen usw.), die das Unternehmen besuchenden Gäste während ihres Aufenthaltes und ggf. anschließend (z. B. mit Nachfaß-Aktionen) zu betreuen sowie den Erfolg dieser Tätigkeit festzustellen
- die Publizistik mit der Aufgabe, ein Konzept der langfristigen Vertrauenswerbung für das Unternehmen durch Planung, Produktion und Distribution von Printmedien für die Öffentlichkeit zu realisieren und mit den übrigen Aktivitäten der Öffentlichkeitsarbeit zu verzahnen. Hierzu kann sowohl die Herstellung von Faltblättern und Broschüren bis hin zu Büchern gehören als auch die Herausgabe von Periodica (Dienste, Nachbarschaftszeitungen, Firmenzeitschriften usw.)
- die Filmstelle mit der Aufgabe, Film- und Fernsehproduktionen freier Teams oder von Anstalten zu unterstützen, sofern diese im Unternehmen oder mit dessen Hilfe drehen, eigene Filme, Fernsehfilme oder andere audiovisuelle Medien (Dia-Shows) zu planen, zu produzieren oder zu beschaffen und deren Einsatz im Unternehmen, seiner Außenorganisation und in der breiten Öffentlichkeit (Filmverleih) zu organisieren und zu überwachen
- weitere Referate oder Fachstellen richten sich nach den Besonderheiten der einzelnen Unternehmen und reichen bis hin zur Betreuung von Benutzer- oder Fanclubs, zur Kultur- oder Sport-Promotion o. a.

1.6 Kern und Rahmen – Zur Optimierung beschränkter Mittel

Öffentlichkeitsarbeit in dem hier umrissenen Rahmen wird in Unternehmen unter verschiedenen Bezeichnungen realisiert. Die Begriffe Information, Kommunikation, Presse, Public Relations, Öffentlichkeitsarbeit werden in ziemlich beliebiger Zuordnung verwendet. Aus der Bezeichnung der Stelle läßt sich auf die Schwerpunkte ihrer Arbeit nicht sofort schließen. Wortverbindungen wie Presse- und Öffentlichkeitsarbeit sind häufig. Das allgemeinste, daher als Oberbegriff denkbare und in Bezeichnungen wie „Unternehmenskommunikation" auch verwendete Wort schließt mehr als die hier umrissenen Tätigkeiten ein, nämlich auch Marktforschung, Werbung und Verkaufsförderung, also die gesamte Kommunikation mit dem Markt.

Fachstellen für den Kontakt mit den Medien sind insgesamt häufiger als Fachstellen für den Kontakt mit der Allgemeinheit, wohl auch deswegen, weil Auskünfte an die Medien für den öffentlichen Bereich verpflichtend, für den privaten Bereich zwar freiwillig, aber unverzichtbar sind.

Daß der einem langfristigen Konzept folgende Direktkontakt zur Öffentlichkeit, zum Informationsverbraucher, ebenso unverzichtbar ist wie der zu den Medien, ist in den letzten Jahren bewußter geworden. Unter der Voraussetzung beschränkter Mittel und der aus ihnen ggf. abgeleiteten Überlegung, Öffentlichkeitsarbeit in einem reduzierten Rahmen zu verwirklichen, ist daher als Kern der Tätigkeit anzusehen:

- eine Fachstelle für die Tages- und Wirtschaftspresse sowie den Funk
- eine Fachstelle für die technische Fachpresse
- eine Fachstelle für den Kontakt zu ausgewählten Zielgruppen der breiten Öffentlichkeit, vorwiegend Multiplikatoren (Jugenderziehung und Erwachsenenbildung, medizinische und theologische Berufe) sowie Meinungsführer im Kundenkontakt (Händler, Vertreter, Verkäufer)
- eine Fachstelle für die Mitarbeiterinformation.

Auch in dieser reduzierten Form braucht die Abteilung Öffentlichkeitsarbeit die eingangs beschriebene Position im Unternehmen. Denn Öffentlichkeitsarbeit in Unternehmen ist auch in diesem reduzierten Rahmen unternehmerische Tätigkeit. Sie ist Tätigkeit im Range nicht nach, sondern neben, gedanklich sogar vor der des Produzierens und Verkaufens.

Kein Unternehmen kann allerdings bei seiner Öffentlichkeitsarbeit stillschweigend davon ausgehen, daß die Öffentlichkeit oder ein Teil dieser Öffentlichkeit die Informationen, welche das Unternehmen anbietet, auch zu seiner Meinungsbildung verwendet. Wie bei der Bewertung von Produkten oder Dienstleistungsangeboten wird auch das Informationsangebot nur dann genutzt, wenn

- die Information dem Empfänger hilft, sich in der Gesellschaft zu orientieren oder eine Aufgabe in ihr zu lösen („Können")
- das Selbstwertgefühl dessen, der die Information verwendet, hierdurch bestätigt wird („Charakter") und
- die Information und ihr Absender vertrauenswürdig sind („Herkunft").

Öffentlichkeitsarbeit ist interessengerichtete Kommunikation zwischen Unternehmen und der Gesellschaft, aus der heraus und für die sie arbeitet. Nur wenn die für diese Aufgabe Verantwortlichen die Unternehmenspolitik mitbestimmen und wenn sie sie formulieren können, werden sie diese Aufgabe lösen.

2. Organisatorische Einordnung in Institutionen und Organisationen

Heinz Flieger

Die Antwort auf die Frage nach der organisatorischen Einordnung von PR-Abteilungen in Institutionen und Organisationen kann uns Aufschluß geben über drei wichtige Themen:

Erstens zeigt uns eine vergleichende Übersicht, welche Stellung PR insgesamt haben, also welche Funktion Public Relations in Staat und Gesellschaft ausüben.

Zweitens wird die Bedeutung von PR für die einzelne Institution oder es werden zumindest die Erwartungen erkennbar, die von der Institution an PR gestellt werden.

Drittens läßt sich Kritik an der Funktionsfähigkeit von PR(-Abteilungen) ableiten, soweit diese durch die organisatorische Einordnung beeinträchtigt ist. Es lassen sich Empfehlungen für die zweckmäßige organisatorische Einordnung abgeben.

Dabei muß uns klar sein, daß wir einmal die Institutionen und Organisationen, die Ämter, Verbände und Vereinigungen, so sehen, wie sie gewachsen sind, und daneben müssen wir sie vergleichend betrachten, als handele es sich um eine geplant gestaltete Organisation.

Laut Neske „läßt sich die Organisation als Gestaltung des Struktursystems zukünftigen Handelns bezeichnen; die Organisation gibt den Rahmen ab, innerhalb dessen gehandelt werden kann. Sie soll garantieren, daß unabhängig von der Fähigkeit und Bereitschaft einzelner, zusammenarbeiten zu können und die für die Erhaltung der Organisation oder Institution notwendigen Leistungen zu erbringen, die Organisation oder Institution selbst im Sinne ihrer Zielsetzung funktioniert und besteht“ (Neske 1977, S. 282).

2.1 Viele tausend Institutionen betreiben PR

Eine vergleichende Übersicht stößt auf einige Schwierigkeiten. Da ist zunächst die große Zahl von Institutionen und Organisationen, die PR pflegen, und zwar handelt es sich nicht um Industrie- oder sonstige Wirtschaftsunternehmen. Der weitaus größere Teil liegt im staatlich-gesellschaftlichen Bereich.

„PR versteht sich“ laut Ronneberger „als eine Funktion der öffentlichen Interessendarstellung; überall, wo partielle Öffentlichkeiten durch Interessendarstellung hergestellt werden, kann sich PR ereignen. Aus der Sicht der demokratisch verfaßten politischen Systeme erscheint die PR-Funktion als konstitutiver Faktor, d. h. ohne PR würden solche Systeme nicht funktionieren“ (Ronneberger 1977, S. 19). Diese These findet offensichtlich ihre Bestätigung in der Alltagsrealität. Sie kommt durch die große Zahl von politischen Instanzen, Verbänden, Gewerkschaften, Kirchen, Hochschulen und anderen Institutionen zum Ausdruck, bei denen bewußt PR betrieben wird, bei denen PR institutionalisiert sind, bei denen im Organisationsplan eine Stelle, eine Abteilung oder ein Amt besteht, das PR hauptamtlich konzipiert und ausführt.

Da es nur in Teilbereichen statistische Erhebungen zu diesem Thema gibt und selbst die Erhebungen über die Vereinigungen nicht lückenlos sind, haben wir keine genauen Zahlen. Es handelt sich aber um viele tausend. Dabei haben PR, um dies nochmals zu betonen, ihren zahlenmäßigen Schwerpunkt nicht, wie meist angenommen, in Wirtschaftsunternehmen, sondern im staatlich-gesellschaftlichen Raum.

Die nächste Schwierigkeit für einen vergleichenden Überblick liegt in der unterschiedlichen Organisationsform und Größe der Institutionen. Hier sind auch die Unterschiede zwischen Behörden und Wirtschaftsverbänden zu erwähnen. Aus leicht einsehbaren Gründen müssen PR in einer Organisation mit Tausenden von Personen eine deutlicher sichtbare Rangstellung einnehmen als in einer Instanz, die nur aus wenigen Personen besteht.

Mit Effizienz oder mit dem persönlichen Ansehen haben solche Herausstellungen, Titel, direkte oder indirekte Unterstellungen nicht unbedingt und unmittelbar etwas zu tun. Sie sind in großen Einheiten grundlegende Voraussetzungen für jedwede Handlungsfähigkeit. Vieles, was in kleinen Organisationen kraft Persönlichkeit durchsetzbar ist, bedarf in größeren der Ergänzung und Unterstützung des Handelns kraft Amtes.

Manche Institutionen bestehen wie die Kirchen, Universitäten und Gemeindeverwaltungen seit Jahrhunderten. Bei ihnen sind PR-Abteilungen in jüngerer oder jüngster Zeit „eingeordnet“ worden. Dabei haben keinesfalls immer rationale Überlegungen, sondern oft tradierte Bewertungskriterien gewisser Positionen und Aufgaben für die organisatorische Einordnung den Ausschlag gegeben.

2.2 Furcht vor der Vergangenheit und Traditon als Bürde

Informationspolitik, Propaganda, Unterrichtung der Öffentlichkeit und Pressepolitik betrieben Staat und Kirche schon vor Jahrhunderten. Allerdings gab es im Mittelalter und selbst in der aufgeklärten neueren Zeit ein anderes Verständnis von Staat, Gesellschaft, Individuen und Gruppeninteressen als heute. Dadurch bedingt waren die Vorstellungen der „Herrschenden“ über öffentliche Meinungsbildung verschieden von denen in unserer pluralistischen Gesellschaftsordnung. So lag allzu oft das Schwergewicht auf der Unterdrückung freier Meinungen, auf der Pressezensur oder auf der Korrumpierung der Presse. Mit den heutigen PR-Zielen sind nur wenige Gemeinsamkeiten zu finden. Dennoch haben PR von Staat und Kirche in dieser Vergangenheit ihre Wurzeln. Manche Begriffe und Abgrenzungen wurden übernommen. Verschwunden ist auch noch nicht ganz die Furcht vor der Macht einer freien Presse. Deshalb reden die staatlichen Ämter auch lieber von

Presse- oder Informationspolitik als von PR. Aus diesem Grunde nehmen Pressestellen bei den Behörden auch eine höhere Position ein als die PR-Abteilungen.

Umgekehrt geht die kritische Beobachtung aller staatlichen PR auf schlechte Erfahrungen von Presse und Öffentlichkeit in der Vergangenheit zurück, vor allem auf die Zeit zwischen 1933 und 1945.

In der Weimarer Reichsverfassung war 1919 die Meinungs- und Pressefreiheit verfassungsrechtlich gesichert worden. Einen Monat nach der Machtübernahme setzte Adolf Hitler am 28. Februar 1933 durch eine „Notverordnung zum Schutze von Volk und Staat" mit anderen Grundrechten auch die Meinungs- und Pressefreiheit außer Kraft. Bis zur totalen Kontrolle der Massenmedien und der Unterdrückung jeder freien Meinung war dann kein weiter Weg mehr. Dafür sorgte das kompetenzreiche Propagandaministerium rücksichtslos. Nach dem Kriege bestand daher lange Zeit erheblicher Widerstand gegen die Einrichtung eines Presse- und Informationsministeriums. Erst mit neuen Erkenntnissen über das Phänomen Öffentliche Meinung und mit der zunehmenden Bedeutung der Massenmedien, die vielfach in der modernen Massengesellschaft Öffentlichkeit erst möglich machen, sowie mit einem neuen Demokratieverständnis in den westlichen Ländern wandelte sich diese starre Haltung.

2.3 Ein Riesenunternehmen: PR der Bundesregierung

Inzwischen wuchs das Presse- und Informationsamt der Bundesregierung zu einer organisatorisch hoch eingeordneten, mit Finanzmitteln reich ausgestatteten und mit den notwendigen Zuständigkeiten versehenen Hauptinformationsbehörde der Bundesregierung heran (Übersicht). Der Rechtscharakter des Amtes ist formell nicht definiert. Unter Leitung eines Staatssekretärs ist es unmittelbar dem Bundeskanzler unterstellt. Es handelt sich somit um eine Oberste Bundesbehörde oder nach anderer Auffassung um einen organisatorisch weitgehend verselbständigten Teil der Obersten Bundesbehörde „Der Bundeskanzler". Das Amt beschäftigt 700 Personen. Mehr als in anderen Bundesbehörden befinden sich unter den Beamten und Angestellten neben den Verwaltungsexperten Journalisten und Fachleute für Information, Medien, Datenverarbeitung etc.

Da gemäß Artikel 65 Satz 2 des Grundgesetzes jeder Bundesminister seinen Geschäftsbereich, zu dem auch PR zählen, in eigener Verantwortung leitet, hat er auch seine eigenen PR-Referate, die der politischen Leitung seines Hauses direkt angegliedert sind. Die Zahl von 300 Beschäftigten in allen Bundesministerien täuscht über die Aufgabenbelastung mancher PR-Referate mit nur 2–3 Experten.

Ein Beispiel dafür bietet das Referat Öffentlichkeitsarbeit des Innenministeriums, das dem Leiter des Ministerbüros unterstellt ist und bei einer Fülle von Publikationsaufgaben 3 PR-Fachleute, 2 Schreibkräfte und 3 sonstige Hilfskräfte beschäftigt. Allerdings gibt es auch noch ein Pressereferat. Ganz allgemein läßt sich jedoch feststellen: Die Bedeutung, die PR in der Bundesregierung zugemessen

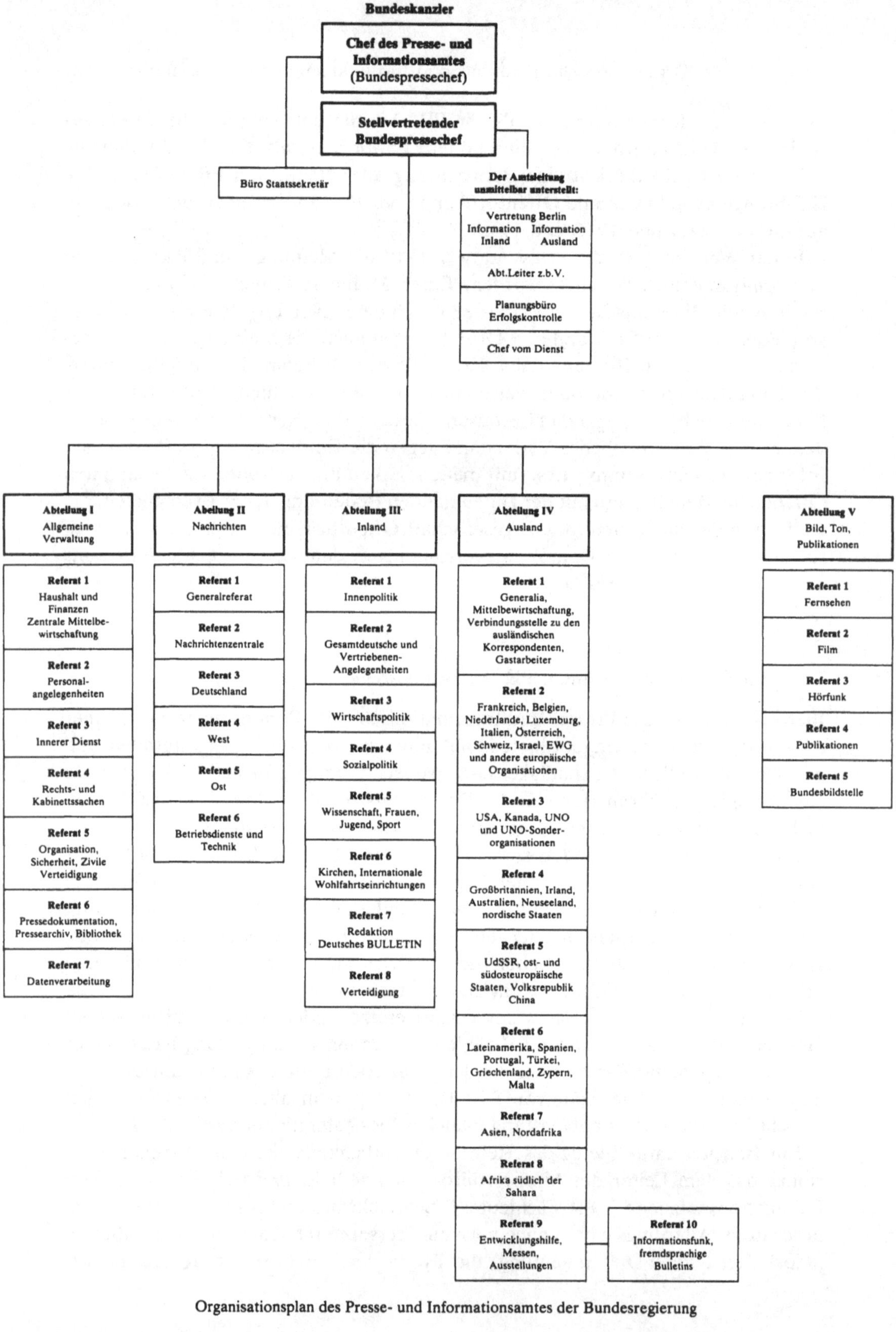

Organisationsplan des Presse- und Informationsamtes der Bundesregierung

wird, läßt sich an der hohen Einordnung des Bundespresseamtes deutlich ablesen. Das Bundespresseamt vertritt die Bundesregierung auf den Pressekonferenzen. Der Leiter des Amtes ist, wie erwähnt, Staatssekretär, nimmt an den Kabinettssitzungen teil und führt wohl auch noch vertraulichere Gespräche mit dem Bundeskanzler. Untermauert wird diese Stellung durch die Geschäftsordnung der Bundesregierung, mit der sie intern die Zuständigkeiten im Bereich der PR geregelt und Grundsätze für die Zusammenarbeit zwischen dem Bundespresseamt und den Bundesministerien festgelegt hat. Darin wird zugleich deutlich, wie die Bundesregierung den heutigen theoretischen Forderungen gemäß PR als Input-Output-System betrachtet.

In der Gemeinsamen Geschäftsordnung der Bundesministerien (GGO) I in §§ 81 (siehe hierzu Hofsähs/Pollmann 1977) heißt es:

„(1) Das Presse- und Informationsamt der Bundesregierung hat die Aufgabe, die Bundesregierung über die Verlautbarungen der in- und ausländischen Nachrichtenträger (Nachrichtenagenturen, Presse, Rund- und Fernsehfunk) und der anderen Organe der öffentlichen Meinungsbildung (Film, Publikationen) zu unterrichten.

(2) Es hat die weitere Aufgabe, die Nachrichtenträger und die anderen Organe der öffentlichen Meinungsbildung über die Politik der Bundesregierung zu informieren. Verlautbarungen der Ministerien, die über die Behandlung fachlicher Angelegenheiten aus dem Geschäftsbereich eines Ministeriums hinausgehen und allgemein-politische Bedeutung haben, sind über das Presse- und Informationsamt zu leiten.

(3) Das Presse- und Informationsamt vertritt die Bundesregierung auf den Pressekonferenzen.

(4) Verlautbarungen des Presse- und Informationsamtes über Arbeiten eines Ministeriums bedürfen des Einvernehmens mit diesem, wenn sie dem Presse- und Informationsamt nicht von dem Ministerium selbst zugeleitet worden sind.

(5) Die Ministerien unterrichten das Presse- und Informationsamt so bald und so weit wie möglich über Absichten und Maßnahmen, die eine Erörterung in der Öffentlichkeit erwarten lassen.

(6) Abweichende Vereinbarungen zwischen den einzelnen Ministerien und dem Presse- und Informationsamt bedürfen der Zustimmung des Kabinetts.“

Es ist noch bemerkenswert, daß für den Informations-Input wesentlich mehr Kräfte beschäftigt sind als für den Output.

Im Bundespresseamt werden, wie auch in vielen Stellen von Ländern und Gemeinden, zwei unzutreffende, verwirrende, nicht zeitgemäße Begriffe verwendet. Für die angeblich nur geringe direkte Kosten verursachende „Informationstätigkeit“ gegenüber Medien, Besuchern etc. wird von „Informationspolitik“ gesprochen. Das geschieht, obgleich ohne weiteres ersichtlich ist, daß Informationspolitik und Informationstätigkeit weder kongruente Begriffe noch Bereiche sind. Noch abwegiger ist es jedoch, wenn nur bei „bezahlten Maßnahmen“, gemeint sind Anzeigen, Broschüren, Filme etc., von „Öffentlichkeitsarbeit“ gesprochen wird.

Das Verwirrspiel erreicht schließlich im Bundeshaushalt seinen Höhepunkt. Darin gibt es nicht nur den Etat des Bundespresseamtes, dessen Voranschlag für 1980 eine Höhe von 185 Millionen DM vorsah, sondern auch die Öffentlichkeitsarbeit der Bundesministerien, für die knapp 20 Millionen DM eingeplant wurden. Schließlich sind aber in den Haushalten der einzelnen Bundesministerien viele Millionen bestimmt für die „Aufklärung der Bevölkerung“, „Unterrichtung der Verbraucher“, „Informationsmaßnahmen“, für „Veröffentlichungen“ und für „Werbung“. Eine Überprüfung der PR-Vorstellungen und der Gesamt-PR-Konzeption scheint hier angebracht. Mehr noch:

In der Studie 11 der Arbeitsgemeinschaft für Kommunikationsforschung (Böckelmann/Nahr 1979, S. 130) wird Kritik nicht nur an dem heutigen PR-Verständnis, sondern auch an den qualitativen Voraussetzungen im Bundespresseamt geübt. Dort heißt es:

„Mit dem Trend von der herkömmlichen Pressearbeit zur „aktiven Öffentlichkeitsarbeit“ differenzieren sich spezifische kommunikative Berufsrollen aus, denen die traditionellen Berufsqualifikationen von Journalisten und/oder Werbefachleuten immer weniger genügen. Angesichts der gegenwärtigen öffentlichkeitspolitischen Probleme, die nicht nur auf der politischen Führungsebene entstehen, ist die arbeitsteilige Aufgabenerledigung durch Planungs- und Verwaltungsexperten einerseits und beamtete Journalisten und PR-Experten andrerseits obsolet. Wechselseitige Vorbehalte, Akzeptanz- und Kompetenzprobleme resultieren nicht zuletzt daraus, daß die Verwaltungsexperten noch nicht soweit qualifiziert sind, um ihre fach- und sachspezifische Tätigkeit stärker nach öffentlichkeitspolitischen Gesichtspunkten zu gestalten, während die PR-Experten (in den zentralen Presse- und PR-Referaten) zu wenig aufgabenspezifisch, nach allgemeinen Standards des Journalismus und der Werbung arbeiten. Im Interesse einer besseren Integration der Öffentlichkeitsarbeit in die politisch-administrativen Planungs- und Entscheidungsprozesse ist nicht nur die Ausbildung fachspezifisch qualifizierter und PR-technisch versierter Öffentlichkeitsarbeiter erforderlich, sondern auch eine Erweiterung des Berufsverständnisses und der Berufsqualifikation der Planungs- und Entscheidungsträger. Dies zu fördern ist eine langfristige, kontinuierlich zu betreibende Aufgabe regierungsamtlicher Öffentlichkeitsarbeit im Bereich der Binnenkommunikation.“

Diese Kritik zeigt, daß eine optimal erscheinende organisatorische Einordnung für die Wirksamkeit nicht das alleinige Kriterium ist. Dabei erscheint zunächst auch der Streit müßig, ob das Presse- und Informationsamt der Bundesregierung zweckmäßiger der Leitung eines Staatssekretärs unterstehen oder ein selbständiges Ministerium sein sollte. Der enge persönliche Kontakt des Staatssekretärs zum Bundeskanzler hat große Vorteile für die Verdeutlichung der Regierungspolitik. Ein selbständiges PR-Ministerium böte bessere Chancen für die Verwirklichung eines langfristigen, für Staat und Gesellschaft förderlichen, von der Parteipolitik unabhängigen PR-Konzepts. Im übrigen soll die Kritik, die hier zum Ausdruck kam, nicht die Leistungen des Amtes schmälern. Sie ist unter dem Aspekt des ständigen Wandels zu sehen. Die neuen theoretischen Erkenntnisse und praktischen Erfahrungen mit PR setzen sich offensichtlich in einem solchen Amt nur zögernd durch. Derweil käme es gerade bei der staatlichen PR darauf an, sich neuen Perspektiven zuzuwenden. Die Begründung gibt Ronneberger (Ronneberger 1978a, S. 6): „Das ist eine Riesenaufgabe für PR. Es geht nicht allein darum, die Entscheidungen von Regierung und Verwaltung zu erklären, wenn dies auch der Kern der Arbeit sein dürfte. Die Aufgabe besteht darüber hinaus in der Unterstützung und Kanalisierung des Staatshervorbringungsprozesses der Gesellschaft. So wichtig es ist, daß die Staatsbürger Sinn und Bedeutung des Regierungs- und Verwaltungshandelns verstehen, um sich ein Urteil über die einzelnen Maßnahmen bilden zu können, so muß doch von PR erwartet werden können, daß sie auch den umgekehrten Weg von der Gesellschaft zum Staat weist und ebnet."

2.4 PR-aktive Bundesbehörden

Die Bundesbehörden stehen der Bundesregierung durchweg in ihren PR-Aktivitäten nicht nach. Der Bundespräsident hat einen ihm direkt unterstehenden Pressereferenten. Der Deutsche Bundestag hat sein Presse- und Informationszentrum seinem Direktor unterstellt. Die Pressestelle des Bundesrates ist durch einen Ministerialrat besetzt.

Es gibt dann ein gutes Dutzend wichtiger Institutionen der Rechtsprechung des Bundes sowie sonstige Bundesbehörden mit starker Untergliederung in den Ländern. Sie alle haben organisatorisch hoch eingeordnete PR-Stellen. Viele dieser Institutionen nehmen wichtige politische Funktionen, andere nur verwaltungsmäßige wahr. Das verändert nicht nur die Legitimationsbasis, sondern auch die PR-Aufgaben. Vergleichbar sind deshalb auch kaum die Positionen. Aber Beispiele geben doch Aufschluß über die Bedeutung von PR für das Funktionieren unseres Staats- und Gesellschaftssystems:

Die Hauptabteilung „Presse und Information, Bibliothek und Archiv, Fremdsprachendienst" der Deutschen Bundesbank mit der Abteilung „Presse und Information" ist unmittelbar dem Präsidenten zugeordnet. Ihr Leiter ist zugleich persönlicher Mitarbeiter des Präsidenten. Dadurch ist die Verzahnung von oberster Bankenleitung und PR sichergestellt. Der Hauptabteilungsleiter ist Bundesbankdirektor. Er beschäftigt ausschließlich für „Presse und Information" 4 PR-Fachleute, 3 Schreibkräfte und 15 Hilfskräfte einschließlich Vertrieb.

Im Statistischen Bundesamt mit seiner Fülle von Publikationen ist die Gruppe I D „Öffentlichkeitsarbeit", die neben dem Leiter fünf Referenten beschäftigt, in die Abteilung I „Allgemeine und zusammenfassende Aufgaben der Statistik" eingegliedert.

Die Pressestelle des Bundesverfassungsgerichts leitet ein Direktor beim Bundesverfassungsgericht. Er beschäftigt 2 PR-Fachleute.

Das Referat für Öffentlichkeitsarbeit und Pressewesen des Bundessozialgerichts ist einem Richter unterstellt und organisatorisch als Verwaltungsreferat eingeordnet.

Bei der Deutschen Bundesbahn mit ihren 330000 Dienstkräften und ihrem nachhaltigen Einfluß auf das Funktionieren unseres Staats-, Gesellschafts- und Wirtschaftslebens untersteht das Referat für Presse- und Öffentlichkeitsarbeit unmittelbar dem Vorstand. (Leiter, 1 Vertreter, 14 Sachbearbeiter und Bürokräfte.) Auch in den Bundesbahndirektionen sind die Dezernate für Presse- und Öffentlichkeitsarbeit dem Präsidenten unterstellt. Bei der Deutschen Bundespost sind die Verhältnisse und Positionen der PR-Stabsstellen analog.

Je politischer die Aufgabe, desto höher ist das PR-Referat bei Bundesministerien und Bundesbehörden eingeordnet. Im Durchschnitt sind mehrere Fachkräfte beschäftigt. Eine Reihe von PR-Stellen sind qualitativ und quantitativ unterbesetzt. Es mangelt noch häufig am Sinn für die Bedeutung der Public Relations.

Daneben gibt es noch knapp 100 „sonstige" Bundesbehörden und -institutionen. Hier zeigt sich ein ähnliches Bild. Zu einem Teil werden hier PR mit anderen Aufgaben wahrgenommen.

2.5 Die Länder haben noch Nachholbedarf

PR ist in den Länderregierungen und -behörden nicht immer ganz so hoch in die Organisationshierarchie eingeordnet und formal abgesichert wie beim Bund. Die Bedeutung wird aber zunehmend auch in den Ländern erkannt. Es fällt hier nur noch schwer, starre Organisationsstrukturen zu ändern. Stärker vielleicht noch als bei der Bundesregierung herrschen in den Ländern tradierte Vorstellungen von der „Presse- oder Informationspolitik", Reminiszenzen an landesherrliche Zeiten.

In Bayern wurde „Öffentlichkeitsarbeit" für die Staatsregierung erst in diesem Jahrzehnt, und zwar aus personalpolitischen Gründen als neues, selbständiges Ressort entdeckt. Dabei entsprechen die Vorstellungen von Öffentlichkeitsarbeit in etwa denen in Bonn. Es handelt sich um Konzeption und Herstellung von nichtaktuellen Publikationen, also Schriften, Büchern, Broschüren und Prospekten. Die aktuelle Information wird demgegenüber als Pressearbeit bezeichnet.

Personell sind die PR-Stellen der Länder ungünstiger gestellt als beim Bund. Es gibt meist einen Regierungssprecher und in den Ministerien einen Pressesprecher. In periodischen Sitzungen stimmen diese sich über die nicht-aktuellen Publikationen (die von den Referaten Öffentlichkeitsarbeit herausgebracht werden) ab. Ihre aktuellen Informationen geben die Pressereferenten der Ministerien oft ohne Abstimmung mit dem Regierungssprecher heraus.

In der Bayerischen Staatskanzlei steht der Abteilung Presse und Information mit 5 Schreib- und 3 Hilfskräften ein Ministerialdirigent vor. Das Presse- und Informationsamt des Landes Berlin, das dem Leiter des Geschäftsbereichs und Senatssprecher, Abt. IV + V der Senatskanzlei, untersteht, beschäftigt 45 Mitarbeiter. Das Pressereferat des Niedersächsischen Ministers der Finanzen, das dem Minister und seinem Staatssekretär untersteht, hat neben dem Referatsleiter nur eine Mitarbeiterin.

Die Zahl der Mitarbeiter schwankt also stark. Häufig handelt es sich um Angestellte mit persönlich ausgehandelten Verträgen, die oft eine journalistische Ausbildung haben. Der Erfolg der Arbeit hängt bei vielen PR-Referenten in den Länderministerien mehr von der persönlichen Beziehung zum Minister ab als von der hierarchischen Einordnung in die Behördenorganisation.

Bei den Landesbehörden zeigt sich ein verwandtes Bild. PR-Bewußtsein und PR-Aktivitäten sind vielfach vorhanden. Die Referate sind meist der Leitung direkt unterstellt. So ist auch der Oberregierungsrat, der im Präsidialbüro PR für das Statistische Landesamt Rheinland-Pfalz wahrnimmt, dem Präsidenten direkt untergeordnet.

2.6 PR in den Kommunen

Kommunale PR blicken zwangsläufig auf eine lange Tradition zurück. Schon vor 75 Jahren wandten die kommunalen statistischen Dienststellen der Pressearbeit der Gemeinden ihre Aufmerksamkeit zu. Im Jahre 1906 übertrug Magdeburg als erste Stadt den Nachrichtendienst einer besonderen Dienststelle. Neun Städte folgten diesem Beispiel noch vor dem ersten Weltkrieg. Von 90 Städten besaßen dann im Jahre 1927 bereits 66 Abteilungen oder selbständige Ämter für ihren Nachrichtendienst. Die letzte Erhebung über die „Presse- und Öffentlichkeitsarbeit 1977“ wurde im Statistischen Jahrbuch Deutscher Gemeinden 65. Jahrgang 1978 veröffentlicht (vgl. Kauffmann 1978, S. 377ff.).

Von den 149 Gemeinden mit 50000 und mehr Einwohnern besitzen 49 ein selbständiges Amt für PR, nur 17 nennen keine dafür zuständige Dienststelle. Bei den übrigen Städten reicht die Skala vom Zusammenschluß mit einem anderen Amt, über Referat sowie Abteilung oder Sachgebiet beim Hauptamt bis zu Abteilung oder Sachgebiet einer anderen Dienststelle. Mit der Größe der Städte nimmt auch die Zahl der PR-Ämter zu. Von den 65 Kommunen ab 100000 Einwohnern verfügen 36 über ein selbständiges Amt für PR, alle 9 Städte mit 500000 und mehr Einwohnern haben ein selbständiges PR-Amt.

Die Bezeichnungen variieren von Direktorium Presse- und Informationsstelle über Nachrichtenamt, Presse- und Informationsamt, Presseamt, Pressestelle, Amt für Öffentlichkeitsarbeit, Abt. Öffentlichkeitsarbeit u. a. Dort, wo die PR-Stellen, -Abteilungen oder -Referate nicht selbständig sind, finden sie sich überwiegend (47) dem Hauptamt zugeordnet, 12 dem Oberbürgermeister oder Oberstadtdirektor. In den Städten mit 200000 und mehr Einwohnern ist nur ein selbständiges Amt einem Bürgermeister, alle anderen sind dem Oberbürgermeister oder dem Oberstadtdirektor organisatorisch unterstellt.

Die Zahl der Mitarbeiter steht in Relation zu der Größe der Städte. Sie reicht von 18 bis zur Ein-Mann-Stelle, die sich zudem nur zum kleineren Teil mit PR beschäftigt.

Zumindest bei den größeren Städten spricht die organisatorische Einordnung für die Bedeutung, die die Kommunen ihren PR beimessen. Unterstrichen wird diese Tatsache noch durch die Aufgabenstellung. Sie kommt in dem Berufsbild zum Ausdruck, das die Konferenz städtischer Pressereferenten und der Presseausschuß im Deutschen Städtetag entworfen haben. Danach gehören zu den Aufgaben kommunaler PR:

A. Zusammenarbeit mit Presse, Radio und Fernsehen

1. Herausgabe eines aktuellen Informationsdienstes für Tages-, Fachpresse, Radio und Fernsehen.
2. Informationen über Sitzungen des Rates, der Kommissionen und der Ausschüsse.
3. Anregung, Veranstaltung und Leitung von Pressekonferenzen sowie Presseführungen und Pressebesichtigungen.
4. Vermittlung von Gesprächen, Reportagen und Interviews.
5. Kontaktpflege mit Journalisten, Redaktionen und Verlagen, insbesondere zur Verdeutlichung von Hintergründen und Zusammenhängen kommunaler Entscheidungen.

B. Erweiterte Öffentlichkeitsarbeit

1. Zentrale graphische und textliche Gestaltung der Informationsmittel.
2. Redaktion und Herausgabe von Publikationen (Broschüren, Bürger- oder Stadtillustrierten, Faltblättern, Informationsschriften, Plakaten usw.).
3. Vorbereitung und Durchführung von Leistungsschauen und Informationsausstellungen.
4. Produktion und Mitwirkung bei der Herstellung von Filmen.
5. Redaktion und Herausgabe von kommunalen Nachrichten und amtlichen Bekanntmachungsblättern.

C. Verschiedene Aufgaben

1. Beratung der leitenden Persönlichkeiten in allen publizistischen Angelegenheiten, unmittelbarer Vortrag in allen wichtigen Fällen.
2. Ausarbeitung von Reden, Aufsätzen, Vor- und Geleitworten.
3. Innere Information (z. B. Zeitungsausschnitte).
4. Archive, Zeitungsausschnitte, Bilder, Klischees, Bänder etc.
5. Kontaktpflege mit im Ausland lebenden ehemaligen oder noch evakuierten Bürgern der Stadt.
6. Pflege der Beziehungen zu Paten- oder Partnerstädten.
7. Betreuung ausländischer Gäste.

(vgl. Schatz 1978, S. 81).

Aus dieser Übersicht läßt sich auch kommunale PR als ein Input-Output-System interpretieren. Es wird weiterhin erkennbar, daß die kommunalen PR die moderne Problematik und Lösungsmöglichkeiten besser erkannt haben als Bund und Länder. Zwar können sicherlich nicht überall die aufgeführten Aufgaben wahrgenommen werden, dafür wirken aber kommunale PR-Ämter auch noch auf anderen Gebieten. Sie wirken in die Verwaltungen hinein, um sie bürgernäher zu machen.

Hier liegt ohnedies ein kritischer Punkt. Es fehlt häufig am Informationsfluß und an der Zusammenarbeit zwischen den PR-Stellen und den übrigen Referaten, Abteilungen und Ämtern. Dabei spielen mangelnde Bereitschaft zur Zusammenarbeit weniger eine Rolle als mangelndes PR-Verständnis bei der Mehrzahl der städtischen Beamten und Angestellten. Gerade in unserer Zeit, die pluralistische Interessen als Grundprinzip des demokratischen Zusammenlebens anerkennt, und da sich die Kommunen oft hilflos Bürgerinitiativen gegenüber sehen, wächst die Bedeutung von PR in den Gemeinden. Der ganze Behördenapparat muß deshalb mit den PR-Aufgaben und -Zielen vertraut gemacht werden.

Die Leiter der PR-Ämter und -Abteilungen kommen aus dem Journalismus. Es wird auch einiges getan, um die leitenden Personen dieser Ämter mit zusätzlichem Wissen vertraut zu machen. Diese Bemühungen müssen ausgedehnt werden und alle im PR-Bereich Tätigen erfassen.

2.7 Interessenvertretungen, Verbände und Vereine

Es gibt neben den wenigen bedeutenden Parteien eine große Zahl von Vereinigungen, Gewerkschaften und Verbänden, zu denen sich Interessengruppen zusammengeschlossen haben. Allein in Frankfurt am Main gab es nach einer Veröffentlichung (vgl. Raschke 1978, S. 69) 2634 Vereinigungen, unter denen die Freizeitvereine mit 814 die stärkste Gruppe bildeten, gefolgt von 487 Wirtschaftsvereinigungen, 469 Sozialleistungsvereinigungen, 263 Berufsvereinigungen, 208 Wissenschaftlichen Vereinigungen, 104 religiösen Vereinigungen, 101 Werteorientierten Vereinigungen, 70 Wissenschaftlichen Arbeitsgemeinschaften, 48 Sozialanspruchsvereinigungen, 27 Verbrauchervereinigungen und einer Restgruppe von 52 Vereinigungen, die sich nicht zuordnen ließen. Auf die Bundesrepublik hochgerechnet oder von der Faustregel ausgehend, daß auf 1000 Einwohner 3 bis 4 Vereinigungen kommen, hätten wir insgesamt mehr als 200 000 organisierte Interessengruppen, von denen ein großer Teil in Vereinsregistern eingetragen ist.

Abgrenzungsprobleme und das Selbstverständnis von Kirchen und Gewerkschaften, die sich selbst nicht als Interessengruppen sehen, sollen in unserem Zusammenhang keine Rolle spielen. Nach gängigen Theorien über Öffentliche Meinung, PR und Pluralismus kann jede dieser Vereinigung Einfluß zumindest auf eine Teilöffentlichkeit ausüben. Ronneberger (Ronneberger 1977, S. 19) wurde schon zitiert: „Überall, wo partielle Öffentlichkeiten durch Interessenartikulation hergestellt werden, kann sich PR ereignen." Begreiflicherweise reduzieren sich aber professionelle Public Relations auf einige tausend Interessenvertretungen.

Während von den Vätern unseres Grundgesetzes den Parteien nahezu die Qualität eines Verfassungsorgans zugesprochen wurde, sind die Verbände gleichsam nur geduldet. Die Wirklichkeit sieht aber anders aus. Da die Parteien inzwischen zu zwei gesellschaftlichen Blöcken erstarrt sind, wäre dieses duale System auf Dauer nicht tragbar, würde es nicht durch die von Verbänden vertretenen vielfältigen Interessen aufgelockert.

Die Verbände sind die Garanten unseres Meinungspluralismus. Sie nehmen im vorparlamentarischen Raum durch Beratung der Parteien und der staatlichen Instanzen am Gesetzgebungsprozeß teil. Sie schützen einerseits ihre Mitglieder gegen andere Interessen, fassen andrerseits die oft abweichenden und sehr unterschiedlichen Meinungen ihrer Mitglieder zusammen, die sonst kaum noch regulierbar wären.

Die Verbände wirken vornehmlich auf zweifache Weise, erstens durch ihre Repräsentanten, die gestützt auf die Organisationsgremien die Politik entsprechend dem Selbstverständnis der Vereinigung bestimmen, und sie wirken zweitens durch PR.

Insofern ist PR eine der wichtigsten Aufgaben der Verbände, die im politischen Raum tätig sind oder überhaupt für unser staatlich-gesellschaftliches Leben relevant sind.

Die Parteien scheinen zu PR ein ambivalentes Verhältnis zu haben. Eine eingehende Untersuchung wäre hier notwendig, um wirklich ein zuverlässiges Urteil abgeben zu können. Einerseits drängen sich die Politiker mehr noch als Politik zu betreiben danach, Publicity für sich zu machen, andererseits bedienen sich die politischen Parteien des modernen PR-Instruments nur sehr begrenzt. Sie vergeben zu dem Zeitpunkt, da es auf die Entscheidung der Wähler ankommt, ob sie weiter existieren, Aufträge an Berater und Agenturen. Diese schlagen häufig für die Aufgabe, die Gunst der Wähler zu gewinnen, Mittel der Werbung oder Propaganda vor. Von langfristigen PR-Konzeptionen war bisher bei den Parteien wenig zu erkennen.

So haben die Parteien für den Alltag auch nur relativ bescheiden ausgestattete Pressestellen. Beim SPD-Parteivorstand in Bonn gibt es eine Abteilung für Presse und Information mit 12 „Redakteuren", 9 Schreibkräften und 7 Hilfskräften, die dem Bundesgeschäftsführer unterstehen.

Die CSU-Pressestelle ist ein Referat innerhalb der CSU-Landesleitung mit einem Hauptabteilungsleiter und 5 Mitarbeitern, das dem Generalsekretär untersteht.

Am fortschrittlichsten ist die CDU in dieser Sache. Bei der Bundesgeschäftsstelle gibt es eine Hauptabteilung Öffentlichkeitsarbeit. Ihr Leiter ist Mitglied der Geschäftsleitung. Er beschäftigt 30 PR-Fachleute.

Auch bei den Kirchen überwiegen die kleinen Abteilungen, die je nach Zusatzaufgaben über ein halbes Dutzend oder mehr Hilfskräfte verfügen. Sie sind der

Kirchenleitung direkt unterstellt. Das gilt in abgewandelter Form auch für die kirchlichen und auch für die öffentlich-rechtlichen Wohlfahrtsorganisationen. Sie verfügen nur dort über mehr Mitarbeiter, wo sie auch zusätzliche Aufgaben wahrnehmen.

2.8 Impulse für PR aus den Verbänden der Wirtschaft und aus Gewerkschaften

Zwischen Gewerkschaften und Wirtschaftsverbänden oder sozialpolitischen Vertretungen gibt es im Hinblick auf die organisatorische Einordnung, Größe und interne Anerkennung der PR-Abteilungen keinen wesentlichen Unterschied. Hier wie dort wird die Arbeit pragmatisch gesehen. Da sind die 16 branchenbezogenen Gewerkschaften, die im Deutschen Gewerkschaftsbund zusammengeschlossen sind. Die PR-Abteilung des DGB mit einer Handvoll Mitarbeiter ist dem Bundesvorsitzenden zugeordnet. Daneben existiert für Forschung, Dokumentation, Medienpolitik und Publikationen das Wirtschafts- und Sozialwissenschaftliche Institut des Deutschen Gewerkschaftsbundes GmbH in Düsseldorf.

Die Einzelgewerkschaften haben gleichfalls ihre meist hart in Anspruch genommenen PR-Abteilungen dem Bundesvorsitzenden ihrer Gewerkschaft unterstellt. Neben der PR-Abteilung, deren Mitarbeiterzahl zwischen 3 und 30 schwankt, gibt es häufig selbständige Redaktionen für die Gewerkschaftspublikationen. Sie sind nicht dem Bundesvorsitzenden, sondern einem anderen Vorstandsmitglied unterstellt. Auf regionaler und lokaler Ebene betreiben die Funktionäre ohne Hilfe von Fachleuten ihre PR oder, was sie dafür halten, selbst.

Dem 1950 gegründeten Gemeinschaftsausschuß der deutschen Wirtschaft gehören die 15 wichtigsten Spitzenverbände der Wirtschaft an. Davon sind die drei bedeutendsten: Der Bundesverband der Deutschen Industrie (BDI), die Bundesvereinigung der Deutschen Arbeitgeberverbände (BDA) und der Deutsche Industrie- und Handelstag (DIHT). Von diesen Verbänden oder besser aus deren PR-Abteilungen sind wertvolle Impulse für die Systematisierung von PR über die angeschlossenen Verbände ausgegangen. Angeschlossen sind beim BDI 39 Fachverbände (Branchenspitzenverbände) und 12 Landesvereinigungen, bei der BDA 14 fachliche und 11 regionale Zusammenschlüsse. Der DIHT ist die Spitzenorganisation der 69 Industrie- und Handelskammern, die als Selbstverwaltungseinrichtungen der gewerblichen Wirtschaft Körperschaften des öffentlichen Rechts sind.

Ähnlich wie der DGB haben BDI und BDA ein eigenes Institut, das einen Teil der Öffentlichkeitsarbeit, vor allem die Herstellung von Publikationen (in Konkurrenz zu den privaten Unternehmen, die den Verbänden angehören) wahrnimmt: Das Institut der Deutschen Wirtschaft in Köln.

Die PR-Abteilungen haben 2–6 Fachkräfte. Sie sind dem Hauptgeschäftsführer unterstellt und arbeiten mit dem ehrenamtlichen Präsidenten direkt zusammen. An Sitzungen des Präsidiums und an anderen Gremiensitzungen nehmen sie teil. Für einen Spitzenverband ist es schwierig, ein allseitig akzeptiertes Selbstverständnis seiner Mitgliedsverbände zu finden. Um als Input-Output-System wirken zu können, sind die PR-Abteilungen zu klein. Der BDI-PR-Chef hat deshalb in den sechziger Jahren die PR-Experten der Mitgliedsverbände und großer Unternehmen zu dem BDI-Arbeitskreis-Presse zusammengeschlossen, der über einen Informationsaustausch auch die Input-Funktion für alle Beteiligten und die Abstimmung über aktuelle Ereignisse wie über langfristige Konzeptionen ermöglichte. Dieses System arbeitet auch heute noch erfolgreich.

Diese Zusammenarbeit ist äußerst wichtig für die nach Branchen gegliederten Bundesverbände, die zum Teil erheblichen Einfluß ausüben. Sie haben durchweg nur kleine PR-Abteilungen. Nur wenige Verbände haben einen größeren Stab von PR-Experten, vergleichbar mit denen bei Behörden oder Unternehmen. Der allein gestellte und damit für ein Input-Output-System völlig überlastete PR-Fachmann ist die Regel.

Allerdings sind in den Verbänden alle Abteilungen gehalten, der Stabsabteilung PR zuzuarbeiten. Wer sich aber alle Ressourcen des Verbandes erschließen will, muß viel persönliches Format, Kommunikationsfähigkeit und Härte bei angenehmen Umgangsformen mitbringen.

In der Verbandshierarchie befindet sich der PR-Geschäftsführer eines Bundesverbandes mit einer Anzahl von Mitgliedsverbänden stets in einer schwierigen Position. Personalrechtlich ist er der allgemeinen Verbandsstruktur entsprechend dem Hauptgeschäftsführer unterstellt. Je nach Verbandssituation (und wechselndem Format der Persönlichkeiten) nimmt er eine Abstimmung über seine Arbeit vor mit dem (meist ehrenamtlichen) Präsidenten oder mit dem Hauptgeschäftsführer. Oft laviert er zwischen beiden. Ob dann die PR schließlich auch von den Mitgliedsverbänden akzeptiert wird oder auch gegen deren Meinung im Einzelfall durchgesetzt werden kann, bleibt fraglich. Vereinfacht wird das Problem gewiß nicht dadurch, daß die (Haupt-)Geschäftsführer der Verbände Ereignisse und Entwicklungen ganz anders beurteilen als die Mitgliedsunternehmen. Häufig ist in einer verzwickten Situation nicht die Rückendeckung durch Präsidenten oder/und Hauptgeschäftsführer gewährleistet. Gerade die Hauptgeschäftsführer stehen immer zwischen der Notwendigkeit, ein differenziertes Organisationssystem unter Zustimmung möglichst aller Mitglieder in Gang zu halten und der Versuchung, selbst Politik zu betreiben.

Weil PR als Input-Output-System nicht nur nach außen systemstabilisierend durch die Vorbereitung von Interessenausgleich wirken soll, sondern auch nach innen meinungsbildend und meinungsfilternd arbeiten muß, sollte die Position auch organisatorisch stärker abgestützt werden. Wie in der Zusammenfassung noch gezeigt wird, kann PR als Stabsstelle nicht optimal funktionieren. Zudem muß die Teilnahme des PR-Geschäftsführers an allen Sitzungen der Verbandsleitung und der meinungsbildenden Gremien gesichert sein. Das ist aber nur zu schaffen, wenn er wenigstens einen Stellvertreter hat. Unabhängig von der personalrechtlichen Unterstellung unter den Hauptgeschäftsführer (dessen Stellvertreter er eigentlich sein sollte) muß die direkte Abstimmung mit dem Präsidenten erfolgen. Ein Gremium ehrenamtlich tätiger Verbandsmitglieder sollte schließlich einen PR-Beirat bilden, der Konzeption und Ausführung nicht nur billigt, sondern auch gegenüber anderen Gremien vertritt.

Eine Auflistung und Durchleuchtung der organisatorischen Einordnung von PR in sonstigen Vereinigungen z. B. wissenschaftlicher Art oder in Bildungsinstituten würde keine zusätzlichen Erkenntnisse bringen. Die Unterstellung des PR-Referenten an Universitäten direkt unter den Präsidenten ist allgemein üblich. Bei den Sendeanstalten untersteht PR dem Intendanten, wenn auch beim ZDF Behördeneinflüsse sichtbar werden: Das Ressort Öffentlichkeitsarbeit mit seinen 18 PR-Fachleuten, 5 Schreibkräften und 13 sonstigen Hilfskräften (Zuschauerpost!) ist der Informations- und Presseabteilung unterstellt.

2.9 Zusammenfassung: PR nicht als Stabsstelle und mehr Ausbildung

Unter Berücksichtigung der uns zur Verfügung stehenden Daten und Fakten über die organisatorische Einordnung von PR-Abteilungen in Institutionen und Organisationen, die keine Wirtschaftsunternehmen sind, läßt sich abschließend feststellen:

Erstens ist an der großen Zahl der Institutionen, die bewußt PR betreiben und deshalb eine eigene Stelle, Abteilung oder ein Amt (unabhängig von der Bezeichnung) mit PR beschäftigen sowie an der organisatorischen Einordnung der PR-Abteilungen, vornehmlich direkt bei dem Leiter oder der Leitung der Institution oder Organisation, erkennbar, daß PR nach überwiegendem Verständnis eine wichtige Rolle für das Funktionieren unseres Staats- und Gesellschaftslebens einnehmen.

Zweitens, an die dem Bundeskanzler, Präsidenten, Oberbürgermeister, Oberstadtdirektor oder Hauptgeschäftsführer zugeordneten PR-Abteilungen werden hohe Erwartungen in bezug auf Leistungen für die Institutionen nach innen und nach außen gestellt (Input-Output-System).

Drittens die Zuordnung der PR-Abteilung als Stabsstelle in der Mehrzahl der Organisationen ist der Natur und der Aufgabenstellung von PR nicht angemessen. Der PR-Geschäftsführer wirkt nicht nur beratend nach innen und damit nach außen nur mittelbar, sondern er muß selbst nach außen aktiv werden und handelt dort oft ganz auf seine eigenen Entscheidungen und auf seine Verantwortung gestellt. Das ist zum Beispiel im Umgang mit Vertretern der Massenmedien unerläßlich. Er muß zur Erfüllung seiner Aufgaben mindestens ebenso viel Rang und Weisungsbefugnisse haben wie Hauptabteilungsleiter, die sonst, zumindest formal gesehen, seinen Rat nach Belieben annehmen oder ablehnen und nach eigenem Ermessen handeln.

Das Presse- und Informationsamt der Bundesregierung hat für seine Aufgaben ebenso wie Bundesämter und eine Anzahl anderer Institutionen ausreichend Personal. Bei vielen Interessenvertretungen ist das nicht der Fall. In der Mehrzahl der Verbände kann die Ein-Mann-PR-Stelle die Informations-Input-Output-Funktion nicht optimal erfüllen.

Die PR-spezifischen Qualifikationen vieler Leiter und Mitarbeiter von PR-Abteilungen in Institutionen und Organisationen sollten den neuen Erkenntnissen und Forderungen angepaßt werden. Es wäre erforderlich, an PR-theoretischem Grundwissen, an Kenntnissen über die Funktionen von PR im pluralistischen Staats- und Gesellschaftssystem unseres technisch-wissenschaftlichen Zeitalters manches dazuzulernen.

Die Ausbildung in PR-Theorie und -Praxis sollte daher auch für Experten verstärkt werden.

Literatur

Böckelmann, F., und G. Nahr (1979): Staatliche Öffentlichkeitsarbeit im Wandel der politischen Kommunikation. AfK-Studien 11. Berlin.

Ellwein, Th. (1977): Das Regierungssystem der Bundesrepublik Deutschland. 4. Aufl. Opladen.

Flieger, H. (1975): Die öffentliche Meinung in der Staatsphilosophie von Thomas Hobbes. Auf dem Hintergrund der Begriffsgeschichte und der Phänomengenesis der öffentlichen Meinung von der Antike bis zur neuen Zeit. Düsseldorf.

– (1979): Öffentlichkeitsarbeit der Verbände – Erfahrungen und Perspektiven. Vortrag gehalten am 14. Sept. 1979 in Düsseldorf (unveröffentlicht).

– (1979): Organisatorische Einordnung der PR-Abteilung. Befragung Dezember.

Hofsähs, R. (1978): Informationstätigkeit der Bundesregierung. In: Ronneberger, F. (Hrsg.): Public Relations des Politischen Systems. Staat, Kommunen und Verbände. Nürnberger Forschungsberichte Band 11.

Hofsähs, R., und H. Pollmann (1977): Das Presse- und Informationsamt der Bundesregierung. Ämter und Organisationen der Bundesrepublik Deutschland. 4. Aufl. Bd. 18. Düsseldorf.

Hundhausen, C. (1975): Propaganda. Grundlagen – Prinzipien – Materialien – Quellen. Essen.

Kauffmann, W.-D. (1978): Presse- und Öffentlichkeitsarbeit 1977. In: Statistisches Jahrbuch Deutscher Gemeinden. 65. Jahrgang (Herausgeber Deutscher Städtetag, Köln).

Mödl, F. (1978): Public Relations der Landesregierungen. In: Ronneberger, F. (Hrsg.): Public Relations des politischen Systems. Staat, Kommunen und Verbände. Nürnberger Forschungsberichte Band 11.

Neske, F. (1977): PR Management. Gernsbach.

Oeckl, A. (1976): PR-Praxis. Der Schlüssel zur Öffentlichkeitsarbeit. Düsseldorf/Wien.

– (Hrsg.) (1979): Taschenbuch des öffentlichen Lebens 1979. Bonn.

Raschke, P. (1978): Vereine und Verbände. Zur Organisation von Interessen in der Bundesrepublik Deutschland. München.

Ronneberger, F. (1977): Legitimation durch Information. Düsseldorf/Wien.

– (Hrsg.) (1978): Public Relations des politischen Systems. Staat, Kommunen und Verbände. Nürnberger Forschungsberichte Band 11.

– (1978a): Public Relations in politischen Systemen. In: Ronneberger, F. (Hrsg.): Public Relations des politischen Systems. Staat, Kommunen und Verbände. Nürnberger Forschungsberichte Band 11.

– (1978b): Public Relations der politischen Parteien. Nürnberger Forschungsberichte Band 12.

Rückel, R. R. (1978): Öffentlichkeitsarbeit von Wirtschaftsverbänden. In: Ronneberger, F. (Hrsg.): Public Relations des politischen Systems. Staat, Kommunen und Verbände. Nürnberger Forschungsberichte Band 11.

Schatz, W. (1978): Möglichkeiten und Grenzen kommunaler PR. In: Ronneberger, F. (Hrsg.): Public Relations des politischen Systems. Staat, Kommunen und Verbände. Nürnberger Forschungsberichte Band 11.

Sontheimer, K. (1976): Grundzüge des politischen Systems der Bundesrepublik Deutschland. 5. Aufl. München.

VII. Öffentlichkeitsarbeit durch PR-Agenturen

1. Die Arbeit von PR-Agenturen

Klaas Apitz

1.1 Das Problem: Der Mensch

Jeder, der lesen und schreiben kann, darf sich in der Bundesrepublik Deutschland als PR-Experte bezeichnen. Das Spektrum dieser sogenannten PR-Experten reicht vom Manager eines Massage-Salons über den jungen dynamischen PR-Mann im Außendienst eines namhaften amerikanischen Konzerns (Verkäufer von Schnellkochtöpfen) bis hin zum Vorstandsmitglied in der Großindustrie. Würde man die äußerst schillernden und vielfältigen Tätigkeiten auflisten, denen PR-Experten heute in der Bundesrepublik Deutschland nachgehen, so würde sicherlich diese Seite nicht ausreichen.

1.2 Die Goldenen 50er und 60er Jahre

Der Grund für diese PR-Misere in Deutschland hat seinen Kern in der Ära des raketenhaften Wirtschaftsaufschwungs unter Ludwig Erhard. Während dieser „Goldenen 50er und 60er Jahre" gab es die sich seit einigen Jahren abzeichnende Kritik an unserer Wirtschaft nicht:

- Der Verbraucher war unmündig und unkritisch
- Verbraucherorganisationen im heutigen Stil existierten nicht
- Gewerkschaften hatten nicht den annähernd gleichen Druck auf die Sozialtarife wie heute
- Schlagworte wie Mitbestimmung oder Vermögensbildung sind jüngeren Datums
- Die 50-Stunden-Woche war selbstverständlich, die Arbeitsbedingungen in der Industrie fatal
- Gesellschaftspolitische Diskussionen drangen nicht in die Betriebe
- Umweltschutzprobleme waren kein Thema, jedes Unternehmen produzierte fleißig vor sich hin und belastete die Umwelt, wie es ihm beliebte.

All diese und sicherlich auch zahlreiche andere Faktoren müssen heute als Ursache dafür gesehen werden, daß in jenen Jahren der Bedarf an PR-Leuten so gut wie nicht vorhanden war.

Als dann Ende der 60er Jahre – von politischen Minoritäten forciert – der Unmut über die Mißstände unseres Wirtschaftssystems laut wurde und die deutsche Wirtschaft und der deutsche Unternehmer massiv angegriffen wurden, war die Wirtschaft nicht darauf vorbereitet, diese Attacken zu parieren. Lediglich der Bundesverband Junger Unternehmer e.V. (BJU/ASU), der bereits Ende der 60er Jahre unter dem Titel „Freiwillige Publizität" eine beispielhaft gute PR-Kampagne unter seinen Mitgliedern startete, sowie einige Großunternehmen und Verbände setzten sich bescheiden zur Wehr.

1.3 Erwachen in den 70ern

In den 70er Jahren, als die PR-Kraft von privaten Interessengruppen spürbar wurde – denken wir nur an die Bürgerinitiativen in Whyl oder Brokdorf –, wurde auch den Behörden und Kommunen bewußt, wie wichtig der Unterschied zwischen Vertrauen und Verständnis bzw. Mißtrauen und Mißverständnis für die Durchsetzung von Zielen ist.

Erst durch diese äußerst schmerzhafte und breit publizierte Kritik begann man in den obersten Etagen von Wirtschaft, Verbänden und Behörden, darüber nachzudenken, was man denn wohl falsch gemacht hatte. Das Ergebnis dieser Fehleranalyse war fast immer das gleiche:

- Entweder hatte man jahrzehntelang seine Unternehmens-, Verbands- und kommunalen Ziele durchzusetzen versucht, ohne die Interessen der Öffentlichkeit zu analysieren und zu berücksichtigen
- oder man hatte ganz einfach PR mit Schleichwerbung oder gar Werbung verwechselt.

Nicht selten wurde erst im Stadium dieses kritischen Denkprozesses der fundamentale Unterschied zwischen PR und Werbung deutlich genug erkannt: PR verfolgen das Ziel, Meinungen zu bilden, während Werbung das Verhalten zu beeinflussen versucht.

Spätestens in dieser Phase wurde deutschen Managern, Beamten und Lobbyisten klar, daß zahlreiche Vorwürfe auf Mißverständnissen oder Mißtrauen basierten, deren Kern fast immer im Bereich der meinungsbildenden Kommunikation lag.

1.4 500 „Alte Hasen"

Anfang und Mitte der 70er Jahre fehlten die überall benötigten Kommunikations-Experten. „Die Welt" schrieb Mitte der 70er Jahre: „Professionelles Werben um Vertrauen in der Öffentlichkeit (PR) ist in Deutschland noch immer ein junges Gewerbe. Nach überschlägiger Schätzung gibt es etwa 4.000 Fachleute einschließlich jener, die in Pressestellen von Firmen, Verbänden und Behörden ‚gut Wetter' machen. Nur ein Bruchteil von ihnen wird von den ‚alten Hasen' der Öffentlichkeitsarbeit als PR-Mann anerkannt."

Diesen „Bruchteil" kann man – wenn man einmal die sicherlich recht elitären Qualifikationsrichtlinien der GPRA (Gesellschaft Public Relations Agenturen) zugrundelegt – zu Anfang der 80er Jahre mit einer Zahl von weit unter 500 beziffern. Von diesen etwa 500 qualifizierten deutschen „Image-Kämpfern" sind etwa zwei Drittel in der Wirtschaft, in Behörden oder im politischen Bereich tätig, das restliche Drittel arbeitet fast ausschließlich in PR-Agenturen.

In der Bundesrepublik Deutschland gab es Anfang 1982 ca. 60 PR-Agenturen mit mehr als fünf Mitarbeitern; zwei Dutzend sind Mitglied in der GPRA. Außerdem dürften etwa weitere 100 bis 150 sogenannte Ein-Mann-PR-Agenturen oder PR-Berater hinzukommen.

1.5 Code d'Athènes

Die in der GPRA zusammengeschlossenen PR-Agenturen haben sich 1973 zu einer Satzung bekannt, die den Auftraggebern dieser Agenturen wesentliche Vorteile bietet, einerseits die Einhaltung des für PR-Fachleute international gültigen Code d'Athènes sowie andererseits Auflagen, die die Spreu deutlich vom Weizen trennen. Hierzu gehören unter anderem:

- Nachweis der Agentur-Qualifikation: Der Agentur-Geschäftsführer muß mindestens fünf Jahre Praxis in leitender Position und Referenzen von mindestens drei Auftraggebern etc. nachweisen.
- Einhaltung des Code d'Athènes, der es PR-Agenturen u. a. untersagt:
  - die Wahrheit anderen Ansprüchen unterzuordnen
  - Informationen aus unkontrollierten oder unkontrollierbaren Quellen zu verbreiten
  - sich für Aktionen oder Vorhaben herzugeben, die gegen die Moral verstoßen, die Menschenwürde verletzen oder in den Bereich der Persönlichkeit eingreifen, sowie
  - irgendwelche Methoden oder Mittel anzuwenden, mit deren Hilfe unbewußte Antriebe manipuliert oder hervorgerufen werden können, wodurch der einzelne seiner Urteilsfähigkeit und der Verantwortlichkeit für sein Handeln beraubt werden könnte.

1.6 Public Relations durch PR-Agenturen?

Betrachtet man Öffentlichkeitsarbeit aus der Management-Perspektive, so sind vordergründig drei Fragen zu beantworten:

(1) Welches Unternehmen sollte überhaupt Öffentlichkeitsarbeit betreiben?
(2) Welche Mittel sind hierzu bereitzustellen?
(3) Wer soll die Öffentlichkeitsarbeit machen?

Frage (1) läßt sich pauschal beantworten: Jedes Unternehmen, jede Behörde, jede Organisation etc., die zur Durchsetzung ihrer eigenen Zielsetzung auf das Vertrauen und Verständnis anderer angewiesen ist, muß – früher oder später – Public Relations betreiben.

Zu Frage (2): Nach Langzeituntersuchungen des Autors hat die deutsche Wirtschaft Ende der 70er Jahre für Public Relations durchschnittlich 100 bis 400 DM pro beschäftigtem Mitarbeiter und Jahr aufgewendet. Hierin sind Personal-, Sach- und Nebenkosten enthalten.

Zu Frage (3): Die Aufwendungen für Public Relations lassen sich in drei Kategorien gliedern: Die geringsten Aufwendungen für Public Relations haben Unternehmen, Organisationen etc. in Subunternehmerfunktion. Also beispielsweise Lieferanten von Halberzeugnissen, Rohstoffen und ähnlichem. In der mittleren Kategorie sind Markenartikler und Hersteller von hochwertigen Konsum- und Investitionsgütern angesiedelt. Die höchsten Aufwendungen für PR betreiben Dienstleistungsunternehmen.

Von den Gesamtkosten für Public Relations sind erfahrungsgemäß etwa 30% bis 50% als Personal- und Verwaltungskosten abzugrenzen. Dies heißt, daß ein Unternehmen mit 250 Mitarbeitern, das etwa 200 DM pro Mitarbeiter und Jahr für Public Relations zur Verfügung stellt (50.000 DM), für Personal- und Verwaltungskosten etwa 15.000–25.000 DM aufwenden wird. Hieraus wird deutlich, daß hier PR nicht mit einem „full-time"-Mitarbeiter durchgeführt werden kann. Es bleibt die Möglichkeit, einen Mitarbeiter teilweise mit PR zu beauftragen bzw. einen PR-Berater oder eine PR-Agentur mit einzubeziehen.

Im Falle eines Dienstleistungsunternehmens mit 1.000 Mitarbeitern, das etwa 400 DM pro Kopf und Jahr für Public Relations aufwendet, liegt der Anteil für Personal- und Verwaltungskosten bereits bei 120.000–200.000 DM. Hieraus wird deutlich, daß ein Unternehmen dieser Größenordnung zwischen beiden Alternativen wählen kann: Einen eigenen PR-Mann im Unternehmen zu installieren oder sich einer PR-Agentur oder eines PR-Beraters zu bedienen, ggf. zusätzlich.

1.7 Vor- und Nachteile der PR-Agentur

So schillernd der Begriff des PR-Beraters gesehen wird, so schillernd wird auch der Nutzen von PR-Agenturen und PR-Beratern häufig beurteilt. Dies muß nicht sein. Eine Anzahl von mindestens 50 PR-Agenturen hat in Deutschland längst den Beweis professioneller Qualitätsarbeit erbracht.

Wägt man ganz allgemein gesehen die Vor- und Nachteile miteinander ab, die sich aus der Zusammenarbeit mit einer PR-Agentur ergeben, so werden die

Vorteile in aller Regel deutlich überwiegen. Zu den Vorteilen einer PR-Agentur gehören:

- Objektivität (keine Betriebsblindheit, kein Scheuklappen-Denken)
- Professionalität (PR-Agenturen müssen ihre Qualifikation täglich neu beweisen, anderenfalls werden sie gekündigt)
- Belastbarkeit und Flexibilität.

Zu den Nachteilen gehört sicherlich, daß eine geeignete PR-Agentur relativ schwer zu finden ist, besonders dann, wenn der Auftraggeber Exklusivität für seinen Tätigkeitsbereich beansprucht. Zu erwähnen ist hier auch das Risiko, eine falsche Agentur auszuwählen und dies vielleicht erst nach einigen Jahren zu merken. Als Nachteil mag auch angeführt werden, daß PR-Agenturen in der Regel ja einen Gewinn erwirtschaften und demzufolge teurer als ein eigener PR-Mann sein müssen. Diese Denkweise ist jedoch nicht richtig, wenn man beispielsweise berücksichtigt, daß PR-Agenturen mit etwa 5%–10% Gewinn vor Steuern kalkulieren – was im Dienstleistungsgewerbe üblich ist –, zum anderen jedoch die PR-Agentur, im Gegensatz zum angestellten PR-Mann, keinerlei Sozialleistungen erhält, die in aller Regel weit höher als 10% liegen.

Obgleich PR-Agenturen in Deutschland unterschiedliche Kalkulationsmodelle entwickelt haben, lassen sich alle mehr oder minder doch auf das aus den USA stammende Agentur-Kalkulationsmodell 1:3 zurückführen. Demnach berechnet eine Agentur die von einem Berater erbrachte Leistung mit dem dreifachen Faktor des tatsächlichen Zeitaufwandes. Wenn also beispielsweise ein Agentur-Mitarbeiter einen vollen Monat lang an einem Kundenproblem gearbeitet hat, so wird die Agentur dem Auftraggeber das dreifache Monatsgehalt dieses Mitarbeiters in Rechnung stellen.

Während das erste Drittel auf das Bruttogehalt des Mitarbeiters entfällt, wird das zweite Drittel von sogenannten Bürokosten voll aufgezehrt. Dazu gehören Hilfskräfte, Räumlichkeiten, Ausstattung, Mieten etc. Im dritten Drittel sind Fehlzeiten und Ausfallzeiten enthalten (Krankheiten, Urlaub, Ausbildung etc.), Akquisition, alle übrigen Kosten und der Gewinn.

1.8 Die Agentur-Qualifikation

Bei der Qualifikationsbeurteilung von PR-Agenturen sei zu größter Vorsicht gemahnt, denn einige dieser Freiberufler versprechen viel und halten wenig. Zwar hat sich die Qualität – besonders in den PR-Agenturen – im Verlaufe der 70er Jahre deutlich verbessert, dennoch soll es PR-Berater geben, die angeblich mit dem Bundeskanzler zusammen frühstücken, mit Herrn Axel Springer zu Mittag essen und mit Herrn Nowotny abends Skat spielen ... Bedauerlicherweise gibt es in der Bundesrepublik Deutschland keine klaren Beurteilungskriterien und keine deutlichen Ausbildungsrichtlinien für Public Relations-Experten.

In den 50er Jahren waren es im wesentlichen die Adeligen, die man landläufig für die Pflege des guten Rufes als besonders prädestiniert ansah. In den 60er Jahren waren es die Journalisten, die als die geeigneten PR-Experten im Lande galten; in den 70er Jahren hat die Wirtschaft jedoch erkennen müssen, daß ein noch so qualifizierter Journalist noch längst kein guter PR-Mann ist. In den 70er Jahren – hier besonders in der zweiten Hälfte – hat die Wirtschaft die Vorzüge gestandener PR-Profis entdeckt, die Anfang der 80er Jahre – da so gut wie nicht vorhanden – wie Stecknadeln im Heuhaufen gesucht werden.

1.9 Die Zukunft

Besonders in den 70er Jahren bedienten sich mehr und mehr Unternehmen, Behörden und Organisationen bei ihrer Öffentlichkeitsarbeit einer PR-Agentur oder eines PR-Beraters. Das trifft im besonderen für Multis und mittelgroße Unternehmen zu, ebenso wie für Verbände und staatliche und halbstaatliche Institutionen. Das Bundespresseamt und sämtliche Bonner Ministerien bedienen sich heute ebenso der PR-Agenturen wie Bahn, Post und Kirche. Das Läuten der Glocken – über Jahrtausende sicherlich eines der erfolgreichsten PR-Instrumente – reicht heute nicht mehr aus.

Die 80er Jahre deuten an, daß sich die Öffentlichkeitsarbeit auf eine zunehmende Polarisierung von Zielgruppen einstellen muß, auf neue Medien und Kritik aus Kreisen, die bisher geschwiegen haben. Bei der immer notwendiger werdenden Öffentlichkeitsarbeit werden die PR-Agenturen und PR-Berater eine wachsende Rolle spielen.

2. Aspekte für die Auswahl einer PR-Agentur

Volker Stoltz

2.1 PR-Begriffe

Für die Deutsche Public Relations-Gesellschaft (DPRG), einer Berufsorganisation von 800 der etwa 5.000–7.000 deutschen PR-Fachleute, sind Public Relations „... das bewußte, geplante und dauernde Bemühen zwischen einem Beziehungsträger und seiner ihm gegebenen Umwelt, seiner Öffentlichkeit, gegenseitiges Verständnis und Vertrauen aufzubauen und zu pflegen".

Nur das, was wechselseitiges Verstehen und Vertrauen zum Ergebnis hat, nur das wäre nach dieser Auffassung als PR zu bezeichnen. Public Relations werden hier ihren wünschbaren Zwecken nach definiert, wobei auch diese unklar bleiben.

Zu dieser „standespolitischen" Begriffsbestimmung schreibt O. W. Haseloff: „Diese Art des Denkens und des Sprechens ist eine der Gründe dafür, daß das Image von PR noch immer so diffus ist und daß PR-Aktivitäten noch vielfach die Anmutungsqualität des eigentlich Unredlichen anhaftet. In diesem Selbstkonzept von PR-Leuten gründete der unverkennbare Widerspruch zwischen einer schmeichelhaften theoretischen Selbstinterpretation und der Alltagspraxis der PR" (vgl. Anmerkung 1).

Dieser Widerspruch zwischen Wunsch und Wirklichkeit, der u. a. auch in derartigen Begriffsbestimmungen zum Ausdruck kommt, dürfte nicht zuletzt der Grund dafür sein, warum heute die DPRG nicht mehr die einzige Berufsorganisation professionell tätiger PR-Fachleute ist. Im deutschen Kommunikationsverband, BDW, sind von den etwa 2.000 Mitgliedern 230 als PR-Tätige anzusehen. In der Gesellschaft Public Relations-Agenturen (GPRA), die sich zwar als Wirtschaftsverband versteht, aber durchaus wesentliche Beiträge zur Profilierung von PR in Deutschland geliefert hat, haben sich 24 größere PR-Agenturen zusammengefunden.

Public Relations sind ein kommunikatives Instrument. Im Unterschied zur Werbung, die die Beeinflussung von Kaufentscheidungen zum Zweck hat, beeinflussen Public Relations Meinungen, Erwartungen und Einstellungen. Meinungen können sich nur in einem Zustand unvollkommener Informiertheit über den Meinungsgegenstand bilden. Ein Zustand vollkommener Informiertheit würde ja sicheres Wissen begründen (vgl. Stoltz 1979a, S. 5ff.).

2.2 Öffentliche Meinungen

Die öffentliche Meinung ist, wie Habermas heute zurecht feststellt, „in der Tat eine Fiktion" (Habermas 1978, S. 288). Denn *die* öffentliche Meinung gibt es gar nicht.

Es gibt nur öffentliche Meinungen zu den verschiedensten Meinungsgegenständen. Habermas weist darauf hin, daß das, was zu öffentlichen Meinungen führt, in Wirklichkeit nichtöffentliche, private, persönliche also informelle Meinungen einzelner sind. Habermas unterscheidet zwischen einem System informeller Meinungen einerseits und einem System formeller Meinungen, die „quasi öffentlich" sind und als Erklärungen, Verlautbarungen auf angebbare Institutionen zurückzuführen sind.

Öffentliche Meinung zu einem Gegenstand ist also nicht unbedingt das, was im Fernsehen behauptet wird oder in der Zeitung/Zeitschrift zu lesen ist. Dies wäre veröffentlichte Meinung. Öffentliche Meinung ist vielmehr die Summe der Meinungen, Erwartungen und Einstellungen einzelner über den Gegenstand.

Public Relations begründen und beeinflussen Meinungen zu Gegenständen. Wirksame Public Relations werden folglich den Meinungsaustausch einzelner zu beeinflussen versuchen und damit auch auf veröffentlichte und formelle Meinungen einwirken.

Öffentliche Meinungen über Gegenstände werden von Mensch zu Mensch, von Gruppe zu Gruppe höchst unterschiedlich sein. Die Arbeitnehmer in einer Aktiengesellschaft werden über die Forderung einer Lohnerhöhung anders denken als der Vorstand, die leitenden Angestellten oder die Aktionäre dieser Gesellschaft. Die Aktionäre werden über die Höhe der auszuschüttenden Dividende eine andere Meinung haben als die Arbeitnehmer. Die Verbraucher werden eine längere Öffnungszeit der Läden eher begrüßen als das in einer Gewerkschaft organisierte Verkaufspersonal. Die katholischen Landfrauen werden über die Abtreibung ganz andere Meinungen haben als die Mitglieder einer liberalen Frauenorganisation.

Wir sehen schon an diesen Beispielen, daß öffentliche Meinungen zu einem Gegenstand von Gruppe zu Gruppe, von Publikum zu Publikum, von Öffentlichkeit zu Öffentlichkeit höchst unterschiedlich in bezug auf Richtung, Aktualität und Stärke sein können.

Jeder Gegenstand hat seine eigene Öffentlichkeit, die sich aus Trägern höchst unterschiedlicher informeller, formeller und veröffentlichter Meinung zusammensetzen wird. Zur Öffentlichkeit in diesem Sinne zählt jeder einzelne und jede einzelne Gruppe, deren Meinungsbildung für den Gegenstand von Bedeutung ist, oder deren Meinung den Gegenstand beeinflussen kann. Auf den letzten Aspekt weist insbesondere L. W. Nolte hin: „. . . das duale Wesen der Öffentlichkeit. Sie kann beeinflußt werden und sie kann beeinflussen" (Nolte 1974, S. 125). Um das Beispiel des Ladenschlußgesetzes zu nehmen: Die Gewerkschaften und der Einzelhandelsverband blockieren eine Gesetzesänderung. Aus diesen Gründen wird eine Änderung des Gesetzes durch SPD und CDU verhindert. Gelingt es, die Verbraucher zu mobilisieren, könnten durch Druck dieser Öffentlichkeit die Meinungen von CDU und SPD u. U. beeinflußt werden.

2.3 Zweck der Public Relations

Hunderte von Auftraggebern in der Bundesrepublik betreiben Public Relations mit eigenen Stabsstellen, Abteilungen, Direktions- und Vorstandsbereichen oder lassen PR durch PR-Agenturen und PR-Berater durchführen.

Sie alle tun dies sicherlich nicht aus ethischen und moralischen Gründen nach dem Motto: „Die Öffentlichkeit hat ein Recht zu erfahren, was bei uns vorgeht." Sie betreiben ganz sicher auch nicht PR, um ein imaginäres Vertrauen zu erwerben. „Vertrauen", so O. W. Haseloff (vgl. Anmerkung 2) „ist eine weitreichende, an Hingabe grenzende positive Erwartung. Jede nüchterne Überlegung läßt jedoch erkennen, daß Unternehmen, gesellschaftliche Institutionen oder Zweckorganisation . . . niemals global als Auslöser von Vertrauen fungieren können. Dies hieße, die Naivität der Menschen doch weitgehend zu überschätzen." Dies hieße aber auch, die Naivität der auftraggebenden Manager zu überschätzen, so könnte man hinzufügen.

Von Public Relations erwarten sich die meisten Manager jedenfalls handfeste Vorteile: Meinungen sollen möglichst günstig beeinflußt werden.

Vor zehn Jahren noch wurden Public Relations mit Werbung gleichgesetzt. Das war das Ergebnis einer Untersuchung von Roland Berger im Auftrag der Public Relations-Agentur KOMMUNIKATION, Bonn, die 1970 durchgeführt wurde (Berger 1970).

200 Manager aus Unternehmen verschiedener Größenordnungen wurden befragt.

- 46 Prozent von ihnen bekannten, daß PR durch gezielte Verbreitung von Sachinformationen Werbung sei.
- 16 Prozent hielten PR für die Fortsetzung von Werbung mit raffinierteren Mitteln.
- 12 Prozent sahen im Wort PR nur einen Ausdruck für Werbung.

In der Tat wurde der PR-Markt im letzten Jahrzehnt mehr durch Produkt-Publicity und weniger durch Produkt-PR erschlossen.

Als „handfesten Vorteil" erwartete man eine Unterstützung des Verkaufs und der Vertriebswerbung.

Heute sind die Probleme vielschichtiger:

- Die Verleihung der „Goldenen Zitrone" des ADAC für ein Automodell bringt nicht nur eine schlechte Presse, sondern kostet Umsatz. Statt 200.000 Autos verkauft der Hersteller möglicherweise nur 150.000. Die Zitrone wird aber nur einem Wagen aus der großen Serie verliehen. Die anderen 199.999 PKW mögen in Ordnung sein.
- Das Prädikat „Nicht empfehlenswert" der Stiftung Warentest kann dazu führen, daß 50 Prozent der Einzelhändler von einer Nachbestellung absehen, 16 Prozent versuchen, Lagerbestände zurückzugeben und 11 Prozent Preiszugeständnisse beim Lieferanten zu erzielen (vgl. Anmerkung 3).

- Ein Aufruf des Deutschen Verbraucherschutzverbandes (DVS) zum Kaufboykott von Sprays findet nicht nur starke Resonanz in den Medien und damit Beachtung beim Verbraucher, sondern trifft insbesondere auch jene Sprayhersteller, die keine die Ozonschicht schädigenden Sprays herstellen.

Diese Krisenfälle, die mehr oder minder den Absatzbereich betreffen und dort Umsatz und Gewinn kosten können, sollen PR nicht als schnelle Feuerwehr empfehlen. Vielmehr lehren sie, daß systematisch geplante und aktiv betriebene PR Krisenfälle abschwächen oder gar zu vermeiden vermag:

- Das Informationssystem des Autoherstellers dürfte verbesserungsfähig sein. Ein neuer Pkw mit derartig vielen Fehlern hätte eben rechtzeitig aus dem Verkehr gezogen werden müssen.
- Daß ein Produkt das Prädikat „nicht empfehlenswert" erhält, kommt nicht überraschend. Wenn die Beurteilung zutrifft, sollte es der Hersteller rechtzeitig aus dem Markt zurückziehen oder die Mängel verbessern. Und dies sollte er auch rechtzeitig bekannt geben. Trifft die Beurteilung jedoch nicht zu, sollte er überprüfen, ob er mit seiner Argumentation und seinen Möglichkeiten öffentliche Meinungen zu polarisieren in der Lage ist.
- Hersteller von Sprays, die nicht die Ozonschicht gefährden, sollten die Verbraucher rechtzeitig darüber aufklären, daß Sprays nicht gleich Sprays sind und dies, bevor sich die Meinung beim Verbraucher festsetzt, daß alle Sprays schädlich sind und infolge dessen nicht gekauft werden sollten.

Der geplante und aktive Einsatz von PR ist im Absatzbereich notwendig. Die Vorteile sind hier am ehesten in Geldwert zu beziffern. Der Vorstandsvorsitzende von Fichtel & Sachs, Walter Trux, bringt dies auf einen einfachen Nenner, als er nach dem Erfolgsmaßstab für Corporate-Identity gefragt wurde: „Nehmen Sie als Beispiel dafür irgendeine Firma A an, die als Qualitätserzeuger bekannt ist. Mit ihr konkurriert eine Firma B, die unbekannt ist, aber die gleiche Qualität bietet. Diese Firma B wird es schwer haben, den gleichen Preis wie die Firma A für ihre Produkte im Markt durchzusetzen. Die Differenz der beiden Preise ist der Wert der öffentlichen Information auf diesem Gebiet" (vgl. Anmerkung 4).

PR werden sich jedoch nicht nur auf den Absatzbereich beschränken. Ein Konsumgüter-Hersteller wird Wert darauf legen, daß das Unternehmen auch im Marketing- und Werbebereich profiliert ist. Als profiliertes Unternehmen wird es ihm leichter fallen, die für das Unternehmen passenden Mitarbeiter für das Produkt- und Marketing-Management zu gewinnen.

Im Unternehmen A, in dem die Entscheidungen des Managements transparent und verständlich sind, werden sich Arbeitnehmer sicherer fühlen als im Unternehmen B, in dem die Geheimniskrämerei Grundlage aller Unternehmenspolitik ist. Die Produktivität im Unternehmen A wird besser sein als die im Unternehmen B.

Gute Beziehungen zu Aktionären, zu Banken, zur Gemeinde, zu den Marktpartnern und Verbänden, zu Kunden und Lieferanten sind kein Gebot des Selbstzweckes, sondern tragen dazu bei, daß das Unternehmen seine Politik über Krisenfälle hinweg zu behaupten und durchzusetzen vermag. PR schafft und sichert Handlungsfreiheit. Was für Unternehmen gilt, gilt für Verbände und Institutionen ebenso. Der geldwerte Zweck der Public Relations liegt in einer möglichst günstigen Beeinflussung öffentlicher Meinungen.

Das Unternehmen A weiß, daß Nichtstun auch öffentliche Meinungen schafft und beeinflußt, und dies meist nicht gerade positiv. Das Unternehmen B, das ohne PR bisher recht glücklich gefahren zu sein scheint, wird spätestens im Krisenfall erfahren müssen, daß sich in ihm das Mittelmaß aller Arbeitskräfte zusammengefunden hat. Jede Öffentlichkeit wird skeptisch sein, wenn das Unternehmen B, über dessen Umsatz- und Ertragslage ja nichts bekannt ist, nun Kurzarbeit beantragt, Mitarbeiter entläßt, gar eine Landesbürgschaft wünscht oder sich das Geld auf dem Kapitalmarkt zu beschaffen versucht. Zu dieser Problemlage sprechen Parkinson/Rowe: „What the chief executive fails to realize is that some sort of public image is in any case inevitable and that the image he will not create for himself will be created for him by other people and will not necessarily be to his advantage" (Parkinson und Rowe 1977, S. 8).

Effektive PR werden Handlungsfreiheiten sichern. Freilich ist zu erwähnen, daß nicht alles effektiv ist, was als PR etikettiert wird.

PR-Berater, die meinen, ohne strategisches Denken und Handeln auskommen zu können, eignen sich allenfalls als Abwickler und Organisatoren. Mit Schreib- und Sprachgewandtheit allein ist ein so komplexer Prozeß, wie die Schaffung und die Beeinflussung öffentlicher Meinungen, ganz sicher nicht zu steuern (vgl. Anmerkung 5).

Ebensowenig ist es möglich, effektive PR-Arbeit zu betreiben, wenn PR-Politik und PR-Praxis nicht übereinstimmen. Ein weites Feld für PR-Berater liegt in der ex-ante Beratung des Managements, welche Folgen diese oder jene Management-Entscheidung auf die öffentlichen Meinungen haben werden und wie folglich entschieden werden sollte. Die praktische Durchführung der PR-Maßnahmen sollte ohnehin zum selbstverständlichen Handwerkszeug eines qualifizierten PR-Mannes zählen.

Die PR-Politik wird ganzheitlich anzulegen sein. Ein Angestellter ist ja nicht nur Arbeitnehmer, sondern in unserem Beispiel auch Aktionär, Verbraucher der Produkte und Mitglied des Gemeinderates am Standort des Unternehmens. Aus Sicht des Unternehmens ist er also Träger vielfältiger Meinungen. In den Grundzügen wird die PR-Politik des Unternehmens von einer Philosophie getragen sein, die für alle Meinungsgruppen Gültigkeit haben wird, wenn auch die Akzente unterschiedlich zu setzen sind.

2.4 Vergabe von PR-Aufträgen

An den geschätzten PR-Aufwendungen in Höhe von ca. zwei Milliarden DM dürften PR-Agenturen und PR-Berater in der Bundesrepublik und Berlin (West) einen

Anteil von fünf bis zehn Prozent haben. Die Gesellschaft Public Relations-Agenturen (GPRA) bezifferte 1977 den gesamten Honorar-Umsatz ihrer damals 17 Mitglieder mit 24,5 Millionen DM. Würde man die Anzahl der PR-treibenden Auftraggeber mit denen der Kunden von PR-Beratern und -Agenturen in Beziehung setzen, so dürfte der Anteil jedoch an 40 Prozent herankommen. Die starke Differenz zwischen Umsatz- und Kunden-Anteil externer PR-Berater erklärt sich durch die hohen Personalkosten, die in den PR-Aufwendungen enthalten sind und durch die Tatsache, daß Auftraggeber sehr häufig nur Teiletats an außenstehende PR-Fachleute vergeben.

PR-Arbeit wird entweder ausschließlich durch den Auftraggeber selbst und/oder durch Heranziehung außenstehender Agenturen und Berater angelegt und durchgeführt. Nicht jeder PR-treibende Auftraggeber hat eine eigene PR-Abteilung. Vielmehr ist häufig die Werbe- und Marketingabteilung, in größeren Unternehmen auch die volkswirtschaftliche Abteilung oder die Personalabteilung für die PR-Seite verantwortlich.

Das Engagement außenstehender PR-Agenturen und -Berater durch den Auftraggeber kann vielerlei Gründe haben:

- Der Auftraggeber kauft Fachkompetenz ein.
- Der Auftraggeber wünscht einen objektiven Berater, der eben keine „Firmenbrille" trägt.
- Der Auftraggeber will einen Berater, der über die Firmenhierarchie hinweg direkten Zugang zur Firmenspitze hat.
- Die Marketing- oder Werbeabteilung des Auftraggebers kauft PR-Fachkompetenz in ihrem Gebiet ein, weil sich die eigene PR-Abteilung möglicherweise in den Elfenbeinturm einer eng begrenzten Unternehmens-PR zurückgezogen hat.
- Der Auftraggeber will keine fixen Personalinvestitionen auf diesem Gebiet tätigen. Ein von Jahr zu Jahr festzulegender PR-Etat ist da flexibler.
- Der Auftraggeber will Arbeit abgenommen haben. Er bedient sich einer Durchführungsgesellschaft.
- Der Auftraggeber kauft Kreativität, PR-Erfahrungen und PR-Kontakte ein.

Auftraggeber von PR-Agenturen sind bei uns häufig nicht die PR-Abteilungen der Unternehmen, sondern Vorstände oder Marketing- und Werbeabteilungen, die aus den verschiedensten Gründen im Gegensatz zur PR-Abteilung über höhere Etats verfügen bzw. diese zu schaffen in der Lage sind.

2.5 Die Public Relations-Agentur

Im Unterschied zu den großen PR-Riesen in den USA nehmen sich die europäischen Public Relations-Agenturen eher bescheiden aus. Selbst die europäischen Filialen der großen US-PR-Agenturen mit teilweise bis zu 300 Mitarbeitern sind in Europa meist nur in kleinen Zwei- bis Fünf-Mann-Teams organisiert.

Europäische PR-Agenturen sind schon aufgrund der Sprach-Barrieren meist nur national tätig. Der PR-Markt ist in Europa kleiner und natürlich noch nicht so entwickelt wie der amerikanische. Public Relations sind noch nicht so angesehen und selbstverständlich wie in den USA.

In der Bundesrepublik und Berlin (West) gibt es heute schätzungsweise 350 Public Relations-Berater, die meist allein mit einer Sekretärin oder mit ein bis zwei Mitarbeitern tätig sind. Von diesen Büros kann man ebensowenig wie von sogenannten Presse- und Redaktionsbüros erwarten, daß sie den Fullservice einer Public Relations-Agentur erbringen.

Die größeren Public Relations-Agenturen mit mehr als fünf Mitarbeitern und mit mehr als fünf festen Auftraggebern, die sie dauerhaft beraten und betreuen, sind in der Gesellschaft Public Relations-Agenturen (GPRA) zusammengeschlossen. Diesem Wirtschaftsverband gehören heute 21 Agenturen an. Die GPRA, die vom Manager-Magazin als „Garantie-Gemeinschaft für solide PR" bezeichnet wurde, schätzt, daß nur noch zehn bis fünfzehn weitere PR-Agenturen die Bedingungen für eine Aufnahme in die GPRA erfüllen.

Die Mitglieds-Agenturen der GPRA garantieren die Entwicklung und Durchführung qualifizierter und systematischer PR-Leistungen auf wissenschaftlicher Basis und wollen sich nicht zuletzt damit gegenüber unqualifizierten Wettbewerbern abgrenzen. Die Mitglieds-Agenturen müssen in der Lage sein, den Fullservice zu erbringen. Das heißt, sie werden den Auftraggeber in allen Fragen der Public Relations beraten und alle geforderten PR-Leistungen erbringen.

Eine qualifizierte PR-Agentur wird Leistungen erbringen können, die auf öffentliche Meinungen einzuwirken vermögen. Dazu zählen

- die Erforschung öffentlicher Meinungen,
- die Entwicklung von Strategien zur Beeinflussung öffentlicher Meinungen,
- die PR-Beratung des Auftraggebers,
- die Abwicklung von PR-Strategien.

Die Abwicklung von PR-Strategien ist die PR-praktische Seite, die eine Vielseitigkeit wie kaum in einem anderen Beruf aufweist. Denn hier heißt es, die einzelnen PR-Instrumente zum Einsatz zu bringen. Die PR-Instrumente sind so verschiedenartig wie z. B.

- die Planung, Gestaltung und Durchführung von Seminaren, Symposien, Kongressen, Arbeitsgruppen-Sitzungen und anderen Veranstaltungen,
- das Schreiben von Reden,
- die Beschaffung von Rednern und Prominenten,
- Gespräche mit Politikern, Angehörigen der Bürokratie und Verbänden,
- die Anlage und Ausgestaltung von Wettbewerben, Wohltätigkeits-Veranstaltungen oder Promotions-Aktionen,
- Hintergrund-Gespräche mit Journalisten, Besuche von Redaktionen, Durchführung von Pressegesprächen, Pressekonferenzen und Presse-Empfängen, re-

daktionelle Herausgabe und Streuung von Pressediensten und Pressebilderdiensten,
- die Beschaffung und Aufbereitung geeigneten Pressematerials für Exclusiv-Beiträge in Wort und Bild,
- die Redaktion, Herausgabe und Streuung von Zeitungen und Zeitschriften für Mitarbeiter, Kunden, Aktionäre oder Händler,
- die Produktion von Broschüren, Geschäftsberichten, Prospekten, Tonbildschauen oder Filmen,
- die Gestaltung und Streuung von Anzeigen,
- Direct-Mail-Aktionen mit und ohne Computer gesteuert (vgl. Stoltz 1979b, S. 699ff.),
- die Beobachtung der Presse, der Wettbewerber oder anderer Gruppen.

Agenturen in deutscher Größenordnung werden kaum in der Lage sein, diese Leistungen ausschließlich mit dem eigenen Mitarbeiterstab zu erbringen. Eine qualifizierte PR-Agentur verfügt über einen großen Stab freier Mitarbeiter, die vom jeweiligen PR-Berater in der Agentur zur Lösung der Probleme fallweise hinzugezogen werden.

2.6 Die Auswahl der PR-Agentur

Das Bundesministerium für Verkehr fordert regelmäßig alle zwei Jahre 6 Public Relations-Agenturen zu einer unentgeltlichen Wettbewerbs-Präsentation auf. Agenturen, die sich an dieser Ausschreibung beteiligen, erhalten ausführliche Informationen über den Auftragsgegenstand. Das Ministerium erwartet, daß ihm von den Agenturen zu einem bestimmten Stichtag in einem verschlossenen Umschlag unter einer Kennziffer eine Konzeption schriftlich zugestellt wird. Die Agentur wird zu einer mündlichen Präsentation vor einem Gremium von Verkehrsexperten eingeladen. Dieses Gremium entscheidet, an welche der sechs Agenturen der Auftrag vergeben wird. Insbesondere öffentliche Institutionen oder solche, die mit öffentlichen Mitteln finanziert werden, leisten sich dieses Auswahlsystem, weil es nichts kostet und den Anschein größter Objektivität vermittelt. An diesem Anschein haben öffentliche Institutionen ein hohes Interesse, gilt es doch, den Eindruck irgendeiner Art von Vetternwirtschaft zu vermeiden.

An unbezahlten Präsentationen werden sich im allgemeinen nur jene PR-Agenturen beteiligen, die gerade bzw. überhaupt nicht ausgelastet sind, und jene, die sich aufgrund von persönlichen Kontakten einen Wettbewerbsvorteil versprechen. Es ist wohl keine Frage, daß damit das Ziel der Wettbewerbspräsentation, eine qualifizierte PR-Agentur „objektiv“ zu finden, nicht erreicht werden kann.

GPRA-Agenturen beteiligen sich nicht an Ausschreibungen oder Wettbewerbs-Präsentationen, bei denen der Auftraggeber die Kosten für die Entwicklung der PR-Strategie oder PR-Konzeption nicht honoriert. Mitglieds-Agenturen, die trotzdem kostenlos präsentieren, haben mit Verbandsstrafen zu rechnen, z. B. beim zweiten Verstoß mit 7500,– DM und beim dritten Verstoß mit dem Ausschluß aus dem Verband.

Die harte Haltung der GPRA in dieser Frage hat ihren guten Grund: Der Auftraggeber verlangt, um sich selber entscheiden zu können, erhebliche Leistungen von Dritten, die er nicht bezahlt. Damit macht er nicht nur deutlich, wie er diese Leistungen einschätzt – sie sind ihm nichts wert –, sondern auch wie er sich eine Zusammenarbeit mit einer PR-Agentur vorstellt. Der weitblickende Auftraggeber wird kaum erwarten, daß er bei einem schriftlich vorgelegten Briefing, dem keine weiteren Gespräche folgen, eine hinreichend problemlösende Konzeption, geschweige denn eine PR-Strategie erhält.

Er weiß, daß er in einem derartigen Präsentationsverfahren allenfalls einen auf die augenblickliche Zustimmung in einem mehr oder minder kompetenten Gremium ausgerichteten Vorschlag erwarten darf. Folgende Fragen werden zum Zeitpunkt der Auftragsvergabe ungeklärt bleiben:

- Stammt die Präsentation überhaupt aus der Feder der Agentur?
- Ist sie praktisch durchführbar?
- Will der Mitarbeiter des Auftraggebers mit der Agentur zusammenarbeiten?
- Kann mit den Mitarbeitern der Agentur zusammengearbeitet werden?

Diese Fragen stellen sich im Rahmen eines derartigen Auswahlmodus erst nach der Auftragsvergabe im Alltag der Zusammenarbeit und – wenn man Pech hatte – eben zu spät heraus.

Mit der Auswahl einer Public Relations-Agentur sollte sich der Auftraggeber schon mehr Mühe machen, wenn er will, daß die wirklich qualifizierte Agentur für ihn tätig wird. Ihm wird empfohlen, nach folgender Checkliste vorzugehen:

- Besorgen Sie sich Anschriften-Listen von PR-Agenturen. Die GPRA hat eine Broschüre ihrer Mitglieder.
- Besuchen Sie verschiedene Agenturen.
- Sprechen Sie nicht nur mit dem Chef, sondern auch mit den Mitarbeitern.
- Fragen Sie sich, ob Sie der Agentur auch Geld anvertrauen würden.
- Prüfen Sie, ob Sie den Mitarbeitern vertrauen können.
- Fragen Sie, wie lange die Mitarbeiter in der Agentur tätig sind.
- Prüfen Sie, ob die Mitarbeiter nicht nur reden, sondern auch schweigen können. Seien Sie vorsichtig, wenn Ihnen Geheimnisse anderer Kunden anvertraut werden.
- Seien Sie hellhörig, wenn Ihnen alles versprochen wird.
- Beurteilen Sie, ob die Agentur auch nach Beendigung einer Zusammenarbeit loyal sein wird.
- Schauen Sie sich die Arbeiten der Agentur an.
- Prüfen Sie, ob die Agentur ihr Problem erkannt und erfaßt hat.
- Machen Sie sich die Mühe mit einigen Kunden der Agentur zu sprechen.
- Fragen Sie sich selbst, ob Sie zum Kundenkreis der Agentur gehören möchten.

Ein erstes „Kennenlernen-Gespräch" kostet den Auftraggeber außer Mühe und Arbeit nichts. Jede seriöse Public Relations-Agentur wird ihn nicht mit Akquisitionskosten belasten.

Der Auftraggeber wird ein kostenloses Angebot als Entscheidungsgrundlage von den Agenturen, mit denen er zusammenarbeiten möchte, zurecht erwarten können. In einem derartigen Angebot wird die Agentur beschreiben, wie sie technisch vorgehen wird, um das geschilderte PR-Problem zu lösen.

Reichen Gespräche und Angebot zur Entscheidungsfindung nicht aus, wird der Auftraggeber die von ihm vorausgewählten PR-Agenturen zu einem Präsentations-Wettbewerb einladen. An einem derartigen Wettbewerb sollten mindestens zwei, höchstens aber vier Agenturen teilnehmen. Die Agenturen erhalten die Aufgabe, eine PR-Strategie zu entwickeln. Infolgedessen wird der Auftraggeber mit jeder Agentur individuelle Gespräche führen, das Problem des Auftragsgegenstandes diskutieren und zur Beantwortung von Fragen zur Verfügung stehen. Er wird allen Agenturen ein gleichlautendes Briefing geben, in dem er den Auftragsgegenstand und seine Probleme beschreibt und die Erwartungen an eine Zusammenarbeit mit einer PR-Agentur formuliert. Er wird darüber hinaus einer Agentur individuell jene Informationen zur Verfügung stellen, die diese zur Entwicklung der PR-Strategie erfragt. Bereits an den unterschiedlichen Fragen und den unterschiedlichen Anforderungen für zusätzliche Informationen, denen der Auftraggeber durchaus Rechnung tragen sollte, wird er erkennen können, mit welch' unterschiedlicher Systematik die Agenturen an die Erarbeitung einer PR-Strategie herangehen. Zwei bis vier schriftlich vorgelegte unterschiedliche Strategien, deren Erarbeitung er bezahlt hat, werden ihn bei richtiger Vorauswahl und umfassenden Briefing in die Lage versetzen, eine Entscheidung zu treffen.

Anmerkungen

1 Haseloff, O. W. (1979): Public Relations in Deutschland. Vortragsmanuskript, S. 6.

2 Haseloff, O. W., ebenda, S. 6.

3 Wirkung von Informationen der Stiftung Warentest auf die Absatzpolitik mittelständischer Fach-Einzelhandelsgeschäfte, nicht repräsentative Studie des Institutes für Betriebswirtschaftslehre. Darmstadt.

4 Seelbach, J. (1979): Zitat nach „Eine neue Zeitschrift, muß das sein? Corporate-Identity als Unternehmens-Strategie". Manuskript.

5 Vgl. hierzu Leserbrief in Public Relations Report Nr. 695 vom 12. September 1979, Dr. Reiner Schulze van Loon, PR-Chairman Lions Clubs International in Deutschland: „. . . Und es gibt Firmen, die vorgeben, sich mit Kommunikation zu befassen und als Hauptattraktion Strategien anbieten. Ich frage mich allen Ernstes, was darf man eigentlich von einem solchen Angebot erwarten? Diese Strategien bieten also das Wie als Hauptattraktion an, ohne zu sagen, was sie denn eigentlich an welche Zielgruppen operational gelangen lassen wollen. Das heißt: Zuerst ist noch das Was, das Wort, der Logos, die Idee – der Sinn".

Literatur

Berger, R. (1970): PR als Instrument der Unternehmensführung. International Marketing Consultants. München.
Habermas, J. (1978): Strukturwandel der Öffentlichkeit. 9. Auflage. Darmstadt/Neuwied.
Nolte, L. W. (1974): Fundamentals of Public Relations. Pergamon Press Inc./New York.
Parkinson, C. N., and N. Rowe (1977): Communicate, Parkinson's Formula for Business Survival. Prentice-Hall International Inc.
Stoltz, V. (1979a): Public Relations. Sonderdruck „Der kaufmännische Geschäftsführer. 3. Nachlieferung. München.
– (1979b): Fallbeispiel Public Relations via Computer. In: Arbeitshandbuch Absatzförderung. München.

VIII. Öffentlichkeitsarbeit und Medien

1. Öffentlichkeitsarbeit und Journalismus – Normen, Berufsbilder, Tat-Sachen

Barbara Baerns

Die Deutsche Public Relations-Gesellschaft (DPRG) bindet ihre Mitglieder an den Grundsatz, „jeden Versuch einer unlauteren Beeinflussung der Öffentlichkeit und ihrer Repräsentanten zu unterlassen und die Freiheit und Unabhängigkeit der Presse zu respektieren" (vgl. Anmerkung 1). Andererseits fordert der Deutsche Presserat den Journalisten auf, seine publizistische Aufgabe unbeeinflußt von persönlichen Vorteilen, von privaten und geschäftlichen Interessen Dritter und von sachfremden Beweggründen wahrzunehmen (vgl. Anmerkung 2).

Ein Versuch, *Beziehungen* zwischen Öffentlichkeitsarbeit und Journalismus zu entfalten, überprüft gleichzeitig den Realitätsbezug der berufsethischen Richtlinien, die eine *Trennung* der Funktionen Sprecher – Journalist, Informant – Redakteur, Public Relations-Abteilung – Massenmedium, Selbstdarstellung durch Öffentlichkeitsarbeit auf der einen Seite, Medienberichterstattung im öffentlichen Interesse auf der anderen Seite anstreben. Dabei sollen erstens Normen, zweitens Berufsbilder, drittens Tat-Sachen beleuchtet und mit den drei Argumentationsschritten auch methodisch differierende Ansätze in ihrer Tragweite bei der Annäherung an Wirklichkeit gezeigt werden.

1.1 Normen

Ohne die kontroverse Diskussion um die Formel von der „verfassungsrechtlichen" öffentlichen Aufgabe der „Presse" (vgl. Anmerkung 3) aufgreifen zu müssen, lassen sich die Möglichkeiten und Grenzen journalistischer Informationsleistung aus dem Grundgesetz der Bundesrepublik Deutschland, aus der Rechtsprechung des Bundesverfassungsgerichts und aus den Landespressegesetzen ableiten (vgl. Baerns 1976, S. 51–68). Abgesehen davon, daß die allgemeine Meinungsäußerungsfreiheit auch für den Journalisten gilt, lassen sich auf dieser Basis die medienspezifischen Funktionen der Integration (die „Presse" sorgt für den ständigen Informationsfluß zwischen Volk, Parlament, Regierung etc.), der (passiven) Übermittlung öffentlicher, das heißt jedermann prinzipiell aber nicht de facto zugänglicher Meinungen und Nachrichten sowie der (aktiven) Erschließung von Quellen (die „Presse" schafft die notwendige Publizität von Verwaltungshandeln) kennzeichnen. Die Auskunftspflicht staatlicher Behörden, die in der Bundesrepublik nur gegenüber der „Presse“ gilt, und die sogenannten Journalistenprivilegien, die einen einklagbaren Informationsanspruch, einen Informantenschutz und Ausnahmen vom Datenschutzgesetz umfassen, gewährleisten die ungehinderte Betätigung der Medien „von der Beschaffung der Information bis zur Verbreitung der Nachrichten und Meinungen“ (Entscheidungsformel des Bundesverfassungsgerichts). Allerdings obliegt der „Presse“ keine Aufgabe im Sinne einer programmatischen Verpflichtung. Das widerspräche der grundgesetzlich garantierten Pressefreiheit. Doch gibt es ohne die Wahrnehmung der skizzierten Funktionen, darin ist Stammler zuzustimmen (vgl. Stammler 1971, S. 205), keine Demokratie im Sinne des Grundgesetzes: Die systemkonstitutierende Bedeutung auch journalistischer Rechercheleistungen ist so schlaglichtartig herausgestellt.

Im Unterschied zum behandelten öffentlichen politischen Raum charakterisieren den privaten, meist wirtschaftlichen, fehlende bzw. begrenzte Publizitätsverpflichtungen. Darüber hinausreichende Informationen sind freiwillig. Die Meinungsäußerungsfreiheit ist eingeschränkt, obwohl die Gerichte der „Presse“ seit dem Ende des Zweiten Weltkrieges zunehmend die „Wahrnehmung berechtigter Interessen“ zuzubilligen scheinen. Ein Auskunftsanspruch der Medien besteht überhaupt nicht, so daß die gesellschaftlich gewünschte und mögliche journalistische Informationsleistung in diesem Bereich grundsätzlich differiert.

Auch Öffentlichkeitsarbeit (Public Relations) (vgl. Anmerkung 4) intendiert Informationsaustausch. Nach dem Selbstverständnis der Praktiker ist Öffentlichkeitsarbeit von Werbung einerseits und von „einseitig infiltrierender“ Propaganda andererseits, abzugrenzen, während Wechselseitigkeit der zu initiierenden Beziehungen (Two-Way-Communication) als „wesentlich“ gilt. Diese Leitsätze normieren Tätigkeiten, die in der Praxis zugunsten unterschiedlicher Auftraggeber (wie staatlichen Stellen, öffentlichen Einrichtungen, Wirtschaftsunternehmen, Kirchen, Parteien, Verbänden) ungeachtet qualitativer Modifikationen nach Organisation und Arbeitsweise weitgehend identisch ablaufen. Solche Übereinstimmungen trüben den Blick für die grundsätzlichen Unterschiede, die anhand der Frage nach der Reichweite journalistischer Ansprüche auf Auskunft zuvor entwickelt worden sind: Wenn die geltende Kommunikationsordnung der Bundesrepublik Deutschland der journalistischen Recherche, einem möglichen Korrektiv publizistischer Selbstdarstellung durch Öffentlichkeitsarbeit, den öffentlichen (politischen), nicht aber den privaten (wirtschaftlichen) Bereich zugänglich macht, dann kann auch der Öffentlichkeitsarbeit der verschiedenen Träger nicht derselbe gesellschaftliche Stellenwert zukommen (vgl. Anmerkung 5).

Diese Schlüsse gründen auf der Annahme, daß Normen Wirklichkeit vorzeichnen und sich so – umgekehrt – als Raster adäquater Beschreibung und Interpretation von Wirklichkeit als Möglichkeit nutzbar machen lassen. Inwieweit die Annahmen zutreffen, läßt sich nicht abschätzen, bevor feststeht, wie sich Selbstbilder, Tätigkeitsmerkmale und Arbeitsweisen der beiden Berufsgruppen in diesen Rahmen einpassen.

1.2 Berufsbilder

Müller (vgl. Anmerkung 6) befragte im April und Mai 1975 Mitglieder der Deutschen Public Relations-Gesellschaft, um Selbstverständnis und Tätigkeiten des – wie aufgrund der DPRG-Satzung konstatiert wird – „hoch professionalisierten Kerns dieses Berufsstandes" zu erfassen. Im Gegensatz zu Ronnebergers These,

Übersicht 1: Schwerpunkte der Public Relations-Arbeit (Mehrfachnennungen)

Tätigkeiten	Befragte insgesamt (n = 165) %
Kontakte zur Presse herstellen	90
Sammlung, Auswahl und Verarbeitung der zur Veröffentlichung geeigneten Informationen eines Unternehmens	90
Planen und Durchführen von Pressekonferenzen	89
Entwickeln von PR-Konzeptionen und PR-Strategien	83
Gestaltung und redaktionelle Betreuung von PR-Publikationen, Durchführung von PR-Aktionen	78
Kontaktpflege zu Regierungsstellen, Behörden, Verbänden und öffentlichen Institutionen	76
Beratung der Führungskräfte eines Unternehmens und einzelner Abteilungen unter dem PR-Aspekt	72
Informationsaustausch mit Kollegen	71
Auswertung der Presse und Erstellung eines Presse-Spiegels	67
Verwaltung und Abwicklung von PR-Etats	66
Ghostwriting	62
Kontaktpflege zu allen internen Stellen eines Unternehmens interne Informationen des Unternehmens	61
Gestaltung von PR-Anzeigen	60
Durchführung von Vortrags- und Diskussionsveranstaltungen	56
Aufbau und ständige Aktualisierung eines Archivs	53
Redaktionelle Arbeit bei der Erstellung einer Hauszeitschrift	53
Erarbeitung von Richtlinien für alle dezentralen PR-Abteilungen	52
Koordination der Inlands- und Auslands-PR	44
Besucherwesen, Gästewesen	41
Gestaltung von Fernsehspots, Filmen, Tonbildschauen	36
Auftragserteilung für Projekte der Umfrageforschung und Vermittlung ihrer Ergebnisse	33
Entwickeln produktbegleitender Dienstleistungen, Gestaltung produktbezogener Anzeigen	21
Schulung von Mitarbeitern eines Unternehmens, Entwicklung von Schulungs- und Trainingsprogrammen	20
Beraten in der Personalpolitik	18
Anderes	8

Quelle: Jürgen Wilke und Ulrich Müller (1979): Im Auftrag. PR-Journalisten zwischen Autonomie und Interessenvertretung. In: Hans Mathias Kepplinger (Hrsg.): Angepaßte Außenseiter. Was Journalisten denken und wie sie arbeiten. Freiburg–München (Alber-Broschur Kommunikation 8). S. 115–141. s. S. 129.

daß die Mehrzahl der Public Relations-Fachleute aus der Werbung komme (vgl. Ronneberger 1977, S. 5), ermittelte Müller einen hohen Anteil von Respondenten, die aus dem Journalismus stammen. Die Umfrage des Deutschen Instituts für Public Relations, 1973 (vgl. Anmerkung 7), spiegelt Vergleichbares und läßt auf eine gewisse Mobilität zwischen Journalismus und Öffentlichkeitsarbeit schließen. Friedmann (vgl. Friedmann 1972, S. 158) hat 1970/71 in seiner Analyse des Rollenverständnisses von Pressereferenten der Exekutive, der Legislative und der Parteien auf Bundesebene einen noch größeren Anteil, dreiviertel, ehemaliger Journalisten nachgewiesen. Mehr als ein Drittel (36%) der PR-Fachleute sind nach der Erhebung des Deutschen Instituts für Public Relations in den journalistischen

Übersicht 2: Wochenterminkalender (13. 9.–19. 9. 1971) des Pressereferenten im BM f. Städtebau[1]

13. 9.	09.00	Gespräch mit Pressevertretern in Bonn, anschließend Routinearbeit (Zeitungen/Entwürfe von Ministerbeiträgen, Briefwechsel)
	15.15	Gespräch mit J. R. Meyer, ZDF-Magazin (Vermittlung eines Gespräches mit Fachreferenten)
	17.50 bis 19.30	Ministerinterview mit dpa
14. 9.	vormittags	Erarbeitung von Material für Pressekonferenz 15. 9.
	14.30 bis 16.30	Diskussion mit 40 Kommunalpolitikern aus Niedersachsen
15. 9.	vormittags	Routine
	nachmittags	Gespräch mit Lt. Planungsgruppe über neue Vorstellungen zum Bodenrecht
	20.00 bis 24.00	Pressegespräch (mit Bleistift und Brötchen) mit 27 Korrespondenten in Bonn. Teilnehmer BMST: Minister, Staatssekretär, Abteilungsleiter, Presse, Material lag vor.
16. 9.	08.50	Start in Köln/Wahn mit Minister nach Schleswig-Holstein /
	11.00	Landung
	11.30	Kiel, Bundesminister für Landespressekonferenz
	12.30	Interview, Konferenz NDR Hörfunk/live
	13.00 bis 14.00	Gespräch mit MdL Steffen/Bundesminister
	16.00	Gespräch mit Vertretern der Landtagsfraktion
	17.15	Interview NDR Hörfunk/live
17. 9.	10.50	Kiel, Handwerkskammer-Lehrbetrieb: Pressekonferenz des Bundesministers mit Arbeitskreis Baufachpresse
	13.00	Kiel-Schilksee, Besichtigung Olympiabauten
	15.30	Neumünster, Norddeutscher Baumarkt, Fernsehaufnahme
	16.00	Eröffnung Norddeutscher Baumarkt mit Ministeransprache
	17.00	Fernsehaufnahme im Baumarktgelände für Sendung am 22. 9.
	20.00	Gespräch mit Baufachjournalisten
18. 9.	10.00	Bokhorst (im Wahlkreis des Ministers) Gespräch mit Kommunalpolitikern
	14.00	Bokhorst, öffentliche Sprechstunde des Ministers
	15.30	Abfahrt nach Bonn

[1] Aus einem Schreiben BMST vom 28. 9. 71, L2-/5/1,-5/J.

Quelle: Günther M. Friedmann (1972): Pressereferenten in der Bundespolitik (BRD). Eine Fallstudie am Beispiel der Bonner Pressereferenten. Phil. Diss. Salzburg S. 140f.

Berufsverbänden Deutscher Journalisten-Verband, DJV, und Deutsche Journalisten-Union, dju, organisiert (vgl. Anmerkung 8).

Wie die vorliegenden empirischen Untersuchungen durchgehend belegen, ist das Tätigkeitsfeld Öffentlichkeitsarbeit heterogen; doch überwiegen nach Zeitaufwand und Wertschätzung die auf die Massenmedien, insbesondere auf die Presse, bezogenen außengerichteten Diensleistungen (vgl. Übersicht 1 und 2).

„Journalistisches Gespür besitzen", ist, wie Friedmann (Friedmann 1972, S. 156) fand, *das* wesentliche qualitative Merkmal, das sich die von ihm befragten Referenten zuschreiben. Die Arbeitsweise richtet sich nach journalistischen Maßstäben. Die Terminierung entspricht medialen Produktionsweisen. Daß PR-Praktiker Journalisten-Probleme wie Redaktionsschluß, Leserinteresse, Platzfragen berücksichtigen, wird in hohem Maße auch von den Journalisten (an)erkannt (vgl. Anmerkung 9). Kaum Anhaltspunkte gibt es dafür, daß sich Öffentlichkeitsarbeit als Interessenvertretung versteht: PR-Praktiker sehen sich überwiegend als (Ver)-Mittler (vgl. Anmerkung 10).

Wie werden die durch Öffentlichkeitsarbeit geschaffenen und unter starker Berücksichtigung journalistischer Produktionsformen und -weisen hergestellten Texte, Informationen, Ereignisse nun von den Journalisten genutzt und eingeschätzt?

Eine großangelegte Studie zum Thema hat Kieslich Anfang der 70er Jahre konzipiert (vgl. Anmerkung 11). Die Studie liegt nach Kieslichs Tod als unveröffentlichtes Fragment vor. Eine schriftliche Befragung aller Mitglieder der Bundespressekonferenz im Januar und Februar 1972 ist abgeschlossen und trägt Informationen über „die Bundespressekonferenz als institutionalisiertes Informationsforum, ihre Inanspruchnahme und Einschätzung durch Bonner Korrespondenten" und Informationen über „die Nutzung institutionalisierter Informationsquellen außerhalb der Bundespressekonferenz" zusammen. Als zentrales Ergebnis der Erhebung kann herausgestellt werden, daß die Bundespressekonferenz und andere auf Bundesebene formalisierte Informationskanäle als sinnvolle Informationseinrichtungen zwar bezeichnet und häufig genutzt, daß aber außerinstitutionell individuell recherchierte Materialien von Journalisten eindeutig bevorzugt werden. Anders formuliert: Aus der Nutzung von Pressemitteilungen und Pressekonferenzen der Regierung, der Ministerien, der Parteien, der Verbände läßt sich kein nennenswerter „Einfluß" von Öffentlichkeitsarbeit in die journalistische Informationsleistung ableiten.

Dieses Ergebnis entspricht den Negativbefunden Gerbers und Stosbergs (vgl. Gerber und Stosberg 1969) sowie Rückels (vgl. Rückel 1975), die Journalisten zur Pressepolitik der Parteien und Verbände befragt bzw. Einflüsse im lokalen Bereich zur Diskussion gestellt, aber nicht nachgewiesen haben. Diese Befunde harmonisieren darüber hinaus mit Untersuchungsergebnissen zum Legitimations- und Verantwortungsbewußtsein von Tageszeitungs-, Hörfunk- und Fernsehredakteuren, die erhellen, daß sich Journalisten hinsichtlich ihrer gesellschaftlichen Funktion als Gegeneliten zu Machtgruppen in Politik, Verwaltung und Wirtschaft einstufen. Journalisten beanspruchen damit einen gesellschaftlichen Rang, der den politischen Grundwerten anderer Eliten der Politik und Verwaltung, der Gewerkschaften, weniger ausgeprägt auch der Wirtschaft entgegenkommt und so nicht nur dem oben ausgebreiteten Normengefüge, sondern auch etablierter sozialer Bewertung entspricht (vgl. Anmerkung 12).

Wenn die Annahme zutrifft, daß Einstellungen Verhalten determinieren, dann ist die Gesamtheit der Befunde dahingehend zu verallgemeinern, daß journalistische Autonomie ausgeprägt, ein Gegengewicht zu publizistischer Interessenvertretung – auch wenn letztere sich partnerschaftlich präsentiert – gewährleistet und systemgerechtes journalistisches Handeln gesichert ist.

Es läge nahe, sich mit diesem harmonischen Bild zufriedenzugeben, wenn nicht seit Fabris' Untersuchung zum Selbstbild von Redakteuren bei Tageszeitungen (vgl. Fabris 1971) Ungereimtheiten zwischen Journalisten-Selbstverständnis und Angaben über tatsächliche Tätigkeiten aufträten, die von Wissenschaftlern selten als Widersprüche reflektiert worden sind und doch Erkenntnisgrenzen von Untersuchungen anzeigen, die auf Journalistenbefragungen gründen. Die Tatsache, daß die Abhängigkeit vom Untersuchungsobjekt durch die gewählte Befragungsmethode die Aussagekraft der Ergebnisse generell in Frage stellt, motiviert einen weiteren Versuch der Annäherung an publizistische Wirklichkeit, der darauf aus ist, Beziehungen zwischen Öffentlichkeitsarbeit und Journalismus aus den Medieninhalten zu erschließen.

1.3 Tat-Sachen

Wie Sigal durch Rekonstruktion ermittelte (vgl. Sigal 1973), verwerten die auf Seite 1 anlaufenden „Eigenen Berichte" der Weltblätter „Washington Post" und „New York Times" im wesentlichen standardisierte offizielle Quellen (amtliche Vorgänge, Pressemitteilungen, Pressekonferenzen, Veranstaltungen), ferner infor-

Tabelle 1: New York Times und Washington Post – Quellen der „Eigenen Berichte" auf Seite 1[1]

	New York Times %	Washington Post %	Beide Zeitungen %
Standardisierte offizielle Quellen	53,7	58,9	55,6
Informelle Quellen	18,5	13,0	16,4
Journalistische Initiative	27,6	28,1	27,8
Nicht rekonstruierbar	0,2	–	0,1
Insgesamt	1398	822	2220

[1] Zusammengefaßte Untersuchungszeiträume: Erste Februar- und zweite Dezemberwoche 1949, 1954, 1959, 1964 und 1969.

melle Quellen (Hintergrundgespräche, Indiskretionen) und entstammen nur zu einem verhältnismäßig geringen Teil journalistischer Initiative (vgl. Tabelle 1).

Die Daten stützen sich auf Zeitungsangaben, und deshalb lassen sich die vorausgeschickten methodenkritischen Anmerkungen (Abhängigkeit vom Forschungsobjekt) strenggenommen auch auf diese Arbeit anwenden. Nissen und Menningen (vgl. Nissen und Menningen 1977, S. 159–180) beziehen die Quellen, hier Pressemitteilungen der schleswig-holsteinischen Landesregierung, des Landtages und der Fraktionen sowie der Parteien, in die Analyse mit ein und konstatieren für einen achtwochenlangen Untersuchungszeitraum in den drei größten schleswig-holsteinischen Tageszeitungen überdurchschnittlich hohe Abdruckquoten (vgl. Tabelle 2).

Tabelle 2: Verwendung von Pressemitteilungen des Landtages, der Landesregierung und der politischen Parteien in schleswig-holsteinischen Tageszeitungen (12. April bis 5. Juni 1976)

	„Kieler Nachrichten"		„Lübecker Nachrichten"		„Flensburger Tageblatt"	
	abs.	in v. H.	abs.	in v. H.	abs.	in v. H.
angebotene Mitteilungen (bereinigt)[1]	225	*100,0*	208	*100,0*	220	*100,0*
verwendete Mitteilungen	132	*58,7*	133	*63,9*	99	*45,0*
nicht verwendete Mitteilungen	93	*41,3*	75	*36,1*	121	*55,0*

[1] abzüglich Terminmitteilungen, Einladungen u. ä., wegen Streik nicht verwendete Mitteilungen.

Die Texte sind, überwiegend unkommentiert und lediglich durch Kürzungen und/oder unbedeutende Umformulierungen redaktionell bearbeitet, in etwa proportional dem Angebot in die Zeitungsspalten eingegangen (vgl. Tabelle 3).

Tabelle 3: Selektionsverhalten schleswig-holsteinischer Tageszeitungen in Abhängigkeit vom Primärkommunikator der Pressemitteilungen

1 . . . Landesregierung
2 . . . Landtag
3 . . . CDU-Fraktion
4 . . . CDU
5 . . . SPD-Fraktion
6 . . . SPD
7 . . . F.D.P.-Fraktion
8 . . . F.D.P.
9 . . . Landespressekonferenz

		1	2	3	4	5	6	7	8	9
Mitteilungen insg.	*in v. H.*	*35,2*	*11,9*	*5,5*	*8,9*	*8,9*	*13,6*	*8,9*	*5,5*	*1,7*
verwendete Mitteilungen in –										
„Kieler Nachrichten"	*in v. H.*	*39,1*	*1,6*	*9,2*	*12,2*	*9,2*	*14,9*	*8,2*	*4,0*	*1,6*
	Signifikanz[1]	○	– –	+	+	○	○	○	○	○
„Lübecker Nachrichten"	*in v. H.*	*48,8*	*2,9*	*12,0*	*12,0*	*8,1*	*8,1*	*6,7*	–	*1,4*
	Signifikanz[1]	+ +	– –	+ +	○	○	–	○	– –	○
„Flensburger Tageblatt"	*in v. H.*	*38,6*	*1,1*	*11,4*	*12,9*	*12,1*	*12,5*	*6,3*	*2,2*	*2,9*
	Signifikanz[1]	○	– –	+ +	+	○	○	○	–	○

[1] Die Ergebnisse des Signifikanztests werden hier und in den weiteren Tabellen durch folgende Zeichen dargestellt:
+ + ... signifikant stark überrepräsentiert
+ . . . . signifikant mäßig überrepräsentiert
○ . . . . keine signifikante Differenz
– . . . . signifikant mäßig unterrepräsentiert
– – . . . . signifikant stark unterrepräsentiert

Dasselbe gilt für die Selektion nach Themenkreisen. Da die Autoren Abdruckquoten messen, untersuchen sie weder selbständige Recherche noch andere Formen der Informationsgebung. Die Relationen bleiben unerforscht. Das reduziert die Aussagekraft im Hinblick auf ein Aus-Maß des Einflusses von Öffentlichkeitsarbeit auf journalistische Leistung.

Die Frage, inwieweit Öffentlichkeitsarbeit publizistische Aussagen „determiniert", ist genaugenommen auch nicht im Verhältnis zur Gesamtberichterstattung der einzelnen Medieneinheit ausreichend beantwortet, sondern hat darüber hinaus die Struktur des Mediensystems in der Bundesrepublik Deutschland und seine Gesamtleistung zu berücksichtigen. Denn das von den Besatzungsmächten 1945–1949 durchgesetzte Prinzip „publizistischer Gewaltenteilung" zwischen öffentlich-rechtlichen Funkmedien und privatwirtschaftlich organisierten Druckmedien vertraut ja darauf, daß sich Informationsvielfalt im Wettbewerb der Medien gleichsam selbstverständlich einstelle und daß Medienvielfalt, insgesamt gesehen, Informationsvielfalt garantiere. Deshalb umfaßt die eigene Studie, die abschließend einbezogen wird (vgl. Anmerkung 13), das themenspezifische Gesamtangebot einzelner Agenturen, Tageszeitungen, Hörfunk- und Fernsehsendungen. Sie konfrontiert das Gesamtangebot mit Selbstdarstellungen durch Öffentlichkeitsarbeit, die in einem vorgeschalteten Untersuchungsschritt erhoben und strukturiert wurden, und zielt so u. a. auf ein *Maß* der Verwendung vorgegebener Informationen und Texte. Untersuchungsgegenstand im engeren Sinne ist das Informationsnetz Nordrhein-Westfälische Landespolitik, eine einerseits umfangreiche, andererseits gerade noch

Tabelle 4: Öffentlichkeitsarbeit als Determinante journalistischer Informationsleistung (Zusammengefaßte Daten – Prozentuale Aufschlüsselung der Beiträge)

	Agenturen[1]	Presse[2]	Hörfunk[3]	Fernsehen[4]	Medien insgesamt
Journalistische Recherche	7,6	11,3	11,9	10,7	10,5
Öffentlichkeitsarbeit	59,4	64,0	60,5	62,8	62,3
Nicht öffentliches Ereignis mit Journalisten	15,3	4,9	11,9	13,3	9,3
Öffentliches Ereignis	17,7	19,7	15,7	13,3	18,0
Zahl der Beiträge	826	1.768	562	347	3.503

[1] Gesamtberichterstattung lnw, (dpa), ddp, ap

[2] Gesamtberichterstattung der 27 Publizistischen Einheiten in Nordrhein-Westfalen (Tageszeitungsmäntel)

[3] Gesamtberichterstattung der Regionalsendungen Echo West (WDR I), Zwischen Rhein und Weser, Nachrichten aus NRW (WDR II), Forum West (WDR III) sowie der 17.00-Nachrichten (WDR II), 19.00-Nachrichten (WDR I) (WDR II), 20.00-Nachrichten/Kommentar (WDR III)

[4] Gesamtberichterstattung der Regionalsendungen Hier und Heute (I. Programm), journal 3, Letzte Nachrichten (III. Programm) sowie der Sendungen Tagesschau 17.50, Tagesschau 20.00, Tagesthemen (I. Programm), heute 17.00, heute-journal (II. Programm)

überschaubare Einheit, die als Modell für die Bundesrepublik insgesamt Medienvielfalt positiv verzerrt abbildet. Das politische Leitthema repräsentiert den gesellschaftlichen Raum, zu dem journalistische Recherche rechtlich gesicherten Zugang hat. Die Verallgemeinerungsfähigkcit im Sinne der Fragestellung ist so die nach forschungsökonomischen Gesichtspunkten zur Zeit denkbar beste. Die Auswahl von *zwei* Untersuchungszeiträumen, jeweils vier reale Wochen (Presse: zwei Wochen) im April und Oktober 1978, erhöht die Generalisierbarkeit der Befunde, denn sie ermöglicht detailliertere Aussagen zur Überzufälligkeit von Ergebnissen.

Die tagesaktuelle Medienberichterstattung zur Nordrhein-Westfälischen Landespolitik umfaßt nach Quellentypen aufgeschlüsselt: 1. Mitteilungen, die Öffentlichkeitsarbeit, also Pressemitteilungen und -konferenzen, reproduzieren, 2. Journalistische Rechercheleistungen, 3. Berichterstattung über öffentliche, das heißt prinzipiell jedermann zugängliche Ereignisse wie Parlamentssitzungen, öffentliche Ausschußsitzungen, Demonstrationen unter freiem Himmel, 4. Meldungen und Berichte über nicht öffentliche Ereignisse, z. B. Veranstaltungen, zu denen Journalisten eine Einladung erhalten hatten (auch Typ 4 ließe sich, was hier entfällt, mit gewisser Berechtigung als Ergebnis von Öffentlichkeitsarbeit diskutieren). In der Gesamtleistung der Medien zeigen sich dabei hohe Anteile von Beiträgen, die Öffentlichkeitsarbeit verwerten (vgl. Tabelle 4). Die Abweichungen in den beiden Untersuchungsmonaten sind gering; die entsprechenden Verteilungen weisen für *Journalistische Initiative* und für *Öffentlichkeitsarbeit* im April etwas niedrigere, im Oktober etwas höhere Werte aus.

Analog der Zählweise ist bisher lediglich die Primärquelle eines Beitrages berücksichtigt worden, die das Thema prägt sowie Überschrift und Vorspann bildet. Da die Berichterstattung aller untersuchten Medien eine sehr einfache Struktur besitzt – zwischen 80% und 90% der Beiträge liegt eine einzige Quelle zugrunde –, kann die Primärquelle in den meisten Fällen als „die Quelle" bezeichnet werden. Wählt man allerdings die Gesamtzahl der in die Beiträge eingehenden Quellen als Bezugsgröße, dann bleibt die Verteilung bezogen auf die verschiedenen Medien und bezogen auf die Dominanz von Öffentlichkeitsarbeit zwar konstant, doch ergeben sich durchweg bemerkenswerte Veränderungen der Anteile speziell journalischer Leistungen (vgl. Tabelle 5). Dieser Befund verdeutlicht, daß das Verfahren der Zusatzrecherche ausgeprägt ist. Anders formuliert: Journalistische Initiative konzentriert sich offensichtlich auf das Einholen von Statements zu Statements bzw. von Stellungnahmen zu Ereignissen.

Wird das Material schließlich nach dem Umfang der Berichterstattung gegliedert (vgl. Tabelle 6), dann stellt sich heraus, daß Reproduktionen von Öffentlichkeitsarbeit relativ weniger Platz eingeräumt bzw. Sendezeit gewährt wird, während die Berichterstattung über Themen, die die Journalisten selbst initiiert haben, sowie insbesondere die Darstellung öffentlicher Ereignisse relativ ausführlicher geschieht.

Werden die Befunde speziell der Agenturen nach Informatoren, d. h. nach Öffentlichkeitsarbeit Treibenden, geordnet, dann stellt sich heraus, daß in der Berichterstattung über die Exekutive Reproduktion von Selbstdarstellung über-

Tabelle 5: Öffentlichkeitsarbeit als Determinante journalistischer Informationsleistung (Zusammengefaßte Daten – Prozentuale Aufschlüsselung der Quellen)

	Agenturen[1]	Presse[2]	Hörfunk[3]	Fernsehen[4]	Medien insgesamt
Journalistische Recherche	17,5	20,7	16,7	13,2	18,6
Öffentlichkeitsarbeit	54,6	57,4	58,6	63,4	57,5
Nicht öffentliches Ereignis mit Journalisten	12,4	4,0	9,9	11,5	7,6
Öffentliches Ereignis	15,5	17,9	14,8	12,0	16,3
Zahl der Quellen	1.021	2.305	684	410	4.420

[1] Gesamtberichterstattung lnw, (dpa), ddp, ap

[2] Gesamtberichterstattung der 27 Publizistischen Einheiten in Nordrhein-Westfalen (Tageszeitungsmäntel)

[3] Gesamtberichterstattung der Regionalsendungen Echo West (WDR I), Zwischen Rhein und Weser, Nachrichten aus NRW (WDR II), Forum West (WDR III) sowie der 17.00-Nachrichten (WDR II), 19.00-Nachrichten (WDR I) (WDR II), 20.00-Nachrichten/Kommentar (WDR III)

[4] Gesamtberichterstattung der Regionalsendungen Hier und Heute (I. Programm), journal 3, Letzte Nachrichten (III. Programm) sowie der Sendungen Tagesschau 17.50, Tagesschau 20.00, Tagesthemen (I. Programm), heute 17.00, heute-journal (II. Programm)

Tabelle 6: Öffentlichkeitsarbeit als Determinante journalistischer Informationsleistung (Zusammengefaßte Daten – Prozentuale Aufschlüsselung der Umfänge)

	Agenturen[1]	Presse[2]	Hörfunk[3]	Fernsehen[4]
Journalistische Recherche	8,1	13,5	16,2	16,8
Öffentlichkeitsarbeit	56,3	58,4	46,0	40,1
Nicht öffentliches Ereignis mit Journalisten	15,2	5,1	13,3	15,5
Öffentliches Ereignis	20,4	23,1	24,5	27,5
Gesamtumfänge	16.074 Zeilen	166.400 cm^2	59.041 Sekunden	24.600 Sekunden

[1] Gesamtberichterstattung lnw, (dpa), ddp, ap

[2] Gesamtberichterstattung der 27 Publizistischen Einheiten Nordrhein-Westfalens (Tageszeitungsmäntel)

[3] Gesamtberichterstattung der Regionalsendungen Echo West (WDR I), Zwischen Rhein und Weser, Nachrichten aus NRW (WDR II), Forum West (WDR III) sowie der 17.00-Nachrichten (WDR II), 19.00-Nachrichten (WDR I) (WDR II), 20.00-Nachrichten/Kommentar (WDR III)

[4] Gesamtberichterstattung der Regionalsendungen Hier und Heute (I. Programm), journal 3, Letzte Nachrichten (III. Programm) sowie der Sendungen Tagesschau 17.50, Tagesschau 20.00, Tagesthemen (I. Programm), heute 17.00, heute-journal (II. Programm)

wiegt. Andererseits scheint die Exekutive *der* Gegenstand journalistischer Initiative zu sein, falls überhaupt auf eigene Faust recherchiert wird (vgl. Anmerkung 14). Pressemitteilungen gehen überwiegend gekürzt, im April 83%, im Oktober 84%, in die Berichterstattung ein. Den Kontext formulieren – wird von der Berichterstattung über Veranstaltungen von vornherein abgesehen – weniger als die Hälfte aller journalistischen Eigenleistungen und weniger als die Hälfte aller Öffentlichkeitsarbeit vermittelnden Beiträge; das heißt: Die Leitfrage nach den „Sechs W", die jeder Volontär als Faustregel für adäquaten Journalismus lernt, wird mit Blick auf das „Wer", „Was", „Wann", „Wo", „Wie", nicht aber mit Blick auf das „Warum" thematisiert. Die Umschlagsgeschwindigkeit der Meldungen aus Öffentlichkeitsarbeit ist hervorragend: 73% aller Mitteilungen im April und 74% aller Mitteilungen im Oktober wurden noch am selben Tage weitergegeben. Sollten sich die Befunde der „Gatekeeper"-Forschung (vgl. Baerns 1979, S. 301–316, s. S. 305f.) zum Verhältnis Nachrichtenagenturen – Massenmedien erhärten lassen, dann charakterisieren auch diese Ergebnisse Medienberichterstattung generell.

1.4 Schlußfolgerungen

Die quantitativen Nachweise tatsächlicher Nutzung stehen im Gegensatz zu den Befragungsergebnissen und lassen erkennen, daß Öffentlichkeitsarbeit in der Tat in hohem Umfang in die tagesaktuelle Berichterstattung einfließt. Auf die dargestellten Normen zurückkommend ist festzulegen, daß Journalismus vor allem der Übermittlung und weniger der Erschließung dient. Das Recht auf Information wird offensichtlich wenig genutzt. Das erklärt gleichzeitig, warum, *wer oder was Öffentlichkeitsarbeit nicht betreibt, in der Medienwirklichkeit nicht vorkommt.*

Ein Vergleich der skizzierten Befunde mit den Ergebnissen einer ähnlich angelegten Fallstudie, die Beziehungen zwischen der Öffentlichkeitsarbeit eines international bekannten Essener Industrieunternehmens und der Tageszeitungsberichterstattung über den Konzern untersucht (vgl. Baerns 1979, S. 310f.) und so den journalistischer Recherche nicht ohne weiteres zugänglichen *privat*wirtschaftlichen Bereich behandelt, zeigt *keine* Abweichungen zugunsten größerer journalistischer Initiative im Umfeld *politischer* Öffentlichkeit. Auch diese Einsicht stützt die Vermutung, daß gesellschaftlich mögliche und tatsächliche Informationsleistung auseinanderstreben – in dem Maße, in dem die *idealtypisch autonomen* Informationsleistungssysteme Öffentlichkeitsarbeit und Journalismus an Distanz verlieren.

Anmerkungen

1 Grundsätze der Deutschen Public-Relations-Gesellschaft, angenommen von der ordentlichen Mitgliederversammlung am 10. Juli 1964 in Wiesbaden. Vgl. Absatz 2.

2 Deutscher Presserat: I. Publizistische Grundsätze (Pressekodex). (Vom Deutschen Presserat in Zusammenarbeit mit den Presseverbänden beschlossen und Bundespräsi-

dent D. Dr. Dr. G. W. Heinemann am 12. Dezember 1973 in Bonn überreicht). II. Richtlinien für die redaktionelle Arbeit nach den Empfehlungen des Deutschen Presserates (Stand: 16. Juni 1976). (Bonn 1976).

3 Hörfunk und Fernsehen sind sinngemäß eingeschlossen.

4 „Public Relations, Öffentlichkeitsarbeit, ist Selbstdarstellung partikularer Interessen durch Information. Als Medien sind alle Techniken und Formen schriftlicher, mündlicher, fotographischer, filmischer und audiovisueller Publizistik, sowie interpersonaler Kommunikation denkbar. Den Terminus ‚public relations' schreiben Cutlip und Center der Association of American Railroads zu, die ihn 1897 in ihrem Yearbook of Railway Literature zuerst verwendet haben ... Die Urheberschaft für das deutsche Synonym ‚Öffentlichkeitsarbeit' beansprucht Oeckl unter Berufung auf Hundhausen". Vgl. Baerns, B. (1981): Public Relations/Öffentlichkeitsarbeit. In: Koszyk, K. und K. H. Pruys (Hrsg.): Handbuch der Massenkommunikation. München. S. 262–272, s. S. 262. Vgl. ferner Baerns, B. (1976): International Business Public Relations. In: Fischer, H.-D. und J. C. Merrill (Hrsg.) (1976): International and Intercultural Communication. New York/Hastings House 2. S. 316–328.

5 Die Betrachtungsweise findet sich im Widerspruch zu Ronnebergers demokratietheoretisch fundierter Auffassung. Ronneberger nennt interessengebundene Öffentlichkeitsarbeit konstitutiv für das Funktionieren pluralistischer Demokratien, da eine den Gesetzen des Öffentlichkeitsprozesses unterliegende Verbreitung, Kollision und Diskussion konkurrierender Interessen durch Rückkopplung zur Selbstordnung und Selbstregulation dieser Systeme führe. Die publizistikwissenschaftlich interessierende Qualität der jeweiligen „Öffentlichkeit" (aufgrund historisch gewachsener unterschiedlich weitreichender Publizitätsverpflichtungen), die dadurch bedingt unterschiedlichen Kontrollmöglichkeiten der Massenmedien, der institutionalisierten Foren für Öffentlichkeitsprozesse, die Voraussetzungen rationaler Teilhabe also, berücksichtigt dieser politikwissenschaftliche Ansatz m. E. unzureichend. Vgl. Ronneberger, F. (Hrsg.) (1978): Public Relations des politischen Systems. Staat, Kommunen und Verbände. Nürnberg (Nürnberger Forschungsberichte 11). Ronneberger, F. (1977): Legitimation durch Information. Düsseldorf, Wien. (Internationale Essays zur PR-Forschung).

6 Ausgewählt wurde jeder zweite Name des Mitgliederverzeichnisses, die Ausschöpfungsquote betrug 54%. Vgl. Wilke, J. und U. Müller (1979): Im Auftrag. PR-Journalisten zwischen Autonomie und Interessenvertretung. In: Kepplinger, H. M. (Hrsg.): Angepaßte Außenseiter. Was Journalisten denken und wie sie arbeiten. Freiburg/München. (Alber-Broschur Kommunikation 8). S. 115–141.

7 Aussendung an alle DPRG-Mitglieder; Basis: 277 Rückläufe. Vgl. Deutsches Institut für Public Relations (DIPR) (1973): Primärerhebung Berufsbild Public Relations in der BRD. Köln. S. 1.

8 Deutsches Institut für Public Relations, (1973): Primärerhebung Berufsbild Public Relations in der BRD. Köln. S. 5.

9 Die Aussage stützt sich auf eine Befragung von PR-Praktikern und Journalisten, die nach dem Design der Dissertation Aronoffs in der Bundesrepublik versucht worden ist. Vgl. Aronoff, Craig (1975): Newspapermen and Practitioners Differ Widely on PR Role. In: Public Relations Journal (New York), Nr. 8, S. 24f. Ohne Verfasser (1975): Rauhe PR-Sitten in Texas? und bei uns? In: PR-magazin (Remagen-Rolandseck) Nr. 7. S. 23. Ohne Verfasser (1975): Umfrageergebnis: PR-Leute besser als ihr Ruf. In: PR-magazin. Nr. 8. S. 54.

10 Ebenda.

11 Input-Output-Analyse der Informationsleistung staatspolitischer Organe in der BRD. Nach einem Konzept von G. Kieslich verfaßt von E. K. Roloff und W. Tausch unter Mitwirkung von T. Bauer u. a. Salzburg 1972 (unveröffentlichtes Manuskript; unvollendet). Die Rücklaufquote betrug 59% und umfaßte 189 Respondenten.

12 Donsbach, W. (1979): Aus eigenem Recht. Legitimationsbewußtsein und Legitimationsgründe von Journalisten. In: Kepplinger, H. M. (Hrsg.) (1979): Angepaßte Außenseiter. Was Journalisten denken und wie sie arbeiten. Freiburg/München (Alber-Broschur Kommunikation 8). S. 29–49. Kepplinger, H. M. und I. Vohl (1979): Mit beschränkter Haftung. Zum Verantwortungsbewußtsein von Fernsehredakteuren, ebenda, S. 223–259. Hoffmann-Lange, U. und K. Schönbach (1979): Geschlossene Gesellschaft. Berufliche Mobilität und politisches Bewußtsein der Medienelite. Ebenda, S. 49–75.

13 Baerns, Barbara (DFG-Forschungsprojekt): Nachrichtenfluß und Nachrichtenverwendung. Öffentlichkeitsarbeit als Determinante publizistischer Aussagen. Teilauswertung.

14 38% sämtlicher journalistischen Eigenleistungen der Agenturen im April und Oktober 1978 sind Meldungen oder Berichte über die Exekutive – in absoluten Zahlen: 24. Sie lassen sich aufschlüsseln in 9 Beiträge aus anderen Nachrichtenmedien, 9 Meldungen Zusatzrecherche, oft Statements zu Statements, 6 Beiträge Initiative der Agenturen im eigentlichen Sinne.

Literatur

Baerns, B. (1976): Informationsrechte und Auskunftspflichten. In: Mühlbradt, W. (Hrsg.): Handbuch für Öffentlichkeitsarbeit (PR) von Betrieben, Parteien, Verbänden, Behörden und Institutionen. Bd. 1. Gruppe I. Neuwied.

– (1979): Öffentlichkeitsarbeit als Determinante journalistischer Informationsleistungen. Thesen zur realistischeren Beschreibung von Medieninhalten. In: Publizistik. Konstanz.

Fabris, H. H. (1971): Das Selbstbild von Redakteuren bei Tageszeitungen. Eine explorative Studie über Einstellungen und Verhaltensweisen von Redakteuren dreier Tageszeitungen in Salzburg. Phil. Diss. Salzburg.

Friedmann, G. M. (1972): Pressereferenten in der Bundesrepublik (BRD). Eine Fallstudie am Beispiel der Bonner Pressereferenten. Phil. Diss. Salzburg.

Gerber, C.-P., und M. Stosberg (1969): Die Massenmedien und die Organisation politischer Interessen. Presse, Fernsehen, Rundfunk und die Parteien und Verbände im Selbstbild Bonner Journalisten. Eine empirische Untersuchung zu den Voraussetzungen demokratischer Entwicklung (Gesellschaft und Kommunikation 2) Bielefeld.

Nissen, P., und W. Menningen (1977): Der Einfluß der Gatekeeper auf die Themenstruktur der Öffentlichkeit. In: Publizistik. Konstanz.

Ronneberger, F. (1977): Legitimation durch Information. Düsseldorf/Wien.

Rückel, R. (1975): Lokalredakteure (Gesellschaft und Kommunikation 20) Opladen.

Sigal, L. V. (1973): Reporters and Officials. Lexington, Mass./Heath and Company.

Stammler, D. (1971): Die Presse als soziale und verfassungsrechtliche Institution. Eine Untersuchung zur Pressefreiheit nach dem Bonner Grundgesetz (Schriften zum öffentlichen Recht 145) Berlin.

Wilke, J., und U. Müller (1979): Im Auftrag. PR-Journalisten zwischen Autonomie und Interessenvertretung. In: Kepplinger, H. M. (Hrsg.): Angepaßte Außenseiter. Was Journalisten denken und wie sie arbeiten (Alber-Broschur Kommunikation 8) Freiburg/München.

2. Öffentlichkeitsarbeit im Wandel der Kommunikationstechnik

Ulrich Pätzold

2.1 Kommunikationstechnik und sozialer Wandel

Von „neuen“ Medien zu sprechen und diese „neuen“ Medien auf ihre Tauglichkeit für die Öffentlichkeitsarbeit abzuklopfen, macht Schwierigkeiten. Wir wissen einiges über Eigenschaften neuer Kommunikationstechniken, glauben Hypothesen über die Dynamik sozialen Wandels aufstellen zu können, um daraus Konzepte für eine effektive und integrative Öffentlichkeitsarbeit abzuleiten. So verlockend dieses Verfahren sein mag und so animierend Zukunftsszenarien für die Gegenwartsbewältigung sein mögen, der Pfad wissenschaftlicher Darstellung dieses Themas bleibt schmal. Denn es geht um nichts Geringeres, als eine technisch so komplexe Evolution wie die Elektronik in ihren Wirkungsbezügen auf die Wirtschaft, Politik, Verwaltung und Kommunikation zu untersuchen, um durch ein Verständnis der wechselseitigen Zusammenhänge dieser Ebenen Ansatzpunkte für eine theoretisch fundierbare, also durch Wissen und Bewußtsein abgesicherte Entfaltung der Öffentlichkeitsarbeit zu finden.

Neue technische Verfahren der Informationsherstellung und -speicherung, des Transports großer Informationsmengen und der Wiedergabe bzw. Ausgabe von Informationen sind die materiellen Grundlagen für eine tiefgreifende Veränderung der gesamten Kommunikationsverhältnisse. Motor dieser Innovationen ist die Elektronik, der technisch-wirtschaftliche Komplex der modernen Kommunikationsindustrie. Die neuen Kommunikationsformen, also die Inhalte, Vermittlungsaktivitäten, kurz die medialen Auswirkungen dieser gewaltigen industriellen Veränderungen sind hingegen erst in Konturen zu erkennen. Der gemeinsame Nenner zwischen Förderungspolitik der Bundesregierung, Elektroindustrie, Technikern und verschiedenen Wissenschaftszweigen ist von der „Kommission für den Ausbau des technischen Kommunikationssystems“ (KtK) 1976 folgendermaßen formuliert worden: „Zum Vorteil des Wirtschafts- und Sozialsystems der Bundesrepublik Deutschland sollte dem Ausbau der Telekommunikationsnetze und der in ihnen vollziehbaren Kommunikationsformen unter Berücksichtigung der Gegebenheiten der herkömmlichen Kommunikationsmedien eine hohe Priorität zuerkannt werden“ (KtK-Bericht 1976, S. 1).

Welche Daten man auch immer heranziehen mag, ob die der Entwicklungsplanung der Deutschen Bundespost, die mit jährlich ca. 6 Mrd DM größter Auftraggeber der elektronischen Industrie ist und die ordnungspolitischen und strategischen Schlüsselstellungen für die Infrastruktur der technischen Kommunikationssysteme innehat, oder ob die der Investitionspläne der Industrie, die sowohl die nachrichtentechnischen Anlagen als auch die Datenverarbeitungsgeräte marktfähig machen muß, es kann kein Zweifel daran bestehen, daß bis zum Ende dieses

Jahrhunderts die Grundlagen für sämtliche publizistischen Aktivitäten, für die Übermittlung von Informationen und für den Austausch von Daten, tiefgreifend verändert sein werden (vgl. Anmerkung 1).

Die Frage ist jedoch, wie sich diese sektorale Veränderung auf jene kumulative Wirkung aller wirtschaftlichen, technischen und kommunikativen Veränderungen auswirkt, die im Begriff des „sozialen Wandels" gemeint sind (vgl. Anmerkung 2). Ist sie überhaupt bestimmbar, und wenn ja, welche Konsequenzen haben entsprechende Erkenntnisse für die Kommunikationsplanung?

Methodisch ist das ein Problem der Technikfolgenabschätzung, eine Vielzahl sozialwissenschaftlicher Verfahren, die in den USA seit Mitte der 50er Jahre als „technology assessment" entwickelt wurden. Hintergrund dieser aufwendigen Forschungsarbeiten war das politisch immer deutlicher werdende Unbehagen, daß im Schatten des technischen Fortschritts erhebliche zivilisatorische Schäden, gesellschaftliche Erosionen entstehen können. Die Praxisnähe solcher Forschungsarbeiten ergibt sich aus der jeweiligen Thematik. Und es gibt keinen Grund anzunehmen, daß mit der Durchsetzung neuer Kommunikationstechniken nicht ebenfalls erhebliche desintegrierende Wirkungen in der Gesellschaft verbunden sein können. Man kann bereits hier das Problem so zuspitzen, daß ohne umfassende und intensive Öffentlichkeitsarbeit betroffene Teilbereiche sich verselbständigen würden und zu einer ernsthaften Gefahr innerhalb des sozialen Wandlungsprozesses werden müßten (vgl. Anmerkung 3).

Wir wollen deshalb im folgenden die Bedeutung der kommunikationstechnischen Entwicklung für das soziale und ökonomische Verhalten von Individuen und Gruppen sowie von gesellschaftlichen und wirtschaftlichen Einrichtungen und Organisationen zu erklären versuchen. Auf der Basis dieser materiellen Ressourcen sollen uns dann einige Ansätze für die Organisation und Gestaltung der Öffentlichkeitsarbeit interessieren.

2.2 Das integrative Prinzip neuer Kommunikationssysteme

Um die charakteristischen sozialen Funktionen der neuen technischen Systeme verstehen und auf diese Weise die Richtung des sozialen Wandels diskutieren zu können, muß man einige Merkmale dieser Systeme näher beschreiben. Technische Kommunikationssysteme haben drei wesentliche Komponenten:

- eine Sendestelle, die Zentrale,
- ein Übertragungsnetz,
- Empfangs- und Ausgabestellen, die Teilnehmereinrichtungen.

Alle drei Komponenten werden gegenüber konventionellen Kommunikationssystemen weiter entwickelt oder verändert. Das Übertragungsnetz, bisher ein schmalbandiges Telefonnetz oder die Übertragungswellen des Äthers, wird breitbandig oder mit Glasfaserkabel ausgebaut und erreicht damit eine vielfache

Leistungskapazität. Der Unterschied ist etwa der zwischen engen Straßen und Autobahnen. Ab einem gewissen Verkehrsaufkommen staut sich der Verkehr. Entweder werden mehrspurige Straßen gebaut oder es müßten viele parallel verlaufende Einzelstraßen asphaltiert werden.

Hat man breitbandige und leistungsfähige Übertragungsnetze, kann man die freien Kapazitäten nur nutzen, wenn man genügend Daten und Informationen zur Verfügung hat. Man errichtet also Zentralen, in denen aus allen Bereichen, die mit Informationen zu tun und teilweise kostspielige und technisch schwierige Transportprobleme haben, Informationen gesammelt, gespeichert und auf Wunsch oder nach Befehl über das Netz weitergegeben werden. Das ist weit mehr als die heutigen Hörfunk- und Fernsehprogramme. Das Herz der neuen Zentralen sind Speicher- und Rechencomputer, mit denen Kommunikationsprozesse direkt oder indirekt mittels der Übertragungsnetze gesteuert werden.

Doch jedes Kommunikationssystem ist nur so gut wie seine schwächste Stelle. Und das ist der Teilnehmer. Ihm stehen einstweilen kaum mehr als sein Radio- und Fernsehgerät zur Verfügung, zu wenig, um Netz und Zentrale voll nutzen zu können. Das Ensemble der Teilnehmerendgeräte wird also erheblich erweitert. Eine computerisierte Schreibmaschine wird dazu gehören, mit der er seine Wünsche an die Zentrale gibt, vielleicht auch selber Informationen ins Netz einspeist; ein kleiner Drucker wird dazu gehören, mit dem er Schriftinformationen vom Bildschirm aufs Papier übertragen kann; ein Bild-Ton-Speicher, mit dem er Programme und Informationen auch ohne Anwesenheit am Bildschirm für sich verfügbar macht; verschiedene Geräte des Fernmessens oder Fernwirkens, mit denen er seinen Geldverkehr regelt oder sich seinen Energieverbrauch steuern läßt; vielleicht gehören auch Kamera und Mikrofon zum Geräteensemble, mit denen er sich direkt in Programme einschaltet.

Welche Geräte tatsächlich den Kommunikationsplatz des einzelnen Teilnehmers ausstatten, hängt vor allem davon ab, wozu er das System braucht, was er ins System eingeben und was er aus ihm erhalten will. Nicht jeder Teilnehmer beansprucht technische Kommunikationssysteme in gleicher Weise, wird also über die gleichen Geräte verfügen. Aber das entscheidende ist, daß ein und das gleiche System die verschiedensten Kommunikationsleistungen integriert, daß also vom System ein ungeheurer Druck auf alle ausgehen wird, die an der allgemeinen und öffentlichen Kommunikation teilnehmen wollen oder müssen (Vgl. Vöge 1978, S. 81ff.).

Mit dieser oberflächlichen und nur sehr ungenauen Beschreibung der Systemkomponenten läßt sich bereits ein erstes Prinzip beschreiben, das Veränderungen in den Kommunikationsverhältnissen bewirkt: Durch die Ausweitung der neuen Kommunikationstechniken werden einstmals getrennte Funktionsbereiche der Kommunikation in einem Gesamtsystem integriert. Konnte zum Beispiel bisher der Bildschirm vom Teilnehmer noch einigermaßen eindeutig mit Fernsehprogrammen und mit dem Rundfunk identifiziert werden, Zeitungen mit den Verlagen, Informationsdienste mit den jeweiligen Anbietern, Anzeigen mit Firmen oder öffentlichen Einrichtungen, so können sich diese gewohnten Relationen für den Teilnehmer in der sinnlichen Wahrnehmung leicht verwischen, wenn alle diese Kommunikationsformen für das Endgerät Bildschirm/Fernsehapparat in einem System aufbereitet werden.

Dieses Prinzip der integrativen Leistung der neuen Techniken erfordert eine neue Definition des komplexen Zusammenhanges zwischen Massenkommunikation, öffentlicher, fachlicher und personaler Kommunikation (vgl. Anmerkung 4). Das Bezugsfeld der Öffentlichkeitsarbeit wird sich also im Zeitalter der Elektronik verändern. Vorrangiger Untersuchungsgegenstand für eine solche Definition muß das Interaktions- und Informationsverhalten an den verschiedenen Vermittlungsstellen des Sozial- und Wirtschaftssystems sein.

2.3 Kommunikative Leistungen neuer Techniken

Mediale Bedeutung erhalten neue Kommunikationstechniken erst in dem Maße, wie sie für die Verbreitung von Informationen und Mitteilungen an ein allgemeines Publikum oder an bestimmte Gruppen, die für sich ein Publikum bilden, verwendet werden können (vgl. Anmerkung 5). Im einzelnen lassen sich derzeit folgende Varianten neuer Systeme erkennen:

a) Videotext:

Im Videotext wird das Informationssignal auf das herkömmliche Fernsehsignal gepackt, um die Leerzeilen des Fernsehbildes für Textnachrichten zu nutzen. Mit einem Decoder können diese Textinformationen auf dem Fernsehbildschirm sichtbar gemacht werden. Die Zeichenkapazität von Videotext ist mit 100 Textseiten beschränkt. Da dieses System direkt an die Ausstrahlung der Fernsehprogramme gebunden ist, kommt es vorrangig als Ergänzungssystem für die ARD und das ZDF infrage, die Videotext in den nächsten Jahren durch eine gemeinsame Berliner Redaktion erproben wollen.

b) Bildschirmtext:

Die Bildschirmtext-Technik besteht aus der Verbindung von Telefon, Fernsprechnetz, Fernsehen und Computer (DV) mittels verschiedener technischer Einrichtungen. Zwar sind die Kommunikationsformen wegen des schmalbandigen Telefonnetzes auf Text- und einfache Grafikinformationen beschränkt, aber als umfassendes System kann es Vermittlungen von der Massenkommunikation über den amtlichen und wirtschaftlichen Datenverkehr bis zur persönlichen Kommunikation integrieren. Bildschirmtext wird von der Deutschen Bundespost entwickelt und in Berlin und Düsseldorf erprobt. Die Anwendungsformen sind fast unendlich, weil die zentralen Vermittlungsstellen, die Postcomputer, nicht sämtliche Informationen selber speichern müssen, sondern ihrerseits mit Anbietersystemen verbunden sind, also typische Vermittlungs- und Steuerungsaufgaben wahrnehmen. Die Bedeutung von Bildschirmtext für verschiedene Aufgaben der

Öffentlichkeitsarbeit liegt auf der Hand. Bildschirmtext wird wahrscheinlich in Zukunft eines der wichtigsten Mittel der Öffentlichkeitsarbeit, weil durch die Vernetzung von Anbietern und Teilnehmern fast unendliche Kombinationsmöglichkeiten des Informationsaustausches bestehen.

c) Kabelkommunikation (Zweiweg-Kabelfernsehen):

Die Errichtung von Großgemeinschaftsantennenanlagen führt zu immer dichteren und weiträumigeren breitbandigen Kabelanlagen, die später ab etwa 1990 im integrierten Glasfasernetz der Deutschen Bundespost zusammengefaßt werden. Über sie können parallel sehr viele vollwertige Bild-Ton-Programme und interaktive Dienste übertragen werden. Erweitert man diese Anlagen um eine Zentrale mit Rechnereinheiten und um einen Rückkanal vom Teilnehmer zur Zentrale, spricht man vom Zweiweg-Kabelfernsehen. Diese Systeme ermöglichen sog. interaktive Kommunikationsformen, also verschiedene Dialoge zwischen Informationsanbietern und Teilnehmern mittels einer Zentrale (Kabelkommunikation). Vorteile dieser Systeme liegen in ihrer hohen Leistungsfähigkeit innerhalb regional begrenzter Räume. Die erlebte und erfahrbare Nahwelt wird deshalb im Vordergrund neuer Kommunikationsformen stehen. Wegen des großen „Komforts" dieses Systems dürfte die Kommunikationsintensität höher sein als bei anderen Medien und anderen technischen Systemen. Allerdings sind die Kosten für die Geräte – sowohl der Zentrale als auch der Teilnehmer – etwa doppelt so hoch wie für Bildschirmtext. Die Nutzungsmöglichkeiten des Kabelfernsehens sollen zunächst in Pilotversuchen erprobt werden.

d) Das „intelligente" Heimterminal:

Vorläufiger Endpunkt der mikroelektronischen Entwicklung von Kommunikationssystemen wird das „intelligente" Heimterminal sein. Solche Terminals auf der Grundlage von Mikroprozessoren und Halbleiterschaltungen können selbständige Kommunikationsleistungen nach Programm wie Abruf von Informationen, Herstellen von Kontakten, Auswahl von Informationsangeboten u. ä. vollbringen. Sie handeln gewissermaßen im Auftrag. Darüber hinaus haben sie hohe Speicherkapazitäten. In einem Mikrochip ist der Bestand vieler Aktenordner spielend unterzubringen. Lernprogramme zum Beispiel, „Dialogkommunikation" wie heute und morgen über Leitungen mit Hilfe kostspieliger Zentralen, sind übermorgen dann durchs eigene Terminal möglich. Die Verbindungen der Heimterminals untereinander über Leitungen wird allerdings Probleme der dezentralen Datenverarbeitung schaffen, die heute noch gar nicht übersehbar sind.

Zusammenfassend kann man die neuen Kommunikationstechniken folgendermaßen charakterisieren (vgl. Anmerkung 6): In Zukunft werden erheblich größere Informationskapazitäten und leistungsfähigere Informationswege zur Verfügung stehen. Das bisher einseitige Verteilen von Informationen durch Medien wird erweitert durch Medien, die unterschiedliche Dialogformen ermöglichen mit der Tendenz, möglichst viele Kommunikationsformen im System zu integrieren. Damit ist eine Kostenumverteilung für das soziale Gut Information verbunden. Bei sinkenden Kosten für die einzelne Information steigen die Kosten für das Gesamtsystem. Diese Kosten fallen vornehmlich in der Geräteausstattung der Zentralen und der Teilnehmer an (vgl. Anmerkung 7).

Mit dieser Charakteristik der neuen Techniken lassen sich die Kommunikationsmöglichkeiten und damit die Konturen neuer Medien in folgende Kategorien einteilen:

- Uneingeschränktes Verteilen über Zentrale an alle
- Eingeschränktes Verteilen über Zentrale an Bestimmte
- Dialog über Zentrale unter Teilnahme aller
- Dialog über Zentrale unter Teilnahme Bestimmter.

Damit sind die neuen technischen Kommunikationssysteme medial definiert als umfassende publizistische Systeme, die geeignet sind für alle allgemeinen und gruppenbezogenen Kommunikationsformen. Als publizistische Systeme erfüllen sie die klassischen Funktionen der Information, Bildung, Vermittlung und Unterhaltung (s. Kaltefleiter/Wildenmann 1965).

2.4 Probleme des technischen Wandels der öffentlichen Kommunikation

Die Einführung neuer Kommunikationstechniken publizistisch zu beurteilen, bedeutet Unterscheidungen zu finden, ob die neuen Übertragungsmedien

- vorhandene Kommunikationsformen übernehmen (Substitution),
- vorhandene Kommunikationsformen um ähnliche Angebote ergänzen (Erweiterung),
- neue Kommunikationsformen entwickeln (Innovation).

Alle drei Seiten dieser Entwicklung müssen gesehen werden, wenn sich die Verantwortlichen der Öffentlichkeitsarbeit gewissermaßen auf den fahrenden Zug schwingen. Automatisierung und Rationalisierung als materielle Grundlage des sozialen Wandels sind ohne technische Kommunikationssysteme kaum denkbar. Diese Grundlage fördert nicht nur quantitativ einen höheren Umsatz an Informationen, auch die Informationsstrukturen ändern sich. Es geht nicht nur um beliebige Informationen, sondern um zielgerichtete, die Produktivität steigernde, Rationalisierung und Automatisierung fördernde Informationen.

Elektronische Systeme als Grundlage der gesellschaftlichen Kommunikation können beides leisten: Sie können Verteilanlagen ungeheurer Informationsmengen aus den verschiedensten Zentren gesellschaftlicher Macht und gesellschaftlichen Wirkens sein, ohne daß die Teilnehmer auf die Informationen Einfluß nehmen können. Sie können aber auch Medien der Korrespondenz zwischen Informationsanbieter und Teilnehmer werden, in denen die Kommunikationsformen durch die aktive Mitwirkung der Teilnehmer mitgestaltet werden (vgl. Pätzold 1979, S. 428ff.).

Öffentlichkeitsarbeit wird beides berücksichtigen müssen. Sie wird sich aber gegenüber den neuen Medien vor allem durch ihre offene, d. h. vermittelnde Funktion zwischen Zentralen und Teilnehmern legitimieren müssen. Dazu braucht sie Spielräume und organisatorische Vorkehrungen, die den Eigenschaften der neuen Techniken gerecht werden.

Kommunikation ist zwar ein ganzheitlicher Prozeß, jedoch lassen sich in ihr analytisch die Bestandteile Information (Inhalte), Interaktion (Rückkopplung) und Organisation (Strukturen) ausmachen. Die verändernde Wirkung der neuen technischen Systeme, so die Arbeitshypothese, auf die Kommunikation auslösende und herstellende Öffentlichkeitsarbeit wird um so größer sein, je umfassender die einzelnen Komponenten der Öffentlichkeitsarbeit, nämlich Information, Interaktion und Organisation berührt und verändert werden (vgl. Anmerkung 8).

Der Öffentlichkeitsarbeit ist kein geringeres Problem gestellt, als sich selber so zu organisieren, daß ihr durch Information und Interaktion die Verschränkung zwischen der Ausgestaltung technischer, sozialer und ökonomischer Strukturen und individuellem bzw. gruppenspezifischem Handeln gelingt. Um dies zu erreichen, muß sie sich eng mit solchen Kommunikationssystemen verbinden, die direkt in die gesellschaftlich relevanten Bereiche hineinwirken, also Bereiche wie Dienstleistungen, Freizeit, Kommune, Gesundheit, Arbeit. Bei einer Durchsicht zukunftsorientierter Theorien fällt auf, daß einzelnen gesellschaftlichen Bereichen eine so prägende Kraft zugesprochen wird, daß man von der Dienstleistungs-, der Freizeit-, der Informationsgesellschaft spricht (vgl. Anmerkung 9). Gelingt es der Öffentlichkeitsarbeit nicht, die technischen Mittel zu adaptieren, die ihr die „Kommunikation" in diese Kernbereiche hinein ermöglicht, wird sie ihr Ziel verfehlt haben.

2.5 Das Prinzip Dialog und Kommunikation in neuen Medien

Selbstverständnis und Organisation der Öffentlichkeitsarbeit werden durch neue Kommunikationstechniken auf eine harte Probe gestellt werden, will sie nicht nur Trittbrettfahrer der neuen Systeme, sondern auch Mitgestalter ihrer sozialen Funktionen sein. Diese Weiterentwicklung der Öffentlichkeitsarbeit liegt in der neuen Qualität der technischen Systeme, des Prinzips von Dialog und Kommunikation, begründet.

Die Begriffe „Dialog" und „Kommunikation" sind in der Wissenschaft in jüngster Zeit durch die Nachrichtentechniker neu definiert worden. „Wir wollen unter Kommunikation den Austausch von Nachrichten in einem interaktiven Dialog verstehen. Erfolgt die Kommunikation zwischen Menschen, Maschinen und anderen Systemen mit Hilfe von nachrichtentechnischen Übertragungsverfahren, sprechen wir von Telekommunikation" (Hunger et al. 1978, S. 49). Statt Vermittlung steht der Begriff „Austausch" im Mittelpunkt medialer Aktivitäten.

Es wäre ein gesellschaftlich nicht wünschenswerter Fehler, wenn dieses Prinzip in der Praxis nicht ernst genommen würde. Zwar ist bereits eine formale Dialogstruktur geschaffen, wenn man die zentralen Computer mit Informationen aller Art füttert in der Hoffnung, genügend Nachfrage zu erzeugen. Doch eine solche Dialogstruktur ist extrem autoritär und hierarchisch, weil die Antwort in der Form einer Information auf jede Anfrage vorprogrammiert ist. Das Problem ist nicht, ob eine Antwort, eine Information richtig oder falsch ist. Problematisch ist dann ein Dialog, wenn die Rollen für Fragen und Antworten festgeschrieben sind, wenn die Kommunikation keinen Diskurs zuläßt (vgl. Anmerkung 10).

Der „Austausch von Nachrichten in einem interaktiven Dialog" ist und bleibt eine soziale Aufgabe, gleichgültig, wie hoch entwickelt die technischen Ressourcen für diesen Austausch sind. Das bedeutet, die Anforderungen an eine technisch fortschrittliche Öffentlichkeitsarbeit werden abgeleitet aus den Menschen dienenden, statt sie beherrschenden Eigenschaften der elektronischen Technologie (Hauff 1974, S. 17). Öffentlichkeitsarbeit muß also, will sie sich der neuen Technik bedienen, bei den Orientierungs- und Artikulationsschwierigkeiten der von ihr gesuchten Gruppen und Adressaten ansetzen. Sie in den Stand zu setzen, dialogfähig zu werden, am Austausch von Informationen teilzuhaben, auch eigene Vorstellungen und Interessen in den Kommunikationsprozeß Öffentlichkeitsarbeit einzubringen, gehört zu den didaktischen Zukunftsaufgaben der Öffentlichkeitsarbeit (vgl. Anmerkung 11).

Ein Trend der neuen Kommunikationssysteme kommt dieser Aufgabe entgegen: Systeme neigen ihrer technischen Geschlossenheit wegen zu einer raumbegrenzten Ausdehnung. Es handelt sich – vorwiegend in der Kabelkommunikation – um geografisch gesehen dezentrale Systeme. Gerade aber in der sozialen Nahwelt lassen sich am ehesten Interaktionsbereitschaft nutzen und Interaktionsbarrieren abbauen (vgl. Anmerkung 12). Was die Techniker als „Austausch von Nachrichten in einem interaktiven Dialog" bezeichnen, läßt sich auch publizistisch als Prinzip für die Öffentlichkeitsarbeit beschreiben: Informationen entstehen aus gemeinsamen Bezügen verschiedener gesellschaftlicher Gruppen in wirtschaftlichen, politischen, sozialen und kulturellen Zusammenhängen. Informationen haben aufgrund unterschiedlicher Absender verschiedene soziale Funktionen und beziehen sich auf den jeweiligen gesellschaftlichen Basisbereich, aus dem sie entstehen. Technisch müssen diese unterschiedlichen Absender in den jeweiligen Basisbereichen vernetzt werden, damit die Informationen hin und her fließen, durch aktive Öffentlichkeitsarbeit moduliert und über das Netz zurück an die Basis gesendet werden können.

Aus dem Prinzip des Dialogs und der Kommunikation folgt für die Öffentlichkeitsarbeit: Eine zentrale Funktion der Öffentlichkeitsarbeit im Kontext der gesellschaftlichen Kommunikation ist ihre Steuerfunktion von Informationen in den Bereichen, in denen sie tätig ist.

2.6 Kommunikationsdidaktik versus Markt – das Dilemma der Öffentlichkeitsarbeit

Am Anfang haben wir gesagt, daß der Pfad der Wissenschaft eng ist, über den eindeutige Erkenntnisse zu gewinnen sind, wie Öffentlichkeitsarbeit und neue Kommunikationssysteme künftig zusammenwachsen werden. Immerhin haben wir einen Punkt erreicht, von dem aus schon heute die Praxis der Öffentlichkeitsarbeit überdacht werden kann. Die Effektivität von Öffentlichkeitsarbeit kann durch das dialogische Prinzip gesteigert werden, weil es das Informieren in den blauen Dunst zu vermindern verspricht. Indessen muß auch gesehen werden, daß sich Öffentlichkeitsarbeit als soziale Aufgabe nicht von selbst versteht. Sie setzt nämlich eine gewisse kommunikationspraktische Eigenständigkeit voraus, die organisatorisch nicht überall gegeben ist.

Diese Eigenständigkeit braucht sie, weil Kommunikationsprozesse andere Voraussetzungen und Gesetze haben als die Betriebsrechnung, Verwaltung oder Unternehmensführung. Und sie hat auch mit anderen Barrieren zu rechnen als Staat, Techniker und Industrie bei der Entwicklung und Installierung der technischen Systeme.

Eine Voraussetzung für Kommunikationsprozesse ist z. B., die potentiellen Teilnehmer des technischen Systems überhaupt erst einmal in den Stand zu versetzen, im System aktiv zu werden. Die den neuen Systemen angemessenen Aktivitäten mußten nämlich im Umgang mit herkömmlichen Medien nicht entwickelt werden. Deshalb sind auch im wohlverstandenen Interesse der Öffentlichkeitsarbeit Auflagen an die Systeme zu formulieren, die die Orientierung in ihnen erleichtern.

Das kann die Öffentlichkeitsarbeit in ein Dilemma führen. Denn diese Auflagen werden nicht Ergebnisse einer offenen Marktpolitik sein, sondern müssen als soziale Vorkehrungen gegen den freien Markt gesetzt werden. Dieses dem traditionellen Verständnis von Öffentlichkeitsarbeit zuwiderlaufende Postulat ist ein Ergebnis der oben erwähnten Feststellung, daß technischer und sozialer Wandel nicht synchron verlaufen.

Das Vertrauen auf den Markt allein kann zu einer Fehlentwicklung führen. Zunächst werden sich die Systeme nämlich dort etablieren, wo bereits artikulierbare Interessen und finanzielle Bereitschaft zur Teilnahme festzustellen sind. Eine derartige Einführung wäre schichtenspezifisch und de facto teilöffentlich. Der Markt würde derart reagieren, daß er notwendig solche Angebote schaffen und begünstigen müßte, die den jeweiligen soziologisch definierbaren Teilöffentlichkeiten am ehesten gerecht werden. Aus Kommunikationssystemen für alle würde ein System für Bestimmte.

Das würde aber den Kern der Öffentlichkeitsarbeit empfindlich treffen. Denn statt das dialogische Prinzip entwickeln und eine Steuerfunktion in einem umfassenden und kontinuierlichen Kommunikationsprozeß ausüben zu können, würde Öffentlichkeitsarbeit auf Teilnehmergruppen reduziert, die nicht annähernd das Spektrum abdecken können, das mit der gesellschaftlichen Bedeutung der jeweiligen Informationen korrespondiert. Aus tendenzieller Offenheit der Öffentlichkeitsarbeit würde tendenzielle Geschlossenheit durch das technische System.

Solche Trends sind dem Medienwissenschaftler nicht fremd. Ein beachtliches Potential der Wirkungsforschung ist in der Hypothese des „increasing knowledge gap" zusammengefaßt. Danach klafft der Wissensstand in unserer Gesellschaft aufgrund unterschiedlicher bildungsmäßiger Voraussetzungen, unterschiedlichen Wissenstrainings und unterschiedlichen Medienverhaltens und Mediengebrauchs immer weiter auseinander. Knowledge gap ist jedoch nicht nur konstatiertes Gefälle in der Verfügung und im Gebrauch von Wissen und Informationen, sondern auch Trend zu einem „Zweisprachensystem", nämlich dem von Spezialisten und dem von Nicht-Spezialisten.

Zumindest die Vermutung muß nach den bisher vorliegenden Untersuchungen geäußert werden, daß Schichten abnehmenden Wissensbestandes zunehmende Kommunikationsunfähigkeit charakterisiert, eine Unfähigkeit, trotz fast unendlich vorhandener Informationen die für sie wichtigen Informationen zu finden, eine Unfähigkeit, tatsächliche Bedürfnisse zu artikulieren.

Öffentlichkeitsarbeit würde sich selber überflüssig machen, wenn sie die These vom knowledge gap nicht ernst nähme, in dieser Theorie nicht einen Ansatz für ihre gesellschaftliche Notwendigkeit erkennen würde. Sie wird deshalb Anforderungen an neue technische Kommunikationssysteme formulieren müssen, die ihren tatsächlichen Aufgaben gerecht werden und den Sinn von Öffentlichkeitsarbeit auch öffentlich demonstrieren.

Anmerkungen

1 Einen zusammenfassenden Überblick, in welchen Etappen und mit welchen Schwerpunkten diese Veränderungen vollzogen werden sollen, gibt die Bundesregierung in ihrem „Programm zur Förderung von Forschung und Entwicklung im Bereich der Technischen Kommunikation 1978–1982".

2 Einzelstudien zu diesem Thema gibt die von der Bundesregierung 1971 gebildete „Kommission für wirtschaftlichen und sozialen Wandel" heraus. Die sozialwissenschaftlichen Probleme dieses Tatbestandes sind hervorragend von Erich Jautsch bearbeitet worden: Technological Planning and Social Futures. London 1972.

3 In den USA wurden signifikante Desintegrationsprozesse z. B. während der ersten großen Stadtsanierungsprogramme festgestellt, die die Bevölkerung fast unvorbereitet trafen und zu einer großen Wanderbewegung der schwarzen Slumbewohner führte. Ähnliche „unvorhersehbare" gesellschaftliche Erosionen erlebte die Bundesrepublik in den 70er Jahren mit der Anti-Atomkraftbewegung.

4 Wie sehr eine Analyse dieses komplexen Zusammenhanges auf interdisziplinäre Forschung angewiesen ist, belegt die Veröffentlichung der Interdisziplinären Arbeitsgruppe Kabelkommunikation Berlin: Kabelfernsehen und gesellschaftlicher Dialog. Hrsg. von K. Dette, R. Kreibich und H. Kunert-Schroth. München 1979.

5 Die klassische Definition von G. Maletzke gilt auch für die neuen Formen technisch vermittelter Kommunikation: „Unter Massenkommunikation verstehen wir jene Form der Kommunikation, bei der Aussagen öffentlich durch technische Verbreitungsmittel

indirekt und einseitig an ein disperses Publikum vermittelt werden." In: Psychologie der Massenkommunikation. Hamburg 1963, S. 32.

6 Hieraus läßt sich für die medienpolitische Diskussion folgende Gliederung ableiten:

Technische Eigenschaften	Gesellsch. Ziele	Polit. Entscheidungen
Kapazitätserweiterung	Gesellsch. Pluralität; Informationsvielfalt	Zugangsregelungen f. Anbieter und f. Teilnehmer
Verteilung und Dialog im System	Interaktionsverbesserung; Gruppenkommunikation, Partizipation	Dialogregeln, Kanalgliederung, Datenschutz/ Teilnehmerrechte
Integration	qualitative und quantitative Funktions- und Nutzungstrennung; Bedarf und Akzeptanz	Organisation des Gesamtsystems, Rechtsfassung; Zugang, Kontrolle, Binnenstruktur
Kostenerhöhung der Gesamtsysteme; Teilnehmergeräte	Chancengleichheit i. d. Geräteausstattung; Vermeidung von Kommunikationsprivilegien	Finanzierung, Subventionierung von Teilbereichen

7 „Mit der Komplexität der Funktionen steigt auch die Bedeutung der teilnehmereigenen Geräte und Einrichtungen relativ zu den Übermittlungseinrichtungen. Die Kommunikationskosten werden stärker von den Kosten der Endgeräte und Teilnehmereinrichtungen bestimmt." Programm der Bundesregierung zur Förderung und Entwicklung . . ., a.a.O. S. 74.

8 Dieser soziologische Ansatz wurde entwickelt von D. Janshen: Kommunikationstechnik im Alltag. Kabelfernsehsysteme im Rationalisierungsprozeß der Industriegesellschaft. Diss. FU – Berlin 1979.

9 Am ergiebigsten hat sich in Deutschland das Werk von A. Etzioni erwiesen: Die aktive Gesellschaft. Eine Theorie gesellschaftlicher und politischer Prozesse. Opladen 1975.

10 Von der Anthropologie über die Psychologie bis zur Kommunikationswissenschaft ist erwiesen, daß Kommunikation als Interaktion nur über Rückkopplungsprozesse, über das feedback funktionieren kann.

11 Nach Karsten Renckstorf werden nicht-mediale Instanzen den Medien bei der Lösung von Problemen vorgezogen. Erst mit zunehmender Distanz der Bedürfnisse zum Menschen selbst nimmt die Bedeutung der Medien zu. Dieses ist vorwiegend dem Mangel an feedback in der Medienkommunikation zuzurechnen. In: Neue Perspektiven in der Kommunikationsforschung. Berlin 1977, S. 17f.

12 Als Beleg dafür mag die Arbeit der Arbeitsgruppe Kommunale Kommunikation in Berlin gelten: Kommunikation im soziotechnischen System. Konzept für ein Variables Telekommunikationssystem. J. A. der „Angewandten Systemanalyse" (ASA), Köln 1978.

Literatur

Hauff, V. (1974): Maßstab muß die Freiheit jedes einzelnen Bürgers sein. Das Kabelfernsehen – technisch unproblematisch, medienpolitisch eine Systemveränderung –. In: Frankfurter Rundschau 144/1974.

Hunger, J., P. Mahnkopf, K. H. Vöge (1978): Neue Telekommunikationsformen. In: 50 Jahre Heinrich-Hertz-Institut. Berlin.

Kaltefleiter, W., und R. Wildenmann (1965): Funktion der Massenmedien. Frankfurt/Bonn.

Kommission für den Ausbau des technischen Kommunikationssystems (KtK) (1976): Telekommunikationsbericht. Bonn.

Pätzold, U. (1979): Medienpolitische Perspektiven neuer Kommunikationssysteme: In: Rundfunk und Fernsehen 4.

Vöge, K. H. (1978): Dienste und Technik für das Zweiweg-Kabelfernsehen. In: Pätzold, U. (Hrsg.): Kabelkommunikation – Organisation und Programme. München.

IX. Methodischer Rahmen für Planung, Durchführung und Kontrolle von Öffentlichkeitsarbeit

Dirk Bläse

1. Einleitung

Wer sich in der einschlägigen Fachliteratur nach einer verbindlichen oder umfassenden Lehre der Öffentlichkeitsarbeit umsieht, wird sich dabei recht schwer tun. Worauf er meist stoßen wird, sind zahlreiche kommunikationswissenschaftliche Ansätze, Aussagen oder begriffliche Determinanten über Kommunikations- und Meinungsbildungsprozesse, über den Terminus „Öffentlichkeit", über strategische und taktische Aspekte sowie Ziele und Wirkungen der Öffentlichkeitsarbeit. Selbstverständlich fehlen auch nicht anschauliche Beispiele aus der Praxis.

Dies alles vermittelt dem Interessierten durchaus ein Bild darüber, was Öffentlichkeitsarbeit ist und was sie bewirken kann.

Ein Blick in die praktische Öffentlichkeitsarbeit, in entsprechende Public Relations-Abteilungen und Public Relations-Agenturen, kann allerdings wieder Verwirrung stiften. Sicher, die Öffentlichkeitsarbeit vieler Unternehmen und Institutionen entspricht weitgehend dem in der Fachliteratur gezeichneten Bild: Oftmals sind jedoch Strukturen und Arbeitsweisen vorzufinden, die auf ein völlig anderes Verständnis von Öffentlichkeitsarbeit schließen lassen.

Die Vielfalt drückt sich nicht zuletzt in der Bezeichnung der jeweiligen Abteilungen aus. Von „Abteilung Öffentlichkeitsarbeit" über „Stabsstelle Öffentlichkeitsarbeit", „Public Relations-Abteilung", „Informationsabteilung" bis zur „Pressestelle" sind zahlreiche Variationen in der Namensgebung zu finden. Sind diese terminologischen Varianten noch überschaubar, so wird die Situation wesentlich unübersichtlicher, wenn es um die Bedeutung des Begriffs „Öffentlichkeitsarbeit" selbst geht.

Die Geister scheiden sich manchmal schon an der Frage, ob „Öffentlichkeitsarbeit" oder „Public Relations" richtiger sei. Beide Begriffe werden synonym verwendet, wobei „Öffentlichkeitsarbeit" eine recht unbefriedigende Eindeutschung des englischen Terminus darstellt. Oeckl (1976, S. 19) löste das deutsche Wort auf in die Aspekte

- Arbeit mit der Öffentlichkeit,
- Arbeit in der Öffentlichkeit,
- Arbeit für die Öffentlichkeit.

Doch auch diesem Versuch, dem amorphen Begriff eine konkrete Gestalt zu geben, gelingt es nicht, alle wichtigen Implikationen der Public Relations zu übertragen. Die englische Bezeichnung ist in jedem Fall treffender und daher im allgemeinen vorzuziehen.

Ob nun „Public Relations" oder „Öffentlichkeitsarbeit": Geradezu babylonische Verhältnisse entdeckt man bei der Suche nach einer Definition hierfür. Weltweit dürften heute über zweitausend Begriffsbestimmungen im Umlauf sein. Wir wollen uns deshalb mit einer knappen Definition begnügen, die mit den gültigen Auffassungen der International Public Relations Association (IPRA) sowie der Deutschen Public Relations Gesellschaft (DPRG) inhaltlich übereinstimmt:

„Public Relations sind planmäßige, systematische und methodische Bemühungen um Verständnis, Vertrauen und Good-will in der Öffentlichkeit mit Hilfe gezielt eingesetzter Kommunikationsprozesse."

Die meisten ernstzunehmenden Definitionen enthalten Aspekte wie

– Planung
– Methodik und
– Systematik.

Damit wird z. B. die reine „Feuerwehrfunktion" in Form des spontanen Reagierens auf beispielsweise negative Ereignisse, Kritik oder Attacken grundsätzlich disqualifiziert. Ebenso wird deutlich, daß punktuelle Aktionen mit kurzfristigen Zielsetzungen nicht Grundlage erfolgreicher Öffentlichkeitsarbeit sein können oder wollen. Auch ist es keinesfalls Aufgabe der Public Relations, in Form von sogenannter „Schleichwerbung" primär absatzfördernd zu wirken, wenngleich richtig verstandene Public Relations sich letztlich auch günstig auf den Absatz auswirken können (Pflege des Firmenimage). Richtig verstandene Public Relations beschränken sich nicht auf ein Segment unternehmerischer Tätigkeit, sie betreffen das Unternehmen als Ganzes und sollten stets der Unternehmensführung zugeordnet sein (Public Relations als Instrument der Unternehmensführung). Im Gegensatz zu den Public Relations stehen die sogenannten Product-Publicity-Maßnahmen – fälschlicherweise auch als Produkt-PR bezeichnet –, d. h. reine Marketing-Maßnahmen, eingebettet in das absatzpolitische Konzert – meist in Verbindung mit Produkt-Werbung bzw. Verkaufsförderung. Derartige Maßnahmen zählen zum absatzpolitischen Instrumentarium und sind grundsätzlich und ausschließlich der Marketingabteilung zuzuordnen.

Jedes Unternehmen – wie überhaupt jede Institution – steht heute bekanntlich in einem dichten Netzwerk vielfältiger öffentlicher Beziehungen. Die Qualität dieser Beziehungen darf den Verantwortlichen nicht gleichgültig sein, da diese den Unternehmenserfolg in entscheidender Weise beeinflußt. Die Perspektive des Marketing, wo PR leider immer noch viel zu oft angesiedelt sind, ist hierbei viel zu einseitig.

Marketing beschäftigt sich mit dem Absatzmarkt, während es bei Public Relations primär um den „Markt der Meinungen" geht.

Interpretation der unternehmerischen Zielsetzungen – nach innen und außen –, Verbesserung der Imagetransparenz (Gesamtimage und/oder Teilimage wie beispielsweise Personalimage), eventuell Image-Korrektur oder gar Konfliktmanagement – so könnten in etwa die Aufgaben oder der Stellenwert moderner Öffentlichkeitsarbeit kurz umschrieben werden.

Die Ziele der Öffentlichkeitsarbeit sollten sich in der Regel an den Unternehmenszielsetzungen orientieren. So wie die gesamte Unternehmenstätigkeit sorgfältig geplant wird, erfordern auch sämtliche Public Relations-Maßnahmen planvolles und zielorientiertes Handeln.

Das Image eines Unternehmens ist kein schmückendes Beiwerk, sondern eine wesentliche Existenzgrundlage, kurz, eine Investition in den Good-will des jeweiligen Unternehmens oder der jeweiligen Institution (vgl. Anmerkung 1). In zunehmendem Maße werden Unternehmen heute nicht mehr ausschließlich nach ihren Gewinnen beurteilt, sondern vor allem auch nach ihrem Beitrag, den sie für die Gesellschaft leisten (social audit). Angesichts der vielfältigen öffentlichen und sozialen Beziehungen können bekanntlich ökonomische Zielsetzungen zu gesellschaftlichen Konflikten führen.

Es kommt der Öffentlichkeitsarbeit u. a. auch zu, derartige Konflikte durch rechtzeitige und umfassende Informationen – nach innen und außen – zu entschärfen oder Widersprüche gegebenenfalls aufzulösen. In diesem Zusammenhang muß Öffentlichkeitsarbeit als *Konfliktmanagement-Instrument* verstanden werden.

2. Konzeptionelle PR-Planung – Ausgangspunkt methodischer Public Relations

2.1 PR-Planung – Ist-Zustand ist entscheidend

PR-Planung setzt exakte und umfassende Kenntnisse der Ausgangssituation voraus – eine Selbstverständlichkeit, die leider oftmals mißachtet wird. Parallel dazu müssen entsprechende Vorgaben für einen Soll-Zustand erarbeitet werden.

Ist-Zustand heißt hier die Diagnose des bestehenden Ist-Image und seiner Faktoren im Rahmen einer detaillierten *Situationsanalyse*. Die Einsicht in die Notwendigkeit einer sorgfältigen Situationsanalyse hat sich in der Praxis leider noch nicht genügend durchgesetzt. Oftmals wird ein Wunschimage als gegebene Tatsache angenommen. Natürlich muß dies als gefährlich bezeichnet werden, da falsche Voraussetzungen naturgemäß auch zu falsch angelegter Öffentlichkeitsarbeit führen.

Es gibt sicherlich eine ganze Reihe von Symptomen, die auf ein bestimmtes Image hinweisen. So könnten beispielsweise Presseveröffentlichungen und Meinungen ausgewählter Persönlichkeiten, sorgfältig analysiert, durchaus verwertbare Erkenntnisse liefern. Doch sind derartige Informationen meist sehr interpretationsbedürftig und enthalten unter Umständen die Gefahr der subjektiven Auslegung, wodurch wiederum das Wunschdenken an Einfluß gewinnt.

Eine praktikable Analyse der Ausgangssituation kann primär mit Hilfe der empirischen Sozialforschung erzielt werden. Der Umfang einer derartigen Image-Studie ist weitgehend auch vom verfügbaren Budget abhängig. Viele Unternehmen scheuen noch die Ausgaben, so daß breit angelegte Imageuntersuchungen in der Regel nur von großen Unternehmen oder bedeutenden Institutionen in Auftrag gegeben werden.

Für die Situationsanalyse bleibt entscheidend, daß die verschiedenen Kontaktfelder eines Unternehmens wie z. B. die eigenen Mitarbeiter, das lokale und regionale sowie ggf. das nationale oder gar internationale Bezugsfeld berücksichtigt werden. Hierbei sind relevante Zielgruppen zu definieren, speziell zu erfassen sowie die für das jeweilige Image entscheidenden Meinungsbildner zu ermitteln.

Für die Situationsanalyse gilt folgendes Postulat: Stets muß Offenheit – auch wenn sie noch so hart sein sollte – herrschen. Selbst unangenehme Erkenntnisse dürfen niemals unterdrückt werden. Zum Schluß muß die klare, ungeschminkte Analyse der Ausgangssituation, nach allen Bezugskriterien gegliedert, vorliegen.

2.2 PR-Planung nur aufgrund konkreter PR-Zielsetzungen

Neben die Situationsanalyse als detaillierte Beschreibung des Ist-Zustands tritt der Soll-Zustand (Soll-Image) als Zielsetzung der Öffentlichkeitsarbeit. Da diese PR-Ziele mit den Unternehmenszielsetzungen stets in Einklang stehen müssen, gilt es, die Unternehmensziele exakt zu formulieren. (Keine erfolgversprechende PR-Strategie ohne exakt umrissene Unternehmenszielsetzungen!)

Dabei ist festzulegen, welches Firmenimage (Soll-Image) bzw. welche Image-Komponenten angestrebt werden und wo diese beispielsweise durch entsprechende Verhaltensmaßnahmen korrigiert werden könnten. Public Relations müssen stets mittel- und langfristig angelegt sein; die PR-Planung (Grobplanung) sollte sich über einen Zeitraum von ca. zwei Jahren und darüber hinaus erstrecken. Ähnliches gilt für die Bereitstellung von entsprechenden PR-Budgets (mittelfristige Etatplanung ist dabei stets erforderlich).

Erst mit der Kenntnis der Ausgangssituation und den entsprechenden Zielsetzungen besteht die Möglichkeit, geeignete Maßnahmen zu planen. Nur sorgfältige und detaillierte Planung ermöglicht dabei, die PR-Ziele tatsächlich zu realisieren.

Zuerst müssen die *Kommunikationsinhalte* der Öffentlichkeitsarbeit festgelegt werden. Hierbei gilt der Grundsatz, daß alle Inhalte auch den Tatsachen entsprechen müssen.

Denn Wahrheit und Klarheit bleibt oberstes Gebot der Öffentlichkeitsarbeit. Unwahre oder unklare Inhalte schaden auf Dauer jedem Image.

Da sich Public Relations-Maßnahmen nur selten an eine globale Öffentlichkeit wirkungsvoll richten können, sind relevante Teilöffentlichkeiten, d. h. Zielgruppen, sorgfältig auszuwählen und zu gewichten. Anhaltspunkte hierfür ergeben sich vielfach aus der Situationsanalyse bzw. aus den Primärzielsetzungen der jeweiligen PR-Strategie. Die auszuwählenden Zielgruppen präsentieren sich natürlich von Fall zu Fall unterschiedlich; einige der wichtigsten und häufigsten sollen hier beispielhaft skizziert werden:

- eigene Mitarbeiter
- potentielle Mitarbeiter
- Massenmedien, aufgegliedert in elektronische und Printmedien u. a.
  - Lokalpresse
  - Regionalpresse
  - überregionale Presse
  - Wirtschaftspresse
  - Fachzeitschriften
  - Publikumszeitschriften
- Entscheidungsträger und Meinungsbildner im öffentlichen Bereich
- Parteien
- Behörden
- Kirchen
- Verbände und Organisationen
- Kreditinstitute
- Lieferanten (Rohstoff-Lieferanten und Know how-Lieferanten)
- Aktionäre
- Gewerkschaften
- Kunden und
- potentielle Kunden
- Wettbewerber
- Hochschulen
- Schüler und Studenten
- ausgewählte Berufsgruppen wie Lehrer, Ärzte, Juristen u. ä.

Diese Aufzählung ist hier bewußt unvollständig gehalten und im konkreten Fall entsprechend zu ergänzen. Sie macht aber deutlich, wie vielseitig sich die Zielgruppen der Öffentlichkeitsarbeit präsentieren können. Es zeigt sich auch, daß eine undifferenzierte, breite Streuung von Informationen nie der sinnvollste oder erfolgreichste Weg sein kann. Besser und richtiger ist es, Multiplikatoren und die im konkreten Fall relevanten Meinungsbildner (opinion leader) anzusprechen. Die Termini „Multiplikator" und „Meinungsbildner" werden meist synonym verwendet, obwohl hier exakt differenziert werden muß. Multiplikatoren sind Personen oder Medien, welche Informationen verbreiten, d. h. multiplizieren. Viele – aber nicht alle – von ihnen sind sicher auch Meinungsbildner, sofern sie in ihrem sozialen Umfeld die Meinungsbildung wirksam beeinflussen.

Die Praxis zeigt leider recht häufig, daß sämtliche Zielgruppen – trotz entsprechender Gewichtung – nur mit Hilfe einer einzigen PR-Maßnahme in einheitlichem Duktus informiert werden. Man wundert sich dann, wenn diese „Message" bei vielen Zielpersonen nicht „ankommt“. In solchen Fällen wurde nicht berücksichtigt, daß die verschiedenen Zielgruppen über sehr unterschiedliche Erfahrungshorizonte und Informationserwartungen verfügen und sich außerdem in ihrem Rezeptionsverhalten wesentlich unterscheiden. Konkret heißt dies, daß die Ansprache nur zielgruppenspezifisch sowie über sorgfältig ausgewählte und abgestimmte Kommunikationskanäle erfolgen kann.

Als Kommunikations- bzw. Informationskanäle bietet sich eine breite Palette bewährter Mittel an. Nehmen wir beispielsweise die Pressearbeit, durch welche die Redakteure bei den Massenkommunikationsmitteln gezielt angesprochen werden. Hier haben sich bestimmte Formen durchgesetzt, die von allen PR-Treibenden angewandt werden.

An erster Stelle ist der *Pressedienst* oder die *Pressearbeit* zu nennen. Sodann wird bei bestimmten Anlässen zu *Pressekonferenzen* eingeladen. Persönliche Kontakte zu Journalisten erleichtern das Zustandekommen von *Interviews*. Gelegentlich werden *Journalistenwettbewerbe, Journalistenreisen* oder *Journalistenseminare* durchgeführt. Aufmachung und Inhalt der Pressearbeit ist ausschließlich für den Bereich der Massenmedien bestimmt und eignet sich keinesfalls für andere Zielgruppen.

Die Mitarbeiter im eigenen Unternehmen verfügen teilweise über weitreichende, aber vielfach auch unvollständige interne Informationen. Daß es hier um wichtige Multiplikatoren und gleichzeitig Meinungsbildner geht, liegt auf der Hand. „PR begin at home“. Dieses eherne Gesetz methodischer Public Relations wird leider noch allzu oft vernachlässigt. Man macht den zweiten Schritt vor dem ersten. Denn bevor aufwendige PR-Aktivitäten nach außen ins Auge gefaßt werden, sollte geprüft werden, ob auch die internen Voraussetzungen gegeben sind. Ein Unternehmen, das bei seinen eigenen Mitarbeitern ein negatives Image hat, wird trotz größter Anstrengungen nach außen kein beständiges positives Personalimage aufbauen können.

Dieser Bereich der Public Relations wird gewöhnlich als „Human Relations“ bezeichnet und beschränkt sich dann auf Maßnahmen zur Verbesserung des Betriebs- und Arbeitsklimas. Damit wird jedoch nur ein Teilaspekt abgedeckt. Wenn wir Public Relations in „External Relations“ und „Internal Relations“ aufteilen, so bilden die Human Relations einen Teil der Internal Relations. Sie stehen neben anderen Maßnahmen, die zwar letztlich auch das Betriebsklima günstig beeinflussen, jedoch primär andere Ziele verfolgen, wie z. B. die weitgehende Transparenz des Unternehmens bei seinen Mitarbeitern. Nicht übersehen werden darf, daß richtig informierte Mitarbeiter ihr Wissen und ihre Meinungen nach außen tragen und das Image des Unternehmens nachhaltig beeinflussen können.

Der Bereich der External Relations kennt zahlreiche bewährte Instrumente, die sich an unterschiedlichste Zielgruppen wenden. Es wäre müßig, diese PR-Instrumente hier im einzelnen aufzuzählen. Ein Hinweis erscheint jedoch wichtig: Das klassische PR-Instrumentarium wird für erfolgreiche PR-Arbeit künftig nicht mehr ausreichen. Angesichts der Informationsflut, die heute auf jedermann einstürmt, müssen sich auch Public Relations neuer Techniken zur Vermittlung von PR-Botschaften bedienen. Der gesamte audio-visuelle Bereich dürfte hier zusätzliche Möglichkeiten bieten, mit denen sich die PR-Fachleute eingehend befassen sollten.

Es wäre ein Irrtum, wenn man die gesamte, breite Palette des PR-Instrumentariums lehrbuchmäßig zusammenfassen und in die Praxis übertragen wollte. Der einzelnen Public Relations-Konzeption muß es jeweils überlassen bleiben, welche Maßnahmen angesichts der jeweiligen Situationsanalyse, der vorgegebenen Zielsetzungen und der festgelegten Kommunikationsinhalte auf die jeweiligen Zielgruppen bezogen angebracht sind. Eine wesentliche Aufgabe der Planung ist es dabei, beschlossene PR-Maßnahmen *wohl dosiert, zur richtigen Zeit und am richtigen Ort* einzusetzen.

Diese Forderung impliziert, daß zwar richtig angelegte, aber falsch eingesetzte PR-Maßnahmen wirkungslos verpuffen können. Mehr noch: Sie können zu negativen Wirkungen führen.

Der zeitliche Ablauf eines Public Relations-Jahres muß sorgfältig geplant werden. Es empfiehlt sich sogar, den Aktionsplan auf zwei Jahre anzulegen. Soweit einzelne Aktivitäten nicht routinemäßig durchgeführt werden, dürfte es zweckmäßig sein, sich der Netzplantechnik zu bedienen.

Die Planung der Öffentlichkeitsarbeit über längere Zeiträume hinweg muß genauso selbstverständlich sein wie die Finanzplanung oder die Produktionsplanung. Situationsanalyse, Zielsetzungen, Kommunikationsinhalte und Zielgruppenauswahl fixieren dabei den strategischen Rahmen.

Bereits in der Planungsphase werden an die Qualifikation der PR-Fachleute sehr hohe Anforderungen gestellt. Es dürfte nur wenige Berufe geben, die eine derartige Vielseitigkeit erfordern. Der PR-Fachmann muß über ein extrem breites Wissen verfügen. Seine Fähigkeit analytischen Denkens sollte besonders ausgeprägt sein. Sowohl gesellschaftspolitische als auch ökonomische und soziale Zusammenhänge müssen ihm unbedingt geläufig sein. Darüber hinaus sollte er über einen „guten Schuß" juristischen Scharfsinns verfügen. Der PR-Fachmann muß detaillierte Kenntnisse der Massenkommunikationsmittel, der Medienlandschaft besitzen sowie selbstverständlich auch selbst über hervorragende journalistische Fähigkeiten verfügen.

Weiter sind vom PR-Fachmann sicheres Auftreten und ausgeprägtes Verhandlungsgeschick zu fordern. Er muß großes Fingerspitzengefühl im Umgang mit Menschen besitzen, sei es mit Kollegen, mit freien Mitarbeitern, mit Vorgesetzten, Journalisten etc. Darüber hinaus sollte den PR-Fachmann unternehmerisches Denken auszeichnen. Schließlich ist es eine seiner wichtigsten Aufgaben, Unternehmensziele zu interpretieren und als PR-Botschaften „verpackt" an die Öffentlichkeit weiterzugeben. Für die richtige „Verpackung" dieser einzelnen Botschaften ist Voraussetzung, daß er die gesamte Bandbreite der PR-Techniken beherrscht bzw. beurteilen kann.

Ob sich der PR-Fachmann die Grundlagen seiner Qualifikation in einem wirtschafts- und sozialwissenschaftlichen Studium oder in der Praxis bzw. autodidaktisch angeeignet hat, ist letztlich unwesentlich. Entscheidend ist, daß er über die erforderliche Wissensbreite, die entsprechenden Fähigkeiten und das entsprechende Engagement verfügt.

Eine optimale Kombination sämtlicher Anforderungen wird sich nur sehr selten in einer einzigen Person vereinigen. Public Relations sind daher in hohem Maße Teamarbeit. Große Unternehmen sind vielfach in der glücklichen Lage, ein entsprechend breites Spezialisten-Team zu beschäftigen. Bei mittleren und kleineren Unternehmen mit kleinen PR-Abteilungen bietet sich die Zusammenarbeit mit externen Beratern, insbesondere *Public Relations-Agenturen*, an.

Bemerkenswert ist in diesem Zusammenhang, daß gerade große Unternehmen dazu neigen, bestimmte Aufgaben an PR-Agenturen zu übertragen. Dabei wird richtig erkannt, daß PR-Agenturen angesichts der Vielfältigkeit ihrer Kundenstruktur über eine besonders große Bandbreite an Einsichten, Erkenntnissen und Erfahrungen verfügen. Die Entscheidung, ob und in welchem Umfang externe PR-Berater hinzugezogen werden, muß bereits in der PR-Planungsphase geprüft werden.

2.3 Die wesentlichen Stufen der PR-Planung

Zur Verdeutlichung der wichtigsten Phasen bzw. Stufen der PR-Planung soll der folgende *„10-Stufenplan"* dienen. Es gibt selbstverständlich zahlreiche Modelle dieser oder ähnlicher Art, welche im Ablauf unterschiedliche Gewichtungen vornehmen oder einzelne Phasen verschieden stark untergliedern. Das folgende Modell enthält die wichtigsten Phasen in ihrer logischen Abfolge.

10-Stufenplan

1. Ist-Analyse
   (Ermittlung des bestehenden Image sowie der relevanten Image-Faktoren).
2. Soll-Analyse bzw. Problem-Analyse
   (Festlegung des angestrebten Image, Formulierung konkreter PR-Ziele, unter Berücksichtigung der Unternehmensziele).
3. Soll-Ist-Vergleich
   (Analyse der Soll-Ist-Differenzen hinsichtlich des Gesamt-Image sowie der einzelnen Image-Komponenten).
4. Definition und Gewichtung der anzusprechenden Zielgruppen.
5. *Strategische Phase:*
   Festlegung der Kommunikationsinhalte (Message), unter Berücksichtigung der PR-Zielsetzungen sowie zielgruppenspezifischer Aspekte.
6. Festlegung des PR-Etats (Jahresetat).
7. *Taktische Phase:*
   Entwicklung eines PR-Maßnahmenkatalogs bzw. Aktionsplans einschließlich Budgetierung.

8. Erarbeitung eines detaillierten Zeit- und Terminplans.
9. Durchführung der gegebenen Maßnahmen einschließlich Budget-Kontrolle.
10. Überprüfung der erzielten Wirkungen am Maßstab der Soll-Analyse bzw. anhand der einzelnen Zielsetzungen.

3. Durchführung

3.1 Mit der Durchführung beginnt die praktische PR-Arbeit

Vordergründig geschieht bei der Durchführung von Public Relations nichts anderes als die Umsetzung des PR-Plans „in die Tat". Es wäre allerdings gefährlich, der richtigen Durchführung weniger Aufmerksamkeit zu schenken als einer sorgfältigen PR-Planung.

Ohne Zweifel zeichnet der PR-Plan (strategische PR-Phase) sämtliche Phasen und Stufen der praktischen und taktischen Durchführungsarbeit weitgehend vor. Doch muß sich hier in gleichem Maße die Qualifikation und das Geschick des PR-Fachmanns bzw. des PR-Teams profilieren. Schon mancher PR-Plan und manche PR-Konzeption sind an mangelhafter Realisierung gescheitert. Es ist im Grunde nicht möglich, den methodischen Rahmen der Planung von dem der taktischen Durchführung scharf zu trennen. Geht die ursprüngliche Planung von einem ermittelten Ist-Zustand aus, so hat sich die Realisierung mit ständigen Veränderungen der Ausgangssituation auseinanderzusetzen. Sowohl endogene als auch exogene Einflußfaktoren machen es erforderlich, die vorgezeichnete PR-Planung im Zuge ihrer Durchführung permanent zu modifizieren.

Darüber hinaus besteht eine wesentliche Aufgabe in der PR-Durchführungsphase darin, die festgelegten Kommunikationsinhalte in richtiger „Verpackung" an exakt definierte Zielgruppen zu vermitteln. Dies kann auch als *„optimales Mix des PR-Instrumentariums"* bezeichnet werden. Die professionelle Beherrschung dieses Instrumentariums ist dabei eine unabdingbare Voraussetzung.

3.2 PR als Top-Management-Aufgabe

Erfolgreiche PR-Arbeit setzt voraus, daß der Leiter einer PR-Abteilung zu allen wichtigen Geschäftsleitungsgesprächen eingeladen wird; aber nicht als Zuhörer, sondern als aktiver Gesprächsteilnehmer und Berater, um somit aus seiner Perspektive die Entscheidungsprozesse mit beeinflussen zu können. Nur so gelingt es ihm, die Unternehmenspolitik und die Unternehmensziele richtig zu interpretieren und gegenüber der Öffentlichkeit zu vertreten.

Der PR-Fachmann muß in die Lage versetzt werden, seine Qualifikation und sein Können im Interesse der Unternehmensziele einzusetzen. Dies kann nicht dadurch geschehen, daß er nach außen hin „Schönfärberei" betreibt. Der Satz „Tu'

Gutes und rede darüber" hat hier leider Unheil angerichtet. Es kann nicht Aufgabe eines Unternehmens sein, nur Gutes zu tun, um darüber laut reden zu können. Sicherlich sollten gute Taten nicht verschwiegen werden; die hohe Kunst der Public Relations erweist sich jedoch erst dann, wenn prekäre Konfliktsituationen auftreten.

Nehmen wir den Fall drohender Entlassung von Arbeitskräften. Wie oft ist es schon vorgekommen, daß die Betroffenen und auch die PR-Abteilung zu spät davon erfahren haben. In diesem Fall hat die Öffentlichkeitsarbeit versagt oder man hat ihr keine Gelegenheit gegeben, ihre Kunst – beispielsweise als Konfliktmanagement-Instrument – zu beweisen.

Ebenso gilt es, von der idealistischen Auffassung abzugehen, daß Public Relations wertneutral sein könnten. Hinter jeder PR-Konzeption steht ein Auftraggeber, der konkret umrissene Ziele verfolgt. Public Relations haben diesen Zielen zu dienen bzw. dienen diesen Zielen. Denn sie beteiligen sich am Wettbewerb der Meinungen mit der Aufgabe, in bestimmter Weise auf Meinungsbildungsprozesse einzuwirken. Dieses Anliegen ist durchaus legitim und darf auch nicht im entferntesten Sinne mit Propaganda verwechselt werden. Propaganda bedient sich zwar teilweise des gleichen Instrumentariums, sie geht aber sehr willkürlich mit der Wahrheit um, während sich Public Relations stets auf nachweisbare Fakten stützen.

4. Die Problematik der PR-Erfolgskontrolle

4.1 Ist der Erfolg von Public Relations überhaupt meßbar?

Seit Jahrzehnten schon dauern die Debatten über die Meßbarkeit von PR-Erfolgen an. Viele Fachleute vertreten dabei die Auffassung, Public Relations seien nicht meßbar.

Wollte man sich mit dieser resignierenden Ansicht zufriedengeben, würde man Public Relations letztlich zur l'art pour l'art degradieren. Die Meßbarkeit der Erfolge einer derart wichtigen und zukunftsweisenden Disziplin ist eine bedeutsame Basis ihrer Daseinsberechtigung.

Wie bereits dargelegt, beziehen sich Public Relations auf einen Meinungsbildungsprozeß und/oder auf den Aufbau bzw. die Pflege eines bestimmten Image. Im Interesse einer exakten Terminologie dürfte es nicht ganz richtig sein, in diesem Zusammenhang von einer PR-Erfolgskontrolle zu sprechen. Was kontrolliert oder gemessen werden soll, ist primär die Wirkung oder der Wirkungsgrad der Public Relations. Daher wäre es richtiger, von *Wirkungskontrolle* zu sprechen. Und die Wirkung von PR-Programmen oder PR-Kampagnen ist durchaus meßbar.

Zum besseren Verständnis der terminologischen Differenzierung soll hier ein kurzer Vergleich mit der Werbung angestellt werden: Die Werbung ist ein Instrument des Marketing. Ihr Erfolg kann nicht isoliert gesehen werden. Sie wirkt stets im Verbund mit anderen absatzpolitischen Instrumenten (Marketing-Mix), wobei die Qualität bzw. das Zusammenwirken (synergetischer Effekt) dieses Instrumentariums ausschlaggebend ist.

Ein analoger *„unternehmenspolitischer Synergie-Effekt“* entsteht bei Public Relations. Selbstverständlich sollen sie zum Erfolg beitragen. Sie können jedoch für sich allein den Unternehmenserfolg nicht ausmachen, da sie von der Qualität bzw. Interdependenz sämtlicher Instrumente der Unternehmensführung abhängig sind.

4.2 Quantitative Wirkungskontrolle der PR-Arbeit

Die am häufigsten anzutreffende Methode zur Messung von PR ist rein quantitativ angelegt. Sie geschieht vor allem in PR-Abteilungen, die sich vorwiegend auf Pressearbeit konzentrieren. Dabei wird nach jeder Presseaussendung oder jeder Pressekonferenz der Abdruckerfolg in Zeilen und Auflagenhöhen ermittelt.

Diese Methode hat durchaus Berechtigung. Sie läßt erkennen, ob eine Presseinformation in Inhalt und Aufmachung genügend interessant war, um von auflagenstarken Zeitungen und Zeitschriften ausgewertet zu werden. Ebenso kann die Verbreitung einer Information im Sinne der Multiplikator-Funktion der Presse gemessen werden. Insofern könnte dieses Verfahren als Kontrolle des Abdruckerfolgs bezeichnet werden. Von Wirkungskontrolle sollte man hier jedoch noch nicht sprechen. Denn Wirkungskontrolle setzt die Vorgabe von Bezugsgrößen in Form von Zielsetzungen voraus. Das Erreichen einer bestimmten Abdruckauflage kann jedoch nicht als Public Relations-Zielsetzung betrachtet werden.

Die Abdruckkontrolle von Presseinformationen erfüllt erst dann die Kriterien der Wirkungskontrolle, wenn zur Auflagenermittlung eine kurze Content-Analyse (Inhaltsanalyse) der Veröffentlichung tritt. Sie dient dazu, die „veröffentlichte Meinung“ zu analysieren.

Als Ergänzung zur Content-Analyse kann die Analyse einzelner Massenmedien dienen. Berücksichtigt man darüber hinaus noch die Leseranalyse, so gewinnt diese Kontrollmethode zusätzlich erhöhte Aussagekraft. Im Grunde geht es um die Ermittlung des Wirkungsgrades eines einzelnen PR-Instruments. Das Ergebnis dieser Analyse sollte sich in einem Bericht niederschlagen, in dem u. a. folgende Fragen beantwortet werden:

- In welcher Auflage wurde die Information verbreitet?
- Mit welchem Meinungstrend wurde die Information veröffentlicht?
- Welcher allgemeine Trend kann dem entsprechenden Medium zugrunde gelegt werden?
- Welche Leserschicht wurde mit der Information erreicht?

4.3 Qualitative Wirkungskontrolle der PR-Arbeit

Umfangreiche Aufschlüsse über die Wirkung von Public Relations erfordern die

Anwendung anderer, diffizilerer Methoden. Grundlage für die PR-Wirkungskontrolle ist hierbei die Situationsanalyse, auf welcher die Public Relations-Konzeption aufbaut. Die entscheidende Fragestellung muß hier auch darauf gerichtet sein, ob das angelegte PR-Programm die gesetzten PR-Ziele erreicht hat.

Mit Hilfe der *empirischen Sozialforschung* kann ermittelt werden, ob und wieweit sich beispielsweise das Image im Sinne der Zielsetzungen verändert hat. Selbstverständlich muß der *Kontrollstudie* der gleiche Forschungsansatz wie der der Situationsanalyse zugrunde liegen. Mit Hilfe eines Soll-Ist-Vergleichs können u. a. beispielsweise folgende Fragen beantwortet werden:

- Wurden die Zielsetzungen erreicht?
- Welche Teilziele wurden nicht erreicht?
- Welche exogenen und endogenen Einflußfaktoren haben dazu beigetragen, daß bestimmte Ziele nicht erreicht werden konnten?

Alle diese Fragen sind sehr nüchtern zu prüfen, da die Antworten die weitere Öffentlichkeitsarbeit entscheidend beeinflussen. Es ist auch sachlich zu überprüfen, welche unvorhersehbaren äußeren Einflüsse möglicherweise – positiv wie negativ – das Ergebnis beeinflußt haben. Ebenso sollte – quasi als Input-Output-Vergleich – das Verhältnis zwischen Mitteleinsatz und erzielter Wirkung kritisch untersucht werden.

Die Basis einer aussagefähigen und aufschlußreichen Wirkungskontrolle ist selbstverständlich eine realistische Zielvorgabe, wie sie bei professioneller PR-Arbeit unterstellt werden darf. Die Wirkungskontrolle hängt damit eng mit der PR-Planung zusammen. Es wäre fatal, wenn sich ein Unternehmen oder eine Institution ein nicht realisierbares Wunschimage zum Ziel setzen würde.

Jedes Image setzt sich aus verschiedenen Teilimages zusammen. So hat ein Industrieunternehmen beispielsweise ein Produktimage, ein Personalimage, ein Image bezüglich Forschung und Entwicklung u. v. m.. Alle diese Teilimages bilden das Gesamtimage, wobei nicht von vorneherein bekannt ist, wie stark die Teilimages jeweils das Gesamtimage beeinflussen. Sowohl Situationsanalyse als auch Wirkungskontrolle müssen so angelegt sein, daß eine Analyse der verschiedenen Teilimages voll berücksichtigt wird.

Das Ergebnis der Wirkungskontrolle dient gleichzeitig als weiterführende Situationsanalyse, d. h. als Ausgangsbasis für die zukünftige PR-Strategie. Diese Fortschreibung ist nicht zuletzt notwendig, um die per definitionem erhobene Forderung nach „permanentem Bemühen" zu erfüllen.

5. Zusammenfassung

Ein methodischer Rahmen kann zahlreiche Anregungen geben, wie Public Relations richtig anzulegen sind. Er kann Planungskriterien aufzeigen, Anstöße zur Durchführung geben und die Bedeutung der Wirkungskontrolle unterstreichen.

Was er allerdings nicht geben kann, ist ein Rezept für richtige Public Relations.

Public Relations dienen der systematischen Imagepflege. Sie haben ein Unternehmen, eine Organisation, eine Institution zum Gegenstand. Die Public Relations-Planung benötigt die Situationsanalyse als Ausgangsbasis, dazu eine konkrete Zielsetzung, wirksame, klar formulierte Kommunikationsinhalte und einen detaillierten Arbeitsplan zur spezifischen Ansprache relevanter Zielgruppen und Meinungsbildner.

Die Durchführung der Öffentlichkeitsarbeit erfordert PR-Spezialisten mit vielseitigen Fähigkeiten und genauen Kenntnissen der Kommunikationsprozesse.

Die Wirkungskontrolle dient dem Vergleich des Erreichten mit dem vorgegebenen Ziel und ist gleichzeitig Ausgangsbasis der weiterführenden Öffentlichkeitsarbeit. Außerdem stellt sie die wesentlichste Rückkopplung in der Kommunikation mit den Zielgruppen dar.

Wichtigstes Kriterium für die Öffentlichkeitsarbeit ist ihr Einsatz zum Erreichen festgelegter Unternehmensziele. Sie hat dabei den Rang eines Instruments der Unternehmensführung.

Öffentlichkeitsarbeit ist nicht nur für die ökonomische Seite der Unternehmenspolitik von Bedeutung, sondern sie übernimmt ebenso die Pflege aller öffentlichen und sozialen Beziehungen, mehr noch, sie prägt das Verhältnis des Unternehmens zu seiner unmittelbaren sozialen Umwelt sowie dem weiteren Umfeld. Da Unternehmen in zunehmendem Maße nicht nur an ihren Gewinnen gemessen werden, ist Öffentlichkeitsarbeit heute unverzichtbar, denn sie trägt wesentlich zur Existenzsicherung des Unternehmens bei.

Public Relations als Instrument der Unternehmensführung werden sich in dem Maße durchsetzen, wie es der Forschung gelingt, die theoretischen Grundlagen weiterzuentwickeln und damit den anerkannten Stellenwert der PR anzuheben. Der Bedarf an praxisorientierten Fachleuten wird zunehmen, denn unsere Welt befindet sich in einer bedeutsamen Umbruchphase, die neue Konflikte mit sich bringt, deren Lösung nicht zuletzt von verstärkten PR-Bemühungen mit einem erweiterten PR-Instrumentarium abhängt.

Anmerkung

1 Sämtliche Ausführungen gelten im wesentlichen für Unternehmen, Institutionen und Organisationen jeder Art, auch wenn der Einfachheit halber meist nur von Unternehmen gesprochen wird.

Literatur

Oeckl, A. (1976): PR-Praxis. Düsseldorf/Wien.

X. Juristischer Rahmen für die Öffentlichkeitsarbeit

1. Öffentlichkeitsarbeit und Verfassung

Hans D. Jarass

1.1 Nichtstaatliche Öffentlichkeitsarbeit

1.1.1 Pressefreiheit und Öffentlichkeitsarbeit

Das Grundgesetz enthält eine Reihe von Freiheitsgarantien, die eine unbehinderte Kommunikation ermöglichen sollen. Unter ihnen nimmt die Pressefreiheit eine besondere Stellung ein. Sie ist nicht nur für den demokratischen Rechtsstaat „schlechthin konstituierend" (BVerfGE 10, 121ff.). Sie vermittelt vielmehr auch einen besonders weitreichenden und intensiven Schutz. Die in Art. 5 I S. 2 GG verankerte Pressefreiheit gewährt, wie das Bundesverfassungsgericht in der Spiegel-Entscheidung (BVerfGE 20, 175ff.) festgestellt hat, zunächst „ein subjektives Grundrecht für die im Pressewesen tätigen Personen und Unternehmen", „das seinen Trägern Freiheit gegenüber staatlichem Zwang verbürgt und ihnen in gewissen Zusammenhängen eine bevorzugte Rechtsstellung sichert". Gleichzeitig hat die Bestimmung eine objektiv-rechtliche Seite. „Sie garantiert das Institut ‚Freie Presse'. Der Staat ist verpflichtet, in seiner Rechtsordnung überall, wo der Geltungsbereich einer Norm die Presse berührt, dem Postulat ihrer Freiheit Rechnung zu tragen". Die Pressefreiheit enthält einen Auftrag zu positivem Tun, vor allem aber verschiedene Beschränkungen, insbesondere verbietet sie, daß der Staat die der Presse zufallenden Aufgaben selbst übernimmt. Sie können, wie das Bundesverfassungsgericht sagt, nicht von der organisierten staatlichen Gewalt erfüllt werden. Die Pressefreiheit enthält für den Staat ein Eigenbetätigungsverbot, jedenfalls dann, wenn er marginale Betätigungen überschreitet bzw. sich im Bereich der klassischen Presse bewegen will. Das schließt öffentliche Unternehmen nicht notwendig aus. Doch müssen sie eine ausreichende Unabhängigkeit gegenüber dem Staat im engeren Sinne besitzen (vgl. Jarass 1978, S. 215ff.).

Wie sich noch zeigen wird, sind viele Produkte der Öffentlichkeitsarbeit (zum Begriff Joerger 1975, S. 11ff.; Rogge 1979) als Presseprodukte bzw. Druckwerke im Sinne der Pressegesetze zu qualifizieren. Das legt es nahe, der Öffentlichkeitsarbeit auch den Schutz der verfassungsrechtlichen Pressefreiheit zukommen zu lassen. Ein solcher Schritt hat allerdings auch fragwürdige Konsequenzen. Soll etwa das prinzipielle Eigenbetätigungsverbot, wie es sich für den Staat aus der Pressefreiheit ergibt, auch für die Öffentlichkeitsarbeit gelten? Damit wäre die Öffentlichkeitsarbeit der Regierungen wie der Verwaltungen weithin verfassungswidrig. Das kann kaum sein, zumal das Bundesverfassungsgericht die Öffentlichkeitsarbeit der Regierung als grundsätzlich legitim angesehen hat (s. unten 1.2.1).

Bei unbefangener Betrachtung wird man die Öffentlichkeitsarbeit eher von der Meinungsfreiheit des Art. 5 Abs. 1 Satz 1 GG als von der Pressefreiheit erfaßt sehen, auch wenn dabei Druckwerke eingesetzt werden. Dementsprechend behandelt die umfangreiche Arbeit von Kempen allein die Meinungsfreiheit (Kempen 1975, S. 103ff.). Wie sich noch zeigen wird, enthält eine solche Beurteilung einen zutreffenden Kern. Die herkömmliche Auffassung hat Schwierigkeiten, zu diesem Ergebnis zu gelangen. Sie sieht in der Pressefreiheit im wesentlichen nichts anderes als die Freiheit der Meinungsäußerung mit Hilfe von Druckwerken. In der neueren Diskussion wird aber mehr und mehr deutlich, daß die Pressefreiheit kein bloßer Unterfall der Meinungsfreiheit ist, sondern auch enge Bezüge zu der ebenfalls in Art. 5 Abs. 1 Satz 1 GG geregelten Informationsfreiheit aufweist (etwa Kübler 1978, S. 128ff.; Scholz 1980, S. 361ff.; Lücke, DV 1977, S. 83ff.). Geht man den damit eingeschlagenen Weg zu Ende, erweist sich die Pressefreiheit, ebenso wie die anderen Freiheiten der Massenmedien, als Brückengrundrecht, das zwischen Meinungs- und Informationsfreiheit tritt und den massenkommunikativen Vermittlungsprozessen Schutz bietet. Idealiter zielt sie auf die Vermittlung bzw. Mediation zwischen einer Vielzahl von Personen einerseits, die gesellschaftlich relevante Äußerungen an die Öffentlichkeit gelangen lassen wollen, und den Rezipienten andererseits, naturgemäß in einem Prozeß der Selektion und Aufbereitung. Schrumpft die Zahl der Personen, deren Botschaften aufgegriffen werden, verliert die Pressefreiheit an prägender Kraft und gibt der Meinungsfreiheit Raum. Wird nur noch die Auffassung einzelner Personen in weitreichender Abhängigkeit von diesen weitergeleitet, tritt die Pressefreiheit weitgehend zurück. Das verfassungsrechtliche Regime wird entscheidend von der Meinungsfreiheit bestimmt (ausführlich Jarass 1978, S. 225ff.). Dementsprechend betrifft eine Einwirkung auf Anzeigen nur deshalb die Pressefreiheit, weil dies Rückwirkungen auf den redaktionellen Teil haben kann (etwas anders BVerfGE 21, 278f.).

Eben das ist bei der Öffentlichkeitsarbeit regelmäßig der Fall. Wo eine Stelle der Öffentlichkeitsarbeit einem Unternehmen angegliedert ist, springt das ins Auge. Aber auch die selbständigen Public Relations-Agenturen verarbeiten nicht eine Vielzahl gesellschaftlicher Äußerungen zu einem an den Rezipienteninteressen orientierten einheitlichen Ganzen. Vielmehr werden die einzelnen Produkte in weitreichender Abhängigkeit von *einem* Auftraggeber erstellt. Die Öffentlichkeitsarbeit unterliegt daher verfassungsrechtlich in erster Linie dem Regime der Meinungsfreiheit und nur sekundär der Garantie der Pressefreiheit. Diesem Gedankengang fehlt die Absicherung durch einen allgemeinen Konsens. Die Frage der verfassungsrechtlichen Einordnung der Öffentlichkeitsarbeit ist bislang, soweit ersichtlich, noch nicht genauer untersucht worden (zur Situation in den USA Simon

1969, S. 99ff.). Das Ergebnis jedenfalls und vor allem die im folgenden daraus zu ziehenden Konsequenzen dürften jedoch weithin Zustimmung finden.

1.1.2 Der Schutz der Meinungsfreiheit

Eine erste Konsequenz der schwerpunktmäßigen Zuordnung der Öffentlichkeitsarbeit zum Regime der Meinungsfreiheit ist die grundsätzliche Zulässigkeit staatlicher Öffentlichkeitsarbeit. Das für die Pressefreiheit typische Verbot staatlicher Eigenbetätigung gilt nicht für die Meinungsfreiheit. Diese Garantie verbietet staatlichen Stellen nicht, eigene Meinungen zu entwickeln und zu äußern sowie zu verbreiten, mögen auch der Demokratiegrundsatz und das Prinzip der Wahlgleichheit gewisse Beschränkungen auslösen. Staatliche Öffentlichkeitsarbeit ist daher auch in großem Umfang prinzipiell zulässig.

Weiter ergibt sich aus der Zuweisung der Öffentlichkeitsarbeit zur Meinungsfreiheit für den Gesetzgeber eine verfassungsrechtlich legitimierte Differenzierung zur klassischen Presse, die ja der Pressefreiheit unterfällt (näher Jarass 1978, S. 231). Er kann die Druckwerke der Öffentlichkeitsarbeit anders behandeln als die der „normalen" Presse. Die der Pressefreiheit eigene institutionelle Garantie, die für den Gesetzgeber besondere Verpflichtungen und Aufträge schafft, fehlt bei der Meinungsfreiheit oder ist doch weniger ausgeprägt. Der Gesetzgeber ist daher bei Regelungen in bezug auf die Öffentlichkeitsarbeit freier. Er kann in großem Maße außerkommunikative Gesichtspunkte, insbesondere ökonomischer Art, berücksichtigen. Auch die Verwaltung darf die verfassungsrechtlich angelegte Differenzierung bei ihrer Tätigkeit berücksichtigen. Sie kann etwa ihre Informationspflicht gegenüber Stellen der Öffentlichkeitsarbeit weniger großzügig ausgestalten als gegenüber klassischen Presseunternehmen, sofern nicht der einfache Gesetzgeber sie zu einer Gleichbehandlung verpflichtet.

Der Schutz der Meinungsfreiheit darf allerdings nicht unterschätzt werden, auch wenn er etwas geringer ist als der der Pressefreiheit (so BVerfGE 20, 177). Er kommt nach ganz überwiegender Auffassung nicht nur reinen Meinungsäußerungen zugute, sondern auch der Wiedergabe von tatsächlichen Informationen (Herzog, Art. 5 Rn. 50ff.; Löffler/Ricker 1978, 1. Kap. Rn. 14; v. Münch, Art. 5 Rn. 6). Einschränkungen dieser Freiheit bedürfen einer gesetzlichen Grundlage und müssen den hohen Rang der Meinungsfreiheit ausreichend berücksichtigen (BVerfGE 7, 208f.).

1.2 Staatliche Öffentlichkeitsarbeit

1.2.1 Legitimation

Nachdem die Meinungs- und Pressefreiheit ebenso wie alle anderen Grundrechte nur Privatpersonen Schutz bieten, kommen sie der staatlichen Öffentlichkeitsarbeit nicht zugute (BVerfGE 21, 370; Kempen 1975, S. 103; Leisner 1966, 128). Das Grundgesetz hat aber auch für sie Bedeutung. Es verschafft ihr zum einen eine grundsätzliche Legitimation und setzt ihr andererseits Grenzen. Was die Legitimation anbelangt, spielen vor allem die in Art. 20 GG verankerten Prinzipien der Demokratie und des sozialen Rechtsstaats eine Rolle. „Eine verantwortliche Teilhabe der Bürger an der politischen Willensbildung des Volkes setzt voraus, daß der Einzelne von den zu entscheidenden Sachfragen, von den durch die verfaßten Staatsorgane getroffenen Entscheidungen, Maßnahmen und Lösungsvorschlägen genügend weiß, um sie beurteilen, billigen oder verwerfen zu können" (BVerfGE 44, 147; Kempen 1975, S. 179ff.). Für unpopuläre, aber erforderliche Maßnahmen muß in einem demokratischen Gemeinwesen um Verständnis geworben werden. Schließlich ist es Aufgabe staatlicher Stellen, einen Grundkonsens der Bürger über die vom Grundgesetz geschaffene Staatsordnung lebendig zu erhalten (BVerfGE 44, 147; Kempen 1975, S. 246ff.). Das Prinzip des sozialen Rechtsstaats verlangt, daß der Bürger über seine Rechte und Pflichten aufgeklärt werden muß, zumal die Technizität und Komplexität der Gesetze immer mehr zunimmt. Staatliche Öffentlichkeitsarbeit ist daher „nicht nur verfassungsrechtlich zulässig, sondern auch notwendig" (BVerfGE 44, 147; Böckelmann/Nahr 1979, S. 40ff., 101ff.; Häberle, JZ 1977, S. 366; Jerschke 1971, S. 150ff.). Daraus folgt in aller Regel kein rechtlicher Anspruch der Bürger auf staatliche Öffentlichkeitsarbeit (ebensowenig wie aus der Pressefreiheit, vgl. BVerwGE 47, 252f.; Jerschke 1971, S. 169ff.; Herzog, Art. 5 Rn. 137). Die Verpflichtung staatlicher Stellen zur Öffentlichkeitsarbeit stellt, wie die umfassendere Forderung nach der Öffentlichkeit staatlichen Handelns in einer Demokratie (Jarass, AfP 1979, S. 228f.; Jerschke 1971, S. 64ff.) eine Verfassungsdirektive dar. Darin liegt ein bindender Auftrag an den Gesetzgeber sowie an die Verwaltung, dessen Ausführung allerdings weite Spielräume beläßt. Außerdem sind vorhandene Regelungen zugunsten einer möglichst weitgehenden Öffentlichkeitsarbeit auszulegen.

1.2.2 Grenzen

Öffentlichkeitsarbeit ist nur zulässig, soweit sie sich an eine Aufgaben- und Zuständigkeitsverteilung hält, wie sie insbesondere im Grundgesetz niedergelegt ist. Die Öffentlichkeitsarbeit der Bundesregierung darf daher nicht in die Kompetenzbereiche der Länder eingreifen (BVerfGE 44, 149; Häberle, JZ 1977, S. 366). Die Länder müssen sich ihrerseits bei ihrer Öffentlichkeitsarbeit auf ihre Aufgabenbereiche beschränken. Weiterhin muß das Prinzip der Wahrheitstreue beachtet werden, das letztlich eine Konkretisierung des Öffentlichkeitsauftrags der Verfassung darstellt (Saenger 1966, S. 74ff.). Eine Verletzung kann zu Amtshaftungsansprüchen führen (BGHZ 14, 319). Eine andere Grenze staatlicher Öffentlichkeitsarbeit folgt aus dem Gleichheitssatz des Art. 3 GG. Die Verteilung der Produkte der Öffentlichkeitsarbeit auf die verschiedenen Interessenten muß sachgerechten Erwägungen folgen und darf nicht willkürlich sein (BVerwGE 47, 253; Saenger 1966, S. 77ff.).

Daneben haben staatliche Stellen bei ihrer Öffentlichkeitsarbeit immer ausreichend zu beachten, daß sie der Allgemeinheit verantwortlich sind und nicht einer Partei, mag diese auch auf die Auswahl der Stelleninhaber großen Einfluß haben. Die Öffentlichkeitsarbeit muß „schon den Eindruck einer werbenden Einflußnahme zugunsten einzelner Parteien ebenso wie willkürliche, ungerechtfertigt herabsetzende und polemische Äußerungen über andere Parteien vermeiden" (BVerfGE 44, 150; Jerschke 1971, S. 155ff.; Kempen 1975, S. 252ff.; Lipphardt 1976, S. 114ff.; Ridder 1969, S. 68ff.; Saenger 1966, S. 125ff.). Das schließt nicht aus, daß sich die Aussagen der Öffentlichkeitsarbeit mehr oder minder mit denen von Programmen und Stellungnahmen bestimmter Parteien decken. Doch die Übernahme der Konzepte darf nicht zu einer Werbung für die betreffende Partei führen. Die Grenzziehung mag dabei problematisch und schwierig sein (vgl. Böckelmann/Mahle/Nahr 1979, S. 95ff.; 107ff.), doch läßt sie sich nicht vermeiden.

Besondere Zurückhaltung muß die staatliche Öffentlichkeitsarbeit in der *Vorwahlzeit* zeigen, will sie nicht den Grundsatz der Wahlgleichheit verletzen, der im Grundgesetz mit besonderer Rigidität verankert ist. Das Bundesverfassungsgericht hat in der bekannten Entscheidung zur Öffentlichkeitsarbeit die Schranken näher präzisiert. „Grundsätzlich läßt sich sagen, daß die Öffentlichkeitsarbeit der Regierung", aber auch anderer staatlicher Stellen, „dort ihre Grenzen findet, wo die Wahlwerbung beginnt" (BVerfGE 44, 150). Indizien für eine Grenzüberschreitung sind die offene oder versteckte Werbung für eine bestimmte Partei, das Zurücktreten informativer Gehalte hinter die reklamehafte Aufmachung und bloße Sympathiewerbung. Anzeichen für eine Wahlwerbung ist weiterhin ein quantitatives Anwachsen der Öffentlichkeitsarbeit in Wahlnähe (BVerfGE 44, 150f.). Zu noch weitreichender Zurückhaltung sind die staatlichen Stellen in der heißen Phase des Wahlkampfes verpflichtet. Die staatliche Öffentlichkeitsarbeit wird in dieser Zeit von Verfassungs wegen auf ein Minimalniveau beschränkt. Als Orientierungspunkt für den Beginn dieses Zeitraumes wurde vom Bundesverfassungsgericht die Bekanntgabe des Wahltermins durch den Bundespräsidenten genannt (BVerfGE 44, 153).

2. Öffentlichkeitsarbeit und Presserecht

Hans D. Jarass

2.1 Begriffliche Einordnung der Öffentlichkeitsarbeit

2.1.1 Problemstellung

Die Presse besitzt, nicht zuletzt wegen ihrer öffentlichen Aufgabe, eine Reihe spezifischer Rechte und Pflichten. Sie sind im wesentlichen gleichlautend in den elf Pressegesetzen der Länder sowie in einigen anderen Gesetzen geregelt. Wieweit können sich die an der Öffentlichkeitsarbeit beteiligten Personen auf diese Rechte berufen, wieweit unterliegen sie diesen Pflichten? Die Antwort darauf hängt von den jeweiligen Vorschriften ab, die regelmäßig festlegen, wer Träger der spezifischen Rechte und Pflichten ist. Einige benennen die „Vertreter der Presse“ oder die „Unternehmen und Hilfsunternehmen der Presse“ als Träger. Andere knüpfen dagegen an „Druckwerke“ an. Gleichwohl geht es in jedem Fall um die Presse. Der Begriff der Presse ist mehrschichtig. Mit ihm können erstens die Unternehmen gemeint sein, die Presseprodukte herstellen, zweitens die dazu erforderlichen Tätigkeiten und drittens das Ergebnis dieser Tätigkeiten (Löffler 1968, § 7 Rn. 16). Der dritte Bedeutungsgehalt wird im Recht, aufbauend auf den Begriffen des klassischen Presserechts, traditionell als *„Druckwerk“* bezeichnet.

Die Begriffe der Presse und des Druckwerks stehen also in engstem Zusammenhang, sind teilweise synonym. Ja, der einfachgesetzliche Begriff der Presse wird durch den des Druckwerks weitgehend gestaltet. Während der Begriff der Presse vom Presserecht nicht näher bestimmt wird, ist der des Druckwerks wohl definiert (meist § 7 der Landespressegesetze). Das hat die entsprechenden Rückwirkungen für die Bestimmung dessen, was Presse im Rechtssinne ist. Für unsere Frage, wieweit die Öffentlichkeitsarbeit die Presseprivilegien in Anspruch nehmen kann und den spezifischen Pflichten der Presse unterliegt, kommt es daher entscheidend darauf an, wieweit sich die Öffentlichkeitsarbeit als Presse, wieweit sich ihre Produkte als Druckwerke qualifizieren lassen.

2.1.2 Eigenart der Presseprodukte bzw. Druckwerke

Massenmedien werden häufig durch die massenhafte Vervielfältigung einerseits und die Adressierung an eine mehr oder minder weitreichende Öffentlichkeit andererseits gekennzeichnet (Jarass 1978, S. 29ff.; Löffler/Ricker 1978, 1. Kap. Rn. 14). Das erste Merkmal wird von den Landespressegesetzen für ein Druckwerk dahingehend umrissen, daß als Mittel die „Buchdruckerpresse“ oder ein sonstiges „zur Massenherstellung geeignetes Vervielfältigungsverfahren“ benutzt werden muß. Darunter fallen alle mechanischen und chemischen Verfahren, die die Herstellung einer großen Zahl von Vervielfältigungen des gleichen Stücks bzw. Inhalts erlauben (Löffler 1968, § 7 Rn. 29). Es muß eine zwar nicht unbegrenzte, aber doch weitgehend beliebig vermehrbare Anzahl von Vervielfältigungen möglich sein. Nicht erfaßt werden daher Abschriften, Schreibmaschinendurchschriften oder von Hand hergestellte Kopien (Löffler 1968, § 7 Rn. 50). Gleichzeitig macht der Begriff der Vervielfältigung deutlich, daß Druckwerke und damit Presseprodukte verkörpert sind, im Gegensatz zur körperlosen Verbreitung von Informationen durch den Rundfunk (Löffler/Ricker 1978, 1. Kap. Rn. 9, 15). Das zweite Kennzeichen eines Massenmediums wird von den Pressegesetzen für ein Druckwerk als die „Bestimmung zur Verbreitung" umrissen. Verbreitung meint dabei die Übergabe des Werks an einen großen Personenkreis; die Übermittlung des Inhalts genügt nicht (Löffler/Ricker 1978, 1. Kap. Rn. 23). Ein größerer Personenkreis liegt vor, wenn der Kreis der Empfänger vom „Absender" personell nicht mehr kontrolliert werden kann (BGHSt 13, 257), mag auch der Kreis individuell bestimmbar sein, wie das etwa bei einem Verein der Fall ist. Das heißt, daß nicht eine öffentliche Verbreitung erforderlich ist. Es genügt ein größerer, wenn auch individuell abgegrenzter Personenkreis (RGSt 7, 113).

Der rechtliche Begriff des Druckwerks bzw. des Presseprodukts geht, das lassen die bisherigen Ausführungen deutlich werden, weit über den normalen Sprachgebrauch hinaus. Das gilt noch in einer weiteren Hinsicht. Nach der gesetzlichen Definition werden neben Schriften auch besprochene Tonträger, also Schallplatten, Kassetten und Tonbänder mit Texten sowie bildliche Darstellungen und erläuterte Musikalien erfaßt. Zusätzlich gelten alle Produkte von Nachrichtenagenturen, Pressediensten und ähnlichen die Presse mit Beiträgen versorgenden Unternehmen als Druckwerke, selbst wenn es an der massenmedialen Vervielfältigung und Verbreitung fehlt. Diese extensive Begriffsbestimmung gilt nicht nur für die Landespressegesetze, sondern auch für alle anderen Vorschriften, die von Druckwerken und ähnlichem sprechen, soweit nichts Gegenteiliges bestimmt ist (Löffler 1968, § 7 Rn. 17). Speziell für das Strafrecht findet sich eine ähnliche Klausel in § 11 III StGB.

Für die Öffentlichkeitsarbeit ergibt sich daraus, daß ein großer Teil der dabei erstellten Produkte als Druckwerke bzw. Presse im rechtlichen Sinne einzustufen sind. Bei Broschüren, die sich mit dem Unternehmen bzw. einzelnen Aspekten des Unternehmens befassen und nicht nur an einzelne, im vorhinein genau festgelegte Personen verteilt werden, ist das offenkundig. Presse sind weiterhin wissenschaftliche Dokumentationen, die an Universitäten, Fachzeitschriften und andere Interessenten gehen. Ein Druckwerk und damit Presse sind natürlich auch die zunehmend an Bedeutung gewinnenden Nachbarschaftszeitungen eines Unternehmens, außerdem die Werkszeitungen, da der Abnehmerkreis hier zu groß ist, als daß man das Merkmal der Verbreitung verneinen könnte. Ein Presseprodukt ist weiterhin der Pressedienst eines Unternehmens, nachdem es sich hierbei um ein presseredaktionelles Hilfsunternehmen handelt.

Wieweit der Sozialbericht und der Geschäftsbericht erfaßt werden, ist dagegen zweifelhaft. Fast alle Pressegesetze nehmen bestimmte harmlose Druckwerke aus dem Begriff der Druckschrift aus, und zwar Druckwerke „die nur den Zwecken des Gewerbes und Verkehrs, des häuslichen und geselligen Lebens“ dienen, wie Formulare, Preislisten, Familienanzeigen und ähnliches. Als weitere Beispiele sind „Werbedrucksachen“ sowie „Geschäfts-, Jahres- und Verwaltungsberichte“ aufgeführt. Fallen damit nicht viele Produkte der Öffentlichkeitsarbeit aus dem Anwendungsbereich presserechtlicher Vorschriften heraus? Dies dürfte einmal nur dort gelten, wo eine Vorschrift ausdrücklich an den Begriff des Druckwerks anknüpft (anders Löffler, 1968, § 7 Rn. 57). Im übrigen muß der Wandel seit Erlaß der Pressegesetze berücksichtigt werden. Die Geschäftsberichte waren noch vor nicht allzu langer Zeit relativ trockene Zusammenstellungen für die Aktionäre eines Unternehmens und wurden im wesentlichen nur von Bankanalytikern gelesen. Heute stellen sie ein wichtiges Instrument zur Beeinflussung der öffentlichen Meinung dar. Sie sind in keiner Weise mehr mit Formularen, Preislisten und ähnlichem zu vergleichen. Anders als bei diesen Produkten kann nicht die publizistische Problemlosigkeit in jedem Falle unterstellt werden. Gerade darin liegt aber der Grund für die entsprechende Einschränkung der Pressegesetze (Löffler 1968, § 7 Rn. 57ff.). Die Gleichstellung der Geschäfts- und Sozialberichte mit Preislisten, Formularen, etc. ist daher heute nicht mehr berechtigt, sofern sie nicht allein aus einer Aufstellung von Ergebnisdaten bestehen. Das legt es nahe, die Landespressegesetze insoweit restriktiv zu interpretieren. Andernfalls würden sich verfassungsrechtliche Bedenken wegen der Ungleichbehandlung geschäftlicher und nicht geschäftlicher Druckwerke ergeben, die nur solange aufrechterhalten werden kann, als sie ein unterschiedliches Gefährdungspotential aufweisen. Wenn aber die meisten Geschäfts-, Jahres- und Verwaltungsberichte ebenso wie die Werbedrucksachen generell aus dem Begriff der harmlosen Druckwerke ausgenommen werden, unterliegen sie auch dem Presserecht. Eine entsprechende Berichtigung der Pressegesetze und damit Klarstellung durch den Gesetzgeber wäre empfehlenswert.

Kraft ausdrücklicher gesetzlicher Regelung werden weiterhin staatliche Veröffentlichungen, die ausschließlich amtliche Mitteilungen enthalten (außer in Bayern), nicht als Druckwerke betrachtet, unterliegen also nicht den daran anknüpfenden gesetzlichen Regelungen. Ob und inwieweit die staatliche Öffentlichkeitsarbeit damit vom Presserecht freigestellt wird, ist zweifelhaft. Dem Wortlaut läßt sich nur entnehmen, daß solche Produkte staatliche Öffentlichkeitsarbeit dem Presserecht unterliegen, die auch nichtamtliche Informationen enthalten, etwa Anzeigen und private Beiträge (Löffler 1968, § 7 Rn. 56; anders Rebmann/Ott/Storz 1961, § 7 Rn. 21). Im übrigen scheint die presserechtliche Literatur das Presserecht auf die staatliche Öffentlichkeitsarbeit nicht anwenden zu wollen, wenn auch gesehen wird, daß dieses Ergebnis angesichts der enorm gestiegenen Bedeutung der staatlichen Öffentlichkeitsarbeit kommunikationspolitisch höchst bedenklich ist (Löffler 1968, § 7 Rn. 54). Die darin liegende extensive Interpretation des Begriffs der „amtlichen Mitteilung“ ist aber nicht zwingend. Der entsprechende Begriff der amtlichen Verlautbarung, der im Rundfunkrecht im Rahmen des staatlichen Verlautbarungsrechts eine Rolle spielt, wird dort viel enger verstanden (Fuhr 1972, § 5 Anm. 4a; Lenz, JZ 1963, S. 342f.). Noch restriktiver wird der Begriff der „amtlichen Bekanntmachung" in den Pressegesetzen interpretiert (dazu Löffler/Ricker 1978, 21. Kap. Rn. 3). Ein ähnliches Verständnis ist auch in unserem Zusammenhang angemessen, was bedeutet, daß die staatliche Öffentlichkeitsarbeit hauptsächlich dann unter die Freistellungsklausel fällt, wenn sie der Bekanntgabe amtlicher Entscheidungen dient. Im übrigen unterliegt sie dagegen prinzipiell den Rechten und Pflichten der Presse (ähnlich Groß 1969, S. 74).

2.1.3 Pressetätigkeit und Presseunternehmen

a) Mit dem Begriff der Presse sind, worauf bereits hingewiesen wurde, nicht nur bestimmte Produkte gemeint, sondern auch die Tätigkeit zur Herstellung dieser Produkte. Die Reichweite der damit erfaßten Tätigkeiten wird sehr weit abgesteckt. Pressetätigkeit ist nicht nur die eigentliche redaktionelle Arbeit, sondern jede Tätigkeit „von der Beschaffung der Information bis zur Verbreitung der Nachricht und Meinung", wie dies das Bundesverfassungsgericht für die verfassungsrechtliche Ebene festgestellt hat (BVerfGE 10, 121; 20, 176). Auf der Ebene des einfachen Gesetzes ist das nicht anders (Löffler 1968, § 2 Rn. 26ff.). Das Beschaffen von Informationen, ihre Aufbereitung, ihre Verkörperung bzw. Vervielfältigung, sowie die Verbreitung einschließlich aller kaufmännischen und technischen Hilfsfunktionen, sind Pressetätigkeit (Löffler/Ricker 1978, 7. Kap. Rn. 10). Daß die Tätigkeit von Nachrichtenagenturen u. ä. ebenfalls darunterfällt, ergab sich bereits aus der gesetzlichen Definition des Druckwerks.

Für die Öffentlichkeitsarbeit bedeutet dies, daß jeder Aspekt dieser Tätigkeit, der in funktionalem Zusammenhang mit der Erstellung von Presseprodukten steht, den Vorschriften des Presserechts unterliegt. In der Praxis sind das die meisten Output-Funktionen der Öffentlichkeitsarbeit, nicht aber die Informationsbeschaffung für das Unternehmen, es sei denn, sie steht in untrennbarem Zusammenhang mit den Output-Funktionen.

b) Mit Presse sind endlich die Betriebe bzw. Personen gemeint, die Presseprodukte in dem beschriebenen weiten Sinne herstellen. Ob sie entgeltlich oder unentgeltlich, mit oder ohne Gewinnerzielungsabsicht, in selbständiger oder abhängiger Stellung, beruflich oder nebenberuflich tätig sind, spielt grundsätzlich keine Rolle (Löffler 1968, § 2 Rn. 28). Die presserechtlichen Vorschriften erfassen folglich nicht nur die selbständigen Public-Relations-Agenturen, sondern auch die unselbständigen Abteilungen für Öffentlichkeitsarbeit, wie sie in Betrieben und Verwaltungen zu finden sind, selbst wenn sie nur aus einer Person bestehen.

2.1.4 Die periodische Presse

Neben dem Begriff der Presse bzw. des Druckwerks ist noch der Unterbegriff des periodisch erscheinenden Druckwerks rechtlich bedeutsam. Ein Presseprodukt ist als periodisch zu bezeichnen, wenn es ständig, sei es auch unregelmäßig, und in Abstand von nicht mehr als sechs Monaten erscheint (§ 7 der meisten Pressegesetze). Erfaßt werden damit vor allem Zeitungen und Zeitschriften, im Bereich der Öffentlichkeitsarbeit also die Werkszeitungen und meist auch die Nachbarschaftszeitungen.

2.2 Die Sonderrechte der Presse

2.2.1 Informationsanspruch gegenüber dem Staat

Soweit die Öffentlichkeitsarbeit Presse darstellt, haben die entsprechenden Stellen gegenüber staatlichen Behörden einen Anspruch auf Erteilung von Auskünften. Umgekehrt unterliegen die Stellen staatlicher Öffentlichkeitsarbeit einer entsprechenden Auskunftspflicht (dazu Joerger 1975, S. 63ff.; Saenger 1966, S. 85ff.). Die gewünschten Auskünfte müssen in Zusammenhang mit der Veröffentlichung von Presseprodukten in dem dargelegten Sinne stehen (in Bayern besteht der Anspruch nur zugunsten von Zeitungen und Zeitschriften). Die Auskunft kann verweigert werden, wenn sie ein schwebendes Verfahren erschwert, wenn Geheimhaltungsvorschriften entgegenstehen, wenn ein überwiegendes Interesse verletzt würde oder der Umfang der Auskunft das zumutbare Maß überschreitet (§ 4 der meisten Pressegesetze. Dazu Groß 1969, S. 84ff.; Löffler/Ricker 1978, 20. Kap.).

2.2.2 Zeugnisverweigerungsrecht und Beschlagnahme

Lediglich der *periodischen* Presse kommt das Zeugnisverweigerungsrecht des § 53 StPO zugute, das Recht also, über die Person und den Inhalt von Informationen, die von Dritten erlangt wurden, die Auskunft gegenüber der Staatsanwaltschaft und anderen staatlichen Stellen zu verweigern. Für den Zivilprozeß statuiert § 383 ZPO das gleiche Recht. Das Zeugnisverweigerungsrecht steht allen Mitarbeitern von Public Relations-Agenturen zu, soweit sie in irgendeiner Form an der Vorbereitung, der Herstellung und der Verbreitung von *periodischen* Druckwerken beteiligt sind. Aber auch die Mitarbeiter von Public Relations-Abteilungen in Unternehmen können sich in diesem Umfang darauf berufen, wohl auch im Hinblick auf Informationen aus dem Unternehmen. Soweit das Zeugnisverweigerungsrecht reicht, darf auch nicht das Redaktionsmaterial beschlagnahmt werden (§ 97 V StPO). Im gleichen Umfang ist eine Durchsuchung unzulässig (BVerfGE 20, 162; Löffler/Ricker 1978, 30. Kap. Rn. 43; Meyer 1976, § 97 Anm. 3). Das Beschlagnahme- und Durchsuchungsverbot entfällt u. a., wenn die zur Zeugnisverweigerung Berechtigten einer Teilnahme oder Beteiligung an der betreffenden Straftat verdächtig sind (§ 97 II 3 StPO). Von der Beschlagnahme von Redaktionsmaterial ist die Beschlagnahme der Presseprodukte zu unterscheiden, die der Einziehung der Gesamtauflage dient. Die entsprechenden bundesrechtlichten Regelungen (§§ 111m, 111n StPO) dürften mangels Bundeskompetenz unzulässig sein (Löffler/Ricker 1978, 30. Kap. Rn. 58ff.). Die Beschlagnahme der Gesamtauflage richtet sich folglich nach den Landespressegesetzen und unterliegt den dort aufgeführten Beschränkungen. Geschützt werden in einigen Ländern lediglich periodische Presseprodukte, in anderen Ländern alle Druckwerke (vgl. §§ 13ff. der meisten Pressegesetze; Löffler 1968, Vorb. 25 zu § 13).

2.2.3 Verjährung

Werden durch die Veröffentlichung oder Verbreitung von Druckwerken Straftaten in Zusammenhang mit der inhaltlichen Gestaltung begangen, verjähren diese Delikte schneller als sonst vorgesehen. Bei Verbrechen beträgt die Frist 1 Jahr, bei Vergehen 6 Monate seit der Veröffentlichung (§ 22 bzw. 24 der meisten Pressegesetze). Das hat etwa für Beleidigungstatbestände Bedeutung. Auch die speziellen presserechtlichen Ordnungswidrigkeiten verjähren relativ schnell, nämlich in 3 Monaten.

2.2.4 Datenschutz

Ein presserechtliches Privileg enthält weiter das Bundesdatenschutzgesetz in § 1 III. Die Anforderungen dieses Gesetzes gelten nicht für personenbezogene Daten, „die durch Unternehmen oder Hilfsunternehmen der Presse, des Rundfunks und des Films ausschließlich zu eigenen publizistischen Zwecken verbreitet werden". Mangels näherer Bestimmung dessen, was Presse ist, kommt der formelle Pressebegriff der Landespressegesetze zur Anwendung (Löffler/Ricker, 1978, 43. Kap. Rn. 16). Eine Einschränkung ergibt sich jedoch aus dem zusätzlichen Element des Unternehmens bzw. Hilfsunternehmens. Ebenso wie bei dem verwandten Privileg des Tendenzschutzes im Betriebsverfassungsrecht ist erforderlich, daß das betreffende Unternehmen primär publizistische Zwecke verfolgt. Von einem Presseunternehmen läßt sich nicht sprechen, wenn ein Unternehmen in erster Linie andere Zwecke verfolgt und nur am Rand auch publizistische Ziele hat (Simitis 1979, § 1 Rn. 58f.; anders Hörle/Wronka 1977, § 1 Rn. 42). Die Public Relations-Abteilung eines Unternehmens ist daher kein Presseunternehmen im Sinne des § 1 III BDSG, es sei denn, sie ist organisatorisch (nicht notwendig rechtlich) völlig selbständig. Anderenfalls könnte jedes Unternehmen den Anforderungen des Datenschutzes entkommen, wenn es nur seine allgemeine Datenverarbeitung mit der seiner Public Relations-Abteilung ausreichend verknüpft. Dieser Auslegung steht auch nicht der Begriff des Hilfsunternehmens entgegen, der in § 1 III BDSG ebenfalls auftaucht. Damit sind, der Tradition des Presserechts entsprechend, Nachrichten-Agenturen, Pressekorrespondenzen, Materndienste und ähnliche Hilfsunternehmen gemeint (§ 7 II der meisten Pressegesetze). Das Datenschutzprivileg des § 1 III BDSG steht nur den organisatorisch selbständigen Unternehmen der Öffentlichkeitsarbeit zu.

Auch bei ihnen ist das Privileg auf die Datenverarbeitung zu eigenen publizistischen Zwecken beschränkt, auf Daten also, die dem journalistisch-redaktionellen Bereich zuzuordnen sind. Vom Datenschutzgesetz erfaßt werden daher Daten über Mitarbeiter, Kunden und Geschäftspartner, ebenso alle Daten, die Anzeigen betreffen (Hörle/Wronka 1977, § 1 Rn. 51f.; Simitis 1979, § 1 Rn. 73).

2.3 Spezifische Pflichten

2.3.1 Impressum

a) Die Landespressegesetze (meist § 8) verlangen, daß jedes Druckwerk eine Ursprungs- und Herkunftsbezeichnung enthält: Drucker und Verleger müssen mit Namen und Anschrift aufgeführt werden. Bei periodischen Druckwerken ist für den redaktionellen Teil auch der verantwortliche Redakteur, für den Anzeigenteil der dafür Verantwortliche zu nennen. Besteht eine Publikation aus selbständigen Teilen, so gilt für jedes Teil eine selbständige Impressumspflicht. Für die Beurteilung der Selbständigkeit kommt es nicht auf den inhaltlichen Zusammenhang, sondern auf die äußere Aufmachung an. Sonderbeilagen sind daher in aller Regel selbständige Druckwerke. Allein dann, wenn bereits aus der äußeren Gestaltung erkennbar wird, daß der Verleger der Hauptnummer deren Inhalt durch die Beiträge der Beilage erweitern und bereichern will, fehlt es an der Selbständigkeit (Löffler/Ricker 1978, 14. Kap. Rn. 18). Umgekehrt ist die Selbständigkeit im Hinblick auf das Erfordernis der Klarheit und Richtigkeit des Impressums immer zu bejahen, wenn die Beilage von einem Dritten redigiert wird (Löffler 1968, § 8 Rn. 64).

Bei Broschüren und Studien der Öffentlichkeitsarbeit, nach der hier vertretenen Auffassung auch bei den meisten Geschäfts- und Sozialberichten, müssen daher Drucker und Verleger angegeben werden. Auch Beilagen, die fremden Zeitungen und Zeitschriften beigelegt werden, unterliegen dieser Pflicht. Bei Werkszeitschriften und Nachbarschaftszeitungen ist zusätzlich der verantwortliche Redakteur sowie, falls Anzeigen veröffentlicht werden, die dafür verantwortliche Person anzugeben.

b) Übernimmt eine Zeitung regelmäßig fertige redaktionelle Teile, muß nach den meisten Landespressegesetzen der dafür verantwortliche Redakteur und teilweise auch der dahinter stehende Verleger im Impressum aufgeführt werden

(Löffler/Ricker 1978, 14. Kap. Rn. 19). Der Leser soll auf diese Weise das für seine Informations- und Meinungsbildung wesentliche Moment der journalistischen Identität erfassen können. In Bayern, Hessen und Schleswig-Holstein gibt es diese zusätzliche Kennzeichnungspflicht nicht.

Für die Öffentlichkeitsarbeit wird diese Pflicht dort von Bedeutung, wo einer Zeitschrift regelmäßig fertige redaktionelle Beiträge geliefert werden. Zwar hat die Regelung hauptsächlich die mit einer größeren Zeitung verbundenen Anschlußzeitungen sowie die Korrespondenzbüros im Auge, doch Wortlaut und Funktion erfassen auch die unverändert abgedruckten Beiträge einer Public Relations-Stelle in Zeitschriften, etc., sofern dies regelmäßig geschieht. Im übrigen gibt gerade die Öffentlichkeitsarbeit zu der Überlegung Anlaß, ob die presserechtlichen Pflichten im Hinblick auf die Übernahme gelegentlicher redaktioneller Beiträge nicht erweitert werden sollte. Allerdings wäre statt einer Erweiterung der Impressumsvorschriften eher an die Pflicht zur Kennzeichnung des Beitrags zu denken, ähnlich wie das bei Anzeigen erforderlich ist. Das Impressum würde sonst überlastet.

2.3.2 Anzeigenkennzeichnung

Um den Text- und Anzeigenteil der periodischen Presse deutlich zu trennen, muß nach den Landespressegesetzen (meist § 10) jede Veröffentlichung gekennzeichnet werden, für die der Verleger bzw. der verantwortliche Redakteur ein Entgelt gefordert oder erhalten hat bzw. sich versprechen ließ (Groß 1969, S. 80ff.; Löffler/Ricker 1978, 15. Kap.; Rodekamp 1975, S. 39ff.). Sie muß in der üblichen Weise als Anzeige kenntlich gemacht werden. Einige Landespressegesetze verlangen sogar das Wort „Anzeige".

Für die Öffentlichkeitsarbeit hat das eine zweifache Bedeutung. Zum einen ist in den periodisch herausgegebenen Druckwerken der Öffentlichkeitsarbeit auf die deutliche Kennzeichnung von Anzeigen dritter Stellen zu achten. Zum anderen löst jede finanzielle Vergütung, die von Trägern der Öffentlichkeitsarbeit für die Veröffentlichung eines Beitrags in einer Zeitung oder Zeitschrift bezahlt wird, die Kennzeichnungspflicht als Anzeige aus. Der betreffende Verleger begeht eine Ordnungswidrigkeit, wenn er dieser Pflicht nicht nachkommt. Die Vergütung muß nicht in Geld bestehen. Erfaßt wird jeder Vermögensvorteil. Der Vorteil muß allerdings (außer in Bayern) nach dem ausdrücklichen Gesetzeswortlaut dem Verleger (bzw. Unternehmen) oder dem verantwortlichen Redakteur zugute kommen. Einladungen, Präsente, etc. zugunsten dieser Personen führen, sofern sie nicht ganz geringwertig sind, zur Kennzeichnungspflicht, ein Punkt, gegen den in der Praxis nicht selten verstoßen wird. Kommunikationspolitisch wünschenswert wäre es, wenn generell die Zuwendung von nicht ganz unbedeutenden vermögenswerten Vorteilen an Redakteure eine Kennzeichnungspflicht auslösen würde. Die in manchen Bereichen schon als unsittlich einzustufenden korrumpierenden Begünstigungen von Redakteuren durch Autofirmen, Reiseunternehmen, etc. werden sich langfristig nicht nur für die allgemeinen Presseunternehmen schädlich auswirken, sondern auch einer wirksamen Öffentlichkeitsarbeit abträglich sein.

2.3.3 Gegendarstellungsrecht

Der verantwortliche Redakteur sowie der Verleger eines *periodischen* Druckwerks sind verpflichtet, eine Gegendarstellung desjenigen zu veröffentlichen, der von einer Tatsachenbehauptung betroffen ist. Die Gegendarstellung ist in der nächsten Nummer und an gleicher Stelle abzudrucken. Das Abdruckverlangen muß unverzüglich, spätestens innerhalb von drei Monaten erfolgen (meist § 11 der Pressegesetze; Groß 1969, S. 102ff.; Joerger 1975, S. 87ff.; Löffler/Ricker 1978, 23. Kap.; Seitz/Schmidt/Schoenes 1980). Im Rahmen der Öffentlichkeitsarbeit hat diese Verpflichtung zum einen für Werks- und Nachbarschaftszeitungen Bedeutung. Im übrigen kann das Gegendarstellungsrecht auch als Mittel der Öffentlichkeitsarbeit eingesetzt werden, um unrichtige Behauptungen der Presse zu korrigieren. In der Praxis haben die guten Beziehungen zur Presse allerdings häufig den Vorrang. Zudem läßt sich eine Gegendarstellung unschwer durch eine redaktionelle Anmerkung abschwächen (Joerger 1975, S. 90f.).

Literatur

Böckelmann, F., W. A. Mahle, G. Nahr (1979): In: Langenbucher, W. (Hrsg.): Politik und Kommunikation. München/Zürich.

Böckelmann, F., und G. Nahr (1979): Staatliche Öffentlichkeitsarbeit. Berlin.

Dietz, R., und R. Richardi (1973): Betriebsverfassungsgesetz. 5. Aufl. München.

Fuhr, E. W. (1972): ZDF-Staatsvertrag. Mainz.

Groß, R. (1969): Grundzüge des Deutschen Presserechts. Göttingen.

Häberle, P. (1977): Öffentlichkeitsarbeit der Regierung zwischen Parteien- und Bürgerdemokratie. Juristenzeitung.

Herzog, R. (1968): In: Th. Maunz u. a.: Grundgesetz. Art. 5. München.

Hörle, U., und G. Wronka (1977): Bundesdatenschutzgesetz. Bonn.

Hofsähs, R., und H. Pollmann (1977): Das Presse- und Informationsamt der Bundesregierung. 4. Aufl. Düsseldorf.

Jarass, H. D. (1978): Die Freiheit der Massenmedien. München.

– (1979): Nachrichtensperre und Grundgesetz. Archiv für Presserecht.

Jerschke, H. U. (1971): Öffentlichkeitspflicht der Exekutive und Informationsrecht der Presse. Berlin.

Joerger, G. (1975): Öffentlichkeitsarbeit. Stuttgart.

Kempen, D. E. (1975): Grundgesetz, amtliche Öffentlichkeitsarbeit und politische Willensbildung. Berlin.

Kübler, F. (1978): Massenmedien und öffentliche Veranstaltungen. Frankfurt a. M.

Lenz, H. (1963): Rundfunkorganisation und öffentliche Meinungsbildungsfreiheit. Juristenzeitung.

Leisner, W. (1966): Öffentlichkeitsarbeit der Regierung in Rechtsstaat. Berlin.

Lipphardt, H. R. (1976): Die kontingentierte Debatte. Berlin.
Löffler, M. (1968): Presserecht. Bd. 2, 2. Aufl. München.
Löffler, M., und R. Ricker (1978): Handbuch des Presserechts. München.
Lücke, J. (1977): Die Programmfreiheit des Rundfunks und das Informationsrecht des Bürgers. Die Verwaltung.
Meyer, K.-H. (1976): In: E. Loewe/W. Rosenberg, Strafprozeßordnung. 22. Aufl. Berlin/New York.
Münch, I. v. (1974): Grundgesetz. Bd. 1. München.
Rebmann, K., M. Ott, W. Storz (1964): Das Baden-Württembergische Gesetz über die Presse. Stuttgart.
Ridder, H. (1969): Grundgesetz und Öffentlichkeitsarbeit. In: Festschrift für Stein. Berlin.
Rodekamp, H. (1975): Redaktionelle Werbung. Jur. Diss. Münster.
Rogge, H. J. (1979): Grundzüge der Werbung. Berlin.
Saenger, G. (1966): Funktion amtlicher Pressestellen in der demokratischen Staatsordnung. Frankfurt/Berlin.
Scholz, R. (1980): Medienfreiheit und Publikumsfreiheit. In: Festschrift für Löffler. München.
Seitz, W., G. Schmidt, A. Schoener (1980): Der Gegendarstellungsanspruch in Presse, Film, Funk und Fernsehen. München.
Simitis, Sp. u. a. (1979): Kommentar zum Bundesdatenschutzgesetz. 2. Aufl. Baden-Baden.
Simon, M. (1969): Public Relations Law. New York.

3. Privatrechtliche Aspekte der Öffentlichkeitsarbeit

Dietrich von Stebut

3.1 Erzwingbare Öffentlichkeitsarbeit

Durch gesetzlich begründeten Zwang zur Veröffentlichung von unternehmensbezogenen Daten sollen der Öffentlichkeit oder bestimmten Personengruppen (z. B. Arbeitnehmern, Anlegern, Lieferanten, Abnehmern und Geldgebern) Informationen zugänglich gemacht werden. Gesetzliche Vorschriften über Publizitätspflichten werden für erforderlich gehalten, weil die wirtschaftliche Entwicklung nicht nur Kapitalgeber und Anteilseigner angeht, sondern auch die Interessen oder sogar die Existenz Dritter berührt. Informationen über Unternehmensdaten sind bedeutsam z. B. für die Investitionsentscheidungen von Lieferanten und Abnehmern, für die Sicherung von Arbeitsplätzen und damit zugleich für alle Stellen, die wirtschafts- und sozialpolitische Entscheidungen zu treffen haben (Wiedemann 1980, § 10 V, Rittner 1979, § 8 D III). Eine Veröffentlichung wirtschaftlicher Daten wird von Unternehmen und deren Trägern außerdem gefordert wegen ihrer gesellschaftlichen Verantwortung, die gelegentlich sogar als Leitmaxime unternehmerischen Handelns bezeichnet wird (vgl. Arbeitskreis „Gesellschaftsbezogene Rechnungslegung“ 1981, S. 177ff.). Neben diesen eigenen Informationspflichten gibt es gesetzliche Regelungen über eine Verpflichtung zur Duldung und Finanzierung fremder Öffentlichkeitsarbeit, mit der ebenfalls ein von der Rechtsordnung anerkanntes dringendes Informationsbedürfnis befriedigt werden soll (vgl. unten 3.3.1 b).

3.2 Externe Publizitätspflichten

3.2.1 Registerpublizität

Die nach §§ 8ff. HGB, 36ff. AktG, 7 GmbHG, 10ff. GenG in das Handels- oder Genossenschaftsregister einzutragenden Tatsachen sind durch Veröffentlichung im Bundesanzeiger und in mindestens einem weiteren Blatt sowie durch die jedermann gebührenfrei mögliche Registereinsicht (§§ 9 HGB, 156 Abs. 1 Satz 1 GenG, 90 KostenO) allgemein zugänglich (sogenannte Registerpublizität). Dabei handelt es sich insbesondere um Angaben über die Namen von Unternehmen (ihre Firma), ihren Sitz, ihren Gegenstand, die Mitglieder ihrer Geschäftsleitungen und ihren Gesellschafterkreis. Diese Angaben, die ggf. ergänzt werden durch die Eintragung einer Prokura (vgl. § 53 HGB) sollen vor allem die gesellschaftlichen Haftungsverhältnisse, die Organisationsstruktur und die Vertretungsbefugnis der für ein Unternehmen Handelnden publik machen.

3.2.2 Geschäftsbriefpublizität

Diese durch die Registerpublizität bewirkte Verbreitung von Unternehmensdaten wird ergänzt durch zwingend vorgeschriebene Angaben auf den Geschäftsbriefen von Aktiengesellschaften, Gesellschaften mit beschränkter Haftung und Genossenschaften sowie von Personenhandelsgesellschaften, bei denen kein persönlich haftender Gesellschafter eine natürliche Person ist (sogen. Geschäftsbriefpublizität – vgl. §§ 80 AktG, 35a GmbHG, 25a GenG 125a, 177a HGB). Anzugeben sind Rechtsform und Sitz der Gesellschaft, das Registergericht des Sitzes, die Registernummer sowie die Namen der zur Vertretung berechtigten Organmitglieder und eines eventuellen Aufsichtsratsvorsitzenden.

3.2.3 Konzernpublizität

Mehrheitsbeteiligungen von Aktiengesellschaften an anderen Unternehmen oder der Erwerb von 25% oder mehr der Aktien einer Aktiengesellschaft durch ein anderes Unternehmen sowie wechselseitige Beteiligungen sind dem davon betroffenen Unternehmen nach §§ 20 Abs. 1 und 4, 21 AktG mitzuteilen. Eine Publizität von Unternehmensverflechtungen wird damit erreicht, weil das betroffene Unternehmen nach § 20 Abs. 6 AktG das Bestehen einer derartigen Beteiligung unverzüglich in den Gesellschaftsblättern bekanntzumachen und dabei das Unternehmen zu benennen hat, dem die Beteiligung gehört. Die Bekanntmachung soll dazu dienen, die Aktionäre, die Gläubiger und die Öffentlichkeit über geplante und bestehende Konzernverbindungen besser zu unterrichten und die Machtverhältnisse sowie die bestehenden oder sich anbahnenden Konzentrationen in Wirtschaft und Gesellschaft deutlicher hervortreten zu lassen.

3.2.4 Rechnungslegungspublizität

Die Rechnungslegungspublizität dient der Unterrichtung der Öffentlichkeit über das Betriebsgeschehen, die Lage und den Erfolg eines Unternehmens sowie die Ursachen seiner wirtschaftlichen Entwicklung durch die Möglichkeit der Auswertung von publiziertem Zahlenmaterial (Bilanzanalyse). Sie gestattet damit eine gewisse öffentliche Kontrolle.

Der festgestellte Jahresabschluß von Aktiengesellschaften ist gemäß § 177 Abs. 2 AktG unter Beifügung des von den Abschußprüfern unterschriebenen Bestätigungsvermerks, des Geschäftsberichts und des Berichts des Aufsichtsrats unverzüglich zum Handelsregister einzureichen. Er ist sodann zusammen mit dem vollen Bestätigungsvermerk (§ 178 Abs. 1 Nr. 1 AktG) in den Gesellschaftsblättern bekanntzumachen. In der Praxis wird allerdings meist auch der Geschäftsbericht zusammen mit dem Jahresabschluß gedruckt vorgelegt und allen Interessenten, vor allem den Aktionären, über deren Depotbanken auf Anforderung zugänglich gemacht (Einzelheiten bei Adler/Düring/Schmaltz, Bd. 1 1968, § 160 Rdn. 3; Wirtschaftsprüfer-Handbuch 1977 S. 537ff.). Vom Ministerrat der EG wird derzeit eine Richtlinie vorbereitet, wonach Aktiengesellschaften künftig verpflichtet sein werden, die in Deutschland schon derzeit überwiegend freiwillig erstatteten Zwischenberichte als Halbjahresberichte zu veröffentlichen (vgl. Zahn 1981 S. 124).

Wegen der häufig umfangreichen Presseberichte über die in der Hauptversammlung einer Aktiengesellschaft erteilten Auskünfte verdient das Auskunftsrecht der Aktionäre besondere Beachtung. Nach § 131 Abs. 1 AktG ist Aktionären in der Hauptversammlung vom Vorstand auf Verlangen Auskunft über Angelegenheiten der Gesellschaft zu geben, soweit sie zur sachgemäßen Beurteilung des Gegenstands des Tagesordnung erforderlich ist. Die Auskunft hat den Grundsätzen einer gewissenhaften und getreuen Rechenschaft zu entsprechen (§ 131 Abs. 2 AktG) und darf nur aus bestimmten, in § 131 Abs. 3 aufgezählten Gründen verweigert werden.

Allgemein anerkannte Grundsätze über sonstige Formen unternehmensbezogener Berichterstattung, insbesondere über die Aufstellung von Sozialbilanzen gibt es bisher noch nicht. Veröffentlichungen, in denen z. B. über soziale Maßnahmen für die Belegschaft oder über Fortschritte auf dem Gebiet des Umweltschutzes berichtet wird, werden als Konsequenz der gesellschaftlichen Verantwortung von Unternehmen zunehmend gefordert (vgl. etwa Arbeitskreis „Gesellschaftsbezogene Rechnungslegung" 1981, S. 177). Bisher steht es aber noch allein im pflichtgemäßen Ermessen des Vorstandes einer AG, ob im Geschäftsbericht Angaben über die sozialen Kosten oder über das sogen. „Humankapital" gemacht werden (vgl. Hopt 1980, S. 243; Claussen 1970, § 160 Rn. 11; Scheibe-Lange 1979, S. 647; Küller 1979, S. 688ff.).

Eine rechtsformunabhängige Rechnungslegungspublizität für Unternehmen mit großer wirtschaftlicher Bedeutung und für Konzerne begründet das PublizitätsG vom 15. 8. 1969 (vgl. Anmerkung 1), das an die Kriterien 125 Mill. DM Bilanzsumme, 250 Mill. DM Umsatzerlöse und durchschnittlich mehr als 5000 Beschäftigte anknüpft (§ 1 PublizitätsG). Wenn ein Unternehmen zwei der drei genannten Größenmerkmale erreicht, muß sein Jahresabschluß bestimmten in § 5 PublizitätsG näher umschriebenen Anforderungen genügen, von einem Abschlußprüfer geprüft und zusammen mit dem Geschäftsbericht zum Registergericht eingereicht werden (§ 9 PublizitätsG). Er ist im Bundesanzeiger zu veröffentlichen. Sonderregelungen bestehen für Kreditinstitute und Versicherungsunternehmen (§ 1 Abs. 3 und 4 PublizitätsG; – Einzelheiten dazu bei Adler/Düring/Schmaltz 1971, Bd. 2, § 162 Rn. 16ff.; Wirtschaftsprüfer-Handbuch 1977, S. 274ff.; Rittner 1979 S. 138ff.).

3.2.5 Emissionspublizität

Ein mittelbarer Zwang zur Öffentlichkeitsarbeit ist mit der angestrebten Zulassung von Wertpapieren zum Börsenhandel durch die Emissionspublizität verbunden.

Die Zulassungsstelle einer Börse hat die Aufgabe und die Pflicht, dafür zu sorgen, daß das Publikum über alle zur Beurteilung der zu emittierenden Wertpapiere notwendigen tatsächlichen und rechtlichen Verhältnisse soweit als möglich informiert wird (§ 36 Abs. 3 lit. a BörsenG). Der vor Einführung von Wertpapieren an der Börse zu veröffentlichende Prospekt muß die für die Beurteilung der einzuführenden Wertpapiere wesentlichen Angaben enthalten (§ 38 Abs. 2 Satz 1 BörsenG). Die umfangreichen Informationspflichten von Gemeinwesen, Gesellschaften oder Personen, deren Wertpapiere zum Börsenhandel zugelassen werden sollen, sind in §§ 6–8 der Bekanntmachung betreffend die Zulassung von Wertpapieren zum Börsenhandel vom 4. 7. 1910 im einzelnen aufgeführt. Diese Angaben werden durch Börsenaushang und durch Abdruck in mindestens einer von der Zulassungsstelle bestimmten Zeitung bekanntgemacht (§ 12 Abs. 2 Wertpapier-Zulassungs-Bekanntmachung). Für unrichtige Angaben, die für die Beurteilung des Werts erheblich sind, haften sämtliche Beteiligte nach § 45 Börsengesetz jedem Besitzer eines solchen Wertpapiers als Gesamtschuldner (vgl. dazu Ehricke 1980, S. 2429).

3.2.6 Rückrufaktionen bei Produktmängeln

Eine Pflicht von Warenherstellern gegen sich selbst (Obliegenheit) kann die Information der Öffentlichkeit über nachträglich nicht nur ganz vereinzelt, sondern serienweise auftretende oder bekanntwerdende gefahrbringende Produktmängel sein (Rückrufaktion). Kommt der Warenhersteller dieser Rückrufpflicht nicht nach, so haftet er für die bei dem bestimmungsgemäßen Gebrauch seiner Erzeugnisse entstandenen, durch entsprechende Warnungen vermeidbaren Schäden. Einen Produzenten trifft auch nach der Veräußerung seiner Erzeugnisse die Obliegenheit zu beobachten, ob dem Benutzer bei ihrer andauernden bestimmungsgemäßen Verwendung früher nicht vorhersehbarer Gefahren drohen. Durch sachgerechte Warnaktionen, mit denen der Verwenderkreis der Erzeugnisse informiert wird, kann dieses Risiko ausgeschlossen werden. Eine Rücknahme- oder Schadensbeseitigungspflicht ist mit derartigen Rückrufaktionen im allgemeinen nicht verbunden (Löwe 1978, S. 287ff., vgl. auch Anmerkung 2).

3.3 Unternehmensinterne (arbeitsrechtliche) Öffentlichkeitsarbeit

3.3.1 Betriebsverfassung

a) Informationspflichten

§ 43 Abs. 2 BetrVG verpflichtet den Arbeitgeber, mindestens einmal in jedem Kalenderjahr in einer Betriebsversammlung der Belegschaft über das Personal- und Sozialwesen des Betriebs sowie über dessen wirtschaftliche Lage und Entwicklung zu berichten, soweit dadurch nicht Betriebs- oder Geschäftsgeheimnisse gefährdet werden. Dieser Lagebericht soll den vom Betriebsrat vierteljährlich zu erstattenden Tätigkeitsbericht ergänzen. Während der Betriebsrat die Belegschaft über seine Aufgaben und Tätigkeiten sowie über sonstige betriebliche Vorgänge, die Belange der Arbeitnehmer berühren, zu informieren hat, soll der Arbeitgeber mündlich einen betriebsbezogenen Lagebericht aus unternehmerischer Sicht geben. Damit sollen die Arbeitnehmer zugleich über die für sie bedeutsamen unternehmerischen Planungen und Tendenzen unterrichtet werden (Fabricius 1981, § 43, Rn. 8ff.).

In Unternehmen mit in der Regel mehr als 1000 ständig beschäftigen Arbeitnehmern hat der Unternehmer außerdem mindestens einmal in jedem Kalendervierteljahr nach vorheriger Abstimmung mit dem Wirtschaftsausschuß und dem Betriebsrat die Arbeitnehmer schriftlich über die wirtschaftliche Lage und Entwicklung des Unternehmens zu unterrichten (§ 110 Abs. 1 BetrVG). Die schriftliche Unterrichtung soll gewährleisten, daß die Arbeitnehmer den Bericht gründlich und in Ruhe zur Kenntnis nehmen können. Diese Information erfolgt im allgemeinen mit Hilfe einer Werkszeitung. Während der jährlich vom Arbeitgeber in einer Betriebsversammlung zu erstattende Bericht über die betrieblichen Gegebenheiten Auskunft geben soll (vgl. § 43 Abs. 2 BetrVG) betrifft der in jedem Kalendervierteljahr zu erstattende Unternehmensbericht die wirtschaftliche Situation und Entwicklung aus unternehmerischer, d. h. aus übergeordneter Sicht. Diese Unterrichtung hat – mindestens in groben Zügen – die Vermögens- und Absatzlage sowie wichtige Veränderungen der Unternehmenssituation zu umfassen (Fabricius 1981, § 110, Rn. 4ff.; Löwisch 1979, § 110 Rn. 3f.; Dietz/Richardi 1973, § 110, Rn. 8; Vogt 1978, S. 1481ff.). In kleineren Unternehmen mit in der Regel mehr als 20 Arbeitnehmern kann diese Unterrichtung auch mündlich erfolgen (§ 110 Abs. 2 BetrVG).

b) Pflicht zur Duldung und Finanzierung der Öffentlichkeitsarbeit des Betriebsrats

Der Betriebsrat kann Öffentlichkeitsarbeit durch Bekanntmachung an Anschlagbrettern, durch Einberufung von Betriebsversammlungen und durch Herausgabe von Informationsblättern betreiben. Er entscheidet selbständig, welche Informationen er für erforderlich hält und auf welchem Wege er sie den Arbeitnehmern zuleitet. Das sind Angelegenheiten, die den Betrieb oder seine Arbeitnehmer unmittelbar betreffen, einschließlich tarifpolitischer, sozialpolitischer und wirtschaftlicher Fragen. Unzulässig sind lediglich Mitteilungen, die unrichtig sind oder mit denen er seine Zuständigkeit überschreitet (vgl. Anmerkung 3).

Eine Überschreitung der Zuständigkeit liegt vor, wenn Informationen verteilt werden, die nach der gesetzlichen Regelung allein der Arbeitgeber zu geben hat (vgl. 3.3.1 a) Informationspflichten). Dasselbe gilt, wenn der Betriebsrat über die Tätigkeit von Arbeitnehmervertretern im Aufsichtsrat des Unternehmens berichtet, weil derartige Mitteilungen nicht zu seinen Aufgaben gehören (Fitting/Auffarth/Kaiser 1977, § 43, Rdn. 10). Unzulässig sind aber auch parteipolitische Stellungnahmen des Betriebsrats. Der Arbeitgeber ist verpflichtet, dem Betriebsrat die nach der Größe des Betriebes erforderliche Zahl von Anschlagbrettern für Mitteilungen zur Verfügung zu stellen.

Der Betriebsrat darf ein regelmäßiges oder ein in unregelmäßigen Abständen erscheinendes Informationsblatt dann herausgeben, wenn ein dringendes Informationsbedürfnis der Belegschaft besteht, das durch Bekanntmachungen auf der nächsten Betriebsversammlung oder durch Anschläge nicht sachgerecht befriedigt werden kann. Der Unternehmer hat nach § 40 Abs. 1 BetrVG die Kosten dafür zu tragen, wenn sie sich in Grenzen halten und ihm nach Art und Größe des Betriebs zumutbar sind (Schaub 1980, § 222 III 5; vgl. auch Anmerkung 4).

Der Betriebsrat muß nach § 43 Abs. 1 BetrVG einmal in jedem Kalendervierteljahr eine Betriebsversammlung einberufen, die grundsätzlich während der Arbeitszeit stattfindet und deren Kosten der Arbeitgeber zu tragen hat (§ 44 BetrVG). Er hat seinen Tätigkeitsbericht zu erstatten, der sich auf die während der Berichtszeit eingetretenen Ereignisse und Tatsachen beziehen soll, die für das betriebliche Leben und die Arbeitnehmer bedeutsam sind (vgl. 3.3.1a) sowie Fitting/Auffarth/Kaiser 1980, § 43, Rdn. 10; Brill, 1980, S. 736ff.).

Der Unternehmer kann vom Leiter einer Betriebsversammlung verlangen, daß dem von ihm hinzugezogenen Beauftragten seiner Arbeitgebervereinigung zu bestimmten Einzelthemen an seiner Stelle das Wort erteilt wird (vgl. Anmerkung 5). Ebenso kann der Betriebsrat auch gegen den Willen des Arbeitgebers auf einer Betriebsversammlung einen betriebsfremden Referenten ein Referat zu einem sozialpolitischen Thema von unmittelbarem Interesse für den Betrieb und seine Arbeitnehmer halten lassen (vgl. Anmerkung 6).

3.3.2 Unternehmensmitbestimmung

Durch die gesetzlichen Regelungen über die Mitbestimmung der Arbeitnehmer in den Unternehmensorganen (§§ 76–77a BetrVG 1952, MontanMitbestG 1951, MitbestErgänzungsG 1956 und insbesondere MitbestimmungsG 1976) sind keine zusätzlichen Publizitätspflichten oder Pflichten zur Duldung und Finanzierung fremder Öffentlichkeitsarbeit – etwa durch die Arbeitnehmervertreter – begründet worden.

4. Privatrechtliche Rahmenbedingungen von Öffentlichkeitsarbeit

Dietrich von Stebut

4.1 Wettbewerbsrecht

Öffentlichkeitsarbeit, die nicht unmittelbar der Werbung für ein bestimmtes Produkt dient, ist jedenfalls insoweit an den Vorschriften des Gesetzes gegen unlauteren Wettbewerb vom 7. 6. 1909 (UWG) zu messen, als mit ihr direkt oder indirekt auch Werbeaussagen vermittelt werden. Das wird bei der Öffentlichkeitsarbeit von Wirtschaftsunternehmen und Wirtschaftsverbänden sowie derjenigen der von ihnen beauftragten Agenturen fast immer anzunehmen und auch beabsichtigt sein. Maßnahmen der Verwaltung sind allerdings ebenfalls als Wettbewerbshandlungen an den Grundsätzen des UWG zu messen, wenn von ihr im Wettbewerb mit privaten Unternehmen Waren oder Leistungen angeboten werden (vgl. Anmerkung 7) oder fremder Wettbewerb gefördert wird (grundsätzlich dazu Scholz 1974, S. 781 f., vgl. auch Anmerkung 8). Mitteilungen, die zu Wettbewerbszwecken gemacht werden, dürfen nicht falsch oder irreführend sein oder sonst gegen die guten Sitten verstoßen. Boykottaufrufe – insbesondere durch Verbände oder Informationsdienste – verstoßen gegen § 26 Abs. 1 Gesetz gegen Wettbewerbsbeschränkungen (GWB), wenn mit ihnen der Wettbewerb des Verrufenen unbillig beeinträchtigt werden soll. Sie begründen eine Schadensersatzpflicht des Verrufers nach § 35 GWB (Emmerich 1979 § 18).

4.1.1 Getarnte Öffentlichkeitsarbeit

Wettbewerbsrechtlich bedenklich sind insbesondere bestellte und bezahlte Presseveröffentlichungen, die den Anschein der Objektivität erwecken sollen, und redaktionell gestaltete Anzeigen, die als redaktionelle Beiträge getarnt sind. Dasselbe gilt bei einer Koppelung von tatsächlich oder scheinbar rein redaktionellen Beiträgen über eine Institution mit von dieser bezahlten Inseraten (instruktiv dazu OLG Hamm, in Archiv für Presserecht 1980, S. 224 f.). Wenn Presseunternehmen bezahlte Tatsachenmitteilungen Dritter, die über den Rahmen einer sachlichen Unterrichtung hinausgehen, in den redaktionellen Teil von Zeitschriften oder Zeitungen aufnehmen, verstoßen sie damit gegen die Richtlinien des Zentralausschusses der Werbewirtschaft (abgedruckt bei Baumbach/Hefermehl 1980, § 3 UWG Anhang VII) und handeln ihrerseits wettbewerbswidrig (Rodekamp 1978, S. 681 ff.; Bülow 1976, S. 526 ff.).

Unabhängig von den presserechtlichen Besonderheiten, hat der Auftraggeber derartiger bezahlter Presseveröffentlichungen zu beachten, daß auch seine Öffentlichkeitsarbeit als wettbewerbswidrige Irreführung der Leser und als Verstoß gegen

§§ 1, 3 UWG zu beurteilen ist, wenn bestellte und bezahlte Mitteilungen in der Presse als redaktionelle Beiträge und als sachliche, unbeeinflußte oder gar fachkundige Informationen getarnt werden. Sittenwidrig ist insbesondere die zur Täuschung geeignete Aufmachung von Anzeigen als redaktionelle Beiträge, wenn darin Werbeaussagen über ein Unternehmen oder seine Produkte zu Wettbewerbszwecken enthalten sind (BGH, NJW 1974, S. 1141, NJW 1981 S. 2573; vgl. auch Kissler 1979, S. 89ff. und Baerns 1979, S. 99ff.). Dasselbe gilt aber auch dann, wenn bei der Veröffentlichung eines wissenschaftlichen Gutachtens verschwiegen wird, daß es sich um ein gegen Entgelt angefertigtes Auftragswerk handelt, und so der Eindruck erweckt werden soll, es liege eine unabhängige, objektive Stellungnahme vor (vgl. Anmerkung 9). Dagegen fehlt es bei rein wissenschaftlichen Aufsätzen oder fachlichen Äußerungen von Gutachtern im allgemeinen auch dann an der Wettbewerbsabsicht, wenn sie sich auf den Wettbewerb auswirken.

Wettbewerbswidrig sind auch Informationsveranstaltungen (z. B. Filmvorführungen) oder Meinungsumfragen, wenn vorgespiegelt wird, es handele sich um Aktionen, die allein ideellen oder wissenschaftlichen Zielen dienten, und verheimlicht wird, daß damit geschäftliche Interessen (z. B. Beschaffung von Adressen oder Marktdaten, bzw. unterschwellige Beeinflussung) verfolgt werden (Baumbach/Hefermehl 1980,§ 1 UWG, Rn. 25, 138ff.).

4.1.2 Vergleichende Öffentlichkeitsarbeit

Öffentlichkeitsarbeit, mit der die Spitzenstellung eines Unternehmens hervorgehoben werden soll, oder die auf einer Gegenüberstellung zu anderen Unternehmen basiert, kann als vergleichende Werbung unzulässig sein, wenn sie irreführend ist oder sonst gegen die guten Sitten verstößt. Öffentlichkeitsarbeit, die als vergleichende Werbung zu beurteilen ist, ist nur ausnahmsweise dann zulässig, wenn für sie ein sachlicher Grund besteht und die Grenzen des Erforderlichen bei dem Vergleich nicht überschritten werden (vgl. Anmerkung 10). Mitteilungen und Veröffentlichungen, mit denen nicht nur die eigenen Vorzüge herausgestellt werden, sondern mit denen auch offene oder versteckte Kritik geübt und mit denen ein Wettbewerber ohne sachlichen Grund herabgesetzt wird, verstoßen gegen § 1 UWG. Öffentliche Äußerungen über Dritte, die als Wettbewerber in Betracht kommen, oder vergleichende Gegenüberstellungen, verstoßen gegen § 3 UWG, wenn sie irreführend sind. Das kann selbst dann der Fall sein, wenn sie wahr und sachlich richtig sind. Nachteilige Feststellungen, die über Wettbewerber getroffen werden, und die nicht erweislich wahr sind, verstoßen gegen § 14 UWG.

Öffentlichkeitsarbeit, die darauf abzielt, ein Unternehmen bekanntzumachen und seine Besonderheiten darzustellen, kann weiter als wettbewerbswidrige Alleinstellungswerbung zu beurteilen sein, wenn sie beim Publikum den unzutreffenden Eindruck erweckt, das betroffene Unternehmen und seine Erzeugnisse hätten eine unangefochtene Spitzenstellung. Das gilt etwa für Angaben über die Größe eines

Unternehmens oder die Qualität seiner Produkte. Zulässig sind dagegen nicht ernst gemeinte Anpreisungen und reine Meinungsäußerungen ohne sachbezogenen Kern (Baumbach/Hefermehl 1980, § 3 UWG, Rn. 66ff.).

Auch Veröffentlichungen, die auf Marktanalysen oder Warentests beruhen, können als vergleichende Werbung gegen §§ 1, 3 UWG verstoßen. Die Untersuchungen, auf denen derartige Veröffentlichungen basieren, müssen methodisch und wissenschaftlich korrekt und dürfen nicht etwa manipuliert sein. Für etwaige Mängel hat der Mitteilende selbst dann einzustehen, wenn sie von einem anderen – z. B. von einem Marktforschungs- oder Testinstitut – verursacht worden sind.

Veröffentlichungen, die auf vergleichende Warentests basieren, sind nur zulässig, wenn hinreichender Anlaß für eine Verbraucheraufklärung besteht und wenn durch vollständige Wiedergabe der wesentlichen Testergebnisse verzerrende Darstellungen vermieden werden. Irreführend wäre dagegen z. B. eine Veröffentlichung positiver Testergebnisse, wenn zugleich die negativen Aussagen verschwiegen werden (Baumbach/Hefermehl 1980, § 1 UWG, Rn. 351ff.; Nees 1979, S. 917ff.).

4.1.3 Verbandsarbeit

Grundsätzlich wird anerkannt, daß Verbände, wie z. B. die Stiftung Warentest, Verbraucher- oder Interessenverbände nicht zu Wettbewerbszwecken Öffentlichkeitsarbeit betreiben, so daß ihre Äußerungen nur an allgemeinen zivilrechtlichen Vorschriften zu messen sind (vgl. unten 4.3 und 4.4, vgl. auch Anmerkung 11). Verbände, die mit anderen Verbänden bei ihrer Arbeit konkurrieren, können bei ihrer am Verbandszweck ausgerichteten Öffentlichkeitsarbeit Wettbewerbsverstöße begehen, wenn sie ihre eigenen Leistungen und Erfolge unrichtig darstellen. Vor allem aber können Wirtschaftsverbände, die für ihre im geschäftlichen Verkehr tätigen Mitglieder Öffentlichkeitsarbeit betreiben, und die deren Interessen vertreten, dabei Wettbewerbsverstöße begehen. Insbesondere ist die Öffentlichkeitsarbeit von Verbänden dann wettbewerbswidrig, wenn sie den wirtschaftlichen Wettbewerb ihrer im gewerblichen Bereich tätigen Mitglieder zum Nachteil von konkurrierenden Nichtmitgliedern fördern soll (Baumbach/Hefermehl 1980, UWG Einl. Rn. 204, 231; Ellscheid 1972, S. 284ff.). Auch Körperschaften des öffentlichen Rechts (z. B. Ärztekammern) können wettbewerbswidrig handeln, wenn sie den Wettbewerb ihrer Mitglieder mit unzulässigen Methoden fördern (vgl. Anmerkung 12).

4.1.4 Rechtsfolgen bei UWG-Verstößen

Bei Mißachtung der unter 4.1.1–4.1.3 dargestellten Grundsätze können von verletzten Mitbewerbern und meist außerdem von jedem Gewerbetreibenden, der

Waren oder Leistungen gleicher oder verwandter Art herstellt oder in den geschäftlichen Verkehr bringt, sowie vor allem von Wirtschafts- und Interessenverbänden und von Verbraucherverbänden Unterlassungsansprüche auch dann durchgesetzt werden, wenn der Täter nicht schuldhaft gehandelt hat (vgl. § 13 Abs. 1 und Abs. 1a UWG). Anspruch auf Schadensersatz steht dagegen Mitbewerbern nur zu, wenn ein Verschulden nachgewiesen werden kann (Baumbach/Hefermehl, § 13 UWG, Rn. 28ff.).

4.2 Urheberrecht

Die Verwendung urheberrechtlich geschützter Werke durch körperliche oder unkörperliche Wiedergabe bedarf grundsätzlich der Einwilligung des Urhebers, dem die ausschließliche Verwertungsbefugnis zusteht (vgl. Anmerkung 13). Die Vervielfältigung, Verbreitung, Ausstellung und Wiedergabe von geschützten Werken der Literatur, Wissenschaft und Kunst steht ausschließlich dem Urheber als dem Schöpfer des Werkes zu. Er kann darüber durch Abschluß von Nutzungsverträgen verfügen. Der Einsatz von urheberrechtlich geschützten Werken für die besonderen Zwecke der Öffentlichkeitsarbeit ist nicht schon dann zulässig, wenn der Urheber die übliche Verwertung durch Vervielfältigung und Verbreitung gestattet hat. Urheberrechtliche Befugnisse haben die Tendenz, soweit wie möglich bei ihrem Inhaber zu verbleiben. Es bedarf daher einer besonderen Gestattung für eine der Öffentlichkeitsarbeit dienende Verwertung des geschützten Werks (vgl. Anmerkung 14). Bei Verstößen kann der Urheber Ansprüche auf Unterlassung und Schadensersatz geltend machen (§ 97 UrheberrechtsG). Er kann außerdem die Vernichtung der Vervielfältigungsstücke (§ 98) oder deren Überlassung an sich selbst (§ 99) fordern. Die unerlaubte Verwertung urheberrechtlich geschützter Werke ohne Einwilligung des Berechtigten wird nach § 106 UrheberrechtsG mit Freiheitsstrafe bis zu einem Jahr oder mit Geldstrafe bestraft.

Nach § 22 KunstUrheberG vom 9. 1. 1907 ist auch die Verbreitung und Veröffentlichung von Fotos einer Person grundsätzlich nur mit deren Einwilligung zulässig. Eine derartige Einwilligung gilt im Zweifel dann als erteilt, wenn der Abgebildete dafür, daß er sich abbilden ließ, eine Entlohnung erhielt (§ 22 Satz 2 KunstUrheberG). Ohne Einwilligung dürfen nach § 23 KunstUrheberG Bilder von Persönlichkeiten der Zeitgeschichte veröffentlicht werden, soweit damit nicht ein berechtigtes Interesse des Abgebildeten verletzt wird (vgl. Anmerkung 15). Die Wiedergabe muß durch ein sachliches Interesse gerechtfertigt sein; sie darf nicht allein zu Reklamezwecken oder anderen gewerblichen Zwecken erfolgen (vgl. Anmerkung 16). So bedarf z. B. eine gewerbsmäßige Verbreitung der Abbildungen von Personen der Zeitgeschichte (hier: Fußballspieler) als Sammelbilder für Sammelalben der Einwilligung der Abgebildeten (vgl. Anmerkung 17). Andererseits wird kein berechtigtes Interesse von derartigen Personen der Zeitgeschichte beeinträchtigt, wenn Bilder, die sie bei ihrer Tätigkeit zeigen, in einem zum Verkauf bestimmten Kalender abgedruckt werden (BGH NJW 1979, S. 2203; eingehender dazu Hubmann 1978; Fromm/Nordemann 1979).

4.3 Persönlichkeitsrecht

Das Persönlichkeitsrecht als einheitliches, umfassendes, subjektives Recht gewährleistet den weitestgehenden Schutz der individuellen Persönlichkeit des einzelnen und umfaßt seine Individualsphäre, Privatsphäre, Geheimsphäre und Intimsphäre. Neben natürlichen Personen genießen auch Kapitalgesellschaften, Personenhandelsgesellschaften und nicht rechtsfähige Vereine in den Grenzen ihres sozialen Wirkungsanspruchs zivilrechtlichen Persönlichkeits- und Ehrenschutz. Das ist insbesondere dann anzunehmen, wenn sie in ihrem Erscheinungs- und Wirkungsfeld durch rufschädigende Äußerungen öffentlich herabgewürdigt werden (vgl. Anmerkung 18). Der Inhalt des Persönlichkeitsrechts mit allen seinen Gestaltungsmöglichkeiten entzieht sich einer abschließenden und allgemeingültigen Abgrenzung (vgl. Anmerkung 19). Er bestimmt sich vor allem nach dem selbst definierten und praktizierten Geltungsanspruch, den der Geschützte durch eigene Äußerungen autonom festlegt (vgl. Anmerkung 20). Das Persönlichkeitsrecht genießt jedenfalls dann Schutz, wenn eine Interessenabwägung ergibt, daß es den Vorrang verdient vor dem Recht der freien Meinungsäußerung (Art. 5 Abs. 1 GG) und der Kunstfreiheit (Art. 5 Abs. 3 Satz 1 GG) oder einem anerkannten öffentlichen Interesse (vgl. Anmerkung 21). Einer derartigen Interessenabwägung bedarf es allerdings nicht bei unwahren Tatsachenbehauptungen oder bei Schmähkritik. Sie sind nie zu rechtfertigen (v. Gamm 1979, S. 513ff.) (vgl. Anmerkung 22). Wird das nicht abschließend präzisierbare Persönlichkeitsrecht widerrechtlich und schuldhaft z. B. durch Veröffentlichungen verletzt, so kann der unmittelbar Verletzte nach §§ 823, 1004 BGB i. V. mit Art. 1, 2 GG, § 186 StGB Unterlassung, Widerruf und Schadensersatz beanspruchen, soweit ein derartiger Anspruch nicht schon aufgrund speziellerer Vorschriften besteht (z. B. § 97 UrheberrechtsG) (vgl. Anmerkung 23). Ein Widerruf kommt allerdings nur bei unwahren Tatsachenbehauptungen, nicht bei Meinungsäußerungen und Wertungen in Betracht (Vgl. zur Abgrenzung von Tatsachenbehauptungen und Werturteilen bei öffentlichen Äußerungen neuerdings ausführlich Rüthers 1980, S. 303ff.; zur Zulässigkeit und zu den Grenzen scharfer, abwertender Antikritik – sogen. Recht zum Gegenschlag – Bundesverfassungsgericht, Beschluß v. 13. 5. 1980, NJW 1980, S. 2069; Wenzel 1980, S. 195ff.).

Ein Anspruch des Verletzten auf Ersatz seines immateriellen Schadens in Geld (Schmerzensgeld – § 847 BGB) wird nur bei schweren schuldhaften Eingriffen in den Eigenwert der Persönlichkeit und nur dann anerkannt, wenn sich die erlittene Beeinträchtigung nicht auf andere Weise befriedigend ausgleichen läßt. Schmerzensgeld zum Ausgleich immaterieller Nachteile können aber nur natürliche oder juristische Personen, nicht dagegen Personenverbände ohne eigene Rechtsfähigkeit (Personenhandelsgesellschaften, nicht rechtsfähige Vereine) beanspruchen (vgl. Anmerkung 24). In jedem Fall sind Art und Schwere der zugefügten Beeinträchtigung, der Grad des Verschuldens sowie Anlaß und Beweggrund bei Beurteilung der Beeinträchtigung zu berücksichtigen (vgl. Anmerkung 25). Als eine derartige Persönlichkeitsrechtsverletzung wird insbesondere die Veröffentlichung von Fotos ohne Zustimmung der Abgebildeten für Werbe- oder Wahlkampfzwecke angesehen (vgl. Anmerkung 26).

4.4 Der Schutz des eingerichteten und ausgeübten Gewerbebetriebs

Öffentlichkeitsarbeit, die als schuldhafter Eingriff in den eingerichteten und ausgeübten Gewerbebetrieb eines anderen zu qualifizieren ist, begründet Unterlassungs- und Schadensersatzansprüche des betroffenen Unternehmers. Allerdings kann nicht jede einem Unternehmen nachteilige Öffentlichkeitsarbeit beanstandet und untersagt werden. Das ist nur möglich, wenn es sich um einen unmittelbaren Eingriff in den gewerblichen Tätigkeitskreis handelt, der betriebsbezogen, d. h. unmittelbar gegen den Betrieb gerichtet ist. So begründen etwa Testberichte eines neutralen Testinstituts, die negative Bewertungen der Produkte eines Unternehmens und positive Urteile über Konkurrenzerzeugnisse enthalten, grundsätzlich noch keine Schadensersatzansprüche wegen Eingriffs in den eingerichteten und ausgeübten Gewerbebetrieb. Außerhalb von Wettbewerbsverhältnissen ist selbst gewerbeschädigende Kritik nicht grundsätzlich unzulässig, sondern nur dann, wenn bewußt verzerrende oder unrichtige Werturteile abgegeben werden, oder wenn die aus einer Untersuchung gezogenen Schlußfolgerungen nicht mehr vertretbar erscheinen (vgl. Anmerkung 27). Die Freiheit der Meinungsäußerung und die Befriedigung des Informationsinteresses der Öffentlichkeit verdienen Vorrang vor dem als Rechtsgut geschützten Gewerbebetrieb solange unparteiisch über neutral vorgenommene, sachkundige Untersuchungen berichtet wird. Dagegen überwiegt bei unsachlicher oder parteiischer Beurteilung das Interesse des Unternehmers am eingerichteten und ausgeübten Gewerbebetrieb, so daß Schadensersatzansprüche begründet wären.

Bei Auseinandersetzungen über Themen von großer Tragweite für das Gemeinschaftsleben wird dem Recht zur freien Meinungsäußerung selbst dann der Vorrang eingeräumt, wenn in scharfer Sprache das Geschäftsgebaren eines Unternehmers kritisiert wird (vgl. Anmerkung 28). Rechtsverletzende Äußerungen müssen dann geduldet werden, wenn sie zur Wahrnehmung berechtigter Interessen abgegeben wurden. Dazu müssen sie nach Inhalt, Form und Begleitumständen das objektiv zur Erreichung des rechtlich gebilligten Zwecks notwendige Mittel sein (vgl. Anmerkung 29). Geschäftsschädigende Eingriffe in die Belange eines Unternehmers, die erfolgen, um sich selbst vor Schaden zu bewahren, sind von den Betroffenen hinzunehmen, wenn sie über das sachlich gebotene Maß nicht hinausgehen.

Auch eine wahrheitsgemäße Berichterstattung kann andererseits als Eingriff in den eingerichteten und ausgeübten Gewerbebetrieb zu beurteilen sein und Schadensersatzansprüche auslösen (vgl. Anmerkung 30). Allerdings folgt aus § 254 Abs. 2 BGB, daß es Unternehmen, denen ein Schaden durch rechtsverletzende Berichterstattung droht, als Mitverschulden angerechnet werden kann, wenn sie den potentiellen Schädiger nicht auf die mit seiner öffentlichen Äußerung verbundene Gefahr eines ungewöhnlich hohen Schadens aufmerksam machen, die er nicht kennt und auch nicht kennen muß (Palandt/Heinrichs 1980, S. 254 Anm. 3b bb).

4.5 Berufsrecht

Öffentlichkeitsarbeit kann entweder in abhängiger Stellung oder von Selbständigen (freiberuflich) geleistet werden. Rechtsgrundlage ist dementsprechend entweder ein Arbeitsvertrag oder ein Geschäftsbesorgungsvertrag.

4.5.1 Arbeitnehmerstellung

Wird Öffentlichkeitsarbeit von einem dafür angestellten Arbeitnehmer geleistet, so hat dieser bei der Erbringung der vertraglich geschuldeten Leistungen die Weisungen des Arbeitgebers zu befolgen. Gesetzlich verbotene oder sittenwidrige Tätigkeiten brauchen allerdings nicht ausgeführt zu werden (A. Hueck in Hueck/Nipperdey 1963, § 33 III, S. 203, § 36 I 2, S. 239). Es besteht im Gegenteil die Verpflichtung, den Arbeitgeber auf drohende Schäden hinzuweisen und Bedenken gegen die Zulässigkeit geplanter Maßnahmen auch dann vorzubringen, wenn sie von einem anderen durchgeführt werden sollen (Schaub 1980, § 53 II 3; Zöllner 1979, § 13 II 2a).

Arbeitnehmer, die vorsätzlich oder fahrlässig unzulässige Maßnahmen der Öffentlichkeitsarbeit ausführen, können sich im Rahmen der oben dargestellten Grundsätze persönlich schadensersatzpflichtig oder sogar strafbar machen. Schadensersatzansprüche können nicht nur dem durch die unzulässige Maßnahme unmittelbar Verletzten, sondern auch dem Arbeitgeber zustehen. Mißachtet der Arbeitnehmer bei seinem rechtswidrigen Handeln zugleich schuldhaft seine arbeitsvertragliche Pflicht zur Erbringung fehlerfreier Leistungen, so hat er seinem Arbeitgeber den durch die Schlechtleistung entstandenen Schaden zu ersetzen (vgl. näher Schaub 1980, § 52 VI 4, S. 223f.). Schadensersatzansprüche kommen auch bei Verletzung der oben geschilderten Hinweis- und Warnpflichten in Betracht. Häufig wird allerdings ausdrücklich oder stillschweigend eine Haftungsbeschränkung oder ein Haftungsausschluß vorgesehen (Schaub 1980, § 52 VI 4, S. 223f.).

Möglich sind auch Freistellungsvereinbarungen, durch die der Arbeitgeber sich verpflichtet, dem Arbeitnehmer dasjenige zu erstatten, was dieser als Schadensersatz an einen Dritten hat zahlen müssen. Unzulässig und sogar strafbar ist allerdings eine Vereinbarung, dem Arbeitnehmer die gegen diesen verhängte Geldstrafe zu erstatten. Das wäre als Beihilfe zur Vortat bzw. als Vollstreckungsvereitelung (§ 258 Abs. 2 Strafgesetzbuch) eine strafbare Handlung (Schönke/Schröder/Stree 1980, § 258, Rn. 28; Dreher/Tröndle 1980, § 258, Rn. 9).

4.5.2 Selbständige Öffentlichkeitsarbeit

a) Rechtsnatur

Wird ein auf derartige Tätigkeiten spezialisierter außenstehender Public-Relations-Fachmann damit betraut, selbständig die Öffentlichkeitsarbeit für ein Unternehmen, einen Verband oder eine sonstige Organisation zu leisten, so sind die Rechtsbeziehungen als Geschäftsbesorgungsvertrag zu beurteilen. Damit finden in erster Linie einige Vorschriften des Auftragsrechts (§§ 663, 665–670, 672–674, evtl. 671 Abs. 1 BGB) entsprechende Anwendung. Wer sich zur Besorgung derartiger Geschäfte öffentlich erboten hat, muß nach § 663 BGB einen ihm erteilten Auftrag, den er nicht übernehmen will, unverzüglich ablehnen. Er darf also nicht schweigen oder untätig bleiben. Nach § 665 BGB ist es nur dann zulässig, von den Weisungen des Auftraggebers abzuweichen, wenn dessen Entscheidung nicht mehr eingeholt werden kann und wenn angenommen werden darf, daß der Auftraggeber bei Kenntnis der Sachlage die Abweichung billigen würde. Der Beauftragte ist zur Auskunftserteilung und zur Rechenschaft verpflichtet (§ 666), er hat dem Auftraggeber herauszugeben, was er aus der Geschäftsbesorgung erlangt (§ 667), er kann vom Auftraggeber Ersatz der Aufwendungen verlangen, die er bei Ausführung des Auftrages macht und für erforderlich halten durfte (§ 670). Der Auftraggeber hat auf Verlangen einen Vorschuß für die zur Ausführung des Auftrages erforderlichen Aufwendungen zu leisten (§ 669 BGB).

b) Sorgfaltspflicht und Haftung

Derartige Vertragsbeziehungen begründen die Pflicht zur Aufklärung und Beratung des Auftraggebers über sachgerechte Öffentlichkeitsarbeit und über die Zulässigkeit einzelner Maßnahmen. Dem Auftraggeber stehen Schadensersatzansprüche zu, wenn er nicht mit der erforderlichen Sachkunde beraten und auf die rechtlichen Grenzen seiner geplanten oder ausgeführten Öffentlichkeitsarbeit hingewiesen worden ist (vgl. Anmerkung 31). Auch wenn keine übertriebenen Anforderungen an die notwendigen Spezialkenntnisse gestellt werden dürfen, empfiehlt es sich, eine Haftungsfreistellungsvereinbarung mit dem Auftraggeber zu treffen (vgl. dazu oben unter 4.5.1 sowie Bülow 1975, S. 538f.).

Das Ausmaß der geschuldeten Hinweis-, Aufklärungs- und Beratungspflichten im einzelnen hängt davon ab, ob der Geschäftsbesorgungsvertrag auf die Erbringung von Dienstleistungen oder auf ein bestimmtes Ergebnis abzielt. Im ersten Falle handelt es sich um einen Geschäftsbesorgungs-*Dienst*vertrag, auf den die §§ 611–630 ergänzend anzuwenden sind; im zweiten Fall um einen Geschäftsbesorgungs-*Werk*vertrag, für den die §§ 631–650 BGB gelten. Bei einem Geschäftsbesorgungs-Werkvertrag sind die Sorgfaltspflichten begrenzt und beziehen sich nur auf die erfolgreiche Durchführung einer konkreten Maßnahme; bei einem Geschäftsbesorgungs-Dienstvertrag sind sie dagegen viel umfassender und erstrecken sich auf sämtliche aufgrund der Vertragsbeziehungen erbrachte oder zu erbringenden Leistungen. Für die Qualifizierung als Geschäftsbesorgungs-Werkvertrag spricht, wenn bestimmte Einzelmaßnahmen übertragen werden, für deren erfolgreiche Durchführung ein festes Honorar vereinbart ist (z. B. die Presseinformation über ein bestimmtes Ereignis oder über eine Veranstaltung). Ist dagegen Inhalt des Vertrages die längerfristige Beratung über eine sachgerechte Öffentlichkeitsarbeit sowie deren Durchführung nach den Weisungen des Auftraggebers, oder richtet sich die Vergütung nach dem Umfang der geleisteten Tätigkeit, so sprechen diese Indizien für einen Geschäftsbesorgungs-Dienstvertrag (vgl. Anmerkung 32).

Während nach den Grundsätzen des Werkvertragsrechts für mißlungene oder unzulässige Maßnahmen kein Honorar verlangt werden kann, ist bei Anwendung der Vorschriften über den Dienstvertrag die vereinbarungsgemäß geleistete Tätigkeit auch dann zu vergüten, wenn sie nicht zu dem gewünschten Ergebnis geführt hat. Bei vorsätzlicher oder fahrlässiger Verletzung der Vertragspflichten kann der Auftraggeber die Aufrechnung mit seinen Schadensersatzansprüchen erklären.

c) Honoraranspruch

Unabhängig von der Ausgestaltung der Rechtsbeziehungen als Geschäftsbesorgungs-Dienstvertrag oder -Werkvertrag besteht auch ohne ausdrückliche Vereinbarung ein Anspruch auf Zahlung einer Vergütung (Honorar). Das ergibt sich für den Geschäftsbesorgungs-Dienstvertrag aus § 612 Abs. 1 BGB, für den Geschäftsbesorgungs-Werkvertrag aus § 632 Abs. 1 BGB. Danach gilt eine Vergütung als stillschweigend vereinbart, wenn die Dienstleistung bzw. die Herstellung des Werks den Umständen nach nur gegen eine Vergütung zu erwarten ist. Im Zweifel ist nach § 612 Abs. 2 bzw. § 632 Abs. 2 BGB die übliche Vergütung als vereinbart anzusehen.

Ein Vergütungsanspruch besteht allerdings nur, wenn ein Vertrag auch tatsächlich geschlossen worden ist. Die Abgrenzung zwischen umfangreichen Vorverhandlungen, in deren Verlauf bereits erhebliche Leistungen (Analysen, Beratungen, Entwürfe) erbracht worden sind, und dem Vertragsschluß führt häufig zu Auseinandersetzungen und zu Beweisschwierigkeiten, die durch schriftliche Fixierung des erteilten Auftrags oder durch eine Auftragsbestätigung vermieden werden können.

Anmerkungen

1 BGBl. I S. 1189.

2 Aber auch BGH Der Betrieb 1975, S. 1404; OLG Celle, Der Betrieb 1979, S. 392 m. Anm. Schmidt-Salzer, neuerdings BGH Wertpapiermitteilungen 1981 S. 548 (550) = Der Betrieb 1981, S. 1277.

3 Vgl. Bundesarbeitsgericht in: Der Betrieb 1979, S. 751.
4 Vgl. aber auch Bundesarbeitsgericht in: Der Betrieb 1979, S. 751 sowie in: Der Betriebs-Berater 1979, S. 938.
5 BAG AP Nr. 3 zu § 43 BetrVG 1972.
6 BAG AP Nr. 1 zu § 42 BetrVG 1972.
7 Vgl. BGH NJW 1974, S. 1333ff.; BGHZ 66, 230 (237).
8 Siehe aber auch BGHZ 67, 81 (84).
9 Vgl. BGH NJW 1961, 508; BGHZ 50, 1 (3).
10 Vgl. etwa BGH NJW 1961, S. 1916; BGH Der Betrieb 1969, S. 255.
11 BGH, Betriebs-Berater 1976, S. 242/243 sowie BGHZ 45, 296 zur rechtlichen Beurteilung der Öffentlichkeitsarbeit von Gewerkschaften neuerdings BGH Urt. v. 5. 2. 1980 in NJW, S. 1685f.
12 BGHZ 67, 81.
13 Vgl. §§ 15ff. Urheberrechtsgesetz vom 9. 9. 1965, BGBl. I, S. 1273ff.
14 Vgl. BGH NJW 1979, S. 2610f.
15 Vgl. BGH NJW 1979, S. 2203ff.
16 BGHZ 20, 350; BGH NJW 1968, 1091.
17 BGH NJW 1968, 1091f.
18 Vgl. näher BGH NJW 1980, S. 2807f. und NJW 1981, S. 675.
19 Vgl. BGHZ 24, 72.
20 Bundesverfassungsgericht, NJW 1980, S. 2071.
21 Vgl. neuerdings wieder Urt. des BGH v. 15. 4. 1980 in NJW 1980, S. 1790ff. sowie Urt. v. 25. 9. 1980, NJW 1981, 675/678, grundlegend BVerfGE 7, 198 (Lüth-Urteil).
22 BGH Urt. v. 5. 2. 1980 in NJW 1980, S. 1685 sowie Urt. v. 8. 7. 1980, NJW 1980, S. 2801/2804; Bundesverfassungsgericht, Beschluß v. 13. 5. 1980 und v. 3. 6. 1980, NJW 1980, S. 2069 und 2070.
23 Vgl. neuerdings wieder BGH NJW 1980, S. 2801.
24 BGH NJW 1980, S. 2807/2810; NJW 1981, S. 675/676.
25 BGHZ 35, 363; BGH NJW 1971, S. 698; 1980, S. 995.
26 Vgl. BGH NJW 1980, S. 995f.
27 BGHZ 65, 325 (334f.).
28 BGH NJW 1967, 390.
29 BGH Der Betrieb 1970, S. 822; BGHZ 45, 296 (307f.).
30 BGHZ 8, 142.
31 BGH-Urt. v. 25. 5. 1972 – Wertpapiermitteilungen 1972, S. 947f. u. v. 5. 7. 1973 – Der Betrieb 1973, S. 1843; Möhring/Illert, Werbeagenturvertrag.
32 BGH Wertpapiermitteilungen 1972, S. 947f.; OLG Frankfurt, Betriebs-Berater 1978, S. 681f.

Literatur

Adler, H., W. Düring, K. Schmaltz (1968/1971): Rechnungslegung und Prüfung der Aktiengesellschaft. Band 1. 1968, Band 2, 1971. Stuttgart.

Arbeitskreis „Gesellschaftsbezogene Rechnungslegung" der Gesellschaft für Finanzwirtschaft in der Unternehmensführung e.V. (GEFIU) (1981): Bemerkungen zur gesellschaftsbezogenen Berichterstattung. In: Der Betrieb.

Baerns, B. (1979): Redaktionelle Werbung im Wettbewerb von Tageszeitungen. Probleme und Befunde einer Untersuchung zur Trennung von redaktionellem Text und Anzeigen. In: Wettbewerbswidrige Praktiken auf dem Pressemarkt. Baden-Baden.

Baumbach, A., und W. Hefermehl (1981): Wettbewerbsrecht. 13. Aufl. München.
Biedenkopf, K. H., C. P. Claussen u. a. (1970): Kölner Kommentar zum Aktiengesetz, Band 1. Köln/Berlin/Bonn/München.
Brill, W. (1980): Die Betriebsversammlung in der Rechtssprechung. In: Der Betrieb.
Bülow, P. (1976): Rechtsfragen zur Werbungsdurchführung mit der Presse im Public-Relations-Bereich. In: Wettbewerb in Recht und Praxis.
– (1975): Haftung der Werbeagentur gegenüber Dritten bei Verstößen gegen das Gesetz gegen unlauteren Wettbewerb. In: Betriebs-Berater.
Claussen, C. P. (1970): vgl. Biedenkopf/Claussen u. a.
Dietz, R., und R. Richardi (1973): Betriebsverfassungsg. 5. Aufl. München.
Dreher, E., und H. Tröndle (1980): Strafgesetzbuch und Nebengesetze. 39. Aufl. München.
Ehricke, H. H. (1980): Zur zivilrechtlichen Haftung der Emissionsbanken gegenüber dem Wertpapieranleger. In: Der Betrieb.
Ellscheid, G. (1972): Verbände und Wettbewerbsrecht. In: Gewerblicher Rechtsschutz und Urheberrecht.
Emmerich, V. (1979): Kartellrecht. 3. Aufl. München.
Fabricius, F., A. Kraft, W. Thiele, G. Wiese (1981): Gemeinschaftskomm. z. BetriebsverfassungsG Lose-Blatt-Sammlung. Stand 1981. Neuwied/Berlin.
Fitting, K., F. Auffarth, H. Kaiser (1977): Komm. z. BetriebsverfassungG. 12. Aufl. München.
Fromm, F. K., und W. Nordemann (1979): Urheberrecht, Komm. z. Urheberrechtsgesetz und z. WahrnehmungsG. 4. Aufl. Stuttgart/Berlin/Köln/Mainz.
Galperin, H., und M. Löwisch (1979): Komm. z. BetriebsverfassungsG. Band 2. Heidelberg.
Gamm, O. F. v. (1979): Persönlichkeitsschutz und Massenmedien. NJW.
Hopt, K. (1980): Die Publizität von Kapitalgesellschaften. In: ZGR.
Hubmann, H. (1978): Urheber- und Verlagsrecht. 4. Aufl. München.
Hueck, A., und H. C. Nipperdey (1963): Lehrbuch des Arbeitsrechts. 7. Aufl., 1. Band. Berlin/Frankfurt.
Kisseler, M. (1979): Unlautere Werbung durch redaktionelle Werbung. In: Fischer, H.-D. (Hrsg.): Wettbewerbswidrige Praktiken auf dem Pressemarkt, Baden-Baden.
Küller, H.-D. (1979): Personalnebenkosten-Rechnungen – Information oder Manipulation. In: WSI-Mitteilungen.
Löwe, W. (1978): Rückrufpflicht des Warenherstellers. In: Deutsches Autorecht.
Löwisch, M. (1979): vgl. Galperin/Löwisch.
Möhring, O., und S. Illert (1974): Werbeagenturvertrag und Beratungspflichten der Werbeagenturen. In: Betriebs-Berater.
Nees, H. (1979): Nochmals: Zur Werbung mit Testergebnissen. In: Betriebs-Berater.
Palandt, O. (Bearb.) (1980): Bürgerliches Gesetzbuch Komm. 39. Aufl. München.
Rittner, F. (1979): Wirtschaftsrecht. 1. Aufl. Heidelberg/Karlsruhe.
Rodekamp, H. (1978): Wettbewerbsrechtliche Beurteilung redaktionell gestalteter Anzeigen. In: GRUR.
Rüthers, B. (1980): Persönlichkeitsrecht und Meinungskampf. In: Festschrift für Martin Löffler. München.
Schaub, G. (1980): Arbeitsrechtshandbuch. 4. Aufl. München.
Scheibe-Lange, I. (1979): Gewerkschaftliche Vorstellungen zur Rechnungslegung, Prüfung und Publizität. In: Die Wirtschaftsprüfung.
Schönke, A., H. Schröder, W. Stree (Bearbeiter) (1980): Strafgesetzbuch, Kommentar, 20. Aufl. München.
Scholz, R. (1974): Wettbewerb der öffentlichen Hand – Sanktions- und Rechtswegsprobleme zwischen öffentlichem Recht und Privatrecht. In: NJW.
Vogt, A. (1978): Zu den Wechselbeziehungen von Informationsrechten und -pflichten im Unternehmens- und Betriebsverfassungsrecht. In: Der Betrieb.

Wenzel, K. E. (1980): Die Verfassungsrechtsprechung in Sachen Böll, Eppler und „Kunstkritik". In: Archiv für Presserecht.
Wiedemann, H. (1980): Gesellschaftsrecht. Band I. München.
Zahn, J. (1981): Aktienanleger und Börse. In: Zeitschrift für Unternehmens- und Gesellschaftsrecht.
Zöllner, W. (1979): Arbeitsrecht. 2. Aufl. München.

Teil 2
Fallbeispiele zur Öffentlichkeitsarbeit

Fallbeispiel I: Aufbau und Entwicklung einer Abteilung Öffentlichkeitsarbeit in der Verwaltung

Heinz Fanselau

1. Vorbemerkung

Professor Friedrich Landwehrmann hat in einer beispielhaften Studie im Auftrag des Siedlungsverbandes Ruhrkohlenbezirk über die Öffentlichkeitsarbeit der Kommunen dieser Region festgestellt:

> „Akzeptiert man die Prämisse, daß die Öffentlichkeitsarbeit eines demokratischen Gemeinwesens zumindest auch wesentlich darauf gerichtet sein muß, die Bürger politisch zu aktivieren und nicht einzulullen, sie – soweit wie möglich – vollständig und wahrheitsgemäß über beabsichtigte Maßnahmen und Vorüberlegungen zu unterrichten, damit sie ihre Gemeinde mitgestalten können, so erfüllen die bisher üblichen Maßnahmen diesen Anspruch kaum.“

Wer nach den Gründen für dieses Urteil sucht, wird feststellen müssen – und dies wird bereits bei der Betrachtung von Organisationsformen deutlich –, daß Öffentlichkeitsarbeit keineswegs nur an Rhein und Ruhr häufig noch als Technik mißverstanden wird, in die Köpfe der Bürger ein unerschütterliches Vertrauen in die Weisheit der eigenen Regierung und Verwaltung hineinzubringen.

Dies wird verständlicher, wenn man die historischen Entwicklungen betrachtet, bei denen staatliche Öffentlichkeitsarbeit längere Zeit verhindert oder zumindest gehemmt wurde.

Eine im Dialog funktionierende staatliche Öffentlichkeitsarbeit – von wenigen Aktionen zu Einzelthemen einmal abgesehen – läßt sich als durchgängiges Fallbeispiel zur Zeit noch nicht darstellen.

Mit diesem Beitrag kann daher nur der Versuch unternommen werden, den Beginn einer positiven Entwicklung im Bereich von Behörden am Beispiel des Presse- und Informationsamtes des Landes Berlin aufzuzeigen. Es ist keine amtliche Veröffentlichung, Wertungen und Ansichten sind die des Verfassers.

2. Geschichte

Staatliche Informationspolitik, die nichts mit Öffentlichkeitsarbeit im heutigen Sinne gemein hatte, ist älter als die Presse. Die Verbreitung von Nachrichten oder ihre Unterdrückung war von jeher ein wichtiges Mittel der Machtausübung. Preußens Könige hielten beispielsweise an Zensuredikten der ehemaligen Reichsgewalt fest. Friedrich II. erließ sogar weitere verschärfende Edikte.

Auch der Deutsche Bund verschaffte liberalen Kräften trotz Artikel 18 der Bundesverfassung keinen Raum. Für die Zensur wurde im Jahre 1841 ein „Ministerial-Zeitungsbüro" errichtet.

Die Pressefreiheit fand erst Eingang in die Reichsverfassung vom 28. April 1849. Doch die Regierung verzichtete nicht auf eine zentrale Stelle zur Beobachtung der Presse. Ein „Literarisches Kabinett" wurde gegründet und zunächst dem Minister des Inneren unterstellt, später (im Jahre 1851) dem Staatsministerium zugeordnet und in „Zentralstelle für Preßangelegenheiten" umbenannt. Subventionen für Zeitungen und Journalisten waren Hauptmittel dieser sogenannten Informationsarbeit.

Nach 1870 wurde im Auswärtigen Amt ein „Preßdezernat" gebildet, in dem Zeitungen lediglich gelesen und ausgewertet wurden. Das Dezernat stellte auch erste öffentliche Kontakte zwischen der Presse und der Regierung her.

Das Reichspreßgesetz vom 1. Juli 1874 beseitigte viele Beschränkungen für die Presse. Bismarck hat vielleicht als erster den Wert einer staatlichen Öffentlichkeitsarbeit erkannt. Er holte Professoren wie Karl Aegidi und Schriftsteller wie Moritz Busch und Rudolph Lindau in sein „Preßdezernat". Andererseits versuchte er mit gesetzlichen und prozessualen Mitteln die sozialdemokratische Presse mundtot zu machen oder mit dem Einsatz seines berüchtigten „Reptilienfonds" seine Politik in der veröffentlichten Meinung durchzusetzen.

Im Ersten Weltkrieg war die Presse dem Kriegsrecht unterworfen. Ein „Kriegspresseamt" übte nach § 30 Abs. 1 des Reichspreßgesetzes eine strenge Zensur aus. Doch sind in dieser Zeit nicht nur bei militärischen, sondern auch bei zivilen Ämtern zahlreiche Pressestellen eingerichtet worden.

In Artikel 118 der Weimarer Reichsverfassung vom 14. August 1919 wurde erstmals die Meinungs- und Pressefreiheit verfassungsrechtlich abgesichert.

Die zu leistende staatliche Presse- und Informationsarbeit übertrug man der „Vereinigten Presseabteilung der Reichsregierung und des Auswärtigen Amtes".

Durch Notverordnungen wurde jedoch bereits in der Zeit der Weimarer Republik die Pressefreiheit wieder eingeschränkt. Durch die „Notverordnung zum Schutze von Volk und Staat" ist nach dem 30. Januar 1933 auch die Meinungs- und Pressefreiheit außer Kraft gesetzt worden.

Ein „Reichsministerium für Volksaufklärung und Propaganda" lenkte diktatorisch Presse und Rundfunk. Die Tätigkeit der Presse wurde zur öffentlichen Aufgabe erklärt. Alle Journalisten wurden Zwangsmitglieder einer Reichspressekammer.

Diese segmentale historische Betrachtung deutet an, unter welchen Belastungen sich der Aufbau und die Entwicklung von staatlichen Presse- und Informationsämtern nach dem Zweiten Weltkrieg vollzog.

3. Aufbau

Mit dem Aufbau eines Presse- und Informationsamtes der Bundesregierung beschäftigte sich im Spätherbst 1948 das Präsidium des Parlamentarischen Rates und in seinen „Schlangenbader Empfehlungen" vom 30. Juli 1949 der Organisationsausschuß der Konferenz der Ministerpräsidenten der amerikanischen, britischen und französischen Besatzungszonen.

Abweichend von den Vorschlägen dieser Gremien, Presse- und Informationsangelegenheiten einer zu bildenden Abteilung des Bundeskanzleramtes zu übertragen, wurde auf Weisung des Bundeskanzlers vom 12. Oktober 1949 ein „Presse- und Informationsamt der Bundesregierung" als eine Oberste Bundesbehörde errichtet.

Beim Presse- und Informationsamt des Landes Berlin, dem ich mich nunmehr als Fallbeispiel zuwenden möchte, legt die Bezeichnung die Vermutung nahe, daß es sich ebenfalls um eine eigenständige Behörde handelt. Dies ist jedoch nicht der Fall. Wie bei anderen Ländern und Städten der Bundesrepublik Deutschland wurden Presse- und Informationsangelegenheiten als Abteilungen oder Referate den Geschäftsbereichen der Ministerpräsidenten oder Bürgermeister zugeordnet.

Das Presse- und Informationsamt des Landes Berlin war von Anfang an eine Abteilung der Senatskanzlei des Oberbürgermeisters bzw. des Regierenden Bürgermeisters von Berlin.

Ob dies in jeder Hinsicht zweckmäßig ist, bleibt fraglich. Die Senatskanzlei erhält durch das eingegliederte Presse- und Informationsamt eine übergroße Ausdehnung und eine Belastung mit Aufgaben, die nicht zu den eigentlichen Funktionen einer Staatskanzlei gehören.

Man könnte daher daran denken, das Presse- und Informationsamt zu einer Landesbehörde zu machen und Durchführungsaufgaben – wie beispielsweise in der Freien und Hansestadt Hamburg – einem eingetragenen Verein oder einer Gesellschaft zu übertragen. Die Entscheidung bleibt in jedem Falle eine politische.

Zur Zeit untersteht das Presse- und Informationsamt dem Regierenden Bürgermeister direkt, danach dem Chef der Senatskanzlei. Der Sprecher der Berliner Landesregierung und Leiter dieses Amtes hat unmittelbares Vortragsrecht beim Regierenden Bürgermeister. Welche Stellung im Zuge weiterer Entwicklungen dieser zentralen Stelle für die Öffentlichkeitsarbeit des Landes Berlin gegeben wird, hängt auch davon ab, ob der Leiter des Amtes Kabinettsrang erhalten soll, damit er bei den Beratungen und den Beschlußfassungen in den Sitzungen des Senats die kommunikationspolitischen Erfordernisse stärker als bisher zur Geltung bringen kann. Gegenwärtig hat er keinen Kabinettsrang, wenn er auch an den Sitzungen des Senats regelmäßig teilnimmt.

4. Grundlagen

Die Legitimation und rechtliche Grundlage der Tätigkeit des Presse- und Informationsamtes beruht auf den Bestimmungen des Grundgesetzes und der Verfassung von Berlin, daß alle Staatsgewalt vom Volke ausgeht. Denn der Prozeß der Meinungs- und Willensbildung des Volkes ist von umfassender und sachgerechter Information durch staatliche Einrichtungen abhängig.

Das Bundesverfassungsgericht hat in seinem Parteienurteil von 1966 keinen Zweifel daran gelassen, daß die Öffentlichkeitsarbeit der Regierung „mit dem demokratischen Grundsatz der freien und offenen Meinungs- und Willensbildung vom Volk zu den Staatsorganen vereinbar" sei, weil sie „durch einen besonderen, sie verfassungsrechtlich legitimierenden Grund gerechtfertigt" werden könne.

In seinem Urteil zur Öffentlichkeitsarbeit von Staatsorganen in Bund und Ländern vom 2. März 1977 hat dieses höchste Gericht der Bundesrepublik Deutschland die Öffentlichkeitsarbeit von Regierungen und gesetzgebenden Körperschaften nicht nur für verfassungsrechtlich zulässig, sondern – in Grenzen, insbesondere in Vorwahlzeiten (s. 9. Anhang: Richtlinien zur Vergabe von regierungsamtlichem Material an Parteien) – vielmehr auch für notwendig erklärt.

Zu den wesentlichen Aufgaben staatlicher Öffentlichkeits- und Informationsarbeit gehört es danach, dem Bürger die Politik der Regierung, ihre Maßnahmen und Vorhaben und die künftig zu lösenden Fragen zu erläutern sowie ihn über den Inhalt von Gesetzen und die daraus entstehenden Rechte und Pflichten aufzuklären.

Nach Artikel 5 Abs. 1 des Grundgesetzes hat jeder das Recht, „sich aus allgemein zugänglichen Quellen ungehindert zu unterrichten". Dem Bürger wird jedoch bisher grundsätzlich kein Informationsanspruch gegenüber Behörden gewährt, wie er der Presse durch die späteren Landespressegesetze eingeräumt wird (s. 9. Anhang: § 4 des Berliner Pressegesetzes).

Die Gemeinsame Geschäftsordnung für die Berliner Verwaltung – Allgemeiner Teil – (GGO I) in der geltenden Fassung umgrenzt die Tätigkeit des Presse- und Informationsamtes wie folgt:

„§ 35 – Öffentlichkeitsarbeit

(1) Die Öffentlichkeitsarbeit der Behörden dient der Unterrichtung des Bürgers; sie soll zugleich Verständnis und Vertrauen für die Arbeit der öffentlichen Verwaltung wecken.

(2) Über Maßnahmen oder Geschehnisse mit allgemeiner oder weitreichender Bedeutung, die die Öffentlichkeit angehen, ist der Regierende Bürgermeister – Senatskanzlei – von den Behörden unverzüglich zu unterrichten.

(3) Der Regierende Bürgermeister – Senatskanzlei – hat unbeschadet der Verantwortung der Behördenleiter die Maßnahmen der Öffentlichkeitsarbeit der einzelnen Behörden zu koordinieren und diesen Anregungen für weitere Maßnahmen zu geben.

§ 36 – Veröffentlichungen

(1) Mitteilungen zur Aufklärung und Unterrichtung der Öffentlichkeit (Bekanntmachungen) sind im Amtsblatt für Berlin zu veröffentlichen, wenn dies

zweckmäßig erscheint, Verwaltungsvorschriften und Rundschreiben (§§ 89, 91), wenn ihr Inhalt auch für die Öffentlichkeit bedeutsam ist.

(2) Unveröffentlichte amtliche Unterlagen dürfen nur mit Zustimmung des Behördenleiters verbreitet werden.

§ 37 – Verkehr mit Presse und Rundfunk

(1) Sofern kein Auskunftsverlangen nach § 4 des Berliner Pressegesetzes vorliegt, wird die Presse grundsätzlich über den Regierenden Bürgermeister – Senatskanzlei – unterrichtet. Die Bezirksämter können in bezirklichen Angelegenheiten die Presse unmittelbar unterrichten; der Regierende Bürgermeister – Senatskanzlei – kann sich jedoch in Fällen von besonderer politischer Bedeutung die Unterrichtung vorbehalten. Wenn es sich um eine Angelegenheit von besonderer Bedeutung handelt, ist dem Regierenden Bürgermeister – Senatskanzlei – ein Bericht oder eine Abschrift zu übersenden oder eine fernmündliche Mitteilung zu machen.

(2) Für die Auskunftserteilung an die Presse gilt § 4 des Berliner Pressegesetzes. Zu den Vertretern der Presse gehören nicht nur die Vertreter von Zeitungen und Zeitschriften oder sonstigen periodischen Druckschriften, sondern auch die Beauftragten und Mitarbeiter von Verlagen, Buchautoren und sonstige freie Schriftsteller sowie Personen, die für Nachrichtenagenturen und ähnliche Unternehmungen tätig sind. Sie haben sich als solche auszuweisen. Dies kann durch Presseausweis, Schreiben der beauftragenden Stelle, Nachweise über die Ausübung einer schriftstellerischen Tätigkeit oder auf sonst geeignete Weise geschehen. Die Auskünfte erteilen die Behördenleiter oder die von ihnen bestimmten Dienstkräfte.

(3) Für den Verkehr mit dem Rundfunk (Hörfunk und Fernsehen) gelten Absätze 1 und 2 entsprechend."

§ 35 wurde erst am 27. Juni 1978 bei der letzten Änderung und Ergänzung der Geschäftsordnung aufgenommen.

Die Geschäftsordnung ist eine Verwaltungsvorschrift und kein Gesetz und deshalb auch keine Kompetenzgrundlage für die Tätigkeit des Amtes nach außen.

Die rechtliche Bedeutung des Haushaltsplanes geht über Geschäftsordnungsbestimmungen hinaus. Wenn der Haushaltsplan unter verschiedenen Einzelplänen, Kapiteln und Titeln sowie mit verschiedener Zweckbestimmung Mittel für die Öffentlichkeitsarbeit zuweist, so liegt darin über ein rechtsindifferentes Zahlenwerk hinaus der Wille des Senats, der durch Verabschiedung im Abgeordnetenhaus von Berlin seine gesetzliche Ermächtigung erhält, die Beträge für den festgelegten Zweck auszugeben. Die Ermächtigung des Gesetzes über die Feststellung des Haushaltsplans von Berlin für das jeweilige Haushaltsjahr bildet folglich eine klare rechtliche Grundlage für die Presse- und Informationsarbeit.

Die Aufgaben des Presse- und Informationsamtes wurden erstmalig in einem Vorwort zum Einzelplan 03 des Haushaltsplanes von Berlin erläutert.

In der gegenwärtigen Fassung lauten die allgemeinen Erläuterungen zur Gliederung wie folgt:

„Abteilung IV (Presse)

Unterrichtung des Regierenden Bürgermeisters und des Senats sowie des Präsidenten des Abgeordnetenhauses auf dem Nachrichtensektor

Haupt- und Koordinierungsstelle für den Verkehr mit der Presse und allen sonstigen Nachrichtenträgern

Redaktion und Herausgabe der Pressedienste des Landes Berlin und aktueller Verlautbarungen des Senats

Vorbereitung und Durchführung von Journalistenprogrammen und journalistische Vorbereitung von Staatsbesuchen

Studio Sonderaufgaben

Angelegenheiten des Journalisten-Clubs Berlin e. V.

Die Abteilung steht ferner dem Präsidenten des Abgeordnetenhauses für den Pressedienst und für die publizistische Betreuung des Abgeordnetenhauses zur Verfügung

Abteilung V (Information)

Koordinierung der Öffentlichkeits- und Informationsarbeit der Berliner Verwaltung

Öffentlichkeits- und Informationsarbeit für Berlin im In- und Ausland: Dokumentationen und Publikationen, Filme, Fernseh- und Radiobasisprogramme, Ausstellungen

Angelegenheiten des Werbeausschusses Berlin

Angelegenheiten von Aspen Berlin (Institut für humanistische Studien)

Angelegenheiten des Internationalen Instituts für Journalismus in Berlin".

Der beim Kapitel 03 00 – Senatskanzlei – für den Titel 531 02 – Berlin-Informationen – für das Jahr 1981 veranschlagte Betrag von 10,97 Mio DM setzt sich aus folgenden Einzelpositionen zusammen:

– Pressedienste und Journalistenprogramme	480.000 DM
– Veröffentlichungen	2.230.000 DM
– Ausstellungen	1.200.000 DM
– Film-Funk-Fernsehen	635.000 DM
– Öffentlichkeitsarbeit im übrigen Bundesgebiet und in Berlin	4.920.000 DM
– Öffentlichkeitsarbeit im Ausland	895.000 DM
– Meinungsumfragen	610.000 DM
	10.970.000 DM

Weiterhin sind im Haushaltsplan 1981 Ausgabemittel für Berlin-Informationen und Berlin-Werbung bei der Hauptverwaltung in Höhe von 16.666.950 DM und bei den Bezirksverwaltungen in Höhe von 806.700 DM veranschlagt.

Diese Haushaltsmittel werden insbesondere für die Informationsarbeit gegenüber jugendlichen Berlin-Besuchern, für die Fremdenverkehrs- und Kongreßwerbung sowie die Verkaufsförderung und für Werbeaktionen zur Gewinnung von westdeutschen Arbeitnehmern verwandt.

5. Organisation

Den ersten Leitern des Presse- und Informationsamtes nach dem Zweiten Weltkrieg standen nur folgende Sachgebiete zur Verfügung:

- Chef vom Dienst
- Redakteur des täglich erscheinenden „Landespressedienst Berlin" (LPD); bis 18. Oktober 1967 „Pressedienst des Landes Berlin" (PLD)
- Zeitungsauswertung und Archiv
- Publikationen und Dokumentationen

Das Referat Film- und Rundfunkangelegenheiten kam später hinzu.

Die Organisation des Presse- und Informationsamtes ist im Laufe der Jahre häufig geändert worden. Es handelte sich dabei meist um Änderungen in der Gliederung des Amtes in Referate bzw. Abteilungen und der Einordnung der Sachgebiete in diese Referate sowie der unmittelbaren Unterstellung von Sachgebieten unter die Amtsleitung.

Im Jahre 1968 wurde aufgrund von Informationsdefiziten und Imageverlusten ein Referat gebildet, das systematisch wissenschaftlich die Prozesse von Aktivitäten der Öffentlichkeitsarbeit analysieren und sich bei der Entwicklung von Konzeptionen und ihrer Umsetzung der Beratung und Unterstützung von Sozialforschungsinstituten sowie Public Relations- und Werbeagenturen versichern sollte.

Die Aufträge an Agenturen werden stets aufgrund von Präsentationswettbewerben erteilt (s. 9. Anhang: Bekanntmachung im Amtsblatt für Berlin). Zur fachlichen Beratung in Fragen der Öffentlichkeitsarbeit, insbesondere bei der Planung, der Gestaltung und dem Einsatz von Werbemitteln und Informationsmaterial verpflichtete das Presse- und Informationsamt zeitweilig ein Kolloquium der Werbeberater (s. 9. Anhang: Mustervertrag).

Im Jahre 1975 wurde unter der sozial-liberalen Landesregierung das Presse- und Informationsamt des Landes Berlin in die Abteilungen Presse – dem Stellvertr. Sprecher des Senats unterstellt – und Information aufgegliedert.

Dem Sprecher des Senats und Leiter des Amtes wurde ferner der Bereich Fremdenverkehr (Fremdenverkehrswerbung und -förderung) als dritte Abteilung zugeordnet.

Seiner Aufsicht wurden die nichtrechtsfähigen Anstalten Verkehrsamt Berlin und Informationszentrum Berlin unterstellt. Das Verkehrsamt Berlin ist im Jahre 1981 unter der von der CDU getragenen Landesregierung dem Senator für Wirtschaft und Verkehr zugeordnet worden.

Das Informationszentrum hat die Aufgabe, über Berlin zu informieren und Besucher über die besonderen Aufgaben und Probleme der Stadt zu unterrichten.

Die Geschäftsverteilung ist dem nachstehenden Organisationsschema der Senatskanzlei zu entnehmen (siehe Anhang).

6. Koordination

Das Verhältnis des Presse- und Informationsamtes zu den einzelnen Senatsressorts wird bestimmt durch die Vorschrift des Artikels 43 Abs. 5 der Verfassung von Berlin, wonach jedes Mitglied des Senats seinen Geschäftsbereich selbständig und in eigener Verantwortung innerhalb der Richtlinien der Regierungspolitik leitet.

Dies schließt die Öffentlichkeits- und Informationsarbeit im jeweiligen Geschäftsbereich ein.

Im Laufe der Jahre haben die Fachverwaltungen ihre Öffentlichkeits- und Informationsarbeit ausgeweitet. Das Presse- und Informationsamt hat daher bereits im Jahre 1968 durch das „Berlin-Layout" den amtlichen Veröffentlichungen wenigstens ein einheitliches grafisches Erscheinungsbild gegeben. Das Layout wird im wesentlichen durch die Wortmarke Berlin und das tektonische Element bestimmt (siehe Anhang).

Zur Gewährleistung eines einheitlicheren und sinnvollen Vorgehens auf dem Gebiet der Öffentlichkeitsarbeit wurde durch Beschluß des Senats Nr. 978/68 vom 9. Juli 1968 der *Werbeausschuß Berlin* gebildet. Der Ausschuß dient seitdem der Koordinierung aller Berliner Maßnahmen der Öffentlichkeits- und Informationsarbeit. Die beratende Funktion dieses Ausschusses wirkt sich auch auf eine rationelle Mittelverwendung der im Haushalt von Berlin für diesen Zweck ausgewiesenen Ansätze aus. Dem Ausschuß gehören Mitglieder der Fraktionen des Abgeordnetenhauses von Berlin, Vertreter der Industrie- und Handelskammer zu Berlin, der Handwerkskammer Berlin, der Berliner Absatz-Organisation, des Deutschen Gewerkschaftsbundes Berlin, der Deutschen Angestellten-Gewerkschaft, der Ausstellungs-Messe-Kongreß-GmbH, der Wirtschaftsförderungsgesellschaft, der Berliner Festspiele GmbH, der Stiftung Preußischer Kulturbesitz, Sachverständige der Hochschule der Künste Berlin, des Internationalen Design-Zentrums sowie die Pressereferenten und Öffentlichkeitsarbeiter aller Senatsverwaltungen an.

Den Vorsitz führt der Leiter des Presse- und Informationsamtes.

Vom Abgeordnetenhaus von Berlin und vom Rechnungshof von Berlin ist die Tätigkeit dieses Gremiums wiederholt nachdrücklich begrüßt worden.

Der Senat von Berlin hat in den Jahren 1973 und 1974 von der A. T. Kearney GmbH – Management Consultants –, Düsseldorf, „Konzeption und Organisation der Öffentlichkeitsarbeit des Landes Berlin" untersuchen lassen.

Das Ziel der Überprüfung war, ressortübergreifende Maßnahmen einzuleiten, die eine enge Kooperation aller mit der Öffentlichkeitsarbeit befaßten Dienststellen der Berliner Verwaltung gewährleisten.

Der Senat hat zunächst als Modellfall beim Presse- und Informationsamt eine Leitstelle für die Planung, Koordinierung und Erfolgskontrolle eingerichtet, die im

Bereich der langfristigen Öffentlichkeitsarbeit mit der Senatsverwaltung für Arbeit und Soziales hinsichtlich der Arbeitskräftegewinnung und dem Verkehrsamt hinsichtlich der Fremdenverkehrswerbung kooperierte.

Die Erfahrungen der Koordinierung haben gezeigt, daß durch die Leitstelle kurz- und mittelfristige Maßnahmen und Einzelfragen abgestimmt werden konnten. In der langfristigen Öffentlichkeitsarbeit waren nur generelle Fragen der Zielsetzung und Mediaplanung koordinierend zu beraten.

Da die Bereitschaft der beteiligten Senatsverwaltungen zur engen Koordination und Kooperation auch der langfristigen Maßnahmen vorhanden war, hat der Senat am 25. Oktober 1977 beschlossen, wie folgt zu verfahren:

(1) In der Nachweisung über Berlin-Informationen und Berlin-Werbung zu den Haushaltsberatungen im Abgeordnetenhaus werden neben der Aufteilung der Ansätze des Presse- und Informationsamtes auch die Ansätze der Senatsverwaltungen grob aufgegliedert, die den Rahmen der beabsichtigten Maßnahmen aufzeigen.

(2) Die Konzeptionen über die Öffentlichkeitsarbeit des folgenden Jahres werden abgestimmt der Nachweisung beigefügt.

(3) Eine Projektgruppe berät und stimmt die Konzeptionen ab.

(4) Die Projektgruppe setzt sich wie folgt zusammen:
Regierender Bürgermeister – Senatskanzlei – (Federführung),
Senator für Arbeit und Soziales,
Senator für Wirtschaft und Verkehr,
Verkehrsamt Berlin
sowie
projektbezogen zu beteiligende Senatsverwaltungen.

(5) Vor der Verabschiedung der Konzeptionen durch die Projektgruppe werden die das Land Berlin in Fragen der Öffentlichkeitsarbeit beratenden Gremien beteiligt. Dadurch ist eine fachliche Beurteilung und eine Beteiligung der wichtigsten Organisationen und Institutionen sowie aller Senatsverwaltungen gewährleistet.

Die Öffentlichkeitsarbeit des Landes Berlin ist durch diese Maßnahmen wesentlich effektiver und nach außen einheitlicher und geschlossener geworden, ohne die notwendige Flexibilität zu verlieren.

7. Angrenzende Bereiche

Die Öffentlichkeitsarbeit ist begrifflich von einigen benachbarten Bereichen abzugrenzen, die nicht Gegenstand dieses Beitrages sind.

In der Planung und Durchführung findet jedoch eine enge Koordinierung mit diesen benachbarten Bereichen statt.

Fremdenverkehrs- und Kongreßwerbung sowie Verkaufsförderungsmaßnahmen werden vom Verkehrsamt Berlin in enger Zusammenarbeit mit der Deutschen Zentrale für Tourismus e.V. (DZT) wahrgenommen.

Die Maßnahmen des Senators für Wirtschaft und Verkehr zur Förderung der Berliner Wirtschaft, die Vorhaben der Wirtschaftsförderung Berlin GmbH und der AMK Berlin Ausstellungs-Messe-Kongreß-GmbH werden ebenfalls mit der vom Presse- und Informationsamt zu leistenden Arbeit abgestimmt.

Die Pflege kultureller Beziehungen ist insbesondere Aufgabe der Senatsverwaltung für Kulturelle Angelegenheiten; im Ausland im Zusammenwirken mit dem Auswärtigen Amt.

Die Öffentlichkeitsarbeit und die Kulturarbeit außerhalb Berlins sind verwandt und auf Teilgebieten sogar eng miteinander verflochten. Dennoch unterscheiden sich beide Bereiche in ihren Aufgaben, Zielen, Inhalten und Methoden wesentlich voneinander. Eine zu scharfe Abgrenzung würde jedoch einer optimalen Informationsvermittlung schaden.

Die kulturellen Vorhaben – im Ausland in Verbindung mit den Zweigstellen und Dozenturen des Goethe-Instituts – werden daher laufend mit der Öffentlichkeitsarbeit des Presse- und Informationsamtes abgestimmt.

8. Schlußbetrachtung

Weniger die neuen Medien, sondern die Erfordernisse der sozialen Kommunikation, unter der ich ein Instrumentarium des demokratischen Dialogs, durchaus getragen von sozialen und gesellschaftlichen Nutzen-Vorstellungen, verstehe, werden Veränderungen im Aufbau der staatlichen Stellen für Öffentlichkeitsarbeit zwingend gebieten. Denn mehr und mehr wird es darauf ankommen, bei einem Überangebot an allgemeinen Informationen Bürgergruppen zu Teilgebieten gezielte Informationen – und damit Hilfestellungen – zu geben. Der bisherige Aufbau der Ämter ermöglicht dies nicht im ausreichenden Maße.

Bürgerinitiativen, die sich immer häufiger formieren, sind ein Beispiel für die Wichtigkeit besserer Öffentlichkeitsarbeit, aber sind auch ein deutlicher Nachweis des partizipativen Charakters der sozialen Kommunikation, dem die Organisationsformen noch anzupassen sind.

Eine Zuordnung der sogenannten Bürgerberatungsstellen ist dabei – wie das Beispiel der Hansestadt Lübeck zeigt – außerordentlich erwägenswert.

9. Anhang

Richtlinien zur Vergabe von regierungsamtlichem Material an Parteien
Beschluß der Konferenz der Landespressechefs vom 5. November 1979.

(1) Innerhalb der Vorwahlzeit von 5 Monaten ist eine Verteilung von regie-

rungsamtlichen Publikationen an politische Parteien oder sie unterstützende Organisationen nur zur Unterrichtung der eigenen Mitglieder zulässig.

(2) Außerhalb der Vorwahlzeit ist eine Verteilung von regierungsamtlichen Publikationen über politische Parteien und sie unterstützende Organisationen an Personen, die nicht ihre Mitglieder sind, in Grenzen möglich. Dabei sind Vorkehrungen gegen eine Verwendung der Publikationen zum Zwecke der Wahlwerbung zu treffen.

Unzulässig ist die Verteilung, wenn damit eine Identifizierung von Regierung und Partei verbunden ist. Was insbesondere bei der Verwendung von Aufklebern, Aufdrucken, Begleittexten mit Hinweisen auf Partei oder Mandatsträger oder bei umfangreicherer Verteilung kurz vor Beginn der Vorwahlzeit der Fall ist.

Zulässig ist beispielsweise eine Verteilung von regierungsamtlichen Informationsmaterial an auf kurze Dauer beschränkten Informationsständen von politischen Parteien oder sie unterstützende Organisationen, z. B. anläßlich von Ausstellungen, Messen oder Veranstaltungen, jedoch nur, wenn solche Informationsstände sich nicht mit allgemeiner Parteipolitik, sondern erkennbar mit konkreten Sachthemen befassen, zu denen das Informationsmaterial der Regierung einen Beitrag für sachbezogene Unterrichtung bietet.

---

§ 4 des Berliner Pressegesetzes vom 15. Juni 1965 (GVBl. S. 744), zuletzt geändert durch Gesetz vom 26. November 1974 (GVBl. S. 2746), lautet:

„§ 4 Informationsrecht der Presse

(1) Die Behörden sind verpflichtet, den Vertretern der Presse, die sich als solche ausweisen, zur Erfüllung ihrer öffentlichen Aufgabe Auskünfte zu erteilen.

(2) Auskünfte können nur verweigert werden, soweit

1. Vorschriften über die Geheimhaltung entgegenstehen
oder
2. Maßnahmen ihrem Wesen nach dauernd oder zeitweise geheimgehalten werden müssen, weil ihre Bekanntgabe oder ihre vorzeitige Bekanntgabe die öffentlichen Interessen schädigen oder gefährden würde
oder
3. hierdurch die sachgerechte Durchführung eines schwebenden Verfahrens vereitelt, erschwert, verzögert oder gefährdet werden könnte
oder
4. ein schutzwürdiges privates Interesse verletzt würde.

(3) Allgemeine Anordnungen, die einer Behörde Auskünfte an die Presse verbieten, sind unzulässig.

(4) Der Verleger einer Zeitung oder Zeitschrift kann von den Behörden verlangen, daß ihm deren amtliche Bekanntmachungen nicht später als seinen Mitbewerbern zur Verwendung zugeleitet werden."

DER REGIERENDE BÜRGERMEISTER
VON BERLIN
– Senatskanzlei –
– V A –

Berlin, den 27. November 1981
John-F.-Kennedy-Platz
Rathaus Schöneberg
1000 Berlin 62
Tel.: 030/783 32 50

Bekanntmachung
im Amtsblatt für Berlin

Öffentlichkeitsarbeit für Berlin

I.

Das Presse- und Informationsamt des Landes Berlin ist interessiert an neuen Konzeptionen für die Öffentlichkeitsarbeit für Berlin ab 1. Januar 1982.

Dem Presse- und Informationsamt des Landes Berlin obliegt die politische Information über die innere und äußere Lage Berlins einschließlich der Vertrauens- und Sympathiewerbung.

Die Fremdenverkehrs-, Arbeitskräfte- und Wirtschaftswerbung liegt bei anderen Stellen; sie ist mit der Öffentlichkeitsarbeit des Presse- und Informationsamts abzustimmen.

Die Öffentlichkeitsarbeit des Presse- und Informationsamtes des Landes Berlin zielt auf eine glaubwürdige Kommunikation als Ergänzung klassischer Pressearbeit. Die Konzeption soll eine neue Werbelinie vorschlagen, bei deren Umsetzung Public Relations-Maßnahmen den Vorzug vor Insertionen genießen. Das Schwergewicht der Öffentlichkeitsarbeit soll im Bundesgebiet einschließlich Berlin liegen; Zielgebiet sind aber auch die Länder der drei Schutzmächte sowie in Einzelfällen europäische Nachbarstaaten der Bundesrepublik Deutschland.

Für die Verwirklichung der Konzeption stehen im Jahre 1982 rd. 3 Mio. DM zur Verfügung, nicht eingeschlossen die Mittel für Basisinformationen. Auch Teil-Konzeptionen und Konzeptionen für Einzelprojekte werden berücksichtigt.

Grundlage der Öffentlichkeitsarbeit ist die Regierungserklärung des Regierenden Bürgermeisters von Berlin vom 2. Juli 1981, die beim Presse- und Informationsamt des Landes Berlin – V A 2 –, John-F.-Kennedy-Platz, Rathaus Schöneberg, 1000 Berlin 62, erhältlich ist. Ergänzendes Informationsmaterial über Berlin wird auf Anfrage ebenfalls gern zur Verfügung gestellt.

Interessenten werden gebeten, ihre Konzeption im Umfang von bis zu zehn Schreibmaschinenseiten – DIN A 4 – bis zum 31. Dezember 1981 (Datum des Poststempels entscheidet) dem Presse- und Informationsamt des Landes Berlin – V A –, John-F.-Kennedy-Platz, 1000 Berlin 62, einzureichen.

II.

Ergänzend zu dieser Konzeption soll auf maximal zwei Seiten dargelegt werden,

- wie der potentielle Auftragnehmer seine Vorschläge für das Presse- und Informationsamt des Landes Berlin im Rahmen seiner Firmenorganisation bzw. bereits bewährter Zusammenarbeit mit Kooperationspartnern verwirklichen,
- welchen Personenkreis der potentielle Auftragnehmer zur Erfüllung des Auftrages ab 1. Januar 1982 zur Verfügung stellen, und wen er davon mit einem Arbeitssitz in Berlin ausstatten würde.

III.

Aus den eingesandten Konzeptionen werden vom Presse- und Informationsamt des Landes Berlin unter Mitwirkung von Sachverständigen geeignete Vorschläge ausgewählt und deren Einsender nach ausführlichen Hinweisen des Auftraggebers aufgefordert, ihre Konzeption auszuarbeiten und zu präsentieren. Das Land Berlin behält sich vor, die Rechte an Teilen der eingesandten Konzeptionen gesondert zu erwerben.

Für die ausgearbeiteten Vorschläge wird der nachgewiesene Aufwand bis zu 10.000,– DM je Präsentation erstattet.

Aus der Wettbewerbsteilnahme erwächst kein Anspruch.

Die Aufträge können getrennt und an Dritte vergeben werden.

Die Entscheidungen des Presse- und Informationsamtes des Landes Berlin sind nicht anfechtbar.

— — — — — — — — — —

VERTRAG

Zwischen dem

Land Berlin, vertreten durch den Regierenden Bürgermeister von Berlin, dieser vertreten durch den Leiter des Presse- und Informationsamtes des Landes Berlin, John-F.-Kennedy-Platz, 1000 Berlin 62, im folgenden „Berlin" genannt,

und ....

im folgenden „Werbeberater" genannt,

wird folgender Vertrag geschlossen:

§ 1

1. Der Werbeberater verpflichtet sich, Berlin in Fragen der Öffentlichkeitsarbeit, insbesondere bei der Planung, der Gestaltung und dem Einsatz von Werbemitteln und Informationsmaterial mündlich und schriftlich zu beraten.

2. Er ist verpflichtet, gutachtliche Stellungnahmen, Kostenpläne, Übersichten, Textvorschläge, Layouts aus eigener Initiative oder auf Verlangen Berlins vorzulegen.
3. Die vom Werbeberater im Rahmen dieses Vertrages zu erbringenden Leistungen werden im einzelnen mit Berlin abgestimmt und festgelegt.

§ 2

Der Werbeberater verpflichtet sich, monatlich einmal an einem Kolloquium teilzunehmen, das zur gemeinsamen Beratung über Fragen der Öffentlichkeitsarbeit in Berlin stattfindet.

§ 3

Der Werbeberater kann im Einvernehmen mit Berlin weitere sachkundige Mitarbeiter zu den in §§ 1 und 2 genannten Tätigkeiten hinzuziehen, wenn die Beratung bestimmter Sachfragen es erforderlich macht.

§ 4

1. Der Werbeberater erhält für seine Tätigkeit nach den §§ 1 und 2 dieses Vertrages eine Vergütung (Honorar) in Höhe von . . . DM. Mit dieser Vergütung sind alle Kosten, die sich aus der Erfüllung dieses Vertrages ergeben, abgegolten.
2. Kosten, die sich aus der Hinzuziehung weiterer sachkundiger Mitarbeiter (§ 3) ergeben könnten, werden nur nach gesonderter Vereinbarung mit Berlin vergütet.
3. Der Werbeberater versichert, daß er die Vergütung (Honorar) selbst versteuert.

§ 5

1. Mit der Zahlung der in § 4 genannten Vergütung gehen alle gewerblichen und nichtgewerblichen Aus- und Verwertungsrechte an den in § 1 genannten Gegenständen auf Berlin über.
2. Der Werbeberater steht dafür ein, daß er über diese Rechte verfügen kann und noch nicht anderweitig verfügt hat, und daß diese Rechte nicht das Urheberrecht oder sonstige Rechte Dritter beeinträchtigen.
3. Sollte Berlin wegen der Aus- oder Verwertung der in § 1 genannten Gegenstände von dritter Seite auf Schadensersatz oder sonstwie in Anspruch genommen werden, verpflichtet sich der Werbeberater, Berlin von allen Ansprüchen freizustellen.
4. Der Werbeberater verzichtet auf die Anbringung eines Signums und/oder auf die Nennung seines Namens.
5. Die Aufnahme in eine Musterrolle, Mustermappe oder ähnliches ist nur mit schriftlicher Zustimmung Berlins zulässig.

§ 6

Der Werbeberater verpflichtet sich, über die ihm auf Grund des Vertrages bekanntgewordenen Angelegenheiten Verschwiegenheit zu wahren. Dies gilt auch für die Zeit nach Beendigung des Vertragsverhältnisses. Er verpflichtet sich darüber hinaus, auch von ihm für die Erbringung der in §§ 1 und 2 genannten Leistungen herangezogene Dritte entsprechend zur Verschwiegenheit zu verpflichten.

§ 7

Im übrigen gelten die Bestimmungen der Verdingungsordnung für Leistungen (VOL).

§ 8

1. Der Vertrag gilt für die Zeit vom ... bis ....
2. Er kann mit einer Frist von zwei Wochen zum Monatsende gekündigt werden.
3. Der Vertrag verlängert sich um jeweils weitere drei Monate, wenn beide Parteien dies zwei Wochen vor Ablauf des Vertrages schriftlich vereinbaren.

§ 9

Änderungen oder Ergänzungen des Vertrages bedürfen der Schriftform.

§ 10

Gerichtsstand und Erfüllungsort ist Berlin.

Berlin, den

für das Land Berlin Werbeberater

....

Schneidebogen
für die Wortmarke Berlin

Die Wortmarke Berlin wurde aus den halbfetten Versalien der Akzidenz-Grotesk entwickelt. Sie ist keine originale Satzschrift und darf auch nie durch Satzschrift ersetzt werden, weil durch die grafische Überarbeitung der Linienstärken und Zwischenräume ein bestimmtes charakteristisches Wortbild entstanden ist. Ebenso verbieten sich ein Sperren der einzelnen Buchstaben oder andere Veränderungen der Wortmarke.

BERLIN

12p 14,5mm

BERLIN BERLIN BERLIN BERLIN BERLIN BERLIN BERLIN BERLIN BERLIN

14p 18 mm

BERLIN BERLIN BERLIN BERLIN BERLIN BERLIN BERLIN BERLIN

16p 20,5mm

BERLIN BERLIN BERLIN BERLIN BERLIN BERLIN BERLIN

20p 27,5mm

BERLIN BERLIN BERLIN BERLIN BERLIN BERLIN

24p 32,5mm

BERLIN BERLIN BERLIN BERLIN BERLIN
BERLIN BERLIN BERLIN BERLIN BERLIN

28p 39 mm

BERLIN BERLIN BERLIN BERLIN
BERLIN BERLIN BERLIN BERLIN

36p 49,5mm

BERLIN BERLIN BERLIN
BERLIN BERLIN BERLIN

60p 88 mm

BERLIN
BERLIN
BERLIN

48p 71 mm

BERLIN
BERLIN
BERLIN
BERLIN

Organisationsschema für die
Senatskanzlei (Stand: Januar 1981)

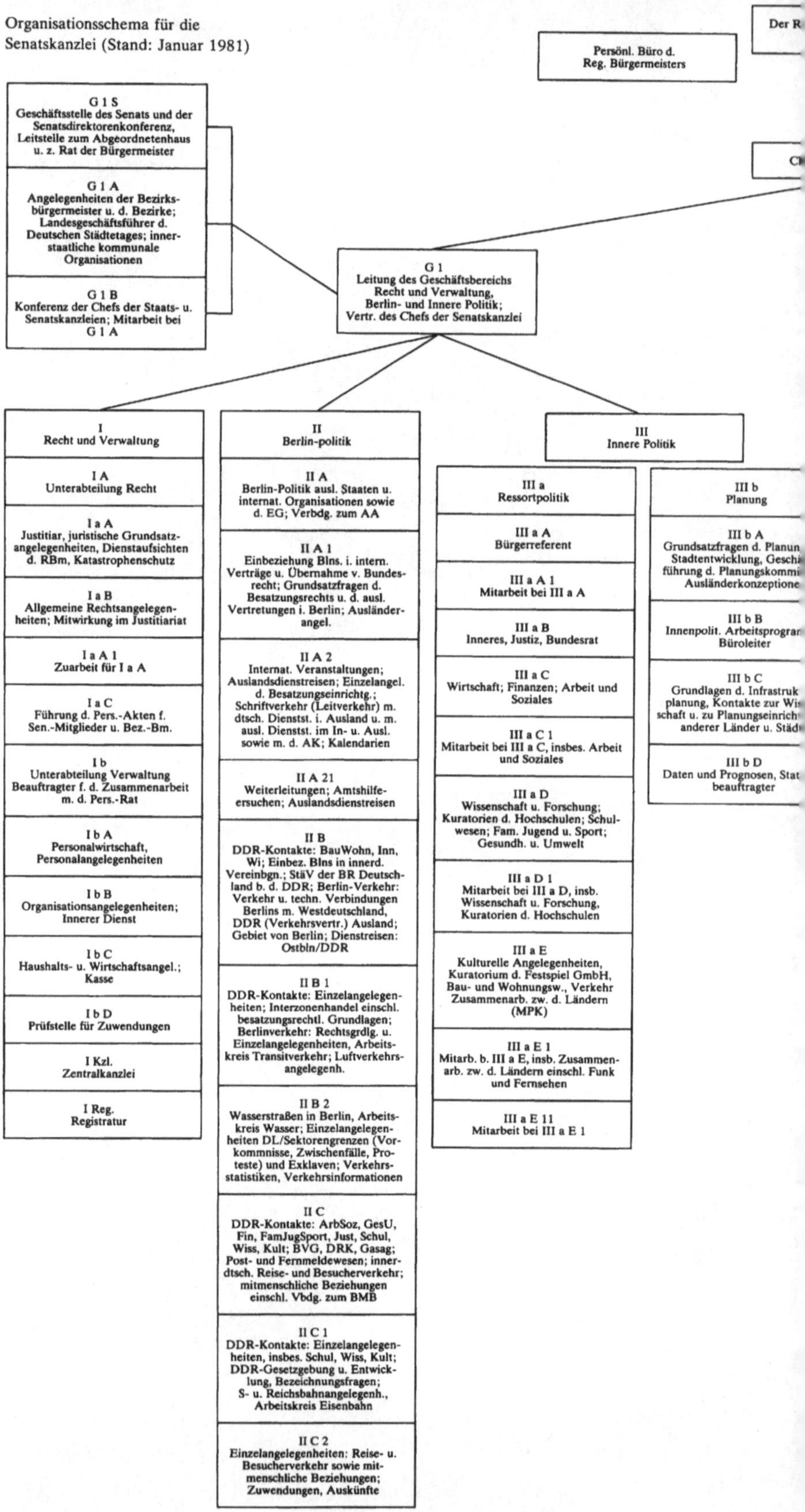

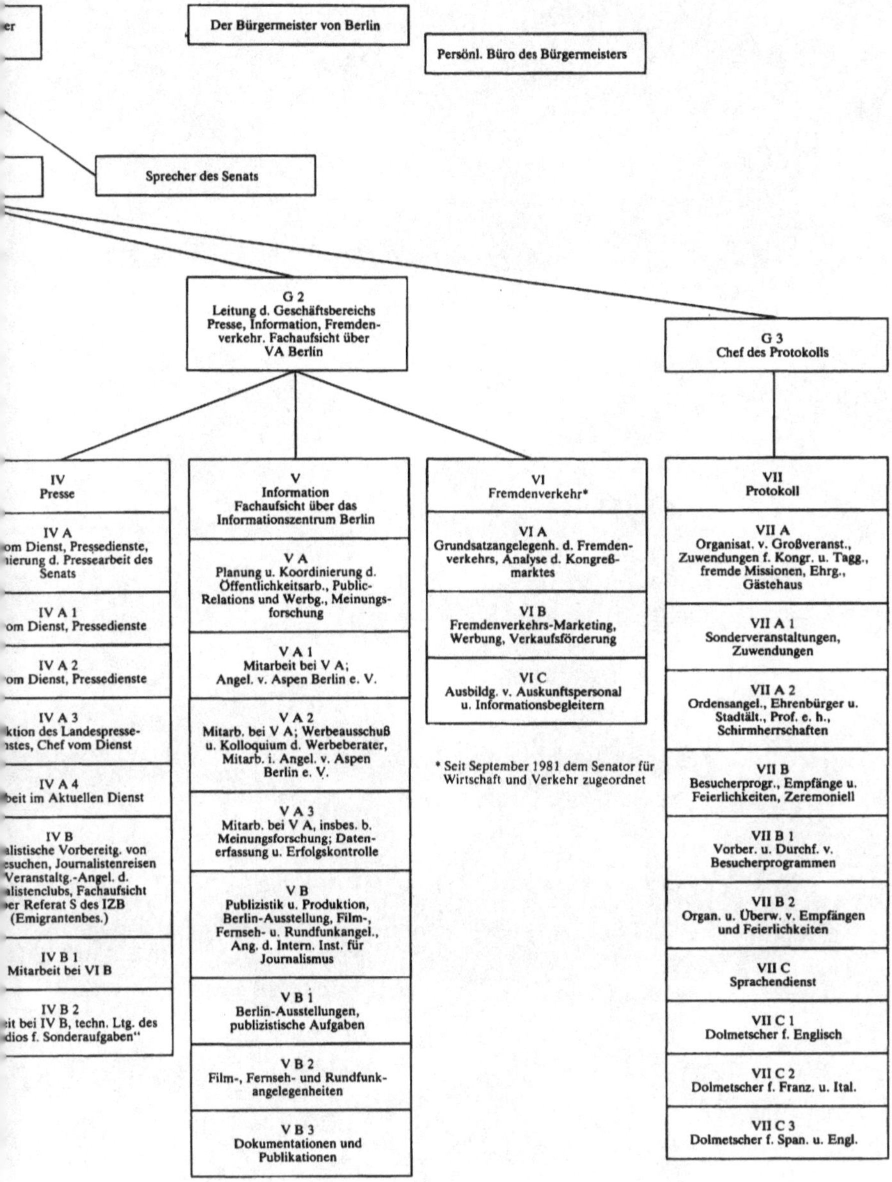
er
Der Bürgermeister von Berlin
Persönl. Büro des Bürgermeisters
Sprecher des Senats
G 2
Leitung d. Geschäftsbereichs Presse, Information, Fremdenverkehr. Fachaufsicht über VA Berlin
G 3
Chef des Protokolls
IV
Presse
IV A
om Dienst, Pressedienste,
iierung d. Pressearbeit des Senats
IV A 1
om Dienst, Pressedienste
IV A 2
om Dienst, Pressedienste
IV A 3
ktion des Landespresse-
ıstes, Chef vom Dienst
IV A 4
beit im Aktuellen Dienst
IV B
alistische Vorbereitg. von
esuchen, Journalistenreisen
Veranstaltg.-Angel. d.
alistenclubs, Fachaufsicht
ıer Referat S des IZB
(Emigrantenbes.)
IV B 1
Mitarbeit bei VI B
IV B 2
eit bei IV B, techn. Ltg. des
dios f. Sonderaufgaben"
V
Information
Fachaufsicht über das Informationszentrum Berlin
V A
Planung u. Koordinierung d. Öffentlichkeitsarb., Public-Relations und Werbg., Meinungsforschung
V A 1
Mitarbeit bei V A; Angel. v. Aspen Berlin e. V.
V A 2
Mitarb. bei V A; Werbeausschuß u. Kolloquium d. Werbeberater, Mitarb. i. Angel. v. Aspen Berlin e. V.
V A 3
Mitarb. bei V A, insbes. b. Meinungsforschung; Datenerfassung u. Erfolgskontrolle
V B
Publizistik u. Produktion, Berlin-Ausstellung, Film-, Fernseh- u. Rundfunkangel., Ang. d. Intern. Inst. für Journalismus
V B 1
Berlin-Ausstellungen, publizistische Aufgaben
V B 2
Film-, Fernseh- und Rundfunkangelegenheiten
V B 3
Dokumentationen und Publikationen
VI
Fremdenverkehr*
VI A
Grundsatzangelegenh. d. Fremdenverkehrs, Analyse d. Kongreßmarktes
VI B
Fremdenverkehrs-Marketing, Werbung, Verkaufsförderung
VI C
Ausbildg. v. Auskunftspersonal u. Informationsbegleitern
* Seit September 1981 dem Senator für Wirtschaft und Verkehr zugeordnet
VII
Protokoll
VII A
Organisat. v. Großveranst., Zuwendungen f. Kongr. u. Tagg., fremde Missionen, Ehrg., Gästehaus
VII A 1
Sonderveranstaltungen, Zuwendungen
VII A 2
Ordensangel., Ehrenbürger u. Stadtält., Prof. e. h., Schirmherrschaften
VII B
Besucherprogr., Empfänge u. Feierlichkeiten, Zeremoniell
VII B 1
Vorber. u. Durchf. v. Besucherprogrammen
VII B 2
Organ. u. Überw. v. Empfängen und Feierlichkeiten
VII C
Sprachendienst
VII C 1
Dolmetscher f. Englisch
VII C 2
Dolmetscher f. Franz. u. Ital.
VII C 3
Dolmetscher f. Span. u. Engl.

Fallbeispiel II: Auch die Sonnenfinsternis läßt sich vermarkten – Öffentlichkeitsarbeit in einem Dienstleistungsunternehmen

Peter J. Grell

1. Die Voraussetzungen

Das Bild der Hapag-Lloyd Reisebüro-Organisation wird in der Öffentlichkeit maßgeblich vom Bild der Muttergesellschaft Hapag-Lloyd AG geprägt. Dieser Transportkonzern mit seinem Schwergewicht in der Seeschiffahrt gilt als „hanseatisches" Unternehmen mit allen diesbezüglichen Attributen.

Nachdem sich der Vorstand der Hapag-Lloyd AG vor einigen Jahren entschlossen hatte, im Rahmen der Bemühungen um Diversifikation die Säule Touristik zu verstärken, wurde auch die Öffentlichkeitsarbeit für diesen Bereich intensiviert.

Heute umfassen die touristischen Aktivitäten der Hapag-Lloyd AG

- das Kreuzfahrt-Passagegeschäft mit dem einzigen großen Passagierschiff unter deutscher Flagge, der MS „Europa",
- die Hapag-Lloyd Flug GmbH mit ca. 20 Maschinen, die ausschließlich im Charterflugverkehr eingesetzt werden,
- die Hapag-Lloyd Reisebüro-Organisation mit 70 Reisebüros in der Bundesrepublik, in Europa und den USA.

Weitgehend unbekannt ist, daß die Hapag-Lloyd AG am Deutschen Reisebüro (DER) und am Amtlichen Bayerischen Reisebüro (abr) und ihre Tochter, die Hapag-Lloyd Reisebüro GmbH, an der Touristik-Union International (TUI), an Seetours International und einigen kleineren Unternehmen beteiligt sind.

Bei der Konzeption der Öffentlichkeitsarbeit für die Reisebüro-Organisation mußte das Image der Hapag-Lloyd AG in die Überlegungen einbezogen werden. Allein die 10.000 Mitarbeiter der Hapag-Lloyd AG stellen einen Kommunikationsfaktor dar, der nicht unterschätzt werden darf. Aus diesem Grunde wurden und werden die durch den Konzern zur Verfügung stehenden Kommunikationseinrichtungen genutzt, um das Image der Reisebürotochter nach innen abzusichern.

Ziel der Öffentlichkeitsarbeit ist es, das Reisebüro als Vermittler aller Reisedienstleistungen darzustellen. Das stark von der Seeschiffahrt geprägte Image des Konzerns wird dabei als „Lokomotive" für das Herausstreichen der gesamten Angebotspalette in voller Breite genutzt.

Die Schwierigkeit besteht nun darin, daß diese Vermittlerfunktion nur schwer darzustellen ist und in der Praxis keinen Anspruch auf Alleinstellung erheben kann, da sie auch von jedem Reisebüro „um die Ecke" erbracht wird. Aus diesem Grunde werden, und zwar nicht nur aus kaufmännischen Gründen, auch Reisen angeboten, die vom Hapag-Lloyd Reisebüro veranstaltet (also produziert) und vertrieben werden. Unser Fallbeispiel mag hierfür den Beweis antreten.

Das Kreuzfahrt-Image der Hapag-Lloyd AG steht für „solide, erfahren und qualitativ hochwertig". Diese positiven Image-Dimensionen sind auf die übrige Angebotspalette zu übertragen. Dabei ist gleichzeitig die Hemmschwelle „teuer", die sich ebenfalls aus dem Kreuzfahrt-Image ableitet, abzubauen. In den letzten Jahren, in denen eine klare Konzeption für die Öffentlichkeitsarbeit vorhanden war und im Markt umgesetzt wurde, ist es gelungen, die Angebotspalette weitgehend beim Verbraucher durchzusetzen und die Qualitätsmerkmale der Hapag-Lloyd Reisebüro-Organisation durch eine Penetrierung in den Medien abzusichern.

2. Die Konzeption der Öffentlichkeitsarbeit

Die Zielgruppe sind sowohl private Kunden als auch Firmen. Als Schwerpunkt gelten diejenigen Orte, an denen die Hapag-Lloyd Reisebüro-Organisation mit eigenen Niederlassungen vertreten ist.

Aus diesem Grunde wird bei den Medien der Hauptakzent auf die regionale und lokale Presse gesetzt, während die überregionalen Zeitungen und Zeitschriften sowie Hörfunk und Fernsehen an die zweite Stelle treten. Diese überregionalen Medien gelten vorzugsweise als imageabstützender Faktor.

Um innerhalb der Reisebranche das Bild positiv zu gestalten, wird der Kontakt zu Fachzeitschriften gepflegt. Im innerbetrieblichen Bereich besteht ein enges Verhältnis zur Redaktion der firmeneigenen Zeitschrift.

Um die Effizienz der PR-Arbeit sicherzustellen, wird großer Wert auf den ständigen Dialog mit den Medien bzw. mit dem Verbraucher gelegt. In der Praxis bedeutet das, daß an den maßgeblichen Plätzen der Bundesrepublik, wo die Hapag-Lloyd Reisebüro-Organisation vertreten ist, Pressestammtische stattfinden, die nach Feierabend möglichst in den Reisebüros veranstaltet werden. Auf Referate und Waschzettel wird weitgehend zugunsten eines offenen Gespräches verzichtet. Auch wenn jeweils ein Schwerpunktthema behandelt wird, so wird am Rande dieser Stammtische genügend Zeit zur Verfügung gehalten, um Gespräche über allgemeine Reisethemen in lockerer, ungezwungener Atmosphäre zu führen. Recht schnell hat sich dabei ein besonderes Vertrauensverhältnis zu den Journalisten herausgebildet, die unsere Mitarbeiter als fachkundige Gesprächspartner, die ehrlich und offen Stellung zu manchmal heiklen Themen beziehen, akzeptieren. Dreimal jährlich werden im überregionalen Rahmen Pressegespräche durchgeführt. Auch hier verzichten wir auf den obligatorischen, quergestellten „Vorstandstisch" zugunsten zwangloser Gespräche. Eine dieser Zusammenkünfte ist eine Bilanz-Pressekonferenz, bei der die wirtschaftliche Seite unseres Unternehmens behandelt wird. Die beiden anderen Pressekonferenzen sind den jeweils neuesten Reiseangeboten vorbehalten, über die dann ausführlich in den Reiseseiten der Tagespresse berichtet wird.

Eine weitere wichtige Art der Zusammenarbeit mit den Medien sind Pressereisen, die in besonders interessante touristische Gebiete führen. Dabei haben wir uns entschlossen, die Anzahl der Journalisten auf 10–15 Personen zu beschränken, um auch hier im persönlichen Gespräch Kontakte zu knüpfen und zu pflegen. Diese mehrtägigen Zusammenkünfte bringen in der Regel mehr Goodwill als die ausführlichste und teuerste Presseinformation.

Den Katalog der Maßnahmen runden Pressemeldungen und Artikel über Branchenthemen ab, die aufgrund der persönlichen vertrauensvollen Zusammenarbeit von den Medien gerne aufgenommen werden. Ziel unserer Bemühungen muß es sein, darüber hinaus die Hapag-Lloyd Reisebüro-Organisation zu personifizieren. Das ist nur dadurch zu erreichen, daß die Geschäftsleitung des Unternehmens der Zusammenarbeit mit der Presse gegenüber aufgeschlossen gegenübersteht und bereit ist, sowohl an Pressereisen als auch an Pressestammtischen und -konferenzen teilzunehmen. Eine wichtige Aufgabe erfüllen hier auch die Leiter der regionalen Verkaufsdirektionen, die der Presse als lokale Ansprechpartner zur Verfügung stehen. Im Laufe der Jahre ist es gelungen, die begreifliche Scheu der Mitarbeiter gegenüber den Medien abzubauen und zu erreichen, daß der Umgang zwanglos und unbefangen geworden ist.

Organisatorisch wurde die Pressearbeit im Anfang in Personal-Union mit der Marketingleitung wahrgenommen. Dabei wurde konsequent das personelle Konzept verfolgt, dafür Reisebüro-Fachleute einzusetzen. Es galt, den Medien einen Reisebüro-Fachmann als Gesprächspartner zu offerieren, der „aus dem Stand" heraus zu Problemen der Branche Stellung nehmen kann und der als ernstzunehmender Gesprächspartner von der anderen Seite akzeptiert wird. Das notwendige fachliche PR-Know how wurde durch die Zusammenarbeit mit einem führenden deutschen Reisejournalisten erworben.

Nach der Ausweitung der touristischen Aktivitäten der Hapag-Lloyd AG auf dem Gebiet des Charterflugverkehrs entschloß sich der Vorstand Ende 1978, eine eigene Pressestelle für den gesamten touristischen Belange des Konzerns einzurichten, die mit Beginn des Jahres 1979 die Pressearbeit für die Hapag-Lloyd Reisebüro GmbH übernommen hat. Das Konzept der vergangenen Jahre wurde als erfolgreich befunden und wird von dieser Pressestelle weiterverfolgt.

3. Budget

Die oben beschriebene Konzeption zeigte sich bald auch von der Kostenseite her als günstigste Lösung. Einschließlich aller Ausgaben wurden per Jahr ca. DM 150.000.– für die Pressearbeit investiert. Dies bedeutete umgerechnet noch nicht einmal 10% des gesamten Werbeaufwands. Der Betrag von DM 150.000.– gliedert sich in

DM 70.000.–	Personal- und Verwaltungskosten für eine Sekretärin
DM 15.000.–	Honorare für bei Journalisten in Auftrag gegebene PR-Artikel
DM 5.000.–	Druck und Versand von Artikeln und Pressemeldungen
DM 20.000.–	Pressestammtische, Pressegespräche und -konferenzen
DM 5.000.–	Werbegeschenke
DM 35.000.–	Pressereisen
DM 150.000.–	

4. Fallbeispiel: Kreuzfahrt zur Sonnenfinsternis

Auf der Suche nach neuen und interessanten Sonderreisen, welche die Hapag-Lloyd Reisebüro-Organisation ausschreiben konnte, wurde Prof. Dr. Heinz Haber entdeckt, der der Reisebürobranche augrund seiner Reiseerfahrung positiv gegenüberstand. Prof. Haber ist einer breiten Öffentlichkeit als „Fernseh-Professor“ bekannt. Besonders in den Fachgebieten Astronautik, Astronomie und Weltraumphysik hat er Anfang der 70er Jahre in Deutschland ein breites Publikum gehabt. Haber, der kurz nach dem Krieg in die USA auswanderte, hatte dort gelernt, daß die Wissenschaft nicht in den Elfenbeinturm gehört, sondern breiten Volksschichten verständlich gemacht werden muß. Nach einer gewissermaßen „aus dem Stand“ veranstalteten Ostasienreise trug Prof. Haber uns die Idee einer Kreuzfahrt nach den Kapverdischen Inseln zur Beobachtung einer Sonnenfinsternis vor. Dieser Gedanke, so utopisch er zuerst erschien, gewann bald Gestalt, da das Risiko einer derartigen Reiseausschreibung kalkulierbar war und die Zeit der Vorbereitung (1½ Jahre) ausreichte, um die notwendige Passagierzahl durch gezielte Öffentlichkeitsarbeit zu gewinnen.

Die Geschäftsführung setzte als Projektziel, daß neben dem wirtschaftlichen Erfolg dieser Reise das Image der Hapag-Lloyd Reisebüro-Organisation in der Öffentlichkeit als Veranstalter außergewöhnlich attraktiver Reisen durchgesetzt werden sollte.

Ein Vergleich mit den Mitbewerbern in der Bundesrepublik ergab, daß die Idee, einen „Fernsehstar“ für eine Reise zu gewinnen, von verschiedenen Seiten bereits verwirklicht worden war. Diese Stars, und das war für den Verbraucher unschwer zu erkennen, waren aber lediglich als „Dekor“ eingesetzt, die im Rahmen der Reise keine eigene Aufgabe hatten.

In Gesprächen mit Prof. Haber konnten wir uns schnell darauf einigen, daß er nicht nur als Gast an Bord sein, sondern über verschiedene Wissensgebiete Vorträge halten würde, und daß darüber hinaus praktische Experimente durchgeführt werden müßten. Auf der Kreuzfahrt sollte MS „ESTONIA", ein russisches Schiff mit der Kapazität für die geplante Reiseteilnehmerzahl von 180 Passagieren, touristisch attraktive Häfen besuchen. Dabei sollten aber die Landausflüge wissenschaftlichen Charakter tragen. In den Werbemitteln wurden diese wissenschaftlichen Exkursionen und Experimente bewußt herausgestellt. Prof. Haber mußte für die Rolle des „Wissenschaftlichen Reiseleiters" behutsam aufgebaut werden.

Da ein selbst verfaßter Artikel als Einstieg zu merkantil erschien, erwogen wir, einen bekannten Journalisten für ein Interview mit Prof. Haber an seinem Wohnsitz zu gewinnen. In diesem Interview sollte man gesprächsweise auf die geplante Kreuzfahrt kommen. Die Auswahl des Journalisten stellte uns vor einige Probleme, da wir uns entscheiden mußten, ob wir dieses Thema einer Zeitung oder einem Magazin exklusiv anbieten oder aber einen freien Journalisten gewinnen sollten, dessen Interview über verschiedene Medien veröffentlicht werden könnte. Wir entschieden uns für den freien Journalisten und können im Nachhinein aufgrund der relativ hohen Abdruckquoten sagen, daß diese Entscheidung richtig war. Noch bevor die erste Anzeige als weitere Verkaufshilfe veröffentlicht war, hatten wir ca. 100 Anfragen für die Kreuzfahrt vorliegen.

Innerbetrieblich war von der Geschäftsführung eine wichtige Entscheidung gefällt worden. Die Projektleitung wurde nicht wie sonst üblich ausschließlich in die Hände der dafür zuständigen touristischen Fachabteilung gelegt, sondern der Verfasser wurde als für die Öffentlichkeitsarbeit Verantwortlicher gleichberechtigt damit betraut.

Während sich inzwischen eine Reihe weiterer Interessenten bei uns meldeten, mit denen wir einen regen Schriftwechsel unterhielten und sie baten, uns Anregungen für die Kreuzfahrt zu geben, war die „ESTONIA" zu einem Kurzbesuch in Bremerhaven eingetroffen. Im Beisein einiger Journalisten besichtigten wir mit Prof. Haber das Schiff. In einem improvisierten Pressegespräch wurden noch einmal die Besonderheiten der geplanten Reise herausgestellt und Prof. Haber mit seiner Familie an Bord der „ESTONIA" fotographiert. Dieses regionale Unternehmen brachte gezielt in Orten, die vom Einzugsgebiet her besonders wichtig waren, eine gute Presse.

Inzwischen war es an der Zeit, überregional die Medien zu informieren. Wir entschieden uns nach langer Diskussion für ein zentrales Pressegespräch in Frankfurt, zu dem wir ca. 60 Journalisten einluden. Allein die Resonanz auf die Einladung sagte uns, daß dieser Weg wohl der richtige gewesen war, denn wir bekamen keine Absagen, sondern die geplante Teilnehmerzahl erhöhte sich noch. Haber bestritt diese Pressekonferenz praktisch allein. Nach einem mehrstündigen Gespräch konnten wir feststellen, daß die Idee, Wissenschaft und Reise zu verbinden, von den Journalisten voll angenommen wurde. Einige Wochen nach der Pressekonferenz und der anschließenden Berichterstattung war die Reise praktisch ausverkauft.

Trotzdem hielten wir das Interesse an dieser Reise weiterhin wach, indem wir besonders interessierten Journalisten Exemplare unserer Direkt-Information für die Passagiere zur Verfügung stellten. Prof. Haber hatte sich freundlicherweise bereiterklärt, Einzelthemen schriftlich kurz abzuhandeln, z. B. über „Augenschutz bei Beobachtung der Sonnenfinsternis".

Die Reise wurde ein voller Erfolg. Die Passagiere machten gern von dem Angebot, sich von einem Fachmann unterrichten zu lassen, Gebrauch. So wurden auf Fuerteventura Untersuchungen über den Vulkanismus angestellt, die Strömungsverhältnisse in der Straße von Gibraltar beobachtet und Tiefseewasser aus 3.000 m Meerestiefe an Bord geholt und analysiert.

Um sicherzustellen, daß die Sonnenfinsternis optimal beobachtet werden konnte, hatten wir eine Funkverbindung mit der Sternwarte von Prof. Kaminsky in Bochum hergestellt, die regelmäßig stündlich vor der Sonnenfinsternis das aktuelle Sonnenbild über dem Zielgebiet bekanntgab. So war es möglich, ein Loch in der Wolkendecke zu finden und die Sonnenfinsternis zu beobachten.

An Kosten für die Öffentlichkeitsarbeit entstanden für die Pressekonferenz ca. DM 6.000.–. Für Einzelaussendungen und Pressemeldungen sowie Gespräche mit interessierten Redakteuren gaben wir DM 2.000.– aus. Darüber hinaus entstanden Kosten für den Prospektdruck und ähnliches, die aber intern der Werbung zuzuordnen sind.

Die Kosten für Prof. Dr. Haber und seine Angehörigen incl. der Landausflüge wurden von Hapag-Lloyd übernommen.

Ich glaube, an diesem Fallbeispiel gezeigt zu haben, daß die Pressearbeit neben den üblichen Grundvoraussetzungen stark von der Idee her lebt. Die alte Story „Mann beißt Hund" hatte sich wieder einmal bewährt.

Fallbeispiel III:
Produkt-PR durch „produktbegleitende Dienstleistungen“

Albrecht Koch

1. Public Relations, Werbung und Marketing

Die Konsumgüterindustrie gehört zu den Branchen, in denen der scharfe Wettbewerb seit langem zu einer besonderen Ausprägung des Marketing-Instrumentariums geführt hat.

In dieser Branche hat denn auch der traditionelle Abgrenzungsstreit zwischen Werbung und PR seinen Ursprung. Selten sind so viele Ungereimtheiten, gegenseitige Mißverständnisse und falsche Vorstellungen über die Rolle von PR aufgekommen wie in der Konsumgüterindustrie. Sei es beispielsweise die Autogrammstunde, die in einem Fall mit einem Star auf einem Stand der Internationalen Automobilausstellung von einer Redaktion als berichtenswerter Beitrag aufgenommen wird, in einem anderen aber – wenn sie z. B. an einem Kaffeestand stattfindet –, als Schleichwerbung abgetan wird; oder sei es die aufwendige Presseaussendung etwa anläßlich der Einführung eines neuen Geschirrspülmittels, die anstelle einer Anzeigenkampagne durchgeführt wird, weil im Marketingbudget kein Geld mehr dafür enthalten ist.

PR also anstatt Werbung? PR als andere Form der Werbung? Oder PR in Kooperation mit der Werbung im Marketing? Fragen über Fragen! Sie sind es letztlich, die zunächst in der Situation der Konsumgüterindustrie und dann darüber hinaus die saubere Abgrenzung zwischen Werbung und PR notwendig machen. Das um so mehr, als in jüngster Zeit das Schlagwort von der „Kommunikation in Verbindung mit der Werbung“ die Runde macht. So als ob PR im Endeffekt Werbung sei als vermeintlich logische Konsequenz aus der unzweifelhaften Tatsache, daß auch Werbung Kommunikation ist und PR ebenso. Übersehen wird allerdings dabei, daß auf hohem Abstraktionsgrad fast alles Kommunikation und dieses Wort der gemeinsame wissenschaftliche Oberbegriff ist. Für den Alltagsgebrauch jedoch gelten die Niederungen einer klaren, abgegrenzten und eindeutigen Begriffshandhabung. Und hier unterscheiden sich PR und Werbung sehr wesentlich.

Zwei Fragen bedürfen der Klärung:

(1) Wenn Werbung ein Teil des Marketing-Mix ist, was sind dann PR?
(2) Sind PR Bestandteil des Marketing?

Zu (1):

Da immer nur der Inhalt einer Information die Art der Kommunikation bestimmen kann, gilt für PR:

- sie sind institutionalisier- und personalisierbar
- sie begründen einen Dialog
- sie wirken langfristig auf Einstellungen und Haltungen ein
- sie sind immer Informationspolitik
- ihr Maßstab ist das öffentliche Interesse (vgl. Anmerkung 1).

In der Regel beginnen PR dort, wo Marketing aufhört: Das Marketing-Instrumentarium wird im allgemeinen dort untauglich, wo es öffentlicher Zustimmung bedarf – sei es in bestimmten Zielgruppen oder seien es bestimmte Inhalte eines Informationsangebotes.

Zu (2):

PR sind kein Bestandteil des Marketing. Sie können aber unter bestimmten Voraussetzungen ein integrierter Teil des Marketing-Mix sein – in der Konsumgüterindustrie müssen PR sogar ziemlich oft mit dem Marketing zusammenarbeiten.

Innerhalb des Marketing kooperieren PR vor allem mit Werbung und Verkaufsförderung. Wenn solche Aktionen den Charakter von PR verlieren, dann werden daraus Produkt-Promotions, also Werbung. Wenn sie den Charakter von PR behalten, dann wird daraus Produkt-PR. Eine Möglichkeit zur Gestaltung von Produkt-PR in enger Kooperation mit Marketing ist die „produktbegleitende Dienstleistung".

Für den strategischen Einsatz von Verkaufsförderung, Werbung und Produkt-PR gilt der Grundsatz: Getrennt projektieren, gemeinsam operieren. Kein Nasa-Direktor würde auf den Gedanken kommen, ein Weltraum-Unternehmen vorzubereiten, ohne dabei genau festgelegt zu haben, welche verschiedenen Stellen welche operativen Einsatzpläne zu erfüllen haben. Und kein Nasa-Direktor würde davon ausgehen, daß eine Stelle allein, beispielsweise die Navy – weil sie die Raumkapsel wieder aus dem Wasser holt – den ganzen Erfolg für sich beanspruchen kann.

Erst das optimale Zusammenwirken aller Stellen entscheidet über den Erfolg oder Mißerfolg der Aktion. Indem nach den jeweiligen Möglichkeiten verschieden projektiert wird, kann gemeinsam operiert werden. Das ist Projekt-Management.

Beobachtet man dagegen das strategische Verhalten mancher Wirtschaftsunternehmen im Markt, so scheint es, daß die dafür verantwortlichen Manager noch nie etwas von der Nasa gehört haben. Oft ist weder auf eine saubere Trennung zwischen Werbung und Verkaufsförderung Wert gelegt worden noch auf ein optimales Zusammenwirken dieser beiden Faktoren mit Public Relations. Dabei ist eine erfolgreiche Betätigung im Markt genauso vom aufeinander abgestimmten Einsatz dieser Faktoren abhängig wie der Erfolg von Weltraum-Unternehmen vom optimalen Zusammenwirken aller daran arbeitenden Stellen.

Es ist wesentlich wirkungsvoller, wenn Werbung und Verkaufsförderung zusammenwirken, die Zielgruppe sozusagen direkt angesprochen und damit an ihre

Kaufbereitschaft appelliert wird. Noch wirkungsvoller ist die gesamte Operation dann, wenn über diese Maßnahmen hinaus die Atmosphäre so gut vorbereitet wird, daß Werbung und Verkaufsförderung eine möglichst hohe Aufgeschlossenheit im Markt vorfinden.

Damit ist auch klar, daß der Absatz allein vom Verkauf, mit Hilfe der Verkaufsförderung, bewerkstelligt werden muß, daß die Werbung durch Kaufappelle die Vorbereitungen dafür trifft und daß Public Relations mit dem Verkauf direkt gar nichts zu tun haben, sondern nur die atmosphärischen Voraussetzungen schaffen können, und zwar nach der Devise: Mit PR kann man zwar keine besseren Geschäfte, aber seine Geschäfte besser machen. Public Relations haben damit im Marketing eine wichtige Optimierungs-Funktion.

Das optimale Zusammenwirken von Werbung, Verkaufsförderung und Public Relations setzt die Kenntnis ihrer jeweiligen Möglichkeiten und Grenzen voraus:

Verkaufsförderung endet dort, wo der demonstrative Umgang mit dem Produkt nicht mehr möglich ist und das Vertrauen in die Produktbotschaft einsetzen muß.

Werbung endet dort, wo das Vertrauen in die Produkt-Botschaft aufhört und die Überzeugung beginnt.

Und Public Relations setzen ein, wo Überzeugungen durch Nachrichten, Informationen und Meinungen beginnen, und sie enden dort, wo die Kommunikation überhaupt aufhört.

2. Entwicklung und Einsatz von „produktbegleitenden Dienstleistungen“

Grundsätzlich können wir in zweierlei Weise informieren und zum Kauf unserer Produkte anregen:

(1) Wir können dafür Medien mieten, wie Anzeigenplatz, Plakatanschlagstellen, Fernsehzeit usw., um unsere Botschaft, die wir kommunizieren wollen, auf diesem Wege zu multiplizieren;
(2) wir können unsere Botschaft Journalisten und anderen Meinungsbildnern zur Verfügung stellen, um auf diese Weise zu einer Multiplikation in der Öffentlichkeit zu gelangen.

Public Relations gehen im Prinzip den zweiten Weg, wie der Austausch von Informationen in einer demokratischen Gesellschaft schlechthin. Sie sind deshalb Bestandteil der öffentlichen Diskussion – sie sind Öffentlichkeitsarbeit.

Das bedeutet jedoch, daß die durch Public Relations-Maßnahmen zu multiplizierende Botschaft in eine Wettbewerbssituation gelangt, d. h. in einen eigenständigen Markt hineinkommt, dort angeboten und auch nachgefragt wird. Dabei ist die Public Relations-treibende Institution, beispielsweise ein Unternehmen, eine Regierung, ein Verband, eine Partei oder eine Universität, die Anbieterin und z. B. der Journalist ist der Nachfrager. Beide treten miteinander in Kommunikation und es kommt bei Interessen-Identität zu einer Übereinkunft, der der Austausch der Informationen folgt und durch die eine Informations-Multiplikation erreicht wird.

Angesichts der Überfülle von Informationsstoff einerseits und der Sensibilisierung der Öffentlichkeit durch die Medien im Hinblick auf „Reizthemen" andererseits befinden wir uns heute in einer besonderen Situation. Die Anzahl der Informationen, die verteilt werden, liegt heute schon im Durchschnitt zwei- bis dreimal über der Informationsmenge, die physisch überhaupt verarbeitet werden kann. Daraus folgt die Gefahr einer falschen Selektion auf allen Seiten. Nur noch diejenigen Informationen bekommen eine Chance, multipliziert zu werden, die in hohem Maße aktuell und interessant sind. Aber auch Sensationen, Horrormeldungen, Pikanterien usw. erhalten Vorfahrt vor anderen, ob gewollt oder nicht. Der echte Nachrichtenwert braucht dabei nicht immer alleiniger Maßstab zu sein.

Wer Veröffentlichungen erreichen will, sollte daher seinem Informationsstoff ein möglichst klares und abgrenzbares Profil geben, ihm ein attraktives Gesicht und ein deutlich spürbares Gewicht verleihen.

Wie wird das erreicht?

Zunächst kommt es darauf an, die Botschaft, die multipliziert werden soll, auf ihren wesentlichen Kern zu reduzieren.

Diese Aufgabe obliegt dem Top-Management, weil sie in enger Abstimmung mit der „Unternehmens-Philosophie" zu erfolgen hat. Die PR-Leute wirken hierbei beratend mit.

Handelt es sich um Produkt-Botschaften, dann wurde diese Gedankenarbeit, nämlich die Reduktion auf den wesentlichen Kern, durch das Marketing-Management vorgenommen. Der Transport solcher Botschaften zusammen mit dem Produkt erfolgt dann durch das Marketing-Mix. Hierbei kommt es darauf an, die Botschaft möglichst wenig zu verändern und sie sozusagen unbehandelt dem Konsumenten zusammen mit dem Produkt zu präsentieren: Durch die Werbung, durch die Distribution, durch den Preis, durch Verkaufsförderung usw.

Gelingt es, diese Produkt-Botschaft mit Hilfe des Marketing-Mix zu transportieren, so ist sie in dieser Form und nur mit dem Eigeninteresse des Herstellers aufgeladen meistens nicht zu kommunizieren, und zwar deshalb nicht, weil ihr Nachrichtenwert im Wettbewerb mit anderen Informationen als viel zu gering zu veranschlagen ist. Dieser Botschaft fehlt noch das interessante Gesicht und das deutlich spürbare Gewicht.

Darum muß sich die Marketing-Botschaft einer Behandlung unterziehen lassen. Es erfolgt die Suche nach passenden Assoziativa aus ihrem Umfeld, hinter der die Überlegung steht, daß Überzeugungen erst dann erwachsen können, wenn Hintergründe und Vergleiche bekannt sind und Aktion in der Situation stattfindet. Zu den Aufgaben von Public Relations, die jetzt Produkt-PR geworden sind, gehört es, durch Zusatzinformationen das Umfeld der Botschaft aufzuhellen, wobei Voraussetzung ist, daß diese mit der ursprünglichen Botschaft assoziativ verbundenen Zusatzinformationen marktfähig werden und sich im Informationsangebot durchsetzen können.

Die „produktbegleitende Dienstleistung" verzahnt deshalb Marketing-Interessen mit dem Interesse der Allgemeinheit. Produktbegleitende Dienstleistungen stiften von der Öffentlichkeit anerkannten Nutzen auf Gebieten, in denen ein öffentlich anerkannter Bedarf vorliegt. Sie sind mit Produkten assoziativ verbunden und entsprechen der Marketing-Philosophie eines Produktes, aus der sie entwickelt werden.

Damit handelt es sich um eigenständige, mit Nachrichtenwert, attraktivem Gesicht und deutlich spürbarem Gewicht ausgestattete Produkt-Persönlichkeiten, die als Dienstleistungen neben bereits bestehenden Produkten aus deren Botschaft abgeleitet werden. Die Profilierung dieser Produkte erfolgt mit Hilfe des dafür geschaffenen Marketing-Mix und die Profilierung der Dienstleistungen mit den Mitteln von Public Relations.

Die Entwicklung produktbegleitender Dienstleistungen schließt die Verfolgung zusätzlicher kommerzieller Interessen aus. Denn nur die Produkte hinter den Dienstleistungen können einen Gewinn erwirtschaften, aus dem die Kosten für die Dienstleistungen bezahlt werden. Das bedeutet, daß die Produkte dem Rentabilitätsprinzip folgen, die Dienstleistungen aber dem Selbstkostenprinzip.

Von einer produktbegleitenden Dienstleistung ist zu sprechen, wenn diese

- aus der gleichen Botschaft wie das hinter ihr stehende Produkt entwickelt wurde,
- einen öffentlich anerkannten Nutzen für einen öffentlich anerkannten Bedarf stiftet,
- einen eigenen Preis hat,
- nach dem Selbstkostenprinzip kalkuliert wurde,
- in bezug auf Zielgruppenidentität und Zielgruppenansprache dem hinter ihr stehenden Produkt folgt,
- wenn ihre Umsetzung in Marketing-Aktivitäten integriert ist.

Eine neue Dimension für Marketing ist die produktbegleitende Dienstleistung deshalb, weil in den Marketing-Konzeptionen bisher im allgemeinen der Bereich Public Relations ausgeklammert blieb. Die produktbegleitende Dienstleistung erweitert das Marketing-Mix durch Public Relations-Aktivitäten.

Marketingpolitik ist marktorientierte Unternehmenspolitik. Jede Zeit bringt wirtschaftliche Denkweisen hervor, und zwar Denkweisen, die die Unternehmenspolitik schwerpunktmäßig beeinflussen. In der Zeit der Gründerperiode vor rund 100 Jahren waren es technische Prozesse; Produzieren-Können war die wichtigste Voraussetzung für die Gründung von Unternehmen. Folgerichtig bestimmte in dieser Periode technisches Denken das Management. Noch heute können wir beobachten, daß gerade in Unternehmen, die noch in der „Verkäufermarkt-Situation" operieren, die Techniker und Wissenschaftler eine erhebliche Rolle spielen.

Um die Jahrhundertwende, in der Zeit des Goldautomatismus, waren es die Finanzspezialisten, die im Management dominierten. Denn Gold und damit Geld war letztlich die Erfüllung allen wirtschaftlichen Handelns.

Nach dem ersten Weltkrieg mit seinen Verlusten an Märkten, Produktionsstätten und Kapital errangen die „Substanzerhalter" eine beachtliche Resonanz. Folgerichtig wurden die Spezialisten im Rechnungswesen dominierende Persönlichkeiten im Management.

Die heutige wirtschaftliche Situation ist vor allem von der Marktform des „Käufermarktes" bestimmt. Produktion, Kapital und Substanz bergen keine schwerwiegenden Probleme mehr, wohl aber der Absatz. So gesehen, orientiert sich heute die Unternehmenspolitik schwerpunktmäßig in Richtung der Märkte. Marketing-Spezialisten erhalten Gewicht im Management. Das ist der Grund, weshalb wir Marketing-Politik in der Regel als marktorientierte Unternehmenspolitik verstehen.

Nachdem die Marketing-Funktion damit zur Top-Management-Funktion geworden ist, erhält der Bereich Public Relations die Aufgabe zugewiesen, diese marktorientierte Funktion des Unternehmens mit den Interessen der Öffentlichkeit zu verzahnen. Genau das geschieht mit der produktbegleitenden Dienstleistung.

3. Ein Fallbeispiel

Eine der ersten produktbegleitenden Dienstleistungen und damit Musterbeispiel für alle anderen, seien es nun die instruktiven Auto-Atlanten der Ölgesellschaften, die bunten Alpenmilch-Darstellungen eines Kondensmilch-Herstellers oder die regelmäßig wiederkehrenden Rätselaktionen von Zeitschriften, war die Lernspiel-Kassette „Spiel mit Ziel". Das Produkt im Hintergrund dieser produktbegleitenden Dienstleistung ist Nesquik, Marktführer im Instant-Kakao-Markt mit einem Bekanntheitsgrad von über 90%. Aufgabe der Produkt-PR ist es hierbei, die Gefahr abzuwenden, daß Nesquik zum Gattungsartikel wird (nebenbei bemerkt zeigt sich an diesem Beispiel auch, daß die Aufgabe von Public Relations keineswegs immer darin besteht, für die Bekanntheit einer Institution, einer Person oder auch eines Produktes zu sorgen!).

Zielgruppe für Nesquik sind vor allem Kinder und Jugendliche, wobei diese das Produkt jedoch im allgemeinen nicht selbst kaufen. Die produktbegleitende Dienstleistung, die Lernspiel-Kassette „Spiel mit Ziel", ist ein Lernspiel-System, mit dem es dem Benutzer möglich wird, den Nutzen des Spielens für die Entwicklung des Kindes zu erkennen.

Die von der Erziehungswissenschaft ermittelten vier Gruppen von Entwicklungszielen wurden einzelnen Lernspielen zugeordnet. Und zwar sind diese vier Entwicklungsziele, die den kognitiven Bereich, den sensomotorischen Bereich, den sprachlichen und den sozial-emotionalen Bereich betreffen, auf den wesentlichen Kern reduziert worden, indem einprägsame Begriffe dafür gewählt wurden: Begreifen, unterscheiden, sprechen, miteinander spielen. Jedem Begriff wurden Farbpunkte gegeben, die dann in einzelnen Spielen wiederkehrten.

Die Entwicklung der Lernspiel-Anregungen und die Zuordnung der Entwicklungsziele wurden in Zusammenarbeit mit dem Fachbereich Erziehungswissenschaften der Universität Hamburg vorgenommen. Hier hat ein Team von Wissenschaftlern diese Kassette in über einjähriger Entwicklungsarbeit fertiggestellt. Sie richtete sich an Eltern von Kindern im Alter von 3 bis 7 Jahren.

Die Lernspiel-Kassette erzielte eine beachtliche Resonanz in Zeitungen und Zeitschriften, wo sie und ihre Anwendung mehr oder weniger umfangreich beschrieben wurden; die Auflage dieser Veröffentlichungen beläuft sich auf viele Millionen Exemplare. 3.000 Exemplare der Kassette wurden zum Preis von DM 19.80 direkt verkauft. Schließlich hat der Hersteller dieser Kassette, die Altenburg-Stralsunder-Spielkartenfabriken, „Spiel mit Ziel“ in sein Lernspiel-Angebot aufgenommen. In Buchform erlebte es dort insgesamt 3 Auflagen.

Warum ist „Spiel mit Ziel“ eine produktbegleitende Dienstleistung?

Die Botschaft des Produktes Nesquik, das im Hintergrund stand, lautete: „In die Milch muß Nesquik rein, weil's besser schmeckt“. Das ist allerdings nichts weiter als ein Handhabungsappell an die Mutter; mit dieser Botschaft allein wird nur über das Produkt selbst Auskunft gegeben.

Die Begriffe „Spielen und Lernen“, mit denen die Lernspiel-Kassette dann unter dem Motto „Fördern Sie im Spiel die Begabung Ihres Kindes“ publik gemacht wurde, mußten erst als Assoziativa zu der Nesquik-Produktbotschaft gefunden werden.

Öffentlicher Nutzen liegt in dem Beitrag für die geistige Entwicklung des Kindes und in der Notwendigkeit, die Eltern entsprechend zu aktivieren. So konnten in dem Markt für Lernspiele sowohl in bezug auf die Idee als auch hinsichtlich des Preises Maßstäbe gesetzt werden. Maßstäbe bezüglich der Idee wurden gesetzt durch die Zahl der Spielanregungen (es sind genau 96), durch die praktische Handhabung, die als Ergebnis einer eigenen Marktuntersuchung herausgefiltert worden ist, und vor allem durch die Erkennbarkeit des Nutzens eines Spieles im Hinblick auf die Entwicklung des Kindes.

Maßstäbe in bezug auf den Preis wurden durch den Selbstkostenpreis von DM 19,80 gesetzt. Die reinen Herstellungs- und Vertriebskosten lagen bei rd. DM 15.–. Die Differenz erklärt sich aus den Versandkosten; Nestlé schickte die Lernspiel-Kassette direkt ins Haus. Wenn diese Kassette über den sonst üblichen Distributionsweg in den Spiele-Markt transportiert worden wäre, hätte sie nach den dort gültigen Usancen rd. DM 50.– kosten müssen.

Nestlé hat eine spezielle Einzelhandels-Kampagne anlaufen lassen, um die produktbegleitende Dienstleistung mit den Marketingaktivitäten zu synchronisieren. Dadurch ist die Lernspiel-Kassette direkt in optische Verbindung mit dem Produkt gebracht worden. Die gesamte Aktion hat rd. DM 100.000.– gekostet.

Im einzelnen waren das Entwicklungskosten (wissenschaftliche Arbeit an der Universität Hamburg, eine Marktforschungsuntersuchung über die Akzeptanz von Buch oder Lochkartenkassette, Autorenkosten, technische Kosten usw.), Aktionskosten (Pressekonferenz, Publikationen usw.) und Organisationskosten. Nicht enthalten in diesem Betrag sind die Marketingkosten für den Tourendurchgang, in dessen Mittelpunkt „Spiel mit Ziel“ stand. Die Erlöse aus dem Verkauf der Kassetten bzw. der Bücher deckten die direkten Herstellungskosten und das Versandporto.

Anmerkung

1 Zum letzten Punkt gibt es grundsätzliche Ausführungen des Landgerichts Essen aus einem Rechtsstreit zwischen dem Axel Springer-Verlag Hamburg und der Westdeutschen Allgemeinen Zeitung. Diese sind niedergelegt im Urteil des Oberlandesgerichts Hamm vom 30. November 1978.
Dort heißt es in der Begründung u. a.:
„Gegen die Regeln des Wettbewerbsrechts verstößt, wer als Wettbewerber unter dem Deckmantel einer angeblich objektiven, von neutraler Seite veranlaßten Presseveröffentlichung Werbung betreibt (BGH 50, 1). In gleicher Weise anstößig verhält sich nach Auffassung des Senats eine Zeitung, die unter dem Deckmantel einer angeblich objektiven Presse wirbt. Sie bewirkt, daß der Leser irregeführt wird.
a) Im redaktionellen Teil einer Zeitung erwartet der Leser eine möglichst objektive Berichterstattung und die Darstellung der eigenverantwortlich gebildeten Meinung der Redaktion (vgl. Löffler-Ricker, 15. Kap., 2). Dem dient u. a. der Grundsatz der klaren Trennung und Unterscheidbarkeit von Text- und Anzeigenteil, der Trennung von redaktionellem Teil und Werbung. Auf dieser Trennung beruht das Ansehen und die Glaubwürdigkeit der Presse; sie zu bewahren liegt nicht zuletzt in ihrem eigenen – auch wirtschaftlichen – Interesse. Diese beschriebene Erwartung der Leser wird in Tageszeitungen weitestgehend beachtet; zu dieser Feststellung gelangt der Senat aufgrund der Bekundung beider Sachverständiger wie aufgrund seiner eigenen Beobachtung der Tagespresse.
b) *Die Tagespresse* verletzt unter Berücksichtigung dessen nach Auffassung des Senats die Grenzen objektiver und sachlicher Berichterstattung im redaktionellen Teil, sie *publiziert Beiträge, die den Leser im oben beschriebenen Sinne irrezuführen geeignet sind, wenn sie unter Nennung von Herstellern, von Preisen und Verkaufsstätten über Gegenstände informiert, die die Wirtschaftsinteressen einzelner in erheblicher Weise zu fördern geeignet sind, ohne daß ein ernsthaftes Interesse der Allgemeinheit an solcher Information zu erkennen ist. Besteht ein solches ernsthaftes Interesse der Allgemeinheit, sind Informationen, die auch einen Werbeeffekt haben, als unvermeidbare Nebenfolge sachlicher Information hinzunehmen. Besteht ein solches Interesse der Allgemeinheit nicht, sind Berichte, welche in der geschilderten Weise Wirtschaftsinteressen fördern, als Werbung zu werten.* Sie sind dann ebenso wie Presseinformationen über Tatbestände, die von einem Mitbewerber initiiert sind, geeignet, den Leser irrezuführen: nicht jeder Leser vermag eine im Gewande sachlicher Information versteckte Werbung als solche zu erkennen; solche Beiträge erschweren seine Möglichkeit, unter mehreren am Markt vorhandenen Angeboten nach sachlichen Gesichtspunkten auszuwählen, weil er geneigt ist, Presseäußerungen als Äußerungen eines unbeteiligten Dritten, von dem er eine objektive Beurteilung erwartet, anzusehen, weil er ihnen deshalb ein größeres Gewicht beilegen wird als Äußerungen eines Wettbewerbers, der unter seinem Namen hervortritt.“

Fallbeispiel IV: Informationszentrale der Elektrizitätswirtschaft

Peter Hoss

1. Stromversorgung und Öffentlichkeit

Was wäre, wenn der Strom nicht wäre? Wer dieser Frage, die von der Elektrizitätswirtschaft gestellt wird, nachgeht, wird sehr schnell erkennen, daß die elektrische Energie für ein hochindustrialisiertes Land wie die Bundesrepublik Deutschland unentbehrlich und unersetzbar ist. Das gilt für Wirtschaft, Industrie und Verkehr ebenso wie für alle privaten Bedürfnisse der Bürger und für soziale und gesellschaftliche Einrichtungen.

Es sind die Unternehmen der öffentlichen Stromversorgung, die dafür sorgen, daß zu jeder Zeit ausreichend, zuverlässig und preisgünstig Strom zur Verfügung steht. Die hohe Wertschätzung des Stroms brachte ihnen und dem ganzen Wirtschaftszweig bislang Anerkennung ein.

Diese Situation hat sich im letzten Jahrzehnt geändert. Obwohl die Elektrizitätswirtschaft die gleichen Leistungen wie früher erbringt – d. h. eine gesicherte und preisgünstige Stromversorgung –, gibt es heute in der Bundesrepublik kaum einen anderen Wirtschaftszweig, der gleich harten Anfechtungen ausgesetzt ist.

Grund hierfür ist nicht allein die klare Entscheidung der Elektrizitätswirtschaft für den Einsatz der Kernenergie zur Stromerzeugung. Die Gründe liegen tiefer und sind in der seit Mitte der 60er Jahre veränderten Grundeinstellung der Bevölkerung zu den Fragen der Lebensgestaltung, der wirtschaftlichen Entwicklung und der staatlichen und gesellschaftlichen Ordnung zu suchen. Hinzu kommen Sorgen um die Erhaltung des Lebensstandards, Angst vor der wachsenden Macht der Großtechnik und vor einer immer mehr um sich greifenden Bürokratisierung.

Strom ist – nach Ergebnissen von Meinungsumfragen – im Bewußtsein der Bevölkerung die sauberste, vielseitigste und zuverlässigste Energieform. Wenn die Elektrizitätswirtschaft trotzdem ständigen Angriffen ausgesetzt ist, dann betreffen diese in erster Linie den Einsatz der Kernenergie. Wortführer sind Minderheitsgruppen, hinter denen keine Mehrheit der Bevölkerung steht.

Die Folge davon ist allerdings, daß in der Elektrizitätsversorgung heute „nichts mehr so recht gehen will“, daß der Ausbau der Kraftwerke wie auch der Netze durch Bürgerinitivativen, Bauplatzbesetzungen und Gerichtsverfahren weitgehend behindert wird und man – trotz verstärktem Einsatz der Steinkohle – gegen Ende der achtziger Jahre mit Schwierigkeiten in der Stromversorgung rechnen muß.

1.1 Öffentliche Elektrizitätsversorgung

Mit der Frage „Wer sind denn eigentlich die Stromversorger?“ beginnt die Reihe kritischer Fragen für den Bürger. Man weiß zu wenig über sie.

Die öffentliche Elektrizitätsversorgung wird von einer großen Zahl von Elektrizitätsversorgungsunternehmen (EVU) gebildet, die sich zum Teil recht stark unterscheiden in ihrer Größe, ihren Versorgungsaufgaben, ihren Rechtsformen und Besitzverhältnissen.

Die EVU versorgen rund 28 Millionen „Tarif"-Kunden, hauptsächlich Haushalte, und rund 193.000 „Sondervertrags"-Kunden, in der Mehrzahl Industrieunternehmen, mit elektrischer Energie. Sie decken etwa 87 Prozent des gesamten Strombedarfs der Bundesrepublik; die restlichen 13 Prozent entfallen auf die industriellen Selbstversorger und die Bundesbahn. Die EVU arbeiten nach privatwirtschaftlichen Grundsätzen. Entsprechend dem Energiewirtschaftsgesetz tragen sie in ihren Versorgungsgebieten die volle Verantwortung für eine stets sichere, ausreichende und preiswerte Versorgung aller Verbraucher. Das gilt auch für die Zukunft.

1.2 Elektrizitätsverbände

Rund 500 EVU – mit einem Anteil von 96 Prozent an den Stromlieferungen der öffentlichen Versorgung – sind in der Vereinigung deutscher Elektrizitätswerke e.V. – VDEW –, dem Spitzenverband des Wirtschaftszweiges, zusammengeschlossen. Außerdem gehören diese EVU entsprechend ihren speziellen überregionalen, regionalen und kommunalen Versorgungsaufgaben noch folgenden Verbänden an:

DVG = Deutsche Verbundgesellschaft e.V.
ARE = Arbeitsgemeinschaft regionaler Energieversorgungsunternehmen e.V.
VKU = Verband kommunaler Unternehmen e.V.

Die vier Elektrizitätsverbände arbeiten eng zusammen. Um die Aktivitäten in der überregionalen Öffentlichkeitsarbeit zu konzentrieren und zu verstärken, gründeten sie 1972 die Informationszentrale der Elektrizitätswirtschaft e.V. – IZE –.

1.3 Öffentlichkeitsarbeit

Die ersten Ansätze einer systematischen Öffentlichkeitsarbeit finden sich in der Elektrizitätswirtschaft Anfang der 50er Jahre, als verschiedene EVU PR-Abteilungen einrichteten. Seit dieser Zeit besteht bei der VDEW ein Pressereferat, später Referat für Öffentlichkeitsarbeit; 1956 wurde der VDEW-Sonderausschuß Öffentlichkeitsarbeit gegründet.

Sonderausschuß und VDEW-Referat Öffentlichkeitsarbeit haben – insbesondere seit 1962 auch mit Seminaren und Kolloquien – wesentlich zur Durchsetzung der Öffentlichkeitsarbeit in den Unternehmen der Elektrizitätsversorgung beigetragen. Dasselbe geschah nach außenhin durch die Öffentlichkeitsarbeit der Deutschen Verbundgesellschaft (DVG), während VKU und ARE ihre Öffentlichkeitsarbeit mehr im Rahmen ihrer Verbandsziele betrieben.

1.4 IZE – Informationszentrale der Elektrizitätswirtschaft

Die IZE gliedert sich in zwei Geschäftsbereiche – Öffentlichkeitsarbeit (ÖA) und Produktinformation (PI) – mit je einer eigenen Geschäftsführung. Den Geschäftsführungen steht jeweils ein Beirat zur Seite, in den erfahrene PR- bzw. PI-Fachleute aus den EVU berufen sind. Beide Bereiche stimmen Ziele und Aktivitäten sorgfältig aufeinander ab.

Zielsetzung der IZE ist es, die Aufgaben und Leistungen der öffentlichen Elektrizitätsversorgung in der Bundesrepublik Deutschland darzustellen und ihre Belange auf dem Gebiet der Öffentlichkeitsarbeit und der Produktinformation zu vertreten. Aufgabe ist die Förderung des Verständnisses, Vertrauens und Wohlwollens für die Elektrizitätsversorgung in ihrer bewährten Organisationsform. Die IZE soll Verständnis wecken für die technischen, wirtschaftlichen und rechtlichen Grundlagen des Wirtschaftszweiges, die Voraussetzung für eine funktionierende Stromversorgung sind. Diese energiepolitischen und gesellschaftsbezogenen Funktionen werden ergänzt durch die produktbezogene Information. Sie hat die Aufgabe, die Verbraucher über den Umgang mit dem elektrischen Strom zu informieren, über seine Eigenschaften und – heute von besonderer Bedeutung – über den sinnvollen und sparsamen Einsatz der elektrischen Energie.

1.5 Aufgabenteilung in der Öffentlichkeitsarbeit

Die Gründung der IZE hat im Laufe der Jahre zu einer Harmonisierung und sinnvollen Verteilung der verschiedenen PR-Aktivitäten in der Elektrizitätswirtschaft geführt.

Danach liegt heute die mittel- und langfristige überregionale Öffentlichkeitsarbeit der Elektrizitätsversorgung bei der IZE. Sie baut gleichsam die Basis für die Öffentlichkeitsarbeit des Wirtschaftszweiges auf, entwickelt Informationsmaterial, führt bundesweit konzipierte PR-Aktionen durch und bietet ihre Informationsmedien den EVU für eigene PR-Aktivitäten an.

Die aktuelle energiepolitische Information, insbesondere gegenüber den Massen- und Fachmedien, ist der VDEW als der Vertretung der Elektrizitätsversorgung in energiepolitischen Angelegenheiten vorbehalten. Dementsprechend hat die VDEW seit 1978 ihre Informationsabteilung ausgebaut. Mit ihrem Informationssystem „sl-strom-linie" erreicht sie praktisch alle wichtigen Medien und ermöglicht damit einen schnellen und lückenlosen Informationsfluß zwischen der Verbandsführung der öffentlichen Elektrizitätsversorgung und den Redaktionen.

Die Elektrizitätsversorgungsunternehmen führen ihre unternehmensbezogene Öffentlichkeitsarbeit in ihren lokalen bzw. regionalen Versorgungsgebieten wie bisher fort. Sie erhalten dafür von der IZE Anregungen, Aktionsvorschläge und PR-Medien, die vor allem für die kleineren Unternehmen eine wertvolle Hilfe darstellen.

2. Problemerkennung und Aufgabenstellung

Zu den ersten Maßnahmen der IZE und ihrer Gremien gehörte die Entwicklung einer Konzeption der künftigen Öffentlichkeitsarbeit.

2.1 Situationsanalysen

Lang- und mittelfristige PR-Konzeptionen sind heute ohne gründliche und wissenschaftlich fundierte Situationsanalysen nicht möglich. Im Fall der Elektrizitätsversorgung sind sie besonders notwendig, um Fehlentscheidungen zu vermeiden.

Zusammen mit führenden demoskopischen Instituten und Gremien der Elektrizitätsversorgung, die sich mit Verbraucheranalysen und Prognosen befassen, werden in regelmäßigen Zeitabständen Situationsanalysen durchgeführt. Sie betreffen

a) die energiepolitische und
b) die allgemeine gesellschaftspolitische Situation.

Wichtige Orientierungshilfen sind dabei die Ergebnisse von Meinungsumfragen zum Thema „Einstellung der Bevölkerung zur Elektrizitätswirtschaft und zu Kernkraftwerken“, die zum Teil schon seit Ende der 50er Jahre durchgeführt werden und sehr genau die Veränderungen in der öffentlichen Meinung registrieren.

Die Ergebnisse der Meinungsbefragungen und Motivforschung fließen direkt in die Planungen und in die Erarbeitung der PR-Themen und -Aussagen der IZE ein. Sie werden darüber hinaus den Führungskräften der EVU und ihren Mitarbeitern in der Öffentlichkeitsarbeit und Produktinformation zugänglich gemacht. So wird erreicht, daß sich ein breites Problembewußtsein entwickelt, das wiederum übereinstimmende Aussagen und Aktionen ermöglicht.

2.2 Langzeitkonzeption

Auf der Grundlage der Situationsanalysen, der Zielvorstellungen der Elektrizitätswirtschaft und der vorliegenden praktischen Erfahrungen der PR-Fachleute, die in den IZE-Beiräten Öffentlichkeitsarbeit und Produktinformation zusammenarbeiten, wurde die erste Langzeitkonzeption der IZE von 1973/74 entwickelt. Sie enthält Ziele, Leitsätze und Maßnahmen für eine langfristig zu verfolgende Öffentlichkeitsarbeit. Je nach aktuellen Ereignissen können sich die Schwerpunkte der vorgeschlagenen Konzeption verschieben. Kurzfristig notwendige Einzelaktionen orientieren sich an dieser Rahmenplanung. Zur Anpassung an fortschreitende Entwicklungen sowohl im technisch-wirtschaftlich wie auch im gesellschaftlichen Bereich bedarf es einer regelmäßigen Überprüfung und Fortschreibung.

Im einzelnen gibt die Langzeitkonzeption eine Analyse der gesellschaftlichen Situation, behandelt die Einstellung der Bevölkerung zur Elektrizitätsversorgung und den EVU, zeigt Mittel und Wege für die Öffentlichkeitsarbeit auf und umreißt die Zielgruppen.

Die 1973/74 gegebene Konzeption hat im Prinzip heute noch volle Geltung. Sie ist ein Rahmenprogramm, das allerdings mittelfristige Planungen als Verbindungsbrücke zwischen Langzeitkonzeption und kurzfristig einzusetzenden Aktionen erfordert.

Für mittelfristige Planungen der IZE ergeben sich derzeit fünf Hauptziele, die zugleich das energiepolitische Programm der Elektrizitätswirtschaft umreißen:

(1) Einführung und Förderung zukunftsorientierter Erzeugungstechnologien zur Sicherung der Stromversorgung in den kommenden Jahren und Jahrzehnten
(2) Verstärkter Einsatz der elektrischen Energie im Rahmen des Energiesparprogrammes, insbesondere zur Senkung des Erdölverbrauchs
(3) Wachsender Beitrag der elektrischen Energie zur Wärmeversorgung
(4) Festigung der Struktur der öffentlichen Elektrizitätsversorgung als notwendige Voraussetzung für eine erfolgreiche Sicherung der künftigen Stromversorgung (geschlossene Versorgungsgebiete etc.)
(5) Sinnvoller Umweltschutz im Kraftwerksbereich.

3. Aktivitäten der IZE-Öffentlichkeitsarbeit

Die IZE gliedert ihre Öffentlichkeitsarbeit in zwei Bereiche:

(1) *externe überregionale Aktionen,*
mit denen sich die IZE direkt an bestimmte Zielgruppen wendet, und
(2) *Dienste für die EVU,*
mit denen die IZE die Öffentlichkeitsarbeit der EVU unterstützt.

3.1 Externe überregionale Aktionen

Im Bereich „Externe überregionale Aktionen“ wendet sich die IZE mit Anzeigen und Schriften an ausgewählte Zielgruppen, während für breite Kreise der Öffentlichkeit thematisch wechselnde Ausstellungen und attraktive Wettbewerbe durchgeführt werden. Damit ist in verhältnismäßig kurzer Zeit ein Kommunikationsprozeß eingeleitet worden, der einmal das wachsende Interesse der Bevölkerung an aktuellen Energiefragen zeigt und zum anderen der IZE Gelegenheit bietet, den Meinungs- und Informationsaustausch intensiv auszubauen. Ein wichtiges Spezialgebiet im Rahmen der externen überregionalen Aktionen ist die Schulkontaktpflege der IZE.

Die IZE-Öffentlichkeitsarbeit richtet sich an folgende Zielgruppen:

(1) den kritischen, interessierten Bürger
(2) Journalisten von Tages- und Wochenzeitungen, von Rundfunk und Fernsehen und Publizisten, deren Tätigkeit weniger tagesgebunden ist
(3) Lehrkräfte von Schulen, Fachschulen und Hochschulen
(4) Schüler und Studenten
(5) Politiker
(6) Parteien, Gewerkschaften, Kirchen, Vereine und Verbände
(7) ausgewählte Berufsgruppen, die als Meinungsbildner und Multiplikatoren wichtig sind, z. B. Ärzte, Juristen.

Meinungsanzeigen

Während die VDEW mit ihrem Dienst „sl-strom-linie" die Redaktionen der Medien mit Nachrichten und Sachberichten versorgt und mit den Redakteuren direkte Verbindungen pflegt, hat die IZE mit einer argumentativen Anzeigenserie die direkte Information des Lesers übernommen. Die Anzeigen „Es sagt sich so leicht ..." erscheinen in ausgewählten überregionalen Tages- und Wochenzeitungen sowie in bestimmten Fachzeitungen, die mehrheitlich, so die Leseranalysen, von Meinungsbildnern gelesen werden. Sie greifen kritische Meinungen auf und setzen die Argumente der Elektrizitätswirtschaft dagegen. Die IZE möchte mit diesen Informationen Vorurteile abbauen, die auf Grund unzureichender Sachkenntnisse vorhanden sind. Die provokativ formulierten Schlagzeilen lauten:

„Die deutschen E-Werke haben sich bei der Berechnung des Strompreises verkalkuliert"
„Wir brauchen kein Wachstum. Es wird sowieso schon zuviel produziert"
„Wir müssen Strom sparen. Dann brauchen wir keine neuen Kraftwerke"
„Den deutschen Stromunternehmern geht es nur um den Profit"
„Der Ausbau der Kernenergie würde uns einen Atomstaat bescheren"
„Wir brauchen gar nicht mehr Kraftwerke. Wir haben doch genug Strom".

Allen Schlagzeilen folgt die optisch hervorgehobene Frage: „Stimmt denn das?". Dann gibt die IZE ihre Antwort hierzu, die mit der Aufforderung endet: „Wenn Sie an weiteren Daten und Fakten zur Energiediskussion ... interessiert sind, schreiben Sie bitte an die IZE".

„Eine Lebensfrage: Strom
Daten und Fakten zur Energiediskussion"

Die Schriftenreihe „Eine Lebensfrage: Strom / Daten und Fakten zur Energiediskussion" brachte mit bisher sieben verschiedenen Themenheften einen großen Erfolg. Die Themen greifen aktuelle Fragestellungen aus der Elektrizitätsversorgung auf und bemühen sich, mit Fakten und klaren Aussagen den Leser zu überzeugen oder wenigstens nachdenklich zu machen. Mit der direkten Ansprache des Lesers und einem beigefügten „Meinungsbogen" werden Anstöße zu einem Dialog gegeben. Die Hefte liegen in TEE- und IC-Zügen aus und werden auch gezielt an Interessenten versandt. Innerhalb von drei Jahren wurden von den ersten sechs Ausgaben ca. 2,8 Mio. Hefte verteilt.

„Sachverhalte"

Die „Sachverhalte", eine monatlich erscheinende Informationsschrift der IZE, bietet aktuelle Nachrichten, Berichte und Kommentare über die Elektrizitätsversorgung. Ursprünglich speziell zur Information von Journalisten und Redakteuren abgefaßt, wird der Empfängerkreis der „Sachverhalte" weiter ausgedehnt, u. a. auf Lehrer und Politiker.

Für Journalisten und PR-Fachleute gibt die IZE das jährlich erscheinende „*Pressetaschenbuch der Energiewirtschaft*" (Kroll-Verlag) heraus. Es ist eine wichtige Informationsquelle für alle, die Kontakte zur Elektrizitäts- und Energiewirtschaft suchen.

Mit den Anzeigen, mit der Schriftenreihe „Eine Lebensfrage: Strom / Daten und Fakten zur Energiediskussion" und den „Sachverhalten" hat die IZE nach wenigen Jahren ein beachtliches Ergebnis erzielt. Aufgrund der Fülle von eingehenden Fragen entstand eine sehr umfangreiche Informations-Korrespondenz. In den Jahren 1980 und 1981 erhielt die IZE jeweils etwa 25.000 „Meinungsbögen" und Anfragen.

Zur Verstärkung dieser Informationsarbeit hat die IZE verschiedene Spezialschriften herausgegeben:
„Fragen und Antworten zur Kernenergie"
„Die gegenwärtige Energiesituation und ihre voraussichtliche Veränderung"
„Die Einsparung von Energie – ein Schwerpunkt energiewirtschaftlicher Aufgaben"
„Energiewirtschaftliche Erfordernisse für die achtziger Jahre"
„Energie von der Sonne"
„Sind unsere Energieprobleme lösbar?"

Ausstellungen

Um das für die meisten Menschen abstrakte Thema Strom und Stromversorgung „sichtbar" zu machen und damit das Verständnis für die komplizierten technischen und wirtschaftlichen Zusammenhänge zu erleichtern, führt die IZE eine Reihe von Aktionen durch, zu denen schwerpunktmäßig die IZE-Ausstellungen und Wettbewerbe gehören.

Die erste IZE-Ausstellung „Mehr wissen über Strom“ wurde 1976 auf der Deutschen Industrie-Ausstellung in Berlin vorgestellt. Sie ist mit Schautafeln, attraktiven Exponaten, wie einem Ergometer, Filmprojektoren und Tonbildschauen sehr lebendig gestaltet.

Als Wanderausstellung wurde sie seitdem in ununterbrochener Folge von den EVU in allen Teilen der Bundesrepublik eingesetzt. Mehr als 2 Millionen Besucher – überwiegend Schuljugend – haben diese Ausstellung bisher besucht. Für Lehrer gibt es eine besondere Ausstellungsbegleitschrift, die eine Integration des Ausstellungsbesuches in den Unterricht ermöglichen soll.

Hatte die erste Ausstellung überwiegend Informationscharakter, so beschritt die IZE mit den beiden nachfolgenden Ausstellungen andere Wege. Die zweite Ausstellung „Was wäre, wenn der Strom nicht wäre?“ zeigt die besten Arbeiten eines von der IZE veranstalteten Karikaturen-Wettbewerbs von 1978, während die dritte, „Strom für unser Leben“, ausgewählte Fotos eines IZE-Foto-Wettbewerbs von 1980 zeigt. Eine vierte Ausstellung „Strom macht Geschichte“ ist für 1982 geplant.

Die Karikaturen-Ausstellung sowie die Foto-Ausstellung können von den EVU ausgeliehen und ohne große zusätzliche Aufwendungen eingesetzt werden. Die EVU können zugleich das gesamte IZE-Informationsmaterial von der gedruckten Einladung bis zum Ausstellungskatalog übernehmen und um individuelle Eindrucktexte ergänzen.

Die Ausstellungen der IZE haben bei der Bevölkerung und in der Presse starke Beachtung gefunden; die erste, weil sie aktuelles Wissen in sehr lebendiger Weise vermittelte, die beiden anderen, weil sie es unternehmen, die Rolle der modernen Technik in der Welt von heute in der Vorstellung des Künstlers, des Karikaturisten und des Fotografen zu zeigen.

Wettbewerbe

In der Reihe der direkten Aktionen der IZE sind die Wettbewerbe besonders zu erwähnen. 1978 wurde ein Karikaturenwettbewerb „Was wäre, wenn der Strom nicht wäre?“ ausgeschrieben. 865 Karikaturen wurden eingereicht, darunter zahlreiche Arbeiten von anerkannten Künstlern.

Im Jahre 1979 wurde ein Fotowettbewerb „Strom für unser Leben“ ausgeschrieben. An diesem Wettbewerb beteiligten sich mit rund 7.000 Farb- und Schwarz-Weiß-Fotos Berufsfotografen und Amateure aus ganz Deutschland sowie aus dem europäischen Ausland – u. a. aus Polen, der CSSR und Ungarn.

Eine Jury unter dem Vorsitz des bekannten Fotografen Dr. Wolf Strache wählte unter den 7.000 Fotos 50 Siegerfotos aus. Um Richtlinien für Thematik und Qualität zu geben, war im Herbst 1979 eine Pilot-Aktion mit 8 Meisterfotografen durchgeführt worden. Die Siegerfotos des Wettbewerbs wurden zusammen mit weiteren 200 ausgewählten Fotos anläßlich der „photokina“ 1980 in Köln der Öffentlichkeit vorgestellt. Am 11. Tag der Ausstellung konnte der 10.000. Besucher begrüßt werden. Auch dieses Ereignis wurde in einer kurzen Pressenotiz den Medien bekanntgegeben. Gleichzeitig war mit der Preisverleihung 1980 erstmals der von der IZE gestiftete IZE-Fotopreis „Das goldene Kabel“ – ein Preis für das beste Stromfoto des Jahres – verliehen worden.

Filme

Das Film-Angebot ist neben den Ausstellungen ein unentbehrliches Mittel der Öffentlichkeitsarbeit geworden. Die IZE bietet zur Zeit vier Filme an, die hauptsächlich in der Schulkontaktpflege und in Veranstaltungen der EVU eingesetzt werden.

Der neueste Sach- und Informationsfilm der IZE aus dem Jahre 1979 „Nichts kommt von ungefähr“ befaßt sich mit der Grundthematik der Elektrizitätsversorgung und zeigt in einer Kurzfassung von 11 Minuten (als Kinovorfilm geeignet) und einer Langfassung von 23 Minuten den Zusammenhang, in dem alle Einrichtungen der Stromversorgung zu sehen sind.

3.2 IZE-Schulkontaktpflege

Hauptaufgabe ist, die Behandlung energiewirtschaftlicher Themen mit Schwerpunkt Elektrizitätsversorgung in den Schulen zu fördern, damit die Schuljugend frühzeitig Wissen und Urteilsfähigkeit erwirbt, um die aktuellen Energieprobleme verstehen zu können.

Die Voraussetzungen dazu sind derzeit noch nicht gegeben, denn im Hinblick auf das Thema Energie deckten Analysen von Lehrplänen und Richtlinien wie auch Schulbuchanalysen bedenkliche Lücken vor allem in den gesellschaftskundlich orientierten Fächern auf. Die IZE entschloß sich deshalb, für die kommenden Jahre ein konzentriertes Programm durchzuführen.

Die IZE-Schulkontaktpflege sieht vor:

(1) Information und Beratung der EVU-Mitarbeiter, die in der praktischen Schulkontaktpflege tätig sind
(2) Erstellung von Unterrichtshilfen
(3) Kontaktpflege zu Zielgruppen und Meinungsbildnern im Schulbereich.

Information und Beratung der EVU-Mitarbeiter in der Schulkontaktpflege

In einem etwa vierteljährlich erscheinenden Informationsdienst „Schulkontakt“ wird der mit der Schulkontaktpflege im örtlichen EVU betraute Mitarbeiter über

Entwicklungen, Daten, Fakten und Trends in der Schul- und Bildungspolitik sowie über die Schularbeit der Verbände und anderer EVU unterrichtet.

Unterstützt wird diese Information und Beratung durch jährlich stattfindende Seminare, die neben der sachlichen Information vor allem dem Erfahrungsaustausch dienen.

Als weitere Hilfe für die Praxis ist ein „Schulmittelverzeichnis" erarbeitet worden, in dem alle relevanten Schriften, Unterrichtshilfen, Folienmappen usw. aufgeführt sind. Diese Loseblattsammlung umfaßt alle Schulstufen – Primarstufe, Sekundarstufe I und Sekundarstufe II einschließlich der Erwachsenenbildung.

Erstellung von Unterrichtshilfen

Grundlegend sind die beiden Unterrichtshilfen „Energieträger Strom" für die Primarstufe und „Elektrizität" für die Sekundarstufe I. Sie haben mit einer Auflage von bisher über 3 Mio. Exemplaren eine sehr weite Verbreitung gefunden. Immer wieder aktuell sind die IZE-Poster „Strom macht Geschichte" und „Hurra, der Herbst ist da".

In konsequenter Auswertung der Untersuchungen über Lehrpläne und Schulbücher werden zur Zeit Lernsequenzen „Das Energieforum für die Schule" für die Sekundarstufen I und II erarbeitet. Die Grundlage dazu bilden die IZE-Informationsschriften „Eine Lebensfrage: Strom". Abgestimmt auf diese Lernsequenzen werden kurzfilmähnliche Schularbeitsstreifen und Wandschautafeln für den Unterrichtseinsatz erarbeitet. In einem bundesweiten Test werden an ausgesuchten Schulen in allen Bundesländern Erfahrungen für die Hauptauflage gesammelt.

Materialien für den Lehrer

Für die Lehrer wird vierteljährlich die Schrift „Lehrer-Informationen zum Thema Energie" herausgegeben, die schwerpunktmäßig Unterrichtshilfen der Elektrizitätswirtschaft vorstellt. Darüber hinaus werden Hintergrundinformationen vermittelt.

In Bearbeitung befindet sich ein Fernlehrbrief „Energie", der in Zusammenarbeit mit der Wirtschaftsakademie für Lehrer e.V. in Bad Harzburg entwickelt wird und im Rahmen der Lehrerfort- und -weiterbildung eingesetzt werden soll.

Kontakt- und Informationsveranstaltungen

(1) Seminare mit Lehrern

Von entscheidender Bedeutung für die Kontaktpflege im Schulbereich sind nach allen Erfahrungen direkte Begegnungen. So hat die IZE gemeinsam mit der Wirtschaftsakademie für Lehrer in Bad Harzburg eine Reihe von Lehrerinformationsseminaren durchgeführt, in denen energiewirtschaftliche Themen sowie ihre Umsetzung für den Unterricht behandelt wurden. Hieraus werden sogenannte „Pilot-Seminare" für den Einsatz in den EVU entwickelt.

(2) Medienbereich

Seminare für Redakteure von Rundfunk- und Fernsehanstalten, von Schülerzeitungen und der Jugendpresse sowie Seminare für Schulbuchautoren und -verlage ergänzen das Kontaktprogramm der IZE und haben zu einem lebhaften Meinungs- und Erfahrungsaustausch geführt. Viel wichtiger als die reine Sachthemenvermittlung ist bei diesen Kontaktveranstaltungen das Gespräch mit den Beteiligten und das Vorstellen der IZE als Anlaufstelle und Partner der Schule.

Es ist natürlich nicht zu erwarten, daß diese Tätigkeit der IZE kurzfristig zu sichtbaren Erfolgen führt. Es werden sehr viel Geduld und noch viele Jahre intensiver Öffentlichkeitsarbeit notwendig sein. Doch da die allgemeine Energiediskussion immer stärker in allen Bevölkerungskreisen geführt wird, ist auch mit einem wachsenden Interesse der Schule für das umfangreiche Informationsangebot der IZE zu rechnen.

3.3 Dienste für die EVU

Ziel ist zunächst, die Mitarbeiter in den Elektrizitätsversorgungsunternehmen zu motivieren, daß sie die Notwendigkeit einer gemeinsamen Öffentlichkeitsarbeit erkennen und die Aktivitäten der IZE unterstützen; daß sie im Umgang mit der Öffentlichkeit die gleiche Sprache sprechen und die angebotenen Dienste der IZE übernehmen. Erst damit entsteht ein fließender Informations- und Erfahrungsaustausch, der allen Partnern neue Anregungen und Impulse vermittelt.

Die IZE sieht in der PR-Arbeit der Unternehmen eine breite Basis für ihre eigene Arbeit. Außerdem sind die Mitarbeiter der EVU, besonders die Führungsmannschaft und die zahlreichen Kontaktpersonen zur Bevölkerung, wichtige Träger der aktiven Öffentlichkeitsarbeit, die ständig zu motivieren und zu aktivieren sind.

Um die Kontakte zu den EVU zu pflegen, hat die IZE in den meisten EVU namentlich bekannte Kontaktpersonen, die sogenannten IZE-Korrespondenten, die für die IZE ständige Gesprächspartner sind. Sie nehmen die Anregungen und Informationen der IZE auf, um sie in ihren EVU entsprechend in eigene Aktivitäten umsetzen. Außerdem geben sie selbst Anregungen an die IZE.

Grundlagen für die Tätigkeit der IZE-Korrespondenten ist die IZE-Korrespondenten-Mappe, die ständig ergänzt wird. Sie enthält sowohl grundsätzliche Aussagen über Strategien und Taktik in der Öffentlichkeitsarbeit der Elektrizitätsversorgung als auch ein Angebot von PR-Material und Anregungen für gemeinsame und Einzel-Aktionen (z. B. Durchführung eines „Tages der offenen Tür", von Ausstellungen, Diskussionsveranstaltungen).

Ein monatlich erscheinender IZE-„Schnellbrief" informiert über Aktivitäten der IZE und das aktuelle PR-Mittel-Angebot. Ein Info-Dienst „EVU-Service – Blick über den Zaun" berichtet über bemerkenswerte, nachahmenswerte und beispielhafte PR-Aktivitäten der EVU.

Selbstverständlich stehen alle vorher bereits genannten Veröffentlichungen der IZE den EVU zum eigenen Einsatz zur Verfügung.

Der Ausbau der Informations- und Kommunikationssysteme der Elektrizitätsversorgung, bei denen der Informationszentrale der Elektrizitätswirtschaft eine zentrale Aufgabe zukommt, ist zum gegenwärtigen Zeitpunkt noch nicht abgeschlossen. Es ist gleichsam die Rampe erreicht, von der aus nach letzter Prüfung der Funktionsfähigkeit aller Systeme und Aggregate der Start erfolgen kann. Ziel ist, mit einer breiten Information der Öffentlichkeit einen Beitrag zur Sicherung der Elektrizitätsversorgung – letzten Endes der Energieversorgung der Bundesrepublik Deutschland überhaupt – zu leisten und die oft zitierte „Bringschuld" vorbildlich zu erfüllen.

Fallbeispiel V:
„Lehrprogramm Umwelt“ – Eine Aktion der chemischen Industrie zur Information von Lehrern und Schülern über Umwelt-Probleme

Hubert Nachtsheim

1. Chemie im Spannungsfeld – Eine Einführung

Seit mehr als einem Jahrzehnt steht die chemische Industrie in einem ausgeprägten Spannungsverhältnis zur Öffentlichkeit. Die Geschichte dieser kontroversen Diskussion, die allein ein Buch füllen würde, kann hier nur angedeutet werden. Sie begann etwa mit dem weltweiten Erwachen des Umweltbewußtseins in der Kennedy-Ära, mit dem „Club of Rome“, mit den „Grenzen des Wachstums“. Willi Brandts Forderung nach dem „blauen Himmel über der Ruhr“ war eines ihrer ersten Signale in der Bundesrepublik, wo das Contergan-Drama die Menschen über Jahre hinweg beschäftigte.

Das vielleicht markanteste Datum dieser Entwicklung ist der 10. 7. 76, der Tag des tragischen Chemie-Unfalls im italienischen Seveso. Seitdem fördern Bücher wie „Seveso ist überall“ und eine endlose Reihe von Veröffentlichungen aller Medien die Vorstellung von einer chemischen Industrie, deren Nutzen zwar niemand ernsthaft in Zweifel zieht, die aber zugleich bei vielen als der große Umweltverschmutzer oder gar -zerstörer Nr. 1 gilt. Die Sicherheit ihrer Anlagen wie ihrer Produkte wird gleichermaßen kritisch infrage gestellt.

In dieser emotional aufgeheizten Atmosphäre wird selbst für gemeinhin zu ausgewogener Betrachtung neigende Zeitgenossen jeder Störfall in einem chemischen Unternehmen, jede unsachgemäße Ablagerung chemischer Abfallprodukte, ja jeder zwar womöglich übelriechende, aber im Prinzip harmlose Abgasschwaden zu einer „Chemiekatastrophe“, zum „Gift-Skandal“, zum öffentlichen Ärgernis.

Die chemische Industrie hat diese Entwicklung zunächst eher erstaunt als besorgt beobachtet. Zu plötzlich kam der Image-Wechsel: Vom Wohltäter der Menschheit zum gesellschaftlichen Übeltäter. Systematische Public Relations, die sich nicht als Reaktion, sondern als bewußte Aktion verstanden, kamen deshalb seinerzeit verhältnismäßig zögernd in Gang.

Heute spielt die deutsche chemische Industrie schon recht perfekt auf diesem Klavier, zunehmend finden Unternehmen und Verbände zu einem gemeinsamen Konzept. Seit Juni 1979 wirbt zusätzlich die Initiative „Geschützter leben“, ein freiwilliger Zusammenschluß von Firmen und Verbänden, mit großformatigen Anzeigen unter dem Slogan „Chemie. Auf Ihrer Seite“ in den Publikums-Medien um Vertrauen und Sympathie.

Aber was jüngeren Datums und deshalb in sich nicht abgeschlossen ist, eignet sich nicht für eine Fallstudie. Vorgestellt wird deshalb eine Aktion aus den Jahren

1974 bis 1976, deren Wirkungen sich überblicken lassen: Das „Lehrprogramm Umwelt" des Verbandes der Chemischen Industrie. Die Deutsche Public Relations Gesellschaft (DPRG) hat diese Aktion mit der „Goldenen Brücke 1976" als vorbildliche Leistung im Bereich der Public Relations ausgezeichnet.

Eine persönliche Erklärung vorab: Der Autor ist eindeutig Partei. Er engagiert sich für eine Industrie, die sich nach seiner auf eigenem Einblick und glaubwürdigen Informationen beruhenden Überzeugung zu Recht gegen pauschalierende Unterstellungen, unsachliche Kritik, ja bewußte Diffamierung zur Wehr setzt. Das Engagement des Autors schließt den „normalen" Störfall ausdrücklich ein. Solange Menschen tätig sind, werden sie Fehler begehen. Auch die sicherste Technik wird immer wieder einmal versagen: So manches vermeintlich unsinkbare Schiff ist vor und nach der „Titanik" untergegangen. Das täglich gedankenlos gebrauchte Wort vom „menschlichen Versagen" kennzeichnet etwas dem Menschen zutiefst Eigentümliches: Die Fähigkeit zu Irrtümern, Fehlern, Schwächen.

Das Engagement des Autors deckt ausdrücklich nicht vorsätzliche Bedenkenlosigkeit im Umgang mit gefährlichen Anlagen und Stoffen. Es deckt nicht Versuche, einmal Geschehenes zu beschönigen oder gar zu vertuschen, womöglich auf die Gefahr sich ausweitenden Schadens hin. Es deckt nicht bewußtes Handeln gegen die Interessen der Gesellschaft.

2. Ausgangs-Situation

Die weltweite Umwelt-Diskussion, die ja kaum zehn Jahre alt ist, litt von Anfang an unter einem ausgesprochenen Mißverhältnis zwischen Emotion und Information. Vor allem in den ersten Jahren entwickelte sich, von einem Teil der publizistischen Medien, aber auch von auf schnellen Erfolg bedachten Politikern gefördert, eine förmliche Hexenjagd auf „Umwelt-Sünder". Besonders betroffen davon war die Industrie – und hier wieder besonders die chemischen Industrie.

Als Grundlage eine Meinungsbefragung

1971/1972 ließ der Verband der chemischen Industrie die Einstellung der Bevölkerung zur chemischen Industrie unter den besonderen Aspekten des Umweltschutzes durch das Frankfurter Insitut Basis Research untersuchen. Eine psychologische Leitstudie und eine sich anschließende Repräsentativbefragung erbrachten Anhaltspunkte für eine gezielte Öffentlichkeitsarbeit mit dem Ziel, Informationslücken zu füllen, falsche Vorstellungen zu korrigieren und auf diese Weise Vorurteile und Aversionen gegen die chemische Industrie abzubauen.

Als eine besonders wichtige Zielgruppe für diese Aktivitäten wies die Basis-Research-Studie die Jugendlichen in den Schulen aus. Deshalb entwickelte der Verband neben Aktivitäten, die auf die breite Öffentlichkeit zielten, in den folgenden Jahren teils im eigenen Haus, teils unter Hinzuziehung von Außenstehenden

Vorstellungen, wie man in diesem besonders wichtigen Bereich erfolgreich aktiv werden könnte.

Zielgruppe: Sekundarstufe 2

Die Notwendigkeit, mit begrenzten finanziellen Mitteln auszukommen, führte dabei zu einer Einengung der Zielgruppe auf die sogenannte „Sekundarstufe 2“, also die oberen Klassen der zum Abitur führenden Schulen.

Eine erste Konzeption, in deren Mittelpunkt ein Aufsatzwettbewerb stehen sollte, erwies sich als in der Praxis schwer durchführbar und auch psychologisch bedenklich. Im Frühjahr 1974 begannen dann die Arbeiten an dem „Lehrprogramm Umwelt“.

3. Die Aufgabe

Folgende Wirkungen sollten erzielt werden:

1. Das allgemeine Informationsdefizit in bezug auf Umweltfragen bei Lehrern und Schülern sollte wenigstens teilweise behoben werden.
2. An die Stelle der überwiegend emotional geführten Umwelt-Diskussion in den Schulen sollte eine versachlichte Betrachtung der vielschichtigen Umwelt-Probleme treten.
3. Diese sachliche Betrachtungs- und Beurteilungsweise sollte auf die besonders betroffene chemische Industrie gelenkt werden.

Keine „Aktion Weiße Weste“

Es war auch klar, was nicht beabsichtigt war: Es sollte – und durfte! – keine „Aktion Weiße Weste“ für die chemische Industrie geben; sie wäre mit Sicherheit zum Scheitern verurteilt gewesen. Andererseits erlaubte es die besondere Interessenlage des Auftraggebers nicht, die Aktion völlig auf allgemeine Umwelt-Probleme zu beschränken. Einen gewissen „chemischen touch“ mußte die Aktion in jedem Fall haben.

4. Die Lösung

Im Frühjahr 1975 wurde rund 2800 weiterführenden Schulen – Gymnasien, Oberschulen – im Bundesgebiet das „Lehrprogramm Umwelt“ kostenlos angeboten.

Das Lehrprogramm besteht aus zwei Einheiten: Einer Informationsbroschüre und einem Entscheidungsspiel.

Die Informationsbroschüre (DIN A 5 quer, 50 Seiten) mit dem Titel „apropos umwelt“, die als „teilprogrammierte Unterweisung“ angelegt ist, soll die Schüler zu einer differenzierten, versachlichten Betrachtung von Umweltproblemen hinleiten. Die Broschüre zeichnet sich durch einen klaren, logischen Abbau, überzeugende Beispiele und informative Abbildungen aus und verzichtet auf den Versuch einseitiger Meinungsbeeinflussung. „apropos umwelt" eignet sich gleich gut für den Unterricht wie für die häusliche Arbeit.

Das Entscheidungsspiel „Bürger und Umwelt" geht von dem fiktiven Beispiel der Errichtung eines chemischen Betriebes in einer Mittelstadt aus. Es soll in der Klasse in drei Gruppen gespielt werden, die die Interessenlagen von „Bürgern", „Verwaltung" und „Industrie" zu vertreten haben. Für jede dieser Gruppen gibt es ein Spielheft (DIN A 5, 16 Seiten) mit Fakten und Argumenten sowie einer Planskizze. Ein Spielleiterheft faßt diese drei Arbeitshefte zusammen und enthält außerdem eine kurze Einführung für den Lehrer.

Die Schüler lernen bei diesem Spiel unterschiedliche Einstellungen zu einem Problem kennen und objektivieren; sie lernen ein Problem sachgerecht zu diskutieren, Emotionen hinter Argumente zurückzustellen und sich in einer Konfliktsituation angemessen zu verhalten.

Jede Schule erhielt zunächst einen Probe-Satz des Lehrprogramms mit einem Anschreiben und einer ausführlichen Erläuterung sowie einer Bestellkarte.

„Dritte Stufe": Ein Wörterbuch

Als „dritte Stufe" der Aktion war zusätzlich zum eigentlichen Lehrprogramm das Taschenwörterbuch „Umwelt und Chemie von A–Z" eingeplant. Es wurde in „apropos umwelt" den ersten 10 000 Einsendern einer Meinungsäußerung versprochen, für die ein besonderes, perforiertes Blatt in der Broschüre vorgesehen war. Unabhängig davon war von vornherein vorgesehen, das Wörterbuch im Herbst denselben Schulen anzubieten wie die Broschüre und das Planspiel.

Das Wörterbuch wurde gemeinsam mit der Lexikon-Redaktion des Verlages Herder, Freiburg, erarbeitet und wendet sich an „alle, die über Umweltfragen mitreden wollen oder müssen, ohne selbst Fachleute zu sein", wie es im Vorwort heißt, „also beispielsweise Politiker, Lehrer, Journalisten, Schüler – jeden umweltinteressierten, umweltbewußten Bürger".

Diese Zielgruppe, die man auch mit „interessierten Laien" umschreiben könnte, verlangte eine klare, allgemeinverständliche Darstellung und eine Beschränkung auf das Wesentliche. Vollständigkeit im wissenschaftlichen Sinn war von einem Taschenbuch mit 148 Seiten ohnehin nicht zu verlangen; sie war auch nicht das Ziel. Als knappe, präzise Informationsquelle sollte „Umwelt und Chemie von A–Z" eine Lücke füllen.

Flankierende Maßnahmen

Das Interesse der Schulen am Lehrprogramm wurde jedoch nicht ausschließlich durch die erste Aussendung geweckt. Die pädagogische Fachpresse erhielt Ansichtsexemplare mit einem Waschzettel, der meist ungeändert oder nur wenig gekürzt veröffentlicht wurde.

Das „Institut der Deutschen Wirtschaft", die regionalen Arbeitskreise „Schule – Wirtschaft" sowie zahlreiche Juniorenkreise der Industrie erklärten sich aus eigener Initiative bereit, die Aktion der chemischen Industrie zu unterstützen. Das galt sowohl für die erste Stufe, also das eigentliche „Lehrprogramm", als auch für das Wörterbuch, das selbstverständlich ebenso wie die anderen Lernbausteine der Presse, und zwar diesmal nicht nur der pädagogischen, zur Rezension übersandt wurde.

5. Das Ergebnis

Das Ergebnis der Aktion darf als außerordentlich befriedigend bezeichnet werden; die Erwartungen wurden jedenfalls weit übertroffen.

Bereits wenige Wochen nach der ersten Aussendung hatten über 600 Schulen mehr als 70 000 Broschüren „apropos umwelt" und etwa 10 000 Entscheidungsspiele bestellt.

Über 1000 Schulen verwendeten das Material

Die Nachfrage hielt kontinuierlich über mehrere Jahre an. Weit über 1000 Schulen, und zwar nicht nur Gymnasien und Oberschulen, sondern auch Mittelschulen und berufsbildende Schulen, arbeiteten mit dem Lehrprogramm. Sowohl die Broschüre als auch das Lehrprogramm mußten nachgedruckt werden. „apropos umwelt" wurde insgesamt in rund 120 000 Exemplaren, das Entscheidungsspiel in etwa 30 000 Exemplaren verbreitet. Noch 1982 sind immer wieder einzelne Anforderungen zu verzeichnen.

„A–Z" – ein echter Bestseller

Noch stürmischer verlief die Nachfrage nach dem Wörterbuch „Umwelt und Chemie von A–Z". Die erste Auflage von 50 000 Stück war bereits wenige Wochen nach Erscheinen bis auf wenige Exemplare vergriffen. Inzwischen erschien die dritte überarbeitete Ausgabe. Die Gesamtauflage liegt bei 150 000. Eine österreichische Ausgabe wurde als Schulbuch anerkannt.

Hier ist anzumerken, daß das Wörterbuch zwar konzentriert im Schulbereich verbreitet, aber selbstverständlich auch anderen meinungsbildenden Gruppen angeboten wurde, vor allem Politikern, allen mit Umweltfragen befaßten Behörden usw. Auch aus dieser Richtung kamen und kommen bis heute zahlreiche Bestellungen. Auch Firmen, und zwar keineswegs nur der chemischen Industrie, bedienen sich des Wörterbuchs zur Information von Mitarbeitern und Besuchern.

Qualitativ gute Resonanz

Die quantitative Resonanz des Lehrprogramms allein würde vielleicht noch nicht dazu berechtigen, von einem guten Ergebnis zu sprechen. Daß die Aktion aber auch von ihrer Wirkung her tatsächlich erfolgreich war, geht aus mehreren tausend Zuschriften, von der kurzen Postkarte bis zu mehrseitigen Briefen, hervor. Die überwiegende Zahl dieser Zuschriften war positiv. Immer wieder bekundeten Lehrer ihre Zufriedenheit damit, daß hier informatives, didaktisch richtig aufbereitetes Material zum Thema Umwelt zur Verfügung gestellt wurde, berichteten Schüler von ihren Eindrücken, und nicht selten von einer echten Veränderung ihrer Einstellung zur Chemie durch den Abbau von Vorurteilen, die Vermittlung von Kenntnissen, vor allem aber durch die Anregung zu selbständigem Nachdenken.

Kritik meist konstruktiv

Natürlich fehlte es auch nicht an kritischen Zuschriften. Aber nur vereinzelt konnte eindeutige Ablehnung beobachtet werden, die meist ideologisch motiviert war. Im allgemeinen wurde Kritik in Form von konstruktiven Änderungs- oder Ergänzungsvorschlägen laut. Häufig bekundeten die Schreiber ausdrücklich, daß ihre Anmerkungen sie nicht davon abhalten, sich der Schriften zu bedienen.

Alle brauchbaren Anregungen wurden registriert; einige konnten beim Nachdruck von „apropos umwelt" schon berücksichtigt werden.

Aktion „lief von selbst"

Sowohl das eigentliche Lehrprogramm als auch das Wörterbuch wurden zu klassischen „Selbstläufern". Der Verband erhielt immer wieder Belege von Veröffentlichungen, die ihrerseits neue Anfragen auslösten. Insbesondere Zeitschriften, die mit Kennziffer-Coupons oder Bestellkarten arbeiten, brachten ganz erhebliche Bestellungen.

Die einzige negative Erfahrung: Der zusätzliche Arbeitsaufwand, der durch eine derartige Aktion ausgelöst wird und vom Adressenschreiben bis zur oft sehr zeitraubenden Beantwortung von Anfragen reicht, war mit dem vorhandenen Personalbestand nur unter größten Anstrengungen zu bewältigen. Hier hatte die Planung auch den einzigen sichtbar gewordenen Fehler: Diese Arbeit war nicht angemessen berücksichtigt worden.

6. Die Situation 1981 und die Konsequenzen

Die öffentliche Meinung über die chemische Industrie wurde 1977 und 1980 erneut untersucht. Relevante Veränderungen gegenüber der Studie von 1972 waren nicht zu beobachten, soweit es die Akzeptanz der Leistung betraf. Neue, negative Komponenten des Meinungsbildes resultierten offensichtlich aus der Publizität nach Seveso und sind in den einleitenden Bemerkungen beschrieben worden.

Lehrer und Schüler bilden unverändert eine wichtige Zielgruppe der informierenden Öffentlichkeitsarbeit. Der Verband der Chemischen Industrie wird dieser Aufgabe auf verschiedenen Wegen gerecht, unter anderem durch Dia-Serien für den Chemie-Unterricht, Zuschüsse für Lehrmaterial und Literatur, „Chemie-Journale“ usw.

Fallbeispiel VI: Öffentlichkeitsarbeit in der Investitionsgüterindustrie am Beispiel der Kraftwerk Union AG

Werner Rudloff

1. Ausgangslage

1.1 Das Unternehmen

Die Kraftwerk Union AG (KWU) entwickelt, plant und errichtet alle Arten von thermischen Kraftwerken. Hierzu gehören Kohlekraftwerke sowie Kraftwerke mit Öl- oder Gasfeuerung und Kernkraftwerke.

In jüngster Zeit ist die Entwicklung von Sonnenkraftwerken in Kombination mit konventionellen Kraftwerksprozessen hinzugekommen. Außerdem entwickelt die KWU Verfahren in Zusammenhang mit der besseren und umweltverträglicheren Nutzung der eingesetzten Brennstoffe (Stichworte: Kohle-Wirbelschichtfeuerung, Rauchgasentschwefelung, Entstaubung) sowie mit der zusätzlichen Nutzung der erzeugten Wärme und Abwärme (Stichworte: Fernwärme, Wärme-Kraft-Kopplung, Meerwasserentsalzung, Kohleveredelung).

Durch dieses enge Produktspektrum unterscheidet sich die KWU stark von allen anderen nationalen und internationalen Mitbewerbern, die im allgemeinen eine sehr breite Palette elektrotechnischer Produkte – vom Kraftwerk bis zum Kühlschrank – anbieten.

Die KWU entstand 1969 durch Zusammenlegung der Kraftwerksabteilungen von AEG und Siemens. Seit 1977 ist Siemens Alleinaktionär, und die KWU hat den Status einer eingegliederten Gesellschaft. Die KWU hat rund 14 000 Mitarbeiter, davon rund 4000 Wissenschaftler und Ingenieure. In mehreren Tochterunternehmen sind weitere 3000 Mitarbeiter beschäftigt. Das Unternehmen fertigt am Standort Mülheim/Ruhr Dampfturbinen und Generatoren und am Standort Berlin Gasturbinen. Die anlagentechnischen Entwicklungs-, Planungs- und Vertriebsabteilungen sind an den Standorten Erlangen und Offenbach beheimatet.

1.2 Der Markt

Wer kauft Kraftwerke? Es sind dies diejenigen großen Energieversorgungsunternehmen (EVU), die selbst Kraftwerke betreiben, während andere Energieversorgungsunternehmen vorrangig ihre Aufgabe in der Weiterleitung und Verteilung der elektrischen Energie bis zum Endverbraucher sehen. In der Bundesrepublik sind die Energieversorgungsunternehmen gesetzlich verpflichtet, die elektrische

Energie jederzeit und in jeder gewünschten Menge zum jeweils günstigsten Preis zu liefern.

Die KWU hat in der Bundesrepublik etwa 35 potentielle Kunden, weltweit sind es rund 300. Wegen der Komplexität des technischen Produktes „Kraftwerk", wegen der sehr langen Planungs- und Bauzeiten – es vergehen ab Planungsbeginn bis zu 10 Jahren, bis ein Kraftwerk Strom in das Netz liefert – und durch die oft viele Jahrzehnte währende Betreuung der Kraftwerke nach Fertigstellung besteht traditionell eine enge Kommunikation zwischen dem Energieversorgungsunternehmen und dem Kraftwerkslieferanten. Forschunginstitute, Genehmigungs- und Überwachungsbehörden eingeschlossen, hat es die KWU zur Abwicklung ihres Geschäftes im Inland nur mit rund 2000 Gesprächspartnern zu tun, im zugänglichen Auslandsmarkt kommen noch etwa 3000 weitere Gesprächspartner hinzu. Alles in allem also eine zwar hoch qualifizierte, aber doch überschaubare Zahl von Kommunikationspartnern, klein insbesondere im Vergleich zur der großen Zahl der Verbraucher elektrischer Energie (*alle* Bürger).

Die aus dieser Marktsituation sich ergebenden sehr speziellen Marketingprobleme sind an anderer Stelle ausführlich beschrieben worden (vgl. Freiberger 1977, S. 82–94; Rudloff 1977, S. 77–81; S. 95–99). Ohne hier auf weitere Details eingehen zu müssen, wird sofort einsichtig, daß ursprünglich Öffentlichkeitsarbeit im üblichen Sinne nicht notwendig war. Seitdem es Strom gibt, und das ist seit rund 100 Jahren, interessiert sich die Öffentlichkeit ausschließlich für den Strom – und der kommt aus der Steckdose –, und nicht etwa für das Kraftwerk oder gar den Errichter dieses Kraftwerkes. Der Bekanntheitsgrad der KWU war daher sehr gering.

1.3 Die Öffentlichkeit

Zu der in Jahrzehnten gewachsenen Partnerschaft zwischen Kraftwerkshersteller und Energieversorgungsunternehmen kam in den letzten Jahren ein dritter Partner hinzu: Die Öffentlichkeit, vertreten vor allem durch Bürgerinitiativen und Medien. Dieser neue Partner erschwerte u. a. den Kraftwerksausbau bei den Energieversorgungsunternehmen und damit indirekt die Situation des Kraftwerksherstellers, der KWU.

Die Ursachen für diese Entwicklung sind mehrschichtig und es gibt eine ständig anwachsende Literatur zu diesem Thema. Einige der Ursachen sollen stichwortartig angesprochen werden. Das positive Image des Stroms ist durch 100jährige Gewöhnung gefestigt. Die allgegenwärtige Nutzungsmöglichkeit des Stroms und sein vielfältiger, täglich für jedermann direkt erfahrbarer Nutzen haben offenbar nie die Einsicht aufkommen lassen, daß auch irgendwo ein Kraftwerk arbeiten muß, das dazu beiträgt, daß zu jeder Tages- und Nachtzeit und in jeder gewünschten Menge der Strom aus der Steckdose kommt. Nur so scheint der Widerspruch erklärlich, daß das Produkt „Strom" weiterhin von allen Bürgern – und mit positiven Zuwachsraten – genutzt wird, daß aber die Produktionsanlagen, die Kraftwerke – Kernkraftwerke ebenso wie Kohlekraftwerke – nicht beliebt sind. Die bei der Nutzung der Elektrizität besonders starke Entkopplung zwischen dem Produktnutzen und der Produktion hat offenbar diesen Prozeß wesentlich erleichtert.

Der Bau der ersten großen Kernkraftwerke fiel zusammen mit dem vor allem durch die Arbeiten des Club of Rome angeregten Bewußtwerden der Grenzen des Wachstums. Zusätzlich avancierte das bisherige Fremdwort Umweltschutz zu einem unsere Innenpolitik beherrschenden Thema. Die weltweit beginnende kritische Hinterfragung des Nutzens der Technik kristallisierte sich zunehmend an der friedlichen Nutzung der Kernenergie:

- Der technisch-physikalische Prozeß der Kernenergienutzung ist der Öffentlichkeit weitgehend unbekannt, er ist unverstanden und unheimlich.
- In Gestalt der Kernkraftwerke ist die Technologie identifizierbar und lokalisierbar.
- Das assoziative Umfeld ist primär negativ.
- Das Nutzenbewußtsein ist nicht entwickelt.

Die solide sozialpsychologische Durchleuchtung dieses Phänomens, insbesondere der Frage der Risikoakzeptanz und der Bedingungen des rationalen Umganges mit Unsicherheit innerhalb der technischen Zivilisation, stecken noch in den Kinderschuhen. Allerdings wird zunehmend deutlich, daß die Kernenergiediskussion weitgehend eine Stellvertreterdiskussion ist und insoweit nur die Spitze des Eisberges.

Mit dem Drang zur kritischen Frage hat sich allerdings nicht gleichermaßen die Fähigkeit zur Bewertung der Antworten entwickelt, die, da Kraftwerke zunächst einmal technisch-physikalische Gebilde sind, nach Form und Inhalt der technisch-naturwissenschaftlichen Sphäre entstammen. Der Mangel an Bewertungsfähigkeit technischer Komplexe, der charakteristisch für die öffentliche Nukleardiskussion in der Bundesrepublik zu sein scheint, fordert von den Fachleuten in ganz besonderem Maße, sich bei ihren öffentlichen Äußerungen verständlich auszudrücken. Und gerade hier sind sehr viele Fehler gemacht worden, die mit dazu beigetragen haben, das Vertrauen zwischen Fachmann und Bürger zu demontieren. Es war ein Mißverständnis der Techniker zu meinen, daß Information der Öffentlichkeit gleichbedeutend mit dem Wunsch dieser Öffentlichkeit nach technischem Detailverständnis sei. Die angebotene, häufig unverständliche technische Erläuterung wurde von der Öffentlichkeit weder gewünscht noch von ihr akzeptiert. Das Mißtrauen nahm in der Folge eher zu. Die in bezug auf Verständlichkeit für Laien im Laufe der Zeit deutlich verbesserte Information brachte allerdings auch nicht den erhofften Erfolg. Das gestörte Vertrauen ließ sich durch Information, durch „Papier" allein, nicht wieder zurückgewinnen. Diese Erfahrung führte dazu, den Prozeß des Vertrauensaufbaus und das Vermeiden unnötigen Vertrauensverlustes weitaus stärker zu beachten als bislang.

Die Mitte der siebziger Jahre eskalierende Kraftwerks- und Kernenergiediskussion in der Bundesrepublik und die damit gekoppelte massive Behinderung der Geschäftstätigkeit der Kraftwerk Union führte Mitte 1975 zur Gründung einer eigenen Organisationseinheit für Öffentlichkeitsarbeit, nachdem die KWU bereits vorher in vielfältiger Weise die entsprechende Öffentlichkeitsarbeit der Energieversorgungsunternehmen und überregional informierender Stellen unterstützt hatte.

2. Aufgabe

Aufgrund ihrer Geschäftstätigkeit hat die KWU große Erfahrungen im Kraftwerksbau, insbesondere mit Kernenergie, wozu auch die Themen Reaktorsicherheit, nuklearer Brennstoffkreislauf und Entsorgung gehören. Durch ihre internationale Tätigkeit verfügt sie auch über eine solide Informationsbasis betreffend das übergreifende Thema Energieversogung. Diese Kenntnisse sind nicht irgendwo abstrakt archiviert, sondern bestehen in dem lebendigen Wissen der KWU-Mitarbeiter und ihrer vielfach jahrzehntelangen Berufspraxis.

Die KWU hat sich der öffentlichen Diskussion um die Kernenergie bewußt gestellt, allgemeiner ausgedrückt: Der Diskussion um den Stellenwert einer gesicherten Energieversorgung in einer technischen Zivilisation und die Möglichkeiten der Befriedigung der in der Zukunft zu erwartenden Energienachfrage. Das Unternehmen akzeptierte hier die „Bringschuld" des „Fachmannes" gegenüber der Öffentlichkeit, mit anderen Worten: Die KWU wollte mitreden, sie wollte „Flagge zeigen" (man könnte die Frage aufwerfen, ob dieser „Bringschuld" der Fachleute gleichgewichtig auch eine „Holschuld" der Öffentlichkeit, der engagierten oder auch nur besorgten Bürger, gegenüber zu stehen hätte, und welches die Spielregeln eines zielführenden und rationalen Dialogs zwischen Fachmann und Bürger sein könnten, der dem Bürger die Chance fundierterer Urteilsbildung eröffnete, ohne den Fachmann aus seiner Fachverantwortung zu entlassen und ohne ihn über Gebühr zu hindern, die von der Allgemeinheit von ihm erwartete Dienstleistung auch zu erbringen. Offen bleibt auch, ob es auf diese Frage verbindliche Antworten gäbe.) Die Motivation der KWU, in der skizzierten Situation ihre Öffentlichkeitsarbeit drastisch zu verstärken, bestand nicht darin, das Unternehmen oder seine Produkte in einem günstigeren Lichte darzustellen oder etwa indirekt zu helfen, den Stromverbrauch zu erhöhen, um vielleicht dadurch Entscheidungsdruck auf den Bau weiterer Kraftwerke auszuüben, sondern es ging darum, die öffentliche Diskussion um die Energieversorgung durch Einbringen von Information, Sachverstand, Dialogbereitschaft und Erfahrung zu beeinflussen.

Die Aufgabe der KWU-Öffentlichkeitsarbeit ist durch die Breite der Thematik „Energie" und durch die Dynamik der öffentlichen Diskussion und ihre weltweite wechselseitige Beeinflussung vielfältig, wobei die jeweilige Aktualität des Themas weitgehend fremd bestimmt wird, d. h. nicht dem Einfluß der KWU unterliegt.

Einflußfaktoren wie Energie und Kernenergie als Themen der Innenpolitik, der Parteitage, der Landtags- und Bundestagswahlen, Kernenergiegesetzgebung, Verwaltungsgerichtsverfahren, Demonstrationen und Bauplatzbesetzungen im In- und Ausland, Kernenergievolksabstimmungen in benachbarten Ländern, Änderung der amerikanischen Außenpolitik bei der Bewertung der Frage der Nichtweiterverbreitung von Atomwaffen, Änderung der politischen Verhältnisse in wichtigen Exportländern, Änderungen der internationalen Uranversorgungslage, Ölpreiserhöhungen, die Entsorgungsdiskussion und nicht zuletzt nukleare Störfälle irgendwo in der Welt sind von entscheidendem Gewicht. Es kam daher primär darauf an, möglichst universell einsetzbare geeignete „Werkzeuge“ für die Öffentlichkeitsarbeit der KWU zu schaffen, um den in ihrer Aktualität und Bedeutung rasch wechselnden externen Anforderungen gerecht werden zu können. Anpassungsfähigkeit und Flexibilität wurden und werden als notwendiger angesehen als fein säuberlich ausgearbeitete Zielkataloge und Strategieplanungen, die durch ein unvorhersehbares politisches oder technisches Ereignis von einem auf den anderen Tag „über den Haufen geworfen“ werden können.

3. Lösungswege

3.1 Organisatorischer Rahmen

Die mitarbeiter- und standortorientierte Öffentlichkeitsarbeit der KWU ist dezentral organisiert: An den Standorten Erlangen und Offenbach wurden „Referate für die Öffentlichkeitsarbeit am Standort“ mit hauptamtlichen Referenten eingerichtet, an den Standorten Mülheim und Berlin wurden „Beauftragte für die Öffentlichkeitsarbeit“ benannt, die diese Aufgabe neben anderen wahrnehmen. Die KWU-Tochterunternehmen gingen ganz ähnlich vor. Zusätzlich wurde ein „Referat für Grundsatzfragen der Öffentlichkeitsarbeit“ eingerichtet, dessen Aufgabe vor allem die Analyse von Teilproblemen und die Erarbeitung von speziellen Argumentationen und Informationsmitteln war.

Alle diese Aktivitäten wurden in einem „Hauptreferat für Öffentlichkeitsarbeit“ (vergleichbar einer Hauptabteilung) zusammengefaßt und von dieser Stelle geleitet und fachlich koordiniert. Standortübergreifende Aktionen, Sonderaufgaben, die Zusammenarbeit mit überregional arbeitenden Informationsstellen (Deutsches Atomforum DAtF, Informationskreis Kernenergie IK, Informationszentrale der Elektrizitätswirtschaft IZE und anderen), die Verbindung zu Verbänden, Fachvereinigungen und gesellschaftspolitisch wichtigen Institutionen und Gruppen, außerdem die Zusammenarbeit mit den entsprechenden Stellen des Hauses Siemens und der Energieversorgungsunternehmen, d. h. mit den Kunden der KWU, werden vorrangig von Mitarbeitern dieses Hauptreferates wahrgenommen.

Eine enge, konstruktive und unkomplizierte Zusammenarbeit innerhalb des Unternehmens hat sich entwickelt vor allem mit dem (auf die ursprünglichen

KWU-Bedürfnisse zugeschnittenen) Bereich Publizistik mit den Abteilungen Redaktion (Mitarbeiterzeitschrift, Kundenzeitschrift, sonstige Publikationen), Presse, Ausstellungswesen und Gestaltung, sowie mit der Stabsabteilung Marketing, Energiewirtschaft und mit den Organisationseinheiten für Weiterbildung und Schulung. Im Zeichen immer stärkerer Vernetzung der Aufgaben gesellschafts-, unternehmens- und vertriebspolitischer Meinungsbildung wurden mit Wirkung vom 1. August 1980 die Aufgaben des Bereiches Publizistik und des Hauptreferates für Öffentlichkeitsarbeit in einem Bereich „Publizistik und Kommunikation" zusammengefaßt, der dem Vorsitzenden des Vorstandes unmittelbar zugeordnet ist (siehe Abb. 1).

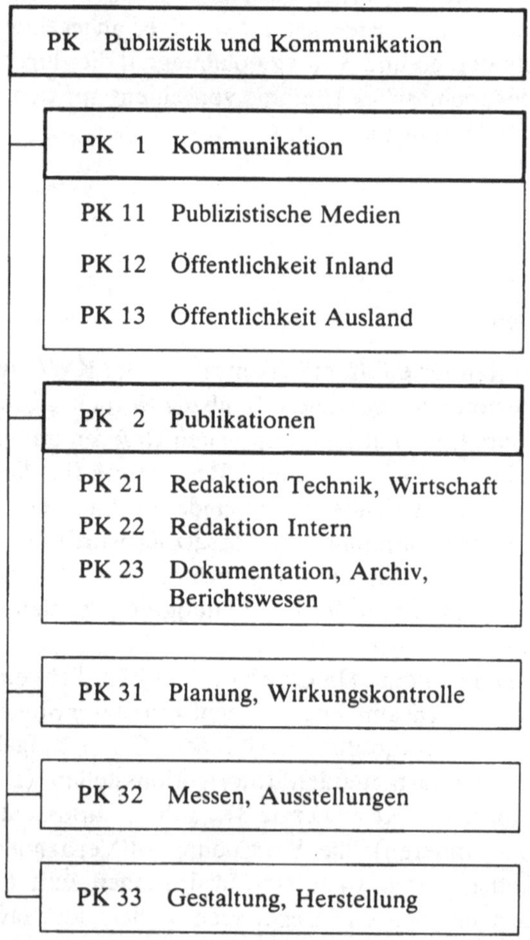

Abb. 1: Gliederung des Bereiches „Publizistik und Kommunikation" der Kraftwerk Union

3.2 Mitarbeiter für die Öffentlichkeitsarbeit

Die technische Zivilisation beruht auf Arbeitsteilung. Ein so komplexes Gebilde wie ein Kraftwerk, speziell ein Kernkraftwerk, benötigt und verbindet den Sachverstand von hunderten von unterschiedlichen Fachdisziplinen und Erfahrungsbereichen. Spezialisten sind entsprechend zahlreich bei der KWU vorhanden. Beim Aufbau der Öffentlichkeitsarbeit wurden aber keine Spezialisten gesucht, sondern Generalisten, die auf der Basis ihres Fachwissens und ihrer Berufs- und Lebenserfahrung zusätzlich versuchen, Überblick zu bekommen und Durchblick zu erhalten, die bereit sind, zugunsten der Breite auf gewohnte Tiefe zu verzichten (was normalem deutschen Wissenschafts- und Technikerverständnis widerspricht und vielleicht eine der Ursachen für die Schwierigkeiten der Industrie ist, sich der Öffentlichkeit verständlich zu machen), und die sich vor allem darum bemühen, zunächst einmal zuzuhören.

Die in den Medien, in der Öffentlichkeit und von den Bürgern gestellten Fragen waren und sind keine Spezialistenfragen, sondern Generalistenfragen, beispielsweise

- Ist ein Kernkraftwerk sicher? (Und nicht: Wie funktioniert ein bestimmtes Sicherheitssystem XYZ?)

  oder
- Ist Radioaktivität gefährlich? (Und nicht: Wie ist Dosis A einer Strahlenart B auf ein Gewebe C zu bewerten?)

  oder
- Brauchen wir die Kernenergie überhaupt? (Und nicht: Welche Energieart steht in welcher Menge zu welchem Preis wie zuverlässig und mit welchem Risiko zur Verfügung?)

Die Suche nach Generalisten und solchen, die es werden wollten, erfolgte intern und extern. Da die Aufgabenstellung für die gesamte Branche einschließlich der Kernforschungszentren neu und ungewohnt war, erwies sich der Markt als sehr eng. Zum Aufbau einer Arbeitsgruppe boten sich zwei grundsätzlich verschiedene Wege an: Schneller Beginn mit Mitarbeitern, die sich selbst erst schrittweise für die neue Aufgabe qualifizieren (Nachteil: Anfangs relativ niedriger Output, verbunden mit höherem Fehlerrisiko); auf der anderen Seite die längere Suche nach qualifizierten Mitarbeitern, d. h. nach Mitarbeitern mit langjähriger Berufserfahrung und entsprechender Einstellung, die bestimmte Teilbereiche der Arbeit sofort eigenständig abdecken können (hierbei langsamerer Beginn, aber dann mit hohem Output und kleinem Fehlerrisiko).

Wir haben den zweiten Weg gewählt, besonders im Hinblick auf die Frage des Risikos. Eine wichtige Aufgabe der Mitarbeiter ist die aktive Teilnahme am öffentlichen Gespräch, als Referent und bei den heute so beliebten, aber meist unbefriedigenden kontradiktorischen Podiumsdiskussionen. Wer sich in diese Situation begibt, ist allein mit seinen Gegenspielern und seinen Zuhörern. Die Phalanx der Fachleute zu Hause oder vielleicht auch im Auditorium nützt ihm nichts. Ob er will oder nicht, in dieser Situation vertritt er *die* KWU, *die* Kraftwerkshersteller oder *die* Industrie, und man verliert seinen Ruf leichter, als man ihn aufbauen kann.

Innerhalb des beschriebenen organisatorischen Rahmens sind jetzt in der KWU-Gruppe (Kraftwerk Union AG und Tochterunternehmen) rund 30 Mitarbeiter full-time für die Öffentlichkeitsarbeit tätig (begonnen wurde Mitte 1975 mit einem Mitarbeiter). Etwa die Hälfte dieser Mitarbeiter hat eine abgeschlossene Universitäts- oder Fachhochschulausbildung mit anschließender langjähriger und meist viele Stationen berührender Berufstätigkeit im In- und Ausland; vertreten sind die Studienrichtungen Physik, Maschinenbau, Elektrotechnik und Volkswirtschaft.

3.3 Informationsquellen und Informationsmittel

Die Anbindung der neuen Funktion Öffentlichkeitsarbeit an die firmeninternen und -externen Informationsquellen war einfach; das Problem lag und liegt eher in der Anpassung der eigenen Informationsverarbeitungskapazität an den Zufluß neuer Informationen.

Es werden rund 60 Periodika gehalten und ausgewertet: Nationale und ausländische Tageszeitungen, Wochenzeitschriften, Magazine, Fachzeitschriften, Nachrichtendienste, mehrere Pressespiegel sowie einige Titel der Alternativpresse. Die Präsenzbibliothek von z. Zt. rund 600 Titeln enthält neben den notwendigen Nachschlagewerken eine ziemlich komplette Sammlung der Literatur, die sich kritisch mit der Kernenergie, den sog. Alternativenergien und mit der Diskussion über die Grenzen des Wachstums und über „weiche" und „harte" Technik auseinandersetzt. Im gemeinsamen Archiv werden Forschungsberichte, Referate, Vortragsmanuskripte, Stellungnahmen und Memoranden zu allen Themen gesammelt, die auch nur entfernt mit irgendeiner Facette der öffentlichen Energiediskussion zusammenhängen. Die eigene Informationsbasis erscheint somit ausreichend breit, um am öffentlichen Gespräch teilzunehmen.

Eine wichtige Rolle spielt das KWU-eigene Informationsmaterial, das sich in der internen und externen Öffentlichkeitsarbeit bewährt hat. Es wurde ergänzt um alles brauchbare Informationsmaterial, das von externen Stellen wie Ministerien, Behörden, Verbänden, Verlagen, Firmen angeboten wurde. Diese Informationsmittelbasis enthält rund 300 Druckschriftentitel (Bücher, Sonderdrucke, Broschüren, Poster), im Schnitt des Jahres 1979 wurden davon monatlich rund 25 000 Exemplare abgerufen und verteilt. Einsatzgebiete waren vor allem die Information der eigenen Mitarbeiter, Veranstaltungen und die Beantwortung externer Anfragen. Außerdem wird ein- bis zweimal monatlich ein Informationsdienst „Argumente" herausgegeben mit einer Auflage von derzeit 11 000 Exemplaren, der an die KWU-Führungskräfte, alle aktiven Öffentlichkeitsarbeiter aus der Belegschaft sowie an bestimmte externe Zielgruppen (überwiegend Fachleute der Energiewirtschaft und Kerntechnik) verschickt wird. Hierin wird jeweils ein aktuelles Problem der öffentlichen Energiediskussion analysiert und kommentiert.

Zu bestimmten Themen wurden Standardreferate ausgearbeitet. Zusammen mit entsprechenden Foliensätzen stehen diese in ausreichender Stückzahl für Referenten zur Verfügung, ein wichtiger Pluspunkt bei der Motivation zur Übernahme von Referaten.

3.4 Multiplikatoren

Die KWU hatte sich vorgenommen, bei der öffentlichen Diskussion über die Kernenergie und generell über das Thema Energieversorgung mitzureden. Zur Gesprächsbereitschaft gehört aber auch die Gesprächsfähigkeit. Das Gespräch mit der Öffentlichkeit (genauer: Mit Teil-Öffentlichkeiten) ist vor allem auch ein quantitatives Problem. Zur Verbreiterung der KWU-Gesprächsbasis wurden aufgrund ihrer Persönlichkeits- und Interessenstruktur geeignete Mitarbeiter gesucht, „Multiplikatoren", die nebenberuflich und freiwillig, d. h. überwiegend in ihrer Freizeit, bereit waren, sich der öffentlichen Diskussion und dem Gespräch zu stellen. Die Vorbereitung auf diese zusätzliche Tätigkeit erfolgte in internen und externen Seminaren. Seminarziele waren unter anderem: Argumentations- und Verhaltenstraining sowie die Vermittlung eines Überblicks über die in der Öffentlichkeit agierenden Gruppen und die Analyse ihrer Rollen und Argumentationen.

Eine wichtige Rolle spielt ferner das „Training on the Job". Hier werden zunächst Auftritte in einfacheren Veranstaltungssituationen mit kleinerer Teilnehmerzahl vermittelt, um das eigene Verhalten in der Realsituation zu prüfen und um Zutrauen zu der eigenen Leistung zu gewinnen.

Etwa 250 Mitarbeiter waren bereit, sich als „Multiplikatoren" zu engagieren. Die Betreuung der Vortragenden und ihr Einsatz erfolgen dezentral. Organisation und Koordinierung dieser Aktivitäten liegt vorwiegend bei den Referenten und den Beauftragten für Öffentlichkeitsarbeit. Im Jahre 1979 wurden von der KWU-Gruppe über 1000 Informations- und Diskussionsveranstaltungen selbst durchgeführt oder mit Referenten beschickt. Alle Veranstaltungstypen sind vertreten: Vorträge, Podiumsdiskussionen, Straßenveranstaltungen, Kernkraftwerksbesichtigungen, mehrtägige Seminare, Kleingruppengespräche, die Teilnahme an Fernseh- und Rundfunksendungen.

3.5 Motivierung der Belegschaft

Ein wichtiges Ziel der Öffentlichkeitsarbeit nach innen war es, bei der Belegschaft ein Gefühl von „Betroffenheit" zu erzeugen. Es sollte die Einsicht vermittelt werden, daß die öffentliche Kernenergie- und Energiediskussion nicht wie gewohnt delegierbar war, sondern daß dieses Thema alle anging. Dazu wurden sämtliche verfügbaren Informationskanäle genutzt – beispielsweise Referate auf Betriebsversammlungen, Aufrufe und Berichte in der Mitarbeiterzeitung und Rundschreiben an spezielle Gruppen. Besonderer Wert wurde auf das Angebot vertiefender Informationen zu allen Themen der öffentlichen Energiediskussion gelegt. Aufbauend auf den berufsbedingten Kenntnissen und Erfahrungen der Mitarbeiter sollten diese Informationen das fachliche Rüstzeug für die Beteiligung am öffentlichen Dialog verstärken und Einsichten in fachübergreifende Zusammenhänge vermitteln.

Die Einsicht, daß das Thema Energie alle Mitarbeiter angeht und nicht von einem oder einer kleinen Gruppe zu erledigen ist, hat erfreulich stark zugenommen. Zahlreiche Beispiele für erfolgreiche Eigeninitiativen belegen diese Entwicklung eindrucksvoll.

4. Ergebnisse, Bewertung

Die Grundlinien der Öffentlichkeitsarbeit werden in einer Koordinierungsgruppe unter Leitung des Vorsitzenden des Vorstandes der KWU diskutiert und abgestimmt. Die in diesem Beitrag referierten Maßnahmen sind das Ergebnis der Zusammenarbeit vieler Mitarbeiter und Dienststellen der KWU sowie entsprechender Einrichtungen der Energieversorgungsunternehmen und in starkem Maße auch des Hauses Siemens.

Einige quantitative Ergebnisse sind bei den jeweiligen Aktionen in Abschnitt 3 vermerkt. Hinter allem steht der deutliche Wille der großen Mehrzahl der Mitarbeiter, mit ihrem Fachwissen und ihrer Meinung nicht zurückzuhalten, sondern am öffentlichen Gespräch teilzunehmen, sich aus der schweigenden Mehrheit herauszulösen und die Beeinflussung der Entscheidungen über die Zukunft nicht ausschließlich anderen zu überlassen, d. h. „Flagge zu zeigen“. Die Zuordnung demoskopisch feststellbarer Einstellungsänderungen zu einzelnen Aktionen ist dagegen erfahrungsgemäß selten möglich.

Der Themenschwerpunkt der KWU-Öffentlichkeitsarbeit hat sich im Laufe der Jahre verändert. Öffentlichkeitsarbeit erscheint auch weiterhin notwendig, kann aber sicher die Akzeptanzprobleme der Kernenergie und die Schwierigkeiten, zu einer von breitem Konsens getragenen nationalen Energiepolitik zu gelangen, nur mindern. Dazu sind diese Probleme zu vielschichtig. Das sichtbar gewordene Engagement der Mitarbeiter hat aber eine wichtige Signalfunktion, nach außen ebenso wie nach innen. Die Mitarbeiter haben begonnen, eine lange Zeit unterentwickelte gesellschaftspolitische Funktion zu übernehmen: Technik und wirtschaftliches Handeln als Grundlage unserer Zivilisation verständlich zu machen, indem sie erste Schritte aus dem Elfenbeinturm herausgetan haben, als mitverantwortliche Bürger.

Literatur

Freiberger, S. (1977): Marketing für Produkte, die alle nutzen, aber wenige mögen. In: 6. Forum für die Industrie-Werbung in Deutschland, Timmendorfer Strand, 8. und 9. Dezember.

Rudloff, W. (1977): Die Kraftwerk Union – Markt – Marketing – Mitarbeiter – Der Markt – oder: Lieben Sie Kraftwerke? In: 6. Forum für die Industrie-Werbung in Deutschland, Timmendorfer Strand, 8. und 9. Dezember.

– (1977): Mitarbeiter zeigen Flagge. In: 6. Forum für die Industrie-Werbung in Deutschland, Timmendorfer Strand, 8. und 9. Dezember.

Fallbeispiel VII: Öffentlichkeitsarbeit für eine Kommune, dargestellt am Beispiel der Freien und Hansestadt Hamburg

Herbert Brandt

1. Situationsanalyse und Problemstellung

Warum werben Städte, Länder und Nationen in der Öffentlichkeit? Fühlen sich die Verantwortlichen aufgefordert, werblich tätig zu sein, weil ihre Kollegen in anderen Kommunen es vormachen? Oder stellt man plötzlich einen Wettbewerbsnachteil für sich selbst fest, weil andere Kommunen durch gezielte Öffentlichkeitsarbeit Vorteile erringen? Oder gibt es Probleme, die mit Hilfe der Kommunikationstechnik bewältigt werden sollen?

Hamburg ist mit Hafen, Außenhandel und Industrie das wirtschaftliche Zentrum im Norden der Europäischen Gemeinschaft. Das Gegenstück im Westen ist London; im Süden teilen sich diese Funktionen Genua, Marseille und Mailand. Hamburg ist Transithafen für die nordöstlichen Wirtschaftsnachbarn der Europäischen Gemeinschaft.

Hamburg hat den größten Hafen der Bundesrepublik und ist ihr bedeutendster Außenhandelsplatz. Die Stadt ist der wichtigste und zugleich vielseitigste Dienstleistungs- und Kommunikationsplatz der Bundesrepublik. Hamburg ist ihr zentraler Verkehrsknotenpunkt im Norden für Straße, Schiene, Luft und Wasser und zugleich ihr Seetor für Europa, Amerika, Afrika, Asien und Australien.

Hamburg ist Wirtschafts- und Kulturmetropole in einer Region, die weit nach Schleswig-Holstein und Nord-Niedersachsen hineinwirkt und die von rund drei bis vier Millionen Menschen bewohnt wird. Hamburg ist Zentrum der wirtschaftlichen Entwicklung des Unter-Elbe-Gebiets. Die Stadt ist Mittelpunkt eines achsenorientierten Hochleistungssystems des öffentlichen und privaten Nahverkehrs.

Hamburg ist mit seiner vielseitigen und lockeren Bebauung, den unterschiedlichen Charakteren seiner Stadtteile und zahlreichen Milieu-Inseln eine Großstadt mit reicher urbaner Wohnqualität in menschlichen Proportionen.

Hamburg bietet eine vielseitige Auswahl an gut bezahlten Arbeitsplätzen und vielseitig qualifizierten Arbeitnehmern, zu denen auch Umland-Einpendler und Ausländer gehören.

Hamburg hat mit zahlreichen und verschiedenartigen Einrichtungen der Bildungspflege, der Forschungsförderung, der praktischen Aus- und Weiterbildung, der sozialen Obhut und Nachbarschaft, der Wirtschaftskommunikation und der vielseitigen kulturellen Information und Aktivität ein breites Angebot für die Teilhabe seiner Bürger und Gäste.

Hamburg hat mit seiner abwechslungsreichen Scene in Einzelhandel und Gastronomie, in Unterhaltung und Sport eine qualitativ aufgefächerte Möglichkeit für die individuelle Bestätigung des zeitgenössischen Lebensgefühls. Weite Park- und Waldflächen in der Stadt und die atmosphärischen Besonderheiten der Alster- und Elbufer ermöglichen spontane aktive Entspannung und Naherholung.

Hamburg hat durch sein landschaftlich differenziertes Umland – von Nord- und Ostseeküste bis zum Naturschutzpark Lüneburger Heide, von der Unterelbe mit Helgoland bis zum Naturpark Lauenburgische Seen mit Lübeck – und dessen unkomplizierter Erreichbarkeit ein der Stadteigenart zugehöriges Angebot für die unterschiedlichste rekreative Erfrischung des Lebensgefühls.

In der Summe aller dieser Gelegenheiten entsteht der hohe Rang Hamburgs als Zentrum urbaner Lebensqualität, von der der Freizeitwert ein Teil ist.

Hamburg ist schön und vielseitig.

Und Hamburg hat Probleme.

Problem Nr. 1

Beschleunigter Verlust an Wohnbevölkerung durch Geburtenrückgang, Umlandabwanderung und geringer Zugang. Die Folgen sind sinkende Produktions- und Verbrauchskraft und eine eher steigende Grundlast.

Problem Nr. 2

Dieser Problemkreis bezieht sich auf Untersuchungen über die Motivierbarkeit von Kurzurlaubern für Hamburg und auf die Strukturanalyse Fremdenverkehr. Zwar kommen jährlich rund 1,6 Mio. Besucher in die Hotels der Stadt. Aber rund achtzig Prozent nennen geschäftliche Gründe.

Problem Nr. 3

Mittelfristig werden Arbeitsmarktlücken erkennbar. Durch den Eintritt geburtenstarker Jahrgänge in das Erwerbsleben entsteht ein Problem, wenn Hamburg nicht genügend viele und ausreichend attraktive Arbeitsplätze zur Verfügung stellen kann. Nach dem mittelfristigen Anstieg der erwerbsfähigen Bevölkerung folgen geburtenschwache Jahrgänge.

Schwankungen dieses Umfangs bringen beträchtliche beschäftigungspolitische Probleme mit sich: Erst eine Arbeitsplatzlücke, dann später möglicherweise einen Arbeitskräftemangel.

Problem Nr. 4

In Hamburg gehen jährlich etwa fünftausend industrielle Arbeitsplätze verloren. Wenn die Entwicklung anhält, wird ein zusätzliches Wachstum allein mit der ortsansässigen Unternehmenskapazität nicht zu erwirtschaften sein. Eine zusätzliche Ansiedlung neuer Industrie- und Dienstleistungsunternehmen könnte dem entgegenwirken.

Problem Nr. 5

Der wachsende Anteil der Dienstleistungsbeschäftigten in Hamburg – Hafen, Außenhandel und in anderen Zweigen – erfordert nachfrageschaffende Maßnahmen.

2. Imagearbeit als Schlüsselaufgabe

Das Stadtimage Hamburg ist ein komplexes, mehrdimensionales System aus objektiven und subjektiven, rational wie emotional gefärbten Einstellungen, Meinungen und Haltungen.

Untersuchungen zeigen immer wieder ähnliche Bilder. Hamburg hat nicht wie andere Weltstädte, Rom oder Paris, London oder Kopenhagen, den Ruf, amüsant zu sein. Wohl aber so vielseitig, pulsierend, vital, männlich, aufgeschlossen, tolerant und aufregend.

Hamburg – das ist Reeperbahn, St. Pauli, Hafen, Werften, Schiffsbau, Nachtleben, Elbe, Alster, Hagenbeck, Fischmarkt, Michel, Sauberkeit, Meer, Landungsbrücken, Regen und Nebel, See- und Salzluft, Planten und Blomen, Jungfernstieg, Elbtunnel, Köhlbrandbrücke, Hummel-Hummel.

Die Hamburger selbst gelten als hilfsbereit, zuverlässig, weltoffen, diszipliniert, pünktlich, sauber, liebenswürdig, aufgeschlossen und – ablehnend Fremden gegenüber, abgekapselt und stur. Zum Liebhaben scheinen sie wenig geeignet zu sein.

Die Industrie zeigt sich nur in einigen Adjektiven; das Umland und die beispielhaften Naherholungszonen in der Stadt existieren nur als Ziel künftiger Erkundungen.

Hamburg ist eine Stadt für Geschäftsbesuche mit den dazugehörigen Entertainments, ein wenig beneidet, ein wenig geliebt, ein wenig bewundert. Der Wunsch, Hamburg näher kennenzulernen, entspringt in den meisten Fällen dem zweiten Blick. Man muß es gesehen haben, um neugierig zu werden.

3. Das Hamburger Kommunikationsmodell

Zunächst gilt für kommunale Kommunikationsarbeit, daß Information nicht gleichzusetzen ist mit Kommunikation. Denn Kommunikation beinhaltet die Reaktionsmuster des Informationsempfängers auf eine ausgesendete Information. Sie berücksichtigt also die Einflußquoten, die selbst zwar kein Bestandteil der Massenkommunikation sind, aber erheblichen Einfluß auf das Zustandekommen und die Wirkung von Massenkommunikation haben.

Diese Einflußgrößen betreffen vor allem die Bereitschaft von Zielpersonen, sich mit einer Information auseinanderzusetzen oder nicht. Sie bestimmen die Akzeptanz oder die Ablehnung des Botschaftsinhaltes. Dieses Selektionsverhalten ist abhängig von der Gruppenzugehörigkeit, dem Wertesystem von Zielpersonen einerseits sowie dem Vorhandensein normativer Einflüsse wie Gruppendruck, Meinungsmajoritäten andererseits.

Das gilt naturgemäß auch für Aufnahme und Verarbeitung kommerzieller Informationen, hat aber im Bereich kommunaler Kommunikationsarbeit wesentlich mehr Einfluß auf die Wirkung.

Da zwischen Erwartungsmustern und Wertesystemen politischer Entscheidungsträger einerseits und ihren kommunikativen Zielgruppen (Bürger, Entscheidungspersonen in Unternehmen, Verbände, Parteien) andererseits beträchtliche Unterschiede bestehen können, wird die empfängerbezogene (zielgruppenbezogene) Botschaftsgestaltung zwangsläufig zum kommunikativen Leitprinzip. Das bedeutet für politische Entscheidungsträger ein beträchtliches Umdenken in ihrer Informationspraxis.

Neben diesen beträchtlichen Einflußgrößen auf die Kommunikationswirkung besteht ein weiterer wesentlicher Unterschied zwischen kommunaler Kommunikationsarbeit und kommerzieller Kommunikationsarbeit, z. B. für Markenartikel.

Während Markenartikel im allgemeinen über ein Sendemonopol verfügen, das es ihnen erlaubt, zielgenau Informationen in einen Meinungsmarkt einzugeben, ohne daß ihre Zielgruppen durch die Aktivitäten weiterer Sender – mit widersprechenden Botschaften – beeinflußt werden, muß bei kommunaler Kommunikationsarbeit von einem Sender-Pluralismus ausgegangen werden. Beabsichtigte Kommunikationswirkungen werden durch Kontrameinungen anderer Sender in Frage gestellt, bei widersprüchlichen Informationen sogar verhindert.

Bei widersprechenden Meinungsäußerungen, die zum Teil von Gesetzen vorgeschrieben sind, kommt es also zu einem Wettbewerb der Botschaften und ihrer Absender um Glaubwürdigkeit bei den Zielgruppen. Damit entsteht ein amorphes, schwer steuerbares öffentliches Meinungsgefüge.

Neben der Kommune selbst treten als Sender auf: Bürger, Besucher, Unternehmen, Verbände, Institutionen, Parteien sowie die Massenmedien. Der Hauptgrund für diesen Sender-Pluralismus liegt in dem Interesse, das diese Gruppen aus ihrem legitimen Egoismus heraus einem Meinungsgegenstand wie Hamburg entgegenbringen.

Das bedeutet für die kommunale Kommunikationsarbeit die Einbeziehung möglicher Gegenmeinungen anderer Sender in die Planung und Durchführung kommunaler Kommunikationsmaßnahmen. Entsprechend den persönlichen bzw. berufsspezifischen Wertesystemen kommt es zur „Ausklammerung" von Kontroversen. Dabei liegt die Gefahr nahe, daß die dann noch mögliche Aussage inhaltslos wird.

Bei alledem ist die Aktivität von Multiplikatoren innerhalb und außerhalb einer Kommune positiv einzuschätzen. Multiplikatoren schließen durch Massenmedien nicht erreichte Personengruppen an das Kommunikationsnetz an und verstärken die Wirkung.

Neben Journalisten sind auch Bürger, Besucher und Produkte Hamburgs als Multiplikatoren anzusehen.

Dabei stellen die bestehenden interpersonellen Kommunikationsnetze innerhalb der Stadt, zwischen Stadt und ihrem Umland sowie zwischen Stadt und dem übrigen Bundesgebiet eine bedeutende, wenn nicht sogar eine entscheidende Nachrichten- und Informationsquelle dar. Dieses gilt grundsätzlich auch für das mit dem Ausland bestehende Kommunikationsnetz, das für viele Funktionen Hamburgs traditionell besonders wichtig ist.

Informationsniveau, Interesse, Senderpluralismus und Selektionsverhalten nehmen mit wachsender räumlicher Entfernung ab. Bei Bürgern Hamburgs ist die Wirkung dieser Variablen sehr groß, im Umland bereits geringer. Im Meinungsmarkt „übriges Bundesgebiet" noch geringer.

Kommunale Kommunikationsarbeit, vor allem, wenn sie nicht konsequent und systematisch betrieben wird, hat demgegenüber als Nachrichtenquelle bisher relativ wenig Einfluß. Dies gilt besonders im Ausland. Hier wirken sich einmal deutlich die unzureichenden Etatmittel aus, zum anderen aber auch die mangelnde Geschlossenheit bisheriger Maßnahmen.

4. Die Aufgabe

Wer für eine Stadt wirbt, wirbt um Menschen. Er wirbt um eine Vielzahl einzelner Menschen, die sich bei jeder Entscheidung sehr menschlich verhalten. Und so stellen sich auch unterschiedliche, menschlich individuelle Ansprüche und Anforderungen an diese Stadt. Dabei ist es gleich, ob sie in dieser Stadt ein Unternehmen aufbauen, in dieser Stadt arbeiten, in dieser Stadt wohnen, oder diese Stadt nur kurzzeitig besuchen.

Deshalb ist es wichtig, den Hamburger direkt in diese Kampagne einzubeziehen. Er ist aufgefordert mitzumachen. Ein Wechselspiel, das neue Aktionen weit über die Grenzen der Stadt hinaus zuläßt und fördert. So entsteht mit Hilfe dieser Interaktion das richtige „psychologische Produkt Hamburg" quasi von selbst.

Dabei geht es nicht nur um schöne Bilder, schöne Texte und schöne Aktionen. Viel wichtiger ist das, was unserem psychologischen Problem gerecht wird, ebenso wie den hohen Anforderungen an Flexibilität. Der wichtigste Aspekt der kommunalen Kommunikation ist nicht der Inhalt, sondern das System.

5. Die Lösung

Wir fragen die Hamburger, wie sie Hamburg sehen. Wir fragen die Münchener, wie sie Hamburg sehen. Wir fragen die New Yorker, wie sie Hamburg sehen. Wir fragen die Gastarbeiter in Hamburg, wie sie Hamburg sehen; vielleicht sprechen wir sie sogar auf griechisch, türkisch oder spanisch an, mit einer kleinen Übersetzung für die deutschen Leser.

Oder wir fragen einen Unternehmer, wie er Hamburg als Industrieplatz bewertet. Aus all den Antworten leiten wir neue Anforderungen ab.

Vielleicht stellt sich im Laufe einer Kommunikationslinie ein Hauptthema von übergreifendem Interesse heraus. Dafür setzen wir dann mehrere Medien ein, vom Plakat bis zur Story, vielleicht gar bis zur Ausstellung.

Diese Kommunikation entwickelt sich aus sich selbst heraus. Sie ist zwangsläufig mehrdimensional, was Input und Output betrifft. Es entsteht ein Netz vielfältiger, lebendiger Kommunikationsströme. Die Werbung für eine Kommune lebt nicht von Einfällen, die man ihr aufzwingt, sondern von dem, was die Leser interessiert. So entstehen Anzeigen, die gelesen werden. Außerdem ist diese Werbung so menschlich, wie die Menschen sind, oder so hamburgisch wie die Hamburger.

Zum ersten Grundprinzip, das einem kybernetischen Regelkreis gleicht, brauchen wir noch ein zweites: Äußerst klare, konsequente Gestaltung. Der Regelkreis steuert den Inhalt, die Gestaltung steuert die Form.

Da die Inhalte wechseln, muß die Form konstant bleiben, um die Wiedererkennung zu gewährleisten. Werden Form *und* Inhalt variiert, wird das Konzept nicht mehr als Konzept erlebt, sondern als einzelne Botschaften ohne Zusammenhang.

Im Laufe der Zeit entwickelt sich aus diesem Kommunikationssystem, gestärkt durch einen einheitlichen Auftritt, der den Mitteleinsatz durch wechselseitige Stützung, durch ständige Wiedererkennung optimiert, eine Corporate Identity, eine „Stadt-Persönlichkeit".

Erfolgreiche Identity braucht Konsequenz. Sie bringt große Vorteile, die Realisierung aber große Schwierigkeiten. Darum empfiehlt es sich, die Identity Zug um Zug in die Alltagsarbeit einfließen zu lassen. Sie soll nicht am Anfang stehen, sondern am Ende. Unser Kommunikationssystem verlangt zwar konsequente Gestaltung. Diese kann und muß jedoch in jedem Falle Plattform verschiedener Inhalte sein.

6. Die Durchführung

Im Frühjahr 1980 ist die Hamburg-Image-Kampagne auf der Basis dieser Grundlagen und Erkenntnisse gestartet worden. Diese erste Phase in Hamburg hatte zwei Zielsetzungen:

(1) Die Gedanken der Komplexität, Meinungsvielfalt und Widersprüchlichkeit der Stadt bewußt zu machen
(2) Reflexionen auszulösen, Meinungen aufzunehmen und Gewichtungen zu erkennen, um die nachfolgende Imagearbeit beim Bürger selbst abzusichern.

Diese Grundgedanken wurden von der Öffentlichkeit und von den Meinungsbildnern voll akzeptiert. In allen Kommentaren, sowohl im Publikum als auch in der Fachöffentlichkeit, wurde diese Stufe positiv beurteilt. Insgesamt waren in dieser ersten Phase rund zehntausend Einsendungen und Reaktionen zu verzeichnen, von denen nur wenige ironisch oder polemisch gemeint waren. Hierbei ergibt sich kein irgendwie erkennbarer Themenschwerpunkt.

Die Konsequenz dieser ersten Erfahrung ist zunächst, daß der allgemeine Ansatz der Öffentlichkeit und Vielseitigkeit richtig ist. Er wird deswegen auch die weiteren Schritte bestimmen. Diese Schritte werden über Hamburg hinaus bereits die Bundesrepublik erfassen, ebenso ausländische Märkte nach den gesetzten Prioritäten.

7. Die kooperative Zukunft

Der Erfolg dieses Konzeptes wird davon abhängig sein, ob die Wirtschaft und die Institutionen der Stadt diese Grundidee akzeptieren und sie zusätzlich in ihre eigenen Gestaltungsprinzipien einzubringen vermögen.

Die Kampagne war von Anfang an als ein Element gedacht, das sich nicht nur isoliert im Rahmen einer auch etatmäßig eng gefaßten Aktion darstellen läßt. Bereits nach kurzer Zeit konnten die Inhalte umgesetzt werden, in die Bürgeransprache, um Besucher anzuziehen, für die Hafenwerbung, die Wirtschaftsplatzförderung, für Maßnahmen öffentlicher Unternehmen und für Stellenanzeigen der Behörden.

Kooperationen mit der privaten Wirtschaft, um die Verbände, Vereinigungen und Firmen bemüht sind, zeichnen sich ab.

Fallbeispiel VIII: Öffentlichkeitsarbeit von Verbraucherverbänden[1]

Lothar Heidepeter

1. Einleitung

In der Bundesrepublik Deutschland und West-Berlin arbeiten Mitarbeiter von elf Verbraucherzentralen, der Arbeitsgemeinschaft der Verbraucher (AgV), der Stiftung Warentest, der Stiftung Verbraucherinstitut und des Instituts für angewandte Verbraucherforschung seit nunmehr über 20 Jahren daran, dem Verbraucher zumindest teilweise die Stellung als Partner am Markt zu verschaffen, die die Wirtschaftstheorie ihm häufig auch derzeit noch in zum Teil idealtypischen Marktmodellen zukommen läßt. Es ist bezeichnend, daß auch in neueren volks- sowie betriebswirtschaftlichen Standardwerken Verbraucher beziehungsweise Konsumenten in oft recht umfangreichen Sachverzeichnissen nicht einmal erwähnt werden, obwohl im Endeffekt sie es sind, auf die sich wirtschaftliches Handeln zumindest der Konsumgüterindustrie und des Handels ausrichten sollte und sicher auch ausrichtet.

Verbraucherarbeit vollzieht sich auf mehreren Ebenen. Die elf Verbraucherzentralen, in jedem Bundesland einschließlich West-Berlin eine, unterhalten 135 Beratungsstellen mit Ende 1979 etwa 230 in der persönlichen Beratung eingesetzten Mitarbeitern. In diesen Verbraucherberatungsstellen, die zum Teil nach unterschiedlichen Konzepten arbeiten, ist Einzelberatung der Regelfall. Dort können sich Konsumenten neutrale und anbieterunabhängige Informationen geben lassen, die ihnen von Produzenten und Handel nicht oder nur unzulänglich erteilt werden.

Wenn man sich vergegenwärtigt, daß von den 60 Millionen Einwohnern sicher 56 Millionen Käufer sind, wird deutlich, daß das Instrument der Einzelberatung nicht so weit ausgebaut werden kann, das Nachfragepotential nach Informationen zu Verbraucherproblemen durch persönliche Gespräche in Verbraucherberatungsstellen zu decken. Hinzu kommt, daß auch heute noch häufig über Beratungsstellen nicht die Bevölkerungsschichten ansprechbar sind, die in einer sich sozial nennenden Marktwirtschaft des besonderen Schutzes der Gesellschaft bedürfen. Nicht nur aus diesen Gründen kommt der Öffentlichkeitsarbeit der Verbraucherverbände besondere Bedeutung zu.

Öffentlichkeitsarbeit der Verbraucherverbände verfolgt andere Ziele als Öffentlichkeitsarbeit von Unternehmen. In vielen Unternehmen arbeiten PR-Abteilungen daran, das Image des Hauses bei Kunden und vor allem potentiellen Abnehmern positiv zu gestalten, um so bessere Absatzmöglichkeiten durch ein verbesser-

[1] Fallstudie der 7. Woche des Verbrauchers vom 8.–12. Oktober 1979.

tes Marketing- oder Werbeumfeld zu schaffen. Nicht umsonst wird vom Image als einem geplanten Vorurteil gesprochen.

Verbraucherverbände haben, dies kann man ohne Übertreibung sagen, bei den „Kunden" der von ihnen angebotenen Dienstleistungen ein Image, das kaum noch verbesserungsfähig ist. Außerdem dürfen PR-Maßnahmen inzwischen gar nicht mehr dazu führen, die angebotene Dienstleistung, nämlich die Beratung in Verbraucherberatungsstellen, stärker publik zu machen. Da durchweg alle Beratungsstellen die Nachfrage nach Informationen und Rat wegen des durch mangelnde finanzielle Ausstattung hervorgerufenen starken Personalmangels nicht befriedigen können, besteht die Gefahr, daß eine stärkere Propagierung des Angebots schnell zu einem negativen Image führen kann, da die Erwartungen der Öffentlichkeit nicht mehr erfüllt werden können. Öffentlichkeitsarbeit von Verbraucherverbänden muß deshalb zum einen dazu dienen, den gesetzgebenden Organen Verbraucherprobleme bewußter zu machen, um die Unzulänglichkeiten des Marktes für Konsumenten zu verbessern. Auf der anderen Seite hat sie die Aufgabe, bei der Zielgruppe „Verbraucher" – falls man bei der Inhomogenität überhaupt von Zielgruppe sprechen sollte – zunächst einmal das Bewußtsein für Verbraucherprobleme zu schärfen und darauf hinzuwirken, ein Gruppenbewußtsein zu schaffen, das auch heute noch zumindest in der Bundesrepublik bei der Masse der Konsumenten nicht vorhanden ist.

Wer die Arbeit, speziell die Öffentlichkeitsarbeit der Verbraucherverbände verstehen will, muß Kenntnisse über ihre Organisation und ihre Finanzierung haben. Getragen werden die Arbeitsgemeinschaft der Verbraucher und die elf Verbraucherzentralen in den Bundesländern von verbraucherorientierten Verbänden als Mitglieder eingetragener Vereine. Nicht Verbraucher als Einzelmitglieder haben sich demnach zusammengeschlossen, um gemeinsame Ziele zu verfolgen und zu erreichen, sondern Konsumenten sind über andere Vereine oder Verbände, wie z. B. Hausfrauenvereinigungen oder Gewerkschaften indirekt an Verbraucherarbeit beteiligt. Erst zögernd ist man in Verbraucherverbänden inzwischen bereit, das Problem der Einzelmitgliedschaft zu diskutieren.

2. Finanzierung der Verbraucherverbände

Da Einzelmitglieder kaum vorhanden und der Mitgliedsbeitrag der Verbände oft in bezug zu ihrer Größe und ihrem Etat verschwindend gering ist, werden Verbraucherverbände in der Bundesrepublik seit Beginn ihrer Tätigkeit in hohem Maße von Bund, Ländern und Gemeinden finanziert.

Zwar gibt es in der Regel keine direkte Eingriffsmöglichkeit der Zuwendungsgeber in die Arbeit, allerdings sollte man den Einfluß über die Finanzierung nicht zu gering schätzen. Während die Arbeitsgemeinschaft der Verbraucher als Dachorganisation der Verbraucherverbände aus Bundesmitteln Geld erhält, gibt es bei den Verbraucherzentralen eine Mischfinanzierung zwischen Bund, Land und Gemeinden, wobei die Finanzierungsanteile in den einzelnen Ländern durchaus verschieden sind.

Zur Zeit arbeiten insgesamt etwa 600 Mitarbeiter in den genannten Institutionen mit einem Gesamtetat von ca. 60 Mio. DM daran, ein Gegengewicht zur Anbieterseite zu bilden. Für jeden Einwohner der Bundesrepublik steht demnach pro Jahr etwa 1,– DM zur Verfügung. Ein äußerst geringer Betrag, wenn man bedenkt, daß nach Berechnungen des Instituts für Handelsforschung der Universität zu Köln bereits im Jahr 1975 etwa 30 Mrd. DM für Werbung ausgegeben wurden. Nicht eingerechnet die zahlreichen unbezahlten PR-Veröffentlichungen in den Printmedien.

Die rechtliche Selbständigkeit der eingetragenen Vereine hat in der Geschichte der deutschen Verbraucherbewegung bereits einige Male dazu geführt, daß national oder multinational operierende Unternehmen wegen unterschiedlicher Auffassungen und Ziele einzelner Verbraucherzentralen unbehelligt ihre verbraucherunfreundlichen Geschäftspraktiken weiterführen konnten. Zwar bemühen sich die Verbraucherverbände in der Bundesrepublik unter dem Dach der Arbeitsgemeinschaft der Verbraucher um ein einheitliches Vorgehen und erzielen dabei in den letzten Jahren auch immer stärkere Fortschritte, doch ist dies häufig schon aus Finanzierungsgründen erschwert. Auch heute noch scheitern manche gemeinsamen Aktionen daran, daß nur geringe Reisekostenetats bewilligt sind oder das Geld fehlt, Aktionen öffentlichkeitswirksam mit modernen Methoden eines „social marketing" umzusetzen. So wird z. B. seit Jahren diskutiert, das Werbefernsehen dazu zu nutzen, direkte Gegenaufklärung zu betreiben. Auf lange Sicht dürfte dies jedoch wegen der für Verbraucherverbände enormen Kosten unmöglich sein.

3. Beispiele gemeinsamer Arbeit – „Wochen der Verbraucher"

Trotz der genannten Schwierigkeiten gibt es eine Vielzahl gemeinsamer Aktivitäten, die nicht zuletzt alle zwei Jahre in der von der Arbeitsgemeinschaft der Verbraucher 1967 aus der Taufe gehobenen „Woche des Verbrauchers und der Hausfrau" gipfeln. Durchgeführt wird die „Woche des Verbrauchers" – so der heutige Titel – von der AgV und den sie tragenden Verbänden, in der Hauptsache den Verbraucherzentralen der Bundesländer. Bemerkenswert ist, daß diese Punkte gemeinsamer Arbeit nicht von Verbrauchern und ihren Verbänden selbst, sondern vom „Verbraucherminister", dem damaligen Bundeswirtschaftsminister Prof. Schiller, initiert wurden, der 1967 seine Eröffnungsrede zur 1. Woche des Verbrauchers mit den Worten schloß: „Wir befinden uns an einer Wende in unserer gesamtwirtschaftlichen Entwicklung, konjunkturell und auch wirtschaftspolitisch und auch wirtschaftsordnungsmäßig. Wir befinden uns in der Entwicklung von der konventionellen zur aufgeklärten Marktwirtschaft. Und zur aufgeklärten Marktwirtschaft gehört natürlich auch der aufgeklärte Konsument." Seither gehört die Woche des Verbrauchers im zweijährigen Turnus zur Tradition der Verbraucherverbände. Während sie jedoch in den ersten Jahren unter kein gemeinsames Thema gestellt wurde oder allenfalls wie 1969 unter das sehr weitgespannte Thema „Wirtschafte mit Gewinn", setzte sich erst in den letzten Jahren der Gedanke durch, bestimmte verbraucherpolitische Anliegen und Ziele mit Hilfe besonders starker Öffentlichkeitsarbeit im Bewußtsein von Verbrauchern, Politikern und Anbietern zu verankern. So wurde in der 6. Woche des Verbrauchers unter dem Titel „Neue Rechte für Verbraucher" der äußerst schwierige Weg beschritten, die Reform des Rechts der Allgemeinen Geschäftsbedingungen der Bevölkerung bewußt zu machen, damit die Schutzfunktion der neuen Verbraucherrechtsbestimmungen eintreten konnte. Denn was helfen die besten Gesetze, wenn die Betroffenen weder Ziele noch Inhalt kennen und auf die Rechtsfälle des Alltags anwenden können.

Die nächste Verbraucherwoche, die planmäßig 1981 stattfinden und sich mit dem aktuellen Themenschwerpunkt „Energie" befassen sollte, wurde wegen Finanzierungssschwierigkeiten erstmalig verschoben.

4. Lebensmittelqualität – Wunsch und Wirklichkeit – Woche des Verbrauchers 1979

„Wissen Sie eigentlich was Sie da essen?" war die provozierende Frage, die die Verbraucher-Zentrale Nordrhein-Westfalen im Rahmen der 7. Woche des Verbrauchers 1979 unter dem gemeinsamen Leitthema „Lebensmittelqualität – Wunsch und Wirklichkeit" der Öffentlichkeit stellte.

Die Welt, in der wir essen, ist in das Schußfeld der Kritik geraten. Kaum ein Monat, in der der Öffentlichkeit nicht neue Skandale präsentiert werden, kein Tag, an dem nicht verunsicherte Verbraucher in Verbraucherberatungsstellen anrufen oder vorsprechen und sich besorgt nach der Qualität dieses oder jenes Nahrungsmittels erkundigen. „Vergiften uns die Bauern?", „Gift auf dem Tisch!", „Rückstände in Obst und Gemüse besorgniserregend" sind Überschriften von Presseartikeln, in denen Ernährungswissenschaftler, Umweltschützer, Verbrauchervertreter, Fernsehköche oder Gourmets zu einem Problem Stellung nehmen, das zwar einer breiten Öffentlichkeit mehr oder weniger latent bewußt ist, dem sie aber derzeit fast hilflos gegenübersteht. Junge Mitbürger wandern zunehmend in Alternativläden wie „Kraut und Rüben", „Sonnenblume" oder „Samenkorn" ab, während ältere das Reformhaus bevorzugen, das seinen Ruf als Kräuterladen für seltsame Leute in den letzten Jahren positiv verändern konnte.

Verbrauchervertreter beschäftigen sich seit Jahren mit diesen Problemen, analysieren, versuchen, die sich zum Teil in unglaublicher und unverantwortlicher Weise widersprechenden wissenschaftlichen Aussagen zu werten und Licht in ein Dunkel zu bringen, das in hohem Maße vom Profitstreben bestimmter Wirtschaftszweige gesteuert wird. Gleichzeitig gilt es, die Bevölkerung im Rahmen einer intensiven Öffentlichkeitsarbeit über die Ergebnisse der eigenen Arbeit zu informieren, um so Handlungsweisen von Verbrauchern zu initiieren, oder Handlungsänderungen zu erreichen, um Industrie, Erzeuger und Handel auf diesem schwierigen Weg über Marktmechanismen zu Verhaltensänderungen zu zwingen. Unter diesen Gesichtspunkten ist es nicht erstaunlich, daß die Arbeitsgemeinschaft der Verbraucher beschloß, die 7. Woche des Verbrauchers 1979 diesem schwierigen Verbraucherproblem unter dem Titel „Lebensmittelqualität – Wunsch und Wirklichkeit" zu widmen. Daß überhaupt ein Ernährungsthema gewählt wurde, lag u. a. jedoch auch daran, daß es sich eingebürgert hat, daß auch andere Ministerien als das Bundeswirtschaftsministerium die Finanzierung der Aktivitäten übernehmen. Die Kosten für die 7. Woche des Verbrauchers wurden voll vom Bundesministerium für Ernährung, Landwirtschaft und Forsten getragen, was jedoch nicht heißt, daß die Arbeitsgemeinschaft der Verbraucher und die Verbraucherzentralen der Länder unbeschränkte Mittel zur Verfügung hatten.

Ganz im Gegenteil. Der Etat war mit etwa 150.000,– DM für die gesamte Kampagne mehr als knapp. Hätte man die konventionellen Werbemittel eingesetzt, hätte man lediglich zwei bis drei Anzeigen im Stern oder im Spiegel schalten können.

5. Verbraucher – Eine inhomogene Zielgruppe

Zu dem Finanzproblem kommt jedoch noch ein anderes, das alle öffentlichkeitswirksamen Aktivitäten der Verbraucherverbände betrifft, das Problem der Zielgruppe. Aus der öffentlichen Finanzierung ergibt sich der Zwang, zumindest reaktiv für alle Verbraucher zu arbeiten, gleich welcher sozialen Schicht sie angehören, gleich welches Einkommen sie haben. Verbraucherberatung ist für alle da. Hinzu kommt, daß – wie bereits erläutert – schließlich jeder Bürger Verbraucher von Gütern und Dienstleistungen ist. Während Wirtschaftsunternehmen ihr Marketing auf eine Zielgruppe abstellen können und dementsprechend begrenzte Aktivitäten entwickeln, ist das Verbraucherverbänden nur selten möglich. Es ist heute durch ständige Verbesserung der Methoden der Marktforschung relativ unproblematisch geworden, eine homogene Zielgruppe zu erreichen. Angehörige einer Zielgruppe kann man in Anzeigen, Spots und PR-Veröffentlichungen gezielt auf ihre Probleme ansprechen. Man kennt die Zusammensetzung der Gruppe, die soziale Schichtung und schließlich auch die „geheimen" Wünsche und Vorstellungen nicht zuletzt durch weitgefächerte Mediaanalysen der Verlage.

Das Verhaftetsein in Denkmustern und Strukturen der Anbieterseite mag denn letztlich auch bei der Planung der 7. Woche des Verbrauchers dazu geführt haben, daß die sich an der Ausschreibung beteiligten PR- und Werbeagenturen mit der Umsetzung des Problems recht schwer taten. „Ziel der Aktion soll es sein, dem Verbraucher eine solide fundierte Vorstellung von Lebensmittelqualität zu vermitteln, ihm zur praktischen Anwendung seiner Qualitätskenntnisse zu verhelfen und bei Erzeugern, Verarbeitern, Handel und Staat darauf hinzuwirken, daß eine möglichst hohe Qualität im Angebot realisiert wird." Nach Ansicht des mit der

Planung und Abwicklung beauftragten Arbeitskreises, in dem Fachleute für Ernährung und Öffentlichkeitsarbeit der Mitglieder der Arbeitsgemeinschaft der Verbraucher saßen, sollte dieses Hauptziel wie folgt untergliedert werden:

1. Information
   a) Definition von Lebensmittelqualität
      - Geschmackswert
      - Nutzungswert
      - Nährstoffdichte
      - Rückstandsarmut
      - Umweltfreundlichkeit
      - Preiswürdigkeit
   b) Wege des Produktes vom Erzeuger zum Verbraucher
      - Kosten der Qualitätsproduktion
   c) Wo beginnt und wo endet die staatliche Fürsorge
      - Arbeit des Gesetzgebers (EG)
      - Arbeit der Kontrollorgane
      - Schwachstellen im Verbraucherschutz
   d) Umwelt und Qualität
      - Umweltbelastung durch Lebensmittelqualität
      - Qualitätsbeeinträchtigung durch Umwelt
   e) Abbau von Verunsicherungen durch Fehlinformation
   f) Qualität als Voraussetzung für gesunde Ernährung
2. Hinweise für vernünftiges Verbraucherverhalten
   a) Beispiele von Fehlverhalten
   b) Kritischer Einkauf
      - Beziehung zwischen Qualität und Preis
      - Beziehung zwischen Qualität und Zeitaufwand (Bequemlichkeitsfaktor)
   c) Richtige Nutzung vorhandener Informationsquellen
   d) Abbau von Vorurteilen
3. Forderungen
   a) Bisher unerfüllte Forderungen der AgV an
      - Erzeuger
      - Verarbeiter
      - Handel
      - Staat
      - Europäische Gemeinschaften
   b) Begrenzung von Fremdstoffen
   c) Geschärftes Verantwortungsbewußtsein der Anbieter
      - Ausbau der freiwilligen Selbstkontrolle

d) Verschärfte Kontrollen
 – auf dem Binnenmarkt
 – beim Import
e) Mehr Transparenz durch ausreichende Deklaration
f) EG-Harmonisierung auf dem jeweils höchsten Niveau

6. Zielvorgaben

Dieser als Zielvorgabe für die Agenturen gedachte Raster wurde im Zuge der weiteren Vorbereitungszeit mit der schließlich beauftragten PR-Agentur vervollständigt und erweitert. Insgesamt beteiligten sich sechs Werbe- oder PR-Agenturen an der Ausschreibung, von denen drei in einer zweiten Stufe aufgefordert wurden, ein verändertes oder weitergehendes Konzept vorzulegen, da man bei diesen zumindest Ansätze sah, sich in Verbraucherprobleme hineinzudenken und von den üblichen Marketingtechniken der Anbieterseite abzurücken. Zwar verstehen sich Verbraucherverbände nicht als Feinde der Anbieter, sondern wollen dazu verhelfen, Konsumenten zu Marktpartnern zu machen, doch ging die von einigen Agenturen vorgeschlagene Kooperation mit Anbieterverbänden und deren Mitgliedern weit über das Erträgliche hinaus. Wie Gespräche mit Verbrauchern immer wieder zeigen, wird berechtigterweise von Verbraucherverbänden eine klar abgegrenzte Position erwartet, was nicht heißt, daß nicht mit der Anbieterseite immer wieder Gespräche über gemeinsam interessierende Fragen geführt werden sollten. Nicht zuletzt deshalb schließen die Satzungen fast aller Verbraucherverbände in der Bundesrepublik eine Mitgliedschaft von Anbietern oder deren Vertretern aus.

Da nicht über die Qualität sämtlicher Lebensmittel im Rahmen einer sowohl finanziell als auch zeitlich begrenzten Aktion informiert werden konnte, beschränkte man sich auf die Produkte Apfel stellvertretend für Obst, Schweinefleisch und Milch sowie Milchprodukte. Die von der Agentur vorgeschlagenen Maßnahmen mußten sich vor allem daran ausrichten, daß die Umsetzung der Zielvorstellungen durch die Verbraucherberatungsstellen erfolgen sollte. Ein kurzer und besonders intensiver Kontakt zum Verbraucher war nur auf diesem Weg möglich.

Um eine Aktivierung der Konsumenten zu erreichen, wurde ein Informationspaket entwickelt, das den Verbraucherberatungsstellen für ihre Aktivitäten zur Verfügung gestellt wurde. Es bestand aus einer Serie von drei Ankündigungsplakaten, die bereits vor der Woche des Verbrauchers auf die zu erwartenden Aktivitäten aufmerksam machen sollten. Diese Plakate sollten in Verbraucherberatungsstellen selbst, in Bürgerhäusern, Bibliotheken, Volkshochschulen, Behörden usw. plaziert werden.

Außerdem erhielten die Beratungsstellen sieben Ausstellungsplakate, auf denen die Wege der Lebensmittel Schweinefleisch, Molkereiprodukte und Obst vom

Produzenten bis zum Verbraucher illustriert dargestellt und dabei die Wünsche der Verbraucher und der Verbraucherverbände der Wirklichkeit gegenübergestellt wurden. Diese Plakatserie konnte von Interessenten als Informationsprospekt – auf DIN A 4-Format verkleinert – auch mitgenommen werden. Während in Plakaten und im Prospekt hauptsächlich Probleme bei der Erzeugung und Verarbeitung der Lebensmittel aufgezeigt wurden, beschäftigte sich ein Faltprospekt „Ihr Einkaufstest" vor allem mit im Handel und beim Verbraucher selbst auftretenden Schwierigkeiten. Der Faltprospekt enthielt die Tests „Testen Sie Ihr Einkaufstalent" und „Testen Sie Ihre Einkaufsstätte".

Ziel war es, den Verbraucher selbst zu kritischem Denken und Handeln anzuregen. Dabei wurden sowohl Wissens- als auch Einstellungsfragen gestellt, wobei jedoch nur die Beantwortung der Wissensfragen im Multiple-Choice-Verfahren Grundlage für die Auswertung und bei Erreichung einer bestimmten Punktzahl für die Aushändigung einer Urkunde war. Zudem standen eine Reihe warenkundlicher Informationsschriften des Bundesausschusses für volkswirtschaftliche Aufklärung über die Produktbereiche zur Verteilung bereit.

Wenn gängige Werbe- und PR-Maßnahmen aus Etatgründen ausscheiden oder nur beschränkt beschritten werden können, müssen Umsetzungsmöglichkeiten entwickelt werden, die nur einen geringen finanziellen Rahmen beanspruchen.

Eine besonders wichtige Stellung nehmen nicht nur wegen der durchweg schlechten finanziellen Ausstattung der Verbraucherverbände die Medien ein. Journalisten stehen in der Regel der Arbeit für Konsumenten recht positiv gegenüber, was jedoch nicht heißt, daß die Zusammenarbeit gerade mit den Printmedien problemlos ist. Denn in einigen Redaktionen ist heute die Stellung des Leiters der Anzeigenabteilung zumindest genauso, wenn nicht stärker als die des Chef-Redakteurs; was häufig dazu führt, daß Stellungnahmen der Verbraucherverbände nur mit starken Abstrichen oder auch gar nicht veröffentlicht werden, da Gegenreaktionen in Form von Anzeigen-Stornierungen des Einzelhandels gefürchtet werden. Gerade aus diesem Grund erscheint es notwendig, Öffentlichkeitsarbeit so gut und leider auch so sensationell wie möglich zu machen. Denn je größer der – angebliche – Lesewert einer Meldung ist, desto größer ist die Chance, daß Redakteure sich wegen der Konkurrenzblätter gegen Bedenken ihrer Anzeigenabteilung durchsetzen können. Mitteilungen über Gift in der Nahrung sind besser zu „verkaufen" als allgemeine Bedenken über die Qualität von Nahrungsmitteln, was sich leider auch in der 7. Woche des Verbrauchers wieder allzu deutlich zeigte.

Um möglichst viele Verbraucher zu erreichen und um die beschriebenen Probleme zu vermeiden, wurde durch die Verbraucher-Zentrale Nordrhein-Westfalen zum Beispiel der Versuch gemacht, auf Aktionsebene mit Redaktionen zusammenzuarbeiten. Möglich war dies durch „Telefonaktionen" in Redaktionen, bei denen der Leser selbst aktiv werden konnte. Experten der Verbraucherverbände sowie von Lebensmittel- und Chemischen Untersuchungsämtern standen den Lesern während bestimmter Stunden in den Redaktionsräumen telefonisch zur Verfügung, um ihre Fragen zu beantworten. Über Fragen und Antworten wurde dann in den nächsten Ausgaben für alle Leser berichtet. Damit wurde auch Verbrauchern die Möglichkeit der Artikulation und der Problemvortragung ermöglicht, die die in vielen Städten aufgestellten und mit Fachleuten besetzten Informationsstände oder die Verbraucherberatungsstellen selbst nicht besuchen konnten.

Die Verbraucher-Zentrale Hamburg nutzte die Gelegenheit, in einer öffentlichen Veranstaltung dem Senator für Umwelt eine riesige Lupe zu überreichen, um seinen Blick für umweltbelastete Lebensmittel zu schärfen. Nur wenige Wochen vorher war in Hamburg ein Giftmüllskandal größeren Ausmaßes bekannt geworden.

In Schleswig-Holstein wurde ein Kasperle-Theaterstück in Plattdeutsch aufgeführt, das von anderen Verbraucher-Zentralen in die Mundart der jeweiligen Region umgeschrieben und mit außerordentlich großem Erfolg aufgeführt wurde.

Nur selten haben Aktionen deutscher Verbraucherverbände so große Resonanz gehabt wie anläßlich der 7. Woche des Verbrauchers 1979. Inwieweit diese Woche des Verbrauchers mit dem Thema „Lebensmittelqualität – Wunsch und Wirklichkeit" jedoch dazu beitragen wird, im Nahrungsmittelbereich qualitative Verbesserungen durchzusetzen, bleibt abzuwarten. Im Rahmen eines sich laufend verstärkenden Umweltbewußtseins der Bevölkerung besteht jedoch die hohe Wahrscheinlichkeit, daß die angeschnittenen Probleme nicht nur Tagesaktualität besitzen, sondern auch in den nächsten Jahren die Arbeit und damit zwangsläufig einen Teil der Öffentlichkeitsarbeit der Verbraucherverbände bestimmen werden. Langfristig werden sich Erzeuger, Industrie, Handel, Gesetzgeber und Wissenschaft der Kritik an der Qualität der Lebensmittel nicht verschließen können, wie die außerordentlich große Resonanz bei Konsumenten und Medien gezeigt hat.

Wie im Bereich der Werbung ist auch der Erfolg der Öffentlichkeitsarbeit nur schwer meßbar, da geeignete Methoden der Erfolgskontrolle immer noch fehlen oder praxisfern sind. Aus diesem Grund wird der Erfolg von Aktionen der Verbraucherverbände auch heute noch an der Anzahl von Kontakten, der Zahl der Veröffentlichungen in den Printmedien und der Dauer von Sendungen in Hörfunk und Fernsehen gemessen, obwohl sich die Mitarbeiter der Verbraucherverbände sehr wohl darüber klar sind, daß Erfolge häufig nur über Verhaltensänderungen erreichbar sind. Doch die sind mit den genannten Methoden nicht meßbar. Die genannten Quantifizierungen erlauben keine Aussagen über die Qualität des erzielten Erfolges. Blickt man zurück, wird deutlich, daß die turnusmäßig stattfindenden Wochen des Verbrauchers die Chance zu konzentrierter gemeinsamer Öffentlichkeitsarbeit der dem föderalistischen System verhafteten, rechtlich selbständigen Verbraucher-Zentralen mit der Arbeitsgemeinschaft der Verbraucher als Dachorganisation zur Durchsetzung als besonders gravierend erkannter Probleme nutzen. Einige der verbraucherpolitischen Ziele, die im Laufe der Jahre angesprochen wurden, sind durch die punktuelle Intensivierung der Öffentlichkeitsarbeit der Verbraucherverbände während der Wochen der Verbraucher zweifelsohne schneller durchgesetzt worden.

Fallbeispiel IX: Zur Öffentlichkeitsarbeit des Deutschen Gewerkschaftsbundes (DGB)

Walter Nickel

1. Das Selbstverständnis des DGB

In der Präambel des DGB-Grundsatzprogramms von 1963 (vgl. Anmerkung 1) wird festgestellt, daß „der DGB und die in ihm vereinten Gewerkschaften" als „gemeinsame Organisation der Arbeiter, Angestellten und Beamten . . . die wirtschaftlichen, sozialen und kulturellen Interessen aller Arbeitnehmer und ihrer Familien" wahrnehmen (vgl. Anmerkung 2). Neben den gemeinsamen Interessen der einzelnen Arbeitnehmergruppen sollen auch „die speziellen Interessen der Arbeiter, Angestellten oder Beamten" vertreten werden (vgl. Anmerkung 3). Die Gewerkschaften verstehen sich demzufolge als Repräsentanten und Interessenvertreter der organisierten und nichtorganisierten abhängig Beschäftigten. Diese Gruppen machen mit ihren Familienangehörigen weit über 80 Prozent der Bevölkerung aus, d.h. sie bilden vor allem jene Öffentlichkeit, die der DGB und seine 17 Gewerkschaften und Industriegewerkschaften über ihre Nah- und Fernziele sowie über ihre aktuellen Aufgaben informieren. Während die wirtschafts-, sozial- und kulturpolitischen Grundsätze des Grundsatzprogrammes die Fernziele des DGB abstecken, konkretisieren Aktionsprogramme, die den jeweiligen Verhältnissen Rechnung tragen, die Nahziele (vgl. Anmerkung 4). Das jüngste Aktionsprogramm enthält folgende Forderungen der Gewerkschaften:

- Recht auf Arbeit
- Gesicherte Arbeitsplätze
- Ausbau der Tarifautonomie
- Kürzere Arbeitszeit und längerer Urlaub
- Höhere Löhne und Gehälter
- Gerechtere Vermögensverteilung
- Verbesserung der Steuer- und Finanzpolitik
- Menschengerechte Arbeit
- Größere soziale Sicherheit
- Bessere Alterssicherung
- Fortentwicklung des Arbeits- und Dienstrechts
- Mehr Mitbestimmung
- Unabhängige Medien
- Gleiche Bildungschancen und bessere Berufsausbildung
- Soziales Miet- und Bodenrecht

- Umweltschutz
- Sichere Energieversorgung (vgl. Anmerkung 5).

Diese Forderungen müssen je nach Zuständigkeit an Arbeitgeber, Gesetzgeber, Regierung und Verwaltung gerichtet werden. Sie sind stets in hohem Maße öffentlichkeitswirksam, da sie die Interessen breiter Schichten der Bevölkerung berühren und infolgedessen auch von den Massenmedien transportiert werden.

2. Begriff und Zielsetzung gewerkschaftlicher Öffentlichkeitsarbeit

Unter dem Begriff gewerkschaftlicher Öffentlichkeitsarbeit können alle Aktivitäten der Interessenvertretungen der Arbeitnehmer zusammengefaßt werden, mit deren Hilfe eine breite Öffentlichkeit über gewerkschaftliches Selbstverständnis, über Programme, Ziele, Forderungen und Aktionen informiert werden soll. Diese Aktivitäten – mit denen zugleich je nach Zielgruppe und Zwecksetzung auch um Verständnis zum Standpunkt der Gewerkschaften geworben wird, um Zustimmung oder um aktive Teilnahme – sind vielfältig: Sie umfassen ein breites Spektrum von ökonomischen, gesellschaftlichen, politischen, sozialpolitischen und kulturellen Themen und Sachverhalten und sie finden auf allen gesellschaftlichen Ebenen statt. Dementsprechend hat die gewerkschaftliche Öffentlichkeitsarbeit ein sehr breites Aufgabenfeld. Für die Gliederungen des DGB und der Gewerkschaften ist Öffentlichkeitsarbeit eine permanente und unverzichtbare Aufgabe.

In einer internen Studie („Werbekonzeption des DGB“) werden die Ziele gewerkschaftlicher Öffentlichkeitsarbeit wie folgt definiert (vgl. Anmerkung 6):

- Größere Bekanntheit der Arbeit des DGB und seiner angeschlossenen Gewerkschaften,
- Sympathiewerbung für die Gewerkschaften, ihre Forderungen und Ziele,
- Verbreitung von Informationen aus gewerkschaftlicher Sicht,
- Abbau von Vorurteilen und Abwehr gegnerischer Angriffe gegen die Gewerkschaften,
- Unterstützung der gewerkschaftlichen Mitgliederwerbung durch Förderung der Bewußtseinsbildung,
- Solidarisierung der Mitgliedschaft unterschiedlicher Branchen und Regionen zur Erhöhung der Durchsetzungsfähigkeit gewerkschaftlicher Forderungen,
- Aufklärung über komplexe wirtschafts- und sozialpolitische Zusammenhänge zur Förderung eines kritischen Bewußtseins sowie stärkeren Engagements breiter Bevölkerungskreise, insbesondere der Arbeitnehmerschaft.

3. Die Organe der Öffentlichkeitsarbeit des DGB

Die Satzung des DGB (vgl. Anmerkung 7) bestimmt die gewerkschaftlichen Organe, ihre Struktur, Beziehungen und Aufgaben. Daraus ergeben sich auch die formalen Zuständigkeiten für die Öffentlichkeitsarbeit (vgl. Anmerkung 8). Zur Zeit sind es vor allem folgende Organe, die kontinuierlich und planmäßig öffentlichkeitswirksame Maßnahmen durchführen: Die DGB-Bundesvorstandsverwaltung, insbesondere die Abteilung Werbung-Medienpolitik und die DGB-Bundespressestelle in Düsseldorf, der Bund-Verlag in Köln, die neun DGB-Landesbezirke und die 222 DGB-Kreise (vgl. Anmerkung 9).

Die DGB-Bundesvorstandsverwaltung

Gewerkschaftspolitische Anregungen zur Durchführung von Maßnahmen der Öffentlichkeitsarbeit erhält die DGB-Bundesvorstandsverwaltung neben der Entfaltung eigener Initiativen von den Mitgliedsgewerkschaften des DGB, vom DGB-Bundesvorstand und vom DGB-Bundesausschuß. Den jeweils zuständigen DGB-Vorstandsabteilungen fällt dann die Aufgabe zu, diese Anstöße fachlich zu fundieren. Die Planung und die Umsetzung in öffentlichkeitswirksame Aktionen obliegt der DGB-Bundespressestelle und/oder der Abteilung Werbung-Medienpolitik. Zu den Aufgaben der DGB-Vorstandsabteilungen gehört auch die interne Kommunikation, d. h. die Information der haupt- und ehrenamtlichen Funktionäre über die Absichten und Maßnahmen des Bundesvorstandes und die Reaktion auf das feed-back der Gremien und der Basis.

Die Abteilung Werbung – Medienpolitik des DGB-Bundesvorstandes (vgl. Anmerkung 10)

Die Tätigkeit der Abteilung Werbung-Medienpolitik besteht vor allem darin, die Durchführung von zentralen Maßnahmen rationell zu planen, für die Ansprache der jeweiligen Zielgruppen werblich umzusetzen, auszuführen und dabei ein möglichst einheitliches Erscheinungsbild (EEB) des DGB zu realisieren. Dabei entfaltet die Abteilung auch eigene Initiativen. Die Abteilungen des DGB-Bundesvorstandes koordinieren die Herausgabe von Publikationen mit der Abteilung Werbung-Medienpolitik. In Fragen des EEB des DGB arbeitet die Abteilung Werbung-Medienpolitik vor allem mit der Abteilung Organisation zusammen.

Die Abteilung Werbung-Medienpolitik betreut den DGB-Werbeausschuß und den DGB-Presseausschuß. Das für die Abteilung Werbung-Medienpolitik zuständige Mitglied des Geschäftsführenden Bundesvorstandes beruft die Ausschüsse zu Sitzungen ein und hat den Vorsitz inne.

Im DGB-Werbeausschuß sind alle Mitgliedsgewerkschaften vertreten. Der Ausschuß dient dem Erfahrungsaustausch und der Koordinierung von öffentlichkeitswirksamen Maßnahmen. Der DGB-Presseausschuß, in dem die Redaktionen der 17 Gewerkschaften sowie der im Bund-Verlag erscheinenden DGB-Publikationen vertreten sind, ist ein Gremium zum Erfahrungsaustausch und zur Koordinierung der Pressearbeit.

Ein besonderer Informationsdienst der Abteilung geht an die DGB-Bundesausschußmitglieder, die DGB-Landesbezirke und an die DGB-Kreise, Hauptvorstände und Bezirksverwaltungen der Gewerkschaften sowie an die Mitglieder des DGB-Presseausschusss und des DGB-Werbeausschusses. Dieser Dienst stellt Publikationen vor und kündigt Aktivitäten des DGB-Bundesvorstandes an.

Für die Redakteure der Gewerkschaftspresse wird der Informationsdienst „forum" herausgegeben.

Die DGB-Bundespressestelle

Die DGB-Bundespressestelle gehört zur Abteilung Vorsitzender. Ihr obliegt die Kontaktpflege mit der Presse und die Medienbeobachtung. Sie liefert den Medien Nachrichten, Stellungnahmen und Artikel, vereinbart Interviews und führt Pressekonferenzen durch.

Von der DGB-Bundespressestelle wird u. a. eine Serie von Diensten herausgegeben: Dazu gehören ein Nachrichtendienst, ein Informationsdienst, ein Artikeldienst und ein tagesaktueller Funkfernschreibdienst.

Die Abteilungen des DGB-Bundesvorstandes koordinieren ihre Pressearbeit mit der DGB-Bundespressestelle.

Die Pressearbeit des DGB und seiner Gewerkschaften – insbesondere Pressekonferenzen und Interviews führender Gewerkschafter – löst eine Vielzahl von Resonanzen in den Massenmedien aus, die aktuell, besonders effektiv und zugleich kostengünstig sind, da hierbei mit relativ geringem Mitteleinsatz große Gruppen der Bevölkerung erreicht werden.

Der Bund-Verlag

Der Bund-Verlag ist der Verlag des deutschen Gewerkschaftsbundes. Er gibt Zeitungen, Zeitschriften und Bücher heraus. Zur Zeit erscheinen folgende Publikationen:

- Welt der Arbeit
- Die Quelle
- Gewerkschaftliche Monatshefte
- Arbeit und Recht
- Soziale Sicherheit
- WSI-Mitteilungen
- Angestellten-Magazin
- Der Deutsche Beamte
- handwerk aktuell
- ‚ran'

Die Werbeagentur acon

Für die öffentlichkeitswirksame und werbliche Umsetzung ihrer Maßnahmen bedienen sich der DGB und seine Gewerkschaften nach Bedarf der Werbeagentur acon, an der die Gewerkschaften beteiligt sind. acon Gesellschaft für Werbung und Kommunikaton mbH in Köln, 1965 gegründet, liegt im Mittelfeld der sog. „Top-Fifty" der rd. 1600 Werbeagenturen in der Bundesrepublik. Neben den Gewerkschaften hat acon Auftraggeber in der Finanz- und Bauwirtschaft, im Freizeit- und Konsumbereich und im öffentlichen Sektor.

Die DGB-Landesbezirke

Die 9 DGB-Landesbezirke und die 222 DGB-Kreise sind wichtige Träger regionaler und örtlicher Aktivitäten der Öffentlichkeitsarbeit. Sie erhalten bei zentralen Aktionen, die regional und örtlich und zur Basis hin weitergetragen werden sollen, Anstöße und Materialien vom DGB-Bundesvorstand. Bei regionalen und lokalen Anlässen entfalten sie eigene Aktivitäten. Die DGB-Landesbezirke sind für die Pressearbeit auf Landesebene zuständig. Sie unterstützen die DGB-Kreise bei der örtlichen Pressearbeit.

Die DGB-Kreise

Die DGB-Kreise führen im Laufe eines Jahres eine Vielzahl von öffentlichkeitswirksamen Aktionen durch. Dazu gehören vor allem Tagungen über Tages- und langfristige Probleme, Diskussionen und Gespräche mit vielen Gruppen der Bevölkerung, Mitarbeit in lokalen öffentlichen Organen, die Ausrichtung des 1. Mai oder auch Demonstrationen. Für diese vielfältige Arbeit erhalten die DGB-Kreise vom DGB-Bundesvorstand unterstützende Materialien: Rededispositionen, Broschüren, Prospekte, Plakate, Schautafeln, Info-Blätter, Drucksachen, Tonbildschauen, Ausstellungen, Matern für örtliche Inserate etc. Die DGB-Kreise leiten dieses Informationsmaterial je nach Sachlage über die Gewerkschaften am Ort oder über die gewerkschaftlichen Vertrauensleute in die Betriebe, Verwaltungen und Schulen oder verteilen das Material direkt bei gezielten Aktionen. Die DGB-Kreise und die Verwaltungsstellen der Gewerkschaften pflegen auch den Kontakt zur Lokalpresse und sie sind eine Stätte ständiger Begegnung zwischen den Mitgliedern, die Information, Rat oder Hilfe suchen, und der Organisation.

4. Problemfelder der Öffentlichkeitsarbeit bei der Zielgruppe Arbeitnehmer

Die Ergebnisse langjähriger Meinungs-, Motiv- und Verhaltensforschung zeigen sehr deutlich die Problemfelder auf, die sich als Barrieren für die Mitgliedschaft in einer DGB-Gewerkschaft und für eine dauerhafte und stabile Mitgliederbindung erweisen. Diese sind vor allem:

- weitverbreitete passive Haltungen der Arbeitnehmer, auch gegenüber ihren Interessenvertretungen,
- fehlende, mangelhafte oder falsche Information über die Gewerkschaften und ihren Aufgaben- und Leistungskatalog,
- falsche Vorstellungen über die ideellen und materiellen Grundlagen gewerkschaftlicher Arbeit, über Ziele und Methoden,
- die Mobilität der Arbeitnehmer, die Ursache einer starken Mitgliederfluktuation ist. So müssen infolge passiver Haltungen vieler Arbeitnehmer Mitglieder, die durch Orts-, Arbeitsplatz- oder Berufswechsel verlorengehen, meist erneut „umworben“ und „geworben“ werden.

In zahlreichen Maßnahmen der letzten Jahre, die sich an die Arbeitnehmer richteten, standen daher u. a. folgende Ziele im Mittelpunkt:
(1) Die passive Haltung vieler Arbeitnehmer gegenüber den Gewerkschaften abzubauen und sie zu motivieren, auch bei Orts-, Arbeitsplatz- oder Berufswechsel die Mitgliedschaft von sich aus aufrechtzuerhalten.
(2) Alle Arbeitnehmer über die Leistungen der Gewerkschaft für den einzelnen Arbeitnehmer zu informieren.
(3) Durch die Erläuterung der Finanzen und der Beitragsverwendung distanzierende Vorurteile abzubauen.

Der DGB und seine Gewerkschaften besitzen Eigenbetriebe, und sie sind an gemeinwirtschaftlichen Unternehmen beteiligt (vgl. von Loesch 1979, Nickel 1979). Dieser Sachverhalt wird seit langem in der Presse, im Fernsehen, in politischen Publikationen und im wissenschaftlichen Bereich diskutiert, hauptsächlich jedoch bei den Arbeitnehmern und in der Mitgliedschaft. Darstellungen in den Massenmedien zu diesem Bereich gewerkschaftlicher Aktivitäten lassen häufig Objektivität vermissen. Angesichts des relativ geringen Informationsstandes bei Arbeitnehmern und Mitgliedern über Sinn und Zweck wirtschaftlicher Betätigung der Gewerkschaften fällt es den Gegnern der Gewerkschaften leicht, die gemeinwirtschaftlichen Unternehmen „als Nebenkriegsschauplatz im Feldzug gegen die Gewerkschaften“ zu benutzen (von Loesch 1979, S. 9). Indem insbesondere die Gewerkschaften als die Reichsten in der Wirtschaft hingestellt werden, wird die Unlust vieler Arbeitnehmer, Beiträge für ihre Interessenvertretung zu zahlen sowie mancher Mitglieder, angemessene Beiträge zu zahlen, verstärkt. Schon aus diesen Gründen müssen die Gewerkschaften die Öffentlichkeit und insbesondere die Mitglieder ständig über die Wirtschaftsunternehmen und deren gewerkschaftliche Funktionen informieren (vgl. Anmerkung 11). Bei dieser Öffentlichkeitsarbeit werden die Gewerkschaften von ihren Unternehmen unterstützt, insbesondere von der Abteilung Gemeinwirtschaft der Bank für Gemeinwirtschaft. Diese gibt die Schriftenreihe Gemeinwirtschaft heraus (vor allem für wissenschaftliche Kreise bestimmt), veranstaltet wissenschaftliche Tagungen, betreut die „Zeitschrift für öffentliche und gemeinwirtschaftliche Unternehmen“ und veranstaltet Tagungen mit Funktionären des DGB und der Gewerkschaften. Darüber hinaus wird das

Thema Gemeinwirtschaft in zahlreichen Veranstaltungen der Gewerkschaften behandelt. Die breite Informationsarbeit wird durch Tonbildschauen und Publikationen – Broschüren, Info-Blätter, Presseartikel und Sonderdrucke – unterstützt.

5. Beispiele für öffentlichkeitswirksame Aktionen

Von der Vielzahl gezielter PR-Maßnahmen des DGB und seiner Gewerkschaften – die häufig auch mit Aktionen zur Werbung neuer Mitglieder gekoppelt sind – sollen im Rahmen dieses Beitrages zwei zentrale Maßnahmen näher dargestellt werden.

5.1 Die Angestellten-Aktion des DGB 1976–1978

In den 17 Gewerkschaften und Industriegewerkschaften des DGB mit ihren rd. 7,7 Mio Mitgliedern sind zur Zeit über 1,5 Mio Angestellte organisiert (vgl. Anmerkung 12). Während somit der Anteil der Angestellten an den DGB-Mitgliedern 20 Prozent beträgt, sind heute schon 40 Prozent aller Arbeitnehmer Angestellte. Angestellte sind folglich bei der Zusammensetzung der Mitgliedschaft unterrepräsentiert.

Aufgrund dieses Sachverhaltes war vom 8. Bundes-Angestelltentag des DGB 1974 die Verstärkung der Öffentlichkeitsarbeit für Angestellte gefordert worden. Der 10. Ordentliche Bundeskongreß des DGB 1975 hatte daraufhin einem entsprechenden Antrag zugestimmt. In ihm heißt es: „Die Angestellten müssen erkennen, daß sie abhängige und schutzbedürftige Arbeitnehmer sind. Eine Angestelltenpolitik des DGB muß Lösungsmöglichkeiten der beruflichen, sozialen, wirtschaftlichen und gesellschaftlichen Probleme der Angestellten noch mehr als bisher aufzeigen. Dabei muß deutlich werden, daß die gemeinsamen Ziele aller Arbeitnehmer überwiegen und diese nur durch Solidarität aller Arbeitnehmergruppen erreicht werden können“ (vgl. Anmerkung 13).

Nach Vorbereitung durch den Bundes-Angestelltenausschuß des DGB verabschiedeten dann der DGB-Bundesvorstand und der DGB-Bundesausschuß einen Maßnahmenkatalog für eine Angestelltenaktion, mit der diese Sozialgruppe über die Gewerkschaften, ihre Ziele und Erfolge besser informiert werden sollte (vgl. Anmerkung 14). Ferner kam es dem DGB darauf an, den Angestellten ihre berufliche und gesellschaftliche Situation deutlich zu machen – Angestellte werden zunehmend von Rationalisierungen und von Arbeitslosigkeit betroffen –, Schranken und Vorurteile zwischen den Arbeitnehmergruppen weiter zu reduzieren (vgl. Anmerkung 15) und größere Gruppen von Angestellten zum Gewerkschaftsbeitritt zu motivieren. Vor Beginn der Aktion waren die haupt- und ehrenamtlichen Funktionäre über deren Inhalt und Ablauf sowie über die bereitgestellten Materialien (detaillierte Publikationen, Prospekte, Info-Blätter, Plakate u. a. m.) in Kenntnis gesetzt worden. Die Massenmedien erhielten Gelegenheit, sich in einem zweitägigen „Presseseminar" eingehend zu informieren. Die PR-Kampagne, für die ein besonderes Aktionssymbol geschaffen worden war, wurde dann im Oktober 1976 durch Inserate in ausgewählten Zeitungen und Zeitschriften gestartet, wobei gleichzeitig Informations- und Werbematerial an die Zielgruppen zur Verteilung kam, und zwar vor allem in dezentral durchgeführten Informations- und Diskussionsveranstaltungen. Hier kam es vor allem darauf an, den persönlichen Kontakt zwischen den Repräsentanten des DGB und der Gewerkschaften und den Angestellten herzustellen.

Die Anzeigen enthielten Coupons, mit denen ein Informationsprospekt beim DGB-Bundesvorstand angefordert werden konnte. Dieser wiederum enthielt einen Fragebogen, der – ausgefüllt – an den DGB zurückgeschickt werden konnte.

Größere überregionale Zeitungen und eine Vielzahl von Regional- und Heimatzeitungen berichteten in zum Teil ganzseitigen Artikeln über die Angestelltenprobleme und die DGB-Aktion. Auch in Rundfunk und Fernsehen wurde in verschiedenen Sendungen über die Angestelltenaktion berichtet. Regionale Veranstaltungen, die von den DGB-Landesbezirken und den DGB-Kreisen durchgeführt wurden, stießen auf reges Interesse der Angestellten. Hierbei sind zum Teil spezifische Probleme einzelner Angestelltengruppen behandelt worden. Zahlreiche DGB-Kreis-Angestelltenausschüsse stellten Informationsstände in den Einkaufszentren der Städte oder vor Betrieben auf. Hierdurch ergab sich die Möglichkeit, mit Angestellten ins Gespräch zu kommen. Diese Form der Kommunikation wurde allgemein als positiv gewertet.

5.2 Die Anti-Aussperrungs-Aktion 1980

Mit dem Nachrichtendienst 02/80 vom 9. 1. 1980 hatte der DGB-Bundesvorstand die Presse und die gesamte Öffentlichkeit über eine Aktion des DGB zum Thema Aussperrung informiert (Headline: „Aussperrung verstößt gegen Menschenwürde"). Zu Beginn dieser Aktion verteilten die DGB-Kreise ein Flugblatt. In den DGB-Landesbezirken fanden Veranstaltungen statt, bei denen ein Faltblatt („Aussperrung – Mißbrauch der Unternehmermacht") zur Verteilung kam.

Die Veranstaltungsserie wurde von Plakatanschlägen und Anzeigen in der örtlichen Presse begleitet. Gleichzeitig befaßte sich die Gewerkschaftspresse mit dieser Problematik. Ein 4-seitiges Info-Blatt mit dem Titel „Aussperrung: Tarifautonomie ist bedroht" erschien in der Serie der DGB-Infoblätter in hoher Auflage. Diese Blätter wurden über die Gewerkschaften verteilt. Eine Broschüre („Streik und Aussperrung") diente als vertiefende Information für Funktionäre und interessierte Mitglieder. Den Gliederungen der Organisaton wurden ferner reproduktionsfähige Kunstdruckabzüge („Aussperrung verstößt gegen die Menschenwürde", „Aussperrung heißt Aushungern") für den Aushangdienst zur Verfügung gestellt.

Anmerkungen

1 Der 11. Ordentliche DGB-Bundeskongreß 1978 hatte dem DGB-Bundesvorstand den Auftrag erteilt, dem außerordentlichen Bundeskongreß 1981 den Entwurf eines neuen Grundsatzprogrammes vorzulegen.
2 Grundsatzprogramm des Deutschen Gewerkschaftsbundes, beschlossen auf dem außerordentlichen Bundeskongreß des Deutschen Gewerkschaftsbundes am 21. und 22. November 1963 in Düsseldorf, Hrsg.: DGB-Bundesvorstand, Düsseldorf, o. J., S. 5.
3 A.a.O.
4 Das erste Aktionsprogramm war am 1. Mai 1955 vom DGB verabschiedet worden.
5 Aktionsprogramm '79 DGB, Hrsg.: DGB-Bundesvorstand, Abt. Gesellschaftspolitik, Düsseldorf, o. J.
6 „Werbekonzeption des DGB", Hrsg.: Abteilung Werbung-Medienpolitik, Düsseldorf, 18. 03. 1977, nicht veröffentlicht.
7 Vgl. Satzung des DGB.
8 Öffentlichkeitswirksam sind im Grunde nicht nur die offiziell geplanten und durchgeführten Maßnahmen, sondern das Verhalten aller gewerkschaftlichen Repräsentanten sowie der 7,7 Mio Mitglieder Dritten gegenüber.
9 Entsprechendes gilt für die Gewerkschaften.
10 Die Bezeichnung Werbung für diese zentrale Abteilung ist irreführend, da der Begriff der Werbung im gewerkschaftlichen Bereich den Sachverhalt der Mitgliederwerbung assoziiert, die Aufgabe der 17 Gewerkschaften und Industriegewerkschaften ist. Der DGB hat nur 17 Mitglieder, nämlich die angeschlossenen Organisationen.
11 Vgl. Auftrag und Aufgaben gemeinwirtschaftlicher Unternehmen des Deutschen Gewerkschaftsbundes und seiner Gewerkschaften.
12 Vgl. hierzu Mitgliederstatistik des DGB 1979.
13 Protokoll, 10. Ordentlicher Bundeskongreß des DGB 1975.
14 Vgl. Zwischenbericht über die Angestelltenaktion des DGB, Hrsg.: Deutscher Gewerkschaftsbund, Solingen 1978.
15 Vgl. Angestelltenbewußtsein – gesellschaftliche Orientierung, gewerkschaftliches Bewußtsein und die Sozialwahl 1974, infas, Bonn–Bad Godesberg 1974.

Literatur

Loesch, A. von (1979): Die gemeinwirtschaftlichen Unternehmen der deutschen Gewerkschaften. Köln.

Nickel, W. (1979): Die gemeinwirtschaftlichen Unternehmen der Gewerkschaften, Sonderdruck HFF Hörfunk, Fernsehen, Film, Zeitschrift der Rundfunk-Fernseh-Film-Union (RFFU) in der Gewerkschaft Kunst (GK) im DGB. April. (Ohne Erscheinungsort).

Fallbeispiel X: Öffentlichkeitsarbeit von Bürgerinitiativen

Wolfgang Sternstein

Im Unterschied zu Unternehmen, Gewerkschaften, Parteien, Kirchen und anderen gesellschaftlich relevanten Organisationen sind Bürgerinitiativen (vgl. Anmerkung 1) eine verhältnismäßig junge Erscheinung – selbst wenn es das, was wir heute Bürgerinitiative nennen, unter anderem Namen schon früher gegeben haben mag –, und niemand kann sagen, wie lange es sie noch geben wird. Ihrem Selbstverständnis nach sind Bürgerinitiativen nämlich darauf angelegt, sich selbst als Organisationen überflüssig zu machen, sei es dadurch, daß sie ihr Ziel erreichen oder scheitern, daß andere gesellschaftspolitische Organisationen ihre Ziele und Forderungen übernehmen oder sie sich in Gestalt von Mitsprache- und Mitbestimmungsrechten (vgl. Anmerkung 2) der Bürger bei politischen Entscheidungen institutionalisieren.

1. Entstehung und Charakter von Bürgerinitiativen

Die ersten Bürgerinitiativen entstanden Ende der sechziger Jahre. Ihre Tätigkeit richtete sich gegen Mißstände und Fehlentwicklungen im sozialen und umweltpolitischen Bereich. Sie stritten für mehr Kindergärten und Spielplätze, für Jugendhäuser und kleinere Klassen an den Schulen, gegen die Zerstörung historischer Baudenkmäler und städtischer Wohnviertel sowie gegen Umweltzerstörung durch Straßenbau und Industrieanlagen. „Die Bürgerinitiativen wenden sich gegen Planungen, Maßnahmen und Unterlassungen politischer Entscheidungsträger – am häufigsten gegen die öffentliche Verwaltung – auf kommunaler, regionaler und überregionaler Ebene. Sie versuchen, ihre Interessen ins Spiel zu bringen, indem sie Einfluß auf den politischen Willensbildungsprozeß nehmen und administrative oder auch legislative Entscheidungen zu beeinflussen suchen“ (Freudenthal 1978, S. 27).

Seit einigen Jahren machen die Bürgerinitiativen, namentlich die im Umweltschutz aktiven, hinsichtlich ihrer Thematik, Organisation und Aktionsmethoden einen tiefgreifenden Wandel durch (vgl. Sternstein 1979, S. 31–34). Am deutlichsten läßt sich dieser Wandel bei den Initiativen, die sich gegen den Bau atomarer Anlagen wenden, aufzeigen. Die große Mehrheit ihrer Mitglieder wandte sich zunächst lediglich gegen den geplanten Standort der Kernkraftwerke aus Sorge um die Auswirkungen von Kühlturmschwaden, Grundwasserabsenkung und Industrieansiedlung auf die Landwirtschaft. Im Verlauf der Auseinandersetzung traten jedoch grundsätzliche Fragen der zivilen Kernenergienutzung wie Reaktorsicherheit und Strahlenbelastung der Bevölkerung beim Normalbetrieb in den Vordergrund. In einer dritten Phase traten allgemeine Fragen der Energiepolitik wie z. B. die Problematik von Energiebedarfsprognosen, rationellem Energieeinsatz, Nutzung regenerativer Energiequellen usw. hinzu. In einer vierten Phase spielten schließlich gesamtgesellschaftliche Fragen wie Arbeitsplatzsicherung, Umweltzerstörung, Kritik der Großtechnik, Grenzen des Wachstums u. a. die Hauptrolle. Diese Tendenz zur Ausweitung lokaler und thematisch eng begrenzter Konflikte läßt sich auch bei anderen Bürgerinitiativen im Umweltschutzbereich, z. B. im Verkehrsbereich oder im Bereich der Umweltchemikalien, beobachten.

Während Bürgerinitiativen ursprünglich ihre Durchschlagskraft durch die Konzentration auf einen konkreten Mißstand erhielten und teilweise auch heute noch erhalten, gilt nun, daß sie ihre Durchschlagskraft durch die Konzentration auf gesamtgesellschaftliche Aspekte wie z. B. Energiepolitik, Ökologie, Erschöpfung der Rohstoffvorräte der Erde, Bedrohung des Menschen durch Massenvernichtungswaffen und die Entwicklung von Alternativen zur modernen Industriegesellschaft erlangen.

Im Unterschied zu den lockeren Spontangruppen ohne feste Organisatonsstruktur, die auch heute noch einen beträchtlichen Teil der Bürgerinitiativenbewegung ausmachen, verfügen Bürgerinitiativen im Bereich des Umweltschutzes meist über eine dauerhafte Organisationsform, nicht wenige haben die Rechtsform eines eingetragenen Vereins. Sie haben sich, durch die Größe und wirtschaftliche Bedeutung der Planungen, die sie bekämpfen, genötigt, zu mehr oder weniger festen Verbänden auf regionaler (z. B. die badisch-elsässischen Bürgerinitiativen, die Bürgerinitiative Umweltschutz Unterelbe, der Landesverband Bürgerinitiativen Umweltschutz Schleswig-Holstein) oder auf nationaler Ebene (Bundesverband Bürgerinitiativen Umweltschutz e.V., vgl. Anmerkung 3) zusammengeschlossen.

Die Tendenz zur Ausweitung und Radikalisierung läßt sich auch auf dem Gebiet der Aktionsmethoden von Bürgerinitiativen beobachten. Die Erfahrung, daß der „politisch mündige Bürger", der sich keiner Partei anschließen möchte, weil er vom Machtkampt in den Parteien angewidert ist, abgesehen vom periodisch ausgeübten Wahlrecht praktisch sämtlicher politischer Mitsprache- und Mitgestaltungsmöglichkeiten beraubt ist, gehört zu den Urerfahrungen von Bürgerinitiativenmitgliedern. Rudimente wie das Petitionsrecht, behördliche Erörterungstermine oder die plebiszitären Überbleibsel in einigen Landesverfassungen und Gemeindeordnungen können darüber nicht hinwegtäuschen. Oftmals bleibt als letzter Ausweg nur der Gang vor das Verwaltungsgericht, der jedoch keine politische, sondern bestenfalls eine juristische Lösung bringt. Diese Ohnmachtserfahrung politisch aktiver Bürger trieb sie vom Wählerprotest zu immer radikaleren Aktionsformen, wie z. B. Platzbesetzungen, Straßen- und Brückenblockaden.

Bürgerinitiativen weisen im Vergleich zu herkömmlichen Organisationen grundlegende Strukturunterschiede auf. Ihre Mitglieder arbeiten ehrenamtlich. Ihre personelle, organisatorische und finanzielle Ausstattung ist vergleichsweise gering (vgl. Anmerkung 4). Sie leben von der Initiative, Spontaneität, Kreativität und dem Engagement ihrer Mitglieder. Ihre Organisationsstruktur ist in der Regel locker, egalitär (statt hierarchisch) und dezentral (größtmögliche Selbstbestimmung des einzelnen in der Gruppe, der Gruppe im Verband).

Im Konflikt mit Behörden, Unternehmen und Interessenverbänden bietet die Organisationsstruktur der Bürgerinitiative Vorzüge und Nachteile. Bürgerinitiativen sind in der Regel klein und wenig ausdauernd, aber dafür zahlreich, schnell, flexibel und einfallsreich, während ihre Gegner in der Regel groß und stark, aber schwerfällig, langsam, starr und einfallslos sind.

Im Unterschied zu Großorganisatonen sind Bürgerinitiativen und ihre Verbände dynamisch, undefinierbar und unkalkulierbar. Sie sind daher ein Faktor der Unsicherheit für Behörden, politische Parteien und Parlamente. Nach einer weit verbreiteten Meinung verdanken sie ihre Existenz dem Versagen der Parteien angesichts der ökologischen Krise, dem wachsenden Unbehagen des Bürgers gegenüber dem Parteien-, Verbände- und Verwaltungsstaat (vgl. Mayer-Tasch 1976, S. 28–49) sowie seinem zunehmenden Wunsch nach Mitsprache und Mitbestimmung bei politischen Entscheidungen, die ihn unmittelbar betreffen.

2. Die Öffentlichkeitsarbeit von Bürgerinitiativen

Aus der im Vergleich zu herkömmlichen Organisationen alternativen Struktur von Bürgerinitiativen und ihrer Zusammenschlüsse ergibt sich auch die alternative Struktur ihrer Öffentlichkeitsarbeit. So vielgestaltig, unfaßbar und unberechenbar wie die Bürgerinitiativen ist auch ihre Öffentlichkeitsarbeit. Versteht man unter Öffentlichkeitsarbeit im weitesten Sinne alles, was gesellschaftliche Akteure unternehmen, um für ihre Interessen zu werben (vgl. Anmerkung 5), dann ist klar, daß Öffentlichkeitsarbeit ein wichtiger, wenn nicht gar der wichtigste Tätigkeitsbereich von Bürgerinitiativen ist. Selbst da, wo Bürgerinitiativen sich unmittelbar mittels Beschwerden, Forderungen, Eingaben, Verwaltungsgerichtsklagen oder direkten Aktionen mit ihren Kontrahenten auseinandersetzen, muß ihnen daran gelegen sein, ihre Bestrebungen durch Öffentlichkeitsarbeit zu unterstützen.

„Da Bürgerinitiativen in der Regel weder mit einer vergleichbaren finanziellen noch institutionellen Macht ihrer Kontrahenten zu konkurrieren vermögen, können sie, wenn überhaupt, nur mit dem Druck der öffentlichen Meinung eine Veränderung der bestehenden politischen und ökonomischen Rahmenbedingungen herbeiführen. Dies bedeutet, daß sie ihre Bestrebungen und Argumente einer breiten Öffentlichkeit bekannt machen und einen nicht zu ignorierenden Teil dieser Öffentlichkeit für ihre Ziele gewinnen müssen“ (Studie des Battelle-Instituts 1975, S. 78).

Die Öffentlichkeitsarbeit von Bürgerinitiativen hat folglich eine doppelte Aufgabe zu erfüllen. Sie soll einerseits den Konfliktgegner durch die Mobilisierung öffentlichen Widerstandes zum Nachgeben veranlassen, und sie soll andererseits bisher unbeteiligte Bürger zur Unterstützung der Initiative in Form sporadischer oder dauerhafter Mitarbeit, materieller oder finanzieller Zuwendungen mobilisieren. Erfolg oder Mißerfolg der Öffentlichkeitsarbeit von Bürgerinitiativen entscheidet daher meist auch über Erfolg oder Mißerfolg ihrer Bemühungen. Desto ertaunlicher ist es, daß es bei Bürgerinitiativen und ihren Zusammenschlüssen so gut wie keine geplante und systematisch durchgeführte Öffentlichkeitsarbeit gibt. Das liegt zum einen an ihrer Struktur, zum anderen am Mangel an Fachleuten aus dem Bereich der Öffentlichkeitsarbeit in den Initiativen. Ihre Öffentlichkeitsarbeit beruht infolgedessen im wesentlichen auf eigenen und fremden Erfahrungen, d. h. sie lernen aus eigenen und fremden Fehlern.

Ungeachtet der Vielfalt und Unberechenbarkeit der Öffentlichkeitsarbeit von Bürgerinitiativen lassen sich drei Bereiche unterscheiden:

(1) Der Bereich der unmittelbaren Information und Mobilisierung von Bürgern.
(2) Der Bereich der Einflußnahme auf Massenmedien.
(3) Der Bereich der eigenen Medien (Gegenöffentlichkeit).

3. Unmittelbare Information und Mobilisierung von Bürgern

Als Selbstorganisation von Bürgern zur Artikulation und Durchsetzung ihrer Interessen haben Bürgerinitiativen im allgemeinen einen ungleich besseren, weil unmittelbaren Zugang zur Bevölkerung als Großorganisationen. Das Gespräch im Familien-, Freundes- und Bekanntenkreis, die gemeinsame Arbeit in der Bürgerinitiative, unterstützt durch Flugblätter, Broschüren, Zeitschriften und Bücher, die Teilnahme an gemeinsamen Veranstaltungen, Demonstrationen und Aktionen sind ein wesentlicher Bestandteil der Öffentlichkeitsarbeit von Bürgerinitiativen, auch wenn man hier nur in eingeschränktem Sinne von Öffentlichkeit sprechen kann. Für Bürgerinitiativen ist es von größter Bedeutung, durch Öffentlichkeitsarbeit nicht nur Zustimmung und Sympathie bei Unbeteiligten zu wecken, sondern auch aktive Unterstützung zu finden. Bei einer erfolgreichen Initiative ist es in der Regel so, daß durch Öffentlichkeitsarbeit aus Unbeteiligten Sympathisanten, aus Sympathisanten Unterstützer und aus Unterstützern aktive Mitarbeiter werden. In diesem Bereich der Öffentlichkeitsarbeit sind Bürgerinitiativen vermutlich den meisten Großorganisationen überlegen. Das gilt auch für die Nutzung persönlicher Kontakte zur Informationsbeschaffung und Einflußnahme auf politische Entscheidungsträger, desgleichen für die Nutzung persönlicher Kontakte zu Publizisten, Wissenschaftlern, Rechtsanwälten, Journalisten, Redakteuren, Filmemachern, Grafikern, Druckern usw.

4. Bürgerinitiativen und Massenmedien

In diesem Bereich treten Bürgerinitiativen und ihre Zusammenschlüsse mit Organisationen in Konkurrenz, die in der Regel über einen besseren Zugang zu den Medien sowie eine ungleich bessere personelle, organisatorische und finanzielle Ausstattung verfügen. Das gilt insbesondere im Bereich der Werbung durch Zeitungsanzeigen, Zeitungen, Postwurfsendungen, Informationszentren usw. So veröffentlichten beispielsweise die Energieversorgungsunternehmen Badenwerk und Energieversorgung Schwaben im Zusammenhang mit dem Konflikt um das Kernkraftwerk Wyhl eine Anzeigenserie in der Badischen Zeitung, während die badisch-elsässischen Bürgerinitiativen nur eine einzige Anzeige dagegen setzten, die überdies zu drei Vierteln aus dem darin enthaltenen Spendenaufruf finanziert wurde (vgl. Anmerkung 6). Ob die Anzeigenkampagne der Energieversorgungsunternehmen allerdings ihren Zweck erfüllte, muß offen bleiben. Die Art ihrer Aufmachung war jedenfalls nicht dazu angetan, Kritiker der Kernenergie zu überzeugen (vgl. Anmerkung 7). Im Umkreis des geplanten Standorts der Wiederaufarbeitungsanlage Gorleben wurde gar von der Betreiberin, der Deutschen Gesellschaft für die Wiederaufarbeitung von Kernbrennstoffen (DWK), eine eigene Zeitung mit dem Titel DAN (vgl. Anmerkung 8) herausgegeben und kostenlos an die Haushalte verteilt.

Bürgerinitiativen haben in der Regel nur dann eine Chance, sich selbst und ihr Anliegen in den Massenmedien darzustellen, wenn es ihnen gelingt, Journalisten, Redakteure oder Filmemacher für ihr Anliegen zu interessieren. Die Mitarbeiter der Medien und die Medien selbst geraten dabei freilich nicht selten ins parteipolitische Schußfeld, wie die Konflikte um den Wyhl-Film in der Reihe „Vor Ort" der ARD (vgl. Buchholtz u. a. 1978, S. 58–60) und die Berichterstattung über die Auseinandersetzungen um den Bauplatz des Kernkraftwerks Brokdorf (vgl. Anmerkung 9) zeigen.

Es gibt nur wenige wissenschaftliche Untersuchungen über die Öffentlichkeitsarbeit von Bürgerinitiativen (vgl. Battelle-Institut 1975, S. 78–110 und Buchholtz u. a. 1978, S. 58–60). Sie bestätigen die Vermutung, daß Bürgerinitiativen bei der Einflußnahme auf Massenmedien ihren Kontrahenten meist unterlegen sind. Lediglich den großen Bürgerinitiativen- und Umweltschutzverbänden Bundesverband Bürgerinitiativen Umweltschutz e. V. (BBU) und Bund Umwelt und Naturschutz Deutschland e. V. (BUND) ist es gelungen, durch regelmäßige Kontakte über Pressegespräche, Interviews, Presseerklärungen und Pressekonferenzen Zugang zu den Massenmedien zu finden (vgl. Anmerkung 10). Bürgerinitiativen wählen darum meist den Weg der indirekten Medienarbeit, d. h. sie machen Veranstaltungen, Protestmärsche, Kundgebungen und Aktionen, zu denen sie Journalisten einladen in der Hoffnung, daß diese darüber wohlwollend oder zumindest neutral berichten.

5. Bürgerinitiativen und Gegenöffentlichkeit

Da es Bürgerinitiativen nur selten gelang, ihre Forderungen und Ziele in den Massenmedien darzustellen, schufen sie sich eine eigene Öffentlichkeit neben der und zum Teil auch gegen die Öffentlichkeit der Massenmedien und Großorganisationen. In diesen Bereich der Gegenöffentlichkeit fällt die unabsehbare Zahl von Flugblättern, Flugschriften, Zeitschriften (vgl. Anmerkung 11), Zeitungen (vgl.

Anmerkung 12), Büchern, Dokumentationen, Filmen (vgl. Anmerkung 13) usw. Nicht weniger wichtig ist aber auch die Öffentlichkeitsarbeit durch Aufkleber, Plaketten, Plakate, Transparente, durch Informationsstände, Vorträge, Podiumsdiskussionen u. a. Ein weiterer Bereich der Öffentlichkeitsarbeit sind phantasievolle Aktionen, Mahnwachen, Kundgebungen, Protestmärsche, Boykotts, Streiks, Besetzungen von Kernkraftwerksbauplätzen oder Blockaden von Zufahrtswegen zu atomaren Anlagen (vgl. Anmerkung 14). Über spektakuläre Aktionen dieser Art berichten in der Regel auch die Massenmedien. Sind Bürgerinitiativen in einer Region besonders aktiv und zahlreich, so gelingt ihnen unter Umständen sogar die Bildung eigener Institutionen, wie z. B. die einer eigenen Zeitung, eines Pressesprechers, eines Arbeitskreises für Öffentlichkeitsarbeit oder einer alternativen Volkshochschule wie der Volkshochschule Wyhler Wald (vgl. Anmerkung 15).

5.1 Erstes Fallbeispiel: Die Volkshochschule Wyhler Wald

Am 23. Februar 1975 besetzten aufgebrachte Bürger im Anschluß an eine Großkundgebung mit 28 000 Teilnehmern den Bauplatz des geplanten Kernkraftwerks Wyhl am Oberrhein und vertrieben die dreihundert Mann starke Polizeibesatzung vom Gelände (vgl. Anmerkung 16). Vom 23. Februar bis zum 7. November hielten die badisch-elsässischen Bürgerinitiativen den Bauplatz im Rheinauewald bei Wyhl ständig besetzt. Sie räumten ihn erst, als die Landesregierung von Baden-Württemberg das zur Vorbedingung für die Aufnahme von Verhandlungen mit den gewählten Vertretern der Bürgerinitiativen gemacht hatte.

In den hektischen Wochen nach der Platzbesetzung unter der ständigen Drohung einer Räumung des Bauplatzes durch die Polizei wurde die Idee einer besonderen Art von Volkshochschule als einer unkonventionellen, aber – wie sich herausstellen sollte – überaus wirksamen Einrichtung der Öffentlichkeitsarbeit geboren. Die Volkshochschule Wyhler Wald ist untrennbar mit der Widerstandsbewegung gegen das Kernkraftwerk Wyhl und die Industrialisierung des Oberrheintales verbunden. Sie verdankt ihre Entstehung, ihren Charakter und ihre Zielsetzung dem elementaren Bedürfnis nach Information, Kommunikation und Solidarität unter den Widerstand leistenden Bürgern der Region.

Der Ort, an dem ihre Veranstaltungen zunächst stattfanden, war so ungewöhnlich wie ihre Organisation und ihr Programm. Anfang März hatten einige handwerklich begabte Bürgerinitiativenmitglieder auf dem Platz ein hölzernes Rundhaus von rund 25 Metern Durchmesser, das 500–600 Menschen Platz bot, gebaut. In der Mitte dieses „Freundschaftshauses" befand sich eine Feuerstelle, darüber im kegelförmigen Dach ein Loch als Rauchabzug. Um die Feuerstelle standen im Kreis grobe Holzbänke, ausgediente Sofas und Autositze; Plakate, Fotos, Informationsbretter u. a. vervollständigten die Inneneinrichtung. In diesem Rahmen fanden die Veranstaltungen der Volkshochschule Wyhler Wald statt.

Ende März 1975 lag das erste gedruckte Vierwochenprogramm vor. Es enthielt, beginnend mit dem 15. April, wöchentlich zunächst vier, später drei Veranstaltungen. Die Themenkreise dieser Veranstaltungen waren: Die Problematik von Kernkraftwerken, allgemeiner Umwelt- und Landschaftsschutz, praktische und theoretische Probleme der Bewegung gegen das Kernkraftwerk Wyhl und schließlich Veranstaltungen mit überwiegend unterhaltendem Charakter.

Den Vorträgen zum Thema Kernkraftwerke fiel die wichtige Aufgabe zu, das erhebliche Informationsdefizit der Bevölkerung über die Probleme der zivilen Kernenergienutzung wenn nicht zu beseitigen, so doch zu vermindern. Da das Publikum der VHS im wesentlichen aus Landwirten, Winzern und Bürgern aus den Dörfern der Kaiserstuhlregion, aber auch aus Studenten, Lehrern und Akademikern aus Freiburg bestand, galt es, erhebliche Verständigungsschwierigkeiten zu überwinden. Dennoch hatten die Veranstaltungen der VHS mit schulischem Lernen wenig gemeinsam. Ein Besucher der VHS bemerkt dazu: „Durch den Dialog hört der Lehrer der Schüler und hören die Schüler des Lehrers auf zu existieren; es taucht ein neuer Begriff auf: Der Lehrer-Schüler und die Schüler-Lehrer. Der Lehrer ist nicht länger bloß der, der lehrt, sondern einer, der selbst im Dialog mit den Schülern belehrt wird, die ihrerseits, während sie belehrt werden, auch lehren. So werden sie miteinander für einen Prozeß verantwortlich, mit dem sie alle wachsen" (Beer 1978, S. 114). Der VHS gelang damit eine zumindest tendenzielle Aufhebung der Rollenverteilung zwischen Lehrern und Schülern, Dozenten und Hörern.

Einen zweiten Themenkomplex bildeten über die Kernkraftwerksproblematik hinausgehende Themen des Umweltschutzes und landschaftsbezogene Fragen. In insgesamt fünf Reihen zu je vier Veranstaltungen wurden u. a. folgende Themen erörtert:

„Die Grenzen des Wachstums – ein weltweites Problem",
„Industrieansiedlung und Umweltschutz im Elsaß",
„Methoden der biologischen Wirtschaftsweise",
„Rebumlegungen am Kaiserstuhl".

Der dritte Themenkomplex beschäftigte sich mit praktischen und theoretischen Problemen des Kampfes gegen das Kernkraftwerk Wyhl. Die einzelnen Abende waren u. a. folgenden Problemen gewidmet:

„Zum Selbstverständnis von Bürgerinitiativen: Ihre Aufgabe und ihre Rolle im politischen Kräftespiel",
„Der Fall Wyhl aus juristischer Sicht",
„Der Bauernkrieg von 1525",
„Die gewaltfreie Aktion – Möglichkeiten zur aktiven Verteidigung unserer Lebensrechte?"

Da die Widerstandsbewegung in ihrer Zusammensetzung äußerst heterogen war, fehlte es nicht an Spannungen und Konflikten. Die VHS trug mit ihren Veranstaltungen über praktische und theoretische Probleme wesentlich dazu bei, daß die Konflikte zwischen den Freiburger Studenten und den Kaiserstühler Winzern, zwischen Linken und Rechten, Honoratioren und einfachen Bürgern, Dorfbevölkerung und ständigen Platzbesetzern (vgl. Sternstein, o. Jahresangabe), Einheimischen und Fremden, Jungen und Alten nicht zur Spaltung der Widerstandsbewegung führten. Ohne sie wäre die Platzbesetzung nur schwer über eine so lange Frist aufrechtzuerhalten gewesen.

Das gilt auch für den vierten Themenkomplex: Die Veranstaltungen mit überwiegend unterhaltendem Charakter. Ein Überblick über einige der behandelten Themen verdeutlicht das breite Spektrum dieser Veranstaltungen:

„Tierwelt und Landschaft Ostafrikas“,
„China 1974 – ein Reisebericht“,
„Sind soziale Probleme und Arbeitslosigkeit in Indien durch Entwicklungshilfe lösbar?“,
„Persien – entwickeltes Entwicklungsland?“

Großer Beliebtheit erfreute sich die Reihe „Reisen – Fahrten – Fremde Länder“. Sie wurde im Laufe der Zeit jedoch weitgehend ersetzt, zumindest aber ergänzt, durch heimatbezogene kulturelle Veranstaltungen. Gerade diesen mehr unterhaltenden Abenden kam im Gesamtzusammenhang des Widerstandes große Bedeutung zu. Sie trugen wesentlich dazu bei, daß in der Bevölkerung der Region ein Gefühl der Verbundenheit im gemeinsamen Ziel, ein Bewußtsein der Solidarität angesichts existentieller Bedrohung entstand. Die Renaissance der alemannischen Kultur im Zusammenhang mit der Widerstandsbewegung hat schon manchen Autor beschäftigt. Hier ergreift ein neues Selbstbewußtsein von der überlieferten Mundart, Geschichte und Lebensart Besitz, bildet sich eine neue Identität im Kampf gegen den entfremdenden Einfluß der Stadt. Der Dialekt wird, wie der Liedermacher Walter Moßmann treffend formuliert, zur Waffe (vgl. Moßmann 1976, S. 167ff.).

Neben dem regulären Veranstaltungsprogramm fanden im Rahmen der VHS Wyhler Wald spontan zahlreiche Theateraufführungen, Veranstaltungen und Filmabende statt.

Die Referenten der VHS, eine bunte Mischung aus Physikern, Landwirten, Winzern, Politikern, Biologen, Pfarrern, Medizinern, Politologen, Schriftstellern, Juristen, Lehrern, Liedermachern, Ingenieuren, Gärtnern, Geologen, Psychologen, Forstmännern, Soziologen sowie je einem Diakon, Journalisten, Gemeindeangestellten, Landschaftsarchitekten, Naturschutzbeauftragten, Fischereimeister, Volkswirt, Meteorologen, Verleger, Museumsleiter, Gewerkschaftssekretär, Erziehungswissenschaftler, Diplom-Kaufmann, Fotografen, Pharmazeuten und Bäkker, sprechen alle ohne Honorar. Selbst die Fahrtkosten werden nur in Ausnahmefällen ersetzt. Selbstverständlich ist auch der Besuch der Veranstaltungen frei. Die Gruppe der Koordinatoren arbeitet ebenfalls unentgeltlich, so daß an Kosten lediglich Telefongebühren und Porti sowie Papier- und Druckkosten für die Vierwochenprogramme anfallen. Sie werden aus Spenden gedeckt. Auch hier bewährt sich der allgemeine Grundsatz der Bürgerinitiativenarbeit, mit einem Minimum an materiellem, organisatorischem und finanziellem Aufwand ein Maximum an Wirkung zu erzielen.

Nachdem die badisch-elsässischen Bürgerinitiativen sich Ende Oktober entschlossen hatten, den Platz zu räumen, um mit der Landesregierung und der Betreiberin des Kernkraftwerks Wyhl, der Kernkraftwerk Süd GmbH, in Verhandlungen einzutreten, zog die VHS Wyhler Wald in die Gasthäuser der umliegenden Dörfer, später sogar vorübergehend nach Freiburg und ins Markgräflerland, das dem bereits im Betrieb befindlichen Kernkraftwerk Fessenheim genau gegenüberliegt. Dadurch ging ihr zwar mancher „Stammgast" verloren, es gelang ihr aber auch, immer weitere Bevölkerungskreise in die Widerstandsbewegung einzubeziehen.

Da die gerichtliche und die politische Auseinandersetzung um das Kernkraftwerk Wyhl bis heute (1980) anhält, hat auch die VHS Wyhler Wald nichts von ihrer Vitalität eingebüßt. Die Frage, ob sie nach Beendigung der Auseinandersetzung weiter existieren wird, kann jedoch nur die Zukunft beantworten.

Neben dem besetzten Bauplatz und den zahlreichen Protestkundgebungen ist die VHS Wyhler Wald eines der wichtigsten Mittel der Öffentlichkeitsarbeit der Bürgerinitiativen, und zwar gleichzeitig nach außen, gegenüber Unbeteiligten und Gegnern, als auch nach innen, gegenüber Sympathisanten und Mitstreitern. Über die als Flublätter gedruckten Vierwochenprogramme und die Mundpropaganda ist sie heute in der ganzen Region und weit darüberhinaus zu einem Begriff geworden. „Nicht nur einer der wichtigsten Werbeträger, sondern von entscheidender Bedeutung für die unter politischen Gesichtspunkten außerordentlich wichtige Publizität in der Region war und ist die Badische Zeitung. Sie berichtet sowohl im Rahmen der überörtlichen ‚Landesumschau' als auch – häufiger und ausführlicher – im Lokalteil der Ausgabe Emmendingen ‚Kreis Emmendingen'. Eine Analyse der Badischen Zeitung, Ausgabe Emmendingen, ergab von April bis Ende Oktober 1975 ingesamt 46 Berichte über die VHS Wyhler Wald" (vgl. Beer 1978, S. 119f.).

Im Unterschied zum besetzten Bauplatz, der als Symbol des erfolgreichen Widerstandes auch über die Grenzen der Region hinauswirkte (vgl. Sternstein, o. J., S. 48f.), war die VHS Wyhler Wald vor allem für die Bewegung von unschätzbarem Wert. In seiner abschließenden Würdigung schreibt Wolfgang Beer:

„Neben den beiden ... anfänglichen Zielen, Aufklärungsarbeit zu leisten und die Platzbesetzung am Leben zu erhalten, hat die VHS Wyhler Wald im Laufe der Zeit eine Reihe weiterer wichtiger Funktionen im Kampf gegen das Atomkraftwerk übernommen. Insgesamt läßt sich der Stellenwert für die Bewegung an acht Punkten festmachen:

1. Die VHS Wyhler Wald ist ein auch in der Öffentlichkeit anerkanntes Gegengewicht zu der Informations- und Propagandaarbeit von Landesregierung und Badenwerk.

2. Die VHS Wyhler Wald war die Hauptattraktion auf dem besetzten Platz und Anlaß für Menschen aus der näheren und weiteren Umgebung, auf den Platz zu kommen.
3. Sie ist ein wichtiges Bindeglied zwischen den Bürgerinitiativen, den Platzbesetzern und der Bevölkerung des Kaiserstuhls.
4. Die Basis der Bewegung hat in der VHS Wyhler Wald die Möglichkeit, sich über die Entwicklung des Kampfes zu informieren und ihre Meinung zum Ausdruck zu bringen.
5. Die besondere Atmosphäre der Abende in der VHS Wyhler Wald führt zu einer nicht zu unterschätzenden Solidarisierung der Besucher mit der Bewegung.
6. Die VHS Wyhler Wald ist der positive, schöpferische Akt zum Verneinungsakt der Platzbesetzung; sie war eine entscheidende Barriere für eine zweite gewaltsame Räumung des Geländes durch die Polizei.
7. Mit dem Verlassen des besetzten Platzes kommt zu den schon genannten Funktionen der VHS Wyhler Wald die Aufgabe hinzu, als regelmäßiger Treffpunkt und als Informationsbörse die Kontinuität der Bewegung zu sichern und über den jeweils aktuellen Stand des Kampfes zu informieren.
8. Nach dem zumindest vorläufigen Sieg in Sachen Wyhl und der Inbetriebnahme des Kernkraftwerks in Fessenheim hat die VHS Wyhler Wald verstärkt begonnen, durch Solidarität und Informationen den Widerstand gegen Atomkraftwerke und Umweltzerstörung allgemein in der Oberrheinregion zu unterstützen, ohne dadurch jedoch den Bezug zur Bevölkerung am Kaiserstuhl zu gefährden . . .

Zusammenfassend kann man feststellen, daß die VHS Wyhler Wald einen entscheidenden Beitrag zum Scheitern der von Landesregierung und Badenwerk mit großem finanziellen Aufwand betriebenen Aufklärungs- und Informationskampagne geleistet hat. Dies wird auch in der Presse als unumstrittenes Verdienst hervorgehoben. So schrieb die Badische Zeitung am 6. 8. 1975: ‚Die Volkshochschule hat mit Argumenten ausgeholfen . . . Sie versucht mit wenig Geld, was Badenwerk und Landesregierung mit großem Aufwand seit einiger Zeit unternehmen: Informationen zu liefern.‘

Die Stuttgarter Zeitung hatte bereits zu Beginn der Aufklärungsaktion durch die Kernkraftwerksbetreiber deren Scheitern vorausgesagt: ‚Die Aufklärungsarbeit als Nachhilfeunterricht im nachhinein wird der Regierung nicht leicht fallen. Die Kernkraftwerkgegner haben mit der VHS Wyhler Wald erneut einen Vorsprung gewonnen‘“ (vgl. Beer 1978, S. 126–128).

5.2 Zweites Fallbeispiel: Der Aktionskatalog des BBU (vgl. nochmals Anmerkung 6)

Als zweites Beispiel für die im wesentlichen unsystematische, aber durchaus wirksame Art, in der Bürgerinitiativen Öffentlichkeitsarbeit betreiben, sei hier die Entstehung und Verbreitung des Aktionskatalogs des BBU (Diskussionsgrundlage), einer Sammlung von rund 170 Aktionsmethoden, vorwiegend aus dem Bereich der Öffentlichkeitsarbeit, gewählt.

Die Anti-Kernkraftwerkbewegung in der Bundesrepublik war, nachdem sie mit den Aktionen gegen den geplanten Standort Brokdorf im Herbst 1976 und Frühjahr 1977 einen neuen Höhepunkt erreicht hatte, in eine Krise geraten. Die wiederholten Versuche von Kernkraftwerkgegnern, den Bauplatz zu besetzen, waren gescheitert. Dabei war es zu blutigen Auseinandersetzungen zwischen Polizei und Demonstranten gekommen. Durch die Beteiligung kommunistischer Gruppen an diesen Aktionen entstand der Eindruck, die gesamte Widerstandsbewegung gegen die zivile Kernenergienutzung sei kommunistisch unterwandert und gesteuert, ein Eindruck, der durch Äußerungen führender Politiker wie z. B. der Ministerpräsidenten Filbinger (Baden-Württemberg) und Stoltenberg (Schleswig-Holstein) verstärkt wurde. Die Widerstandsbewegung drohte damit in Gewaltaktionen und Linksradikalismus abzugleiten.

Der damalige Vorsitzende des BBU, Wüstenhagen, versuchte diese verhängnisvolle Entwicklung durch eine Abgrenzungspolitik gegen die K-Gruppen (vgl. Anmerkung 17) und durch den Aufruf zu einer Eskalation des gewaltfreien bürgerlichen Ungehorsams aufzuhalten. Sein Aufruf wurde in der gespannten Situation jener Tage als Aufruf zu Anarchie, Rechtsverletzung und Gewalt mißverstanden. Das Presseecho war denn auch einhellig negativ (vgl. Hengesbach, o. J., S. 7f.). Wüstenhagen kündigte in diesem Zusammenhang die Veröffentlichung eines Katalogs der 100 Maßnahmen des bürgerlichen Ungehorsams an.

Dem dezentralen, nichthierarchischen Selbstverständnis des BBU entsprechend wurden die ihm angehörenden Bürgerinitiativen in Rundschreiben vom 28. 2. 1977 und 12. 3. 1977 gebeten, Vorschläge für den Katalog zu machen. Auf die beiden Rundbriefe gingen bei der Geschäftsstelle des BBU 62 Antworten ein. 51 Einsender schlugen insgesamt 143 Aktionsmethoden vor, 9 sahen sich aus Zeitmangel oder Überlastung zu einer Mitarbeit außerstande, eine Bürgerinitiative verweigerte die Mitarbeit aus Furcht, ihre Vorschläge könnten in die falschen Hände geraten, eine weitere lehnte Aktionen des bürgerlichen Ungehorsams rundweg ab.

In knapp sechs Wochen wurden die eingegangenen Vorschläge geordnet, ergänzt, mit einer Einleitung versehen, als Broschüre gedruckt und den Delegierten der außerordentlichen Mitgliederversammlung des BBU am 23./24. 7. 1977 in Königstein vorgelegt. Der Katalog trug wesentlich dazu bei, daß sich die Delegierten mit großer Mehrheit gegen gewaltsame und für gewaltfreie Aktionsmethoden im Kampf gegen die zivile Nutzung der Kernenergie aussprachen (vgl. Anmerkung 18).

Der Aktionskatalog erreichte eine Auflage von 5300 und fand in den Bürgerinitiativen weite Verbreitung. Von den rund 170 Aktionsformen, die er nennt, dienen die meisten der Verbesserung der Öffentlichkeitsarbeit. Schon allein aus Zeitmangel war eine detaillierte oder gar vollständige Darstellung der Aktionsmethoden nicht möglich und wurde auch nicht angestrebt. Ganze Kapitel des

Katalogs blieben unausgeführt, andere wurden lediglich skizziert. Der Katalog wurde bewußt auf Verbesserung, Erweiterung und Ergänzung angelegt. Er wollte keine fertigen Rezepte bieten, sondern zum Erfinden und Erproben eigener Aktionsmethoden anregen, die wiederum in künftige Auflagen hineingenommen werden sollen.

Das Presseecho auf den Aktionskatalog war überwiegend positiv. Die Frankfurter Rundschau und die satirische Zeitschrift Pardon druckten Auszüge, die Zeit (vgl. Anmerkung 19) und der Spiegel (vgl. Anmerkung 20) nahmen ausführlich dazu Stellung. Es gab allerdings auch kritische Stimmen, so z. B. die Anfrage des CDU-Abgeordneten Dr. Wilfried Steuer, der in einer kleinen Anfrage von der Landesregierung von Baden-Württemberg wissen wollte, ob sie die Auffassung teile, „daß die vom Bundesverband Bürgerinitiativen Umweltschutz für den Herbst angekündigten Aktionen gegen die Stromversorgungsunternehmen Tatbestände des Strafgesetzbuches erfüllen" (vgl. Anmerkung 21).

Unter dem Aspekt der Finanzierung betrachtet hat der Aktionskatalog dem BBU nach Abzug der Selbstkosten einen Gewinn von einigen tausend Mark eingebracht. Welche Auswirkungen er auf die Öffentlichkeitsarbeit von Bürgerinitiativen und die Entwicklung der Bürgerinitiativenbewegung überhaupt gehabt hat, läßt sich nur schwer abschätzen. Er hat aber, wie ein Kenner der Bürgerinitiativen-Szene feststellt, sowohl Diskussionen als auch neuartige Aktionsformen angeregt.

Abschließend ist festzustellen, daß die Öffentlichkeitsarbeit von Bürgerinitiativen weitgehend unsystematisch, spontan, ungeplant, dafür aber rasch, flexibel und unkonventionell ist. Öffentlichkeitsarbeit, auf den Gegner gerichtete Aktion und Mobilisierung der eigenen Anhänger bilden eine untrennbare Einheit. Aufgrund dieser Besonderheiten gelingt es Bürgerinitiativen nicht selten, mit einem Minimum an organisatorischem, personellem, materiellem und finanziellem Aufwand ein Maximum an Öffentlichkeitswirkung zu erzielen.

Im Unterschied zu Großorganisationen ist die Öffentlichkeitsarbeit von Bürgerinitiativen und ihrer Zusammenschlüsse nicht professionalisiert und kommerzialisiert. Sie beruht auf dem Prinzip der Selbstbestimmung statt auf Fremdbestimmung, auf eigener Initiative statt auf bezahlter Leistung. Das macht ihre Stärke und zugleich ihre Schwäche aus.

Anmerkungen

1 „Bürgerinitiativen können als unabhängige, selbstorganisierte Gruppen bezeichnet werden, die sich zur Durchsetzung ihrer Interessen zusammengeschlossen haben, weil diese keine Berücksichtigung in den Entscheidungen des politisch-administrativen Systems finden. Sie sind gekennzeichnet durch die sich aufgrund von individueller Betroffenheit entwickelnden Interessen an der Sicherung und Verbesserung von Lebensbedingungen sowie durch die räumlich, zeitlich und sachlich begrenzten Aktivitäten zur Durchsetzung dieser Interessen, sei es durch Beeinflussung des politisch-administrativen Entscheidungsprozesses, sei es durch Selbsthilfe". Freudenthal, M. (1978): Bürgerinitiativen aus der Sicht von Regierungen, Parlamenten und Parteien. In: Buchholtz, H.-C. u. a. (1978):

Widerstand gegen Atomkraftwerke. Informationen für Atomkraftwerkgegner und solche, die es werden wollen. Wuppertal, S. 27–48; hier S. 29.
Mayer-Tasch, P. C. (1976): Die Bürgerinitiativbewegung. Der aktive Bürger als rechts- und politikwissenschaftliches Problem. Reinbek bei Hamburg (mit umfangreicher Bibliographie).

2 Bürgerversammlung, Bürgerantrag, Bürgerbegehren, Bürgerentscheid, Volksbegehren, Volksentscheid.
Siehe dazu auch Bermbach, U. (ohne Jahresangebe): Bürgerinitiativen – Instrumente direkter Demokratie. Thesen zur Aktivierung und Organisierung fragmentierten bürgerlichen Bewußtseins. In: Österr. Zeitschrift für Politikwissenschaft. Jg. 3. S. 547 ff.

3 Der BBU spricht für rund tausend im Umweltschutz aktive Bürgerinitiativen. Er wurde 1972 gegründet. Der dreizehnköpfige Vorstand (fünf reguläre Mitglieder und acht Beisitzer) hat gegenüber den Landesverbänden und den Mitgliedsbürgerinitiativen keinerlei Weisungsrecht. Über Aufgaben, Arbeitsweise und Selbstverständnis des BBU informieren zwei Faltblätter, die über die Geschäftsstelle, Hellbergstr. 6, 75 Karlsruhe 21, bezogen werden können.

4 In Einzelfällen gelingt es aber auch, durch Spendenaufruf erhebliche Summen – rund 200 000 DM für den Wyhl-Prozeß oder rund 800 000 DM für ein Sperrgrundstück bei Gorleben – aufzubringen.

5 Diese Definition lehnt sich an Buchholtz, H.-C. (1978): Öffentlichkeitsarbeit in den Auseinandersetzungen um das Atomkraftwerk Wyhl. Prozeß demokratischer Willensbildung oder Beispiel für die Herrschaft der veröffentlichten Meinung? In: Buchholtz, H.-C. u. a. (1978): Widerstand gegen Atomkraftwerke. Informationen für Atomkraftwerkgegner und solche, die es werden wollen. Wuppertal. S. 49.

6 Die Anzeigenserie ist dokumentiert in: Der Bauplatz in Wyhl. Bürger wehren sich gegen ihren Staat. Dokumentation der Badischen Zeitung um das Projekt Kernkraftwerk Wyhl. Verlag Erde und Kosmos, 7869 Schönau/Schwarzwald, S. 164 f., 173, 192, 199, 208 f., 213 f. 221 f., die Anzeige der badisch-elsässischen Bürgerinitiativen S. 175. Siehe auch: Aktionskatalog des BBU e. V. (Diskussionsgrundlage), zu beziehen über die Geschäftsstelle des BBU, Hellbergstraße 6, 75 Karlsruhe 21, S. 43 f. und Buchholtz, H.-C. u. a. (1978): Widerstand gegen Atomkraftwerke. Informationen für Atomkraftgegner und solche, die es werden wollen. Wuppertal. S. 51.

7 Beispiele: Bild: Baby, Text: Noch macht die Sonne sein Fläschchen nicht warm; Bild: Junges Mädchen, Text: Meine Mutter demonstriert gegen Kernkraftwerke – ich nicht; Bild: Gesichter von zwei lachenden Mädchen und einem Jungen, Text: Sie verstehen mehr von Kernenergie als mancher Erwachsene.

8 Kraftfahrzeugkennzeichen des Landkreises Lüchow-Dannenberg.

9 Sie trug wesentlich dazu bei, daß Ministerpräsident Stoltenberg den Staatsvertrag zwischen Schleswig-Holstein, Niedersachsen und Hamburg über die gemeinsame Rundfunkanstalt Norddeutscher Rundfunk kündigte.

10 Lediglich das Nachrichtenmagazin Der Spiegel und die Illustrierte Stern bilden mit ihrer überwiegend positiven Einschätzung der Bürgerinitiativen und ihrer Ziele eine Ausnahme.

11 Z. B. bbu Aktuell, Göttinger Atomexpreß, Was Wir Wollen, Umwelt akut.

12 Z. B. Die Tageszeitung und Die Neue.

13 Siehe hierzu Mez, L. u. K. Tempel (ohne Jahresangabe): Atomenergie im Film. Dokumentation und Textbuch. ESG-Material Nr. 13. Evangelische Studentengemeinde in der Bundesrepublik und Berlin (West), Geschäftsstelle Kniebisstr. 29, 7 Stuttgart 1.

14 Siehe Aktionskatalog des BBU, Anm. 6, Kapitel VIII.

15 Beer, W. (1978): Lernen im Widerstand. Politisches Lernen und politische Sozialisation in Bürgerinitiativen. Hamburg. Moßmann, W. (1976): Volkshochschule Wyhler Wald.

In: H. Dauber/ E. Verne (Hrsg.): Freiheit zum Lernen. Alternativen zur lebenslänglichen Verschulung. Reinbek bei Hamburg. Beller, U. (1977): Bürgerproteste am Beispiel Wyhl und die Volkshochschule Wyhler Wald. In: H. Haumann (Hrsg.): Vom Hotzenwald bis Wyhl. Demokratische Tradition in Baden. Köln. S. 269–290.

16 Zur Geschichte des Widerstandes gegen die Industrialisierung des Oberrheintals: Nössler, B. und M. de Witt (Hrsg.) (1976): Wyhl. Kein Kernkraftwerk in Wyhl und auch sonst nirgends. Betroffene Bürger berichten. Freiburg. Moßmann, W.: „Die Bevölkerung ist hellwach!". Erfahrungen aus dem Kampf der badisch-elsässischen Bevölkerung gegen ein Atomkraftwerk in Wyhl und ein Bleichemiewerk in Marckolsheim. In: Kursbuch 39, S. 129–154. Wüstenhagen, H.-H. (1975): Bürger gegen Kernkraftwerke. Wyhl – der Anfang? Reinbek bei Hamburg. Gladitz, N. (Hrsg.) (1976): Lieber aktiv als radioaktiv. Wyhler Bauern erzählen: Warum Kernkraftwerke schädlich sind. Wie man eine Bürgerinitiative macht und sich dabei verändert. Berlin. Sternstein, W. (1978): Überall ist Wyhl. Bürgerinitiativen gegen Atomanlagen. Aus der Arbeit eines Aktionsforschers. Frankfurt. Gewaltfreie Aktion. Vierteljahresschrift für Frieden und Gerechtigkeit, Heft 24–34.

17 Unter K-Gruppen versteht man den Kommunistischen Bund Westdeutschlands (KBW), die Kommunistische Partei Deutschlands (KPD), die Kommunistische Partei Deutschlands/Marxisten-Leninisten (KPD/ML), den Kommunistischen Bund (KB) und andere kommunistische Splittergruppen.

18 Die Zeit, 5. August 1977, S. 3.

19 Der Spiegel, 8. August 1977, S. 54–56.

20 Aktionskatalog des BBU Anm. 10, S. 81.

21 Siehe bbu Aktuell Nr. 2, S. 46f.

Literatur

Battelle-Institut (1975): Bürgerinitiativen im Bereich von Kernkraftwerken. Frankfurt am Main.

Beer, W. (1978): Lernen im Widerstand. Politisches Lernen und politische Sozialisation in Bürgerinitiativen. Hamburg.

Buchholtz, H.-C. u. a. (1978): Widerstand gegen Atomkraftwerke. Informationen für Atomkraftwerkgegner und solche, die es werden wollen. Wuppertal.

Freudenthal, M. (1978): Bürgerinitiativen aus der Sicht von Regierungen, Parlamenten und Parteien. In: Buchholtz, H.-C. u. a.: Widerstand gegen Atomkraftwerke. Informationen für Atomkraftwerkgegner und solche, die es werden wollen. Wuppertal.

Hengesbach, T. (ohne Jahresangabe): Ziviler Ungehorsam und Demokratie. Überlegungen am Beispiel der Ökologie-Bewegung. Zu beziehen über: Versandbuchhandlung Weber-Zucht, Steinbruchweg 14, Kassel-Bettenhausen.

Mayer-Tasch, P. C. (1976): Die Bürgerinitiativbewegung. Der aktive Bürger als rechts- und politikwissenschaftliches Problem. Reinbek bei Hamburg. (Mit umfangreicher Bibliographie).

Moßmann, W. (1976): Volkshochschule Wyhler Wald. In: Dauber, H., und E. Verne (Hrsg.): Freiheit zum Lernen. Alternativen zur lebenslänglichen Verschulung. Reinbek bei Hamburg.

Sternstein, W. (1978): Bürgerinitiativen als vierte Gewalt? In: Scheuner, Sternstein, Kulbach: Bürgerinitiativen. Schriftenreihe der Niedersächsischen Landeszentrale für politische Bildung. Band 4. Hannover.

– (ohne Jahresangabe): Der Alltag des Widerstandes. Probleme einer langandauernden Platzbesetzung. In: Gewaltfreie Aktion 33/34.

Fallbeispiel XI: Öffentlichkeitsarbeit ist Politik – Bericht über ein nicht ganz unkompliziertes Verhältnis zwischen Politik und Öffentlichkeitsarbeit, dargestellt am Beispiel der „Reform des Bodenrechts" der SPD.

Henning von Borstell

1. Öffentlichkeitsarbeit als Teil des politischen Prozesses

Über politische Öffentlichkeitsarbeit gibt es von wenigstens drei Seiten sehr unterschiedliche Beurteilungen. Sie haben allerdings eines gemeinsam – sie stimmen nicht.

Von seiten des *Bürgers*, der sich hierzu oft als Wahlbürger äußert, ist politische Öffentlichkeitsarbeit „Propaganda", also ein besonders abgefeimtes Geschäft der Manipulation und Verschleuderung auch von öffentlichen Mitteln. Bekanntlich, so führt der erregte Bürger aus, werde nie so viel gelogen wie vor einer Wahl, während einer Beerdigung und nach 25 Jahren Ehe. Er sagt dies gewiß nicht ohne Grund. Es gibt in der Tat politische Kampagnen (also Maßnahmen einer gezielten Öffentlichkeitsarbeit), mit denen wenig Staat gemacht werden sollte, weil sie unverhohlen auf Vergeßlichkeit, Dummheit oder plumpen Eigennutz der Adressierten abstellt. Man spürt die Absicht und ist verstimmt. Beispiel: Die Schlagtotformel „Freiheit oder . . .".

Eine andere Gruppe ist im Bereich der sogenannten *Profis* zu suchen, also der hauptberuflichen PR-Manager, Art Directoren, Kreativdirektoren, Kontakter oder Texter auf dem Gebiet der kommerziellen Kommunikation und Werbung. Sie bieten ihre Dienste auch für politische Auftraggeber an (neues Modewort: social marketing) und dies in einem Vorverständnis, das sich aus ihrer kommerziellen Arbeit ableitet: Politik ist aus ihrer Sicht ein Produkt, das man unter Berücksichtigung moderner kommunikativer Erkenntnisse und ausgepichter Techniken verkaufen muß und kann.

Die Bestürzung bei ansonsten ausweislich erfolgreichen kommerziellen Werbern ist groß, wenn ihnen politische Auftraggeber in diesem Arbeitsverständnis nicht folgen können. Dies freilich mit Unterschieden. Im Europawahlkampf beispielsweise ließ die CDU gleich fünf Agenturen antreten und sich wohl in einer Konkurrenzpräsentation vorführen, wie man das Ding am besten schaukelt. Agenturen, die Gleiches mit der SPD vorhätten, seien darauf hingewiesen, daß sie aus eigentümlichen Gründen Gefahr laufen, ganz schnell ihre Etats aus der privaten Wirtschaft zu verlieren.

Und schließlich sind es *Politiker* selbst, die zur politischen Öffentlichkeitsarbeit gelegentlich ein schwieriges Verhältnis haben. Einerseits wünschen sie sich, daß ihre Politik eine möglichst breite Zustimmung findet, daß also Maßnahmen getroffen sind, die die Vermittlung von Politik hinreichend wirksam organisieren. Andererseits sehen sie in hauptberuflichen politischen Öffentlichkeitsarbeitern eine Zunft, die gleichsam ohne demokratisch legitimiertes Mandat in der Politik mitmischen will. Hinzu kommt, daß für die allermeisten gestandenen Politiker Wahlkampf ein Greuel ist, und sie gäben nicht wenig dafür, wenn sich ein Wahlkampfkonzept inklusive erfreulichem Stimmergebnis gleichsam als Paket kaufen ließe. Das wiederum führt mancherorts dazu, daß Werbeagenturen – wenigstens zeitweise – wie die Magier schalten und walten dürfen und die politische Verantwortung in Konzeption und im Detail zurücktritt.

Und damit schließt sich eigentlich der Kreis: Der Bürger erlebt – natürlich nicht frei von traditionellen Meinungsmustern, bestimmten Festlegungen und anderen kommunikativen Reizen – irgendeinen „Flop“ in der sogenannten politischen Werbung, die kommerziellen Werbeprofis werden fasziniert von der ihnen zeitweise zukommenden politischen Gestaltungsaufgabe und entpolitisieren sie damit fast regelmäßig, und Politiker schließlich sind wenig angezogen von diesem gleichsam unpolitischen Geschäft, für das sie letztlich doch die Verantwortung zu übernehmen haben und die sie jetzt gerne bei einem geplagten Agenturchef, bei den ihnen zugeordneten Öffentlichkeitsarbeitern oder auch bei Wählergruppen, die wieder einmal nicht hinreichend „begriffen“ haben, abladen würden.

Schlechte Erfahrungen mit der politischen Öffentlichkeitsarbeit bzw. entsprechende Fehleinschätzungen beruhen wohl darauf, daß gedanklich oft ein Unterschied zwischen der Politik selbst, also ihren *Zielen* bzw. konkreten Projekten, und der *Vermittlung* von Politik gemacht wird. Diese Unterscheidung ist künstlich und so nicht zulässig: Das eine, so scheint es, ist halt Politik, das andere nur Kommunikationstechnik. Genau hier liegt der entscheidende Punkt: Politik in einem demokratischen System verdient diese Bezeichnung erst dann, wenn die politische Idee in irgendeiner Form Wirkung zeigt, Bewußtsein prägt, immunisiert gegen allzu simple Gegenformeln, also letztlich demokratische Zustimmung organisiert und Mehrheiten schafft. Das heißt: Die Vermittlung von politischen Inhalten ist Teil der Politik selbst, macht diese überhaupt erst existenzfähig im demokratischen System. Politik schließt also einen oft sehr komplizierten kommunikativen Vorgang zwischen Absender und Adressat der Politik ein und muß davon ausgehen, daß diese Zustimmung in der Regel mühsam erarbeitet, nicht selten abgetrotzt werden muß. Denn der politische Prozeß findet weder im interessenneutralen, noch im vorurteilslosen, kurzum nicht im herrschaftsfreien Raum statt.

Politische Öffentlichkeitsarbeit, wenigstens aus sozialdemokratischer Sicht, kann nur erfolgreich sein, wenn sie von den folgenden Grundtatsachen ausgeht:

- eine in der Bundesrepublik sehr *einseitig strukturierte Presselandschaft*, in der die Vermittlung sozialdemokratischer Politik ohne Zensur und ohne politisch einseitige Einfärbung selten geworden ist;
- *elektronische Medien*, bei denen die übergroße Mehrheit aller herausgehobenen, also einflußreichen Posten in den Händen der konservativen Opposition

liegen (die durch die Einführung des Kabelfernsehens die Sache für sich vollends perfekt machen will);

- eine *außerparlamentarische politische Öffentlichkeit* durch zahllose Verbände und Organisationen, die sich offen oder verdeckt in das politische Geschehen einschalten und damit ebenso offen oder verdeckt gegen die Sozialdemokratie Stellung nehmen. Dies gilt sowohl für manchen Hirtenbrief vor der Wahl als auch für millionenschwere Anzeigenserien aus dem Hintergrund der Wirtschaftsverbände und des großen Geldes. Die Gewerkschaften sind als Absender von veröffentlichter Meinung übrigens ähnlichen Beschränkungen unterworfen wie die Sozialdemokratie. Für den Haus- und Grundbesitzerverband, Arbeitgeberverband oder Bauernverbandspräsidenten lassen sich vergleichbare Barrieren in der Massenpresse nicht feststellen.
- Schließlich ist es notwendigerweise *der demokratische Prozeß selbst*, der die Vermittlung von Politik nicht einfach macht. Politik kann unmöglich jedermann nur Vorteile schaffen. Und überall da, wo es den Nichtbegünstigten eines bestimmten politischen Vorhabens gelingt, andere vor ihren politischen Karren zu spannen und damit Mehrheiten zu verhindern, ist der politische Erfolg in Frage gestellt. Über die vom politischen Gegner weitgehend beherrschte Massenkommunikation ist es sogar möglich, bestimmte Politikbereiche von vornherein zu tabuisieren, also durch jahrelanges Trommeln bestimmter Beurteilungsschemata Politik auf diesem Gebiet überhaupt nicht mehr zuzulassen. Ein Beispiel dafür ist die im Sprachgebrauch der Bundesrepublik unheilvolle Gleichstellung zwischen Sozialisten und Kommunisten, die ihre starke Verankerung in der Adenauer-Ära hat und die es heute sprachlich schon verbaut, über die Grundwerte des demokratischen Sozialismus unbefangen zu diskutieren. Aktuelle Ereignisse wie z. B. ein sicherlich mit Berechnung angelegter Sternmarsch der Jungen Union zur Berliner Mauer einerseits und menschenverachtende Schießereien dort auf der anderen Seite lassen die für Propagandazwecke so bewährten Feindbilder ungebrochen fortbestehen. Es gehört einfach zum Standardrepertoire der konservativen Propaganda in Deutschland, daß sie in ihren Werbemitteln die Nationale Volksarmee aufmarschieren läßt und dies auch dann, wenn es beispielsweise um die erste Direktwahl zum Europaparlament geht (Werbespot der CDU, Europawahlkampf 1979).

Ein anderer Hauptverbündeter solcher Aktionen der Verweigerung oder schlichten politischen Nichtbefassung ist das leider oft *umfangreiche demokratische Pensum*, das jeder einzelne zu leisten hat, wenn er als Demokrat à jour bleiben will. Politische Grundhaltungen zeigen sich oft nur sehr versteckt im Detail. Und diese Details sind nicht immer einfach zu erschließen. So ist es beispielsweise Ausdruck eines bestimmten Menschenbildes, wenn von konservativer Seite die Beibehaltung der steuerlichen Anrechenbarkeit von Kosten für Kinder gefordert wird (der sogenannte steuerliche Abzug von der Bemessungsgrundlage), während von sozialdemokratischer Seite mit großen Schwierigkeiten eine Reform des Kindergeldes durchgedrückt werden mußte, in der der Besserverdienende nicht automatisch bessergestellt ist, nur weil er besser verdient (Prinzip des steuerlichen Abzugs von der Steuerschuld). Dies öffentlich auseinanderzupflücken und klarzumachen ist mehr als umfangreiche Erwachsenenbildung. 60 Millionen Bürger müssen irgendwie erreicht werden, und es leuchtet unmittelbar ein, daß man auch mit großzügig bemessenen Auflagen von Flug- und Handzetteln, die durch die Partei jetzt zu verteilen wären, nicht weiterkommt.

Auf der Ebene der Massenpresse tut man sich da wesentlich leichter. Das geschickt über die „Bild"-Zeitung (vgl. Bild am Sonntag, 15. 9. 1974) lancierte Ausstreuen einer Verdächtigung („Minister Vogel in Millionenskandal verwickelt?") kurz vor einer wichtigen Landtagswahl (1974) hat für die so tätigen Strategen des Springer-Konzerns nur Vorteile:

Der betroffene sozialdemokratische Minister kann zwar juristisch dagegen vorgehen, dies braucht jedoch Zeit. Inzwischen sind die Wahlen längst gelaufen. Juristischer Schlagabtausch ist im übrigen für den Normalbürger kaum nachvollziehbar. Er wird in der Regel vorher ermüden bzw. mit neuen, anderen Schlagzeilen abgelenkt, so daß er nicht mehr erlebt bzw. mit gleicher Schlagzeilenkraft informiert wird, daß die wenige Tage vor der Wahl ausgestreute Propagandalinie sich als völlig haltlos erwies. Nach gleichem Muster – und der politische Alltag ist übervoll davon – laufen Propagandalinien über angebliche Wegsteuerungs- oder Enteignungspläne der „Sozialisten". Sie werden gelegentlich sogar mit der Kompetenz akademischer Titel von Standesvertretern pressewirksam „vorgerechnet", und es wird praktisch unmöglich, den tiefverängstigten Mitbürger zu beruhigen und dafür zu gewinnen, daß er sich Zeit nimmt, oft recht komplexe Zusammenhänge verstehen zu lernen und damit zu begreifen, daß er soeben gezielt aufgewiegelt und betrogen worden ist.

Fazit insoweit:

Politische Öffentlichkeitsarbeit aus sozialdemokratischer Sicht ist vorrangig Auseinandersetzung mit veröffentlichter Meinung und den sie stützenden Meinungsmustern. Ihr Hauptziel ist die Aufrichtung einer „sozialdemokratischen Gegenöffentlichkeit", also eines Kommunikationssystems auf weitgehend personaler Ebene. Dies wiederum erfordert Selbstbewußtsein und Argumentationsfähigkeit der Betroffenen. Es ist deshalb keine sehr originelle Erkenntnis, daß der politische Gegner in seiner „Öffentlichkeitsarbeit" vor allem darauf abstellt, diese Argumentationsfähigkeit zu behindern und Selbstbewußtsein zu erschüttern (ein Beispiel aus neuerer Zeit: Die Verdächtigungskampagnen über die Boulevardpresse gegen Willy Brandt und Egon Bahr im Zusammenhang mit der Pacepa-Affäre (vgl. Anmerkung 1)).

Die nachfolgende Schilderung der Umsetzung eines Reformprojektes der Sozialdemokratischen Partei ist ein vollständiges Beispiel für das Grundverständnis und die Arbeitsbedingungen der politischen Öffentlichkeitsarbeit. Am Beispiel des

Themas „Reform des Bodenrechts" ist zu beschreiben, wie der Versuch angelegt war, für dieses Politikvorhaben demokratische Zustimmung zu erzielen. Politisch zu bewegen war ein kompliziertes und zugleich leicht emotionalisierbares Sachthema. Der politische Erfolg blieb partiell und wie es scheint befristet.

2. Reform des Bodenrechtes: Phasen politischer Überzeugungsarbeit

Zeitlicher Ablauf im Überblick

Die politische Forderung nach einer Reform des Bodenrechtes ist uralt. Die generationenlange Geschichte der Bodenreform ist im Grunde die Geschichte der Widerstände gegen dieses reformpolitische Ziel.

Die Sozialdemokratische Partei versuchte einen neuen Anfang in der Mitte der 60er Jahre. Damals waren, vor allen Dingen getragen durch den damaligen sozialdemokratischen Oberbürgermeister der Stadt München, Dr. Hans-Jochen Vogel, Überlegungen über die Notwendigkeit zur Reform der Bodenordnung öffentlich gemacht worden. Wie wenig es sich dabei um „ideologische" Erörterungen handelte, zeigt die Entwicklung der Bodenpreise in München ganz konkret. Bodenpreissteigerungen von über 2000 Prozent in 10 Jahren waren keine Seltenheit gewesen. Die Stadt, selbst dringend auf den Ankauf von Grundstücken zur Bereitstellung der erforderlichen Gemeinflächen angewiesen, ächzte unter der explosionsartigen Entwicklung der Bodenpreise.

Der besondere Irrwitz dieses Zustandes lag nun darin, daß die Stadt München durch ihre Ausbauleistung sogar noch dazu beitrug, ihre eigene Attraktivität zu steigern und damit die Bodenpreisentwicklung noch zu beschleunigen: Wie ein Schatten folgten Bodenpreissteigerungen z. B. Maßnahmen zur besseren Verkehrserschließung (Münchner Verkehrsverbund) und umfangreichen öffentlichen Bauvorhaben. Es war deshalb nicht verwunderlich, daß sich in München junge Wirtschaftswissenschaftler zusammenfanden, um das umfassende Ideengut der Bodenrechtsreform aufzuarbeiten. Ihr Ziel: Lösungsvorschläge für eine moderne Reform der Bodenordnung in die Politik hineinzutragen.

Die weiteren Stationen: Soweit steuerliche Maßnahmen diskutiert wurden (z. B. eine selbständige Bodenwertzuwachssteuer für außerordentlich hohe Spekulationsgewinne), wurden diese von der SPD auf ihrem Steuerparteitag in Bonn ausführlich aufgegriffen und diskutiert (1971). Hieraus erwuchs der Auftrag an eine spezielle Kommission, ein umfassendes Konzept zur Reform der Bodenordnung zu erarbeiten. Diese sogenannte Bodenkommission arbeitete bis zum Bundesparteitag der SPD in Hannover (1973) und legte dort ihr Konzept vor, daß nach entsprechender Beratung von den Delegierten praktisch einstimmig beschlossen wurde.

In der Zwischenzeit war allerdings eine vorgezogene Bundestagswahl (November 1972) fällig geworden, in der das Thema Bodenrecht eine besondere Rolle spielen sollte. Der politische Gegner hatte seine Chance darin erkannt, durch Verängstigung der kleinen „Häusler" dieses politische Thema auf seine Mühlen zu leiten.

Für die Partei entstand also nicht erst nach Abschluß der internen Sachdiskussion die Notwendigkeit, für ihr politisches Ziel im Rahmen ihrer Öffentlichkeitsarbeit zu werben und gewissermaßen vorbereitende Zustimmung für ihr späteres Konzept zu mobilisieren.

Nachdem der Bundesparteitag der SPD zum Bodenrecht beschlossen hatte, war es förmlich notwendig geworden, in einem geschlossenen Informationskonzept über diese Beschlüsse zu informieren und die parlamentarische Zustimmungsbasis für die von ihnen angestrebten gesetzlichen Maßnahmen abzusichern.

Bis zu diesem Zeitpunkt war das Thema „Bodenrecht" jedoch weitgehend durch die gleichsam konventionellen Maßnahmen und Ereignisse der Politik selbst vermittelt worden. Eine ganze Partei und ihre Spitzenpolitiker hatten – automatisch mehr oder weniger koordiniert – als Absender dieser Politik funktioniert. Es bedurfte nur unterstützender Maßnahmen durch Öffentlichkeitsarbeit im klassischen Sinn. Der eigentliche kommunikative Träger des Themas waren die handelnden Politiker, die Stehvermögen für ein reformpolitisches Ziel und damit die Bereitschaft zum positiven Konflikt mit all denen zeigten, die die offenkundigen Fehlleistungen der bestehenden Bodenordnung nicht wahrhaben wollten, Mißstände bagatellisierten und Lösungsvorstellungen entweder sachlich weitgehend aufweichen oder schlicht ideologisch verteufeln wollten.

Überlagernde politische Ereignisse (erste Energiepreiskrise, Weltwirtschaftskrise, das Hochschnellen der Arbeitslosigkeit) ließen jedoch das politische Ziel einer Reform des Bodenrechts an Gewicht verlieren. Koalitionsschwierigkeiten kamen hinzu. Die Dramatik des Problems ist jedoch keineswegs entschärft, die neueste Bodenpreisstatistik zeigt weiterhin kometenhafte Zuwächse und belegt, daß die sogenannten kleinen Häusler, vor allem aber die, die es selbst einmal werden wollen, durch diese Entwicklung benachteiligt werden: Sei es nun, daß sie als Hausbesitzer auf wichtige städtische Einrichtungen verzichten müssen, die die Stadt angesichts horrender Grundstückspreise nicht mehr bezahlen kann, oder sei es als kleine Bausparer, denen die Grundstückspreise hoffnungslos davonlaufen.

3. Maßnahmen zur Umsetzung des politischen Ziels „Reform der Bodenordnung" im einzelnen

Die Thematik „Reform der Bodenordnung" verblieb formal auf innerparteilicher Ebene bis zum Jahre 1973. Danach wurde sie in Form des Beschlusses des SPD-Parteitages offiziell der Öffentlichkeit übergeben. *Drei Phasen* lassen sich zweckmäßigerweise unterscheiden:

Die interne Diskussions-Phase zur Erarbeitung eines Sachkonzeptes: 1966–1971

Mit dem Eintreten aktiver Gruppierungen innerhalb der Partei für das Ziel der Bodenreform war dies Thema, wenn auch vorerst nur regional, bereits öffentlich geworden. Es erlangte rasch überregionale Bedeutung, weil (siehe oben) München als zukünftige Olympiastadt mit seinen Planungsvorhaben und Ausbauproblemen mehr und mehr in das öffentliche Interesse rückte und weil sozialdemokratische Spitzenpolitiker sich sehr des Themas annahmen. Der sogenannte Problemdruck und die hierzu stehenden Politiker waren damit der wesentliche Faktor des Kommunikationsprozesses, der sein erstes großes öffentliches Forum auf dem Steuerparteitag der SPD (1971) fand.

Wahlkampf-Phase: 1971–1973

Auf der Basis der steuerpolitischen Beschlüsse der SPD (Bodenwertzuwachssteuer), aber bis dahin noch nicht ausdiskutierter bau- und planungsrechtlicher Erfordernisse einer Reform der Bodenordnung ging die innerparteiliche Diskussion weiter. Eine eigens dafür eingesetzte Bodenkommission beim Parteivorstand arbeitete nahezu öffentlich und scheute sich auch nicht, mit bestimmten Zwischenberichten bzw. Expertenveranstaltungen an die Presse zu gehen. So zum Beispiel eine Pressekonferenz mit Prof. Dr. Konrad Littmann, Hamburg, der als renommierter Finanzwissenschaftler zur Bodenwertzuwachssteuer vor der Presse Stellung nahm.

Das kommunikativ wichtigste Ereignis für die Umsetzung des insgesamt noch nicht ausdiskutierten Themas war die vorgezogene Bundestagswahl 1972 und die darauf aufbauende Vorbereitung des ordentlichen Parteitages 1973 in Hannover.

Die Informations-Phase: 1973 ff.

Die vorerst letzte Phase ergibt sich aus dem Auftrag des Bundesparteitages an den Parteivorstand, die nunmehr erforderliche Informationsarbeit für das beschlossene Konzept mit großer Breitenwirkung voranzutreiben. Träger der Informationsarbeit war deshalb vor allem die Partei, sie blieb es auch im weiteren Verlauf. Auf politischer Ebene (parlamentarische Ebene, Ebene sozialdemokratischer Regierungsmitglieder) blieben die erforderlichen Aktivitäten aus oder zu kraftlos. Das eigentliche Ziel der politischen Öffentlichkeitsarbeit in Sachen Reform der Bodenordnung, die breite Absicherung von öffentlicher Zustimmung für ein notwendiges Reformvorhaben, ist deshalb nicht erreicht.

Maßnahmen in der Phase 1966–1971

Erarbeitung eines Arbeitspapiers zur Reform des Bodenrechtes durch den Wirtschaftspolitischen Club, München. Das Papier wurde mit Beispielen und weiterführenden Literaturhinweisen vor allen Dingen innerhalb der Sozialdemokratie stark verbreitet und prägte die innerparteiliche Diskussion vor. Zugleich regte es die wirtschaftswissenschaftliche Diskussion an und führte zu verschiedenen Veröffentlichungen (vgl. z. B. Möller 1968).

Die sich rasch meldenden politischen Gegner (vor allem auf der Ebene des Haus- und Grundbesitzerverbandes) machten es möglich, das Thema auch öffentlich kontrovers zu diskutieren bzw. durch verschiedene Forumsveranstaltungen auf universitärer Ebene umzusetzen.

Der pressemäßige Vorlauf zum Steuerparteitag der SPD in Bonn gab den steuerpolitischen Vorstellungen der SPD viel Raum. Das steuerpolitische Programm der SPD schloß eine neuzuschaffende Bodenwertzuwachssteuer ein. Der Gesamttenor der Presseberichterstattung war bis zu diesem Zeitpunkt ebenso ausführlich wie kritisch konstruktiv. Die konkrete Problemlage in München und in anderen Großstädten ließ eigentlich gar keine andere Möglichkeit. Eklatante Fälle von Spekulationsgewinnen und -gewinnlern wurden aufgegriffen und öffentlich erörtert. Die Möglichkeiten zur bildlichen und filmischen Umsetzung waren zahlreich und wurden genutzt. Hinzu kamen gelegentlich noch spektakuläre Aktionen, z. B. die eines Bürgermeisters vom Tegernsee (Bad Wiessee), der kurzerhand über Nacht durch Anschüttung einen Uferweg für die Öffentlichkeit erschloß, der bislang durch störrisch vorgeschobene Eigentümerrechte unmöglich gewesen war. Solche Aktionen fanden viel Verständnis auch bei den nicht unmittelbar Betroffenen.

In der Zwischenzeit freilich lernte auch der politische Gegner dazu und begann, sich konzentrierter und systematischer einzuschießen. Flugblätter und Mitgliederinformationen aus regionalen Büros des Haus- und Grundbesitzerverbandes tauchten auf und schilderten in grell entstellender Weise die Wirkungen einer Reform der Bodenordnung (vgl. dazu Richter 1973, S. 78ff.).

Maßnahmen der Phase von 1971–1973

Für die konzeptionelle Planung des Bundestagswahlkampfes 1972 war von vornherein klar, daß der politische Gegner alle Machtmittel einsetzen würde, um das Thema Bodenrecht für sich nutzbar zu machen. Die auf Angst ansetzende emotionale Grundanlage des Wahlkampfes der Opposition und der sie stützenden Verbände tat sich bei diesem Thema besonders leicht. Zum einen verfügten vor allen Dingen der Haus- und Grundbesitzerverband über einen umfassenden Verteiler, um an seine Adressaten jederzeit über Verbandsmitteilungen und andere Formen von Aussendungen heranzukommen.

Zum zweiten war die Urangst des kleinen Häuslers und all derjenigen, die es in ihrem Leben gerne einmal zu einem Haus bringen würden, jederzeit mobilisierbar durch Verdächtigungen, daß die „Sozialisten" durch „Neidsteuern" u. ä. m. den braven Mann um das von ihm selbst Erschaffene bringen wollten.

Auf dieser Ebene lag die gesamte Propaganda von rechts. „Achten Sie darauf, daß Sie am 19. November mit Ihrem Kreuz nicht Ihr Privateigentum durchstreichen" war noch eine vergleichsweise milde Formulierung des Haus- und Grundbesitzerverbandes. In Köln ließ er von „Experten" Rechenbeispiele vorführen, die die angeblich konfiskatorischen Wirkungen der SPD-Pläne deutlich machen sollten. Sie basierten auf falschen Annahmen und zielten offenbar darauf ab, das Geschäft mit der Angst von der Seite her zu betreiben (Richter 1973, S. 86).

Gegenmaßnahmen waren in dieser heißen Zeit praktisch nur auf dem Anzeigenwege möglich. Die Sachberichterstattung in der Presse setzte praktisch aus, denn das Thema Bodenrecht war inzwischen so sehr in die Wahlkampfauseinandersetzungen hineingezogen worden, daß jeder im Verdacht stand, sich parteipolitisch zu exponieren, wenn er das Thema pressemäßig aufgriff. Es blieb damit nur noch der Weg der gekauften Kommunikation bzw. quantitativ nun einmal schwächlicher Versuche, das Thema über Flugblattaktionen bzw. auf programmatischer Ebene in der Wahlaussage der SPD umzusetzen. Natürlich wurden für die Aktiven im Wahlkampf entsprechende Sachargumentationen zur Verfügung gestellt, doch fehlte erkennbar der nur über die Massenmedien zu vermittelnde kommunikative Überbau.

Maßnahmen für die Phase 1973ff.

Die vorläufig letzte Umsetzungs-Phase des Themas Bodenrechtsreform ist de facto, also politisch, zum Erliegen gekommen. Förmlich abgeschlossen ist sie nicht. Mit Vorliegen der Ergebnisse des ordentlichen Parteitages von 1973 in Hannover, auf dem die Reform der Bodenordnung ein herausragendes Schwerpunktthema war, begann die im traditionellen Sinne üblichen Umsetzung mit den Mitteln der politischen Öffentlichkeitsarbeit, also mit Bereitstellung von Argumentationsbroschüren, mit Zielgruppenarbeit und mit Plakatwerbung.

Aus der Mitte der Bodenkommission war eine Arbeitsgruppe gebildet worden, die eine leicht verständliche Fassung der Überlegungen zur Reform der Bodenordnung neben ihrer konzeptionellen Arbeit zu entwickeln hatte:

Ausgehend von praktischen Beobachtungen, die jeder Bürger heutzutage in einer konkreten Umwelt machen kann und die er trotzdem nicht gleich auf Ursachen in Unzulänglichkeiten des Bodenrechtes zurückführt, wurden entsprechende Texte aufgebaut. Sie erfolgten in Lernschritten und waren mit sehr viel exemplarischem Beispielmaterial ausgerüstet. Konkrete Belege dafür waren aus der ganzen Bundesrepublik gesammelt worden und wurden so zugeordnet, daß das Gesamtspektrum des bodenrechtlichen Problems in mehr als zehn Beispielsbereichen deutlich gemacht werden konnte.

Auf der Basis dieser Rohtexte konnte eine Künstlerin gewonnen werden, die mit dem Stilmittel der „naiven" Malerei bestimmte Lebenssituationen darstellte, die auf Probleme und Mißstände der heutigen Bodenordnung zurückzuführen sind.

Die Motive visualisieren die Lernschritte einer Argumentationsbroschüre in der Reihe „SPD Argumente". Die Broschüre schloß mit einem ausführlichen Katalog der gängigsten Argumente für und gegen das neue Bodenrecht und gab so eine Handreichung für das persönliche Gespräch aller Interessierten am Arbeitsplatz, in der Nachbarschaft oder unter Freunden. Die Broschüre wurde stark abgefordert und war in ihrer Konzeption richtungsweisend für gelungene, leicht faßliche Informationsarbeit. Die Schweizer Sozialdemokratische Partei übernahm später praktisch das gesamte Konzept.

Die Arbeiten der Künstlerin (Gunhild Terzenbach) boten zusätzlich Gelegenheit für eine kleine Wanderausstellung mit den Originalen und einem begleitenden Text, der es für Ausstellungsbesucher möglich machte, den Anschluß an die inhaltliche Diskussion zu finden. Stets wurde weiterführendes Informationsmaterial angeboten.

Als Blickfang für Informationsstände bzw. zur Beschickung von Informationskästen (Wandzeitungskästen, DIN-A 1-Poster im Querformat) wurden die gleichen Motive zum Bodenrecht verwendet. In einer Informationsspalte wurde das jeweils angesprochene Problemfeld kurz erläutert. Über Coupons stand weiterführendes Informationsmaterial zur Verfügung.

Die für Parteiwerbemittel fast ungewöhnliche Beliebtheit der angebotenen Materialien bestätigte eine wichtige Vorgabe für die Anlage und Gestaltung der Illustrationen: Die Motive sollten keine Gräben aufreißen, also nicht düstere schwärzliche Problemdarstellungen suchen, sondern auf sympathische Weise auf ein dringend lösungsbedürftiges Problem hinweisen. Sie sollten Brücken schlagen helfen für jene, die beispielsweise als Eigenheimer für das reformpolitische Ziel gewonnen werden mußten. Die politische Konfliktsituation war schon schwierig genug. Eine unnötige Polarisierung auf visueller Ebene hätte die Fronten nur noch weiter verhärtet.

Der aktuelle politische Bedarf nach weiterführender Information zur Reform des Bodenrechts ist in der Zwischenzeit – so scheint es – abgeflaut (vgl. Anmerkung 2). Überspitzt ausgedrückt: Der Problemdruck hat zwar eher zugenommen, die politische Auseinandersetzung mit ihm ist jedoch einstweilen rückläufig. Der Grund dafür liegt in überlagernden politischen Ereignissen, nicht aber in revidierten Ansichten. Das Problem ist und bleibt ausweislich dringlich und gewinnt an Brisanz. Einer der ganz großen alten Männer der Bodenreformbewegung, Prof. Oswald von Nell-Breuning SJ, schreibt nicht ohne Grund: „Selbstverständlich wird niemand sich der Täuschung darüber hingeben, daß hier der denkbar härteste Widerstand der Interessenten sich entgegenstellen wird; ob es gelingt, ihn zu überwinden, ist keine Frage der Finanzwissenschaft oder der Boden- und Raumordnung, sondern ausschließlich der politischen Moral" (von Nell-Breuning 1972, S. 15). Dem ist nur hinzuzufügen, daß auch die politische Moral Mehrheiten braucht und daß es der politischen Öffentlichkeitsarbeit als einem Teil der Politik darum gehen muß, im demokratischen System diese Mehrheit mit organisieren zu helfen. Das Stichwort dazu können jedoch nur die Politik und die Politiker selbst geben. Es sollte eher kommen, als es die Probleme und die von ihnen betroffenen Menschen schließlich selbst und dann gewiß nicht leise geben werden.

Anmerkungen

1 Vergleiche dazu die Dokumentation „Rufmord-Protokoll“ des Presse-Archivs des SPD-Vorstandes, Bonn 1979.

2 Inzwischen ist durch die Hausbesetzeraktivitäten der Informationsbedarf wieder rasant aktuell geworden.

Literatur

Bild am Sonntag, Ausgabe vom 15. September 1974.

Möller, H. (1968): Der Boden in der politischen Ökonomie. München.

Nell-Breuning, O. von (1972): Besteuerung des Bodenwertzuwachses? In: Aktuelle Schriftenreihe des Volksheimstättenwerks, Nr. 4, Köln.

Richter, J. (1973): „Klassenkampf von oben“ oder „Angstmacher von rechts“. Dokumente und Analysen eines gescheiterten Wahlkampfes. Reinbek bei Hamburg.

Fallbeispiel XII: Öffentlichkeitsarbeit und politische Parteien aus der Sicht der CDU

Karl-Joachim Kierey

„Politische Werbung ist eine demokratische Aufgabe in einer Massen-Gesellschaft mit Massen-Kommunikation. Insofern stützt Werbung das demokratische Prinzip" (von Mannstein 5. 9. 1980). So hat zutreffend der Inhaber einer Werbeagentur, die sich u. a. wesentlich auch mit politischer Werbung befaßt, den Grundimpuls für politische Werbe- und Öffentlichkeitsarbeit beschrieben. Politische Werbung aus der Sicht der CDU ist in der Tat nicht der mit allen werbepsychologischen Tricks durchgeführte Fang von Wählerstimmen im Sinne von Markenartikelwerbung, wobei nur auf den jeweiligen Wahltag geschielt wird, um dann in der Zwischenzeit den Bürger zu vergessen. Politische Werbung will mehr: Sie will in einem auf Dauer angelegten Prozeß Identifikation schaffen, Inhalte vermitteln, Images korrigieren, und sie will im Kern Kommunikation und Partizipation des Bürgers an politischen Prozessen erreichen.

1. Öffentlichkeitsarbeit als politische Kommunikation

Der Begriff „Kommunikation" hat sich in der Werbung in den letzten Jahren zunehmend durchgesetzt. Für den Bereich der Politik wird er noch nicht lange benutzt. Als Sammelbegriff für alle Vorgänge, bei denen es um den Kontakt zwischen Parteiorganisation und Bevölkerung geht, ist er neu eingeführt worden (vgl. Radunski 1980).

Mit der Benutzung des Begriffs Kommunikation soll deutlich werden, daß es für einen dauerhaften Erfolg politischer Organisationen nicht ausreicht, politische Botschaften als „Einweg-Informationen" in einem zeitlich recht eingeengten Rahmen an den Wähler zu bringen (insbesondere zu Wahlkämpfen). Es muß vielmehr dreierlei verdeutlicht werden:

a) Politische Kommunikation will nicht nur die Information des Bürgers im Wege eines eindimensionalen Prozesses von oben nach unten erreichen. Ihr Ziel ist es, dialogische Prozesse in Gang zu setzen, um über diesen Weg nicht nur Zustimmung zur eigenen Politik, sondern darüber hinaus Verständnis und so auch verstärkte Bindungen durch breite Wählerschichten zu erhalten.
b) Politische Kommunikation hat des weiteren zum Ziel, über den Weg des Dialogs bürgernahe Handlungsalternativen für die eigenen politischen Entscheidungen zu erhalten.
c) Der Begriff Kommunikation soll verdeutlichen, daß es sich bei alledem um eine Daueraufgabe handelt, der sich eine politische Organisation permanent zu unterziehen hat.

Kommunikation als Daueraufgabe – dies ergibt sich konsequent aus den oben formulierten Ansprüchen. Feste Bindungen und ein echter Dialog sind nicht durch lediglich ein- oder zweimalige Kontaktaufnahme erreichbar. Der in Wahlkämpfen von vielen Bürgern immer wieder erhobene Vorwurf, die Parteien kümmerten sich nur zu diesen Zeiten um sie, und der durch diesen Vorwurf deutlich werdende Mangel an politischer Geborgenheit ist ein klares Indiz dafür, daß sich die politischen Parteien der Daueraufgabe Kommunikation noch nicht hinreichend unterziehen.

1.2 Ziele der Kommunikation

Neben dem Oberziel der Stimmenmaximierung, das für politische Parteien völlig unverzichtbar ist, lassen sich die weiteren Ziele politischer Kommunikation wie folgt beschreiben:

a) Profilgewinnung
Unter diesem Stichwort wird die Notwendigkeit beschrieben, Vorurteile zwischen Partei und Bürger abzubauen (in beiden Richtungen!), Politik zu verdeutlichen und Images zu korrigieren und zu präzisieren.

b) Schaffung von Identität
Über Kommunikation soll für die Partei Vertrauen und Zustimmung beim Wähler erreicht werden. Es sollen sich möglichst viele Bürger mit ihren Anliegen bei der Partei gut aufgehoben wissen. Als ausgeprägtester Grad der Identität mit der Partei ist dann die Mitgliedschaft bei ihr anzusehen.

c) Darstellung von Sachkompetenz
Auf dem Wege der politischen Kommunikation kann die Partei dem Bürger Sachkompetenz verdeutlichen und zusätzliche Kompetenz gewinnen.

d) Bürgernähe
Bürgernähe ist ein Schlüsselbegriff für erfolgreiche Parteiarbeit, wobei die Kommunikation mit dem Bürger die Partei erst in die Lage versetzt, sachgerechte, politisch machbare und eben „bürgernahe" Lösungsvorschläge zu erarbeiten und anzubieten.

Unter politischer Kommunikation soll somit die Zusammenfassung und Kombination aller Maßnahmen verstanden werden, mit denen eine politische Partei in einen Dialog mit dem Wähler eintreten kann, um zum einen die politischen Programme, Ziele und Personen dem Wähler darzustellen, zum anderen vom Wähler die Informationen, Wünsche und Vorstellungen zu erhalten, die die Partei zur Formulierung und Gestaltung einer am Bürger orientierten Politik benötigt.

1.3 Rahmenbedingungen politischer Kommunikation

Jede Art von Kommunikationsarbeit sieht sich einem besonderen Umfeld ausgesetzt, auf dessen Rahmenbedingungen sie einzugehen hat. Für die politische Kommunikation unterscheiden sie sich in besonders hohem Maß von anderen Formen werblicher Kommunikation, da es hier um die öffentlichen Anliegen schlechthin geht, um die großen Fragen eines Staatswesens, die der allgemeinen Beurteilung und der allgemeinen Kontroverse ausgesetzt sind, mit denen sich viele beschäftigen und deren Inhalte von den unterschiedlichsten Meinungsverbreitern und Meinungsträgern in unterschiedlichster Weise interpretiert werden. Politische Kommunikation hat sich von daher mit den folgenden Rahmenbedingungen auseinanderzusetzen, die sich von denen anderer Kommunikationsträger (insbesondere der kommerziellen Werbung) deutlich unterscheiden.

a) Die totale Öffentlichkeit

Demokratische Volksparteien sind pluralistisch strukturiert und somit transparent. Alle wesentlichen Vorgänge (Programmdiskussion, Wahl von Führungspersonal, kontroverse Auseinandersetzungen) spielen sich völlig öffentlich ab. Die Politik selber, seien es wichtige politische Reden, sei es die Vorlage von Gesetzentwürfen, sei es die Auseinandersetzung mit dem politischen Gegner, ist in sich Öffentlichkeitsarbeit und bei weitem wichtiger als alle Plakate, Broschüren und Aktionen, die von den Spezialisten in den Parteizentralen erdacht und durchgeführt werden.

b) Die Massenmedien

Über kein Produkt wird in den Medien so intensiv berichtet wie über das „Produkt" Politik. Der Zugang zur Politik geschieht für den Bürger über die Massenmedien, wobei die entscheidende Rolle des Fernsehens immer gravierender wird. Die politischen Parteien sehen sich der Schwierigkeit ausgesetzt, daß sie wenig Chancen haben, ein ungefiltertes Bild über sich dem Bürger nahezubringen. In den entscheidenden Informationsträgern sind es Dritte (Journalisten), die ein gewichtiges Bild über die jeweilige politische Partei und ihre Politik vermitteln, in dem sich die politischen Parteien nur bedingt wiederfinden. Lediglich in Wahlkämpfen gibt es Sendezeiten in Hörfunk und Fernsehen. Kommunikationsarbeit in der Politik muß sich mit Images und Vorstellungen auseinandersetzen, die sich nicht im unmittelbaren Zusammentreffen von Produkt und Konsumenten ergeben (wie beim Kauf eines Produktes), sondern die eigentlich immer von dritten „Unparteiischen" vermittelt sind.

c) Die Wettbewerbssituation

Was in der Werbung für Konsumprodukte untersagt ist, ist für die politische Werbung das tägliche Brot – die vergleichende Werbung. Die positive Darstellung der eigenen Position und Vorschläge verbindet sich eigentlich immer mit der bewußt pointierten Abgrenzung zu den konkurrierenden politischen Parteien. Politische Kommunikation findet niemals in der Idylle der Alleinstellung statt, sie kann niemals davon ausgehen, daß eine Äußerung unkommentiert und unumstritten bleibt, sie muß sich immer bewußt sein, daß sie selbst Gegenstand der Auseinandersetzung ist.

d) Das sonstige Informationsangebot

Ein Gemeinwesen wie die Bundesrepublik Deutschland mit einem Netz dichtbesetzter Kommunikationswege leidet nicht unter einem Mangel an Informationen. Der einzelne Bürger hat weniger das Problem, keine Informationen zu erhalten, sondern aus der Fülle der Informationen auszuwählen. Bei dramatischen politischen Vorgängen ergibt sich dabei wenig Problematik. Dies ist jedoch nicht der Normalfall. Das Problem kontinuierlicher Öffentlichkeitsarbeit ist es, den Bürger an der eigenen Botschaft so zu interessieren, daß er daran partizipiert, obwohl vieles andere für ihn normalerweise interessanter ist: Freizeitangebote, ihn interessierende Produkte, Berufsinformationen. Die Beschäftigung mit Politik ist im Normalfall keineswegs das, was den Bürger am intensivsten beschäftigt.

e) Die Kompliziertheit von Politik

Eines der schwerwiegendsten Hindernisse für erfolgreiche politische Kommunikation ist die Kompliziertheit der Politik selber. Dies beginnt mit der vielen Bürgern unverständlichen politischen Sprache und endet bei der Kompliziertheit der Materie. Nur selten läßt sich eine Materie in ein einfaches Ja/Nein, in ein Entweder/oder-Schema bringen. Reduzierung auf den Kern der Dinge, auf wenige Grundaussagen und Tendenzen eines politischen Vorschlags ist jedoch die Grundbedingung für erfolgreiche Kommunikation zwischen Bürgern und Politik.

Innerhalb dieser Kommunikationsziele und Kommunikationsrahmenbedingungen spielt sich Öffentlichkeitsarbeit einer politischen Partei ab, wobei Wahlkämpfe jeweils die kompakteste Form der Bemühungen darstellen und somit besonders geeignet sind, als Fallbeispiel geschildert zu werden.

2. Fallbeispiel: Der Bundestagswahlkampf 1980

2.1 Die Wahlkampfebenen

Ein Bundestagswahlkampf umfaßt keineswegs nur den Zeitraum, der landläufig als der „heiße" Wahlkampf beschrieben wird (also die letzten vier bis sechs Wochen vor dem Wahltag). Die strategischen, inhaltlichen, organisatorischen Planungen beginnen vielmehr über ein Jahr vor dem eigentlichen Wahltag. Nicht viel später werden die ersten vorbereitenden Maßnahmen durchgeführt, wobei es sich zumeist um Maßnahmen der Information und ersten Vorbereitung der Kandidaten handelt. Etwa neun Monate vor dem Wahltag werden dann die ersten kommerziellen Werbemaßnahmen durchgeführt.

Dabei ist unter Wahlkampf nicht nur die politische Werbung zu verstehen. Die CDU versteht Wahlkampf vielmehr als einen umfassend angelegten Kommunikationsvorgang, der sich auf drei Kampagnenebenen abspielt:

a) Die politische Kampagne

Dieser Teil umfaßt die politischen Überlegungen, Handlungen und Verlautbarungen, mit denen innerhalb eines Wahlkampfes Wähler zur Stimmabgabe für die eigene Partei veranlaßt werden sollen. Das Wahlprogramm ist dabei ein wesentlicher Bestandteil der politischen Kampagne.

b) Die Werbekampagne

Unter der Werbekampagne werden alle kommerziellen Maßnahmen verstanden, die von der zentralen Wahlkampfleitung durchgeführt werden.

c) Die Mobilisierungskampagne

Die Mobilisierungskampagne umfaßt in diesem Kampagnenmodell alle Aktivitäten der Kandidaten, Funktionsträger und Mitglieder der Partei. Dieser Teil der Kampagne ist der eigentliche Wahlkampf „vor Ort".

In einem Wahlkampf wird jeweils versucht, diese drei Ebenen aufeinander abzustimmen und miteinander zu verknüpfen. Ein Wahlkampf wird umso effektiver sein, je optimaler diese Verzahnung gelingt.

2.2 Das Wahlkampf-Budget

Der Wahlkampf-Etat der CDU hatte im Bundestagswahlkampf 1980 eine Höhe von insgesamt 36 Mio. DM. Auf die wichtigsten Positionen verteilte sich dieses Budget prozentual wie folgt:

Organisationskosten (dazu gehören unter anderem: Durchführung von Kongressen und Parteitagen, Bundesrednereinsatz, allgemeine Personalkosten etc.)	30%
Zielgruppenarbeit	5%
Vorwahlkampf	8%
Fernsehen, Hörfunk	2%
Insertion im Hauptwahlkampf	18%
Plakatierung im Hauptwahlkampf	15%
Material für die Wahlkreise und Parteiverbände	10%
Kandidatenservice	3%
Kosten für Forschungsprogramme, Strategien, Einzelmaßnahmen etc.	9%
	100%

2.3 Die Wahlkampfphasen

Der Bundestagswahlkampf 1980 gliederte sich in vier Hauptphasen:

a) Die Informations- und Vorbereitungsphase
   Zeitraum: Herbst 1979

b) Die Vorwahlkampfphase I
Zeitraum: Januar bis März 1980
c) Die Vorwahlkampfphase II
Zeitraum: April bis Juli 1980
d) Der Hauptwahlkampf
Zeitraum: Die Monate August und September 1980

Die im folgenden geschilderten Einzelkampagnen waren in diese Phasenplanung eingebaut. Die Mobilisierungskampagne und der Kandidatenservice waren Einzelkampagnen, die den gesamten Zeitraum des Wahlkampfes umfaßten.

2.4 Die Mobilisierungskampagne

Die Mobilisierung der Parteimitglieder wurde als eine langfristige, den gesamten Wahlkampf begleitende Kampagne angelegt. Die CDU hat nahezu 700.000 Mitglieder. Es galt, diese Mitglieder geschlossen für den Einsatz für die CDU zu mobilisieren.

Die Mobilisierungsaktionen hatten drei Schwerpunkte:

a) Angebot einer umfassenden politischen Argumentation für die Mitarbeiter.
b) Motivation der Mitglieder zum persönlichen Einsatz für die Ziele der CDU in der Öffentlichkeit.
c) Motivation und Aktionsvorschläge für die praktische Parteiarbeit und Wahlkampfeinsätze.

Bei der Information der Mitglieder wurde zum einen auf die vorhandenen innerparteilichen Informationswege zurückgegriffen:

a) Die Parteizeitung „Deutsches Monatsblatt“, die einmal monatlich kostenlos an alle Parteimitglieder verschickt wird.
b) Der Informationsdienst „Union in Deutschland“, der im Wahlkampf in jeder Woche einmal an ca. 46.000 Funktionsträger der Partei versandt wurde.
c) Ein Sonderinformationsdienst „UiD Extra '80“, der an die ca. 12.000 Hauptträger des Wahlkampfes ebenfalls wöchentlich versandt wurde.

Zusätzlich zu dieser durchgehenden Information wurde die Partei von der zentralen Wahlkampfleitung mit insgesamt drei Maßnahmenkatalogen informiert, die im November, Mai und Juli 1980 die wichtigsten Informationen für die Partei enthielten.

Dieses durchgängige und effiziente Informationssystem erbringt für die CDU eine überaus wichtige Leistung.

Jedes einzene Mitglied der Partei ist über die Ziele und das Wahlkampfmaterial der Partei persönlich unterrichtet. Es bedarf hierzu nicht der Information durch zwischengeschaltete Parteiorganisationen, was Reibungsverluste bedeuten könnte. Jedes Mitglied ist auch in der Lage, beim computergesteuerten Versandzentrum der Partei alles Wahlkampfmaterial für den persönlichen Wahlkampf unmittelbar abzurufen. Auch in diesem Bereich, der zumeist eine Achillesferse von Parteiorganisationen ist, sind Reibungsverluste nahezu ausgeschlossen worden.

2.5 Kandidatenservice

Die Kandidaten spielen in dem Kommunikationskonzept einer politischen Partei eine zentrale Rolle. Sie sind durch ihren unmittelbaren Kontakt mit dem Wähler am ehesten und intensivsten in der Lage, dialogische Prozesse in Gang zu setzen und die politische Botschaft einer Partei ungefiltert durch die Medien an den Wähler zu bringen. Durch ein umfassendes und begleitendes Service-Angebot für die Kandidaten kann am ehesten die Einheitlichkeit der politischen Argumentation und des Erscheinungsbildes einer Partei gewährleistet werden.

Das Service-Angebot der CDU für die Kandidaten im Bundestagswahlkampf 1980 umfaßt folgende Kernpunkte:

a) Informationsservice

Ab Anfang 1980 stand bis zum Wahltag ein Telefonberatungsdienst für die Kandidaten und deren Helfer zur Verfügung.

b) Beratungsservice

Alle Kandidaten hatten die Möglichkeit, für ihren Wahlkampf das Beratungsteam einer Werbeagentur über die CDU-Bundesgeschäftsstelle in Anspruch zu nehmen.

c) Fotoservice

Zentrale Fototermine stellten sicher, daß jeder Kandidat optimale Portrait-Aufnahmen erhielt.

d) Werbeservice

Neben anderen Maßnahmen bot die Bundesgeschäftsstelle jedem Kandidaten insbesondere zwei zentrale Werbemittel an, die jeweils an jeden Haushalt im Wahlkreis verteilt werden konnten:

(1) *Kandidatenrahmenprospekt*

Die vorderen drei Seiten des Prospektes wurden mit einem bundespolitischen Teil vierfarbig bedruckt. Die anderen drei Seiten standen dem Kandidaten für einen individuellen Eindruck zur Verfügung.

(2) *Sonderseite in der Hauptwahlkampfillustrierten*

Jedem Kandidaten wurde in der Wahlkampfillustrierten des Hauptwahlkampfes eine Wechselseite zur Verfügung gestellt. Von dieser Illustrierten erhielt jeder Kandidat kostenlos 50.000 Exemplare.

e) Servicepakete

Den Kandidaten wurden im Laufe des Wahlkampfes vier Servicepakete zur Verfügung gestellt. Diese Pakete enthielten neben vielen anderen Materialien die folgenden Hilfen für die Kandidaten:

- eine Planungsmappe für die wichtigsten Unterlagen des Wahlkampfes
- Ein Planungspanorama für die individuelle Wahlkampfplanung des Kandidaten
- Aktionskonzepte mit Tips für den erfolgreichen Wahlkampf
- Reproreife Druckvorlagen
- Textvorschläge für Pressearbeit und Aktionen
- Textvorschläge für Zielgruppenbriefe
- Anzeigenvorlagen

2.6 Informations- und Vorbereitungsphase – Herbstaktion „Auftakt '80"

Anfang November 1979 startete die Bundesgeschäftsstelle im Rahmen der Informations- und Vorbereitungsphase die erste Aktion dieses Wahlkampfes unter dem Motto „Auftakt '80". Ziel der Aktion war es, zum einen der breiten Öffentlichkeit erstes Material über den Kanzlerkandidaten und die programmatischen Grundlagen der CDU zugänglich zu machen, zum anderen der Partei notwendige Informations- und Argumentatonshilfen für den Wahlkampf und den Beginn des Wahljahres zu geben und damit eine erste Mobilisierung zu erreichen.

2.7 Die Vorwahlkampfphase I – Die Einstimmungskampagne

Die Einstimmungskampagne für die Bundestagswahl 1980 wurde am 5. Januar, dem Geburtstag Konrad Adenauers, gestartet und umfaßte den Zeitraum des ersten Quartals 1980. Inhaltliches Ziel der Kampagne war es, eine Reihe grundlegender politischer Themen, die in der Wahlkampfauseinandersetzung eine Rolle spielen würden, der Öffentlichkeit bewußt zu machen und hierfür eine erste Sensibilisierung zu erreichen. Es handelte sich hierbei im einzelnen um die Themenfelder „Frieden", „Freiheit", „Sicherheit", „Mitmenschlichkeit", „Zukunft", Solidarität", „Gerechtigkeit".

Ein zweites Anliegen der Kampagne war es, der Bevölkerung noch einmal die „Institution" CDU sowohl in ihren geschichtlichen wie auch aktuellen Aspekten vor Augen zu stellen und eine historische Brücke von Konrad Adenauer bis zum Kanzlerkandidaten der Union, Franz Josef Strauß, zu schlagen.

Ein drittes Ziel der Kampagne war es, mit interessierten Mitbürgern in einen Dialog zu treten. Zu diesem Zweck wurden alle Werbemittel mit einem Coupon versehen, mit dem man Material über die CDU und/oder den Kanzlerkandidaten anfordern konnte. Darüber hinaus konnte die Bereitschaft zum Spenden bzw. zur Mitgliedschaft erklärt werden.

Zielgruppe für diese Kampagne waren in erster Linie Wähler mit schwacher und mittlerer Bindung an die CDU, die zu diesem frühen Zeitpunkt bereits auf eine Stimmabgabe für die Union fixiert werden sollten. Darüber hinaus wurde ein weiterer Akzent auf weibliche Wähler gelegt.

Die Kampagne umfaßte drei Maßnahmen:

a) Eine Anzeigenkampagne
b) Eine 16seitige Illustrierte
c) Ein Film über den Kanzlerkandidaten der Union und die CDU

2.8 Die Kampagnen der Vorwahlkampfphase II

2.8.1 Die Zielgruppenkampagne

Die CDU hat mit einer umfassend angelegten, methodisch und demoskopisch sorgfältig vorbereiteten Zielgruppenkampagne ein neues Kapitel in der Geschichte der Bundestagswahlkämpfe aufgeschlagen. Die Zielgruppenkampagne ergänzte die Basiskampagne. Ihr lag dasselbe Programm zugrunde. Die Zielgruppenkampagne gab aber im Unterscheid zur Basiskampagne die Möglichkeit, detaillierter auf die jeweils interessierenden Probleme einzugehen. Darüber hinaus konnte dem unterschiedlichen Kommunikationsverhalten der Bevölkerung besser Rechnung getragen werden. Die differenzierten Präferenz- und Mobilitätsstrukturen der verschiedenen Bevölkerungsgruppen konnten berücksichtigt werden.

Der Schwerpunkt der Kampagne lag in der Zeit der Sommerferien. Angesprochen wurden vor allem

- die 6 Millionen wahlberechtigten Jungwähler im Alter von 18 bis 24 Jahren
- die 23 Millionen wahlberechtigten Frauen
- die 20 Millionen wahlberechtigten Arbeitnehmer, besonders die über 8 Millionen gewerkschaftlich organisierten sowie
- der Mittelstand.

Weitere Sonderaktionen richteten sich an die städtische und ländliche Bevölkerung sowie an die Studentenschaft.

Kern aller Zielgruppenansprachen waren verschiedene Anzeigenkampagnen, die sich an die jeweilige Gruppe richteten. Hierbei wurden unter Berücksichtigung der aus den Media-Analysen vorhandenen Zahlen die Publikationen ausgewählt, bei denen in der jeweiligen Zielgruppe die größtmögliche Reichweite erzielt werden konnte. Weitere Materialien im Rahmen dieser Zielgruppenkampagnen waren Aktionshandbücher, Illustrierte und Broschüren, Wandzeitungen, Aufkleber und Prospekte.

2.8.2 Die Vorkampagne für den Kanzlerkandidaten

Mitte Mai führte die CDU-Bundesgeschäftsstelle ihren Wahlkampfparteitag durch, der traditionsgemäß etwa vier Monate vor dem Wahltag liegt und mit dem der eigentliche Wahlkampf begonnen wird. Mit diesem Parteitag wurde der Wahlkampfslogan („Für Frieden und Freiheit") der Öffentlichkeit vorgestellt, das Wahlprogramm verabschiedet und die Werbelinie präsentiert.

Mit dem Parteitag startete die CDU eine breit angelegte Sympathiekampagne für den Kanzlerkandidaten, die zwei Hauptbestandteile hatte:

a) Eine Anzeigenkampagne
b) Eine Großflächenplakatierung

2.8.3 Die Sommerkampagne

Für eine Oppositionspartei endet mit dem letztmaligen Zusammentritt des Deutschen Bundestages, der traditionell seine Sitzungen vor der Sommerpause bis zum Wahltag beendet, die Möglichkeit, auf institutionalisierter Ebene sich politisch Gehör zu verschaffen und zu handeln. Demgegenüber haben die Regierungsparteien den Vorteil, daß die von ihnen gestellte Regierung voll handlungsfähig ist und ohne ein entsprechendes Gegengewicht der Opposition frei agieren kann. Aus diesem Grunde bedarf es gerade für die Sommerpause einer besonders sorgfältigen Planung, um die regierenden Parteien nicht einen Vorsprung erreichen zu lassen, der im Wahlkampf selbst nicht mehr aufholbar ist.

Im Rahmen des weiter oben geschilderten Modells der drei Kampagnenebenen führte die CDU deshalb im Bundestagswahlkampf 1980 folgende Sommerkampagne durch:

a) Auf der Ebene der *politischen Kampagne* wurde eine Fülle von zentralen Pressekonferenzen durchgeführt, in denen die jeweiligen Sprecher der Partei die politischen Vorhaben der Union im Falle eines Wahlsieges im jeweiligen Fachgebiet darstellten.
b) Auf der Ebene der *Medienkampagne* wurden in diesem Zeitraum insbesondere die gesamten Anzeigenkampagnen für Zielgruppen durchgeführt sowie die erste umfassende Großflächenplakatierung für den Kanzlerkandidaten.
c) Im Bereich der *Mobilisierungskampagne* wurde zum einen auf dem Bundesparteitag im Mai der erste Werbemittelkatalog für die Partei vorgestellt, zum anderen ein „Tourenplaner" erarbeitet, der als ein Sympathiewerbemittel Urlaubsvorschläge für die Bürger in Deutschland enthielt und der sowohl von der Partei wie auch kommerziell an ausgewählten Ferienorten verteilt wurde. Darüber hinaus erhielten die Parteigliederungen und die Kandidaten eine Fülle von Vorschlägen für gezielte Sympathiemaßnahmen in den Sommermonaten.

2.9 Der Hauptwahlkampf

Der Hauptwahlkampf der CDU konzentrierte sich in seiner entscheidenden letzten Phase inhaltlich auf vier politische Schwerpunkte:

a) Den Spitzenkandidaten Franz Josef Strauß
b) Die Mannschaft der CDU
c) Das Programm der CDU
d) Den Angriff gegen den drohenden SPD-Staat, wobei besonderes Gewicht auf die sich deutlich abzeichnenden Gefahren im ökonomischen und sozialen Bereich (geplante Steuererhöhung, drohende wirtschaftliche Rezession und Arbeitslosigkeit, steigende Auslandsverschuldung, Gefährdung der deutschen Währung, Rentenproblematik) gelegt wurde. Dies waren – neben der Außenpolitik – im wesentlichen die Themen, die in den folgenden hier nur kurz geschilderten Einzelkampagnen durchgehend behandelt wurden.

2.9.1 Fernsehen und Hörfunk

Kein Medium in der Bundesrepublik Deutschland erreicht mehr Bürger als Fernsehen und Hörfunk. Von daher sind die elektronischen Medien im Wahlkampf von herausragender Bedeutung, auch wenn sie vom Wahlkampf-Budget her nur einen sehr geringen Teil der Kosten beinhalten, da die Sendezeiten den einzelnen Parteien nach dem Ergebnis der letzten Wahl zugeteilt werden und der Zukauf weiterer Sendezeiten in Deutschland gesetzlich untersagt ist.

Für die von ARD und ZDF je neun zur Verfügung gestellten Sendetermine à $2^1/_2$ Minuten wurden 8 Fernsehspots konzipiert, die abwechselnd zum Einsatz kamen.

Im Bereich des Hörfunks standen der CDU insgesamt 77 Einschalttermine zur Verfügung, wobei hier die Möglichkeit der Regionalisierung dahingehend genutzt wurde, daß im einzelnen Spot neben dem Kanzlerkandidaten jeweils führende Politiker der entsprechenden Region im Sendebereich zu Wort kamen.

2.9.2 Die Anzeigenkampagne

a) Insertion in regionalen Tageszeitungen

Die regionale Tageszeitung gehört zu den Massenmedien, mit denen weitgehend die gesamte Bevölkerung erreicht werden kann – auch in kleineren Ortsgrößen. Sie hat den Vorteil der regelmäßigen Nutzung durch den Leser, so daß auch Anzeigenserien weitgehend vom Publikum aufgenommen werden.

Der von der CDU gewünschte hohe Werbedruck wurde durch den Einsatz von 11 Anzeigen in 5 Wochen erreicht. Es wurden Anzeigen im Format $^1/_3$ Seite quer schwarz-weiß geschaltet. Auf die Benutzung einer Zusatzfarbe wurde verzichtet und dafür die Frequenz erhöht.

Der Beginn der Kampagne lag in der letzten Augustwoche. Die Anzeigen wurden montags und freitags geschaltet. In der Wahlwoche wurde zusätzlich eine Anzeige in der Samstagsausgabe geschaltet. Mit der Tageszeitungskampagne wurden ca. 85% der Gesamtbevölkerung erreicht.

b) Anzeigenserie in der Bild-Zeitung

In der Bild-Zeitung wurden ebenfalls 11 Anzeigen mit Zusatzfarbe rot auf der Titel- bzw. Rückseite geschaltet. Die Anzeigen waren anders gestaltet als die in den Tageszeitungen und waren als Begleitaktion zur Tageszeitungskampagne zu sehen. Pro Einschaltung konnten ca. 25% der Gesamtbevölkerung erreicht werden.

c) Anzeigen in Wochenzeitungen

In den Wochenzeitungen wurden je 3 Anzeigen im Format 1/3 Seite schwarz-weiß über Blattbreite veröffentlicht.

d) Zeitschriftenwerbung / Beihefter

Während die Anzeigenschaltung in Tageszeitungen und der Plakatanschlag flächendeckende Maßnahmen sind, können Zeitschriften zielgenauer eingesetzt werden, da ihre Leserschaft besser eingrenzbar ist. Anhand der vorliegenden wissenschaftlichen Untersuchungen wurde bei der Auswahl der Titel in der Zeitschriftenwerbung insbesondere das Randwählerpotential der CDU angesprochen.

Hierbei handelt es sich im wesentlichen um mittlere Altersgruppen in unteren und mittleren sozialen Schichten, insgesamt ein Personenkreis von ca. 7,5 Mio..

In den ausgewählten Titeln wurde in 3 Ausgaben jeweils auf 2 hintereinander liegenden Seiten eine 2/3 Seite belegt. Auf der ersten Seite wurde das behandelte Thema problematisiert, auf der anderen Seite die Lösungsmöglichkeit durch die Union dargelegt.

Darüber hinaus wurde einmal ein achtseitiger Beihefter eingelegt, in dem die Hauptthemen der Wahlkampagne zusammengefaßt waren. Dieser Beihefter wurde außerdem kommerziell in ausgewählten Städten verteilt.

2.9.3 Die Plakatkampagne

Trotz vielfältiger Kritik an der angeblichen Inhaltslosigkeit politischer Plakate ist das Plakat immer noch eines der wesentlichsten Werbemittel in Wahlkämpfen. Erst wenn die Plakatierung beginnt, weiß der Bürger, daß nunmehr die Wahlkampfzeit begonnen hat. Demoskopische Untersuchungen bestätigen, daß von den Wählern die Plakate als eines der wichtigsten Mittel im Wahlkampf verstanden und angenommen werden. In der kritischen öffentlichen Diskussion wird dabei immer vergessen, daß das Plakat eher die Rolle des Signals für die eigene Anhängerschaft spielt, als daß es ein Medium ist, noch unentschiedene Wähler zur Wahlentscheidung für die eine oder andere Partei zu bringen. Die inhaltliche Auseinandersetzung wird über die Medien Anzeigen, Broschüren, Prospekte etc. geführt.

Aus dieser Erkenntnis ist auch im Bundestagswahlkampf 1980 von der CDU eine groß angelegte Plakatkampagne durchgeführt worden. Gemäß dem Wahlkampfabkommen der politischen Parteien beschränkte sich die Zeit der kommerziellen Plakatierung auf zwei Dekaden vor dem Wahltag. In diesem Media-Konzept plakatierte die CDU wie folgt:

- im allgemeinen Anschlag 3/1 Bogenplakate in Städten bis 50.000 Einwohner
- im Berich der Ganzstellen eine Dekade in Orten ab 50.000 Einwohner
- im Bereich der Großflächen (18/1 Bogen) zwei Dekaden flächendeckend.

Es wurden insgesamt ca. 26% aller verfügbaren Stellen von der CDU gemietet. Um die öffentliche Präsenz zu steigern, wurden für alle Bahnhöfe Tafeln geordert sowie für wichtige Bahnverkehrsknotenpunkte Fensteraufkleber an S-Bahnen und Regionalbahnen vorgesehen.

2.9.4 Druckschriften im Wahlkampf

Es war das Ziel der zentralen Wahlkampfleitung, alle 20 Mio. Haushalte der Bundesrepublik Deutschland mindestens zweimal zentral anzusprechen. Für dieses Ziel wurden den Verbänden der Partei folgende Materialien zur Verfügung gestellt:

a) Eine 8seitige Wahlkampfillustrierte

b) Eine Zeitungsbeilage „Deutschland hat allen Grund, CDU zu wählen". 6.000.000 Exemplare wurden Publikumszeitschriften beigeheftet, 4.000.000 Exemplare in ausgewählten Großstädten kommerziell verteilt.

c) Ein Kandidatenprospekt (Auflage: 19.000.000 Exemplare)

d) Eine Reihe von Flugblattexten zu aktuellen Themen, die im Rahmen der Werbelinie von den örtlichen Parteien selbst produziert wurden (Gesamtauflage: 22.000.000).
Hinzu kamen drei zentrale Flugblätter mit einer Gesamtauflage von über 3.000.000 Exemplaren.

e) Fernseh-Flugblätter
Im Anschluß an die wichtigsten Fernsehsendungen mit Spitzenpolitikern wurden Flugblattexte erstellt, die über Nacht gedruckt und dann von den CDU-Verbänden vor Bahnhöfen, auf Marktplätzen etc. verteilt wurden. Die 5 Flugblätter erreichten eine Gesamtauflage von ca. 9.000.000 Exemplaren.

f) Die Briefwahl
Wie auch in den vorangegangenen Wahlkämpfen kam der Briefwahlmöglichkeit besondere Bedeutung zu, zumal der der CDU nahestehende Anteil der von der Briefwahl Gebrauch machenden Wählerschaft besonders hoch liegt. Mit einer speziellen Kampagne hat die Bundesgeschäftsstelle die Briefwahl unterstützt.

Literatur

Mannstein, G. v. (1980): Ohne Titelangabe. In: Rheinischer Merkur vom 5. 9. 1980.
Radunski, P. (1980): Moderne Wahlkampfführung als politische Kommunikation. München.

Fallbeispiel XIII: Öffentlichkeitsarbeit an Hochschulen – Ein Fallbeispiel über die Vermittlung von Hochschulpolitik und Universitätsforschung an die Öffentlichkeit

Jan Tonnemacher

1. Wissenschaft und Öffentlichkeit

Das Verhältnis zwischen der Institution Hochschule und ihrem „Produkt", der Wissenschaft, einerseits sowie den Adressaten (der Öffentlichkeit) andererseits ist heute gestört und gespannt, und in diesem Spannungsverhältnis agiert der „Öffentlichkeitsarbeiter" einer Hochschule mit gewöhnlich unzureichenden Mitteln. „Wissenschaft verkauft sich schlecht" (Buschbeck 1978), oder auch die Feststellung von einer „Akzeptanzkrise" (Buschbeck 1978) der Wissenschaft in der Öffentlichkeit beschreiben nur die Unfähigkeit der beteiligten Seiten, sich gegenseitig verständlich zu machen. Auch über die Ursachen dieser Krise zwischen einer Öffentlichkeit einerseits, die aus wissenschaftlich interessierten Bürgern, aus Politikern in Landtagsausschüssen für Bildung, Wissenschaft oder Finanzen oder aus Steuerzahlern, die Rechenschaft über die Verwendung der von ihnen zur Verfügung gestellten Mittel erwarten, bestehen kann und Wissenschaftlern in Forschungsinstitutionen, Universitäten und in der Industrie andererseits ist seit einigen Jahren eine breite Diskussion in Gang gekommen.

Das gestörte Verhältnis von Wissenschaft und Öffentlichkeit ist gekennzeichnet durch Mißtrauen, wenn nicht gar Angst, bedingt vor allem durch wachsendes Bewußtsein von schädlichen Folgen einer fortschrittsgläubigen Technologieentwicklung (Stichworte: Kernenergie, Umweltbelastung oder arbeitsplatzvernichtende Mikroprozessorenentwicklung) oder von der befürchteten Irrelevanz großer Forschungsprogramme, z. B. im Bereich der Raumfahrt oder der Kommunikationstechnologie. In einer von der EG-Kommission in den neun Mitgliedsländern durchgeführten Umfrage wurde den Bürgern der Bundesrepublik bescheinigt, das geringste Vertrauen zur Wissenschaft zu haben (vgl. Barthenheier 1978, S. 32).

Für die Universität und ihren Anteil an den Forschungsaktivitäten in der Bundesrepublik kommt erschwerend einiges hinzu: Die Negativbesetzung des Images der Hochschulen mit Assoziationen wie Studentenunruhen, Vorlesungsstreiks, Numerus Clausus oder Akademikerarbeitslosigkeit; das Abrutschen der Universität auf der Rangskala vertrauenseinflößender öffentlicher Institutionen (Buschbeck 1978); die Schwarzmalerei demoskopischer Umfragen, deren Ergebnisse je nach Lage der Dinge dazu benutzt werden, die Mehrheit der Studenten als kommunistisch einzuschätzen (wie eine Umfrage des Instituts für Demoskopie Allensbach der Frankfurter Allgemeinen Zeitung aus dem Jahre 1978), die Lage der Forschung für katastrophal zu erklären (vgl. Anm. 1) oder eine Rangskala der Berufschancen von Hochschulabsolventen aufzustellen, bei der offensichtlich nichts als die Vorurteile des Fragers und der befragten Personalchefs von Großfirmen, Personalberater und Hochschuldekane festgestellt werden (vgl. Anm. 2).

Dazu kommt, daß die hochschulpolitischen Meldungen das Geschehen meist nur verkürzt darstellen können, daher in der Öffentlichkeit weitgehend auf Unverständnis stoßen und oft wiederum zu einer Verfestigung von Vorurteilen über Chaos und angeblichen Terror an den Universitäten beitragen. Charakteristisch hierfür ist, daß die 25.000 in einem Semester an einer großen Universität durchgeführten Lehrveranstaltungen keine Meldung (wert) sind, aber die – vielleicht nur *eine einzige* – gestörte Veranstaltung herausgestellt wird. Geht man diesem Thema nach, so wird man fragen müssen, wessen Informationsbedarf sich denn in dieser Tatsache manifestiert, der des Redakteurs oder der der Leserschaft. Unbezweifelbar ist die Störung einer Vorlesung ein wesentlicher Vorgang an einer Universität, und ein Bedarf nach einer solchen Information braucht nicht erst artikuliert zu werden; fragwürdig muß aber bei der Behandlung dieser Nachricht dann doch ihre Gewichtung erscheinen und die Bedeutung, die sie in der vereinseitigten Darstellung durch ihre Überbewertung erfährt. Während diejenigen, die einmal an einer Universität studiert haben, nicht mehr wissen, was heute dort vorgeht, finden Studenten und Mitarbeiter, die täglich dort arbeiten, die „Realität", die sie „an der Universtität erlebe(n), . . . in den Medien nicht widergespiegelt" (Langenbucher 1979, S. 32).

Die Universität ist in die Defensive gedrängt; sie gerät zunehmend unter Rechtfertigungsdruck und wird vielleicht versuchen, Verbesserungen an ihrem negativen Image vorzunehmen, indem sie die Leistungen, die dort tagtäglich in Forschung und Lehre erbracht werden, „verkauft" und die Hochschulpolitik dafür etwas mehr in den Hintergrund treten läßt. Denn Anzeichen für öffentlichen Unmut gegenüber der Wissenschaft sind in vielen Bereichen festzustellen und wirken letztlich meist materiell auf die Forschungsinstitutionen zurück.

Im Rahmen der Diskussionen um die „Wissenschaftsfeindlichkeit" ist kürzlich auf einem Seminar im Bonner Wissenschaftszentrum ein Schweizer Forscher, Prof. Lübbe, mit der erstaunlichen These an die Öffentlichkeit getreten, die Wissenschaftspublizistik sei noch nie so gut und leistungsfähig gewesen wie heute und habe *eben dadurch* auch zu Nachdenken und Skepsis in der Öffentlichkeit beigetragen; mehr Transparenz habe der Wissenschaft somit Nachteile gebracht (vgl. Anm. 3).

Journalisten wiesen demgegenüber beispielsweise darauf hin, daß die Forschungsseiten der großen Tageszeitungen ein „hoffnungsloses Minderheitenprogramm" darstellten (Buschbeck 1978, S. 3), wobei anzumerken wäre, daß Lübbes These sich in erster Linie auf Meldungen bezogen haben dürfte, die sich längst nicht mehr auf der Seite „Forschung und Technik" befinden und in den Ressorts Wirtschaft, Politik oder Lokales als „fragwürdige Bestseller" (Lübbe zit. n. Barthenheier 1978, S. 32) mit entsprechend stärkeren Beachtungswerten abgedruckt sind.

Dennoch kann und darf es kein zurück in den Elfenbeinturm geben. Die Folgen wissenschaftlicher Tätigkeit betreffen jeden einzelnen Bürger in seinem unmittelbaren Lebensbereich, privat oder am Arbeitsplatz; er soll Wissenschaft daher in ihrer Bedeutung für sich und für die Allgemeinheit anerkennen und verstehen lernen, aber auch Skepsis und Kritikfähigkeit ihr gegenüber entwickeln. Der auf dem Bonner Seminar beklagte Zustand scheint Ausdruck einer weitergehenden Demokratisierung der Wissenschaft zu sein, in der diese zwar ihres Heiligenscheins verlustig geht, Zugänglichkeit und Transparenz dafür aber erheblich besser geworden sind.

2. Wissenschafts- und Hochschulberichterstattung in den Medien

Nach einer vergleichenden empirischen Untersuchung der Hochschul- und Wissenschaftsberichterstattung in acht überregionalen, regionalen, lokalen und Kaufzeitungen kommt ein Sozialwissenschaftler zu dem Schluß: „Die Information über Wissenschaft und Forschung ist noch immer ein Stiefkind der Berichterstattung in der Tagespresse“ (Depenbrock 1976, S. 351). Der Anteil der Berichterstattung über Hochschulen und Wissenschaft am Gesamtumfang des redaktionellen Textteils betrug im untersuchten ersten Quartal 1974 zwischen knapp 5 Prozent bei „Welt“ und „Frankfurter Rundschau“ und etwa 1 Prozent beim „Express“; im Durchschnitt ca. 60 Prozent dieses Anteils entfielen dabei jeweils auf Wissenschafts- und 40 Prozent auf Hochschulberichterstattung (Depenbrock 1976, S. 105, Tab. 10). In der Wissenschaftsberichterstattung wird vor allem berichtet über Naturwissenschaften und Technik sowie in zunehmendem Maße auch aus den „Gesellschafts-, Rechts- und Wirtschaftswissenschaften“, wobei hier aber hauptsächlich Untersuchungsergebnisse der Markt- und Meinungsforschung, sowie der Wirtschafts- und Konjunkturforschungsinstitute referiert werden. Der Autor kritisiert in erster Linie den beschreibenden und referierenden Charakter der Darstellungen: „Kritische Würdigungen sowie Darstellungen über den Stellenwert, die Auswirkungen oder den wissenschafts- oder gesellschaftspolitischen Zusammenhang fehlen dagegen nahezu völlig“ (Depenbrock 1976, S. 356).

Inhaltliche Schwerpunkte der Hochschulberichterstattung sind unterschiedlich verteilt. Allgemein steht die Kategorie „Hochschulpolitik“ einschließlich „Studentischer Politik“ im Vordergrund – bei der WELT mit weitem – und bei BILD sogar mit überragendem Abstand vor den übrigen Kategorien wie Studium, Berufsfragen, Verwaltungsvorgänge und Personalien; bei BILD besteht die Kategorie Hochschulpolitik fast ausschließlich – und die gesamte Hochschulberichterstattung überwiegend (52% der Artikel und 70% der Fläche) aus Berichten über studentische Politik (Depenbrock 1976, S. 246f.).

Festzustellen ist ferner, so resümiert ein Kritiker der gegenwärtig praktizierten Wissenschaftsberichterstattung, die mangelhafte Kontinuität und die stattdessen zu beobachtende Sensationalität als journalistisches Selektionskriterium, das Fehlen kritischer Reflexion („naiver Positivismus schlechthin“), die starke Personalisierung des Forschungsprozesses sowie die Gefahr eines manipulativen Einsatzes der häufig publizierten Umfrageergebnisse (Schmidt 1979, S. 129).

Über die tatsächliche Nutzung wissenschaftlicher Beiträge in Tageszeitungen liegen verschiedene Zahlen aus Copytests vor, die höchst unterschiedliche Werte (je nach Frageformulierung) zeigen und daher keine zuverlässigen Aussagen, sondern eher Momentaufnahmen darstellen, die sich darüber hinaus noch meist recht positiv ausnehmen und daher auch „Prestigeantworten" sein können (vgl. Anm. 4).

Eine weitere Inhaltsanalyse liegt für Wissenschaftsberichterstattung im SPIEGEL vor (Kärtner 1972). Der SPIEGEL hat danach in den Jahren 1956 bis 1966 den Anteil seiner Wissenschaftsberichte am Gesamtumfang von 3,3 auf 11,3 Prozent gesteigrt; im Durchschnitt ergab sich mit 7 Prozent ein erheblich höherer Anteil für diese Kategorie als bei den Tageszeitungen (Depenbrock 1976, S. 40).

In den Funkmedien, die bisher nicht im gleichen Maße Gegenstand von Untersuchungen gewesen sind wie die Tageszeitungen, zeigen sich nur teilweise ähnliche Trends. Insgesamt dürften die Anteile der Sendungen über Wissenschaft und Hochschulen zwar nicht wesentlich geringer sein als die der Tageszeitungen (Zahlen hierüber werden von seiten der Anstalten nicht publiziert); Wissenschaftssendungen haben zum Teil jedoch beachtliche Einschaltquoten (Depenbrock 1976, S. 40) und eine große Zahl von Aus- und Weiterbildungssendungen läuft kontinuierlich über die Sender. Außerdem ist das Angebot an wissenschaftlichen Themen in den dritten Programmen ausgesprochen hoch. Im Fernsehen zeigt sich inhaltlich eine starke Präferenz für naturwissenschaftliche Sendungen, für Technik und für Medizin (Janke 1975, S. 9).

Es bleibt festzustellen, daß quantitative Ergebnisse dieser Art wenig aussagefähig sind. Vor allem mangelt es an Forschungsergebnissen über die Nutzung, über Verständnisprobleme und Wirkungen solcher Hoch- bzw. Wissenschaftsberichterstattung: Copytests, Leseranalysen, Inhaltsanalysen, längerfristige Befragungen z. B. von Zuschauern oder Lesern von Wissenschaftsbeiträgen und vor allem eine stärkere Berücksichtigung von Hörfunk, Fernsehen sowie Publikums- und Fachzeitschriften.

3. Die Mittler zwischen Wissenschaft und Öffentlichkeit

3.1 Wissenschaftsjournalisten

Die „professionellen Vermittler wissenschaftlicher Aussagen" (Hömberg 1978, S. 13) wurden erstmals 1974 als definierte journalistische Berufsgruppe in einer Umfrage einer Studiengruppe am Bielefelder Zentrum für Interdisziplinäre Forschung zu ihrem Berufsbild, ihrem Ausbildungsgang und ihren Arbeitsproblemen befragt (Hömbert/Roloff 1974/1975, S. 431–439). Es zeigten sich bei den knapp 400 befragten Wissenschaftsjournalisten verschiedene Unterschiede zu den Kollegen aus anderen Ressorts: Wissenschaftsjournalisten sind zu einem wesentlich größeren Teil freie Mitarbeiter, arbeiten oft gleichzeitig für mehrere Medien und haben zum größten Teil ein akademisches Studium absolviert (meist Natur- oder Ingenieurwissenschaften).

Diese Journalisten erhalten Material von einzelnen Forschern, Nachrichtenagenturen, Forschungspressediensten, Pressemitteilungen der Industrieforschung, der Forschungsförderungsorganisationen, der Großforschungseinrichtungen und der inzwischen wohl über hundert Pressestellen der Hochschulen. Sie haben sich in dieser Umfrage detailliert über die Arbeit der Hochschulpressestellen geäußert, die damals offenbar schon zu ihren Hauptlieferanten zählten, denn nur etwa jeder Zehnte gab an, von den Hochschulpressestellen kein Material zu bekommen. Sie meinen zu über 50 Prozent, daß deren Material brauchbare Informationen über Forschungsvorhaben und -ereignisse enthalte, sind andererseits aber zu 81 Prozent der Meinung, daß die Öffentlichkeitsarbeit an Hochschulen in der Bundesrepublik verbesserungsfähig sei (Trott 1975, S. 311). Was zu verbessern ist, läßt sich schwer auf einen Nenner bringen, da im Fragebogen keine entsprechende Frage enthalten war. Aus Randbemerkungen geht aber hervor, daß es sich zumeist um Professionalisierungsratschläge handelte, etwa: Weniger Hofberichterstattung und Selbstdarstellung, mehr Zielgruppen ansprechen, besser aufbereitete, raschere und kürzere Informationen verbreiten etc. Mehrfach geäußert wurde der Wunsch nach mehr Forschungsberichten und weniger Politik.

Für die Hochschulpressereferenten, die sich „teilweise auch als Wissenschaftsjournalisten verstehen", war dies ein Kennzeichen dafür, daß ein „unklares, z. T. sogar unrealistisches Bild" bei den Wissenschaftsjournalisten über die Funktionen der Hochschulpressestellen vorherrsche (Trott 1975, S. 311). Diese Befragung signalisiert ein erheblich gestörtes Verhältnis zwischen Wissenschaftsjournalisten und den Pressestellen der Hochschulen. Ist die Feststellung der Wissenschaftsjournalisten, daß Universitätspressestellen ihre Hauptfunktion als Informationslieferanten für ihre Arbeit nicht erfüllten, berechtigt? Und – wenn ja – worin liegen die Gründe hierfür?

3.2 Pressereferenten an Hochschulen

Die wesentlichen Probleme eines Hochschulpressereferenten dürften zum einen in der Tatsache liegen, daß die Pressestelle einer wissenschaftlichen Hochschule ihre „Produkte" einer skeptischen bis ablehnenden Öffentlichkeit „verkaufen" muß, zum anderen darin, daß ihre Produkte bzw. Dienstleistungen aus zwei grundverschiedenen, selten kooperierenden und im Hinblick auf ihren Veröffentlichungsdrang zumeist diametral entgegengesetzten Bereichen entstammen: Der Forschung und Lehre einerseits und der Hochschulpolitik andererseits. Der Pressereferent hat im Bereich der Berichterstattung über Forschung und Lehre:

– die Verpflichtung der Universität wahrzunehmen, über ihre Tätigkeit in Forschung und Lehre zu berichten (laut Hochschulrahmengesetz und einzelnen Landes-Hochschulgesetzen), also „Öffentlichkeit" herzustellen,

- einen primär nicht oder kaum an Öffentlichkeit interessierten Kreis von Wissenschaftlern zu motivieren, seine Forschungsergebnisse einer breiteren Öffentlichkeit als nur den jeweiligen Fachkollegen zur Verfügung zu stellen, wozu ihn zumeist mangels Befugnis die Durchsetzungskraft und auch die Zeit fehlt,
- die Forschungsergebnisse einer Vielzahl von Wissenschaftsdisziplinen für Wissenschaftsjournalisten bzw. für Zielgruppen in einer Öffentlichkeit aufzubereiten, von deren Wünschen er kaum eine Vorstellung hat, und schließlich
- gegen eine qualitativ und quantitativ stärkere Konkurrenz von Großforschungsinstitutionen, Wissenschaftsverbänden sowie der Industrie die Forschungsergebnisse seiner Hochschule zu „verkaufen".

Nicht wesentlich geringer stellen sich die Probleme im Bereich der Hochschulpolitik dar. Der Pressereferent muß hier:

- an der Verpflichtung der Hochschulen zur Unterrichtung der Öffentlichkeit über die Erfüllung ihrer Aufgaben mitwirken (z. B. Berliner Hochschulgesetz § 4 (11)),
- das Spannungsfeld eines relativ abgeschlossenen und in der Öffentlichkeit oft wenig verstandenen Bereichs „aufbrechen", verständlich und nachvollziehbar zu machen versuchen,
- (zumeist) die Hochschulpolitik des Universitätspräsidenten oder Rektors vertreten, erklären oder verteidigen und
- gleichzeitig Wünsche anderer hochschulpolitischer Gruppierungen, der Universitäts- oder auch der entsprechenden Kultusverwaltung erfüllen.

Der Hochschulpressereferent erfüllt diese Funktionen nicht allein nach außen, sondern auch nach innen, d. h. auch in der hochschulpolitischen bzw. wissenschaftlichen Diskussion innerhalb seiner Universität. Er ist zumeist Redakteur der Hochschulzeitung, hält Pressekontakte, moderiert Pressekonferenzen, redigiert wissenschaftliche Publikationen und Publikationsreihen, schreibt Reden für den Präsidenten bzw. Rektor, nimmt Präsenzverpflichtungen bei Gremiensitzungen oder Repräsentationsverpflichtungen wahr, und wird darüber hinaus häufig noch als Vertreter der Universitätsleitung mit Sonderaufgaben betraut, die in Zeiten der Unruhe als sogenanntes „Krisenmanagement" verschiedene Schlichtungs- und Schutzaufträge, z. B. bei Vorlesungsstörungen, Streiks, gestörten Gremiensitzungen oder Go-Ins umfassen können. Dazu kommt in vielen Fällen noch die Betreuung anderer Publikationen der Universtität, etwa des Rechenschaftsberichts der Universitätsleitung, Veröffentlichungen von Fachbereichen, Berichte aus Gremien, Organisation von Tagen der Offenen Tür oder sonstigen direkten PR-Aktivitäten.

Zielgruppen der Universitätspressestelle für ihre Meldungen und Publikationen sind also:

- Außeruniversitäre Öffentlichkeit (vermittelt durch Massenmedien oder durch eigene Publikationen);

– Inneruniversitäre Öffentlichkeit (vermittelt durch eigene Publikationen oder sonstige Quellen, teilweise auch über Massenmedien).

Gemessen an den vielfältigen Aufgaben, der sehr heterogenen Zielgruppenstruktur und den unterschiedlichen Zielen, die in Information und Unterrichtung, in Öffentlichkeitsarbeit als „Werbung um Verständnis und Vertrauen" (Oeckl 1964, S. 42), in Konfrontationsabbau innerhalb der Universität, aber auch aus dem Versuch bestehen müssen, trotz Bindung an die Universitätsleitung die gesamte Universität nach außen vertreten zu müssen (und hierbei möglicherweise in einem Zielkonflikt zu geraten), ist eine Universitätspressestelle gewöhnlich mit Personal- und Sachmitteln schlecht ausgestattet. Im günstigen Fall besteht sie aus dem Referenten und einer Sachbearbeiterin/Sekretärin. In Ausnahmefällen kommen noch weitere Mitarbeiter hinzu. Zu einem geringen Teil – mit abnehmender Tendenz – wird das Amt aber auch noch nebenberuflich wahrgenommen (vgl. Anm. 5).

Die Finanzmittel sind gewöhnlich äußerst bescheiden. Der Pressestelle der Technischen Universität Berlin beispielsweise standen 1978 nur ca. 50.000 DM für die Publikation einer wissenschaftlichen Zeitschrift (in Buchform) in drei Ausgaben pro Jahr zur Verfügung. Die Universitätszeitung und sämtliche anderen Publikationen mußten in der Hausdruckerei gedruckt werden.

3.3 Arbeitsweise eines Hochschulpressereferates am Beispiel der TU Berlin

Arbeitsweise und Arbeitsmöglichkeiten einer Universitäts-Pressestelle sollen am Beispiel der TU Berlin, deren Presse- und Informationsstelle der Verfasser einige Zeit geleitet hat, beispielhaft dargestellt werden (vgl. Tonnemacher 1976, S. 865ff).

Interne Information

Dem aktuellen Informationsbedarf der Fachbereiche, Gremien und Kommissionen sowie der zentralen Verwaltungsstellen und der Universitätsleitung wird durch die tägliche Herausgabe eines „Pressespiegels", der täglich die Berichterstattung der überregionalen, der größeren regionalen und der lokalen Tages- und Wochenzeitungen sowie verschiedener Zeitschriften und Magazine über Bildung und Wissenschaft als Ausschnittdienst zusammengefaßt, entsprochen. Hinzu kommt, daß die Pressestelle die Verteilung oder Vervielfältigung und Versendung sämtlichen Materials, das Informationswert für Angehörige der Hochschule besitzt, übernimmt. Dies betrifft beispielsweise: Aktuelle Dienste, Broschüren, Fachzeitschriften, Pressemeldungen, Mitteilungen von Bundesministerien, Forschungsförderungsorganisationen, Gewerkschaften und anderes mehr. Ein großer Teil dieser Publikationen wird in der Pressestelle gesammelt, ausgewertet und archiviert und jedem Universitätsangehörigen auf Wunsch zugänglich gemacht. Ferner steht eine Handbibliothek mit ca. 2000 Bänden zur Verfügung.

Wesentliches Organ für die allgemein hochschulinterne Information ist die „TU-INFORMATION", die Universitätszeitung, die durchschnittlich alle 14 Tage in den Vorlesungszeiten mit einer Auflage von 10 000 Exemplaren erscheint. Dieses Informationsblatt wird an alle Mitarbeiter der TU Berlin versandt und durch Auslage an zentralen Punkten den Studenten zugänglich gemacht. „TU-INFORMATION EXTRA"-Ausgaben sind einem aktuellen und meist hochschulpolitischem Thema gewidmet. Durch Auflagenbeschränkungen und Distributionsprobleme wird allerdings nur ein Bruchteil der Studenten erreicht.

In erster Linie der internen Information, aber auch der Selbstdarstellung der Universität in der Fach-Öffentlichkeit dient die wissenschaftliche Zeitschrift der Technischen Universität: „TUB". In ihr werden neue Forschungsergebnisse von TU-Wissenschaftlern publiziert. Die Mittel für diese Zeitschrift sind seit 1972 auf etwa die Hälfte gekürzt worden, obwohl „TUB" – wie in einer Leserumfrage bestätigt wurde – unter den gegebenen Bedingungen sogar als optimal angesehen wurde. Ferner hatte diese Leserumfrage gezeigt, daß etwa 80 Prozent der TU-Angehörigen eine wissenschaftliche Zeitschrift der TU für notwendig halten.

Auch hier wurde, um die finanziellen Restriktionen zumindest teilweise auszugleichen, in Ergänzung zu „TUB" eine neue Reihe vom Presse- und Informationsreferat herausgegeben, die in der Hausdruckerei hergestellt wird. Sie dient der aktuellen Dokumentation von Vortragsveranstaltungen, Fachbereichstagen, Colloquien u. ä. „TUB-Dokumentation aktuell" – so ihr Name –, erscheint sechsmal im Jahr, wird in der Hausdruckerei hergestellt und gezielt verteilt.

Externe Information

Die externe Informationsarbeit geschieht hauptsächlich durch persönliche Kontakte zu Berliner Journalisten sowie durch die Herausgabe von 1977 weit über 100 Pressediensten und etwa 40 Terminblättern zu hochschulpolitischen Anlässen oder Forschungsaktivitäten der TU Berlin. Auf Terminblättern werden ferner Sitzungen der Universitätsgremien, Veranstaltungen, Tage der offenen Tür, Pressekonferenzen und dergleichen angekündigt. Ein weiteres Mittel der schnellen und kurzgefaßten Information für Wissenschaftsjournalisten ist eine neue Reihe von Forschungspressemeldungen, „TUB-Forschung aktuell", in der über aktuelle Forschungsergebnisse, die Zeitungsleser oder Radiohörer interessieren könnten, berichtet wird. Diese Forschungsmeldungen haben starke Resonanz in Form von Abdruck in der Presse bzw. Berücksichtigung in Rundfunksendungen gefunden.

Neben diesen sich nur nach außen richtenden Informationen werden natürlich auch sämtliche erwähnten Publikationen der Pressestelle über einen kleinen Presseverteiler (Berlin) oder einen großen (Bundesrepublik und Ausland) an alle relevanten Massenmedien oder Wissenschaftsjournalisten versandt.

Mit verschiedenen Einschränkungen dürften Arbeitsweise und Arbeitsergebnisse der Pressestellen anderer Hochschulen vergleichbar sein. Aus der zitierten Umfrage bei Hochschulpressestellen (Dehn/Nuissl zit.n Beckmann 1977, S. 65) läßt sich ablesen, daß Universitätszeitung, Pressemitteilungen und Pressekonferenzen von fast allen publiziert bzw. durchgeführt werden. Etwa drei von vier Hochschulpressestellen haben eine Pressedokumentation, geben Wissenschaftsmeldungen heraus oder haben ein Archiv. Etwa die Hälfte publiziert eigene Broschüren und das amtliche Mitteilungsblatt der Universität, und 60 Prozent führen darüber hinaus auch noch die Besucherbetreuung durch. Zu weiteren Aktivitäten von Hochschulpressestellen (allerdings nur bei wenigen) zählen laut Umfrage die Herausgabe des Vorlesungsverzeichnisses, von Jahrbüchern sowie von Studienführern (Dehn/Nuissl zit.n Beckmann 1977, S. 65).

An einer großen Hochschule wie der TU Berlin dürfte man hier vergleichsweise noch in einer günstigeren Situation sein, da für solche Publikationen ebenso wie für die Besucherbetreuung eigene Abteilungen bzw. die Fachbereiche selbst zuständig sind.

4. Thesen und Forderungen für die Verbesserung der Öffentlichkeitsarbeit einer Hochschule

Wenn in den vorangegangenen Kapiteln zum Ausdruck gekommen ist, daß eine Beschäftigung mit dem Thema „Verhältnis von Wissenschaft bzw. Hochschule zur Öffentlichkeit" einer Analyse von Defiziten, Mißverständnissen und Versäumnissen gleichkommt, so ist die Frage zu stellen und zu beantworten, was getan werden kann, um dies Verhältnis zu verbessern. Im Hinblick auf das Thema einer „Fallstudie über Öffentlichkeitsarbeit an Hochschulen" müßte die Frage zugespitzt werden darauf, was von seiten der Vermittler, in diesem Fall also der Hochschulpressestellen, getan werden müßte; dies kann jedoch nicht geschehen, ohne daß auch an die übrigen Beteiligten im Kommunikationsprozeß zwischen der Hochschule einerseits und dem Zeitungsleser, Rundfunk-Hörer oder Fernsehzuschauer andererseits Forderungen gerichtet werden:

(1) Wissenschaftler an Hochschulen müssen ihre Verpflichtung zur Rechenschaftslegung gegenüber der Öffentlichkeit ernster nehmen.

Bereits die Vergabe von Forschungsmitteln durch die Deutsche Forschungsgemeinschaft (DFG) wird von dieser mit der Aufforderung an den Wissenschaftler verbunden, seine Universitätspressestelle hiervon zu informieren; nur ein Bruchteil der Empfänger folgt dieser Aufforderung. Eine Bindung der Mittelvergabe durch die DFG an die Veröffentlichung wäre sicher wirksamer; sie könnte dem Wissenschaftler einerseits die Konkurrenzfurcht nehmen, aus der heraus Veröffentlichungen häufig unterbleiben, da dann generelle Veröffentlichungspflicht bestünde. Sie könnte ihm andererseits helfen, die Scheu zu überwinden, als veröffentlichungssüchtiger PR-Wissenschaftler zu gelten und in der begrenzten Fachöffentlichkeit nicht mehr akzeptiert zu werden.

(2) Wissenschaftler mit bereits guten Kontakten zur Presse sollten sich des Mittlers „Pressestelle" ebenso bedienen wie „öffentlichkeitsscheue" Forscher (die das vielleicht nur aus Angst vor Popularisierung und Mediensprache sind).

Erstere beeinträchtigen durch ihre direkten Kontakte die Arbeit der Pressestelle, da sie die Mär von der mangelhaft informierten und eigentlich zuständigen Stelle für Öffentlichkeitsarbeit nähren, letztere werden von einer Pressestelle, die diesen Namen verdient, beispielsweise jene Formulierungshilfen bekommen, die ihre Forschungsergebnisse an die Öffentlichkeit vermitteln und sie für sie verständlich und nachvollziehbar machen.

(3) Es fehlt an sozial- bzw. kommunikationswissenschaftlicher Erforschung der Bedürfnisse der Rezipienten von Massenmedien.

Es dürfte nicht unbedingt nur am Pressereferenten der Hochschule liegen, wenn seine den Forschern manchmal abgerungenen Forschungsberichte keine große Resonanz in den Medien bzw. beim Rezipienten im Vergleich zu spektakulären Berichten und Meldungen aus der Hochschulpolitik finden. Der Wissenschaftsjournalist als „gate-keeper" kennt die Bedürfnisse seiner Leser, Hörer und Zuschauer ebensowenig wie der Hochschulpressereferent.

(4) Die Universität – vor allem ihr hier relevantester Teil, die Wissenschaftler – muß begreifen, daß Öffentlichkeitsarbeit eine Aufgabe für die gesamte Universität ist und nicht allein für eine „Ein-Mann-Pressestelle".

Wie für die Wissenschafts- muß für die Hochschulberichterstattung von Verwaltung und Universitätsleitung gefordert werden, das Pressereferat als Vermittlungsstelle einzuschalten. In den inzwischen mageren Jahren für die Universitäten ist es üblich geworden, an den Publikationsetats zuerst zu streichen, und es gibt heute noch Universitätskanzler, die Öffentlichkeitsarbeit an einer Hochschule für überflüssig halten (vgl. Anm. 6).

(5) Es würde zu einer Verminderung der Widersprüche, in die ein Hochschulpressereferat geraten kann, und zu einer Stärkung seiner Glaubwürdigkeit beitragen, wenn er nicht mehr „Sprachrohr" des jeweiligen Rektors oder Präsidenten zu sein hätte, und wenn von ihm in hochschul- oder wissenschaftspolitischen Konflikten nicht mehr einseitige Stellungnahmen verlangt würden.

Eine sehr wesentliche Kritik der Wissenschaftsjournalisten an den Hochschulpressestellen, die sich auch in der oben erwähnten Umfrage zeigte (Hömberg/Roloff 1975, S. 56–60), bestand in dem Vorwurf zu häufiger „Hofberichterstattung". Es zeigt sich die negative Seite eines früheren Beschlusses der Westdeutschen Rektorenkonferenz (Fitterling 1976, S. 38), mit dem den Pressereferenten eine Neutralität gegenüber der Hochschulleitung nicht zugestanden wurde, und mit dem sie statt dessen deren Weisungsbefugnis unterstellt wurden. Schon wenn die Leitung wechselt oder wenn ein öffentlichkeitsbewußter Universitätspräsident seine Pressestelle zur Verkündung seines eigenen Rufs benutzt, der Referent seine Arbeit jedoch für die gesamte Universität tun will, ist der Konflikt da. Mit Appellen dürfte es jedoch nicht getan sein, und es ist deshalb von den politischen Entscheidungsträgern zu fordern,

(6) die Universitätspressestellen mit mindestens zwei, besser aber drei Referentenstellen auszustatten (1 Informationsreferent, 1 Redakteur für Publikationen und 1 Sprecher des Rektors/Präsidenten) (Fitterling 1976, S. 38).

Hierdurch würde das in Kapitel 3 dargestellte „role overload" abgebaut, Rollenkonflikte könnten vermieden werden und die Qualität der Arbeit einer Hochschulpressestelle würde mit Sicherheit erhöht. Angesichts der vielfachen Aufgaben und Funktionen sowie der Tatsache, daß immerhin die Öffentlichkeitsarbeit für wissenschaftliche Großbetriebe (im Falle der TU Berlin mit über 20 000 Studenten, mehr als 5000 Angestellten und Tutoren sowie einem Etat von mehr als 400 Mio DM) gemacht wird, kann eine solche Forderung kaum überzogen erscheinen.

(7) Auch der Ausbildungsbereich der Universitäten kann stärker zu einer Verbesserung des Verhältnisses zwischen Wissenschaft und Öffentlichkeit beitragen.

Beispielsweise sollten Kurse zur mediengerechten Vermittlung von Forschungsergebnissen, wie sie an manchen Universitäten der USA existieren, eingerichtet werden. Die wissenschaftliche Ausbildung von Journalisten und PR-Leuten muß ebenso intensiviert werden wie ein spezieller Ausbildungsgang für Wissenschaftsjournalisten geschaffen werden könnte (Anm. 7).

(8) Wissenschaftsjournalisten müssen die Pressestellen der Hochschulen stärker als Partner akzeptieren.

Und zwar sollten sie dies auch dann tun, wenn es einen Umweg für sie bedeutet und Geduld erfordert. Das Bild der Hochschule wird sonst zu einseitig und zu oft von einzelnen sich gut „verkaufenden" Professoren bestimmt. Die Journalisten müssen die Relevanz der Forschung für den Rezipienten stärker berücksichtigen.

(9) An die Massenmedien ist die Forderung nach Verstärkung der Wissenschaftsberichterstattung zu richten, nach besserer Erforschung der Bedürfnisse ihrer Nutzer und nach Bevorzugung von Seriösität und Kontinuität gegenüber der Versuchung, immer wieder spektakulären Ereignissen den Vorrang zu geben.

Viele Medien verletzen gerade gegenüber den Berliner Universitäten ihre Neutralitäts- und journalistische Sorgfaltspflicht und berichten oder kommentieren einseitig. Vorurteile sollten gegenüber den Leistungen der Universitäten in den Hintergrund treten. Dies stellt entsprechende Forderungen an die Pressereferenten, die diese Leistungen stärker als bisher betonen und publik machen müssen.

(10) Vom Hochschulpressereferenten schließlich muß eine stärkere Professionalisierung, wie sie auch in der Wissenschaftsjournalisten-Umfrage geäußert wurde (Hömberg/Roloff 1975, S. 56–60), verlangt werden. Er muß vor allem:

- mehr Kontinuität in seine Arbeit bringen,
- die Bedürfnisse der Leser seiner Publikationen durch Umfragen erforschen,
- Gespür für Bedürfnisse schon bei der Themenauswahl aufbringen,
- kürzere, besser aufbereitete, raschere und verständlichere Informationen herausgeben,
- auch aus dem Bereich der Lehre berichten,
- weiterführende Recherche-Hilfen anbieten,
- auch mehr direkte PR-Aktivitäten wagen, die nicht mehr unbedingt über die Medien vermittelt werden,
- intensivere persönlichere Kontakte zu Fachjournalisten pflegen,
- mehr themenbezogene Forschungspressekonferenzen durchführen und beispielsweise Fachbereichsbesuche für Wissenschaftsjournalisten organisieren (wie an der TU Berlin 1978 mit starker Resonanz begonnen),
- mehr Zeit für die Wissenschaftsberichterstattung als Herausstellung der an der Hochschule tatsächlich erbrachten Leistungen aufwenden, die aber in der Arbeit der Pressestelle wegen der Fülle der Aufgaben oft zu kurz kommt.

Der Erfolg, das heißt Ver-Öffentlichung als Beitrag zur Demokratisierung von Wissenschaft, Schaffung von Transparenz für den weitgehend abgeschlossenen Bereich der Hochschule und letztlich damit eine Verbesserung von deren Ansehen im Sinne von Verständnis und Vertrauen in der Öffentlichkeit, hängt vom Zusammenwirken *aller* Beteiligten ab. An sie richten sich die hier aufgestellten zehn Forderungen.

Anmerkungen

1 Vgl. eine weitere Umfrage des IfD Allensbach im Auftrag des Stifterverbands für die Wissenschaft „Zur Lage der Forschung an den deutschen Universitäten" von 1976/77, die in wesentlichen Punkten durch Ergebnisse einer vom Bundesministerium für Bildung und Wissenschaft (BMBW) initiierten Infratest-Untersuchung widerlegt wurde.

2 Vgl. die Umfrage des Kieler Wirtschaftswissenschaftlers Prof. R. Schmidt; veröffentlicht im „Manager Magazin" vom April 1978 unter dem Titel: „Schlechte Noten für rote Unis" und die sich anschließende Diskussion in den Massenmedien.

3 Vgl. den Bericht über dieses Seminar in „Wissenschaft-Wirtschaft-Politik" (WWP) 8. Jg. Nr. 20 vom 16. Mai 1978 (vgl. ferner die oben zitierten Artikel von G. Barthenheier und M. Buschbeck).

4 Vgl. hierzu W. Schulz (1970): Der Inhalt der Zeitungen, Düsseldorf, sowie Zeitungsleseranalysen des BDZV aus den Jahren 1957/58, 1960 und 1968. Vgl. ferner die in

einem Beitrag von H. Kepplinger zitierten Allensbach-Copytests: H. M. Kepplinger (1976): Öffentlichkeitsnachfrage und Medieninhalte. In: Wissenschaftszentrum Berlin (Hrsg.): Konferenzbericht über die Vermittlung von sozialwissenschaftlichen Ergebnissen an die Öffentlichkeit, Berlin, S. 147f. Ferner gibt es eine von Emnid durchgeführte Studie des Bundespresseamtes, in der beispielsweise die schwachen Interessenpräferenzen der Befragten für Wissenschaft und Forschung in den Massenmedien nicht mit den Allensbacher Umfrageergebnissen korrespondieren, in denen Wissenschaft noch vergleichsweise positiver beurteilt wurde. Vgl. Presse- und Informationsamt der Bundesregierung (Hrsg.): Wissenschaftliche Themen in den Massenmedien. Bonn 1973; als Manuskript vervielfältigt.

5 Erhebungen bei Universitätspressestellen selbst hat es in jüngerer Zeit kaum gegeben. Im Jahr 1970 wurde festgestellt, daß nur an 15 von insgesamt 39 befragten Hochschulen hauptamtliche Pressereferenten arbeiteten (vgl. K. P. Möller (1970): Die Pressestellen der deutschen Hochschulen, Heidelberg); nach einer Befragung, die kurze Zeit darauf durchgeführt wurde, waren schon etwa 90 Prozent der 29 befragten Universitäten mit einem Pressereferenten ausgestattet (vgl. P. Dehn/E. Nuissl (1972): Organisationsmodell Hochschulpressestellen, BMBW Schriftenreihe Hochschule Band 11, Bonn). Heute dürften nach Kenntnis des Verfassers die meisten Hochschulen in der Bundesrepublik und West-Berlin einen Pressereferenten und ein Pressereferat haben.

6 Ein Beispiel dafür, daß es auch andere Einstellungen zu universitärer Öffentlichkeitsarbeit gibt, sind die Niederlande. Dort gibt es beispielsweise an der Katholischen Universität Nijmegen, die etwa 15 000 Studenten hat, eine Abteilung für Presse- und Öffentlichkeitsarbeit mit 22 Mitarbeitern. Der Etat für die wöchentlich erscheinende Universitätszeitung beträgt etwa eine halbe Million Gulden (vgl. R. Schier (1978): Vom Managerstuhl in den Elfenbeinturm – Ein Vergleich der Öffentlichkeitsarbeit an niederländischen und deutschen Hochschulen. In: PR-Magazin 3/78, S. 30f.).

7 An der TU Berlin wird gegenwärtig ein Studiengang „Kultur- und Technikvermittlung" erarbeitet. Ein Studiengang „Wissenschaftsjournalist" ist dem Verfasser nicht bekannt. Allerdings werden verschiedene Lehrveranstaltungen zum Thema „Wissenschaftsjournalismus" an Hochschulen des Bundesgebietes angeboten.

Literatur

Barthenheier, G. (1978): Wissenschaftsfeindlichkeit durch PR? In: PR Magazin 3/78.

Beckmann, H.-J. (1977): Die Universitätspressestelle in ihrer Bedeutung für die Hochschul- und Wissenschaftsberichterstattung in der Presse. Eine Fallstudie. Unveröff. Diplom-Arbeit an der Universität Köln.

Buschbeck, M. (1978): Symptome einer Vertrauenskrise, Anmerkungen zum gestörten Verhältnis von Wissenschaft und Öffentlichkeit. In: Süddeutsche Zeitung, vom 20. 5. 78.

Dehn, P., und E. Nuissl (1972): Organisationsmodell Hochschulpressestellen. Bonn.

Depenbrock, G. (1976): Journalismus, Wissenschaft und Hochschule. Eine aussagenanalytische Studie über die Berichterstattung in Tageszeitungen. Bochum.

Fitterling, D. (1976): Publizität und Publicity-Möglichkeiten und Grenzen der Öffentlichkeitsarbeit an Hochschulen. In: Wissenschaftszentrum (Hrsg.): Die Vermittlung von sozialwissenschaftlichen Ergebnissen an die Öffentlichkeit. Berlin.

Hömberg, W. (1978): Soziologie und Sozialwissenschaften in den Massenmedien. Beobachtungen, Fragen, Vorschläge. In: Soziologie, Heft 1.

Hömberg, W., und E. K. Roloff (1975): Wissenschaftsjournalisten. Dolmetscher zwischen Forschung und Öffentlichkeit. In: Bild der Wissenschaft, Heft 9.

– (1974 und 1975): Wissenschaftliche Journalistenausbildung aus der Sicht von Wissenschaftsjournalisten. In: Publizistik Heft 3–4/1974, 1–2/1975.

Janke, H. (1975): Abzieh-Bilder aus der Wissenschaft. Neun Anmerkungen zu den Wissenschaftssendungen im Fernsehen. In: Medium Nr. 11.

Kärtner, G. (1972): Wissenschaft und Öffentlichkeit. Die gesellschaftliche Kontrolle der Wissenschaft als Kommunikationsproblem. Eine Analyse anhand der Berichterstattung des Nachrichtenmagazins „Der Spiegel" und anderer Massenmedien. Göppingen.

Langenbucher, W. (1979), zitiert in einem Bericht über ein Praxiscolloquium an der Münchener Universität zum Thema „Sind die Probleme der Universität heute überhaupt noch journalistisch vermittelbar?" In: Der Journalist 7.

Oeckl, A. (1964): Handbuch der Public Relations. München.

Schier, R. (1978): Hochschulen müssen ihre Informationspflicht selbst wahrnehmen. In: Deutsche Universitätszeitung, Nr. 8.

Schmidt, H. (1979): Das Elend des Wissenschaftsjournalismus. In: Martin Greiffenhagen und Rainer Prätorius (Hrsg.): Ein mühsamer Dialog. Beiträge zum Verhältnis von Politik und Wissenschaft (Studien zur Gesellschaftstheorie) Köln/Frankfurt.

Tonnemacher, J. (1976): Öffentlichkeitsarbeit und Außenkontakte. Rechenschaftsbericht des Universitätspräsidenten 1975/76. In: „TUB", Wissenschaftliche Zeitschrift der TU Berlin, Heft 2. Berlin.

Trott, G. (1975): Wissenschaftsjournalismus. Erste Umfrageergebnisse liegen vor. In: Deutsche Universitätszeitung 8.

Wissenschaftszentrum Berlin (Hrsg.) (1976): Die Vermittlung von sozialwissenschaftlichen Ergebnissen an die Öffentlichkeit. Bericht einer Konferenz am 5./6. Dezember 1975. Berlin.

Fallbeispiel XIV:
Öffentlichkeitsarbeit und Bildungswerbung von Institutionen der Erwachsenenbildung am Beispiel der Volkshochschulen

Friedrich Löhr

1. Volkshochschulen – Weiterbildungseinrichtungen in öffentlichrechtlicher Trägerschaft

Im allgemeinen Verständnis bezeichnet man als „Volkshochschule", genau so bekannt unter der Abkürzung „VHS", eine Bildungseinrichtung, die man nach dem zeitlichen Ablauf der ersten Bildungsphase besuchen kann, um aufgetretene Defizite aufzuholen, den Bildungsstand zu erweitern oder neue Fähigkeiten zu erwerben.

Die juristische Definition deckt sich mit der obigen Beschreibung von der Zielsetzung her. Eine Abgrenzung ergibt sich allerdings aus der Rechtsnatur, denn nach § 11 Absatz 5 des „Ersten Gesetzes zur Ordnung und Förderung der Weiterbildung im Lande Nordrhein-Westfalen" (Weiterbildungsgesetz) in der zur Zeit geltenden Fassung heißen nur die Einrichtungen der Weiterbildung in der Trägerschaft von Gemeinden und Gemeindeverbänden „Volkshochschulen".

Bedeutsam ist dies, weil

1. kreisfreie Städte und Gemeinden ab 25.000 Einwohner verpflichtet sind, Weiterbildungseinrichtungen einzurichten und diese zu unterhalten. Für Gemeinden unter 25.000 Einwohner besteht die Möglichkeit, zusammen mit anderen Gemeinden eine Einrichtung zu gründen oder sich vom Kreis bedienen zu lassen. Es ist auch nicht ausgeschlossen, daß sich Städte oder Gemeinden mit über 25.000 Einwohnern zu einer noch größeren Einheit zusammenzuschließen;
2. durch die öffentlich-rechtliche Trägerschaft für die praktische Arbeit gewisse Rahmenbedingungen zu beachten sind, die sich aus dem kommunalen Verfassungsrecht ergeben. Daneben können sich aus Organisationsanweisungen (Allgemeine und besondere Dienstanweisungen) des jeweiligen Trägers weitere Verfahrensregelungen ableiten.

Der Gesetzgeber verlangt von den Trägern ein bedarfsdeckendes Angebot an Lehrveranstaltungen und setzt hierfür ein einwohnerbezogenes Mindestangebot fest.

Aus der verfassungsrechtlich garantierten Selbstverwaltung der Gemeinden und Gemeindeverbände und der daraus resultierenden Eigenverantwortlichkeit lassen sich die Personalhoheit, die Organisationsgewalt, die Finanzhoheit und die Satzungsautonomie ableiten.

Die Rahmenbedingungen werden in der Regel durch die Vertretungskörperschaft (Rat der Stadt / Gemeinde, Verbandsversammlung) beschlossen. Nach dem nordrhein-westfälischen Gemeinderecht haben alle Kommunalbehörden ein zweites Organ, welches die Verwaltung führt, die einfachen Geschäfte der laufenden Verwaltung tätigt sowie die gesetzliche Vertretung der Kommune in Rechts- und Verwaltungsangelegenheiten wahrnimmt, nämlich den Hauptgemeindebeamten (Oberstadtdirektor, Stadt- bzw. Gemeindedirektor, Verbandsvorsteher). Nach außen hin soll die Behörde als Einheit erscheinen. Dies kann jedoch nur dann gewährleistet werden, wenn die Verantwortung in „einer Hand" liegt. Die Verantwortung für die Leitung und Verteilung der Geschäfte sowie für die Unterrichtung der Öffentlichkeit ist auch dem Hauptgemeindebeamten gesetzlich zugeordnet.

Für die Öffentlichkeitsarbeit und die Werbung einer Volkshochschule sind nun schon Rahmenbedingungen erkennbar, die die an sich „marktpolitischen Instrumente" beeinflussen.

Ehe nun die Detailaussagen hierzu gemacht werden, sollte erst die Frage geklärt werden, weshalb gerade für Volkshochschulen und auch Weiterbildungseinrichtungen in anderer Trägerschaft die Öffentlichkeitsarbeit und die Werbung als wichtige Faktoren der Arbeit anzusehen sind.

2. Notwendigkeit von Öffentlichkeitsarbeit und Werbung an Weiterbildungseinrichtungen

Im Bereich der Weiterbildung, zumindest nach dem Weiterbildungsgesetz von Nordrhein-Westfalen, gibt es keine „Verordneten Programme", wie sie für die allgemein – und berufsbildenden Schulen üblich sind. Neben der gesetzten Untergrenze für die Zahl der Unterrichtsstunden (Mindestangebot) gibt es nur eine Benennung von Sachbereichen als Reglementierung. Im Rahmen dieser Bedingungen obliegt es jeder Einrichtung selbst, ein Weiterbildungsprogramm zu erarbeiten und dies „zu verkaufen". „Verkaufen" klingt so nach Warenhaus, ist denn eine Weiterbildungseinrichtung ein Warenhaus?

Aus der ökonomischen Betrachtung heraus kann man in der Weiterbildung von einem „Markt für Bildung" sprechen. Denn auf der einen Seite gibt es einen Anbieter, der als Produkte Lehrveranstaltungen einbringt, und auf der anderen Seite Nachfrager als Teilnehmer (Schon-Teilnehmer bzw. potentielle Teilnehmer). Im Bereich der Weiterbildung ist die Marktsituation zwar nicht so ungezwungen vorzufinden wie auf dem Konsummarkt, da bestimmte Fakten bereits vorgegeben sind und sich durch den Marktmechanismus nicht beeinflussen lassen, z. B. Angebotsvolumen, Unterrichtstermine, Teilnehmergebühren.

Für den Anbieter ist das Risiko nur begrenzt, weil die Existenz der Einrichtung durch fehlende Nachfrage nicht gefährdet ist, jedoch würde Interessenlosigkeit auf der Nachfrageseite sofort Denkprozesse in Gang setzen, um die Attraktion zu steigern. Es darf andererseits nicht dazu kommen, daß das Programm nur noch ein

Spiegel des Nachfrageverhaltens ist. Die Freiheit der Lehre sowie die Programmvielfalt würden erheblich beschnitten werden, es würde nur noch eine „verwaltete Weiterbildung" geben. Um einen Markt bekanntzumachen bzw. zu beleben, werden vom Anbieter Anreize geschaffen.

Die bekanntesten Informationsmittel sind:

- die Öffentlichkeitsarbeit (Public Relations),
- die Werbung und
- die persönliche Ansprache.

Alle Weiterbildungseinrichtungen sollten sich aller Instrumente bedienen, wobei sich Art und Umfang der Aktivitäten nur individuell bestimmen lassen.

Die örtlichen Gegebenheiten, die Bevölkerungsstruktur und die sich möglicher Weise hieraus ergebende Bildungsbereitschaft sowie die internen Möglichkeiten der Einrichtung selbst, wie Finanzausstattung, sächliche und personelle Ausstattung sind Regulative für die Aktionen.

3. Öffentlichkeitsarbeit

Die Öffentlichkeitsarbeit an einer Weiterbildungseinrichtung verfolgt zwei Hauptziele.

Es gilt einmal, die Stellung der Weiterbildung im gesamten Bildungssystem zu erklären und zum anderen, die Einrichtung selbst als Träger von Weiterbildungsmaßnahmen vorzustellen oder den Bekanntheitsgrad weiter zu erhöhen. Man spricht hierbei auch von der „Image-Werbung". Wie funktioniert nun die Öffentlichkeitsarbeit in der Praxis? Die Öffentlichkeitsarbeit kann man in einen passiven und einen aktiven Teil spalten.

Die passive Öffentlichkeitsarbeit besteht hauptsächlich aus Gegebenheiten, die die Einrichtung selbst setzt, aus der Lage und Einrichtung sowie aus dem Verhalten der Mitarbeiter.

Besonders wichtig ist die Frage des Standortes der Volkshochschule innerhalb der Stadt oder Gemeinde. Damit gekoppelt ist auch die verkehrsmäßige Anbindung zu sehen. Eine wichtige Komponente bildet die ausreichende und erwachsenengerechte Unterbringungsmöglichkeit, wobei ein eigenes Haus besonders vorteilhaft ist. Die Festsetzung der Öffnungszeiten, die Durchführung von Beratungen und auch die Entwicklung bürgerfreundlicher Anmeldeverfahren zählen ebenfalls zu Maßnahmen innerhalb der Öffentlichkeitsarbeit. Besonders wichtig ist aber auch die Schaffung eines Signets und dessen durchgängige und stets wiederkehrende Verwendung. Vom Deckblatt des Arbeitsplanes über Plakate, Handzettel, Vordrucken bis hin zu den Briefbögen kann dieses Warenzeichen Verwendung finden.

Der andere Teil der Öffentlichkeitsarbeit besteht aus Aktivitäten aller an der Volkshochschule tätigen Mitarbeiter. Funktioniert diese Stufe, so können auch die

Teilnehmer selbst zu Instrumenten der Öffentlichkeitsarbeit werden, indem sie die Einrichtung auf Grund positiver Erlebnisse an Freunde und Bekannte empfehlen.

Aus der Öffentlichkeitsarbeit nicht wegzudenken ist auch die Schaffung und Pflege von Kontakten zwischen den Mitarbeitern der Volkshochschule – unter Beachtung der Kompetenzen – und bestimmten Adressaten.

Dies sind insbesondere:

1. die politischen Entscheidungsträger, weil sie die Einrichtung tragen und somit die Arbeitsrichtlinien und den Finanzrahmen setzen und die Kontrolle ausüben. Dies sind der Rat der Stadt bzw. Gemeinde, die Verbandsversammlung, die Ausschüsse und Fraktionen;
2. die Verwaltungsspitze und die Organisationseinheiten der Verwaltung, die an der täglichen Arbeit der Volkshochschule beteiligt sind;
3. die Journalisten und Redakteure der Tageszeitungen, Anzeigenblätter, Vereins- und Betriebszeitungen sowie von Rundfunk und Fernsehen, weil sie über ihre Medien die Öffentlichkeit beeinflussen können;
4. die Verbände, Organisationen, Vereine, Praxen und Einzelpersonen, wie beispielsweise Gewerkschaften, Parteien, Arbeitgeberverbände, Arbeitsämter, Schulen, Hochschulen, Kirchen, Betriebsräte, Ärzte, Apotheken, Rechtsanwälte, Galerien, Banken, Sparkassen u. ä., da sich hier stets viele Menschen bewegen und durch Auslagen, Aushänge u. a. Mittel informiert werden können. Besonders wirksam ist dies, wenn Wartezeiten in Kauf zu nehmen sind;
5. die Träger und die Mitarbeiter von Weiterbildungseinrichtungen in der Umgebung, weil es durch die Pflichtaufgabe „Weiterbildung" im ökonomischen Sinne keine Konkurrenz gibt, aber eine sinnvolle Kooperation zu einer Angebotserhöhung führen kann.

Die Öffentlichkeitsarbeit soll also der Öffentlichkeit die Existenz einer Volkshochschule oder anderer Einrichtungen der Weiterbildung vermitteln bzw. deren Bekanntheitsgrad erhöhen und die Einstellung zu den dort tätigen Kräften günstig beeinflussen.

Die Öffentlichkeitsarbeit ist mit einem relativ geringen Kostenaufwand durchführbar, weil hier der persönliche Einsatz gefordert wird und der Sachaufwand zurücksteht.

Die Öffentlichkeitsarbeit hat keinesfalls originär das Ziel zu verfolgen, Hörerkarten abzusetzen. Das Schaffen optimaler Arbeitsbedingungen, also der Rahmen für die Programminhalte einer Volkshochschule, ist das Ziel der Bemühungen. Dazu gehören im einzelnen die personelle Ausstattung, genügend brauchbare Unterrichtsräume und ausreichende Finanzmittel als Hauptraster.

4. Werbung

Was ist Werbung und welche Ziele verfolgt sie?

Die Literatur liefert für den Begriff „Werbung" viele Definitionen. Auf die Volkshochschule bezogen kann man unter dem Begriff „Werbung" folgendes verstehen:

„Werbung ist die bewußte Beeinflussung des Menschen auf die Programminhalte der Volkshochschule hin."

Damit ergibt sich auch das Ziel der Werbung, nämlich möglichst viele Menschen zu animieren in ein „Benutzerverhältnis zur Volkshochschule" zu treten.

Die Werbung setzt sich zielmäßig von der Öffentlichkeitsarbeit ab, da sie nicht mehr die Einrichtung als solche in den Vordergrund stellt und dies ohne zeitliche Begrenzung, sondern sich nun auf das Programm als Ganzes oder auf bestimmte Inhaltsabschnitte bezieht. Die Werbung soll also überzeugen und relativ kurzfristig ein bestimmtes Handeln bewirken. Die Erkenntnis des Einzelnen, daß bei ihm ein Bedarf existiert, führt zur Motivation und schließlich zur Aktion.

Wie man feststellen kann, sind die Ziele von Öffentlichkeitsarbeit und Werbung sehr verschieden. In der Wirkung kann aber durchaus aus klassischen Werbemitteln heraus auch Öffentlichkeitsarbeit erwachsen. Im Umkehrschluß kann die Multifunktion nicht gesehen werden, da man eine Volkshochschule nicht buchen kann, sondern nur Teile ihres Angebots.

Werbemedien

Zur Darstellung des Gesamtprogramms wie auch einzelner Programmteile stehen zahlreiche Werbemedien zur Verfügung. Die Vielfalt erschwert natürlich auch die Entscheidung, welche Medien mit welchem Ziel in welchem Umfange zum Einsatz kommen sollen und welche Reaktion von dieser Werbemaßnahme erwartet wird. Natürlich beeinflussen auch andere Faktoren maßgeblich die Entscheidung. Als andere Faktoren sind zu nennen:

- die Geldmenge, die zur Durchführung von Werbeaktionen zur Verfügung steht,
- die personelle Ausstattung bzw. qualifiziertes Personal und
- die technischen Voraussetzungen wie Geräte und sonstige Arbeitsmittel.

In der Bildungswerbung sind nachstehend genannte Werbemittel die Hauptträger, wobei die Reihenfolge der Mittel auch in etwa die Wichtigkeit widerspiegelt:

1. Arbeitsplan
2. Handzettel und Werbebriefe
3. Presseberichte im redaktionellen Teil
4. Zeitungsinserate im Anzeigenteil
5. Eindruckplakate

6. Hausmitteilungen bzw. VHS-Zeitungen
7. Beilagen
8. sonstige Werbemittel, z. B. Dia-Werbung in kommunalen oder kommerziellen Kinos, Ausstellungen über Arbeitsbereiche, Werbestände auf Wochenmärkten bzw. bei Dorffesten, Schaukästen, Aufkleber, Bierfilze, Zündhölzer, VHS-Feten bzw. Tag der offenen Tür u. a. m.

Die Möglichkeiten sind damit noch lange nicht umfassend dargestellt. Es ist jedoch sinnvoll, zur Erreichung eines bestimmten Werbezieles mehrere Werbemedien parallel einzusetzen. Eine sinnvolle Vorarbeit bei der Werbung sollte spontane Einfälle verdrängen, denn der Spontaneität folgt meist die Improvisation. Diese Unzulänglichkeiten erschweren es dann, das erhoffte Werbeziel zu erreichen.

Grundsätzlich darf sich die Bildungswerbung nicht modernen Werbemethoden verschließen. Die Konkurrenz im kommerziellen Bereich bedient sich stets der aktuellsten Werbemethoden. Die Nachhaltigkeit des Einsatzes, verbunden mit enormen Kosten, läßt die Vermutung zu, daß die erhofften Erfolge auch eintreten.

Grundvoraussetzungen für die Werbung:

Personelle Ausstattung

Die Bildungswerbung darf nicht als Randprodukt der Volkshochschularbeit gesehen werden. Was nützen einerseits die besten Programme, wenn diese nicht an den Mann gebracht werden können. Die Notwendigkeit, die Werbung genauso zu professionalisieren wie die Programmproduktion zeichnet sich ab, zumal bei fehlender oder falscher Werbung enorme Investitionen abgeschrieben werden müssen.

Es zeigt sich immer mehr, daß Werbung in die Hände von Fachleuten gehört. Viele größere Volkshochschulen haben bereits einen eigenen Werbefachmann im Hause.

Wenn auch nicht jede Volkshochschule gleich einen Dienstposten für einen Werbefachmann einrichten kann, so ist es zumindest ratsam, durch Fortbildungsveranstaltungen das für die Werbung erforderliche Wissen an Mitarbeiter zu vermitteln. In Problemfällen kann man sich dann stets noch an Spezialisten wenden.

Werbeetat

Da Volkshochschulen immer kommunale Einrichtungen sind, haben sie sich auch an die Bestimmungen über die kommunale Finanzwirtschaft zu halten.

Die gesamte öffentliche Aufgabenerfüllung vollzieht sich nach einem Finanzplan, den die Vertretungskörperschaft in der Regel für den Zeitraum eines Kalenderjahres beschließt. Dieses Instrument nennt man Haushaltssatzung mit Haushaltsplan.

Im Haushaltsplan werden nach bestimmten Gliederungs- und Gruppierungsmerkmalen alle im Kalenderjahr für die öffentliche Aufgabenerfüllung erforderlichen Mittel und die zu erwartenden Einnahmen erfaßt und gegenübergestellt. Die Finanzlage der jeweiligen Gemeinde ist nun entscheidend für den Entschluß, ob notwendige oder zweckmäßige Maßnahmen in vollem Rahmen realisierbar sind.

Innerhalb des Ausgabenvolumens für die Volkshochschulen, so haben Umfragen gezeigt, macht der für Werbezwecke zur Verfügung stehende Betrag ca. 5 bis 10% aus. Da die Werbemaßnahmen für das Arbeitsjahr der Volkshochschule möglichst ausgeglichen durchzuführen und die Werbemedien so vielschichtig sind, bedarf es auch einer finanziellen Rahmenplanung. Die kameralistische Buchführung zeigt im Vergleich der Sollzahlen zu der Ist-Abwicklung leicht, ob die Zielvorstellung verwirklicht werden kann oder ob umdisponiert werden muß.

In der freien Wirtschaft sind solche Reglementierungen nicht üblich. Die aktuelle Markt- und Finanzlage steuert das Engagement der Betriebsführung. Die jährliche Abgrenzung ist im kaufmännischen Bereich auch nur von untergeordneter Bedeutung.

Für Volkshochschulen ist es in der Praxis besonders wichtig, daß die aus der Werbung erzielten „Nebeneinnahmen", wie Schutzgebühren aus dem Verkauf der Arbeitspläne oder aus der Anzeigenaufnahme in einigen Werbemedien, wieder für die Werbung bereitgestellt werden. Die unmittelbare Verrechnung dieser Einnahmen mit den Ausgaben ist nicht statthaft. Durch entsprechende Haushaltsvermerke sollte die Zweckbindung und die Ausgabenüberschreitung um die aufgetretenen Mehreinnahmen deutlich gemacht werden. Vielleicht läßt sich so zumindest ein kleines Maß an Flexibilität erreichen.

Programmvorgaben

Für jede Werbemaßnahme sind Überlegungen darüber anzustellen,

was die Volkshochschule inhaltlich vermitteln will,
an welche Adressaten sie denkt,
mit welchen Werbemedien dies geschehen soll,
wie der Vertrieb zu regeln ist,
wie die zeitliche Abwicklung erfolgen soll,
welche Kosten anfallen
und
welche Resonanz erwartet wird (Relation von Aufwand zu Erfolg auch wenn in der Weiterbildung bzw. in der Kulturarbeit nicht mit betriebswirtschaftlichen Vergleichen gearbeitet werden soll).

Dies setzt andererseits voraus, daß die Volkshochschule über Planungshilfen verfügt. Solche Planungshilfen können sich ergeben aus Kenntnissen oder/und Daten über

die Örtlichkeit z. B. Stadtteile,
die verkehrsmäßige Anbindung,
die Bevölkerungsstruktur,

die Arbeitsmarktsituation,
die Qualifikationsvoraussetzungen der ansässigen Industrie,
die Programmangebote anderer Weiterbildungseinrichtungen in der Nachbarschaft,
den Weiterbildungsbedarf und
die Weiterbildungsbereitschaft.

Der Werbeplan

Die latente Notwendigkeit der Werbung über das gesamte Arbeitsjahr der Volkshochschule, die Vielzahl der einsetzbaren Werbemittel, die bereitstehenden Haushaltsmittel sowie die personellen und technischen Voraussetzungen sind häufig nicht genügend aufeinander abgestimmt.

Um die Werbemaßnahmen qualitativ und quantitativ bestimmen zu können, benötigt man Organisationshilfen. Ein unerläßliches Organisationsmittel ist der Werbeplan.

Die Werbemaßnahmen lassen sich damit sachlich, zeitlich, verantwortungsmäßig und finanziell bestimmen.

Die Notwendigkeit des Werbeplanes ist unumstritten. Es gibt jedoch keine verbindlichen Empfehlungen für ein solches Organisationsmittel.

Von der einfachen Auflistung bis zum ausgefeilten Netzplan geht die Skala. Beispiele finden sich:

1. In der SESTMAT-Studieneinheit „Öffentlichkeitsarbeit für die Erwachsenenbildung" von Baumeister, herausgegeben von der Pädagogischen Arbeitsstelle des deutschen Volkshochschulverbandes, Bonn 1977,
2. in der Anregung 3 des Bayerischen Volkshochschulverbandes „Werben für die Volkshochschule" von Ried, München 1978.

Der Werbeplan sollte übersichtlich und umfassend gestaltet sein und nicht aus verschiedenen Detailplänen bestehen. Er sollte auf jeden Fall beachtet werden. Sobald einmal irgendwo ein Verzug in der Abwicklung eintritt, ist zu überprüfen, ob die Verzögerung auch auf andere Arbeitsbereiche übergreifen wird.

Adressenkartei

Eine weitere Organisationshilfe für die Werbung ist die Anlage und Pflege einer Adressenkartei. Sofern nicht die Gesamtheit des Einzugsbereiches mit Werbematerial bedient werden soll, tritt die Notwendigkeit auf, den Adressatenkreis möglichst rationell herauszufinden. Für die Vorbereitung der Maßnahme sind die Größen der einzelnen Gruppen für die Auflagenhöhe interessant, für die Verteilung oder den Versand sind dann die kompletten Adressen von Wichtigkeit.

Für die Beschaffung und Speicherung der Daten in Form von Dateien sind die Vorschriften der Datenschutzgesetze der einzelnen Bundesländer zu beachten. Die Beschaffung der Anschriften aus den Dateien der Einwohnermeldeämter ist nicht mehr möglich. Es gibt aber die Möglichkeit, bestimmten Werbemitteln Antwortkarten beizulegen, die bereits bestimmte Interessenfelder enthalten. Unter Hinweis auf die Speicherung (!) werden die Leute „aufgefordert" oder gebeten, der Volkshochschule unter Nennung des Namens und der Anschrift die Interessensgebiete zu benennen.

Sofern man über eine Adrema oder günstiger noch über eine eigene EDV-Anlage verfügt oder sich an eine vorhandene Anlage anhängen kann, lassen sich die Adressen speichern und bei Bedarf abrufen. Der Ausdruck der Adressen erfolgt in der Regel auf selbstklebenden Etiketten. Wichtig ist dabei eine möglichst differenzierte Gliederung, damit auch kleinere Adressenfelder ohne große Sortierarbeit aus der gespeicherten Kapazität herausgeholt werden können.

Jede Adressenkartei verliert an Wirkung, wenn der Bestand nicht aktualisiert wird. „Karteileichen" blähen den Bestand zu Lasten der Interessenten auf und verursachen zudem noch unnötige Folgekosten (Porto, Arbeitskosten).

Wichtig ist auch, daß man die Etiketten rechtzeitig angefordert hat. Es ist sinnlos, Werbebriefe drucken zu lassen und dann bei deren Anlieferung festzustellen, daß die benötigten Adressen noch nicht abgerufen sind. Setzt man solche Instrumente als Hilfsmittel zur Werbetätigkeit ein, so sind auch diese sinnvollerweise in den Werbeplan aufzunehmen.

5. Die wichtigsten Werbemittel

Der Arbeitsplan

Eine vorrangige Stelle im Bereich der Werbung der Volkshochschule nimmt der Arbeitsplan ein. Allerdings darf diese Spitzenstellung nicht zu einer Aversion gegenüber anderen Werbemitteln führen.

Der Arbeitsplan ist im Grunde zugleich ein Werbemittel und auch ein Stück Öffentlichkeitsarbeit.

Optisch soll der Arbeitsplan auf die Existenz der Volkshochschule aufmerksam machen bzw. sie in Erinnerung rufen. Daher soll die Volkshochschule sich im Arbeitsplan stets darstellen. Hinweise auf die Organisationsform, die Vorstellung der Mitarbeiter unter Nennung der Arbeitsbereiche sowie die Bekanntgabe von Öffnungszeiten und Telefonnummern können als wichtigste Informationen genannt werden. Die sachliche Information über das Veranstaltungsangebot und die Bekanntgabe der Teilnahmebedingungen bilden den Schwerpunkt des Inhalts.

Als weiteren Zweck des Arbeitsplanes kann man die Bezeichnung „Rechenschaftsbericht" wählen, da er gegenüber den politisch verantwortlichen Gremien die Arbeit der Volkshochschule dokumentiert bzw. als Beleg für die Beantragung von Zuweisungen dient.

Die individuellen örtlichen Gegebenheiten beeinflussen die Rangordnung und damit auch die äußere und innere Gestaltung sowie die Auflagenhöhe und die Verteilungsart.

In der Praxis ist der Arbeitsplan mit einem Katalog der Kaufhäuser vergleichbar. Er soll die Ware umfassend beschreiben und die Konditionen nennen. Als Mindestinformationen einer VHS-Veranstaltung sollte man erwarten:

Das Thema, den Leiter der Veranstaltung, die Art der Veranstaltung (Vortrag, Film, Kurs, Seminar, Studienfahrt u. ä.) mit einer Inhaltsbeschreibung, die Voraussetzungen und Bedingungen (wie Lehrbuch, Vorkenntnisse, Materialbeschaffung u. a. m.), den Unterrichtstermin bzw. die -termine, den Unterrichtsort bzw. die -stätte, die Teilnahmegebühr und Nebenkosten.

Die Ausführlichkeit der inhaltlichen Beschreibung ist abhängig von der „Verkäuflichkeit" der Veranstaltung. Ist die Nachfrage nicht besonders groß, so sollte auch auf die Beschreibung der Lernziele Wert gelegt werden.

Die Gliederung der Arbeitspläne nach einheitlichen Kriterien ist schon seit ca. 20 Jahren mit unterschiedlichem Erfolg versucht worden. Für einen Teil der Volkshochschulen sind die Einteilungsraster der „Erhebungsbögen zur Erstellung der Weiterbildungsstatistik" bestimmend für die Aufgliederung der Programme.

Die Arbeitspläne werden in der Regel für einen Arbeitsabschnitt der Volkshochschule aufgelegt. Als Arbeitsabschnitte haben sich inzwischen die Semester gegenüber den Trimestern durchgesetzt. Der Grundsatz der Jährlichkeit, der sich aus dem Haushaltsrecht ergibt, hat das Arbeitsjahr der Volkshochschulen daher überwiegend in ein „Frühjahr-/Sommer-Semester" und in ein „Herbst-/Winter-Semester" aufgeteilt. Es gibt auch Volkshochschulen, die das Veranstaltungsangebot für den Zeitraum eines Jahres in einem Arbeitsplan zusammenfassen. Der „Jahresplan" muß dann zum zweiten Arbeitsabschnitt aktualisiert werden. Hierzu werden Änderungsverzeichnisse in den verschiedensten Aufmachungen erstellt (Zeitungen, Handzettel, Veröffentlichungen in VHS-Mitteilungen u. ä.).

Grundsätzlich ist zu bedenken, daß jedes Werbemittel nur einen zeitlich begrenzten Wirkungsraum umfaßt, da jeder Werbetreibende wie auch jeder Interessent davon ausgeht, rasch nach der Verteilung bzw. nach dem Erhalt eine Entscheidung zu sehen. Bei Jahresplänen muß – zumindest kurz nach der Einführung – damit gerechnet werden, daß bei der Herausgabe der Änderungsmitteilungen die Hauptausgabe nicht mehr vorliegt.

Unabhängig von dem Zeitraum, den ein Arbeitsplan abdeckt, sind der äußeren und inneren Gestaltung große Bedeutung beizumessen.

Zu der äußeren Gestaltung gehören:

Format, Papierart, Papierqualität, Farbe und das stets einzusetzende Markenzeichen, wobei sogar ein Wechsel der Farbe von Abschnitt zu Abschnitt empfehlenswert ist, die Schriftart und die Schriftgröße.

Bei der inneren Gestaltung geht es um die Übersichtlichkeit der Anordnung der Texte, wobei Slogans und Karikaturen als besondere Darstellungsformen keinesfalls fehlen sollten.

Bei der Aufnahme von Anzeigen im Arbeitsplan sind einige wichtige Gesichtspunkte zu beachten:

- Für welche Produkte werden Anzeigen aufgenommen?
  Kommen nur solche Anzeigen in den Arbeitsplan, die Produkte oder Dienstleistungen anbieten, die in irgendeiner Form mit der Volkshochschule in Verbindung stehen, wie Bücher, Schreibbedarf oder auch noch Banken und Sparkassen u. a. oder kann allen Inserenten ein Platz angeboten werden?
- Wo werden die Anzeigen plaziert?
  Grundsätzlich sollte man bedenken, daß der Arbeitsplan nicht von seinem Ziel, das Publikationsorgan der Volkshochschule zu sein, abgebracht werden sollte. Hieraus ergibt sich eine Priorität für die Darstellung des Programms. Entweder sollte man alle Anzeigen in einem Anhang unterbringen oder, wenn dies nicht möglich ist, stets den Raum auf der linken Seite anbieten.
- Können die Anzeigen von Inhalt und Darstellung her aufgenommen werden?
  Es ist wohl unstrittig, daß bestimmte Produkte ungeeignet sind, werbemäßig in einem Arbeitsplan der Volkshochschule dargestellt zu werden. Andererseits können auch nicht alle Bedingungen der Inserenten hinsichtlich der Art und des Formates für ihre Anzeige akzeptiert werden. Das Gesamtkonzept muß gewahrt bleiben.
- Die organisatorische Mehrarbeit muß sich im Rahmen halten. Ferner muß vermieden werden, daß durch die Aufnahme von Anzeigen eine Unhandlichkeit eintritt oder daß sogar Änderungen in der Fertigung erforderlich sind, die kostenintensiver sind. Dies gilt auch für die Kosten der Verteilung und des Versandes.

Die Auflagenhöhe des Arbeitsplanes ergibt sich einerseits aus der Notwendigkeit, die Bildungsmotivation zu erhöhen und andererseits aus der gesetzten Kostengrenze.

Als Faustregel kann man davon ausgehen, daß eine Volkshochschule in einer Großstadt in der Relation zur Einwohnerzahl eine relativ kleine Auflage benötigt.

Volkshochschulen in Mittelstädten oder ländlich strukturierten Bereichen haben in der Regel wesentlich höhere Auflagen nötig. Als maximale Größe ist die Anzahl der Haushaltungen zuzüglich der „Dienstexemplare" anzusehen. Die aktuellen Angaben über die Haushalte können bei der Bundespost erfragt werden. Als Faustregel kann man auch ein Drittel der Einwohnerzahlen als Haushaltungen rechnen.

Für den Vertrieb oder die Verteilung – in diesem Zusammenhang ist auch die Frage der Erhebung einer Schutzgebühr mit zu behandeln – gibt es ebenfalls keine verbindlichen Ratschläge. Man kann davon ausgehen, daß in den Fällen, wo die Arbeitspläne in hoher Auflage eingesetzt werden müssen, die Erhebung von Schutzgebühren immer weiter zurückgestellt werden muß. Die Verteilung einer großen Auflage und die gleichzeitige Erhebung einer Schutzgebühr würden einen Zielkonflikt darstellen.

Sofern man die Arbeitspläne an alle Haushaltungen verteilt, kommen mehrere Möglichkeiten in Betracht.

Die Post kann die Verteilung als Postwurfsendung übernehmen. Die Kosten müssen beim Postamt erfragt werden. Eine Alternative ist, die Zustellung über Vertriebsgesellschaften vornehmen zu lassen. Dies hat den Vorteil, daß nur eine Stelle mit der Organisation und der Abrechnung befaßt ist. Da die Bereiche der Zusteller bereits abgegrenzt sind, wird für die Verteilung insgesamt nicht viel Zeit benötigt. Anders verhält es sich bei der Organisation eines eigenen Verteilerdienstes. Der Organisations- und Abrechnungsaufwand ist hier relativ hoch.

Hat man eine Auflagenhöhe, mit der nicht alle Haushaltungen zu bedienen sind, so kann man die Auslage an publikumsintensiven Stellen (Gemeindeämter, Banken, Sparkassen, Post, Büchereien, Buchhandlungen, Schreibwarenhandlungen u. ä.) in Erwägung ziehen oder die Zustellung an bestimmte Zieladressen über die Post vornehmen lassen. Bildungsberatungsstellen oder Einrichtungen für Jugendliche, Behinderte oder Senioren sind stets besonders zu bedienen.

Handzettel und Werbebriefe

Handzettel und Werbebriefe sind Werbemittel, die nie eine so umfassende Angebotsinformation vermitteln können wie der Arbeitsplan.

Auszüge aus dem Arbeitsplan lassen sich nach verschiedenen Kriterien zusammenfassen, beispielsweise nach einem bestimmten Interessengebiet, für einen bestimmten Zeitraum, für einen bestimmten Ort oder Stadtteil. Liegen solche Vorlagen bereit, so bieten sich relativ kostengünstige Möglichkeiten zum Abziehen an.

Handzettel oder Werbebriefe erfordern einen bestimmten Adressatenkreis.

Nachteilig ist, daß stets nur ein begrenztes Angebot offeriert wird und die Vielfältigkeit des Gesamtprogramms nicht erkennbar ist. Handzettel haben einen guten Stellenwert als Erinnerungswerbung für Einzelveranstaltungen, die erst im Verlaufe eines Semesterzeitraumes stattfinden. Auch Arbeitskreise und Kurse mit einer kurzen Unterrichtsdauer lassen sich damit noch einmal „aufwärmen".

Presseberichte

Zur Werbearbeit einer Volkshochschule zählen auch Presseberichte. Die Artikel werden entweder der Presse von seiten der Volkshochschule zugeleitet oder ein Journalist besucht die Einrichtung oder eine bestimmte Veranstaltung und verfaßt für den redaktionellen Teil der Zeitung einen Bericht. Vorteilhaft hierbei ist, daß diese Art von Information kostenfrei erfolgt. Als Nachteil hat man jedoch in Kauf zu nehmen, daß die Redaktion bestimmt, wann und an welchem Platz die Veröffentlichung erfolgt. Außerdem hat man keinen Anspruch darauf, daß vorgegebene Informationen vollständig übernommen werden. Grundsätzlich kann man über die Presse keine bestimmte Zielgruppe ansprechen, weil die Information nur den Leser der Zeitung erreichen kann.

Die Zuständigkeit für die Pressearbeit einer Volkshochschule ergibt sich aus dem Gemeinderecht und wird an anderer Stelle in diesem Buch behandelt.

Zeitungsinserate

Zeitungsinserate sind Vorgaben der Volkshochschule an die Anzeigenredaktion, die inhaltlich unverändert im Anzeigenteil einer Zeitung gegen Zahlung von Gebühren nach den Tarifen veröffentlicht werden. Schon aus Kostengründen ist der Umfang dieser Informationsart begrenzt. Stehen Haushaltsmittel für eine regelmäßige Anzeigenwerbung bereit, so empfiehlt es sich mit der Redaktion einen ständigen Platz abzusprechen und durch das Signet zu überschreiben.

Eindruckplakate

Eindruckplakate sind ein ebenfalls den Arbeitsplan begleitendes Werbemittel. Ehe man sich für die Plakatwerbung entscheidet, sind Voruntersuchungen darüber anzustellen, wo die Plakate ausgehangen werden können. Plakate werden in der Regel nur aufgelegt für die Bekanntmachung besonders wichtiger Veranstaltungen bzw. für die Vorbereitung des neuen Arbeitsabschnittes. Als Aushängestellen für Plakate können Schaufenster von Geschäften dienen. Die Bereitschaft der Geschäftsinhaber ist zu erbitten, wobei dann Größenbestimmungen zu befolgen sind. Die meisten Städte oder Gemeinden verfügen über eine mehr oder minder große Anzahl von Plakatständern. Auch hier müssen die Aktionen mit der Gesamtverwaltung abgestimmt werden.

Sofern man sich Werbegesellschaften bedienen muß, sind rechtzeitig deren Bedingungen zu erkunden. In der Regel werden die Aushangzeiten nach feststehenden Dekaden (10-Tage-Abschnitte) geregelt und abgerechnet. Für einen Ort werden dann alle Plakatflächen gleichzeitig bedient. Es bedarf einer genauen Zeitabsprache zwischen der Volkshochschule und der Druckerei sowie der Werbeagentur, damit Plakatwerbung sinnvoll betrieben wird. Nachteilig sind die relativ hohen Kosten und der geringe Einfluß bei der Auswahl der Klebestellen z. B. an Litfaßsäulen.

Hausmitteilungen bzw. VHS-Zeitungen

Hausmitteilungen oder VHS-Zeitungen werden verstärkt in der letzten Zeit als kurzlebige Werbemittel eingesetzt. Diese Publikationen können sowohl für bestimmte Veranstaltungen werben, bereits gelaufene Veranstaltungen kritisch beleuchten aber auch aus dem Unterricht Situationsberichte liefern. Vor allem können auch Berichte über die Mitwirkungsgremien an der Volkshochschule aufgenommen werden. Der Wirkungsgrad einer VHS-Zeitung wird nachhaltig abhängig sein vom Layout. Allerdings kostet Aufwand Geld. Als Vertriebsmöglichkeit können Auslage, Zustellung oder Verteilung in den VHS-Veranstaltungen dienen.

Zeitungsbeilagen

Informationen für oder über die Volkshochschule werden nach dem Druck den Zeitungsredaktionen zur Verteilung übergeben. Beilagen haben den gleichen Empfängerkreis wie die Presseberichte oder die Inserate. Genau wie Inserate sind die Beilagen kostenpflichtig.

6. Sonstige Werbemittel

Die sonstigen Werbemittel sind in der Regel besondere Aktivitäten der Mitarbeiter der Volkshochschule bzw. der Veranstaltungsleiter oder der Teilnehmer an bestimmten Veranstaltungen. Besonders vielfältige Möglichkeiten zur Darstellung der Kursinhalte bringen die Veranstaltungen im kreativen Bereich (Foto-Kurs, Ikebana, Batik u. ä.). Natürlich sind Vorstellungen von der VHS-Theatergruppe wertvolle Werbehilfen. Straßenaktionen, Tag der offenen Tür oder VHS-Feten sind als weitere Werbeaktivitäten zu nennen. Dias oder Kurzfilme können als Vorspann zu Filmveranstaltungen die Aufmerksamkeit auf die Volkshochschule lenken. Dies können jedoch nur einige Beispiele von Werbearbeit sein, die stark von individuellen Möglichkeiten abhängig sind. Der Phantasie sind hier also keine Grenzen gesetzt, es sei denn das liebe Geld.

Fallbeispiel XV: Öffentlichkeitsarbeit der Katholischen Kirche

Rudolf Hammerschmidt

1. Ausgangslage

Das Thema „Öffentlichkeitsarbeit" wird innerhalb der katholischen Kirche weithin kontrovers diskutiert. Nicht wenige vertreten die Ansicht, die Botschaft Christi, die die Kirche zu verkünden habe, eigne sich nicht für eine geplante und gezielte Öffentlichkeitsarbeit. Sie müsse unverfälscht verkündet werden, sei sie gelegen oder ungelegen. Taktische Überlegungen und die Anwendung von „Tricks" bei der Vermittlung seien abzulehnen. Gegründet auf die Wahrheit, werde sich die Botschaft des Evangeliums auch ohne die Anwendung bestimmter Methoden bei der Vermittlung an die Menschen letzten Endes durchsetzen. Gezielte Aktionen ständen immer in der Gefahr, die Einzelinteressen einer Gruppe, einer Organisation oder eines Unternehmens in den Vordergrund zu stellen und dabei das Gemeininteresse zu vernachlässigen. Da die Kirche aber von ihrem Selbstverständnis her kein spezielles Eigeninteresse habe, sondern auf das Gemeininteresse ausgerichtet sei, könne eine gezielte Öffentlichkeitsarbeit dieses Ziel leicht verfälschen. Gestützt wird diese Haltung durch ein gewisses Mißtrauen gegenüber den als nicht immer lauter angesehenen Methoden in der Öffentlichkeitsarbeit anderer.

Auf der anderen Seite wird immer stärker zur Kenntnis genommen, daß es in der pluralen Gesellschaft einen harten „Kampf" um Auffassungen, Meinungen, Empfindungen und sittliche Überzeugungen gibt. Die Kirche sei einer der „Anbieter" im vielfältigen Wertsystem der einzelnen Gruppen, sie müsse sich, wenn sie sich behaupten wolle, der modernen, „weltlichen" Mittel bedienen. Sie müsse sich Gedanken darüber machen, wie sie die Menschen ansprechen könne. Dies sei nicht aus einem Eigeninteresse als Organisation heraus erforderlich, sondern vielmehr gebiete dies die Klugheit. Die Kirche sei verpflichtet, alle vertretbaren Methoden einzusetzen, um die Menschen zu erreichen. Sie müsse sich in dieser Welt vernehmbar machen.

2. Offizielle Aussagen

In dem für diese Fragen maßgebenden Vatikanischen Dokument „Pastoralinstruktion Communio et Progressio über die Instrumente der sozialen Kommunikation", das im Auftrage des II. Vatikanischen Konzils im Jahre 1971 erschienen ist, wird grundsätzlich die „Freiheit der Meinungsäußerung des einzelnen" als ein „Wesensbestandteil bei der Bildung von öffentlicher Meinung" anerkannt. Dabei wird die „öffentliche Meinung" stark dialogisch gesehen als „Gespräch der Gesellschaft".

Allerdings wird auch darauf hingewiesen, daß „alle Arten von Propagandakampagnen" nur dann erlaubt seien, „wenn deren Ziel und Mittel der Würde des Menschen nicht widersprechen. Sie müssen bemüht sein, der Wahrheit zu dienen und das gemeinsame Interesse aller im Auge zu behalten, sowohl auf nationaler wie internationaler Ebene und im Blick auf Einzelne und Gruppen". Klar und deutlich sind die Aussagen in diesem Dokument im Hinblick auf eine Propaganda, die sich gegen das Gemeinwohl richtet: „Jede Propaganda jedoch, die sich gegen das Gemeinwohl richtet, die eine offene und öffentliche Einrede hindern will, die Tatsachen verdreht oder den Menschen Vorurteile einhämmert, die halbe oder einseitig gefärbte Wahrheiten verbreitet und wichtige Sachverhalte verschweigt, verweigert dem Menschen das Recht auf Entscheidungsfreiheit. Solche Propaganda ist untragbar. Das gilt um so mehr, weil die Fortschritte der Wissenschaft vom Menschen, vor allem die Psychologie, sowie die Entwicklung der Instrumente der sozialen Kommunikation dieser Propaganda eine immer noch wachsende Macht verleihen".

3. Keine spezielle Öffentlichkeitsarbeit

Innerhalb der katholischen Kirche wird in der Regel nicht unterschieden zwischen Presse- und Öffentlichkeitsarbeit. Es fehlt weitgehend an einer theoretischen und organisatorisch-praktikablen Trennung. Man weist den bestehenden Pressestellen auch die Arbeit der Öffentlichkeitsarbeit zu. Die Gründe liegen in der oben dargelegten Zurückhaltung gegenüber einer speziellen Öffentlichkeitsarbeit.

In der Praxis werden jedoch an die Pressestellen Anforderungen der Öffentlichkeitsarbeit gestellt und von diesen auch Konzeptionen der Öffentlichkeitsarbeit erstellt und durchgeführt. Solche „Aktionen" ergeben sich aber fast ausschließlich aus bestimmten aktuellen Anlässen, das heißt aufgrund von Herausforderungen durch andere Gruppen. An einer Konzeption der Öffentlichkeitsarbeit im Hinblick auf die Vertretung und Durchsetzung eigener Vorstellungen ohne Vorliegen einer konkreten Herausforderung wird nicht gearbeitet. Insofern hat die Öffentlichkeitsarbeit der katholischen Kirche über weite Strecken einen defensiven Charakter. Allerdings wird man sich dieser Situation immer deutlicher bewußt.

4. Besondere Strukturprobleme

Die Struktur der katholischen Kirche ist einer einheitlichen Öffentlichkeitsarbeit auf Bundesebene nicht förderlich. Der Zusammenschluß auf der Ebene der Deutschen Bischofskonferenz erfolgt nur insofern, als dort Aufgaben erledigt werden, die auf diözesaner Ebene nicht geleistet werden können oder sinnvollerweise zentral geleistet werden sollten. Die eigentliche Ebene der kirchlichen Arbeit aber ist die Diözese; die Deutsche Bischofskonferenz ist kein „Dachverband" dieser

Diözesen. Aus diesem Grunde kann es durchaus unterschiedliche Ansätze in der Öffentlichkeitsarbeit der 22 Diözesen geben.

5. Beispiel § 218

Am deutlichsten lassen sich Ansätze einer systematischen Öffentlichkeitsarbeit der katholischen Kirche an der Diskussion um die Änderung des Paragraphen 218 darstellen.

5.1 Erste Phase

Die Diskussion um die Änderung des § 218 wurde der Kirche von außen aufgezwungen. Deshalb ging es zunächst darum, wie man auf diese „Herausforderung" zu reagieren habe. Dabei stellte sich für die Kirche in erster Linie nicht die Frage, wie man was am wirksamsten und über welche Kanäle sagen solle, sondern es ging darum, *was* man sagen müsse angesichts der Verpflichtung vom Evangelium her. Aus der Sicht der Kirche ging es um die Verkündigung der Wahrheit. Gesprächspartner waren Moraltheologen, Mediziner, Juristen.

Adressat dieser ersten Reaktion waren die politischen Parteien. Man konzentrierte sich fast ausschließlich darauf, ein Gesetzesvorhaben zu verhindern, das den strafrechtlichen Schutz des ungeborenen Lebens minderte bzw. aufhob. Gleichzeitig erfolgte ein Appell an die Bevölkerung, vor allem an die Katholiken, sich der geplanten Änderung durch entsprechende Äußerungen zu widersetzen.

Eine Analyse über die Haltung der Bevölkerung bzw. der Öffentlichkeit wurde zunächst nicht angestellt. In erster Linie wurde die Haltung der Parteien beobachtet. Man vertraute voll der Durchschlagskraft der eigenen Argumente.

5.2 Zweite Phase

Als sich herausstellte, daß die Mehrheit des Bundestages trotz der deutlichen Proteste der katholischen Kirche die Änderung des § 218 verabschiedete, begann ein Umdenkungsprozeß. Es wurde deutlich, daß ein solcher Beschluß nicht isoliert gesehen werden konnte, sondern eingeordnet werden mußte in die Frage, ob nicht auch in anderen Bereichen die Grundlagen unserer Verfassung und damit unseres Zusammenlebens in Gefahr seien. Das Thema wurde erweitert auf die Diskussion um die Grundwerte. Man begann mit Überlegungen in zwei Richtungen.

- Wo macht sich die Aufweichung der Grundwerte bemerkbar (weitgehende Freigabe der Pornographie, Änderung des Eherechts, Liberalisierung der Abtreibung) und was ist von seiten der Kirche dazu zu sagen.
- Wie kann man diesen Vorgang ins Bewußtsein der Öffentlichkeit bringen und dadurch der Entwicklung entgegenwirken.

Da die Kirche über eine gut ausgebaute Basisstruktur verfügt (Gemeinden, Gruppen, Verbände, Bildungseinrichtungen) ging es zunächst einmal darum, diese für das Thema Grundwerte zu interessieren. Es war deutlich geworden, daß die Diskussion nicht nur zwischen Bischöfen und Politikern stattfinden konnte, sondern daß die Politiker sehr stark auch von dem abhängig sind, was in der Gesellschaft an Wertvorstellungen vorhanden ist. Es zeigte sich aber, daß einem Thema von seinem Anspruch her in der Vermittlung Grenzen gesetzt sind. Das für die Kirche besonders virulente Sprachproblem schlug auch hier durch. Katholische Akademien nahmen sich des Themas ebenso an wie die Deutsche Bischofskonferenz, die zwei Erklärungen dazu abgab. Es gab ein starkes Echo (u. a. Rede des Bundeskanzlers, des CDU-Vorsitzenden und eines FDP-Vertreters vor der Katholischen Akademie in Hamburg). Es war gelungen, dieses Thema, wenn auch nicht bis an die Basis zu bringen, so doch zu einem Gesprächsgegenstand in der Öffentlichkeit zu machen. Dies lag weniger an einer gezielten Öffentlichkeitsstrategie als vielmehr an der Tatsache, daß dieses Thema von anderen kontrovers aufgegriffen wurde und deshalb wieder zu Reaktionen herausforderte.

Der Plan, dieses Thema innerhalb der Kirche bis an die Basis deutlich und bewußt zu machen, gelang nicht. Dies lag einmal am Gegenstand selbst, zum anderen daran, daß Vorstellungen wie der gezielte Einsatz geschulter Redner zu diesem Thema in jeder Pfarrgemeinde nicht zu verwirklichen waren. Einmal wurde diese Frage nicht intensiv mit allen Bistümern besprochen, zum anderen standen gleichzeitig auch andere Themen an, so daß es zu einer Überforderung des einzelnen Mitglieds in der Pfarrgemeinde gekommen wäre.

Beide Erklärungen der Deutschen Bischofskonferenz zu den Grundwerten haben aber zumindest innerkirchlich einen nachhaltigen Eindruck hinterlassen. Das Thema ist in der innerkirchlichen Diskussion weiterhin aktuell. Gleichzeitig wurde das Ziel erreicht, die Diskussion um die Änderung des § 218 in einen größeren Zusammenhang zu stellen. Es gelang aber nicht voll deutlich zu machen, daß die Motivation kirchlichen Handelns nicht darin bestand, spezielle eigene Moralvorstellungen durchzusetzen, sondern in der Mitverantwortung für die Gesellschaft.

5.3 Dritte Phase

Die Deutsche Bischofskonferenz hatte angekündigt, sie werde sich mit der Entscheidung des Bundestages zur Änderung des § 218 und damit zur Minderung des strafrechtlichen Schutzes des ungeborenen Lebens nicht abfinden. Aus diesem Grunde setzte sie eine ad-hoc-Gruppe ein mit dem Auftrag, entsprechende Maßnahmen zu erarbeiten. Diese Maßnahmen sollten sich einmal erstrecken auf eine verbesserte Hilfe für diejenigen Frauen, die durch eine Schwangerschaft in eine echte oder vermeintliche schwierige Situation geraten sind, und zum anderen auf die öffentliche Bewußtseinsbildung im Hinblick auf das Unrechtsbewußtsein im Zusammenhang mit der Abtreibung.

Dieser Kommission gehören an: Drei Theologen, ein Jurist, ein Vertreter des Bereichs schulische Bildung/Religionsunterricht, zwei Vertreterinnen aus dem Bereich Beratung und zwei Vertreter für den Bereich Öffentlichkeitsarbeit.

In dieser Arbeitsgruppe wurde erstmals gezielt die Frage nach einer wirkungsvollen und zielgerichteten Öffentlichkeitsarbeit gestellt. Es wurde versucht, gezielt die Situation zu analysieren und die Chancen für die Durchsetzung eigener Vorstellungen abzustecken.

Die Analyse ergab folgendes Bild: Zunächst von einigen Gruppen und Medien propagiert, hat sich über Jahre hin eine Mehrheit in der Öffentlichkeit herausgebildet, die für eine weitgehende Freigabe der Abtreibung eintrat. Das hatte Rückwirkungen auf die Parteien und deren Haltung zu dieser Frage. Dieser Gesinnungswandel kam nicht plötzlich und aus heiterem Himmel, sondern war das Ergebnis einer dauernden Propagierung der Thesen, daß das Strafrecht eine Abtreibung nicht verhindere, daß die Frau gezwungen werde in der Anonymität abzutreiben (mit allen Risiken für ihre Gesundheit) und daß das Selbstverwirklichungsrecht der Frau stärker beachtet werden müßte (also möglicherweise eine Geburt eine unzumutbare Belastung sei).

Es war nicht möglich, nachdem das öffentliche Bewußtsein sich weitgehend in diese Richtung entwickelt hatte, mit Hilfe des Appells an den Gesetzgeber, diese Entwicklung zu stoppen. So wie ein öffentliches Klima entstanden ist, das eine Abtreibung verharmlost bzw. sie als Mittel zur Lösung von Konflikten akzeptiert, so muß versucht werden, dieses öffentliche Klima wieder in umgekehrter Richtung zu verändern. Erfolg ist nur möglich durch Änderung des Bewußtseins.

Die ad-hoc-Gruppe kam zu dem Ergebnis – und dies wurde von den Bischöfen in vollem Umfange gebilligt –, daß man sich der öffentlichen Auseinandersetzung im umfassenden Sinne stellen und stärker als bisher die Argumente der „Gegner" aufnehmen müsse, um sie argumentativ zu widerlegen. Gleichzeitig wurde bewußt, daß es sich um einen langwierigen Prozeß handelt, in welchem man nicht nur die eigene Meinung aussprechen muß, sondern auch Überlegungen anzustellen hat, wie man mit den eigenen Argumenten die Menschen erreicht.

Die Situationsanalyse wurde ergänzt durch das Einbeziehen von Umfrageergebnissen aus denen hervorgeht, daß die von der katholischen Kirche vertretene Lehre auch bei manchen Katholiken keine selbstverständliche Zustimmung findet.

Es wurde fortan getrennt zwischen der unmittelbaren Reaktion gegenüber den Parteien, dem Bundestag und der Bundesregierung und der Bewußtseinsbildung innerhalb der Gesellschaft.

Einer offensiven Öffentlichkeitsstrategie stellte sich noch ein besonderes Problem: Da die katholische Kirche mit den innenpolitischen und gesellschaftlichen Zuständen, wie sie nach dem Kriege entstanden waren, weitgehend übereinstimmte, geriet sie nach Beginn der sozial-liberalen Koalition und der damit einsetzenden Änderung bestimmter Gesetze (Ehegesetzgebung, weitgehende Freigabe der Pornographie, Abtreibung) in die Position des „Nein-Sagers". Es gab für die katholische Kirche immer wieder Anlaß zu protestieren und vorgesehene

Änderungen abzulehnen. Stark wirkte sich dies auch in der Diskussion um die Abtreibung aus. Wollte man in der Öffentlichkeit Gehör finden und Einfluß nehmen auf die Bewußtseinsbildung in der Gesellschaft, mußte man zunächst versuchen, aus dieser „Nein-Sager-Position" herauszukommen. Man durfte nicht *gegen* etwas, man mußte *für* etwas sein. Dabei lag die Schwierigkeit darin, daß die Kirche von ihrer klaren Aussage, bei der Abtreibung handle es sich um Tötung menschlichen Lebens, nicht abrücken konnte. In der Sache waren keine Kompromisse möglich. Es mußte also versucht werden, ohne Aufgabe der deutlichen und klaren Position, den eigenen Standpunkt unter einem positiven Aspekt deutlich zu machen.

Zwei Änderungen gegenüber der bisherigen Argumentation wurden vorgenommen:

- Argumentiert wird nicht gegen die Abtreibung, sondern geworben wird „Für das Leben". Dabei geht es nicht nur um die Ungeborenen. Vielmehr soll versucht werden, die Aktion „Für das Leben" auf alle Ebenen auszudehnen: Im Blick auf ökologische Fragen, Alte und Kranke, kinderreiche Familien. Ziel ist eine positive und solidarische Einstellung vor allem mit den Schwachen in der Gesellschaft. Dabei soll deutlich werden, daß eine Abtreibung nicht isoliert gesehen werden darf, sondern vielmehr weitgehend mitbestimmt ist von der allgemeinen Bewußtseinslage in der Gesellschaft. Es ist nicht nur das Leben der Ungeborenen bedroht, sondern vielfach auch das Leben der Geborenen. Nicht selten wurde der katholischen Kirche in der Diskussion um die Abtreibung der Vorwurf gemacht, daß sie sich um das geborene Leben nicht so intensiv sorge wie um das ungeborene. Der Slogan „Für das Leben" soll bei vielfältigen Aktionen benutzt werden und nicht auf die Diskussion um die Abtreibung beschränkt bleiben.
- Man spricht nicht mehr vom ungeborenen Menschen oder ungeborenen menschlichen Leben, sondern vom ungeborenen Kind. Dies bewußt deshalb, um deutlich zu machen, daß der Mensch mit der Vereinigung von Ei- und Samenzelle in seinem Wesen festgelegt ist und in der weiteren Entwicklung kein qualitativer Sprung erfolgt. Das Kind wächst vor der Geburt genauso, wie es nach der Geburt auch wächst. Es handelt sich auch vor der Geburt bereits um ein Kind. So wie die Tötung eines Kindes nach der Geburt – auch wenn körperliche oder geistige Behinderungen vorliegen – abgelehnt wird, so müßte auch die Tötung eines Kindes vor der Geburt abgelehnt werden.

Entsprechend dieser Änderung in der Strategie und in der Argumentation sind auch die Materialien, die erstellt wurden:

- Ein Bildheft mit pränatalen Aufnahmen soll deutlich machen, daß es sich in der Tat bei dem ungeborenen Kind nicht um einen Zellklumpen handelt, sondern um ein ungeborenes Kind.

Argumentiert wird in diesem Bildheft nicht theologisch, sondern aus der Sicht des Wissenschaftlers. Zum Einsatz soll dieses Bildheft vor allem im Religionsunterricht kommen.
Die Information darüber, daß es sich um ein ungeborenes Kind handelt, soll zu einer Bewußtseinsänderung im Hinblick auf die Abtreibung beitragen. Also nicht überreden, sondern informieren.

- Mutter Teresa hat bei der Verleihung des Friedensnobelpreises (1979) sehr deutliche Worte gegen die Abtreibung gesprochen. Mutter Teresa hat in der deutschen Öffentlichkeit ein ausgesprochen positives Image und einen hohen Bekanntheitsgrad. Im Sinne des positiven Ansatzes in der Argumentation gegen die Abtreibung wird diese Rede von Mutter Teresa in einem Faltblatt in hoher Auflage möglichst breit gestreut. Dabei wird in der Aufmachung des Faltblattes nicht Bezug genommen auf die Diskussion um die Abtreibung.
- Ein Faltblatt nimmt die Argumentation derjenigen, die für eine völlige oder weitgehende Freigabe der Abtreibung eintreten und die Haltung der Kirche ablehnen als These auf, um diese dann argumentativ zu widerlegen. Dieses Faltblatt geht konkret auf die Diskussion um die Abtreibung ein. Es ist gedacht als „Verstärker" im Zusammenhang mit Vorträgen oder Diskussionen über diese Frage.
- Eine Broschüre dient als Materialsammlung für die sogenannten „opinion leaders"; als Unterlage für diejenigen an der Basis (Pfarrgemeinde, Verbände), die in ihrem Bereich das Thema aufgreifen wollen. Behandelt wird das Thema aus der Sicht des Moraltheologen, des Mediziners, des Juristen, des Psychologen und der Beratungsstellen. Die Broschüre ist nicht gedacht zu einer breiten Streuung.
- Ein Plakat soll dazu dienen, Aktionen an bestimmten Orten verstärkend zu unterstützen. Ziel des Plakates ist es, das „Für" darzustellen, das heißt, eine positive Grundstimmung zu erzeugen.
  Gerade bei der Erstellung des Plakates ergaben sich erhebliche Schwierigkeiten, da eine dem Medium angemessene Darstellung „Für das Leben" ausgesprochen schwierig ist, zumal die „übliche" Darstellung Mutter und Baby als zu idyllisch abgelehnt wurde. Aufgabe des Plakates ist es nicht, ein Problem deutlich zu machen, sondern eine positive Grundstimmung zu erzeugen bzw. zu verstärken. Gedacht ist das Plakat im Zusammenhang mit anderen Aktionen (Straßendiskussion, Vortragsveranstaltungen).

Eine besondere Schwierigkeit ergab sich bei der gesamten Planung dadurch, daß die katholische Kirche nicht davon abgehen kann, Abtreibung Tötung menschlichen Lebens zu nennen, andererseits aber daran interessiert ist, daß möglichst viele Frauen, die durch eine Schwangerschaft in Schwierigkeiten geraten, in ihre Beratungsstellen kommen. Es muß also folgender Argumentation entgegengewirkt werden: Wenn die katholische Kirche die Abtreibung entschieden ablehnt und verurteilt, ist es sinnlos für eine Frau, die eine Abtreibung durchaus in Erwägung zieht, sich an eine katholische Beratungsstelle zu wenden.

An diesem Punkt gab es besondere Schwierigkeiten innerhalb der ad-hoc-Gruppe, die nicht in der Sache lagen, sondern vielmehr in der Frage, welche Aspekte des Problems in der Öffentlichkeitsarbeit Vorrang haben: Die klare Darstellung der Ablehnung der Abtreibung oder die Mitteilung über die Hilfsbereitschaft der Kirche, Frauen in schwierigen Situationen zu helfen. Beide Ziele wurden als gleichwertig angesehen. Dennoch war klar, daß die inhaltliche Aussage auf jeden Fall Vorrang haben müsse vor taktischen Erwägungen anderer Art.

Belastet wurde dieses Problem durch die Bezeichnung der Abtreibung als „Mord" durch einen führenden Vertreter der katholischen Kirche. Hier stellte sich die Frage, ob eine solche Aussage, auch wenn sie im Sinne der moraltheologischen (nicht der juristischen) Wertung zutrifft, nicht die gesamte Öffentlichkeitsstrategie belastete. Die ad-hoc-Gruppe sah in dieser Aussage – zumindest für einen bestimmten Zeitraum – eine Belastung, ihrer Öffentlichkeitsstrategie. Dies auch deshalb, weil es auch zu dieser Strategie gehört, deutlich zu machen, daß es auch der katholischen Kirche in erster Linie darum geht zu helfen und nicht zu strafen und zu verurteilen.

Das Wort vom Mord war auch deshalb eine Belastung, weil es den unrichtigen Eindruck verstärkte, als richte sich die katholische Kirche mit ihrer Kritik an der Abtreibung in erster Linie an die Frau und mache sie letzten Endes allein verantwortlich. Dadurch werde das Bild einer „frauenfeindlichen" Kirche verstärkt.

In Erklärungen der Bischöfe wird deutlich darauf hingewiesen, daß man die Frau nicht in jedem Falle für eine Abtreibung alleine verantwortlich machen darf, daß die Umgebung oft eine viel größere Verantwortung trage; durch das Wort vom „Mord" wurden solche Aussagen völlig überlagert.

6. Strategie

Wie eingangs erwähnt, besteht innerhalb der katholischen Kirche nur sehr beschränkt die Möglichkeit, zentrale Aktionen zu planen und durchzuführen, da die eigentliche Handlungsebene die Bistümer sind. Beschlüsse, die z. B. im Zusammenhang mit der Öffentlichkeitsarbeit im Blick auf die Abtreibungs-Diskussion von der ad-hoc-Gruppe gefaßt werden, haben für die Bistümer empfehlenden, aber keinen verbindlichen Charakter. Das erstellte Material wird den Bistümern angeboten.

Die Strategie zielt einmal auf den innerkirchlichen Bereich und zum anderen auf die Gesamtgesellschaft. Dabei sind im innerkirchlichen Bereich zwei Gesichtspunkte zu beachten: Einmal haben auch zahlreiche Katholiken in der Frage der Abtreibung keine eindeutige Haltung und zum anderen sollen die Mitglieder der Kirche in die Lage versetzt werden, offensiv in die Gesellschaft hinein den Standpunkt der Kirche zu vertreten.

Folgende Maßnahmen sind von der ad-hoc-Gruppe erarbeitet worden:

- Versuch, in den Erklärungen der Deutschen Bischofskonferenz den Gesichtspunkt „Für das Leben" stärker zur Geltung zu bringen. Vor allem bereits bestehende Maßnahmen und Einrichtungen in diesem Bereich (Hilfe für die Dritte Welt, Krankenhäuser, Altenheime, Heime für Behinderte) in diese Aktion einzuordnen, um deutlich zu machen, daß die Kirche nicht in erster Linie gegen etwas ist.
- Aufforderung an die katholischen Verbände, in ihrer Bildungsarbeit das Thema unter den neu erarbeiteten Aspekten aufzugreifen und meinungsbildend in die Gesellschaft hineinzuwirken.
- Beschäftigung mit diesem Thema in den Bildungsveranstaltungen der katholischen Erwachsenenbildungseinrichtungen.
- Motivierung der Religionslehrer, über den Wert des Lebens zu sprechen und der Gleichgültigkeit entgegenzuwirken.
- Vortragsveranstaltungen auf der Ebene der Pfarrgemeinden.
- Straßenaktionen mit Diskussion und Verteilung von Informationsmaterial.
- Behandlung des Themas in den kircheneigenen Medien.
- Versuch in der öffentlichen Diskussion und über die Medien den Standpunkt der Kirche deutlich zu machen.
- Schwerpunktmäßige Plakataktionen, wobei Plakataktionen nur im Zusammenhang mit anderen Aktionen erfolgen sollen.

Aktionen, die über den kirchlichen Bereich hinausgehen bzw. nicht von Mitgliedern der Kirche selbst getragen werden, sind nicht vorgesehen. Man ist der Meinung, daß zunächst einmal das eigene Potential ausgeschöpft werden muß.

Aus diesem Grunde war auch nie daran gedacht, entsprechende Agenturen für diese Öffentlichkeitsarbeit einzuschalten. Träger der Aktion innerhalb der katholischen Kirche sollten sein: Der Deutsche Caritasverband, die Seelsorgeämter und die Pressestellen der Diözesen, die Verbände und die Diözesankomitees der Katholiken.

7. Realisierung

Die Realisierung der Strategie hängt eng mit dem oben über die Struktur der Kirche Gesagten zusammen. Es gibt keine Möglichkeit, zentral in die Diözesen hineinzuplanen. Vielmehr sind der Bischof und die zuständigen Gremien jeweils eigenverantwortliche Träger von Aktionen im Bereich des Bistums. So haben auch einige Bistümer parallel zu der Arbeit der ad-hoc-Gruppe eigene Vorstellungen und Materialien erarbeitet. Auch von einigen katholischen Verbänden und Gruppen gingen Initiativen aus. Unter anderem wurden auch Aufkleber zu dem Thema Abtreibung entwickelt. Die ad-hoc-Gruppe hatte diese als Mittel der Bewußtseinsbildung ausdrücklich abgelehnt. Und zwar unter anderem auch mit der Begründung, daß ein Aufkleber eine sehr weite Verbreitung finden müsse, wenn er wirken soll. Ein nur sehr vereinzelt zu sehender Aufkleber bewirke eher das Gegenteil, weil er den Eindruck erwecken könne, als identifizierten sich nur sehr wenige mit dem Inhalt.

8. Kosten

Ebenso wie die Realisierung verteilen sich auch die Kosten entsprechend der „föderativen" Struktur der Kirche. Zentral werden lediglich die „Entwicklungskosten" getragen, während die Diözesen das entsprechende Material je nach Höhe der Anforderung unmittelbar bezahlen müssen. Aus diesem Grunde sind die Kosten für die unter 5.3 angeführten Maßnahmen mit 80.000 DM angesetzt. Wobei von allen Materialien eine „Grundauflage" erstellt wird. Personalkosten entstehen nicht, da alle Aufgaben von hauptamtlich im Bereich der Kirche Beschäftigten wahrgenommen werden und für diese Aktion keine zusätzlichen Planstellen eingerichtet wurden.

Wenn die Aktion in allen Bistümern entsprechend der Planung in der ad-hoc-Gruppe über einen längeren Zeitraum durchgeführt wird, dürfte mit Kosten um 1 Million DM zu rechnen sein.

9. Kontrolle

Eine Kontrolle der gesamten Aktion ist insofern schwierig, da sie nicht zeitlich begrenzt ist. Das heißt, zu einem bestimmten Zeitpunkt läßt sich noch nicht sagen, ob alle Maßnahmen in einer Diözese auch durchgeführt wurden, da die zeitlichen Planungen jeweils sehr unterschiedlich sein können und nicht unerheblich von der Struktur der einzelnen Diözesen abhängen. Da dem Thema aber von der Kirche ein hoher Stellenwert eingeräumt wird, ist damit zu rechnen, daß in allen Diözesen in irgendeiner Form die Aktion aufgegriffen wird, zumal ihr ein Beschluß der Bischöfe zugrunde liegt.

Fallbeispiel XVI: „reytzung zum Glauben und zum Christentum“ – Dimensionen der Öffentlichkeitsarbeit in den Institutionen der Evangelischen Kirche

Gisela Brackert

1. Die Ausgangslage

„Ja wollt Gott ich kund die herrn und die reychen da hin bereden, das sie die gantze bibel ynnwendig und auswendig an den heusern fur yedermanns augen malen liessen, das were ein Christlich werck.“

Von so allumfassender propaganda fidei träumte vor 450 Jahren kein Geringerer als Martin Luther, der, wo es um die „öffentliche reytzung zum glauben und zum Christentum“ ging, es mit jedem modernen PR-Strategen hätte aufnehmen können.

Gleichwohl ist Aufgeschlossenheit für solche publizistischen Aktivitäten, die als gesteuerte Informationsvermittlung eine Brücke schlagen zwischen der Institution und ihren Mitgliedern, zwischen dem Anbieter der Botschaft und den anonymen Empfängern, zwischen Kirche und Welt ganz generell, in den Institutionen der Evangelischen Kirchen noch keineswegs die Regel, wenn auch kräftig im Wachsen begriffen. Dabei definiert sich kirchliche Öffentlichkeitsarbeit bis heute in erster Linie von einem spezifischen journalistischen Selbstverständnis her („Mund der Stummen“), und erst selten von jenem methodischen Denkansatz aus, der für die moderne Public Relations-Arbeit konstitutiv ist. Es ist die Ausrichtung auf einen (möglichst meßbaren) Erfolg, die PR-Leute und die Journalisten der Kirche mentalitätsmäßig voneinander trennt.

Im folgenden wird versucht, die Öffentlichkeitsarbeit der Evangelischen Kirche wenigstens in ihren Umrissen deutlich zu machen.

Die grundsätzliche Schwierigkeit liegt

- ▷ in der unterschiedlichen Größenordnung der Institutionen
- ▷ der verwirrenden Vielfalt der Nomenklatur, die sich in Ermangelung gesamtkirchlicher Vorgaben die einzelnen Stellen gegeben haben
- ▷ in dem sich darin ausdrückenden uneinheitlichen Selbstverständnis
- ▷ den sehr unterschiedlichen organisatorischen Strukturen
- ▷ und dem Gefälle in der Professionalität, mit der diese Arbeit betrieben wird.

Von beinah ebenso inkommensurabler Vielfalt sind auch die Vehikel, über die sich werbende Kirche nach außen wie nach innen vermittelt. Der Gemeindebrief gehört ebenso dazu wie das landeskirchliche Verteilblatt, die Mitarbeiterzeitschrift, das Pressegespräch, das pädagogische Lehrmaterial, der Vierfarbenprospekt zum Thema „Steuergelder“, der Spendenaufruf und Spendendank, das Plakat, die Ausstellung und die (selten genutzte) Anzeige. Strenggenommen könnte man auch den Evangelischen Pressedienst (epd), die gut ausgebaute Nachrichtenagentur der Evangelischen Kirche, dazunehmen – doch stößt eine Subsumierung der kirchlichen Nachrichtenarbeit unter den Oberbegriff PR auf erbitterten Widerstand der Journalisten, die eine gewisse, kritische Distanz zur Amtskirche als Konstituens der evangelischen Publizistik betrachten und bei einer Einordnung als PR-Instrument bedroht sehen. Säkulare PR-Strategen schließlich könnten auf den Gedanken kommen, daß grundsätzlich auch die den Kirchen zugestandene Sendezeit in den öffentlich-rechtlichen Rundfunkanstalten (Stichwort: Wort zum Sonntag) als Bestandteil der PR-Möglichkeiten angesehen werden müßte. Nach kirchlichem Verständnis jedoch sind diese ein Instrument der Verkündigung, und es besteht eine legitime Scheu, diesen Begriff so ohne weiteres mit der hier gemeinten Öffentlichkeitsarbeit gleichzusetzen.

Was wir (analog etwa der Definition der DPRG) unter Public Relations-Arbeit verstehen, hat sich im kirchlichen Raum vor allem in Verbindung mit der gemeindebezogenen Veranstaltungswerbung, der diakonischen Spendensammlung, der Darlegung der Verwendung der Kirchensteuermittel und den Bemühungen um stärkere Beteiligung an den Kirchenvorstandswahlen entwickelt. Dabei waren die Grenzen zwischen Werbung und PR von vornherein fließend. Ist es schon in der Wirtschaft schwierig, zwischen der reinen Produktwerbung zum Zweck der unmittelbaren Umsatzsteigerung und der Public Relations-Arbeit mit dem Ziel, Vertrauen für das Unternehmen zu wecken und zu unterhalten, reinlich zu scheiden (auch hier werden die Grauzonen immer größer), so ist das völlig unmöglich, wo es um die Beeinflussung von Meinung und Verhalten im Sinne einer Bewußtseinsbildung und Verhaltensänderung, um Mitgliederstabilisierung oder Wählermobilisierung geht. Hier verbinden sich Ziele und Methoden aus beiden Bereichen zu einheitlichen publizistischen Konzeptionen.

Werbung und PR sind moderne Sozialtechniken, die sich erst in diesem Jahrhundert voll entwickelt haben. Voraussetzung für ihre Entstehung ist die Größe, Differenziertheit und Anonymität moderner Märkte, die eine persönliche Begegnung zwischen Produzent und Konsument nicht mehr erlauben. Werbung und Public Relations entwickelten sich als Kommunikationstechniken mit dem Ziel, die Distanzprobleme moderner Massenmärkte zu überbrücken.

Die Distanzprobleme der modernen Gesellschaft machen vor der Kirche nicht halt.

Die gesellschaftlichen Bedingungen, die im Bereich der Wirtschaft zur Entfaltung der Werbung geführt haben, sind, wenn auch in modifizierter Weise, die Existenzbedingungen der Kirche heute. Darum braucht die Kirche zur Erfüllung ihres Auftrages in der heutigen Gesellschaft auch Instrumente und Methoden, die eine ähnliche Funktion erfüllen wie Werbung und PR in der gewerblichen Wirtschaft.

Jedoch trifft dieser Arbeitszweig auf theologische Vorbehalte und grundsätzliche Anfragen:

- Kann die Kirche als „selbstlose Institution“ bei der Vermittlung ihres Auftrages in die Öffentlichkeit Methoden aus dem erfolgsorientierten Bereich der gewerblichen Wirtschaft übernehmen?
- Kann die Kirche mediale Kommunikationstechniken anwenden, die sich nicht nur an das „verständige Bewußtsein“ wenden?
- Kann die Kirche Methoden übernehmen, die grundsätzlich auch den Rezipienten und seine offenkundigen oder latenten Bedürfnisse einbeziehen und das „Produkt“ auf diese wissenschaftlich ermittelbaren Bedürfnisse hin gestalten?

Trotz aller Vorbehalte und Fragen jedoch werden an den Arbeitsbereich Werbung und Öffentlichkeitsarbeit in der Kirche hohe Erwartungen gestellt. Der Öffentlichkeit soll ein vertrauenswürdiges Bild der Kirche vermittelt werden. Angesichts der stillen Erosion der Volkskirche sollen Bewußtseinsänderung, Verhaltensänderung und Mitgliederstabilisierung erreicht werden. Entsprechend ist dieser Arbeitsbereich in den Werken der EKD, in den bekannten diakonischen Einrichtungen und in den Landeskirchen personell und finanziell ausgestattet.

2. Die Handlungsfelder

EKD-Ebene

Institutionen, die auf EKD-Ebene, also überregional, tätig sind, haben die Notwendigkeit einer breit angelegten Öffentlichkeitsarbeit früh erkannt und verfügen heute in aller Regel über aktive und professionell besetzte Abteilungen, die diese Aufgabe wahrnehmen.

Folgende Institutionen seien hier aufgeführt:

Diakonisches Werk der EKD; Aktion „Brot für die Welt“; Evangelisches Missionswerk im Bereich der Bundesrepublik Deutschland und Berlin West e. V. (EMW); Evangelisches Bibelwerk; Deutscher Evangelischer Kirchentag. Den weiten Fächer ihrer Öffentlichkeitsarbeit darzustellen, in der Publikationen und Arbeitshilfen eine vorrangige Rolle spielen, würde den Rahmen dieser Einführung sprengen.

Landeskirchen

Die Evangelische Kirche in Deutschland (EKD) besteht aus 17 Gliedkirchen. Die meisten Landeskirchen lassen Aufgaben der Öffentlichkeitsarbeit und Werbung von eigens dafür eingerichteten Stellen wahrnehmen. Jedoch ist auf dieser Ebene die Situation besonders uneinheitlich. Die Öffentlichkeitsarbeit der Landeskirchen ist zunächst von volksmissionarischen Ämtern und evangelischen Presseverbänden wahrgenommen worden. Das hat gelegentlich zur Aufgliederung der landeskirchlichen Öffentlichkeitsarbeit in einen gemeindebezogenen und einen auf die säkularen Medien bezogenen Teil geführt, wobei die jeweils anfallenden Aufgaben dann von zwei unabhängig voneinander existierenden Ämtern (z. B. „Pressestelle" und „Amt für Gemeindedienst") wahrgenommen werden. Entsprechend dieser Aufgabenzuweisung wird Öffentlichkeitsarbeit in einem Fall stärker aus einem journalistischen Selbstverständnis heraus definiert, im andern Fall aus einem volksmissionarischen. Dem Aufbau einer integrierten, methodisch arbeitenden, adressatenbezogenen, nach innen wie nach außen zielenden PR-Arbeit ist diese Aufgliederung jedoch wenig förderlich.

Nur noch in ganz wenigen Landeskirchen wird die Öffentlichkeitsarbeit unmittelbar von einem Referenten in der Kirchenleitung selbst wahrgenommen.

Am Beispiel der vorläufigen Ordnung des Amtes für Öffentlichkeitsdienst der Nordelbischen Ev.-Luth. Kirche soll die sinnvolle Aufgabenzuweisung und Kompetenzverteilung innerhalb einer landeskirchlichen Öffentlichkeitsarbeit modellhaft dargestellt werden.

Das Amt für Öffentlichkeitsdienst, ein in rechtlich unselbständiger Form geordneter Dienst der Nordelbischen Ev.-Luth. Kirche unter Aufsicht des Nordelbischen Kirchenamtes, hat folgende Aufgaben:

- Kontaktpflege zu Redaktionen, Publizisten, Verlagen, Öffentlichkeitsbeauftragten
- Entwicklung und Durchführung von Maßnahmen zur Werbung und Öffentlichkeitsarbeit
- Beratung und Unterstützung von Kirchenkreisen und Kirchengemeinden in der gemeindlichen Werbung und Publizistik
- Kontakt zu besonderen gesellschaftlichen Gruppen
- Planung und Durchführung kirchlicher Öffentlichkeitsmaßnahmen bei Großveranstaltungen, Ausstellungen und Kongressen
- Aufbau und Unterhaltung einer Nordelbischen Medienzentrale
- Beratung und Unterstützung der Kirchenkreise bei der Organisation und dem Aufbau regionaler Medienstellen
- Geschäftsführung für Einrichtungen und Arbeitskreise der Öffentlichkeitsarbeit

Das Amt für Öffentlichkeitsdienst berät die Kirchenleichtung und das Nordelbische Kirchenamt in allen Angelegenheiten der Öffentlichkeitsarbeit.

Es lädt die PR-Mitarbeiter der Kirchenkreise, Dienste und Werke regelmäßig zum Informations- und Erfahrungsaustausch ein.

Zum epd und zum Presseverband Nord bestehen gute Verbindungen.

Der Leiter des Amtes für Öffentlichkeitsdienst ist Mitglied im NDR-Programmbeirat.

Ein Werberat (Werbe- und PR-Fachleute und Pastoren) berät das Amt für Öffentlichkeitsdienst.

Zur Wahrung dieser Aufgaben wurden folgende Abteilungen eingerichtet:

Presse – Werbung und PR – Medienzentrale – „Blickpunkt Kirche" (Verteilblatt) – Geschäftsführung.

Der auf fünf Jahre berufene Leiter des Amtes bildet zusammen mit den Abteilungsleitern die Amtskonferenz. Die Amtskonferenz berät die Planung und Durchführung der Aufgaben des Amtes.

Ein (auch etatmäßiger) Schwerpunkt der Öffentlichkeitsarbeit einiger Landeskirchen (Nordelbien, Hessen-Nassau, Rheinland) ist die Herausgabe einer landeskirchlichen PR – (richtiger: Mitglieder –) Zeitschrift.

Grundsätzlich lassen sich von Aufmachung, Stil und Inhalt her vier Typen von mitgliederorientierten Gratis-Zeitschriften unterscheiden: Das als Zeitung aufgemachte volksmissionarisch orientierte Verteilblatt (z. B. „Blickpunkt Kirche", Hamburg), das Vierfarb-Magazin, mit dem eine Landeskirche sich mit ihren Werken und Diensten vorstellt (Typus „Evangelisch", PR-Zeitschrift der rheinischen Landeskirche), das als Vierfarb-Magazin aufgemachte „Lebenshilfe-Magazin", in dem Rechenschaftsbericht und Selbstdarstellung der Landeskirche nur am Rande eine Rolle spielen (Typus „Im Gespräch", ein Blatt der Evangelischen Kirche in Hessen-Nassau). Schließlich die von mehreren Landeskirchen und volksmissionarischen Ämtern gemeinsam getragene Urlauber-Illustrierte „Unterwegs".

Zu einer echten Mitgliederzeitschrift gehört jedoch nicht nur eine entsprechende inhaltliche Konzeption, sondern auch der Vertrieb an *alle* Kirchenmitglieder. Nimmt man dieses Kriterium, so gibt es bisher keine einzige echte landeskirchliche Mitgliederzeitschrift. Eine echte Mitgliederzeitschrift erscheint nur für den Stadtbezirk Frankfurt/Main unter dem Titel „Das evangelische Frankfurt" (6× jährlich). Sie wird über den Postzeitungsdienst bei EDV-Adressierung allen Frankfurter evangelischen Haushalten zugestellt.

Kirchenkreise

Zunehmend ist auch auf der Ebene der Kirchenkreise oder Dekanate eine Organisation des Arbeitsgebiets Public Relations und Werbung feststellbar.

Öffentlichkeitsämter auf Kirchenkreis-Ebene finden sich vor allem in Großstadtregionen.

Gemeinden

Ansätze einer PR- und Werbearbeit gibt es auch auf der Gemeinde-Ebene. Hier ist vor allem an die Gemeindebriefe und andere gedruckte Informationen zu denken, an Schaukästen und anderen Aushangdienst, an Plakatmission und Handzettelverteilung, an gezielte Werbung für kirchliche Veranstaltungen und dergleichen. Ein erheblicher Teil dieser Arbeit wird ehrenamtlich von Gemeindemitgliedern wahrgenommen, die den Pfarrer nicht nur entlasten, sondern mit ihren speziellen Kenntnissen manches einfallsreicher und besser machen können. Innerhalb der Landeskirchen und Kirchenkreise finden z. T. Weiterbildungsveranstaltungen für solche ehrenamtlichen Mitarbeiter statt.

Von allen kirchlichen Publikationen ist der Gemeindebrief ohne Zweifel das evangelische Presseerzeugnis mit der größten Reichweite. Er ist ein typisches Basiskommunikationsmittel und bringt Information, Verkündigung, Kommentar, Bekanntmachung und Personalia im gemeindlichen Rahmen.

Es kann davon ausgegangen werden, daß mehr als die Hälfte aller evangelischen Haushalte von ihren Kirchengemeinden mit einem Gemeindebrief versorgt wird. Der Gemeindebrief erreicht somit auch eine große Zahl von nur noch nominellen Kirchenmitgliedern, für die diese anspruchslose Publikation in der Regel die einzige Visitenkarte bleibt, die die Kirche bei ihnen abgibt. Bewußt oder unbewußt beeinflußt somit der Gemeindebrief bei dieser kirchenfernen Beziehergruppe die Vorstellung von der Institution, der sie nominell noch angehören.

Die Aufmerksamkeit der verfaßten Kirche für dieses evangelische Kommunikationsmittel steht jedoch in umgekehrtem Verhältnis zu seiner Kommunikationsleistung und seiner imagebildenden Bedeutung.

Da der Gemeindebrief in seiner Bedeutung von der verfaßten Kirche lange verkannt worden ist, ist er auch der eigentliche „unbekannte Riese" der evangelischen Publizistik. Selbst für die einfachsten Daten gibt es nur Schätzungen, die im Regelfall auf den Beobachtungen und gelegentlichen Umfragen der landeskirchlichen Gemeindebriefbeauftragten beruhen. Ihren Angaben zufolge geben zwischen 50% und 60% aller Gemeinden einen Gemeindebrief heraus, wobei der Sättigungsgrad in Großstadtgemeinden häufig bis an 90% herankommt, während die Landregionen etwas schlechter versorgt sind. Die Tendenz ist weiterhin zunehmend. Bei knapp 11.000 Gemeinden im Bereich der EKD wären das 5.000 bis 6.000 Gemeindebriefe. Die Rechnung wird nur dadurch kompliziert, daß die Zusammenschlüsse mehrerer Gemeinden zu einem Gemeindebrief durchaus nichts Ungewöhnliches sind.

Als Erscheinungshäufigkeit wird in der Regel die monatliche angegeben, doch lassen die wenigen genaueren Untersuchungen, die es gibt, den Schluß zu, daß ca. die Hälfte der Blätter monatlich erscheint, während die anderen in größeren Intervallen herauskommen. Die durchschnittliche Erscheinungshäufigkeit dürfte bei sechs- bis siebenmal jährlich liegen.

Eine ebensolche Variationsbreite weisen die Auflagenzahlen auf, die von 1.000 bis 10.000 schwanken können. Als Durchschnittsauflage wurde bei einer Münchner Umfrage 3.400 ermittelt, während andere Daten auf 2.100 kommen.

Mehr als die Hälfte der Gemeindebriefe werden im Offset-Verfahren hergestellt, die übrigen bedienen sich anderer Verfahren bis hin zum Hektografieren mit Wachsmatrizen oder sonstigen Schablonen, die grafische Gestaltung kaum zulassen.

Finanziert werden die Gemeindebriefe entweder aus den im kirchlichen Haushaltsplan bereitgestellten Mitteln für Öffentlichkeitsarbeit oder gemeindlichen Spenden und Kollekten. Nur eine Minderheit (zwischen 9% und 24%) macht von der Möglichkeit Gebrauch, das Blatt ganz oder teilweise durch Anzeigen zu finanzieren. Eine Minderheit auch erhebt vom Bezieher eine feste Bezugsgebühr oder erwartet eine Spende. Der größte Teil der Gemeindebriefe wird kostenlos an alle evangelischen Haushalte verteilt.

Über das Gemeinschaftswerk der Evangelischen Publizistik wird den Gemeindebrief-Redaktionen eine vielbenutzte Arbeitshilfe (Text und grafische Materialien als Druckvorlagen) angeboten. Auflage: 5.000.

Diakonische Einrichtungen

Es kann kein Zweifel bestehen, daß innerhalb der diakonischen Einrichtungen Öffentlichkeitsarbeit im Sinne der methodischen Public Relations und Werbung die längste Tradition hat und heute am selbstverständlichsten gehandhabt wird. Das klassische Beispiel dafür ist die schon von Friedrich von Bodelschwingh entwickelte Struktur der Öffentlichkeitsarbeit der Betheler Anstalten. Ziel dieser Arbeit ist die Integration der diakonischen Ortschaft Bethel in die kirchliche und gesamtgesellschaftliche Öffentlichkeit. Das Mittel dazu ist ein dichtgewebtes Kommunikationsnetz zu Kirchengemeinden und einzelnen Christen, innerhalb dessen der Spendenaufruf und persönlich gehaltene Spendendank wichtige Bindeglieder sind („Dankort" als Name der Bethel-Abteilung für Öffentlichkeitsarbeit).

Die Praxis dieser Öffentlichkeitsarbeit basiert von Anfang an also nicht auf dem werblichen Konzept der One-Way-Communication, sondern auf dem Grundmodell der Two-Way-Communication.

Die Pressestelle (drei Mitglieder) ist für die massenmediale, der Dankort (ca. 100 Mitarbeiter) für die zielgruppenspezifische Kommunikation verantwortlich. Der Dankort gliedert sich heute in die Bereiche: *Allgemeine Öffentlichkeitsarbeit* (Aufgaben: Informationstagungen, Jugend- und Erwachsenenbildung, Arbeit mit Besuchergruppen, externe PR-Aktionen, Dankort-Redaktion, Medienproduktion), *Öffentlichkeitsarbeit Freunde* (Kommunikation mit den Freunden der Bodelschwingh'schen Anstalten) und *zentrale Serviceeinrichtungen* (z. B. Büro für Textverarbeitung). Darüber hinaus gehört die Briefmarkenstelle zum Dankort (Briefmarkensammeln als wichtiges PR-Medium!).

Zu den bekanntesten Publikationen des Hauses gehören der „Bote von Bethel" (Auflage: 500.000), das Jugendmagazin „Bethel heute" (Auflage: 200.000), der Arbeitsbericht (Auflage: 80.000), dazu die Schriftenreihe „Bethel" (Auflage zwischen 2.000 und 5.000). Bücher, Bildbände, Plakate, Poster, Kalender, Tonbildreihen, Filme und Ausstellungen runden das PR-Instrumentarium ab.

Was die Vielfalt und (auch finanzielle) Größenordnung anbetrifft, ist die Öffentlichkeitsarbeit der v. Bodelschwingh'schen Anstalten sicherlich nicht mit der anderer diakonischer Einrichtungen zu vergleichen. Im methodischen Ansatz jedoch und in der Integration der Spendenwerbung und des Spendendanks in die Öffentlichkeitsarbeit der diakonischen Zentren gibt es weitgehende Übereinstimmung.

3. PR-Promotion

So weit der Überblick über die wichtigsten Handlungsfelder kirchlicher Öffentlichkeitsarbeit.

Als eine reine Promotion- und Service-Einrichtung existiert daneben der Fachbereich Werbung und Public Relations im Gemeinschaftswerk der Evangelischen Publizistik, das 1973 als eine Einrichtung zur Wahrnehmung überregionaler publizistischer Aufgaben und Stellvertretung gegründet wurde. Mitglieder dieses Fachbereichs sind jene kirchlichen Stellen, die – auf den genannten Ebenen und innerhalb der verschiedenen Institutionen – Aufgaben der Werbung und Öffentlichkeitsarbeit wahrnehmen. Ihnen macht der Fachbereich Angebote im Bereich Fort- und Weiterbildung, er berät kirchliche Stellen, kann in Form von Modellprojekten grundsätzliche Themen aufarbeiten und zur Diskussion stellen, die zum Handlungsfeld der PR und Werbung in Kirche und Welt gehören.

Der Fachbereich Werbung und Public Relations dient der Schulung der Multiplikatoren und nimmt allenfalls mittelbar praktische Aufgaben der Werbung und Öffentlichkeitsarbeit wahr (z. B. Wettbewerbe und Ausstellungen).

Wie kirchlich/diakonische Öffentlichkeitsarbeit in der Praxis funktioniert, sei im folgenden an einem Fallbeispiel von „Brot für die Welt" dargestellt.

Fallbeispiel XVII: Aktion „Brot für die Welt“

Herbert G. Hassold

1. Die Rahmenbedingungen

Die Öffentlichkeitsarbeit der Aktion „Brot für die Welt“, deren Kommunikationsziele, Planung und Durchführung sowie organisatorische und materielle Rahmenbedingungen hier beschrieben werden sollen, ist in ihrer Terminplanung – von Informationsaufgaben aufgrund tagesaktueller Ereignisse einmal abgesehen – weitgehend auf die alljährliche zentrale Eröffnung der Aktion am ersten Adventssonntag abgestellt, auf den offiziellen Startschuß für die Spendensammlungen und Kollekten der evangelischen Landes- und Freikirchen vor und während der Weihnachtstage.

Dabei geht es allerdings nur vordergründig um den Erhalt von Spenden. Die Kommunikationsziele von „Brot für die Welt“ sind weiter gesteckt; „Brot für die Welt“ will sich nicht damit begnügen, einen Spendenappell rational zu begründen und emotional einzustimmen. Öffentliche Aussagen von „Brot für die Welt“ sind daher alle Jahre neu nach Form und Inhalt an differenzierteren Kommunikationszielen, von denen noch zu reden ist, zu orientieren und untereinander abzustimmen. Entsprechend vielgestaltig sind die Maßnahmen und Medien, ebenso in der breitgestreuten wie in der gezielten Ansprache kirchlicher und allgemeiner – im Kirchenjargon oft als „weltlich“ apostrophierter – Öffentlichkeiten; es ist wichtig, das Meinungsspektrum der Adressaten zu kennen und ihre unterschiedliche Einstellung sowie ihr verschieden ausgeprägtes Problembewußtsein zu berücksichtigen.

Zunächst sei jedoch an die Aufgabenstellung der Aktion erinnert, wie sie in der nun schon mehr als 20jährigen Geschichte von „Brot für die Welt“ teils von Anfang an intendiert war, teils sich aber auch erst als (vorläufiges) Ergebnis eines keineswegs abgeschlossenen Lernprozesses ergeben hat. Die Aktion will mit den ihr anvertrauten Spendengeldern – seit ihrer Gründung mehr als 700 Millionen DM – einen Beitrag dazu leisten, daß ihre Partner in der Dritten Welt – in mehr als 90 Ländern Afrikas, Asiens und Lateinamerikas –, meist Kirchen und kirchennahe Einrichtungen der Diakonie und Entwicklungsarbeit, akute Not überwinden können. Heute wird freilich als der wichtigere Auftrag angesehen, diese Partner dabei zu unterstützen, durch geeignete mittel- und langfristige Maßnahmen die Ursachen dieser Not wirksam bekämpfen zu können. Im Vordergrund steht dabei die Aktivierung der Betroffenen selbst, also praktische „Hilfe zur Selbsthilfe“.

Neben der Projektförderung in Übersee hatte die Aktion „Brot für die Welt“ indessen schon seit ihrer Gründung im Jahre 1959 die Bewußtseinsveränderung in Gemeinden und Öffentlichkeit unseres Landes zum Ziel. Der Vorsitzende des für die Aktion letztverantwortlichen Ausschusses für Ökumenische Diakonie, Friedrich Wilhelm von Staa, erklärte dazu im September 1979 vor der Diakonischen Konferenz in Speyer: „Die Spendenaktion soll keine Hintertür sein, sich aus den wichtigen Fragestellungen der Zukunft unserer Erde hinwegzustehlen; sie soll einen Zugang zu einer vertieften Beschäftigung eröffnen, die – so hoffen wir – dann auch zu weitergehenden Konsequenzen für den Einzelnen, für unsere Gesellschaft und für die Armen der Dritten Welt führt." Mit dieser Zielsetzung ist bereits angedeutet, daß die Informationsarbeit der Aktion, sofern sie eine breite Öffentlichkeit erreichen und von ihren Adressaten ernstgenommen, vor allem auch verstanden werden will, unter allen Umständen Einseitigkeiten vermeiden muß. Um ihrer Glaubwürdigkeit willen muß sie sich abheben von vielen anderen Institutionen, die heute in Politik und Publizistik, aber auch in Form karitativer Organisationen das Themenfeld Dritte Welt besetzt halten.

Selbstverständlich bleibt „Brot für die Welt" eine Spendenaktion, auch wenn sie Spendenmaximierung als Selbstzweck nicht akzeptieren kann. Spendenwerbung erfordert ein gewisses Maß an Selbstdarstellung: „Brot für die Welt" als Organisation, als effizienter Partner im Entwicklungsdienst der Kirchen, als gewissenhafter Haushalter der anvertrauten Spendengelder. Hinzu kommen muß freilich auch die Öffentlichkeitsarbeit für die Dritte Welt und ihre Interessen, das Bewußtmachen von Zusammenhängen zwischen der Weltwirtschaft und der internationalen Politik, das Eintreten für die Rechte unterdrückter Völker oder unterdrückter Menschen in Ländern der Dritten Welt, die Verdeutlichung von Rückfragen, die sich aus diesen Zusammenhängen an die Politik unseres Landes, beispielsweise an unserem Umgang mit Rohstoffen und Energien oder gar an unseren Lebensstil ergeben.

Dieser Aufgabe kann sich die „Brot für die Welt"-Öffentlichkeitsarbeit nun keineswegs im warmen Klima allgemeiner Zustimmung widmen. Die Dritte-Welt-Problematik ist in der Rangfolge dessen, was die Bundesbürger für wichtig halten, meist weit unten angesiedelt. Berichten Presse, Funk und Fernsehen gelegentlich über Entwicklungsländer Afrikas, Asiens und Lateinamerikas, dann oft aus aktuellen Anlässen, die schon ihrer Natur nach – von verzerrter Darstellung ganz abgesehen – eher dazu angetan sind, verbreitete Klischee-Vorstellungen und Vorurteile zu verstärken: Bilder von Bürgerkriegen und Befreiungskämpfen schüren Ängste und lenken ab vom Gewaltpotential unserer Hemisphäre. Negativ-Symbol-Figuren wie Idi Amin, Kaiser Bokassa oder der iranische Ayatollah diskreditieren die berechtigten Anliegen der Entwicklungsländer. Im Kontext unserer innenpolitischen Auseinandersetzungen werden komplexe Vorgänge in der Dritten Welt oft allzuleicht über den Leisten simpler Polarisierungen geschlagen.

Doch auch jenseits solcher politischen Wertungen halten sich hartnäckig irrige Vorstellungen, etwa von der angeborenen Überlegenheit des „Weißen Mannes", von der Höherwertigkeit industrieller Technologie oder abendländisch-christlicher Kultur. Tief im Unterbewußtsein wurzeln Rassenvorurteile. Auch Hilfsorganisationen haben – ohne es zu wollen – dazu beigetragen, daß sich solche Vorurteile eher verstärkten als abbauten, etwa wenn sie den Menschen in der Dritten Welt lediglich als Objekt von Hilfe, als unfähiges, von äußerer Hilfe völlig abhängiges Wesen dargestellt haben. Und die Schreckensvisionen von Hunger und Tod, wie sie immer wieder im Fernsehen und in Illustrierten vorgestellt werden, haben allmählich auch bei den Gutwilligen dafür gesorgt, daß die Motivation zum Helfen oft ratloser Resignation gewichen ist.

Am leichtesten scheint es noch jenen zu gelingen, den Panzer aus Desinteresse und Resignation zu durchbrechen, die die Not in der Welt und die Möglichkeiten der Abhilfe auf ein paar unschuldige Kinderaugen, auf den überschaubaren Einzelfall reduzieren. Not wird da einfach als persönliches Schicksal dargestellt, das durch Einzeltherapie gewendet werden kann. Es ist klar, daß man auf diese Weise nicht zu den Ursachen vordringt, daß dabei die eigene Verstrickung in ein System weltweiter Ausbeutung der armen Länder ausgeklammert bleibt.

Neben solchen allgemeinen Umfeldbedingungen muß „Brot für die Welt“ bei der Vorbereitung der jährlichen Kampagnen eine ganze Reihe weiterer, spezifisch kirchlicher Probleme berücksichtigen. Einige davon seien kurz genannt:

– Der Charakter der Aktion als eine *Aktivität der Gemeinde* soll erhalten bleiben, d. h. er darf nicht durch ein Übergewicht zentraler Aktivitäten unterlaufen werden. Von daher verbieten sich beispielsweise forcierte Bemühungen um Direktspenden auf das zentrale „Brot für die Welt“-Konto.
– „Brot für die Welt“ hat erfreulicherweise im Kalender der evangelischen Landes- und Freikirchen einen festen Platz gefunden. Der Nachteil ist ein gewisser *Routine-(„Alle Jahre wieder“)-Effekt*, dem mit gezielten Anregungen zu örtlichen Aktionen entgegengewirkt werden muß.
– Der feste Platz im Kirchenjahr hindert in den Gemeinden mitunter die kontinuierliche Beschäftigung mit dem von „Brot für die Welt“ vertretenen Themenspektrum. Die Pfarrer – gleichzeitig Bezugspersonen für vielerlei andere kirchliche, diakonische und missionarische Anliegen –, fühlen sich überfordert. Der Pfarrerschreibtisch erweist sich oft als Flaschenhals der Kommunikation.

Die Aktion „Brot für die Welt“ muß sich auch immer wieder mit Vorurteilen auseinandersetzen, die auf Unkenntnis ihrer Arbeitsweisen und Organisationsstrukturen beruhen. So gilt sie vielen Gemeindegliedern, aber auch Pfarrern, als anonymer Apparat mit hohem administrativem Aufwand, durch den man jedenfalls nicht persönlich oder direkt helfen könne. Manche nehmen auch das „Brot“ im Aktionsnamen allzu wörtlich und wollen nur Nahrungsmittelhilfe als legitime Beschäftigung des kirchlichen Hilfswerkes akzeptieren. Andere hegen das Mißverständnis, „Brot für die Welt“ müsse seine Unterstützung auf Christen in Übersee beschränken, dürfe nicht ohne Ansehen von Weltanschauung, Religion oder politischer Einstellung helfen, wenn Menschen in Not sind.

Auf all dies hat sich die Kommunikationsstrategie von „Brot für die Welt“ einzustellen. Es gilt, die Aktion so darzustellen – auch ihre entwicklungspolitischen Ziele –, daß möglichst viele Menschen im Gespräch bleiben. Den Menschen irgendeine „reine Lehre", vielleicht auch noch in esoterischem Jargon, zu verkünden, schafft nur Leere in den Kirchenbänken, um dieses naheliegende Bild zu benutzen.

2. Organisatorische Voraussetzungen

Die Durchführung der jährlichen „Brot für die Welt"-Aktionen ist ohne intensives Zusammenwirken zwischen Ortsgemeinde, verschiedenen Stellen auf Landeskirchenebene und der Stuttgarter „Brot für die Welt"-Zentrale kaum denkbar. Dem Informations- und Pressereferat in der Zentrale kommt dabei vor allem die Aufgabe zu, entsprechende Materialien und Medien bereitzustellen bzw. zur Stützung örtlicher und regionaler Aktivitäten zentral zu streuen. Das von der Zentrale angebotene Instrumentarium soll an anderer Stelle an Einzelbeispielen aus der Praxis erläutert werden. Da es aber ohne ein intaktes Beziehungsgeflecht örtlicher und regionaler Aktivitäten kaum wirksam werden kann, mag es hilfreich sein, zunächst einen gerafften Überblick über diese Verteilerstruktur der „Brot für die Welt"-Öffentlichkeitsarbeit zu vermitteln.

Ortsebene

Am Ort sind vor allem die evangelischen (landes- und freikirchlichen) Kirchengemeinden Träger der Aktion. Ihr Einsatz und Engagement reicht allerdings vom lustlos verlesenen Kollektenaufruf bis zu sorgfältig vorbereiteten Dritte-Welt-Wochen und zum eigens gestalteten Gottesdienst, vom Austeilen der Spendentüten in alle Haushalte und Sammeln beim einfallsreich gestalteten Gemeindebasar bis hin zu spektakulären Straßenaktionen unter Einbeziehung lokaler, manchmal sogar bundesweiter Prominenz.

Auf Ortsebene finden Gedanken von „Brot für die Welt" Eingang in den Unterricht der Schulen (insbesondere in den Fächern Religion, Geographie und Gemeinschaftskunde) sowie in Veranstaltungen der Erwachsenenbildung. Dritte-Welt-Gruppen der unterschiedlichsten Ausprägung und mehr und mehr Gruppen, die sich im Themenbereich Umweltschutz und alternativer Lebensstil engagieren, sind Gesprächspartner von „Brot für die Welt" und Mittler zwischen der Organisation und der Öffentlichkeit.

Regionalebene

In der Region sind in erster Linie die landeskirchlichen Gliederungen des Diakonischen Werkes bzw. deren Oekumene- und/oder Öffentlichkeitsabteilungen Ansprechpartner der „Brot für die Welt"-Öffentlichkeitsarbeit. Über ihre Mitwirkung an der Ausarbeitung von Konzeption und Budgetplanung wird noch im

Zusammenhang mit dem Unterausschuß „Information und Werbung" die Rede sein.

Insbesondere sind sie Mittler – Verteiler und Interpreten – der zentral angebotenen Materialien und Medien. Zum Beispiel werden Multiplikatoren aus Ortsgemeinden in Informationsveranstaltungen mit den neuen Aktionsschwerpunkten und Materialien vertraut gemacht. Manche regionalen Diakonischen Werke richten in Verbindung mit den Kirchen ihres Gebietes regionale Eröffnungsveranstaltungen, mitunter Großkundgebungen mit erheblicher Ausstrahlung, zum Thema „Brot für die Welt" aus. Bei der alljährlichen zentralen Eröffnungsveranstaltung – sie findet auf Einladung aus der Region jeweils an wechselnden Orten des Bundesgebiets und Westberlin statt – sind die Regionen wie die Ortsgemeinden der gastgebenden Städte in starkem Maße beteiligt.

Bundesebene

Das „Brot für die Welt"-Informationsreferat steht mit einer Vielzahl kirchlicher Fachstellen für entwicklungsbezogene Bildungsarbeit in intensivem Erfahrungsaustausch. Es handelt sich um Fachstellen und Institutionen, die beispielsweise mit Landwirten oder Journalisten, mit Religionspädagogen oder Ärzten regelmäßigen Gedankenaustausch über Entwicklungsprobleme pflegen.

Zusammenarbeit mit MISEREOR

In der Öffentlichkeit – sowohl außerhalb als auch innerhalb der Kirche – wird immer wieder gefragt, weshalb der kirchliche Entwicklungsdienst konfessionell getrennt arbeitet. Ohne die kirchengeschichtlich und – insbesondere in der Dritten Welt – missionsgeschichtlich gewachsenen, zum Teil auch in einer unterschiedlichen Theologie wurzelnden Grenzen verwischen zu wollen, ist es das Bestreben der Aktion „Brot für die Welt", die inhaltlichen Berührungspunkte und die vielfältige konkrete Zusammenarbeit mit ihrer katholischen Partnerorganisation, dem Bischöflichen Hilfswerk MISEREOR, überall deutlich herauszustellen und in gemeinsamen Aktionen und Publikationen zu dokumentieren.

So gibt es im Bereich der Spendenwerbung die von beiden Werken getragene Aktion „Brüderlich teilen – gemeinsam handeln". Jeden Monat wird der Öffentlichkeit ein Entwicklungs- oder Hilfeprojekt vorgestellt und zu seiner Unterstützung aufgefordert. Diese Projekte werden je zur Hälfte von beiden Werken finanziert.

Auf Grundprobleme der Dritten Welt machen beide Hilfswerke regelmäßig in gemeinsamen Wanderausstellungen und Anzeigen-Kampagnen aufmerksam. Didaktische und publizistische Begleitmaterialien dazu werden von beiden Organisationen gemeinsam erarbeitet und verbreitet. In gemeinsamer redaktioneller Verantwortung erscheinen u. a. Länderhefte sowie jährlich ein attraktiver und informativ getexteter Foto-Kalender.

Die Aufgaben des Informations- und Pressereferats

Eine zentrale Rolle im Kommunikationsprozeß zwischen „Brot für die Welt“ und Öffentlichkeit hat das Presse- und Informationsreferat in der Hauptabteilung Oekumenische Diakonie bei der Hauptgeschäftsstelle des Diakonischen Werks der evangelischen Kirchen in Stuttgart wahrzunehmen: Impulse aus dem fortgesetzten Dialog mit überseeischen Partnern, Anregungen aus Praxis-Erfahrungen in den verschiedensten Beziehungsfeldern – vom Spender bis zur entwicklungspolitisch engagierten Aktionsgruppe, vom Gemeindepfarrer, Lehrer und Erwachsenenbildner bis zum Journalisten und Politiker – werden den Entscheidungsgremien vermittelt. Sie sind in eine Informationsstrategie einzubringen, die sowohl im Blick auf den Bewußtseinsbildungs-Anspruch als auch auf die Erfordernisse der Spendenwerbung inhaltlich abgestimmt sein muß. Das Informations- und Pressereferat ist dem Direktor der Hauptabteilung Oekumenische Diakonie unterstellt. Letzte inhaltliche Verantwortung für die „Brot für die Welt“-Öffentlichkeitsarbeit trägt der auch für die Verteilung der Spendengelder zuständige „Ausschuß für Oekumenische Diakonie“.

Vom Ausschuß für Oekumenische Diakonie wiederum ist ein Unterausschuß „Information und Werbung“ berufen worden, der das Presse- und Informationsreferat beraten soll. Neben Mitgliedern des Ausschusses für Oekumenische Diakonie gehören dem Unterausschuß u. a. die Öffentlichkeits- bzw. Oekumenereferenten der Diakonischen Werke in den evangelischen Landes- und Freikirchen an, außerdem Fachleute aus verschiedenen Bereichen der Publizistik und Öffentlichkeitsarbeit.

Im Unterausschuß werden Aktionsziele und Medienangebote beraten. Auf der Grundlage dieser Gespräche erstellt das Informations- und Pressereferat einen Arbeitsplan und Budgetentwurf, der inhaltlich vom Ausschuß für Oekumenische Diakonie akzeptiert werden muß, bevor er dem Ausschuß „Kirchliche Mittel für den Entwicklungsdienst“ zur Bewilligung der benötigten Gelder vorgelegt werden kann. Das zuletzt genannte Gremium ist von der Evangelischen Kirche in Deutschland dazu berufen, Kirchensteuergelder zu vergeben, die von den Kirchen für Entwicklungsmaßnahmen bereitgestellt worden sind.

Der Etat für die Öffentlichkeitsarbeit der Aktion „Brot für die Welt“ beträgt derzeit pro Jahr rund 1,6 Millionen DM (ohne Personalkosten und allgemeine Sachkosten, die im Rahmen des Etats der Hauptgeschäftsstelle des Diakonischen Werkes finanziert werden). Hinzuzurechnen sind vom Referat erstellte Materialien und Publikationen wie Bücher, Unterrichtsmodelle, Lernspiele etc., die mindestens kostendeckend vertrieben werden. Der Wert dieser Materialien beläuft sich im Schnitt auf rund 500 000 DM jährlich.

Das Informations- und Pressereferat ist derzeit mit 15 Mitarbeitern besetzt. Ihre Aufgaben sind nach Sachgebieten aufgeteilt. Hier muß allerdings hinzugefügt werden, daß es zum Arbeitsstil des Referats gehört, bei allen wesentlichen Arbeitsvorhaben – etwa in der „Brainstorming“-Phase – das gesamte Team zu beteiligen.

Nur in Ausnahmefällen werden konzeptionelle und textliche Arbeiten nach außen vergeben; allerdings hat sich im Bereich der graphischen Gestaltung die Zusammenarbeit mit freiberuflichen Graphik-Designern bewährt.

3. Medien und Aktionen

Beispielhaft soll anhand einiger Medien und Aktionsformen gezeigt werden, wie „Brot für die Welt" den Dialog mit der Öffentlichkeit führt. Dabei können relativ klare Aussagen über Kommunikationsziele, Zielgruppen, textliche und visuelle Umsetzung und verschiedene Aspekte der Streuung gemacht werden. Zu kurz kommt leider der nicht minder wichtige Bereich der Wirkungskontrolle. Eine für 1980 und 1981 geplante demoskopische Untersuchung – sowohl unter kirchlichen Multiplikatoren als auch in der allgemeinen Öffentlichkeit – mußte aus finanziellen Erwägungen leider unterbleiben.

Aktionsplakat und -Faltblatt

Aktionsplakat und -Faltblatt sind die zentralen Werbemittel der jährlichen „Brot für die Welt"-Aktion. Das Aktionsplakat wird in verschiedenen DIN-Formaten in einer Gesamtauflage von 300 000 Exemplaren hergestellt; das Faltblatt, das auf der Titelseite das Motiv des Aktionsplakates wiedergibt und auf den Innenseiten interpretiert, erreicht eine Gesamtauflage von sieben Millionen Exemplaren.

Das Aktionsplakat wird an verschiedenen Orten eingesetzt: Vor allem an und in kirchlichen Gebäuden, aber auch an öffentlichen Anschlagstellen in Konkurrenz zu anderen plakativen Aussagen, zum Beispiel in Postämtern oder in wachsender Zahl an den Säulen und Tafeln kommerzieller Plakatanschlag-Unternehmen, die den entsprechenden Raum unentgeltlich zur Verfügung stellen. Auch als eindeutig identifizierbares Dekorationsstück im Fernsehstudio aus Anlaß aktueller Interviews muß das Plakat einsetzbar sein.

Es soll daran erinnern, daß wieder für „Brot für die Welt" gesammelt wird. Auf keinen Fall darf – wie eingangs betont – die Bild- oder Textaussage im Widerspruch zu den entwicklungspolitischen Überzeugungen und bewußtseinsbildenden Zielen von „Brot für die Welt" stehen.

Eine Analyse der Bild- und Textaussagen auf den „Brot für die Welt"-Plakaten der letzten Jahre macht deutlich, worum es geht. Während noch 1975 ein ärmliches Kind in düsteren Grautönen das Mitleid des Betrachters auf sich zog (das einzige leuchtendfarbige Element war damals ein orangefarbenes O im Wortzeichen „Brot für die Welt"), erscheinen seit 1976 unter der gleichen Überschrift Sympathien weckende, optimistische, lebensfrohe Gesichter aus Afrika, Lateinamerika und Indien, Menschen, die Hoffnung haben, die Tatkraft darstellen.

Die Headline „Brot für die Welt" mit orangefarbenem O wurde als das bundesweit bekannte, mit großem goodwill ausgestattete Markenzeichen beibehalten.

Geändert wurden 1979 jedoch bewußt zwei weitere Gestaltungselemente: Das Plakat zeigt jetzt einen indischen Kleinbauern, der mit einem einfachen Ochsenpflug einen steinigen Acker bestellt. Er tut etwas. Und er tut es mit den im indischen Dorf vorhandenen Mitteln, ohne aufwendige Technik. Die Bildaussage deutet durchaus Mühe und Mangel an, doch die Lösung liegt im Kontext der Entwicklungsphilosophie, wie sie die überseeischen Partner von „Brot für die Welt" vertreten.

Noch auffälliger ist der gewandelte Ansatz, die Abkehr von der üblichen Selbstdarstellung als „charity", im neuen Untertitel „. . . daß alle leben", der den während der letzten Jahre verwendeten Slogan „Hilfe zum Leben" abgelöst hat. Es geht um das Überleben *aller* Menschen, also auch um uns. Und es geht um *Leben*, was – nicht nur im kirchlichen Verständnis – mehr zur Voraussetzung hat als materiellen Wohlstand.

Mit dieser neuen Linie macht „Brot für die Welt" den Versuch, einer größeren Allgemeinheit zu vermitteln, daß es bei allem berechtigten Eintreten für einen Transfer von Ressourcen in die Dritte Welt heute nicht mehr dabei bleiben kann, den Eindruck zu erwecken, als könnten die Probleme der Dritten Welt mit Almosen überwunden werden, als gebe es Probleme nur draußen und die Lösungen bei uns.

Jahresbericht

Seit 1973 gibt „Brot für die Welt" einen Jahresbericht heraus. Er soll insbesondere Multiplikatoren, Sammlern, aber auch interessierten Spendern möglichst umfassend Auskunft geben auf häufig gestellte Fragen, z. B.: Wieviel Geld sammelt „Brot für die Welt"? Wer entscheidet (und nach welchen Kriterien), welche Maßnahmen und welche Partner gefördert werden? Wie ist „Brot für die Welt" organisiert? Was kostet die Verwaltung und die Informationsarbeit (und wer kommt dafür auf)?

Die Auflage betrug in den letzten Jahren 100 000 Exemplare; außerdem wurde in 300 000 Exemplaren eine Kurzfassung mit den wichtigsten Einzelheiten erstellt.

Arbeitshilfen

Wichtigste Träger der jährlichen „Brot für die Welt"-Aktionen sind nach wie vor die evangelischen Kirchengemeinden. Um sie in die Lage zu versetzen, über den reinen Sammelvorgang und Kollektenankündigungen hinaus auch inhaltlich in die Dritte-Welt-Thematik einzusteigen, wird eigens für den Gemeindegebrauch ein jährlich neues Paket mit Materialien und Medien in Gestalt der sogenannten „Arbeitshilfen" angeboten. Worum es dabei geht, kann wegen der inhaltlichen und formalen Vielfalt hier nur in Umrissen gezeigt werden.

An erster Stelle steht das Bemühen, den Gemeindepfarrern Gestaltungselemente für den Gottesdienst an die Hand zu geben, zum Beispiel Predigtvorschläge,

Meditationstexte, geeignete Lieder. Aber auch Poster und zur Meditation anregende Bilder werden bereitgestellt. So gehörte zum Angebot des Jahres 1979 ein etwa drei Quadratmeter großes Meditationstuch, eine peruanische Darstellung der neutestamentlichen Geschichte von der Speisung der 5000. Das gleiche Motiv gab es als Poster, auf Handzetteln und auf Postkarten. Gottesdienstvorschläge wurden um dieses Motiv herum entwickelt. Auch das übrige Materialangebot, z. B. Vorschläge für den Kindergottesdienst und den Unterricht in der Schule, trug dem vorher verabredeten Informationsschwerpunkt Rechnung – verarbeitete Informationen aus den Andenländern Lateinamerikas, z. B. in einem Würfelspiel mit entwicklungsbezognen Aussagen in kindmäßiger Form oder in Gestalt lateinamerikanischer sozial-kritischer Texte zu Bildern, die nicht nur als Drucke, sondern auch als Dias und Folien für Overhead-Projektoren angeboten werden.

Anzeigen in Zeitungen und Zeitschriften

„Brot für die Welt" kann aus finanziellen Gründen keine aufwendigen Anzeigenkampagnen schalten. So beschränkt man sich darauf, mit wachsenden Abdruckerfolgen von den Möglichkeiten gespendeten Anzeigenraums in Tageszeitungen, Wochenzeitungen, Nachrichtenmagazinen, Illustrierten, Gemeindemitteilungsblättern, Anzeigenblättern, Fachzeitschriften etc. Gebrauch zu machen. Der Wert des gespendeten Anzeigenraumes kann nur geschätzt werden: Bei mehr als 13 000 Schaltungen pro Jahr – vom 20 mm hohen Einspalter bis zur ganzseitigen Anzeige im Spiegel – dürfte er 3,5 Mill. DM im Jahr mit Sicherheit übersteigen.

Voraussetzungen für diesen Erfolg ist ein vielfältiges Angebot an Motiven und Formaten in reproduktionsreifer Vorlage für alle gängigen Druckverfahren. Das Ziel der Anzeigen ist Information über die Situation der Betroffenen, das soziale Umfeld und ihren eigenen Beitrag zur Lösung der Probleme, über fehlende politische Voraussetzungen etc. Spendenappelle gibt es dabei nur in der Form, daß das zentrale Spendenkonto mit abgedruckt wird.

Während in den Anzeigen von „Brot für die Welt" ein Zusammenhang zwischen Projekt und Umfeld herausgestellt wird, zielen gemeinsame Anzeigen-Kampagnen, die in Drei-Jahres-Abständen mit MISEREOR erarbeitet werden, ausschließlich auf die Vermittlung allgemeiner Entwicklungsthematik. So wurden in einer gemeinsamen Kampagne die Fragen des Rassismus im südlichen Afrika, eines gerechten Welthandels oder das Problem des Technologietransfers zwischen Erster und Dritter Welt thematisiert. Eine neue Reihe machte anhand von Sprichwörtern und Weisheiten aus Afrika, Asien und Lateinamerika unter der Überschrift „Lernen von der Dritten Welt" deutlich, daß Entwicklungsarbeit, wie sie die kirchlichen Hilfswerke verstehen, nicht im „Einbahnverkehr" stattfinden kann, daß angesichts begrenzter Energie- und Rohstoffvorräte auch bei uns eine andere Entwicklung nötig wird.

Solche Denkanstöße zu vermitteln in einer Gesellschaft, die noch weit davon entfernt ist, diese Dimension gemeinsamen Überlebens auf dem Erdball zu erkennen, ist Herausforderung und zentrales Problem der Öffentlichkeitsarbeit von „Brot für die Welt“ gleichermaßen.

Teil 3
Aus- und Fortbildung von Fachleuten für Öffentlichkeitsarbeit

I. Die Deutsche Public-Relations-Gesellschaft (DPRG) und ihre Ausbildungsvorstellungen

Ralph A. Brown

„Der PR-Fachmann heute und morgen muß sich in einer Welt zurechtfinden, die im Wirtschafts- und Gesellschafts- und sozialpolitischen Bereich, in Geo-Politik und Religionsauffassung, in Technologie und Wissenschaftsergebnissen größten Veränderungen unterworfen ist. Für das Erkennen und Bewältigen braucht unsere Gesellschaft einen breitgefächerten, qualifizierten PR-Berufsstand." (Professor Dr. Albert Oeckl)

1. Die Deutsche Public-Relations-Gesellschaft

Die Deutsche Public-Relations-Gesellschaft e. V. (DPRG) ist die berufsständische Organisation der Deutschen Public Relations-Fachleute. 770 Mitglieder aus Unternehmen, Verbänden, Behörden, Kirchen, Parteien, Gewerkschaften und freiberufliche Berater, die auf dem Gebiet der Öffentlichkeitsarbeit tätig sind, gehören der Gesellschaft an. Bei ihrer Gründung am 8. Dezember 1958 war die DPRG eine Vereinigung von nur 17 PR-Fachleuten. Seit August 1979 ist sie in der öffentlichen Liste von Verbänden und Vertretern beim Deutschen Bundestag registriert. Das bedeutet, daß diese Berufsorganisation auch zu Anhörungen geladen bzw. um Stellungnahme gebeten wird, wenn berufsspezifische Fragen zur Diskussion stehen.

Verbindliche Richtlinien und Begriffsdefinitionen (siehe Anlage 1) für die Public Relations-Arbeit in Deutschland wurden in Ausschüssen vorbereitet und von der Mitglieder-Versammlung angenommen.

Dazu gehören die Grundsätze der DPRG (siehe Anlage 2), die die ordentliche Mitglieder-Versammlung am 10. Juli 1964 in Wiesbaden annahm sowie die international anerkannten ethischen Richtlinien der Code D'Athènes, im Mai 1965 von der Generalversammlung des Centre Européen des Relations Publiques (CERP) verabschiedet.

Mit den Berufsverbänden der Werbung und des Marketing sowie mit ausländischen und internationalen PR-Verbänden besteht ständig Kontakt und Meinungsaustausch zur Klärung gemeinsamer Fragen.

Die DPRG ist als nationale Organisation Mitglied im CERP. In der Internationalen Public Relations Association (IPRA) nehmen drei DPRG-Mitglieder die Belange des deutschen Berufsstandes als IPRA-Council-Mitglieder wahr.

Als die DPRG vor über 20 Jahren gegründet wurde, wählten die Gründungsmitglieder Professor Dr. Carl Hundhausen zum ersten Vorsitzenden, einen der ersten Pioniere der Öffentlichkeitsarbeit in Deutschland, der bereits 1937 den amerikanischen Begriff Public Relations in Deutschland eingeführt hatte. Nach Professor Hundhausen hatten Dr. Sven von Müller, Professor Dr. Albert Oeckl, F. W. Kleinlein, Professor Dr. C. F. Burger, Dr. Karl Wingenroth, Dipl. VW. Martin Dürrbaum, den Vorsitz inne.

Im Juni 1979 wurde Siegfried E. Tausch, Leiter der Abteilung Public Relations der Firma VOLVO Deutschland GmbH, zum Präsidenten gewählt.

Den Zweck der Gesellschaft legte die Mitgliederversammlung am 21. Mai 1977 in der Satzung wie folgt fest:

1. Zusammenschluß der Public Relations-Fachleute in der Bundesrepublik Deutschland und Berlin (West),
2. fachliche Definition und Interpretation der Funktion der Public Relations,
3. laufende Arbeit am Berufsbild und Bekanntmachung des Berufsbildes,
4. Vertretung der Interessen des Berufsstandes,
5. Förderung der wissenschaftlichen Durchdringung des Fachgebietes Public Relations und seiner Randgebiete,
6. Beiträge zur fachgerechten Weiterbildung der Mitglieder,
7. Förderung der Ausbildung des Nachwuchses,
8. publizistische Verbreitung des PR-Gedankens,
9. Unterrichtung und Unterstützung der Mitglieder in berufsständischen Fragen.

Die DPRG setzt sich zusammen aus ordentlichen Mitgliedern, Public Relations-Fachleuten mit deutscher Staatsangehörigkeit oder mit Wohnsitz im Gebiet der Bundesrepublik Deutschland einschließlich Berlin (West) und aus korrespondierenden Mitgliedern. Die Korrespondierenden sind entweder Nachwuchskräfte, die auf dem Gebiet der Public Relations arbeiten oder Fachleute aus Berufszweigen, die den Public Relations nahe stehen, oder Wissenschaftler, die an den Public Relations außergewöhnliches Interesse haben.

Weiterhin gibt es Studienmitglieder, in erster Linie Studenten, Fachschüler und Volontäre.

Die Mitglieder-Versammlung der Gesellschaft wählt den Vorstand, die Aufnahme-Kommission und den Ehrenrat auf jeweils zwei Jahre.

Die Gesellschaft gliedert sich in sieben Regionalgruppen: Baden-Württemberg, Bayern, Berlin, Hamburg/Schleswig-Holstein, Hessen/Rheinland-Pfalz/Saarland, Niedersachsen/Bremen und Nordrhein-Westfalen.

Das aktive Wirken der DPRG spielt sich in diesen Regionalgruppen ab. Hier werden Erfahrungsaustausch und persönlicher Kontakt gepflegt. Bei den monatlichen Treffen wird ein reichhaltiges Programm geboten, das die Mitglieder über Entwicklungen und Ausbildungsangebote des Berufes unterrichtet. Die intensive Arbeit der Regionalgruppen war und ist für die gesamte Berufsorganisaton von außerordentlichem Nutzen.

Die Mitglieder werden durch einen regelmäßig erscheinenden Rundschreibendienst (DPRG intern) über alle wesentlichen Fragen und Entwicklungen auf dem Gebiet der Öffentlichkeitsarbeit unterrichtet. Das Mitglieder-Rundschreiben enthält Kommentar zu interessanten Fragen und Problemen, es informiert ausführlich über die Arbeit des Präsidiums und des erweiterten Vorstandes, berichtet über die Arbeit in den Regionalgruppen, gibt Literaturhinweise und macht auf Wissenswertes im Bereich Recht und Steuern aufmerksam. Es enthält außerdem Nachrichten aus der Mitgliedschaft sowie Informationen über die Aufnahme neuer Mitglieder und über Adressenänderungen.

Im Jahre 1970 stiftete die DPRG die Auszeichnung „Goldene Brücke" für besonders beispielhafte Leistungen bei der Lösung einer PR-Aufgabe hinsichtlich Konzeption, Vorbereitung und Durchführung. Die „Goldene Brücke" wird in drei Kategorien verliehen, und zwar erstens an Bewerber aus dem Bereich Wirtschaft, zweitens an selbständige Berater einer PR-Agentur und drittens an PR-Leute, die in einer Behörde, einem Verband oder in einer Organisation tätig sind. Die Verleihung der „Goldenen Brücke" erfolgt alle zwei Jahre durch das Präsidium der DPRG aufgrund des Votums einer speziell dafür eingesetzten unabhängigen Jury.

In Zusammenhang mit der Zeitschrift „Wirtschaftswoche" ist die DPRG, alternierend zur Verleihung der „Goldenen Brücke", im Jahresrhythmus auch an dem Wirtschaftswochen-Wettbeweb „PR-Kampagne des Jahres" beteiligt. Dieser Preis soll die Verantwortlichen aus Wirtschaftsunternehmen, Behörden, Verbänden, öffentlich-rechtlichen und privaten Institutionen PR-bewußt machen, soll ihnen Notwendigkeit und Sinn richtig verstandener und praktizierter Öffentlichkeitsarbeit nahebringen.

Vorstand und Präsidium der DPRG wissen, wie existentiell für den Berufsverband die Etablierung eines Systems der Aus- und Fortbildung ist. Es gilt, die Fachleute für Öffentlichkeitsarbeit in unserem Land auf gemeinsame Begriffe zu verpflichten und ihnen gleichzeitig das notwendige moderne Rüstzeug für den Beruf zu vermitteln. Dabei ist es besonders wichtig, daß die richtige Mischung von Theorie und Praxis in der Ausbildung berücksichtigt wird.

Wir brauchen in unserer immer komplexer werdenden Gesellschaft mit neuen Wertvorstellungen und tiefgreifenden weltpolitischen sowie technologischen, soziologischen und kulturellen Veränderungen Public Relations-Fachleute, die aufgrund ihrer Ausbildung einen wesentlichen Beitrag zum Funktionieren dieser Gesellschaft leisten können.

2. Das Deutsche Institut für Public Relations

In diesem Sinne wurde 1971 das Deutsche Institut für Public Relations (DIPR) von dem Vorstand der DPRG gegründet.

Mitglieder des Instituts müssen Mitglieder der DPRG sein. Das Institut hat satzungsgemäß die Aufgabe, Aus- und Weiterbildung von PR-Fachkräften durchzuführen und zu fördern und Lehrmittel sowie Lehrmethoden im Fachbereich Public Relations zu entwickeln. Das Ausbildungsangebot stellt ein methodisch-systematisches Programm für alle Anwendungsbereiche der Public Relations dar.

Die Eingangsstufe ist ein in zwei Seminarschritte gegliedertes Seminar. Neben der Vermittlung des Grundwissens erarbeiteten die Teilnehmer in Gruppenexperimenten und Fallstudien Problemlösungen in Teamwork und schaffen sich damit eine praxisbezogene Grundlage. Absolventen des Grundseminars mit beiden Seminarschritten erhalten nach abschließender Prüfung ein Zertifikat. Das Zertifikat ist Voraussetzung für den Zugang zum weiterführenden Förderungsbildungstraining.

Darüber hinaus bietet das DIPR auch Fachseminare für bereits erfahrene PR-Leute an. Dies sind Seminare für Standort-PR, Konzeptionstechnik, Kommunikationstraining und Corporate Identity. Ein Fachseminar über innerbetriebliche Kommunikation ist geplant.

Das Deutsche Institut für Public Relations der DPRG hat sei Jahren erfolgreich für die Ausbildung des Nachwuchses und für die Fortbildung der Praktiker gesorgt.

1974 wurde das Aus-und Fortbildungsprogramm des DIPR sowie das Abschluß-Zertifikat von der Bundesanstalt für Arbeit anerkannt.

3. Vorschläge der DPRG für das Public Relations-Studium an Universitäten

Mit ihrem Fachtag über Aus- und Fortbildung bei der Jahrestagung im Mai 1980 in Bonn machte die DPRG als berufsständische Organisation auf die steigenden Anforderungen an qualifizierte PR-Fachleute aufmerksam.

Herr Dr. Heinz Flieger wies in seiner zum Fachtag vorgelegten Studie „Public Relations, Universitäts- und Fachhochschul-Lehrveranstaltungen" auf die Lehrveranstaltungen für PR an deutschen Universitäten und Fachhochschulen hin.

An den Universitäten Berlin, Bochum, Erlangen-Nürnberg, Hamburg, Hohenheim, Mainz, München und Münster können PR-Lehrveranstaltungen belegt und Diplom- oder Magister-Arbeiten sowie Dissertationen über Public Relations vorgelegt werden. Zur Zeit gibt es an keiner deutschen Universität ein Hauptfachstudium Public Relations oder einen Lehrstuhl für Öffentlichkeitsarbeit. Herr Dr. Flieger stellte in seiner Studie zusammenfassend fest:

„Wie die Zahl der Lehrveranstaltungen an Universitäten zeigt, wächst die Erkenntnis über die Bedeutung von Information und Kommunikation für das Zusammenleben der Menschen. Daraus resultiert auch eine stärkere Beachtung von Public Relations. Es besteht mehr und mehr Übereinstimmung darüber, daß ohne Public Relations das Funktionieren komplexer sozialer Systeme innerhalb unseres pluralistischen Gesellschaftssystems im wissenschaftlich-technischen Zeitalter gefährdet ist."

PR-Veranstaltungen werden auch an mehreren Fachhochschulen in Deutschland angeboten.

Das PR-Fachschulstudium ist eine notwendige Ergänzung zum Universitätsstudium der PR. An den Universitäten steht die wissenschaftlich theoretische Arbeit im Vordergrund, während sich die Fachhochschulen mehr auf die praktische Ausbildung von PR-Fachleuten konzentrieren. Die universitäre Ausbildung leidet darunter, daß bisher keine anerkannte PR-Theorie existiert. Die DPRG wünscht sehr, daß es dem Mitglied Professor Dr. Franz Ronneberger an der Universität Erlangen-Nürnberg gelingt, seine Arbeit auf diesem Gebiet zu einem erfolgreichen Abschluß zu bringen.

Im Sommer 1981 hat der DPRG-Arbeitskreis „PR-Lehre und Forschung an Universitäten" Vorschläge für das Public Relations-Studium an Universitäten im Verlag für deutsche Wirtschaftsbiographien veröffentlicht. Diese Vorschläge basieren auf einem vom Arbeitskreis entwickelten Berufsbild für PR-Fachleute.

In diesem Berufsbild wurden die folgenden Funktionen der PR- und Öffentlichkeitsarbeit beschrieben:

Public Relations/Öffentlichkeitsarbeit wird als ein funktionaler Beitrag zur Erhaltung und Entwicklungsfähigkeit pluralistischer sozialer Systeme verstanden. Sie umfaßt solche Informations-, Kommunikations- und Interaktionstätigkeiten, die an der Herstellung von Öffentlichkeit in Organisationen nach innen und außen mitwirken. Ihr Zweck ist es, Interessen, Ziele und Handlungen der unterschiedlichen Organisationen öffentlich darzustellen und zu legitimieren.

Durch gesellschaftlich verantwortungsvolle und wissenschaftlich begründete Anwendung von Methoden, Techniken und Instrumenten der Öffentlichkeitsarbeit soll das soziale System transparent gemacht werden. Über ihre Rückkopplungsfunktion zwischen den internen und externen Öffentlichkeiten auf der einen und den jeweiligen Entscheidungsträgern auf der anderen Seite soll sie die Entscheidungsprozesse innerhalb des sozialen Systems beeinflussen, Konflikte offenlegen und zu Kompromiß- oder Konsensmöglichkeiten beitragen. Dadurch sollen Identität, Integration und Effektivität des sozialen Systems verbessert werden.

Den Vorschlägen zur PR-Lehre liegen die folgenden zehn Thesen zugrunde, die die Projektgruppe „Fort- und Ausbildung" der DPRG unter Vorsitz von Prof. Dr. Albert Oeckl und unter Federführung von Prof. Ronneberger zur Ausbildung von Public Relations-Fachleuten erarbeitet hat.

1. Systematische theoretische und praktische Ausbildung in Public Relations ist unerläßlich. Sie dient in gleicher Weise der Funktion von PR in Gesellschaft und Staat wie dem Ansehen des Berufs.
2. Voraussetzung für eine intensive, differenzierte und wirksame Ausbildung ist ein auf wissenschaftlicher Forschung beruhendes konsensfähiges Verständnis von PR. PR-Forschung muß daher Hand in Hand mit PR-Ausbildung betrieben werden. Dabei ist eine Beteiligung der Studierenden an der Forschung an den Universitäten anzustreben.
3. Für die PR-Ausbildung an Universitäten und Fachhochschulen ist trotz der unterschiedlichen Ausbildungswege ein im Prinzip einheitlicher und verbind-

licher Fächerkanon anzustreben. Diese Forderung ergibt sich sowohl aus der berufspolitischen Lage von PR, sich durch Schlüssigkeit und Überzeugungskraft gegenüber anderen Berufen durchzusetzen und zu behaupten, wie auch aus der Notwendigkeit, die beiden Ausbildungsgänge so zu gestalten, daß ein Wechsel nach beiden Seiten hin möglich ist.

4. Die Aufstellung eines solchen Fächerkanons setzt die Existenz bzw. die Vertiefung und Erweiterung einer allgemeinen Theorie von PR voraus. Sie kann nach dem gegenwärtigen Stand der Forschung und des beherrschenden Verständnisses von PR eine sozial- und kommunikationswissenschaftliche Basis haben. Jedenfalls kann sie nicht Teil einer Marketing-Theorie sein. Eine allgemeine PR-Theorie ist zur modellartigen Widerspiegelung der Realität nur geeignet und wird den heutigen und künftigen Erfordernissen nur gerecht, wenn sie sich nicht allein auf wirtschaftliches Handeln bezieht, sondern auf die Bedürfnisse der gesamten Gesellschaft. PR ist als eine Funktion in unserer Gesellschaft zu begreifen, die zur Erhaltung unseres pluralistischen Systems unerläßlich ist.
5. Für den Fächerkanon bedeutet dies die Berücksichtigung soziologischer und politischer Grundkenntnisse, vornehmlich der Rollen- und Systemanalyse sowie der Institutionslehre. Die staats- und gesellschaftsphilosophischen Aspekte sind dabei zu berücksichtigen. Grundkenntnisse der Methoden der empirischen Sozialwissenschaft sind erforderlich. Die Kenntnisse der Organisation der Massenmedien, der publizistischen Wirkungsforschung, des Herstellungsprozesses publizistischer Aussagen bei den verschiedenen Medien und der Inhaltsanalyse sind im Bereich Psychologie und Kommunikationswissenschaft zu vermitteln. Aus den Wirtschaftswissenschaften ist Basiswissen über Unternehmensführung und Marketing zu erwerben.
6. Die Unterscheidung zwischen Fachhochschul- und Universitätsausbildung bedeutet wie auf anderen Lehrgebieten eine Schwerpunktverteilung zwischen mehr Praxis und mehr Theorie zugewandten Kenntnissen.
7. Das Deutsche Institut für Public Relations bietet zudem ein vielseitiges Programm zur Ausbildung in der Praxis der Public Relations.
8. Die Universitätsausbildung kann angesichts der bestehenden Strukturen der deutschen Hochschulen nur eine interdisziplinäre sein. Dabei wäre es vorteilhaft, wenn sie innerhalb eines kommunikationswissenschaftlichen Voll- oder Nebenfachstudiums erfolgte.
9. In jedem Fall sollte die Fachhochschul- wie die Universitätsausbildung unverzichtbar mit einem betreuten Praktikum verbunden sein.
10. Der Zugang zu PR-Berufen sollte nicht formal (z. B. durch Diplom) geregelt werden.

Die kommenden Jahre werden der DPRG noch eine Fülle großer Aufgaben bringen. Es muß dafür gesorgt werden, daß sich die Tätigkeiten und der Service des Verbandes so aktiv entfalten, daß weitere qualifizierte PR-Fachleute, die den

Beruf in Deutschland ausüben, Mitglieder der DPRG werden. Weiterhin müssen die internationale Zusammenarbeit und der Erfahrungsaustausch mit PR-Gesellschaften in Europa und der Welt intensiviert werden.

Das Präsidium und der erweiterte Vorstand setzen sich zielstrebig dafür ein, die Kapazitäten, die Möglichkeiten und die Aufgaben eines profilierten Berufsverbandes auf internationalem Niveau weiter zu entwickeln.

Die DPRG will dafür sorgen, daß die Verbindung zwischen Praxis und Theorie und zwischen PR-Fachleuten und Universitäten und Fachschulen weiter ausgebaut wird.

4. Anlagen

Anlage 1

Begriffs-Definitionen für die Arbeit des Ehrenrats der Deutschen Public-Relations-Gesellschaft

Public Relations sind – nach der Berufsauffassung der Deutschen Public-Relations-Gesellschaft, entsprechend ihren deklarierten Grundsätzen – das bewußte und legitime Bemühen um Verständnis sowie um Aufbau und Pflege von Vertrauen in der Öffentlichkeit auf der Grundlage systematischer Erforschung.

Werbung sind alle Maßnahmen, die auf die unmittelbare Auslösung eines Kaufentschlusses oder auf die Inanspruchnahme von Dienstleistungen abzielen.

Propaganda ist die Infiltrierung zweckbestimmter Auffassungen ohne Vorbehalte und ohne Rücksicht auf den objektiven Wahrheitsgehalt.

Publicity ist dagegen ein wertfreier Begriff, der das Ergebnis von Public Relations, Werbung oder von Propaganda sein kann. Soweit Publicity ohne Rücksicht auf das Gemeinwohl, die Grundsätze der Wahrhaftigkeit und des guten Geschmacks erzielt wird, steht sie im Widerspruch zu den Grundsätzen verantwortungsbewußter Öffentlichkeitsarbeit.

Anlage 2

Grundsätze der Deutschen Public-Relations-Gesellschaft

Nach der Berufsauffassung sind Public Relations das bewußte und legitime Bemühen um Verständnis sowie um Aufbau und Pflege von Vertrauen in der Öffentlichkeit auf der Grundlage systematischer Erforschung. Die Mitglieder der Deutschen Public-Relations-Gesellschaft verpflichten sich, bei der Wahrnehmung ihrer Public Relations-Aufgaben folgende Grundsätze einzuhalten:

1. Nur Aufgaben zu übernehmen, die mit dem Grundgesetz und den Gesetzen der Bundesrepublik Deutschland in Einklang stehen.

2. Jeden Versuch einer unlauteren Beeinflussung der Öffentlichkeit und ihrer Repräsentanten zu unterlassen und die Freiheit und Unabhängigkeit der Presse zu respektieren.
3. Keine widerstreitenden oder miteinander konkurrierenden Interessen ohne die ausdrückliche Einwilligung der Beteiligten zu vertreten.
4. Vertrauliche Sachverhalte aus den Wirkungsbereichen früherer oder gegenwärtiger Auftraggeber nicht weiterzugeben, solange nicht alle Beteiligten anders beschlossen haben.
5. Niemals vorsätzlich das Ansehen oder die Arbeit eines anderen Mitglieds herabzusetzen.
6. In Ausführung von Dienstleistungen ohne die ausdrückliche Einwilligung des direkten Auftraggebers keine Honorare, keine Vergünstigungen oder andere Gegenleistungen von Dritten anzunehmen.
7. Auftraggebern weder ein nach bestimmten Publikationsergebnissen gestaffeltes Vergütungssystem vorzuschlagen noch dem gleichen Zweck dienende Honorarvereinbarungen zu treffen sowie keine Kunden durch Zusicherung unerfüllbarer Leistungen zu werben.

Jedes Mitglied anerkennt die Deutsche Public-Relations-Gesellschaft als Organ der Selbstkontrolle im Sinne der vorstehenden Grundsätze.

Die Deutsche Public-Relations-Gesellschaft gewährt Ehrenschutz nach ihren Möglichkeiten allen Mitgliedern, die wegen Einhaltung ihrer Grundsätze in berufliche oder persönliche Schwierigkeiten geraten.

II. Aus- und Weiterbildung des Deutschen Instituts für Public Relations

Bruno Kalusche

Für die Aus- und Weiterbildung im Rahmen des Berufsbildes Public Relations hat die Deutsche Public Relations-Gesellschaft (DPRG) in ihrer Eigenschaft als Berufsverband der PR-Experten in der Bundesrepublik Deutschland im Jahre 1971 das Deutsche Institut für Public Relations (DIPR) gegründet.

Satzungsgemäße Aufgaben des DIPR sind:

- Grundlagenforschung als Basis für methodische Public Relations und Human Relations, insbesondere im Bereich gesellschaftlich relevanter Kommunikationsfelder
- Förderung, Koordination und Durchführung der Aus- und Weiterbildung von PR-Fachkräften
- Entwicklung von Lehrmethoden und Lehrmitteln im Fachbereich Public Relations für programmiertes Lehren und Lernen
- Zusammenarbeit mit Institutionen, Einrichtungen und Organisationen, die auf gleichen oder verwandten Fachgebieten tätig sind.

Durch diese Initiative des Berufsverbandes wurde versucht, dem bis zu diesem Zeitpunkt zu beobachtenden „Wildwuchs" von sporadischen und nicht koordinierten Seminarangeboten im Fachbereich Public Relations ein Ende zu setzen. Die Bundesanstalt für Arbeit als förderndes Mitglied des DIPR hat in Anerkennung der dort geleisteten, praxisorientierten Aus- und Weiterbildungsarbeit dann 1974 das Trainingsprogramm des DIPR als förderungswürdig anerkannt. Damit sind die Abschlußzertifikate des DIPR innerhalb des Berufsbildes Public Relations zu einem anerkannten Qualifikationsmaßstab auch bei Bewerbungen für die Ausübung dieser Fachdisziplin geworden.

Seit 1971 hat das DIPR mehr als 750 PR-Nachwuchskräfte und PR-Praktiker trainiert.

Sein Trainingsprogramm ist inzwischen – weit über die Bundesrepublik Deutschland hinaus – als vorbildlich in der Vermittlung praxisgerechter Lehrinhalte anerkannt.

Internationale Unternehmensgruppen sind dazu übergegangen, ihre Mitarbeiter der PR-Stäbe aller Ebenen der Unternehmensorganisation durch das DIPR trainieren zu lassen.

1. Das Trainingsprogramm des DIPR

ist in zwei Stufen gegliedert, wie die nachfolgende Übersicht zeigt.

Die Ausbildungsstufe vermittelt ein PR-Training in zwei Grundseminaren mit Abschlußzertifikat.

In der Fortbildungsstufe werden Sonderseminare zu Spezialthemen der PR-Praxis angeboten. Die Absolventen dieser Sonderseminare erhalten ebenfalls ein Zertifikat, das den entsprechenden Trainingsschritt bestätigt.

Ausbildungsstufe Grundseminare

Die Grundseminare des DIPR vermitteln Nachwuchskräften und PR-Praktikern, die bisher nur in Teilbereichen der PR-Arbeitsfelder tätig waren (PR-Assistenten, Pressereferenten usw.) einen umfassenden und praxisgerechten Überblick über Ziele, Aufgaben und Mittel methodischer Öffentlichkeitsarbeit. Das

Grundseminar 1 (G1)

führt in die Aufgaben und Ziele systematischer Öffentlichkeitsarbeit ein, vermittelt methodisches Wissen über die Zielgruppen der Public Relations und Human Relations und für die Erarbeitung zielgruppen- und situationsgerechter Kommunikationsereignisse und Informationsmittel.

Dabei werden die vorprogrammierten Lehrinhalte im Rahmen von Fallstudien-Gruppenarbeiten umgesetzt.

Einführende Lehrgespräche vermitteln die methodischen Ansätze. Anschließend lösen die Teilnehmer in kleinen Arbeitsgruppen Fallbeispiele und trainieren dabei zugleich Teamwork und Entscheidungsfindung.

Ihre Fähigkeiten zur Kooperation und zielorientierten Kommunikation werden so systematisch gefördert.

Die im Grundseminar 1 vermitteln Lehrinhalte und Kommunikationsübungen werden im

Grundseminar 2 (G2)

systematisch vertieft und praxisnah umgesetzt an Hand von Fakten aus vorgegebenen Fallstudien der verschiedenen PR-Anwendungsbereiche.

Dabei geht es um die Entwicklung mittelfristiger Kommunikations-Strategien, deren Ziel es ist, die internen und externen Beziehungen (eines Unternehmens, Verbandes, einer Institution usw.) systematisch zu verbessern.

Dazu müssen die Teilnehmer zielgruppenorientiert das gesamte Instrumentarium der Public Relations und Human Relations einsetzen unter Anwendung der Methodik der vom DIPR entwickelten Konzeptionstechnik.

Die Auflösung der Fallstudien erfolgt in kleinen Arbeitsgruppen, die ihre erarbeiteten Kommunikationsstrategien und Maßnahmenpläne in der Schlußphase des Seminars in Konkurrenz präsentieren.

Die Seminarleitung bewertet diese Präsentationen als Gruppenarbeiten.

Das Ergebnis dieser Bewertung dient zusammen mit der in G 1 und G 2 entwickelten Einzelbewertung des Seminarteilnehmers als Grundlage für die Erteilung des Abschlußzertifikates.

Übersicht über Lehrinhalte G 1 und G 2

Methodik der Public Relations

Aufgaben und Ziele, Kontaktfelder Public Relations und Human Relations, Opinion Leaders und Zielgruppen, Medien, individuelle Medien für einzelne Zielgruppen, Medienpalette und Mediengewichtung, Situationsanalyse als Basis methodischer PR, Methodik der Wirkungskontrolle, Aufbau und Ablauf methodischer PR-Arbeit.

Konzeptionstechnik

Vom Ist zum Soll, die Fakten, Stärken- und Schwächen-Analyse, Aufgabenstellung, meßbare Ziele, Botschaften, Zielgruppen, Medien, Zeit- und Kostenplanung, das PR-Team als Koordinator, der PR-Zeit- und Intervallplan.

Organisation und Berufsbild

Funktionen einer PR-Abteilung, Funktionen einer PR-Agentur, Funktionen einer Pressestelle, das Berufsbild Public Relations, Stellenbeschreibung.

Journalistik

Journalistische Ausdrucksform, Analyse von Zeitungen, die Struktur von Meldungen, Elemente der Nachricht, Meldungen für verschiedene Medien, die Innenorganisation einer Zeitungsredaktion, der Bericht, Einleitungsformen, Rubriken, schriftliche Übungen.

Praxis der Public Relations

Praktische PR-Aufgabenstellungen, Ermittlung der Zielgruppen (intern/extern), Bestimmung zielgruppengerechter Medien, Analyse mit „Bordmitteln", Ausschreibungsvorgabe an ein Forschungsinstitut, Arbeitsschritte methodischer PR-Arbeit, Vorbereitung einer Pressekonferenz, Abfassung von Presseinformationen, Konzeption eines Pressedienstes, Vorbereitung von Veranstaltungen zur Zielgruppen-Kommunikation, Standort-PR, Kontaktarbeit mit Presse, Rundfunk und Fernsehen, Durchführung von Telefoninterviews, Kostenkalkulation einer PR-Aktion.

Praxis der Human Relations

Kommunikations-Strategien zur besseren Mitarbeiterinformation, Konzeption einer Werkzeitschrift, Entwicklung des Verbesserungs-Vorschlags-Wesens.

Kommunikationstraining

Konferenztechniken, kontrollierter Dialog, Verhalten in der Gruppe, Gesprächsführung, Gesprächsleitung in der Gruppensituation, Verhalten in der Öffentlichkeit, Entscheidungsfindungs-Training, Verhaltensanalyse an Hand von Video-Aufzeichnungen.

Zahl der Trainingsstunden

Daß es sich bei der Ausbildungsstufe Grundseminare um ein didaktisch-pädagogisch ausgereiftes Konzept der Erwachsenenbildung handelt, belegt die Tatsache, daß die genannten Lehrinhalt innerhalb von 14½ Seminartagen (G 1 + G 2) und in insgesamt 152 Trainingsstunden unter Einsatz moderner Medien (DIA-Projektor, Film, Tageslichtschreiber, Fernseh-Studio) vermittelt werden.

Das vorprogrammierte Zeitmaß von 14½ Trainingstagen insgesamt erlaubt es auch dem bereits mitten im Berufsleben stehenden PR-Mitarbeiter, dieses Training ohne unvertretbaren Einschnitt in die Tagesaufgaben in zwei Schritten zu absolvieren und das Abschlußzertifikat zu erreichen.

---

2. Die Fortbildungsstufe Sonderseminare

Das Fortbildungsprogramm des DIPR ist ein Angebot an die Absolventen der Grundseminarstufe ebenso, wie an alle in der Berufspraxis stehenden PR-Experten mit langjähriger Berufserfahrung.

Neben der Förderung des aktuellen Erfahrungsaustausches weisen die Sonderseminare vor allem in spezielle Anwendungsfelder der Öffentlichkeitsarbeit ein.

Das geschieht in knappen und intensiven Trainingsschritten, um jedem PR-Praktiker die Teilnahme zu ermöglichen. Jedes der zweieinhalb- bis dreieinhalbtägigen Sonderseminare behandelt ein in sich abgeschlossenes Spezialthema wie

– Kommunikationstraining
– Umgang mit der Presse

- Umgang mit Funk und Fernsehen
- PR-Konzeptionstechnik
- Audiovisuelle Medien
- Corporate Identity
- PR in Krisensituationen

Weitere Sonderseminare auch aktueller Themenbereiche werden von Fall zu Fall in das Programm aufgenommen.

3. Seminartermine

Die Seminartermine für das folgende Jahr können bereits in der zweiten Hälfte des laufenden Jahres beim

Deutschen Institut für Public Relations
DIPR
Seminarplanung
5501 Ittel
T 06506 – 506

angefordert werden.

III. Ausbildungsansätze im Hochschulbereich

1. Public Relations-Studium und Ausbildung an Universitäten, Hochschulen und Fachhochschulen in der Bundesrepublik Deutschland einschließlich Berlin (West)

Günter Barthenheier

1.1 Vorwort

Der gegenwärtige Stand der Studien- und Ausbildungsangebote für das Berufsfeld Öffentlichkeitsarbeit/Public Relations bedarf eines historischen Rückblickes, um ihn verstehen und einordnen zu können.

Obwohl Forschungs- und Examensarbeiten zum Bereich der PR vom Beginn des Studienbetriebs in der Bundesrepublik über die Jahre hin weitgestreut in verschiedenen Fakultäten und Fachbereichen zu finden sind, scheinen die Bemühungen um eine systematische Berücksichtigung dieses Bereichs in Forschung und Lehre in Richtung auf die Etablierung eines neuen Studienganges erst um das Jahr 1970 herum zu beginnen; und hier vor allem an den Instituten der Publizistik und Kommunikationswissenschaft.

Dieser Zeitpunkt und Ort sind nicht zufällig, einige Voraussetzungen hatten den Boden bereitet.

1. Eine Voraussetzung war die Hochschulreform von 1969, in deren Folge das zuvor fast rein theoretische Studium der ehemaligen Zeitungs- und Publizistikwissenschaft *praxisbezogen* umgestaltet wurde.
   Seit Anfang der Siebziger Jahre entstanden theoretische und praktische Studien- und Ausbildungsangebote, die das Ziel hatten, Journalisten für die Berufspraxis auszubilden bzw. intensiv vorzubereiten.
   Den Anfang machte 1970 das Institut für Publizistik und Dokumentationswissenschaft an der Freien Universität Berlin. Danach folgten die Institute in München, Münster, Hohenheim, Dortmund, Göttingen, Bochum, Mainz.
2. Wissenschaftstheoretisch hat sich das Selbstverständnis des Faches Publizistik/Journalistik als „sozialwissenschaftlich orientierte Kommunikationswissenschaft“ durchgesetzt.
3. Berufspraktiker werden seitdem an der Lehre beteiligt.

4. Der allgemeine Auftrag der Hochschulen wurde neu definiert; sie sollen sich in Forschung und Lehre an den Erfordernissen der gesellschaftlichen und beruflichen Praxis orientieren sowie diese innovativ weiterentwickeln.
5. Andererseits hatte der Berufsverband der PR-Fachleute, die Deutsche Public Relations-Gesellschaft (DPRG), die Insuffizienz der verbands- und betriebseigenen Aus- und Fortbildung des PR-Nachwuchses festgestellt und seit Anfang der Siebziger Jahre sich an verschiedene Hochschulen gewandt, um die Forschung und Lehre zum Bereich PR zu fördern. Die Kontakte mit Nürnberg-Erlangen, Berlin, Bochum, Münster, Hohenheim und München führten auch zu sichtbaren Fortschritten. So wurde am Anfang der Siebziger Jahre das Lehrangebot ausgebaut und immer mehr Examensarbeiten beschäftigten sich mit PR-Problemen.

Voraussetzungen zum Ausbau des Lehrangebots waren also einerseits die Bereitschaft und Fähigkeit einzelner Hochschulen, sich neuen praxisrelevanten Problemen zuzuwenden und andererseits der Bedarf der Fachpraxis nach wissenschaftlich ausgebildeten Kommunikationsfachleuten.

Betrachtet man heute die Bemühungen, PR als ausbildungsrelevantes Studienangebot systematisch zu verankern – entweder als Studienschwerpunkt oder eigenes Fach –, so gibt es ähnliche Argumentationen gegen eine solche Entwicklung wie seinerzeit gegen die wissenschaftliche Ausbildung für Journalisten Anfang der siebziger Jahre. Vor allem drei Bedenken werden von Gegnern einer wissenschaftlichen Ausbildung für PR-Fachleute vorgebracht:

- von Praktikern wird häufig betont, der PR-Beruf sei ein Begabungsberuf, das Erlernbare würde allein die Praxis lehren; außerdem müsse der Zugang zum PR-Beruf offen bleiben.
- Von seiten der Wissenschaftler wird zuweilen befürchtet, die Wissenschaftsvermittlung würde durch die Praxisorientierung verflachen, wenn nicht die Legitimation von PR überhaupt bestritten wird.

Darüber hinaus gibt es noch Befürchtungen, die Auswirkungen einer wissenschaftlichen Ausbildung könnten gesellschaftspolitisch nicht wünschenswert sein; befürchten die einen die wissenschaftliche Ausarbeitung eines „Herrschaftsinstruments" bzw. einer „Waffe gegen die Arbeiterklasse" so fürchten sich andere vor der Förderung neuer Ansprüche nach mehr Öffentlichkeit.

Untersucht man diese „Argumente" genauer, so stellen sie sich als interessenbedingte Ängste heraus. Sie halten in dieser Form einer wissenschaftlichen Erörterung nicht stand.

Demgegenüber zeichnet sich die Tendenz zur Verwissenschaftlichung der Kommunikationsberufe immer stärker ab. Für den Journalisten und Werbefachmann hat sie sich bereits durchgesetzt, der PR-Beruf schließt sich jetzt an.

Begründungen für eine wissenschaftliche Ausbildung sind schließlich neue Anforderungen an die Kommunikation von Institutionen, Organisationen und anderen Sozialgebilden, die zunehmende Komplexität der Gesellschaft sowie zunehmende

Informations-, Kommunikations- und Partizipationsansprüche der gesellschaftlichen Gruppen. Nicht zuletzt erfordert der Fortschritt der Medien- und Kommunikationstechnologie eine entsprechende Anpassung der Ausbildung.

Übrigens zeigt ein internationaler Vergleich, daß es in den USA bereits seit 30 Jahren eine Ausbildung für PR gibt. Der freie Zugang zum PR-Beruf ist damit bis heute jedoch nicht versperrt worden.

Die vorwiegende Ansiedlung der PR-Lehre und Forschung an den Instituten für Publizistik und/bzw. Kommunikationswissenschaft läßt sich u. a. damit begründen, daß der Beruf des PR-Fachmannes – wie der des Journalisten – wenigstens zu einem großen Teil als Kommunikator- bzw. Mediatorrolle verstanden werden kann.

Diese Anbindung schließt die interdisziplinäre Betrachtung der PR/Öffentlichkeitsarbeit nicht aus, versteht sich doch die neuere Publizistik- und Kommunikationswissenschaft selber als Integrationswissenschaft, die zur Analyse ihrer Gegenstände vieler Disziplinen bedarf, wie z. B. der Psychologie, Soziologie, Politischen Wissenschaft, Betriebswirtschaftslehre.

Eine andere Ansiedlung der PR liegt im Bereich der Betriebswirtschaftslehre. Im Rahmen der Betriebswirtschaftslehre haben die Public Relations zwar häufig einen systematischen Stellenwert, das Verständnis von PR beschränkt sich aber zumeist auf einen instrumentellen Bestandteil im Rahmen der Marketingkommunikation, neben Werbung und Verkaufsförderung. Die unternehmenspolitischen und gesellschaftspolitischen Dimensionen bleiben dabei unberücksichtigt. Ein neuerer Ansatz der Marketingtheorien, der auch die Unternehmenspolitik einem übergreifenden Marketingführungskonzept unterordnet, scheint dagegen auch eine neue funktionale Einordnung und inhaltliche Bestimmung der PR zu erlauben. Dieser Ansatz, der auch in diesem Buch diskutiert wird, ist allerdings wissenschaftlich weder unumstritten noch hat er sich in der Wirtschaftspraxis durchgesetzt.

Vereinzelte Lehrveranstaltungen zu Themen der Öffentlichkeitsarbeit/Public Relations, d. h. solche, die unregelmäßig stattfinden und nicht Bestandteil eines PR-Curriculums sind, lassen sich an vielen Universitäten, Hochschulen und Fachhochschulen finden. Sie werden meistens in sozial-, wirtschafts- oder sprachwissenschaftlichen Fachbereichen durchgeführt.

In der folgenden Darstellung werden nur die regelmäßigen Studien- und Ausbildungsangebote an den Universitäten, Hochschulen und Fachhochschulen berücksichtigt.

1.2 PR-Studien- und Ausbildungsangebote an Universitäten und Hochschulen

1.2.1 Erststudiengänge

Seit 1975 werden am *Institut für Publizistik und Dokumentationswissenschaft der Freien Unviersität Berlin* Lehrveranstaltungen zur Theorie und Praxis der Öffentlichkeitsarbeit/Public Relations durchgeführt.

Sie sind Bestandteil eines 8-semestrigen kommunikationswissenschaftlichen und praxisbezogenen Studiums, das zusammen mit 2 Nebenfächern oder einem anderen Hauptfach absolviert und mit dem Magister Artium (M.A.) oder der Promotion zum Dr. phil. beendet werden kann.

Ausbildungsziel ist der „Kommunikationspraktiker", der theoretisch und praxisbezogen ausgebildet werden soll. Als Tätigkeitsfelder werden die Massenmedien, die Öffentlichkeitsarbeit und die Medienpädagogik angegeben.

Das Hauptfachstudium Publizistik besteht zunächst aus einem sozialwissenschaftlichen Grundstudium mit Fachveranstaltungen zur Erkenntnistheorie, Methoden der Publizistikwissenschaft, Medienforschung, Politischen Ökonomie, Kommunikationspolitik, Semiotik, Kommunikationstheorie, Kommunikationstechnologie. Im Hauptstudium folgen medienspezifische und produktionstechnische Seminare und Kurse.

Daran schließen sich sog. Labore an. Hier werden praktische Problemstellungen aus verschiedenen publizistischen Tätigkeitsfeldern, u. a. aus der Öffentlichkeitsarbeit erarbeitet und in Kommunikationspraxis umgesetzt. Das Ziel dieser Labore besteht in der wissenschaftlichen Analyse und Aufbereitung des Stoffes sowie seiner Umsetzung in eine angemessene Vermittlungsform. Publikationsfähige bzw. sendefähige „Produkte" sollen das Ergebnis sein.

Diese Labore werden von Berufspraktikern aus Presse, Hörfunk, Fernsehen, Film, Fotografie und der Öffentlichkeitsarbeit/Public Relations geleitet und von Wissenschaftlern des Instituts betreut.

Praktika können in der vorlesungsfreien Zeit absolviert werden; sie sind aber nicht ins Studium integriert. Für den Bereich Öffentlichkeitsarbeit existiert kein Studienschwerpunkt und kein Curriculum, allenfalls ein Spezialisierungsangebot von Wahlveranstaltungsreihen, die die verschiedenen Bereiche der Öffentlichkeitsarbeit erschließen wollen.

Zumeist unter Leitung eines wissenschaftlichen Assistenten (des Autors) wurden ab 1975 zusammen mit Praktikern der Öffentlichkeitsarbeit, folgende Lehrveranstaltungen durchgeführt:

SS 75	Einführung in Public Relations/Öffentlichkeitsarbeit
WS 75/76	Übung zur Öffentlichkeitsarbeit Öffentlichkeitsarbeit der Verwaltung Öffentlichkeitsarbeit als Berufsfeld für Kommunikationspraktiker
SS 76	Berufsfeld Öffentlichkeitsarbeit (Übung) (Objektive Bedingungen; Fallstudien)
WS 76/77	Öffentlichkeitsarbeit für eine wissenschaftliche Institution (Labor) Grundlagen zu einer Theorie der Öffentlichkeitsarbeit (Theorien der Öffentlichkeit) Symposium: Praxis der Öffentlichkeitsarbeit
SS 77	Einführung in Public Relations-Theorien Innerbetriebliche Öffentlichkeitsarbeit/Kommunikation (Labor)

	Öffentlichkeitsarbeit und Mitbestimmung – Zum Verhältnis formeller Entscheidungs- und Kommunikationsstrukturen und der innerbetrieblichen Öffentlichkeitsarbeit
WS 77/78	Öffentlichkeitsarbeit der Verwaltung
	Öffentlichkeitsarbeit und Mitbestimmung – Partizipatorische Öffentlichkeitsarbeit in der Stadtentwicklungsplanung
	Öffentlichkeitsarbeit für ein wissenschaftliches Institut anläßlich eines Jubiläums (Labor I)
SS 78	Öffentlichkeitsarbeit für ein wissenschaftliches Institut (Realisierung der Konzeption vom WS (Labor II)
	Neue Tendenzen in der Öffentlichkeitsarbeit von Unternehmen
WS 78/79	Öffentlichkeitsarbeit für eine Wissenschaftsinstitution (Labor III)
SS 79	Untersuchung zur Öffentlichkeitsarbeit I: Öffentlichkeitsarbeit von Unternehmen, kommunaler Verwaltung und Bürgerinitiativen auf dem Hintergrund partizipationsorientierter Demokratietheorie.
WS 79/80	Untersuchung zur Öffentlichkeitsarbeit II: Möglichkeiten und Grenzen innerbetrieblicher Öffentlichkeitsarbeit auf dem Hintergrund moderner Unternehmensverfassung

Ende Semptember 1980 trat die Studien- und Prüfungsordnung eines neuen Studiengangs „Gesellschafts- und Wirtschaftskommunikation“ an der *Hochschule der Künste Berlin (HdK)* in Kraft.

Dieses Programm stellt eine Weiterentwicklung des Studienganges der ehemaligen Akademie für Graphik, Druck und Werbung dar, die „Werbewirte“ in der Zeit vor der Gründung der HdK ausbildete.

Der neue Studiengang umfaßt 8 Semester und schließt mit dem akademischen Grad „Diplom-Designer“*. Auch hier handelt es sich um ein interdisziplinäres und praxisbezogenes Curriculum, das auf ein breites Feld von Kommunikationsberufen zielt und Public Relations einschließt. Gegenstand des Studiums ist die zielgerichtete Massenkommunikation für gesellschaftliche Institutionen (wirtschaftliche, politische, kulturelle) in ihren kommunikationspraktischen Arbeitsphasen Planung sowie verbale und audivisuelle Gestaltung.

Als Tätigkeitsfelder sind genannt:

1. Verbale Kommunikationsgestaltung
   a) Textgestaltung (Texter, Werbetexter)

* Dieser Titel ist inzwischen auf die entschiedene Ablehnung der Werbepraxis gestoßen. So bezeichnete ihn der Präsident des BDW Deutscher Kommunikationsverband als „Irreführung“, da er die wirklichen Studienziele und Inhalte nicht abdecke. Als Alternative schlägt er den Titel „Diplom-Kommunikationswirt“ vor (vgl. Anmerkung 1).

b) Konzeption (Konzeptionist, Konzeptionstexter),
c) Kommunikationsgestaltung (Creativ-Director, Gestaltungsleiter);

2. Audiovisuelle Kommunikationsgestaltung
   a) Gestaltung (AV-Konzeptionist),
   b) Produktion (Aufnahme-Assistent, -leiter, Produktions-Assistent, -leiter, Producer),
   c) Regie (Regie-Assistent, Regisseur, Teamleiter);

3. Allgemeine Kommunikationsplanung
   a) Allgemeine Kommunikationsplanung bei Agenturen (Kontakter) und bei Unternehmungen (Sachbearbeiter, Assistent, Leiter im Kommunikations- oder Produktmanagement).

Die Nähe des hier vorgestellten Kommunikationskonzepts zu Werbung und Produktmanagement läßt vermuten, daß PR vorwiegend im traditionellen Sinne als marketingintegrierter Bestandteil verstanden wird.

Die Studieninhalte gliedern sich in drei Gruppen:

1. Grundlagen, Methoden und berufsqualifizierte Fähigkeiten in den Kommunikationsdisziplinen:
   a) verbale Kommunikationsgestaltung,
   b) audiovisuelle Kommunikationsgestaltung,
   c) Kommunikationsplanung,
   d) Kommunikationswissenschaft;

2. Berufsqualifizierende Spezialkenntnisse und -fähigkeiten für die Kommunikationstätigkeit in einer bzw. für eine wirtschaftliche oder gesellschaftliche Institution:
   a) Wirtschaftswissenschaft (Volkswirtschaftslehre, Betriebswirtschaftslehre),
   b) Sozialwissenschaft (Politologie, Soziologie);

3. Studienvoraussetzungen bzw. ergänzende Kenntnisse und Fähigkeiten:
   a) Wissenschaftstheorie/Medienkritik,
   b) Rhetorik/Präsentationstechnik,
   c) Statistik/Informatik,
   d) Poligrafische Techniken,
   e) Presse- und Werberecht,
   f) Englisch (speziell für Kommunikationswissenschaften/Marketing).

Ein Praktikum von mindestens 3 Monaten Dauer im „Presse- und Verlagswesen, in Verbänden, Behörden, Werbeagenturen, Werbe- und Marketingabteilungen von Unternehmungen" ist als integrierter Bestandteil des Studiums geplant, d. h. es wird entsprechend vorbereitet und auf die Studienziele ausgerichtet.

Exemplarische Public Relations-Praxisveranstaltungen finden im Schwerpunkt Kommunikationsplanung des Hauptstudiums statt, neben solchen für Werbeplanung und Verkaufsförderung sowie „Sozio-Promotions".

Am Institut für Kommunikationswissenschaft der *Universität München* finden im Rahmen des kommunikations- und zeitungswissenschaftlichen Studiums, das 8 Semester dauert und mit dem M.A. oder Dr. phil. abgeschlossen werden kann, auch Lehrveranstaltungen zum Bereich Public Relations/Öffentlichkeitsarbeit statt. In den letzten Jahren wurden verschiedene Einzelfragen in Seminaren bearbeitet, u. a. Public Relations von Banken, Arbeitsweisen von Pressestellen und Tätigkeitsfelder für Kommunikationsfelder.

Seit 1979 wird von einem Lehrbeauftragten eine mehrsemestrige Vorlesungsreihe zur systematischen Einführung in die PR-Praxis angeboten.

Aufgrund des wachsenden Interesses der Studenten am Berufsfeld Öffentlichkeitsarbeit hat die Institutsleitung mit der Planung eines Ausbaus des PR-Studienangebots begonnen. Das 15monatige Praktikum in verschiedenen Medienbereichen, das bereits jetzt Studienbestandteil ist, kommt auch der PR-Ausbildung zugute.

Der 8-semestrige Münchner Modellversuch „Berufsbezogener Studiengang Journalistik" bietet keine spezifischen PR-Veranstaltungen an. Zwar sollen Optionen der Diplom-Absolventen für publizistische Berufsfelder außerhalb der Massenmedien ermöglicht werden; Evaluationen haben aber gezeigt, daß kein Student im Bereich Öffentlichkeitsarbeit zu arbeiten wünschte, im Gegensatz zu 17% der Studenten aus dem kommunikationswissenschaftlichen Studium (vgl. Blaes/Gallenkamp 1978, S. 172).

Im Hauptfachstudiengang Publizistik- und Kommunikationswissenschaft an der Sektion für Publizistik und Kommunikation an der *Ruhr-Universität Bochum* gelten die Öffentlichkeitsarbeit/Public Relations als ein Schwerpunkt der Lehre und der Forschung.

Die Leitung dieses Bereichs liegt bei Dr. Barbara Baerns. Seit WS 74/75 findet alle 4 Semester ein 4stündiges Hauptseminar statt, das Theorie, Analyse und Einführung in die Praxis der Öffentlichkeitsarbeit verbindet.

Daran schließt sich jeweils eine Fallstudie zum Verhältnis von Medienberichterstattung und Öffentlichkeitsarbeit an.

Weitere Veranstaltungen zu Problemen der Öffentlichkeitsarbeit/Public Relations werden unregelmäßig im Grund- und Hauptstudium angeboten.

Eine Praxissimulation findet nicht statt. Die Praktika, die für die vorlesungsfreie Zeit empfohlen werden, sind in das Studium nicht systematisch integriert. Das Studium kann im Hauptfach mit dem Magister-Examen oder der Promotion sowie als Nebenfach von verschiedenen Diplom-Studiengängen abgeschlossen werden.

Am Institut für Politik- und Kommunikationswissenschaft der *Friedrich-Alexander-Universität Erlangen-Nürnberg* können Öffentlichkeitsarbeit/Public Relations als Schwerpunkt im Nebenfach Kommunikationswissenschaft studiert werden. Unter der Leitung von Prof. Dr. Franz Ronneberger werden Theorie- und

Forschungsseminare zu Problemen der Public Relations durchgeführt. Zusätzliche Vorlesungen mit Übungen werden von einem Lehrbeauftragten angeboten; im WS 80/81 zur Theorie der öffentlichen Meinung.

Dieses Institut hat sich inzwischen zu einem Zentrum der PR-Forschung entwickelt. Eine umfassende Fachbibliothek befindet sich im Aufbau. Dort werden die Nürnberger Forschungsberichte herausgegeben. Eine praktische Ausbildung findet an diesem Institut, das zum Fachbereich Wirtschafts- und Sozialwissenschaften gehört, nicht statt. Die Hauptfachabschlüsse sind der Diplom-Sozialwirt, Diplom-Betriebswirt und Diplom-Volkswirt.

Das Dortmunder Modell „Modellversuch Journalistik" an der *Pädagogischen Hochschule Dortmund* der Journalistenausbildung, das im WS 76/77 den Studienbetrieb aufnahm, ist als „integrierter praxisorientierter Studiengang" (Eurich et. al. 1978, S. 175–187) konzipiert. Sein besonderes Kennzeichen besteht darin, daß ein 14monatiges Praktikum in zwei verschiedenen Medien integrierter Bestandteil des 8-semestrigen Studiums ist. Neben dem Hauptfach Journalistik wird ein zweites Fach studiert, das aus dem Angebot des Gesamthochschulbereichs Dortmund ausgewählt werden kann. Abgeschlossen wird das Studium mit dem Titel Diplom-Journalist.

Öffentlichkeitsarbeit wird als eines von mehreren journalistischen Tätigkeitsfeldern begriffen. Die besonderen Bedingungen der Öffentlichkeitsarbeit, die die journalistische Arbeitsweise und Arbeitsrolle beeinflussen und verändern, sind Thema spezieller Veranstaltungen im Grundstudium.

1.2.2 Aufbaustudiengang: Hohenheimer Modell

Unter der Leitung von Prof. Dr. Manfred Rühl bietet das Institut für Sozialwissenschaft, Fachrichtung Kommunikationswissenschaft an der Universität Hohenheim seit 1976 in Verbindung mit der Universität Stuttgart einen viersemestrigen Aufbau-Studiengang für Hochschul- und Fachhochschulabsolventen – gleich welcher Fachrichtung – an. Ziel ist die Vorbereitung auf „Kommunikationsberufe".

Im Anschluß an eine breite kommunikationswissenschaftliche und -praktische Grundausbildung, die Simulationsspiele in einer Lehrredaktion einschließt, werden im Hauptkurs Spezialisierungsmöglichkeiten für verschiedene Medien und auch für Public Relations angeboten. Es können PR-spezifische Arbeitsmethoden und -techniken geübt und Einzelfälle entworfen oder praktische Fälle kritisch analysiert werden.

Pflicht-Veranstaltungen sind folgende:

1. Grundprobleme der Humankommunikation
2. Allgemeine Massenkommunikationslehre
3. Allgemeine Kommunikationspolitik
4. Medienrecht, insbesondere Presserecht

5. Allgemeine journalistische Übungen
6. Lehrredaktion
7. Interview
8. Recherchieren
9. Medienspezifische Übungen
10. Vor- und Nachbereitung von Praktika
11. Mitarbeit an einem Projekt

Von den Studierenden ohne sozialwissenschaftliche Grundausbildung ist zusätzlich ein Leistungsnachweis über die „Einführung in die Grundlagen der Sozialwissenschaften" zu erbringen.

Die Wahlpflicht-Veranstaltungen umfassen:

1. Einführung in die empirische Kommunikationsforschung
2. Vertiefung der empirischen Kommunikationsforschung
3. Wissenschaftstheoretische Probleme der Kommunikationswissenschaft
4. Spezielle Kommunikationspolitik
5. Kommunikation in komplexen Organisationen
6. *Public Relations (Öffentlichkeitsarbeit)*
7. Beruf und Organisation des Journalismus
8. Sozialgeschichte der Massenkommunikation
9. Medienpädagogik
10. Methoden der Wissensvermittlung

Daneben sollen entsprechende Studienangebote der Universitäten Hohenheim und Stuttgart wahrgenommen werden. Die einzelnen Lehrveranstaltungen werden sowohl von Theoretikern als auch von Praktikern durchgeführt.

Hauptamtlich tätig sind ein Professor, ein wissenschaftlicher Mitarbeiter sowie ein Tutor. Hinzu kommen ein Honorarprofessor und fünfzehn Lehrbeauftragte.

1.2.3 Weiterbildungsangebote von Universitäten und Hochschulen

Einzelne Weiterbildungsveranstaltungen für Öffentlichkeitsarbeit/Public Relations werden gelegentlich im Programm von Weiterbildungseinrichtungen einiger Universitäten angeboten.

Bemerkenswert sind einige spezielle Außeninstitute von Universitäten und Hochschulen, die zweitägige kostenpflichtige Weiterbildungskurse für PR-Berufspraktiker in Wirtschaft und Verwaltung durchführen:

- Technische Akademie Wuppertal, Außeninstitut der Rheinisch-Westfälischen Technischen Hochschule Aachen, Kooperationspartner der Gesamthochschule Wuppertal,
- Technische Akademie Esslingen, Fort- und Weiterbildungszentrum, Institut des Kontaktstudiums an der Universität Stuttgart und der Fachhochschule für Technik Esslingen.

1.3 PR-Studien- und Ausbildungsangebote an Fachhochschulen

Am Institut für Öffentlichkeitsarbeit der *Fachhochschule für Wirtschaft Pforzheim,* können im Anschluß an ein allgemeines betriebswirtschaftliches Grundstudium während des Hauptstudiums Wahlpflichtveranstaltungen in verschiedenen Studienrichtungen belegt werden, und zwar

in der Studienrichtung Absatzwirtschaft: „PR und Marketing“,
in der Studienrichtung Logistik/Beschaffungswirtschaft: „Beschaffungs-PR“ und in der Studienrichtung Werbewirtschaft: „Public Relations“.

Als Kontaktstudium werden unter der Leitung von Prof. Dr. Wolfang Pieper regelmäßig Wochenendseminare über PR für spezielle Zielgruppen von Berufspraktikern durchgeführt.

An folgenden weiteren Fachhochschulen finden regelmäßig einzelne Lehrveranstaltungen, zumeist unter der Leitung von Lehrbeauftragten aus der Praxis, zum Bereich PR statt:

- Evangelische Fachhochschule Darmstadt,
- Fachhochschule Düsseldorf,
  Fachbereich Wirtschaft,
- Rheinisch-Westfälische Akademie und Werbefachschule, Köln,
- Fachhochschule Lippe in Lemgo/Westfalen,
  Fachbereich Betriebswirtschaft,
- Fachhochschule des Landes Rheinland-Pfalz, Mainz,
  Abtlg. Wirtschaftswissenschaften,
- Fachhochschule der Pfälzischen Landeskirche, Ludwigshafen,
  Fachrichtung Sozialarbeit und Sozialpädagogik,
- Fachhochschule Weihenstephan/Abtlg. Schönbrunn,
  Fachbereich Betriebswirtschaft,
- Fachhochschule für Druck, Stuttgart,
  Fachrichtung Öffentlichkeitsarbeit im Fachbereich Wirtschaftsingenieurwesen für den Verlags- sowie Werbestudiengang.

An der *Fachhochschule für Druck, Stuttgart* befindet sich unter der Leitung von Prof. Reinhold E. Eichholz ein neuer PR-Studiengang in Planung. Er soll auf 4 Jahre, sechs Studien- und 2 Praxissemester angelegt werden.

Nach Vermittlung der gesellschaftswissenschaftlichen, medientechnischen und wirtschaftswissenschaftlichen Grundlagen im Grundstudium gliedert sich das Hauptstudium in vier Pflichtblöcke und fünf Wahlpflichtblöcke.

Die Pflichtblöcke sind:

- Kommunikationswissenschaften,
- Öffentlichkeitsarbeit (Grundlagen, Institutionen, Konzeptionen),
- Kommunikationswirtschaft,
- Unternehmensführung.

Die Wahlpflichtblöcke bestehen aus:

- Kommunikationsforschung,
- Kommunikationspolitik,
- Kommunikationsplanung,
- Kommunikationsdesign,
- Unternehmenswirtschaft.

Das Studium soll mit dem „Diplom-Grad FH" abschließen.

1.4 Zusammenfassung und Ausblick

Überblickt man die Studienangebote zu Themen von Public Relations/Öffentlichkeitsarbeit, so läßt sich zwar sagen, daß die Bemühungen um die wissenschaftliche Aneignung des Phänomens Public Relations/Öffentlichkeitsarbeit voranschreiten, auch die Ausbildungsbemühungen durch eine gewisse Praxisorientierung. Dennoch muß festgestellt werden, daß es ein ausgearbeitetes, voll entwickeltes berufsorientiertes Curriculum für den PR-Beruf nicht gibt.

An den publizistischen und kommunikationswissenschaftlichen Instituten werden die Public Relations/Öffentlichkeitsarbeit als Spezialfall von Kommunikation und Journalismus verstanden. Dabei mag vornehmlich an die Tätigkeiten des Pressereferenten oder des Werkzeitungsredakteurs gedacht sein. Der Komplexität und Bedeutung moderner Öffentlichkeitsarbeit/Public Relations wird dieses Verständnis nicht gerecht. Mögen noch viele PR-Positionen von ehemaligen Journalisten wahrgenommen werden, der moderne Öffentlichkeitsarbeiter ist ein Kommunikationsexperte, der interne und externe, mediale und interpersonale Kommunikationsprozesse planen, durchführen, kontrollieren und analysieren und dabei zwischen öffentlichen und privaten Interessen in den verschiedenen gesellschaftlichen Bereichen vermitteln kann.

Wenngleich die Berufsforschung zum PR-Tätigkeitsfeld noch in den Kinderschuhen steckt, soviel ist gewiß: Der PR-Fachmann benötigt „Sachkompetenz" und „Vermittlungskompetenz"; Sachkompetenz in bezug auf die Tätigkeit und Beschaffenheit der Institutionen, für die er arbeitet, sowie die Fähigkeit zur Beurteilung gesellschaftlicher Konflikte; Vermittlungskompetenz als Wissen und Können in bezug auf die Auswahl, Durchführung und Kontrolle der angemessenen Informations- und Kommunikationsmethoden. Der leitende PR-Fachmann vereinigt bis zu einem gewissen Grade Fähigkeiten des Journalisten, des Kommunikationsmanagers und des Kommunikationspolitikers. Ob für dieses komplexe interdisziplinäre Berufsbild in den heutigen Grenzen kommunikationswissenschaftlicher Institute oder Fachbereiche ausgebildet werden kann, erscheint fraglich.

1.5 Anhang

Studienplan (FU Berlin, Institut für Publizistik)

	Sem.	Pflicht-Veranstaltungen					Wahl-Veranstaltungen	
Grundstudium	1	Fallstudie 2 Plenum 2 AG			Kurs Recherche + Arbeits- techniken 2	Kurs Einführung in die Er- kenntnis- theorie 2		
	2	Fallstudie 2 Plenum 2 AG	Politische Ökonomie 2		Kurs Methoden der Publizi- stikwissen- schaft und Medien- forschung 2			
	3	Kommuni- kations- politik I (Medien- geschichte) 2	Politische Ökonomie 2	Komm.- Sozio- logie I 2	Kurs Allgemeine Zeichen- theorie 2			
	4	Kommuni- kations- politik II 2		Komm.- Theorien I 2	Kurs Aussagen- analyse + EDV 2	Kurs Komm.- Techno- logie 2	Komm.- Soziologie II (2)	
Hauptstudium	5	Medien- seminare Presse oder Rundfunk 2	Kurs Produkt- tions- technik 2	Fachspezi- fisches Seminar 2			Fachspe- zifische Seminare (2)	Projekt- orientierte Seminare (2)
	6	Film oder Agenturen oder Ver- lage oder Fachperio- dika etc. 2	Kurs Produk- tions- technik 2	Fachspezi- fisches Seminar 2				
	7	Labore 2×4	Projektorientierte Seminare 2×2		Berufsfeldorientierte Projekte		Labore (4)	Projekte
	8	Presse/ Agenturen/ Fachdienste/ Verlage/ Hörfunk/ Fernsehen/ Film/ Öffentlich- keitsarbeit/ Medien- didaktik u. a.					Praktika, Hospitationen	

Unter den Themen der Lehrveranstaltungen sind die Semesterwochenstunden angegeben.

Studienplan (PH Dortmund)

Studieninhalte	Orientierungsphase	1. Semester 2. Semester 3. Semester 4. Semester Grundstudium	Zwischen-Prüfung	5. Semester 6. Semester Praktikumsphase	7. Semester 8. Semester Reflexionsphase	Diplom-Prüfung
	Durch Studium zum Journalismus/Ausbildungsfragen Tätigkeitsfelder im Journalismus (Hörfunk, Fernsehen, Presse) Der Stadt Dortmund (Betriebsbesichtigung, Kulturfahrplan) Die Hochschule (studentische Selbstverwaltung, Hochschulverwaltung, Bibliothek)	1. Theorie der Massenkommunikation a) Wirkungen der Massenkommunikation b) gesellschaftliche Bedingungen der Massenkommunikation c) wissenschaftstheoretische Bezugsrahmen 2. Journalistisches Grundwissen a) Einführung in die redaktionelle Praxis b) sozialwissenschaftliche Grundlagen 3. Journalistische Tätigkeitsfelder a) Berichterstattungsbereiche b) Darstellungsmittel c) Arbeitsrollen 4. Journalistische Berufsfragen a) Sozialisation des Journalisten b) Selbstverständnis und Image der Journalisten c) redaktionelles Entscheidungsverhalten (Mitbestimmung) 5. Entwicklung und Struktur der Medien a) Organisation der Medien b) Medienpolitik (Medienökonomie, Medienrecht) c) Geschichte der Medien Einwöchige Kompaktkurse am Ende des Semesters	studienbegleitende schriftliche Prüfung in den ersten drei Semestern + mündliche Prüfung im 4. Semester (Zeitraum: 4 Wochen)	11 Monate bei der Presse und 3 Monate bei Hörfunk oder Fernsehen bzw. 11 Monate bei Hörfunk oder Fernsehen und 3 Monate bei der Presse Während des Praktikums werden die Studenten nach den Ausbildungsrichtlinien für Volontäre bezahlt.	In diesem Zeitraum sollen die Studenten versuchen, eine auf Selbsterfahrung basierende Verknüpfung theorie-praxisbezogener Probleme zu leisten. Beide Semester werden als Projektstudium organisiert.	Diplomarbeit + mündliche Prüfung (Zeit: 4 Wochen)
		Politik: Grundlagen und Arbeitsweisen des Ressorts Lokales/Regionales: Grundlagen und Arbeitsweisen des Ressorts Wirtschaft: Grundlagen und Arbeitsweisen des Ressorts Sprachprobleme in der journalistischen Praxis				
		Zweites Fach / Zweites Fach / Zweites Fach / Zweites Fach			Zweites Fach / Zweites Fach	
	5 Tage vor Studienbeginn	Im Hauptfach Journalistik sollten pro Semester ca. 10–12 Wochenstunden absolviert werden. Im zweiten Fach sollten pro Semester ca. 6 Wochenstunden absolviert werden.		Gesamtdauer des Praktikums: 14 Monate	Im Hauptfach Journalistik sollten pro Semester ca. 8–10 Wochenstunden absolviert werden. Im zweiten Fach sollten pro Semester ca. 6 Wochenstunden absolviert werden.	

Studienplan (Kommunikationswissenschaft)

	Semester	Kommunikationstheorie	Medienkunde	Kommunikationspraxis
Grundstudium	1 WS	V^x: Einführung in das Studium der KW (einschl. Propadeutik), 2 Std. V^x: Statistik I, 2 Std. S: Einführung in die Kommunikationswissenschaft, 4 Std.		K: Praxis-Kolloquium, 1 Std.
	2 SS	V: Kommunikationstheorie (WL), 2 Std. V^x: Statistik II – Anwendung und Umsetzung statistischer Verfahren 2 Std.	V^x: Massenmedien in der BRD, 2 Std. S: Medienlehre Presse, 2 Std.	K: Praxis-Kolloquium, 1 Std. U: Kommunikationstraining I, 2 Std.
	3 WS	S: Fallbezogenes interdisziplinäres Seminar, 5 Std.		K: Praxis-Kolloquium, 1 Std. Ü: Kommunikationstraining II, 2 Std. Ü: Verlags- und Redaktionsmarketing, 2 Std. Ü: Lokaljournalismus – Ausweitung der Praktika, 2 Std.
	4 SS	V: Kommunikation als Beruf (Geschichte, Berufsbilder, Berufsethik), 2 Std.		K: Praxis-Kolloquium, 1 Std. Ü: Redaktionsforschung (Durchführung einer Fallstudie), 2 Std. S: (zur Vorlesung) Kommunikation als Beruf, 2 Std.
Hauptstudium	5 WS		V: Kommunikationsgeschichte (WL) 2 Std. S: Medienlehre Rundfunk, 2 Std.	K: Praxis-Kolloquium, 1 Std. Ü: Ressortkunde, 1 Std.
	6 SS	V: Die Wirkung der Massenmedien (WL), 2 Std.		K: Praxis-Kolloquium, 1 Std. Ü: Ressortkunde, 1 Std. Ü: Kommunikation und Medienrecht, 2 Std.
	7 WS	S: Publikumsforschung, 2 Std.		K: Praxis-Kolloquium, 1 Std. U: Ressortkunde, 1 Std. U: Rundfunkjournalismus – Auswertung der Praktika, 2 Std. S: Spezielle Probleme der Kommunikationspolitik, 2 St.
	8 SS	Ü: Repetitorium, 2 Std. K: Diplomanden-Kolloquium, 2 Std.		K: Praxis-Kolloquium, 1 Std. Ü: Ressortkunde, 1 Std.

Studienplan (Uni München)

	Semester	Politische Wissenschaft	Soziologie	Wahlfächer und Spezialfach (im Hauptstudium)
Grundstudium	1 WS	V: Moderne Regierungssysteme (WL), 2 Std. S: Einführung in die Politische Theorie, 2 Std. V: Formen politischer Kommunikation I, 2 Std.	V: Einführung in die Soziologie, 2 Std.	
	2 SS	V: Formen politischer Kommunikation II, 2 Std.	V: Einführung in die Methoden der empirischen Sozialforschung, 2 Std.	V: (WL) 2 Std. S: (WL) 2 Std.
	3 WS	S: Einführung in die Politischen Systeme (integriert in das fallbezogene interdisziplinäre Seminar; vgl. KW), 2 Std.		V: (WL) 2 Std. V: (WL) 2 Std.
	4 SS	S: Einführung in die Internationale Politik, 2 Std.	V: Einführung in die Sozialstruktur der BRD, 2 Std. Ü: Stadt- und Regionalsoziologie (WL), 2 Std.	V: (WL) 2 Std. S: (WL) 2 Std.
Hauptstudium	5 WS	Ü: (WP) 2 Std. V: (WL) 2 Std.	Ü: (WP) 2 Std. V: (WL) 2 Std.	Spezialfach: Fach freier Wahl aus den in der Prüfungsordnung genannten Disziplinen V: (WL) 2 Std. V: (WL) 2 Std.
	6 SS	S: (WL) 2 Std. V: (WL) 2 Std.	S: (WL) 2 Std. V: (WL) 2 Std.	Ü: (WP) 2 Std. V: (WL) 2 Std.
	7 WS	V: (WL) 2 Std.	V: (WL) 2 Std.	S: (WP) 2 Std. V: (WL) 2 Std.
	8 SS			V: (WL) 2 Std. K: (WL) 2 Std.

Anmerkung

1 Ohne Verfasser (1981): Koalition: Gegen die Irreführung. In: Werbeforum. Information des BDW Deutscher Kommunikationsverband, Nr. 1.
Inzwischen ist der HdK dem Vorschlag des BDW gefolgt.

Literatur

Arbeitsgemeinschaft für Kommunikationsforschung e. V. (1976): Ergänzungsprojekt zur Journalisten-Enquete. München.

Aufermann, J., und E. Elitz (Hrsg.) (1975): Ausbildungswege zum Journalismus. Bestandsaufnahmen, Kritik und Alternativen der Journalistenausbildung. Studienbücher zur Sozialwissenschaft, Bd. 18. Opladen.

Blaes, R., und E. Gallenkamp: (1978): Das Münchener Modell. In: Hömberg, W.: Journalisten-Ausbildung. München.

Bundesanstalt für Arbeit (1980): Journalist/Journalistin. In: Blätter zur Berufskunde, Band 2. Bielefeld.

Eurich, C., F. Höbermann, S. Weischenberg (1978): Das Dortmunder Modell. In: Hömberg, W. (Hrsg.): Journalistenausbildung, Modelle, Erfahrungen, Analysen. München.

Fabris, H. H. (1978): Berufsforschung und Curriculumentwicklung für Kommunikationsberufe. In: Hömberg, W. (Hrsg.): Journalistenausbildung, Modelle, Erfahrungen, Analysen. München, S. 29–53.

Fischer, H. D., und O. B. Roegele (Hrsg.) (1977): Ausbildung für Kommunikationsberufe in Europa. Düsseldorf.

Flieger, H. (1980): Public Relations. Universitäts- und Fachhochschul-Lehrveranstaltungen. Düsseldorf.

Hochschule der Künste Berlin (1980): Studien- und Prüfungsordnung des Studiengangs „Gesellschafts- und Wirtschaftskommunikation". In: Amtsblatt für Berlin, 30. Jg. Nr. 56 vom 26. September, S. 1575–1585.

Hömberg, W. (1978): Journalistenausbildung. Modelle, Erfahrungen, Analysen. Band 1. München.

Langenbucher, W. R. (1974/75): Kommunikation als Beruf. Ansätze und Konsequenzen kommunikationswissenschaftlicher Berufsforschung. In: Journalismus als Beruf. Publizistik 74/75, 1–4, S. 256–277.

Meyer, B. (1979): Das Berliner Modell. Ausbildung von Kommunikationspraktikern am Institut für Publizistik der Freien Universität Berlin. M. A. Arbeit. Freie Universtität Berlin.

Oeckl, A. (1976): PR-Praxis, Der Schlüssel zur Öffentlichkeitsarbeit. Düsseldorf/Wien.

– (ohne Jahresangabe): PR-Lehre an deutschen Universitäten und Fachhochschulen. In: Mühlbradt, W. (Hrsg.) Handbuch für Öffentlichkeitsarbeit (PR). Band 1, S. 17–27. Neuwied.

Paetzold, U. (1975): Warum Ausbildung für Journalisten? Ein kommunikationspolitisches Problem der Publizistikwissenschaft. Bern/Frankfurt.

Ohne Verfasser (1974): Journalismus als Beruf. In: Publizistik 19, 1974, 3–4 und 20, 1–2. 1975.

Wiesand, A. J. (1977): Journalisten-Bericht. Berufssituation – Mobilität – Publizistische „Vielfalt" –. Berlin.

2. Der Modellversuch Öffentlichkeitsarbeit an der Freien Universität Berlin

Renate Kunze

2.1 Der organisatorische Rahmen

An der Freien Universität Berlin hat im April 1980 der Modellversuch Öffentlichkeitsarbeit begonnen. Die Lehre für dieses Studium wird zum ersten Mal ab Sommersemester 1981 durchgeführt. Leiter des Modellversuchs sind Herr Prof. Dr. Gernot Wersig vom Institut für Publizistik Fachrichtung Informations- und Dokumentationswissenschaft und Herr Prof. Dr. Günther Haedrich vom Institut für Markt- und Verbrauchsforschung. Der Modellversuch wird von einer Gemeinsamen Kommission der Fachbereiche Wirtschaftswissenschaft und Kommunikationswissenschaften verantwortet. Wenn der Modellversuch mit Erfolg abgeschlossen wird, ist beabsichtigt, das neue Studium als reguläres Studienangebot der Freien Universität zu übernehmen.

Modellversuche im Hochschulbereich haben unter anderem die Aufgabe, Innovationen im Hochschulbereich zu fördern und Entscheidungshilfen zur Entwicklung des Hochschulwesens zu geben (vgl. Rahmenvereinbarung zur koordinierten Vorbereitung, Durchführung und wissenschaftlichen Begleitung von Modellversuchen im Bildungswesen vom 7. Mai 1971 § 2). Unter diesem Aspekt werden Modellversuchsanträge von dem für das Hochschulwesen zuständigen Landesminister und von der Bund-Länder-Kommission für Bildungsplanung und Forschungsforderung geprüft. Besteht der Modellversuchsantrag diese Prüfung mit Erfolg, und stehen ausreichend finanzielle Mittel zur Verfügung, so wird der Modellversuch genehmigt, und der Bundesminister für Bildung und Wissenschaft trägt die Hälfte der Kosten.

Der Modellversuch Öffentlichkeitsarbeit der Freien Universität Berlin hat die Prüfung bestanden. Worin liegt nun sein innovativer Charakter, welche Entscheidungshilfen kann er zur Entwicklung des Hochschulwesens beitragen?

Zum Zeitpunkt des Entstehens dieses Beitrags bereitet die Modellversuchsleitung die Studienordnung und die Prüfungsordnung sowie die Curricula vor, so daß dieser Beitrag sich auf eine Beschreibung der Zielsetzung beschränken muß. Detaillierte Aussagen insbesondere zu den Studieninhalten können erst später gemacht werden.

2.2 „Öffentlichkeitsarbeit“ als neues Studienangebot

Im Modellversuch Öffentlichkeitsarbeit sollen Curricula entwickelt und erprobt werden für ein ergänzendes Aufbaustudium (in anderen Bundesländern genannt

Zusatzstudium) und für ein weiterbildendes Studium. Ziel des Studiums ist es, Fachkräfte und haupt- wie nebenberufliche Mitarbeiter für die Arbeitsbereiche Öffentlichkeitsarbeit in privaten Unternehmen, in der öffentlichen Verwaltung, in Verbänden, in gesellschaftlichen Organisationen, usw. zu qualifizieren bzw. weiterzuqualifizieren. Neben der Vermittlung von unmittelbar anwendungsorientierten Kenntnissen und Fähigkeiten ist ein wichtiges Teilziel – wie in jeder wissenschaftlichen Ausbildung –, die Absolventen zu einer Reflexion der Berufspraxis anzuregen, d. h. sie zur Reflexion der Zielsetzung, Bedingungen und Grenzen der Öffentlichkeitsarbeit sowie deren Entwicklungsmöglichkeiten zu befähigen.

Das *ergänzende Aufbaustudium* richtet sich an Hochschulabsolventen der unterschiedlichsten fachwissenschaftlichen Erststudien, der Wirtschafts-, Sozial- und Rechtswissenschaften, der Geistes-, Natur- und technischen Wissenschaften, usw. Das Studium dauert 3 Semester und wird mit einer Prüfung abgeschlossen. Die Prüfungsurkunde wird die Studieninhalte und Studienleistungen beschreiben. Nach gegenwärtigem Überlegungsstand ist nicht beabsichtigt, dem Absolventen des ergänzenden Aufbaustudiums mit bestandener Prüfung einen akademischen Grad zu verleihen.

Die Lehrinhalte bestehen aus Teilbereichen der Kommunikations-, Wirtschafts-, Sozial- und Rechtswissenschaften. Die Teilbereiche werden im Hinblick auf die späteren beruflichen Tätigkeiten des Aufbaustudenten so ausgewählt und miteinander problembezogen verknüpft, daß der Absolvent aufgrund dieser Ausbildung die vielfältigen Anforderungen an seinem künftigen Arbeitsplatz erfüllen kann. Diese primär theoretisch-methodisch ausgerichteten Lehrinhalte werden in sog. Praxisseminaren an aus der späteren Berufspraxis entlehnten Aufgabenbeispielen praktisch erprobt, um so Lösungen und Lösungsstrategien im Unterricht exemplarisch zu erarbeiten. Zur Ausbildung gehören ferner Praktika in den Semesterferien und Intensivsprachkurse in Englisch (und/oder Französisch und Spanisch) sowie Exkursionen, die dem Aufbaustudenten die Berufspraxis anschaulich vorführen sollen. Die Lehre wird durchgeführt von Wissenschaftlern der Freien Universität und von Lehrbeauftragten, die aus der einschlägigen Berufspraxis gewonnen werden sollen.

Adressaten des *weiterbildenden Studiums* sind berufserfahrene Mitarbeiter und Fachkräfte der Öffentlichkeitsarbeit, die hauptamtlich oder nebenamtlich tätig sind. Teilnahmevoraussetzung für dieses weiterbildende Studium ist Berufserfahrung, möglicherweise eine abgeschlossene Berufsausbildung und ein Mindestlebensalter, nicht aber ein formeller Bildungsabschluß (wie Abitur oder Fachhochschulreife) oder gar ein Hochschulabschluß.

Das weiterbildende Studium wird studienorganisatorisch so eingerichtet werden, daß die Teilnehmer es neben der vollen Berufstätigkeit im Abendstudium oder in Kompaktlehrveranstaltungen am Wochenende durchführen können. Die Lehre wird aus den Lehrveranstaltungen des Aufbaustudiums – gegebenenfalls modifiziert und weiterentwickelt – bestehen und wird von demselben Lehrpersonal wie im ergänzenden Aufbaustudium erteilt.

Nach den gegenwärtigen Überlegungen wird die erfolgreiche Teilnahme ohne Abschlußprüfung durch ein Zertifikat, das – wie im ergänzenden Aufbaustudium – Studieninhalte und Studienleistungen beschreibt, bescheinigt werden. Gespräche mit Vertretern der Berufspraxis, der Arbeitgeber sowie potentieller Teilnehmer, haben aber ergeben, daß sowohl für die Absolventen des weiterbildenden Studiums eine förmliche Abschlußprüfung wie für die Absolventen des ergänzenden Aufbaustudiums ein akademischer Grad gewünscht wird, um die Professionalisierung der Tätigkeitsfelder auch optisch auszuweisen. Die Modellversuchsleitung wird zu diesen Fragen noch mit dem für die Hochschulen zuständigen Senator von Berlin und anderen Instanzen und Hochschulen Klärungen herbeiführen müssen.

2.3 Was ist an dem skizzierten Studienangebot innovativ?

Die Anregung zur Entwicklung dieses Studienangebots ging von der Berufspraxis aus. Vertreter privater Unternehmen und der öffentlichen Verwaltung haben in Gesprächen mit Wissenschaftlern der Freien Universität den wachsenden Bedarf an qualifizierten Fachkräften für die Öffentlichkeitsarbeit und die mangelnden Aus- und Weiterbildungsmöglichkeiten dargestellt. Die angesprochenen Wissenschaftler haben daraufhin die in der Berufspraxis benötigten Qualifikationen verglichen mit den Fähigkeiten und Kenntnissen, die in einem eigens daraufhin zu konzipierenden Studium vermittelt werden könnten. Als in Abstimmung mit den Vertretern der Berufspraxis ein solches Konzept eines wissenschaftlichen Studiums entworfen werden konnte, das der Nachfrage entsprach, stellten die Wissenschaftler der Freien Universität den Antrag auf Durchführung eines Modellversuchs, um das Konzept zu entwickeln und zu erproben. Das entscheidende Charakteristikum des Konzepts ist, daß ein Aufbau- und ein weiterbildendes Studium, nicht ein neuer eigenständiger Studiengang entwickelt wird. Die Leiter des Modellversuchs gehen vielmehr von der in der Berufspraxis benötigten Vielfalt von Grundqualifikationen der Fachkräfte aus. Wenn z. B. ein Gericht als Pressesprecher einen Juristen braucht, wenn ein Hersteller medizinischer Geräte einen Physiker oder Ingenieur für seine Abteilung Öffentlichkeitsarbeit sucht, so muß und soll dieser Jurist oder dieser Ingenieur oder Physiker durch ein spezielles Zusatzstudium für die Tätigkeit im Bereich Öffentlichkeitsarbeit weiterqualifiziert werden. Ebenso wie der Mitarbeiter, der seine Grundqualifikation als Kaufmann o. ä. in einer beruflichen Ausbildung erworben hat, sich an der Universität im weiterbildenden Studium für seine Tätigkeit in der Öffentlichkeitsarbeit weiterqualifizieren können soll.

Dieses neue Studienangebot knüpft an den in einem speziellen beruflichen Tätigkeitsfeld vorfindlichen Arbeitsaufgaben und benötigten speziellen Qualifikationen an. In den meisten der erstausbildenden, vier- bis fünfjährigen Studien vermittelt die Universität ohne Berücksichtigung der speziellen Tätigkeiten des Absolventen im späteren Beruf dagegen eine breite methodische und theoriebezogene

Ausbildung und überläßt es dem Absolventen oder dem künftigen Arbeitgeber, die beruflichen Verwendungsmöglichkeiten dieser Ausbildung herauszufinden. Die Vermittlung einer speziellen Zusatzqualifikation im Rahmen einer universitären Ausbildung ist etwas Neues. Wenn die Hochschulen vom Bundes- und Landesgesetzgeber zur Differenzierung ihres Studienangebots aufgefordert werden, so entspricht die Freie Universität mit dem Modellversuch Öffentlichkeitsarbeit diesem gesetzlichen Auftrag und sammelt zugleich Erfahrungen für die Weiterentwicklung des universitären Studienangebots überhaupt.

Innovativ ist ferner die Art und Zielsetzung der Zusammenarbeit mit der Berufspraxis. Vertreter der Berufspraxis haben nicht nur zu Anfang durch Anregungen bei der Konzeptentwicklung mitgearbeitet. Für den Modellversuch wird auch ein Beirat aus Vertretern der Berufspraxis der Öffentlichkeitsarbeit gebildet werden, der in den einzelnen Phasen der Curriculumentwicklung und der Erarbeitung der Studienordnung und der Prüfungsordnung sowie der Evaluation des Modellversuchs die Bedürfnisse der Berufspraxis einbringen soll, dessen Mitglieder aber selbstverständlich auch in der Berufspraxis für das universitäre Studienangebot werbend eintreten sollen. Darüber hinaus sollen auch für die Lehre Berufspraktiker als Lehrbeauftragte gewonnen werden. Da sich aus der wissenschaftlichen, d. h. auch kritischen Analyse des Tätigkeitsfeldes Öffentlichkeitsarbeit, seiner Bedingungen und Möglichkeiten, innovatorische Momente für die Berufspraxis ergeben werden und dabei durchaus auch Beunruhigungen entstehen können, kommt der Kooperation von Berufspraktikern und Universitätsmitgliedern große Bedeutung zu.

2.4 Berufspraxis als Stimulans für wissenschaftliche Entwicklung

Die zuvor geschilderten innovativen Momente beziehen sich auf die Lehre. Da an der Universität Lehre unmittelbar auf Forschung bezogen ist, gibt es auch eine Auswirkung auf die Forschung und die Forschungsstrukturen, wenn in der Lehre oder ihrer Struktur wichtige Änderungen eintreten.

Solche Rückwirkungen werden sich auch am Beispiel des Modellversuchs Öffentlichkeitsarbeit ergeben und sollen hier antizipierend skizziert werden. Dieser Vorgriff auf künftige Entwicklungen kann sich bislang auf einige Indizien, zum Teil auch aus anderen vergleichbaren Modellversuchen, stützen. Er soll klar machen, welche Bedeutung solche neuen berufspraktisch ausgerichteten Studienangebote auch außerhalb von Lehre und Studium haben, selbst wenn die Förderung solcher neuen Entwicklungen nicht zu den Gründen gehört, die direkt einen Modellversuch förderungswürdig machen.

Die Entwicklung der Wissenschaften in den letzten hundert Jahren ist gekennzeichnet dadurch, daß die Wissenschaften sich immer weiter ausdifferenzierten und immer mehr Spezialdisziplinen entstanden. Für die Öffentlichkeitsarbeit z. B. sind die Spezialdisziplinen wie Kommunikations-Soziologie, Organisations-Psychologie, Presse-Recht, Arbeitsrecht, Teilbereiche spezieller Betriebswirtschaftslehren von Bedeutung.

Die Grenzen zwischen den Spezialdisziplinen wurden immer schärfer, die Zwischenräume, die nicht mehr oder nicht mehr von Spezialdisziplinen abgedeckt werden, wurden immer größer. Dieser Mangel, der die Forschung und Lehre der Universität behindert, führte in den letzten Jahrzehnten zu den oft erhobenen und oft auch realisierten Forderungen nach interdisziplinärer Forschung und Lehre. Aber auch die Gegenstände interdisziplinärer Forschung und Lehre bestimmen sich wissenschaftsimmanent aufgrund des Standes der betroffenen Wissenschaften. Anregungen aus der Berufspraxis selbst sind kaum von Einfluß. Wissenschaftliche Erkenntnisse, die über die Ausbildung von Studenten und die Publikationen von Forschungsergebnissen an die außeruniversitäre Berufspraxis vermittelt werden, spiegeln zwar den Stand der wissenschaftlichen Entwicklung, sind aber zunächst nicht aufgrund ihrer Erforderlichkeit in außeruniversitären beruflichen Verwendungszusammenhängen erarbeitet worden. In vielen Fällen sind diese Erkenntnisse infolge dessen für die berufliche Praxis von geringer Bedeutung.

Für die Tätigkeitsfelder, für die seit kurzem berufspraktisch orientierte weiterbildende Studien und Aufbaustudien an der Universität entwickelt werden, ergibt sich nun die Möglichkeit, die bisher weitgehend wissenschaftsimmanent bestimmten Lehr- und Forschungsgegenstände zu ergänzen um Gegenstände, die unmittelbar Bezug zu beruflichen Verwendungszusammenhängen haben. Die Einblicke in die Berufspraxis, z. B. der Öffentlichkeitsarbeit, die die Wissenschaftler bei der Analyse des Tätigkeitsfeldes gewinnen und die die Berufspraktiker in der Zusammenarbeit konkret an Wissenschaftler vermitteln, können und sollen Anlaß sein zu Forschungen, die für die Berufspraxis, z. B. für die Öffentlichkeitsarbeit, unmittelbar relevant sind. Einzelne Hinweise, die zu berufspraktisch bestimmten Forschungsthemen führen oder führen könnten, zeichnen sich durchaus schon in der Vorbereitungsphase dieses Modellversuchs ab. Wenn die Universität sich in Wissenschaftsbereichen, die sich bisher nicht planmäßig mit der Verwertung ihrer Forschung und Ausbildung in der Berufspraxis beschäftigten, neue Orientierungsmöglichkeiten erschließt, kann dieses auch als Innovation gewürdigt werden.

2.5. Lehrveranstaltungsplan

§ 15 Aufbau des Grundkurses (Lehrplan-Übersicht)
(1. Semester)

Veranstaltungstitel	Art der Lehrver-anst.	SWS	Stunden insgesamt
Exkursion* (sechstägig)			
Integrative Veranstaltungen:			
Sozialwissenschaftliche Grundlagen der Öffentlichkeitsarbeit	V+AG	2	24
Methoden empirischer Sozialforschung I (Grundlagen)	V	2	24
Instrumente der Öffentlichkeitsarbeit I (Pressearbeit)	Ü	2	24
Psychologisches Training** (Kreativitätstraining)	T	1	12
Studieneinführungsseminar**	S	1	12
Ausbildungsbereich Kommunikationswissenschaften:			
Medienstruktur und Medienverfassung	V/AG	2	24
Ausbildungsbereich Wirtschaftswissenschaft:			
Einführung in die Betriebswirtschaftslehre	V	2	24
Einführung in die Volkswirtschaftslehre	V	1	12
Marketing als unternehmerische Führungskonzeption	V	1	12
Ausbildungsbereich Psychologie:			
Sozialpsychologie I (Einstellungen, Beurteilung und soziale Wahrnehmung)	V+Ü	4	48
Ausbildungsbereich Rechtswissenschaft:			
Grundlagen des Zivil- und öffentlichen Rechts	V	2	24
Ausbildungsbereich Politische Wissenschaft:			
Politisches System und Innenpolitik der Bundesrepublik Deutschland	V	2	24
Ausbildungsbereich Fremdsprachen:			
Englisch-Sprachkurs	SK	2	24
	insgesamt	24 SWS	

V = Vorlesung mit Diskussion; A = Arbeitsgemeinschaft; Ü = Übung; T = Training; SK = Sprachkurs; S = Seminar.

* Die Exkursion dient erstens der Einführung der Teilnehmer des Studienganges in die Thematik der Öffentlichkeitsarbeit, zweitens der Klärung technischer Fragen des Studienablaufs und drittens der Durchführung eines Kreativitätstrainings.

** Diese Veranstaltungen finden im Rahmen der sechstägigen Exkursion statt.

§ 18 Aufbau des Hauptkurses (Lehrplan-Übersicht)
I. Teil (2. Semester)

Veranstaltungstitel	Art der Lehrver-anst.	SWS	Stunden insgesamt
Integrative Veranstaltungen:			
Systematik der Theorie und Praxis der Öffentlichkeitsarbeit	V+AG	2	24
Methoden empirischer Sozialforschung II (Anwendung in der Öffentlichkeitsarbeit – Datenerhebung)	S	2	24
Instrumente der Öffentlichkeitsarbeit II (Interne Kommunikation – externe Selbstdarstellung)	Ü	2	24
Techniken zur Kommunikationsplanung	S	1	12
Ausbildungsbereich Kommunikationswissenschaften:			
Kommunikations- und Medienforschung für Kommunikations- und Medienplanung	V+AG	2	24
Ausbildungsbereich Wirtschaftswissenschaft:			
Kommunikations- und Unternehmensplanung	V+Ü	2	24
Organisation und Führung	V	2	24
Finanzbeziehungen des Unternehmens und anderer Organisationen	V+Ü	1	12
Ausbildungsbereich Psychologie:			
Sozialpsychologie II (Interaktion, Kommunikation und Gruppen)	V+Ü	4	48
Ausbildungsbereich Rechtswissenschaft:			
Zivil- und öffentliches Recht im Bereich der Öffentlichkeitsarbeit (an ausgewählten Beispielen)	V+Ü	2	24
Ausbildungsbereich Politische Wissenschaft:			
Politische Soziologie I (Verbände, Parteien, Gewerkschaften)	V	2	24
Ausbildungsbereich Fremdsprachen:			
Englisch-Sprachkurs	SK	2	24
Ergänzungsveranstaltungen:			
Colloquium zu speziellen Problemen der Öffentlichkeitsarbeit	C	2	24
Praktikum*			
	insgesamt	26 SWS	

II. Teil (3. Semester)

Veranstaltungstitel	Art der Lehrver-anst.	SWS	Stunden insgesamt
Integrative Veranstaltungen:			
Fallstudien zur Praxis der Öffentlichkeitsarbeit	P	8	96
Methoden empirischer Sozialforschung II (Anwendung in der Öffentlichkeitsarbeit – Datenanalyse)	S	2	24
Psychologisches Training** (Didaktik, Interview, Pressekonferenz, Beratung, Diskussion)	T	2	24
Ausbildungsbereich Kommunikationswissenschaften:			
Methoden der Text- und Bildanalyse	V+AG	2	24
Informationssysteme in Organisationen	V+AG	2	24
Ausbildungsbereich Politische Wissenschaft:			
Politische Soziologie II (Verwaltung)	V	2	24
Ausbildungsbereich Fremdsprachen:			
Englisch-Sprachkurs	SK	2	24
Ergänzungsveranstaltungen:			
Colloquium zu speziellen Problemen der Öffentlichkeitsarbeit	C	2	24
	insgesamt	22 SWS	

V = Vorlesung mit Diskussion; AG = Arbeitsgemeinschaft; S = Seminar; Ü = Übung; C = Colloquium; P = Projektgruppe; T = Training; SK = Sprachkurs.

* In der vorlesungsfreien Zeit bis zum Beginn des zweiten Teils des Hauptkurses werden Praktika in Tätigkeitsbereichen der Öffentlichkeitsarbeit bzw. praxisbezogene Arbeitsgruppen durchgeführt.

** Von den fünf angebotenen Trainingsprogrammen mit je 1 SWS müssen zwei gewählt werden.

IV. Fortbildungsseminare von Management-Instituten und anderen Organisation

1. Öffentlichkeitsarbeit im Lehrprogramm eines Management-Instituts

Albert Oeckl

1.1 Zur Situation

Die langjährig erfahrenen Public Relations-Fachleute sind sich darüber im klaren, daß keine Aufgabe im Rahmen der gesamten Öffentlichkeitsarbeit so schwierig ist wie das Bemühen – oder besser gesagt der Versuch –, dem eigenen Auftraggeber, also dem Chef des Unternehmens oder dem Präsidenten eines Verbandes oder einer anderen Institution wie dem Rektor einer Universität oder einem Bischof nahezubringen, was Öffentlichkeitsarbeit ist, was sie kann und was sie nicht kann. Dabei soll hier gar nicht von den leider nicht ganz seltenen Fällen gesprochen werden, wo von den Auftraggebern Public Relations nur als eine andere Art von Werbung, insbesondere Schleichwerbung, verstanden werden.

Seit Jahren werden PR-Kurse verschiedener Art und Zeitdauer sowie unterschiedlichen Niveaus abgehalten, wobei sich das Deutsche Institut für Public Relations besonders verdient gemacht hat. Zu erwähnen ist auch eine wachsende Zahl von Lehrgängen, Übungen und Seminaren, die von Universitäten, Fachhochschulen und Akademien angeboten werden und die sich nicht nur mit der Theorie der Öffentlichkeitsarbeit und der Kommunikation, sondern auch in einem gewissen Umfang mit der Praxis auseinandersetzen. Allen diesen Kursen ist gemeinsam, daß sie sich an die Kommunikatoren wenden, die PR-Anfänger oder -Fortgeschrittenen, oder daß sie in Spezialvorträgen und -diskussionen den Praktikern neue Entwicklungen aufzeigen.

Es ist deshalb durchaus verständlich und berechtigt, wenn anläßlich der Jahrestagung der Deutschen Public Relations-Gesellschaft 1979 in München bei einem Fachtag von einem kritischen Mitglied folgender Vorwurf geäußert wurde: „Statt den PR-Leuten immer wieder vorzubeten, was sie eigentlich zu tun haben und welchen Rang sie in ihrem Unternehmen zu bekleiden hätten, sollte die DPRG endlich versuchen, bei denen gehört zu werden, die Entscheidungen über PR treffen: Bei den Vorständen der Unternehmen, Verbände und den Spitzen der Behörden. Hier muß der Hebel angesetzt werden, wenn die DPRG etwas für ihre Mitglieder erreichen und für Nicht-Mitglieder attraktiv werden will.“

Hier wurde der Hebel tatsächlich an der richtigen Stelle angesetzt. Es hat bisher nur relativ wenige Veranstaltungen gegeben, in denen die PR-Auftraggeber gleichgültig welcher Couleur angesprochen, geschweige denn überzeugt werden konnten. Vorträge und Ansprachen vor Juniorenkreisen der Wirtschaft und gelegentlich auch solche vor Industrie- und Handelskammern waren und sind rühmliche Ausnahmen. Auch einzelne Arbeitgebervereinigungen haben gelegentlich vorsichtig „grünes Licht" gegeben. Die sichtbaren Erfolge blieben gering. Auch die Baden-Badener Unternehmergespräche sind hier positiv zu nennen, obwohl hier bisher leider keine Kontinuität erreicht werden konnte. Ähnliches gilt für gelegentliche Fachbesprechungen bei kommunalen Vereinigungen, an denen „sogar" einige Bürgermeister teilnahmen. Natürlich gibt es einzelne PR-aufgeschlossene Unternehmer oder Präsidenten usw., die weitgehend infolge ihrer gesellschaftspolitisch positiven Einstellung auch „PR-minded" sind. Der ganz überwiegende Eindruck aber lautet: Öffentlichkeitsarbeit ist bis heute bei den oberen und obersten Führungskräften ein noch weithin unbekanntes Wesen, das sich deshalb auch meist nur beschränkter Wertschätzung erfreut. Man greift nach ihr, wenn es dringend notwendig erscheint oder wenn es brennt, hält sich aber sonst bescheiden zurück.

1.2 Das Beispiel Management-Institut Hohenstein

In diese Lücke ist 1977 das Management-Institut Hohenstein, Heidelberg, hineingestoßen und hat ein Intensiv-Seminar Öffentlichkeitsarbeit für obere und oberste Führungskräfte sowie selbständige Unternehmer ausgeschrieben, das seitdem ein reges Echo gefunden hat. Diese Seminare sind ursprünglich an einem Tag von 9–17 h in äußerst konzentrierter Form unter Einsatz audiovisueller Hilfsmittel viermal jährlich durchgeführt worden. Ab Anfang 1980 wurden sie auf eineinhalb Tage ausgedehnt, da die Fülle des ständig an Umfang zunehmenden, immer auf dem laufenden gehaltenen Stoffes und die Ermöglichung einer reichlich bemessenen Diskussionszeit dies wünschenswert erscheinen ließen. Etwas grundlegende Theorie und eine sich über alle denkbaren Gebiete erstreckende Praxis der Öffentlichkeitsarbeit wie z. B. Wirtschafts- und Finanz-PR, unternehmensinterne Öffentlichkeitsarbeit und Sozialberichterstattung, Standort- und Regionalbeziehungen, der gesellschaftspolitische Bereich einschließlich Umweltschutz und der Energieversorgungsprobleme sowie kulturelle und internationale Beziehungen sind die Hauptthemen. Dazu kommen ergänzend die Gebiete Corporate Identity, Motivation und Dialektik und Arbeitsanleitungen für Interviews und das Auftreten in Hörfunk und Fernsehen. Zum Abschluß werden eine Anzahl von PR-Fallstudien aus verschiedenen Bereichen durchgesprochen beziehungsweise praktiziert.

1.3 Erfahrungen der vergangenen Jahre

Die Frage nach den in den vergangenen Jahren gemachten Erfahrungen kann wie folgt beantwortet werden:

(1) Die meisten der im Anfang oft skeptischen Teilnehmer konnten vom Wert und der Bedeutung der Öffentlichkeitsarbeit für das Management von heute und morgen überzeugt werden und bestätigen dies auch uneingeschränkt.

(2) Die ganz überwiegende Mehrzahl gab am Seminarende zu, daß sie für ein kleines Zeitopfer von einem oder eineinhalb Tag einen für die eigene Arbeit wertvollen Einblick in eine bisher im wesentlichen fremde Management-Funktion gewonnen haben.

(3) Es soll aber keineswegs verschwiegen werden, daß einige wenige Teilnehmer für die Öffentlichkeitsarbeit nicht aufgeschlossen werden konnten, etwa nach dem Motto: „Es war ganz interessant, aber es wird auch ohne gehen" oder „Ich bin sowie überlastet und kann dafür nicht auch noch Zeit aufbringen". Ein paar andere reagierten nur eingeschränkt im PR-Sinn, wenn sie erklärten: „Jetzt weiß ich, was ich im Bedarfsfall zu tun habe".

(4) Noch eine dritte, allerdings nicht sehr zahlreiche Gruppe erklärte abschließend etwa: „Bei uns wird Öffentlichkeitsarbeit betrieben. Als Chef oder dafür verantwortliches Vorstandsmitglied wollte ich lernen, wie sie zu beurteilen ist, wo ihre Möglichkeiten und Grenzen liegen und was sie kosten darf."

(5) Fazit: Das Management-Seminar Öffentlichkeitsarbeit des Instituts Hohenstein leistet im Rahmen der gesamten PR-Ausbildung einen Beitrag, der positiv zu bewerten ist, weil dadurch Verständnis für faire und wirkungsvolle Öffentlichkeitsarbeit erzielt beziehungsweise verbessert wird und zwar bei einer Gruppe, die im gesellschaftlichen Kommunikationsprozeß besonders wichtig ist. Natürlich kann dies nur ein bescheidener Beitrag sein.
Und ein zweites: Der ganze Seminarinhalt ist darauf ausgerichtet, den Entscheidungsträgern nahezubringen, daß Öffentlichkeitsarbeit viel mehr ist als nur Information und das Beherrschen möglichst vieler Kommunikationstechniken. Aber auch alles andere als Kosmetik, Gags oder Scharlatanerie. Ein wesentliches Seminarziel ist es, bei den Unternehmern für die Anerkennung der Öffentlichkeitsarbeit als Führungsinstrument und des PR-Fachmanns als Mittler – als go-between – zwischen Manager und Öffentlichkeit zu wirken. Ihm muß daher eine sehr beträchtliche geistige und organisatorische Unabhängigkeit zugestanden werden, damit er wirkungsvoll den ersteren sowohl gesellschaftspolitisch als auch persönlich beraten und der Öffentlichkeit als glaubwürdiger und überzeugender Sprecher seines Auftraggebers gegenübertreten kann.

2. Ausbildungsprogramm für Public and Internal Relations an der Akademie für Führungskräfte der Wirtschaft in Bad Harzburg

Friedrich H. Korte

2.1 Einleitung

Das Thema „Public Relations" wurde zuerst im Herbst 1957 zunächst als ein Referat im Rahmen eines Werbeleiter-Colloquiums in das Programm der Akademie aufgenommen. Damit nahm ein Aus- und Fortbildungsprogramm auf den Gebieten der Public und Internal Relations seinen Anfang, das bis zum heutigen Tage eine Reihe von Lehrgängen, Seminaren, Colloquien und Exkursionen alljährlich bietet.

Seit einem Vierteljahrhundert sind die Themen Public und Internal Relations fester Bestandteil der Management-Aus- und Fortbildung der Akademie.

Bis heute haben etwa 10.000 Führungskräfte der verschiedensten Ebenen und aller Sparten der Wirtschaft und der öffentlichen Verwaltung Orientierungshilfe, Public und Internal Relations-Aus- und Fortbildung über Kurse verschiedenster Art vermittelt bekommen.

Der Höhepunkt der Aus- und Fortbildungsarbeit war Ende der sechziger Jahre und Anfang der siebziger Jahre, mit alljährlich etwa 12–15 Kursen, erreicht.

Ein Katalog über diesen Lehrzweig der Akademie aus dem Jahre 1972/1973 weist unter dem Titel „Public Relations" – Ausbildungsprogramm für Führungskräfte der Wirtschaft, Bad Harzburg – ein Angebot von rund 30 Veranstaltungen mit verschiedenen Themen aus.

2.2 Grundlehrgänge

Es gab damals einen *Grundlehrgang* „Das Unternehmen in der Öffentlichkeit" in drei Folgen mit jeweils einwöchiger Dauer, jährlich wiederholt. Behandelt wurde das gesamte Gebiet der Öffentlichkeitsarbeit und die sich damit ergebenden in den Betrieb gerichteten Aktivitäten. Am Schluß des Grundlehrgangs wurde über den Abschluß ein Zertifikat erteilt.

Einige hundert der heute in Wirtschaft und öffentlicher Verwaltung an leitender Stelle wirkenden PR-Sachbearbeiterinnen und Sacharbeiter haben in diesen Lehrgängen den Grundstein für ihre heutige erfolgreiche, berufliche Tätigkeit gelegt.

2.3 Aufbaulehrgänge

Eine Reihe von *Aufbaulehrgängen* bot dann Gelegenheit, das Basis-Wissen zu erweitern:

PR 13: Stimmt unser Image?
(Demoskopie im Dienste der PR).
PR 20: Das Wort im Dienste der Öffentlichkeitsarbeit.
PR 15: Das Bild als Mittel der Öffentlichkeitsarbeit.
PR 16: Öffentlichkeitsarbeit, die nichts kostet . . . als Initiative der Führungskräfte und richtiges Verhalten aller Mitarbeiter.
PR 43: Erfolgsmessung bei PR-Maßnahmen.
PR 46: Firmenimage visuell.

In *Colloquien* hatten Fachleute und solche, die es werden wollten, Gelegenheit sich auszutauschen und auch ‚heiße Eisen' zu diskutieren.
Einige der Themen waren:

PR 17: Grundsatzfragen der Public Relations.
(Nur für Führungskräfte, die nicht aktiv PR betreiben).
PR 22: Kontaktgaben (Werbegeschenke) und Firmengrüße kritisch betrachtet.
PR 42: Werkzeitschrift, Kundenzeitschrift, Kontaktzeitschrift – Grenzen und Wechselwirkungen im Rahmen der Öffentlichkeitsarbeit.
PR 38: Aus der Praxis – für die Praxis. Aussprache über aktuelle Probleme und Fälle aus der täglichen Praxis der PR-Arbeit.
PR 41: PR in Europa.

2.4 Speziallehrgänge

In *Speziallehrgängen* wurden dann für bestimmte Zielgruppen Sonderveranstaltungen durchgeführt, z. B. für Verbände und andere Organisationen oder für Institutionen der öffentlichen Verwaltung, der öffentlichen Dienstleistungen und der öffentlichen Versorgung.
Der Kurs PR 18, der auch heute noch läuft, hat den Titel: ‚Keine Angst vorm Jubiläum.'
Er gibt eine Anleitung für die optimale Nutzung eines Firmenjubiläums für die Imagepflege.

PR 30: Was ist Öffentlichkeitsarbeit und wie nützt sie dem Betrieb? – Orientierungskurse für Chefs und obere Führungskräfte.
PR 40: Erfolgreiche Pressearbeit und wirksamere Firmenschriften.
Ein journalistisches Intensivseminar.
PR 45: Öffentlichkeitsarbeit in Ausnahmesituationen.

Eine Reihe von *Seminaren, Plan- und Rollenspielen* wurde ebenfalls angeboten:

PR 25: Wie plant und veranstaltet man eine Pressekonferenz?
PR 26: Wir bekommen ein neues Verwaltungsgebäude.

PR 33: Wir betreiben Öffentlichkeitsarbeit für die Öffentlichkeitsarbeit im Betrieb.

PR 35: Wir brauchen ein erfolgreicheres Besucherwesen.

2.5 Exkursionen

Mehrere interessante Exkursionen ergänzten das Programm alljährlich.

PR 10: „Begegnung mit den Massenmedien" – Besuche und Gespräche bei Zeitungsverlagen, Rundfunk- und Fernsehanstalten.

PR 9: „Blick über den Firmenzaun" – Besuche bei Firmen und Organisationen anderer Art der Wirtschaft und der öffentlichen Verwaltung zum Studium der PR-Praxis.

Nach Gründung des Deutschen Public Relations Institutes, einem Organ zur Aus- und Fortbildung der Deutschen Public-Relations-Gesellschaft, beschloß man in Bad Harzburg, die Grundausbildung und die fachlich direkte Fortbildung von PR-Fachkräften vorwiegend diesem Institut zu überlassen.

Die seit derzeit mit wachsender Nachfrage weitergeführten Colloquien und Seminare sind in erster Linie auf die Orientierung und Motivation der Führungskräfte der Unternehmen in Wirtschaft und öffentlicher Verwaltung ausgerichtet.

Außerdem läuft weiter wie seit zwei Jahrzehnten der Kurs „Keine Angst vorm Jubiläum" – eine Seminarreihe, die sich außergewöhnlicher Nachfrage erfreut.

Es besteht seitens der Akademie die Absicht, mit Beginn des 26. Jahres des PR-Programms an der Akademie die Orientierungs- und Einführungskurse für Führungskräfte in Unternehmen, Verbänden und anderen Organisationen der Wirtschaft und der öffentlichen Verwaltung wieder zu vermehren, zumal deutlich zu erkennen ist, daß es neben der fachlichen Aus- und Fortbildung von PR-Fachkräften dringend einer vermehrten Verständnisweckung und Motivation bei den Kräften bedarf, die als Auftraggeber bzw. Nutznießer der PR-Arbeit in Frage kommen.

2.6 Zusammenfassung

Seit über 25 Jahren bietet das Ausbildungsprogramm der Harzburger Führungsakademie auf den Gebieten der Public und Internal Relations mehr als eine Veranstaltungsreihe zu den genannten Themen.

Die Aus- und Fortbildung liegt wie eh und je auf der Vermittlung von praktisch verwendbarem Wissen, Methoden und Techniken der Arbeit.

Die Praxis wird aber zugleich auch wissenschaftlich fundiert und in den Zusammenhang der Führungsfragen allgemein eingeordnet. Die Zielsetzung ist dabei von Anfang an bis heute gleich geblieben:

1. Orientierung über das Aufgabengebiet angewandter Soziologie und Psychologie in Wirtschaft und öffentlicher Verwaltung bzw. öffentlicher Dienstleistung.
2. Vertiefen der Erkenntnis von der Bedeutung der Public und Internal Relationsarbeit für jeden Beziehungsträger und für die pluralistische Gesellschaft allgemein.
3. Ausbreiten der Kenntnis vom Wesen, von den Funktionen und den Techniken geplanter PR- und IR-Arbeit bei Führungskräften aller Ebenen in Organisationen der Wirtschaft, der öffentlichen Verwaltung und der öffentlichen Dienstleistung.
4. Schaffen von Unterlagen für sinnvolle organisatorische Gestaltung eines Referates für PR und IR, dessen Einordnung in die Betriebsorganisation sowie des Referenten in die Unternehmenshierarchie.
5. Leisten eines Beitrages zur Begriffsdefinition im Bereich der Kommunikationswissenschaft.
6. Mitarbeit an der Ausformung eines eigenständigen Berufsbildes des PR- und IR-Fachmannes.
7. Abrundung der Fachkenntnisse bei Spezialisten verschiedener Teilgebiete der IR- und PR-Arbeit.

Auskünfte über das Programm erteilt:

Akademie für Führungskräfte der Wirtschaft e. V. (AFW)
Amsbergstraße 9a
Postfach 243
3388 Bad Harzburg 1

3. Fortbildung durch Management-Schulen und Fernlehrinstitute

Hannelore Selinski

3.1 Zur Situation

Dem nachfolgenden Beitrag lag die Absicht zugrunde, die in der Bundesrepublik Deutschland ansässigen Management-Schulen und Fernlehrinstitute im Hinblick auf ihre jeweiligen Lehrangebote auf dem Gebiet der Öffentlichkeitsarbeit zu untersuchen und darzustellen.

Auch wenn insgesamt relativ wenige Institutionen das Thema „Öffentlichkeitsarbeit" in ihren Lehrprogrammen ausgewiesen haben und damit in diesem Beitrag genannt werden können, gilt unser Dank an dieser Stelle doch all denjenigen, die uns im Zeitraum 1978/1979 mit umfangreichem Informationsmaterial versorgt haben.

Hauptsächlich *Management-Schulen* haben sich dem Gebiet der Öffentlichkeitsarbeit mit einem eigenständigen Lehrprogramm gewidmet. Dabei geht es in fast allen Lehrangeboten um das Aufzeigen bestehender Kommunikationsstrukturen und die Vermittlung von theoretischen und praktischen Kenntnissen über ein kommunikationspolitisches Instrumentarium, mit dessen Hilfe der breiten Öffentlichkeit ein positives Bild vom Unternehmen erzeugt oder verfestigt werden soll.

Aufgrund der Beschreibungen im Informationsmaterial kann geschlossen werden, daß im Mittelpunkt der Betrachtung wohl überwiegend die Öffentlichkeitsarbeit von großen Unternehmen steht; einige Institutionen bieten ihre Programme jedoch speziell auch für Klein- und Mittelbetriebe an.

Meistens sind diese Lehrangebote für Mitarbeiter aus industriellen Unternehmen konzipiert; es gibt allerdings auch Programme, die sich insbesondere an Mitarbeiter aus der öffentlichen Verwaltung – dem Dienstleistungsbereich also – richten, und das Thema „Öffentlichkeitsarbeit" auf nicht-kommerzieller Ebene behandeln.

Lediglich zwei *Fernlehrinstitute* haben das spezielle Thema „Öffentlichkeitsarbeit" in ihren Lehrprogrammen angeboten. Sie sind im Vergleich zu den Management-Schulen wesentlich schwächer vertreten.

Die folgende Zusammenstellung vermittelt einen Überblick über Lehrangebote, die in der Vergangenheit stattgefunden haben, nennt den angesprochenen Teilnehmerkreis und gibt auszugsweise Lehrinhalte und Themenschwerpunkte wieder, wie sie von den Institutionen in ihrem Informationsmaterial selbst dargestellt worden sind.

3.2 Management-Schulen

Institution/ Veranstalter:	Titel der Veranstaltung(en):	Art der Veranstaltung(en):	Teilnehmerkreis:	Inhalt der Veranstaltung(en)/ Themenschwerpunkt(e):
AFK Akademie Führung und Kommunikation – Klaus Dörrbecker – Marbachweg 356 6000 Frankfurt/Main 1 Tel.: 0611/56 20 68 55 56 24	• PR-Arbeitsmethodik (B 1 und B 2)	Seminar über acht, bzw. neun Tage	Zweiteiliges, methodisches Basisseminar für PR-Anfänger. – der erste Teil richtet sich an PR-Anfänger (Schwerpunkt) mit und ohne Ausbildungsvertrag und an PR-Assistenten – der zweite Teil richtet sich nur an erfolgreiche Absolventen des ersten Teils dieses Basisseminars	Kommunikation und Kommunikationsprozesse, Kommunikationsprobleme, Kommunikationsaufgabenstellungen, Strategieentwicklung und Taktikplanung (Arbeitsschwerpunkt), Pressearbeit im Überblick, Ansätze von Journalistentraining (Nachrichtenjournalismus), PR-Mittel- und Maßnahmeplanung sowie PR-Detailpanung.
	• Pressestellenarbeit (B 3)	Seminar über sechs Tage	Intensives Praxistraining für PR-Anfänger. Das Seminar richtet sich an PR-Nachwuchskräfte mit und ohne Vorkenntnisse (ungeeignet für Journalisten und Vollprofis).	Gesamtbereich klassischer Pressestellenarbeit mit den Schwerpunkten: – Überblick, Aufgabe, Funktion, Instrumentarium der Pressearbeit incl. Einführung in Bildschirmtext als PR-Medium; – nachrichtenjournalistisches Schreibtraining.

Institution/ Veranstalter:	Titel der Veranstaltung(en):	Art der Veranstaltung(en):	Teilnehmerkreis:	Inhalt der Veranstaltung(en)/ Themenschwerpunkt(e):
AFK Akademie Führung und Kommunikation – Klaus Dörrbecker – Marbachweg 356 6000 Frankfurt/Main 1 Tel.: 0611/56 20 68 55 56 24	• PR-Aktions-planung (W 1)	Seminar über sechs Tage	Absolventen eines DIPR-Seminars, PR-Assistenten mit Praxiserfahrung	Im handwerklichen Teil: Balkendiagramme, Netzplantechnik, Zielfindung und Zielhierarchiebildung, Projektmanagement, Checklisten, Kooperationsmöglichkeiten, Traffic usw.
	• Workshop-Stufenseminar (a + b) für Konzeptioner mit realen Konzeptentwicklungen (W 2)	Seminar über acht Tage	Geeignet für interne und externe PR-Berater und PR-Konzeptioner und für Absolventen des Seminars PR-Aktionsplanung oder eines DIPR-Seminars Sonderzielgruppe: max. acht PR-Fachkräfte, die für die Lösung bestimmter, überschaubarer Aufgaben aus ihrer Arbeitspraxis die Unterstützung kreativer Konzeptionsplanungsgruppen wünschen.	PR-Konzeptionslehre und authentische bzw. praxisnahe Fallstudien einschließlich gründlicher Konzeptberatung und Ergebnisbesprechung. Individualisiertes und beratungsintensives zweistufiges Fallstudienseminar zum Konzeptionstraining und zur Entwicklung von Problemlösungen an originalen aktuellen PR-Aufgabenstellungen aus der Praxis von Seminarteilnehmern.
	• Colloquium PR-Aus- und Weiterbildung (C 1)	Seminar über einen Tag	PR-Chefs, PR-Agentur-Chefs und interessierte PR-Fachleute, die aufgrund ihres eigenen Berufsweges auf künftige Seminarangebote engagiert Einfluß nehmen wollen; erstmals werden damit auch die Betroffenen in die Berufsbildungsplanung aktiv mit einbezogen.	Konzeptionell-kreative Arbeitssitzung: Ermittlung und Diskussion von Bedarf und Wünschen zum Berufsbildungskonzept, gemeinsame Entwicklung von Beiträgen zum künftigen Aus- und Weiterbildungsangebot. Alle Beteiligten haben einen Überblick über die aktuellen Bedürfnisse an PR-Weiterbildungsinhalten.

Institution/ Veranstalter:	Titel der Veranstaltung(en):	Art der Veranstaltung(en):	Teilnehmerkreis:	Inhalt der Veranstaltung(en)/ Themenschwerpunkt(e):
AFK Akademie Führung und Kommunikation – Klaus Dörrbecker – Marbachweg 356 6000 Frankfurt/Main 1 Tel.: 0611/56 20 68 55 56 24	• Unternehmer-colloquium: Organisation und erste Schritte eigener PR-Arbeit (C 2)	Seminar über vier Tage	Unternehmer, Geschäftsführer, Leiter oder delegierte Verantwortliche von Unternehmen, Verbänden und Verwaltungen, die für den PR-Start ihres Hauses sachkundig vorgehen wollen.	Grundfragen über Anbindung, Organisation und Anfangsschritte; Kooperation mit Externen, einschließlich Starthilfen durch Checklisten. Neueinrichtung von Pressestellen und PR-Abteilungen: Arbeit mit eigenen Kräften und Kooperation mit Agenturen; Voraussetzungen, Ziele und Wege.
	• PR-Chefseminar: Führungstraining (F 1)	Seminar über sechs Tage	Leiter von PR-Agenturen, PR-Abteilungen und PR-Fachleute mit qualifizierter Vorgesetztenfunktion.	Kommunikative Führungstechniken „Management by Communication“: Führungsverhaltenstraining nach dem GRID-Modell, Führen über Ziele, kommunikative Organisationsentwicklung.
	• Lehrredaktion für PR-Periodika und Journalistiktraining (S 1)	Seminar über drei, bzw. sechs Tage	Redakteure und Planer von Periodika	Alle Aspekte journalistischer Blattmacherei ohne atelierfachliche Umbruchberatung, einschl. individueller Periodika-Konzeptionsberatung. Für Redakteure von Werks-, Haus-, Kunden-, Standortzeitschriften und von Informations-, Pressediensten, sowie für PR-Fachleute, die an der Planung solcher Periodika arbeiten.

Institution/ Veranstalter:	Titel der Veranstaltung(en):	Art der Veranstaltung(en):	Teilnehmerkreis:	Inhalt der Veranstaltung(en)/ Themenschwerpunkt(e):
AFK Akademie Führung und Kommunikation – Klaus Dörrbecker – Marbachweg 356 6000 Frankfurt/Main 1 Tel.: 0611/56 20 68 55 56 24	• Workshop Audiovision (S 2)	Seminar über fünf Tage	PR-Fachleute und PR-Assistenten, die sich mit der Beurteilung von und der praktischen Arbeit an audiovisuellen Medien vertraut machen wollen.	Werkstatt-Seminar zur Entwicklung von AV-Medien für PR-Fachleute: Vom Treatment bis zur Erstvorführung, von der Tonbildschau bis zum Video-Film. Übersicht über die modernen AV-Medien, didaktische Analyse als Konzeptionsbestandteil, Produktionsvorbereitung und Ablauf bei Film, Video und Tonbildschau, Treatment, Storyboard, Drehbuch und Beschreibung der der Gestaltungselemente.
	In Vorbereitung: • Umgang mit Satz, Repro und Druck			Fachseminar zum Umgang mit der „Schwarzen Kunst“ für PR-Assistenten. Von der ersten Druckereianfrage über Kalkulation, Druckunterlagen und Herstellungssteuerung bis zur Drucksachenauslieferung.
	• Mediakunde (S 3)			Fachseminar mit Mediaunterlagen (Print, Funk, Fernsehen) für Mediaassistenten in PR-Abteilungen und Agenturen. Von der Mediaanalyse über Mediakonzepte bis zu Kalkulationen und Geschäftsbedingungen.

Institution/ Veranstalter:	Titel der Veranstaltung(en):	Art der Veranstaltung(en):	Teilnehmerkreis:	Inhalt der Veranstaltung(en)/ Themenschwerpunkt(e):
Akademie für Führungskräfte der Wirtschaft e. V. (AFW) Amsbergstraße 9a Postfach 243 3388 Bad Harzburg 1 Tel.: 05322/731 (vgl. Anmerkung 1)	• Grundlagen und Praxis der Öffentlichkeitsarbeit – Einführung in moderne Öffentkeitsarbeit – ein Intensivseminar • Die Praxis erfolgreicher Öffentlichkeitarbeit – Probleme und heiße Eisen gemeinsam erörtert, gemeinsam gelöst • Öffentlichkeitsarbeit der Verbände – Verbandsexterne und -interne Beziehungspflege – • Keine Angst vorm Jubiläum – Unternehmensgeschichte als Mittel der Öffentlichkeitsarbeit –	Seminar jeweils über zweieinhalb bis dreieinhalb Tage, mit begrenzter Teilnehmerzahl	Inhaber, Leiter und Führungskräfte, die ihr Wissen auf dem Gebiet soziologischer und psychologischer Fragen ergänzen wollen, Verantwortliche für die Vergabe von Public und Internal Relationsaufträgen, die Wert auf Effizienz und Wirtschaftlichkeit der Aktivitäten legen und auch wissen möchten, wie der Erfolg solcher Arbeiten erkenn- und bewertbar wird, Mitarbeiter in PR-Abteilungen, Pressestellen, Public-Relations-Fachleute, Verbandsvorstände, Mitglieder der Ausschüsse für Öffentlichkeitsarbeit von Verbänden.	Umfassende Orientierung über Wesen, Funktion und Nutzen planmäßiger, moderner Öffentlichkeitsarbeit und entsprechender, in Verbindung damit stehender Maßnahmen innerhalb des Betriebes bzw. der Organisation. Förderung des Verständnisses für Methoden und Techniken der Kommunikationsarbeit, Vervollkommnung bei der praktischen Durchführung externer und interner Kommunikationsaufgaben, Abrundung des Führungswissens, das für verantwortliche Mitarbeiter in Wirtschaft und öffentlicher Verwaltung unerläßlich ist. Erörterung von Problemen, die sich bei der Durchführung der Öffentlichkeitsarbeit für Unternehmen, Verbänden und Organisationen ergeben, Erfahrungsaustausch.

Institution/ Veranstalter:	Titel der Veranstaltung(en):	Art der Veranstaltung(en):	Teilnehmerkreis:	Inhalt der Veranstaltung(en)/ Themenschwerpunkt(e):
Akademie für Marketing-Kommunikation Rheinstraße 23 6000 Frankfurt/Main 1 Tel.: 0611/74 58 00	• Interdisziplinäre Kommunikations-lehre	7 Abende	Das insgesamt zweijährige Studium an der Fach-schule für Marketing-Kommunikation richtet sich an Teilnehmer mit einer abgeschlossenen, einschlägigen kaufmän-nischen oder technischen Berufsausbildung mit mindestens Mittlerer Reife oder gleichwerti-gem Bildungsstand. Die Berufstätigkeit sollte nach Möglichkeit absatz-wirtschaftlich ausgerich-tet sein.	Kommunikations-Theorie, Methoden, Instrumente, Wir-kungen, Firmenpoltik, Perso-nalpolitik, Kommunikations-Politik, Corporate Identity (1 Klausureinheit)
	• Grundlagen der Public Relations	5 Abende		PR in Abgrenzung zu Wer-bung, VF und VG, Zusam-menhänge der Öffentlichkeits-arbeit, Aufgabenbereiche, PR und Medien (1 Klausureinheit)
	• Pressestellenarbeit	4 Abende		Journalistische Ausdrucks-formen, Spezialmedien, Pressekonferenz (1 Klausureinheit)
	• Pressearbeit	6 Abende		(1 Klausureinheit)
	• PR Dienst-leistungen	1 Abend		Besonderheiten und Fallstudien
	• PR Investgüter	1 Abend		Besonderheiten und Fallstudien
	• PR Konsumgüter	1 Abend		Besonderheiten und Fallstudien

Institution/ Veranstalter:	Titel der Veranstaltung(en):	Art der Veranstaltung(en):	Teilnehmerkreis:	Inhalt der Veranstaltung(en)/ Themenschwerpunkt(e):
Akademie Remscheid für musische Bildung und Medienerziehung Küppelstein 34 5630 Remscheid 1 Tel.: 02191/794 1, App. 263	Animation – Öffentlichkeitsarbeit – Medienpädagogik • Medienorientierte Öffentlichkeitsarbeit • Argumentieren und diskutieren in der Öffentlichkeit • Öffentliche Veranstaltungen – Methoden der Veranstaltungsplanung und Öffentlichkeitsarbeit	Fortbildung in Aufbauform, Studienseminare	Haupt- oder nebenberufliche Mitarbeiter in der Jugend- und Sozialarbeit, der Erwachsenenbildung, der sozialen Kulturarbeit in kommunalen und überregionalen Initiativgruppen, die Aufgaben der Öffentlichkeitsarbeit wahrnehmen.	Der Begriff „Öffentlichkeitsarbeit" hat ein breites Spektrum vielfältiger Informationstätigkeiten und kommunikativer Aufgaben abzudecken. In der sozialen Jugend- und Kulturarbeit, auf nicht-kommerzieller Ebene also, dient Öffentlichkeitsarbeit in erster Linie der Legitimation und der Vertrauenswerbung gegenüber meist unzureichend informierten Öffentlichkeiten und einer oft schwer zu überzeugenden Bürokratie. Aus der kritischen Analyse bestehender Kommunikationsstrukturen heraus sollen Techniken und Methoden für eine effiziente medienorientierte Öffentlichkeitsarbeit vermittelt werden, um die Teilnehmer zu befähigen, in ihren Gruppen und Institutionen ein System öffentlichkeitswirksamer Maßnahmen und zielgruppengerichteter Aktivitäten aufzubauen und ein dafür geeignetes Instrumentarium zu entwickeln.

Institution/ Veranstalter:	Titel der Veranstaltung(en):	Art der Veranstaltung(en):	Teilnehmerkreis:	Inhalt der Veranstaltung(en)/ Themenschwerpunkt(e):
Berliner Institut für Weiterbildung von Führungskräften der Wirtschaft (BIF) e. V. Kurfürstendamm 45 1000 Berlin 15 Tel.: 030/883 15 17 und 31 07 21, App. 255	• Mediengerechte Öffentlichkeitsarbeit – aber wie? – Ein Erfahrungsaustausch • Bessere PR durch Neue Medien? Erfahrungsaustausch über mediengerechte Öffentlichkeitsarbeit	Seminar über zwei, bzw. drei Tage	In erster Linie für Praktiker der Öffentlichkeitsarbeit, aber auch für andere Interessierte oder Verantwortliche in Unternehmen und Wirtschaftsorganisationen.	Öffentlichkeitsarbeit (Public Relations) ist in der deutschen Wirtschaft beinahe ein Modewort. Zu wenig bekannt und berücksichtigt werden oft die allgemeinen journalistischen Gesetzmäßigkeiten und die Eigenheiten der verschiedenen Medien, die jedoch für den Erfolg entscheidend sind. Solche journalistischen Gesetzmäßigkeiten und Besonderheiten der verschiedenen Medien stehen deshalb im Mittelpunkt der Erfahrungsaustausch-Seminare.
Deutsches Institut für Betriebswirtschaft e. V. (DIB) Postfach 3229 6000 Frankfurt/Main 1 Tel.: 0611/2197-343	• Geld ausgeben? Für Firmenwerbung und Öffentlichkeitsarbeit? Was bringt das ein? • Öffentlichkeitsarbeit = Produktion = Verkaufsförderung = Firmenimage • Öffentlichkeitsarbeit Imagepflege, ein Erfolg für Ihr Unternehmen	Seminar über jeweils zwei Tage, mit begrenzter Teilnehmerzahl	Inhaber und Geschäftsführer von Unternehmen, Direktionsassistenten, Verkaufs-, Personal- und Werbeleiter sowie Mitarbeiter von Werbeagenturen.	Aufzeigen und Behandeln von Fragen, weshalb es heute in vielen Fällen mit der Produktwerbung allein nicht mehr getan ist, sondern auch eine zielbewußte Firmenwerbung und Öffentlichkeitsarbeit notwendig ist. Themenschwerpunkte sind z. B.: PR-Arbeit für Invesition, Produktion, Umweltschutz PR-Arbeit auf Messen und Ausstellungen Urheberrecht Industrie- und Handelskammer als Kontaktstelle zur ersten Information Öffentlichkeitsarbeit bei Betriebsänderungen.

Institution/ Veranstalter:	Titel der Veranstaltung(en):	Art der Veranstaltung(en):	Teilnehmerkreis:	Inhalt der Veranstaltung(en)/ Themenschwerpunkt(e):
IME Institut für Management-Entwicklung Lutterstraße 14 4800 Bielefeld 1 Tel.: 0521/15 58 48	• PR – Nur für die Großen? Möglichkeiten auch für mittelständische Unternehmen	Seminar über zwei Tage, mit begrenzter Teilnehmerzahl	nicht näher spezifiziert	Den Teilnehmern werden aus der Sicht des PR-Chefs und des Wirtschaftsjournalisten Einblick in die Technik und Praxis der Öffentlichkeitsarbeit gegeben. Durch Diskussionen und Anwendungsbeispiele soll die PR-Arbeit im eigenen Unternehmen angeregt werden. Schwerpunkte: Die Darstellung des Unternehmens in der Öffentlichkeit, die Vorbereitung und Durchführung einer einer Pressekonferenz, die Zusammenarbeit mit Journalisten.
Institut für Öffentlichkeitsarbeit der Wirtschaft Fachhochschule für Wirtschaft Pforzheim (FHW) Tiefenbronner Straße 65 7531 Pforzheim Tel.: 07231/61563 App. 15 (vgl. Anmerkung 2)	• Öffentlichkeitsarbeit für Klein- und Mittelbetriebe mit audiovisuellen Methoden	Seminar über zwei Tage, mit begrenzter Teilnehmerzahl	Graduierte Ingenieure und Betriebswirte, Mitarbeiter von Absatz-, Beschaffungs-, Informations-, Personal-, PR-, Presse-, Werbe-, Dokumentations- und Organisationsabteilungen, Direktionsassistenten	Einführung in die Öffentlichkeitsarbeit für Klein- und Mittelbetriebe, Einsatzmöglichkeiten im Betrieb anhand von Fallbeispielen, Grundsätze betrieblicher Öffentlichkeitsarbeit (medienunterstützt).

Institution/ Veranstalter:	Titel der Veranstaltung(en):	Art der Veranstaltung(en):	Teilnehmerkreis:	Inhalt der Veranstaltung(en)/ Themenschwerpunkt(e):
Nürnberger Akademie für Absatzwirtschaft Obstmarkt 3 8500 Nürnberg Tel.: 0911/20 42 06	• Öffentlichkeitsarbeit und Produktpublicity im Unternehmen als Instrument von Marketing und Management	Seminar über drei Tage	Das Seminar richtet sich an PR-Experten, die ihr Wissen überprüfen möchten, bietet Nachwuchskräften die Gelegenheit, Grundkenntnisse zu erwerben und Mitarbeitern anderer Bereiche die Möglichkeit, etwas über PR zu erfahren.	Aufgaben und Möglichkeiten der Public Relations heute, Kommunikationstheorie und ihre Bedeutung für die Praxis der Öffentlichkeitsarbeit, Image-Forschung, Meinungsstereotype, Opinionleader, funktionale und organisatorische Betrachtung der PR im Unternehmen, PR mit kleinen Budgets, Erfolgskontrolle, Umgang mit Medien und mit Zielgruppen der PR, Planung, Koordination von Werbung, Verkaufsförderung und PR in konkreten Fällen, Planspiele.
Rationalisierungs-Kuratorium der Deutschen Wirtschaft (RKW) Postfach 20 20 08 8000 München 2	• Presse- und PR-Arbeit auch für Klein- und Mittelbetriebe	nicht näher spezifiziert	nicht näher spezifiziert	nicht näher spezifiziert

Institution/ Veranstalter:	Titel der Veranstaltung(en):	Art der Veranstaltung(en):	Teilnehmerkreis:	Inhalt der Veranstaltung(en)/ Themenschwerpunkt(e):
Technische Akademie Esslingen Fort- und Weiterbildungszentrum, Institut des Kontaktstudiums an der Universität Stuttgart und der Fachhochschule für Technik Esslingen Postfach 1269 7302 Ostfildern 2 (Nellingen) Tel.: 0711/34 20 26 (vgl. Anmerkung 3)	● Öffentlichkeitsarbeit ist Werbung um Vertrauen – Das Handwerk der Public Relations –	Seminar über zwei Tage	Mitarbeiter in Wirtschaft und Verwaltung, die sich mit Fragen der Öffentlichkeitsarbeit (Information von Presse, Funk und Fernsehen, von Besuchern und Belegschaft) haupt- oder nebenberuflich beschäftigen.	Der Lehrgang hat das Ziel, einen praktischen Beitrag zur Klärung der Maßnahmen der Vertrauenswerbung zu leisten. Er beschäftigt sich anhand von Fallstudien nur mit den wichtigsten Mitteln der Informationspolitik, z. B.: Recherchen im eigenen Haus, Umgang mit Presse, Funk und Fernsehen im In- und Ausland, innerbetriebliches Informationswesen, Besucherbetreuung, Herstellung von Medien, Dokumentation, Kosten, Erfolgskontrolle.
Technische Akademie Wuppertal Außeninstitut der Rheinisch-Westfälischen Technischen Hochschule Aachen – Kooperationspartner der Gesamthochschule Wuppertal – Hubertusallee 16–18 Postfach 13 04 65 5600 Wuppertal 1 Tel. 0202/74 95 1 (vgl. Anmerkung 4)	● Methodik und Organisation der Public Relations ● Die Praxis der Public Relations	Seminar über jeweils zwei Tage	Leitende PR-Kräfte, Mitarbeiter, die in der Wirtschaft oder der Verwaltung haupt- oder nebenamtlich in einer PR-Abteilung tätig sind und PR-Aufgaben wahrzunehmen haben.	Die Seminare sollen den Teilnehmern, die ihren Erfahrungsbereich ausweiten wollen oder die bisher nur in Teilbereichen tätig waren, methodisches, praxisorientiertes und praxisbezogenes Wissen über Arbeitsschritte, Zielgruppen und die Kommunikationsstrategie vermitteln. Es wird aufgezeigt, wie durch sachliche, verständliche, überprüfbare und aktuelle Informationen die Aufgaben in weitgehender Übereinstimmung mit den eigenen Mitarbeitern, aber auch mit dem sozialen Umfeld zu erfüllen sind.

Institution/ Veranstalter:	Titel der Veranstaltung(en):	Art der Veranstaltung(en):	Teilnehmerkreis:	Inhalt der Veranstaltung(en)/ Themenschwerpunkt(e):
Verwaltungsakademie Berlin – Anstalt des öffentlichen Rechts – Zentrale Fortbildungsstätte für den öffentlichen Dienst im Lande Berlin Kurfürstendamm 207/208 1000 Berlin 15 Tel.: 030/31 83–1 App. 927	• Einführung in Öffentlichkeitsarbeit und Werbung	Vortrag und Diskussion, acht Doppelstunden, begrenzte Teilnehmerzahl	Mitarbeiter der Senatsverwaltung für Arbeit und Soziales, der Senatsverwaltung für Wirtschaft und Verkehr und der Bezirksämter, die Aufgaben der Öffentlichkeitsarbeit wahrnehmen, Mitarbeiter des Presse- und Informationsamtes sowie des Verkehrsamtes Berlin.	Die Begriffe Öffentlichkeitsarbeit, Public Relations und Werbung / Strategische Konzepte für die Öffentlichkeitsarbeit der Verwaltung / Mittel und Methoden der Öffentlichkeitsarbeit / Arten der Werbung (Produkt- und Dienstleistungswerbung, Personalwerbung, Imagewerbung) / Werbeplanung und Durchführung / Überblick über die Produktionstechnik.

3.3 Fernlehrinstitute

Institut für Lernsysteme GmbH – ILS – Postfach 730 333 2000 Hamburg 73 Tel.: 040/677 40 07	• Werb 8: Public Relations	Fernkursprogramm	nicht näher spezifiziert	Dieses Heft wird z. Zt. überarbeitet und ist erst zu einem späteren Zeitpunkt wieder erhältlich.
Institut der Wohnungsunternehmen für Fernunterricht Postfach 6280 4030 Ratingen 6 Tel.: 02102/673 28	nicht näher spezifiziert	Fernunterricht/ Seminare	Kaufleute in der Grundstücks- und Wohnungswirtschaft	Das Institut der Wohnungsunternehmen für Fernunterricht wird in Personalunion geführt mit 1. der Privaten Berufsschule 2. Der Fachschule für Wirtschaft 3. der Akademie für Wohnungswirtschaft Lediglich in der Akademie für Wohnungswirtschaft werden Seminare über Öffentlichkeitsarbeit abgehalten.

Anmerkungen

1 Vgl. hierzu auch den Beitrag von F. H. Korte über das Thema „Ausbildungsprogramm für Public und Internal Relations an der Akademie für Führungskräfte der Wirtschaft in Bad Harzburg", in diesem Buch.

2 Vgl. hierzu auch den Beitrag von G. Barthenheier über das Thema „Public Relations-Studium und Ausbildung an Universitäten, Hochschulen und Fachhochschulen in der Bundesrepublik Deutschland einschließlich Berlin (West)", in diesem Buch.

3 Vgl. hierzu auch den Beitrag von G. Barthenheier über das Thema „Public Relations-Studium und Ausbildung an Universitäten . . .", in diesem Buch.

4 Vgl. hierzu auch den Beitrag von G. Barthenheier über das Thema „Public Relations-Studium und Ausbildung an Universitäten . . .", in diesem Buch.

4. Public Relations und das Problem der Ausbildung auf europäischer Ebene*

Jean-Marie van Bol

4.1 Das Berufsbild

Das Berufsbild des Beauftragten für Öffentlichkeitsarbeit hängt ohne Zweifel ab vom raschen Wandel der Bereiche, in denen er tätig ist.

Hatte sich das kapitalistische Unternehmen zunächst mit der organisierten Macht der Arbeitnehmer auseinanderzusetzen, so ist es jetzt dabei, die Bedeutung der öffentlichen Meinung zur Kenntnis zu nehmen, während es der Staat seinerseits mit Interessengruppen von Bürgern zu tun hat, die in zunehmendem Maße Problembewußtsein zeigen und politisch aktiv werden.

Das deutet darauf hin, daß sich das Kräfteverhältnis gewandelt hat; nunmehr verteilen sich die Entscheidungsbefugnisse auf Anteilseigner, Produktion und Management, die ihrerseits vom Vertrauenskapital abhängen, das sich ein Unternehmen bzw. der Staat bei seinen Adressaten zu erwerben vermochte.

Public Relations, das war zunächst ein im wesentlichen eindimensionaler Prozeß, von den Entscheidungsinstanzen nach unten zur Zielgruppe. Heute dagegen hat Öffentlichkeitsarbeit den Informationsrückfluß sowohl strukturintern wie strukturextern in Rechnung zu stellen.

Was die Public Relations-Ausbildung anbetrifft, so ist sie stärker außenorientiert und weniger auf das innere Gefüge von Entscheidungssystemen ausgerichtet. Immer noch hat die als eingleisiger Prozeß aufgefaßte Information den Vorrang vor einer in zwei Richtungen operierender Kommunikation, obgleich seit geraumer Zeit Vorstellungen von Beteiligung, Mitbestimmung, Mitverantwortung und sozialer Bilanz in den gesellschaftlichen, wirtschaftlichen und politischen Strukturen Fuß gefaßt haben.

4.2 Die Ausbildung in europäischen Ländern

Das vom Europäischen Verband für Public Relations (CERP) aufgestellte Europa-Programm für Ausbildung und Umschulung, das zwischen 1977 und 1978 von den 13 Verbandsmitgliedern angenommen wurde, ist gekennzeichnet durch das Bemühen, diesen gewandelten Voraussetzungen gerecht zu werden; zugleich aber soll es flexibel genug sein, um allen weiteren Veränderungen Rechnung tragen zu können.

* Originaltitel: Enseignement, Recyclage et Recherche sont les trois clés de la Formation aux Relations Publiques.

Das Programm zeichnet sich dadurch aus, daß es eine Reihe von Fächern enthält (vgl. Anmerkung 1), von denen ein Public Relations-Fachmann nach allgemeiner Auffassung Kenntnis haben sollte, entsprechend seiner Tätigkeit und Verantwortung. Inzwischen hat dieses Programm erste Auswirkungen gezeigt, indem es eines der drei in Europa am meisten verbreiteten Ausbildungsmodelle mit in die Wege geleitet hat.

Ausbildungsgänge in Public Relations sind in Europa nicht überall vertreten, zudem auf einem sehr unterschiedlichen Niveau. In den letzten Jahren kam es zwar zu einer Zunahme des Ausbildungsangebots, das häufig jedoch in keinem Verhältnis zu den Forderungen des Marktes stand. Die meisten Programme, Ausbildungsstätten und beruflichen Initiativen sind in den Ländern Mitteleuropas zu finden. Zur besseren Übersichtlichkeit der nachstehenden Ausführungen haben wir die Länder nach Sprachgruppen geordnet, und zwar nach französischsprachigen, romanischen, englischsprachigen, germanischen und schließlich zweisprachigen Ländern.

In *Frankreich* waren es zunächst die Berufsverbände und danach die Hochschulinstitute, die Public Relations in ihr Ausbildungsprogramm übernommen haben. Parallel dazu wurden durch Privatinitiative Einrichtungen geschaffen, in denen die große Mehrzahl der derzeit im Beruf stehenden Public Relations-Fachleute ihre beruflichen Fertigkeiten erlangten, sofern sie überhaupt eine spezielle Ausbildung absolviert haben. Sehr viel später erst nahm sich auch die Hochschule der Public Relations an, wobei zwei originelle Ausbildungsformen gefunden wurden: Zum einen wurden Hochschulinstitute für Technologie (TUT) geschaffen, die eine größere Nähe zur Berufspraxis aufweisen. Zum anderen wurde ein Ausbildungsmodell praktiziert, das eine Verbindung von theoretischer und praktischer Ausbildung darstellt.

Zur Zeit arbeiten in Paris und im übrigen Frankreich neun solcher Technologie-Institute mit Erfolg, daneben gibt es sechs weitere Hochschuleinrichtungen, die auf die „Licence" und/oder den Magister in diesem Ausbildungsgang vorbereiten. In einem der letztgenannten Institute, dem „Institut des Hautes Etudes de l'Information et de la Communication" (CELSA) der Universität Paris I (Sorbonne) wurde im übrigen zum ersten Male ein Modell realisiert, bei dem akademische Ausbildung und längere Praktika integriert sind.

Diese verschiedenen Möglichkeiten des Zugangs zum Beruf werden ergänzt durch ein halbes Dutzend Einrichtungen auf privater Basis. Das Berufsbild ist im übrigen legal definiert.

Spanien als ein romanisches Land kann bereits eine Tradition auf dem Sektor der Public Relations-Ausbildung vorweisen, da die Hochschule für Public Relations der Universität Barcelona auf ein 10jähriges Bestehen zurückblickt. Weiterhin gibt es einen Fachbereich für Informationswissenschaften an der Madrider Universität, der, ebenso wie Privatschulen, akademische Prüfungen abnimmt. Wer das Diplom erwirbt, hat sich unter bestimmten Voraussetzungen in ein nationales Berufsregister einzutragen. Auf Initiative von Privatschulen und Berufspraktikern wurden im Jahre 1979 zum ersten Mal Seminare für leitende Angestellte veranstaltet.

In *Italien* prüft zur Zeit das Parlament die Voraussetzungen für eine gesetzliche Anerkennung der Ausbildung. Aber schon jetzt gibt es auf Initiative des Berufsverbandes (FERPI) Ausbildungsprogramme, die allerdings noch nicht alle einsatzfähig sind; an etwa 10 Universitäten wird eine Übernahme vorbereitet, und am Spracheninstitut der Universität Mailand wird ein Programm bereits praktisch erprobt.

In *Großbritannien* liegt die Hauptlast der Berufsvorbereitung beim CAM (Communication, Advertising and Marketing Education Foundation). Ein von dieser Stiftung ausgefertigtes Diplom, das inzwischen von 25 Berufsvereinigungen anerkannt wird, hat mittlerweile auch außerhalb Englands Geltung. Die Ausbildungsdauer beträgt in der Regel vier Jahre. Weitere Ausbildungsmöglichkeiten bestehen an Privatschulen.

In den *deutschsprachigen Ländern* und im besonderen in der *Bundesrepublik Deutschland* werden berufsspezifische Ausbildungskurse bereits an der Technischen Universität Berlin und an der Technischen Universität Stuttgart-Hohenheim abgehalten; an weiteren sieben Universitäten finden berufsorientierende Veranstaltungen statt. Eine fachspezifische Ausbildung mit einem entsprechenden Abschluß existiert allerdings bisher noch nicht (vgl. Anmerkung 2).

Die Deutsche Public-Relations-Gesellschaft (DPRG) hat als erster Berufsverband in Europa Seminare bzw. parallel dazu Sonderkurse zu praxisorientierten Fragen veranstaltet; die Ausbildung wird vom Deutschen Institut für Public Relations (DIPR) fortgeführt.

In den *Niederlanden* bestehen berufsausbildende Einrichtungen erst seit kurzer Zeit. Spezielle Kurse wurden 1978/79 von der Universität Utrecht angeboten. Die Studenten stellen selbst ihr Unterrichtsprogramm zusammen und bestimmen den Zeitpunkt der Prüfungen. Der Stundenplan im Fach Public Relations umfaßt ca. 500 Stunden, die an ein beliebiges anderes Fach, von der Medizin bis zur Archäologie, angehängt werden können. Im gleichen Jahr begann in Eindhoven ein technischer Ausbildungszyklus von drei Jahren, der auf eine Zusammenarbeit zwischen Universität und Berufsverband zurückgeht. Dieser übernimmt die Grundausbildung.

In *Belgien* gibt es neben Einführungskursen, die vom Berufsverband abgehalten werden, Ausbildungskurse an Fachschulen. Außerdem bilden inzwischen einige Universitäten aus; die Prüfungen werden mit dem Titel „Licencié" abgeschlossen und es ist sogar möglich, einen Doktortitel auf dem Gebiet der Sozialen Kommunikation zu erwerben. Ausbildungsmodelle wurden zuerst an der Universität Löwen (einer katholischen Universität) und bald darauf an der Brüsseler „Université Libre" eingeführt, während die staatlichen Hochschulen dem Fach Public Relations mit mehr Zurückhaltung begegnen.

In der *Schweiz* kam es auf Anregung der Schweizerischen Public Relations Gesellschaft (SPRG) zur Gründung des Schweizerischen Ausbildungszentrums für

Werbung und Information (SAWI) in Biel, das verschiedene Ausbildungsprogramme anbietet. Die Grundkurse erstrecken sich über etwa 100 Unterrichtsstunden, wobei eine gleichzeitige Berufsausübung möglich ist.

Seit Juni 1979 können Prüfungen abgelegt werden, durch die ein bundesweit geltendes Diplom, das des „Public Relations-Fachmanns“, erworben wird. Der auf diese Prüfung vorbereitende Kurs umfaßt etwa 170 Unterrichtsstunden. Neben einem Vordiplom gehört eine dreijährige Berufserfahrung zu den Zulassungsbedingungen. Dagegen steckt die Public Relations-Ausbildung an Hochschulen noch in den Kinderschuhen – nur am Institut für Handelswissenschaften der Universität St. Gallen werden entsprechende Kurse abgehalten.

4.3 Die Problematik

Die Public Relations sind gleichermaßen ein Faktor des gesellschaftlichen Wandels und sozialwissenschaftliche Disziplin; und sie sind Teil einer Welt, die raschen Veränderungen unterworfen ist. Von daher ist ihre weitere Entwicklung mit zwei Problemen verknüpft.

Das erste hat mit dem Ziel der Public Relations zu tun, das ja darin besteht, ein Publikum zu erreichen und auf dem Wege des Dialogs Vertrauen zu schaffen oder wiederherzustellen. Gelingt es den Berufsverbänden nicht, dieses Vertrauen, das sie für andere schaffen sollen, in ihre eigene Struktur sowie in ihre Beziehungen zu Hochschule und Arbeitswelt zu übernehmen, dann werden sie einen rapiden Verlust an Glaubwürdigkeit hinnehmen müssen.

Das zweite Problem erwächst daraus, daß bisher die Bemühungen auf dem Gebiet der Forschung, der Ausarbeitung und Erprobung von Methoden, zu gering waren. Jeder neu entstehende Berufszweig braucht systematische wissenschaftliche Forschung, die – von einer vielfältigen Wirklichkeit ausgehend – die Grundlage für jede Ausbildungstätigkeit darstellt. Nur wenn es – wie in vielen Ländern schon der Fall – zu einer engen Zusammenarbeit zwischen allen Beteiligten, Lernenden, Lehrenden und Berufspraktikern kommt, kann vermieden werden, was Bernard Shaw einmal formulierte: „Der Wissende handelt, der Unwissende bildet aus“.

Eine der vornehmsten Aufgaben des Europäischen Verbandes für Public Relations, des CERP, ist es, alles zu tun, damit dieser Satz nicht Wirklichkeit wird.

Anmerkungen

1 a. Geisteswissenschaften, Psychologie, Geschichte, Soziologie, Volkswirtschaft, Jura,
b. Kommunikationswissenschaft u. -technik einschließlich praktischer Übungen,
c. Theorie und Instrumentarium der Public Relations mit Zusatzinformationen.
Auf Anfrage ist das gesamte Programm über das Generalsekretariat des CERP, rue du Rond Point 12 – B 1330 Rixensart (Belgien) erhältlich.

2 Vgl. hierzu den Beitrag von R. Kunze über das Thema „Der Modellversuch Öffentlichkeitsarbeit an der Freien Universität Berlin“, in diesem Buch.

V. Universitäre PR-Ausbildung in den USA

Günter Barthenheier, Günther Haedrich, Mihajlo Kolaković und Eberhard Roloff

1. Vorwort

Kenntnisse über die Public Relations-Ausbildung in den USA sind in der deutschen Fachöffentlichkeit kaum vorhanden. Entsprechende Literatur fehlt entweder oder ist nicht zugänglich. Die wenigen kursorischen Informationen neueren Datums sind im Auftrag der International Public Relations Association erhoben worden (vgl. Oeckl 1976 I, II).

Die folgende Darstellung stützt sich deshalb auf Erkenntnisse, die die Autoren auf einer Informationsreise zu verschiedenen Universitäten der USA, an denen eine PR-Ausbildung stattfindet, im Herbst 1980 gewonnen haben.

Über 130 universitäre Ausbildungsstätten bieten spezielle Programme (Curricula) für den Public Relations-Bereich an. In den meisten Fällen sind die Programme den Departments of Journalism and Mass Communication zugeordnet, in anderen jedoch auch dem Bereich der Business Administration.

Nur den ersten akademischen Grad, den Bachelor of Arts (B. A.) bzw. of Science (B. S.) oder den Bachelor of Journalism (B. J.) kann man an ca. 80 Universitäten nach Absolvierung eines „Undergraduate Program“ erreichen. An ca. weiteren 50 Universitäten ist es möglich, zusätzlich ein „Graduate-Program“ zum Master of Arts (M. A.) bzw. Master of Science (M. S.) zu absolvieren.

An diesen Universitäten ist es in der Regel dann auch möglich, ein darauf aufbauendes „Postgraduate-Program“ mit dem Ph. D.-Abschluß anzuschließen (Promotion). Auch die M. A./M. S. und Ph. D.-Abschlüsse der „Graduate-“ bzw. „Postgraduate-Programs“ werden zumeist in den Bereichen „Journalism“ oder „Mass Communication“ gemacht.

Fünfzehn Universitäten (s. Anhang) bieten inzwischen ein überregional anerkanntes PR-Curriculum an. Diese „accredited Public Relations Programs“ richten sich nach den Empfehlungen einer „Commission on Public Relations Education“, die weiter unten beschrieben werden.

2. Formal-Struktur eines PR-Ausbildungsganges

Bevor spezielle inhaltliche Angaben zu der PR-Ausbildung an amerikanischen Universitäten gemacht werden, soll hier zunächst idealtypisch die formale Struktur des universitären Ausbildungsganges für zukünftige Öffentlichkeitsarbeiter, die High-School Absolventen sind, dargestellt werden.

Eingangsvoraussetzung für das Studium ist normalerweise das positive Abschneiden in einem Test. Besonderer Wert wird hierbei auf *gute Englisch-Kenntnisse* gelegt.

Wenn diese Hürde genommen ist, beginnt der Student in den ersten beiden Semestern, dem sog. Freshman-Year, mit einem allgemeinbildenden Studium, welches jedoch in gewisser Weise schon auf den angestrebten Studienabschluß abgestimmt ist. Für jede erfolgreich abgeschlossene Veranstaltung (Vorlesung, Seminar, Übung oder auch Praktikum) gibt es, je nach benötigtem Zeitaufwand oder Schwierigkeitsgrad, eine bestimmte Anzahl von Credits (Punkten).

Normalerweise wird der Erfolg einer Veranstaltung durch einen Test, ggf. aber auch durch eine andere Art des Leistungsnachweises überprüft.

Grundsätzlich sind 3 Veranstaltungsarten zu unterscheiden: *Pflichtveranstaltungen,* die von jedem Studenten der betreffenden Fachrichtung belegt werden müssen, *Wahlpflichtveranstaltungen,* von denen eine bestimmte Anzahl belegt werden muß, (wobei der Student jedoch die Freiheit hat zu wählen, welche für ihn am geeignetsten erscheinen) und *Freie bzw. Spezialisierungsveranstaltungen,* die der Student nach eigenen Interessen und berufsbezogenen Schwerpunkten wählen kann. Hierzu steht ihm häufig das gesamte Vorlesungsangebot der entsprechenden Universität zur Verfügung.

Im zweiten Studienjahr, dem sog. *Sophomore-Year,* d. h. also dem dritten und vierten Semester, setzt sich das allgemeine Studium fort. Am Ende dieser Zeit sollten eine bestimmte Anzahl Credits (ca. 60) erreicht sein. Dies entspricht ungefähr der erfolgreichen Teilnahme an 20 Veranstaltungen im Laufe von 4 Semestern. Nach diesem Studienabschnitt tritt der Student vergleichbar mit deutschen Studiengängen in das Hauptstudium, das sog. *Major*, ein. In den folgenden, mindestens 4 Semestern sind weiterhin ungefähr 20 Veranstaltungen erfolgreich abzuschließen, d. h. also ca. 60 Credits zu erbringen. Diese Credits müssen schwergewichtig im Bereich Public Relations bzw. Journalismus (ca. 2/3) erbracht werden. Das 3. Drittel liegt im Bereich der Sozialwissenschaften.

Insgesamt sind also für den Abschluß des Bachelor's mindestens 8 Semester Studium notwendig, wobei je nach Universität etwas unterschiedlich ca. 40 Veranstaltungen erfolgreich belegt werden müssen, von denen ungefähr die Hälfte allgemeinbildende Veranstaltungen und die andere Hälfte spezielle Veranstaltungen für den Bereich Public Relations bzw. Sozialwissenschaften sind. Besonders hervorzuheben ist hierbei, daß im Normalfall im Rahmen des Public Relations-Studiums Praktika abgeleistet werden müssen, die durch universitäre Arbeitsgemeinschaften begleitet werden.

Da größere amerikanische Universitäten über eigene Zeitungen und Rundfunksender, in vielen Fällen sogar über eigene Fernsehstationen verfügen, wird die praktische Mitarbeit in diesen Bereichen in die Ausbildung mit einbezogen.

Auf dieses Studium baut sich das sog. *Graduate-Studium* auf, das in mindestens 3 Semestern zu absolvieren ist. In dieser Zeit findet eine fachliche Vertiefung im Bereich der Public Relations statt. Es müssen ca. 8–10 weitere Kurse erfolgreich absolviert werden. Am Ende des Studiums steht eine selbständige wissenschaftliche Arbeit. In Credits ausgedrückt, wären in diesem Studienabschnitt, dem Graduate-Studium, ca. 24 weitere Credits zu erbringen.

Aufbauend auf diesen Studienabschluß, dem Master of Science oder Master of Arts, ist es möglich, ein *Postgraduate-Studium* mit dem Abschluß des PH.D. anzuschließen. Dieses dauert nochmals mindestens 3 Semester und wird individuell in Zusammenarbeit mit einem betreuenden Professor und einem Prüfungskomitee geplant. Wie in deutschen Promotionsordnungen ist auch hier die eigenständige Forschungsarbeit und deren Veröffentlichung Mittelpunkt des Studiums.

Im folgenden Schema wird das eben Beschriebene noch einmal zusammengefaßt dargestellt. Die angegebenen Creditzahlen beziehen sich hierbei auf die Universität in Madison/Wisconsin; sie sind aber nach unseren Erfahrungen durchaus vergleichbar mit denen anderer amerikanischer Universitäten. Dies schließt jedoch nicht aus, daß sie in Einzelfällen erheblich differieren.

Semester	Bezeichnung	Fächer	Credits	Abschluß	Credits
1. – „Freshman“		Englisch			
		Fremdsprache	24		
2.		Mathematik			
		Humanwissenschaften	12		
		Sozialwissenschaften	12		
3. – „Sophomore“		Naturwissenschaften	12		
		(Pflicht: Biologie			
4.	under-	Physik)	(3 + 3)	./.	60
	graduate				
5. – „Major“		PR / Journalismus	30–40		
6.					
7.		Sozialwissenschaften	20–30		
8.				Bachelor	120
9.		PR/Journalismus	24		
		(Kurse für Fort-			
10.	graduate	geschrittene)			
		+ wissenschaftliche Arbeit			
11.				Master	+ 24
12.		individuelle Planung			
	post-	und eigenständige		Ph. D.	
13.		Forschung			
	graduate				
14.					

3. Entwurf der „Commission on Public Relations Education" zur PR-Ausbildung

Im Jahre 1975 gelangte „A Design For Public Relations Education" an die Öffentlichkeit, das von der „Commission on Public Relations Education" erstellt wurde. Diese Kommission wurde unterstützt von der „Public Relations Division of the Association for Education in Journalism" (AEJ) und der „Public Relations Society of Amerika" (PRSA). Mitglieder der Kommission, die sich 1973 konstituierte, waren: J. Carrol Bateman, Prof. Scott Cutlip, Milton Fairman, Prof. James Gruming, Prof. Otto Lerbinger, Betsy Ann Plank, Prof. Alan Scott.

Auf der Grundlage einer umfassenden Situationsanalyse zum Stand der Public Relations-Ausbildung sowie der Anforderungen der Public Relations-Praxis wurden Muster-Curricula für ein Undergraduate- und Graduate-Curriculum sowie Richtlinien für ein Ph.D.-Programm entwickelt. Dabei ist interessant, daß die Situationsanalyse, die weitgehend von Bateman und Cutlip erarbeitet wurde, zu ähnlichen Ergebnissen kam, wie sie für die Bundesrepublik Deutschland kennzeichnend sind:

- Die Qualifikation der Public Relations-Fachleute bleibt hinter den Anforderungen einer komplizierter und komplexer werdenden Gesellschaft zurück.
- Die PR-Ausbildung ist lückenhaft und unzureichend.

Bei dieser Zustandsanalyse ist zu berücksichtigen, daß die PR-Ausbildung in Amerika im Gegensatz zur Bundesrepublik bereits auf eine fast 30jährige Geschichte zurückblicken kann.

Das von der Kommission entwickelte „Design" soll der Fundierung und Vereinheitlichung der PR-Ausbildung in Amerika dienen. Die vorgeschlagenen Curricula für die einzelnen Ausbildungsgänge passen in den zeitlichen und organisatorischen Rahmen der universitären PR-Ausbildung, wie er auf den voranstehenden Seiten beschrieben wurde. Was die organisatorische Anbindung der PR-Curricula betrifft, hält die Kommission nicht nur die „Schools of Journalism" bzw. „Communication" für geeignet, sondern auch Institute für Betriebswirtschaftslehre, Verwaltungswissenschaft u. a.

Im folgenden werden die Curricula für die Ebenen des Undergraduate-, Graduate- und Postgraduate-Studiums vorgestellt.

I. Undergraduate Curriculum

1. Allgemeine Ausbildung

- Englisch
- Sozialwissenschaften: Psychologie, Soziologie, Ökonomie, Geschichte, Politische Wissenschaft
- Literatur, Kunst, Musik (humanities)
- Naturwissenschaft: Biologie, Physik, Geologie, Ingenieurwissenschaft

- 1 Fremdsprache oder Studium einer anderen Kultur
- Statistik
- Organisationssoziologie und Managementtheorie

2. Kommunikationsstudium

- Theorie und Prozeß der Kommunikation
  (interpersonal und massenmedial – in einer dynamischen und computerisierten Gesellschaft)
- Schreiben für die Massenmedien
  (Druck- und elektronische Medien, Informationssammlung, -aufbereitung, Schreiben für mündliche Kommunikation)
- Redigieren (für gedruckte und elektronische Medien.
  Selektion, Grammatik, Stil, Klarheit, Lesbarkeit)
- Layout und Design (Texte, Schrifttypen, Farben, Druckschriften)

Ein oder mehr Kurse von

- Prinzipien und Praxis der Werbung
  (Soziale, ökonomische Aspekte, Werbeforschung, Visualisierung)
- Medienrecht und Ethik
- Feature-Schreiben (Leserbedürfnisse, Struktur des Feature, Stilübungen)
- Einführung in Meinungs- und Marktforschung
- Massenmedienanalyse
  (Kontrolle, Inhalt, Rezipienten und Wirkungen von Presse, Hörfunk, Fernsehen und Film)

3. PR-Kernstudium

- Einführung in PR
  Theorie, Geschichte, Praxis der PR-Institutionen der Wirtschaft, Bildung, sozialen Wohlfahrt, der Regierung und der militärischen Dienste
  Prozess der öffentlichen Meinungsbildung
  Analyse von PR-Programmen
  Verantwortlichkeit, Ethik
  Berufsorganisation
  Berufsaussichten
- Zielgruppenmedien
- PR-Fallstudien
  (typische Probleme der PR in verschiedenen Einsatzbereichen. Anwendung von PR-Techniken)
- Hospitation oder Praktikum
  (Analyse eines PR-Problems, Entwicklung des PR-Plans, Realisierung des Plans und Erfolgsmessung)

4. Wahlveranstaltungen (eine oder mehrere der folgenden)

- Management – Kommunikation
  (Sprechen und Schreiben für Kommunikationsformen in Organisationen: Memorandum, Programmplanung, Präsentation, Reden-Schreiben, Bericht, Jahresbericht)
- Propaganda und öffentliche Meinung
  (Geschichte der Propaganda-Techniken, Anwendung von Motivationstechniken, Demographie des Publikums, soziologische und psychologische Aspekte)
- Redigieren, Herausgeben von Zeitschriften
  (Abläufe, Prinzipien, Probleme bei verschiedenen Zeitschriften-Arten einschl. Wirtschaftsjournalismus)

5. Ergänzungsstudium

Je nach erwünschtem Berufsfeld
- Betriebswirtschaftslehre, Volkswirtschaftslehre
  Marketing
  Management
  Finanzwesen
- Politische Wissenschaft, Regierungssystem
  Politische Soziologie
  u. ä.

II. Master's Level Curriculum

Auf der Basis des Undergraduate Curriculums soll der Student ein ausgewogenes Programm aus folgenden Kursen zusammenstellen:

1. Studium der Massenmedien
- Massenmedien und Gesellschaft
- Entwickelte Kommunikationstheorie
  (interpersonelle Kommunikation und Massenmedien, internationale Vergleiche der Massenmedien-Struktur)

2. Allgemeine PR-Studien

- PR – Recht und Ethik
- Aktuelle PR-Probleme, z. B.

  Wirtschaftsprobleme infolge der ökologischen Bewegung oder
  infolge der Verbraucherbewegung
  Vertrauenskrise der Regierung
  energiewirtschaftliche Probleme – infolge der Naturschutzbewegung

Auswirkungen des Bevölkerungswachstums
Kommunalpolitik angesichts von Bürgerinitiativen
Organisation und Management von PR-Agenturen und PR-Abteilungen
Fortgeschrittenenkurs – Meinungsforschung und Analyse sozialer Entwicklungen

3. Ergänzungskurse zur Spezialisierung

3.1 für Unternehmens-PR:
Betriebswirtschaftslehre, Volkswirtschaftslehre, Marketing, Betriebsfinanzen, Wirtschaftsrecht, Verbraucherbewegung

3.2 für staatliche PR:
öffentliche Verwaltung, fortgeschrittene Soziologie, kommunale Entwicklung, Umweltstudien

4. „Thesis-Seminar" (Examens-Seminar)

Entwicklung eines *originären* Forschungsplans über einen Aspekt der PR-Praxis (unter Anleitung einer Lehrperson)

III. Ebene des PH.D.

Postgraduate-Programme existieren bisher kaum.
Um die Flexibilität des interdisziplinären Ansatzes dieser Ausbildung nicht zu beschränken, werden hier keine spezifischen Kurse vorgeschlagen.

Im folgenden werden die PR-Ausbildungsprogramme der Universitäten von Austin/Texas und von Boston inhaltlich beschrieben.
Es handelt sich um Beispiele eines Undergraduate- bzw. eines Graduate-Studiums. Beide Ausbildungsprogramme sind von der *Commission on Public Relations Education* „akkrediert" worden.

4. Exemplarische Darstellung einer Undergraduate-Ausbildung: University of Texas at Austin

4.1 Organisatorisches

In Austin wird bislang nur ein Undergraduate-Programm angeboten, ein Graduate-Programm befindet sich in Planung. Die Dauer des Undergraduate-Programms beträgt 4 Jahre. Abschlußgrad ist der *Bachelor of Journalism.*

Die Zahl der PR-Studenten betrug 1979 über 200, davon waren Frauen die Mehrheit. 1977 haben 249 Studenten und 1978 haben 242 Studenten den Bachelor of Journalism erworben.

Das Department of Journalism beschäftigt insgesamt 24 Professoren verschiedenen Grades. Verantwortlich für die „PR-Sequence" sind zwei: Prof. Alan Scott und Assistant Prof. Melvin L. Sharpe. An der Lehre für PR-Studenten sind jedoch viele Professoren für Journalismus sowie anderer Pflicht- oder Wahlveranstaltungen beteiligt.

1 Praktiker ist ständiger Lehrbeauftragter.

Die „PR-Sequence" wird im Rahmen des Bachelor of Journalism absolviert. Sie stellt eine Spezialisierung dar, die nicht titelmäßig erkennbar ist.

Der Bachelor of Journalism (B. J.) ist einer von 4 möglichen Abschlüssen, die im „College of Communication" erworben werden können; die anderen sind:

1. Bachelor of Science (B. S.) in Advertising
2. Bachelor of Science in Radio-Television-Film
3. Bachelor of Science in Speech

4.2 Curriculum-Struktur

4.2.1 Lernziele

Das Curriculum soll den Studenten einerseits einen soliden „background" von Fertigkeiten (Skills) im Nachrichten-Schreiben und graphischer Gestaltung, andererseits ein gründliches Sachwissen, das für die einführende PR-Arbeit erforderlich ist, vermitteln.

PR beinhalten das Management der internen und externen Kommunikationsinstrumente einer Organisation. Deshalb sind die Studenten aufgefordert, solche Kurse zu belegen, die folgende Gegenstände behandeln:

1. das Verständnis von Kommunikation, Persuasion, Wandel, Rückkoppelungsmechanismen und
2. Organisationstheorien und Methodologien, um mit Publika zu kommunizieren, deren Reaktionen für die Entwicklung effektiver Managemententscheidungen zu berücksichtigen sind.

Originalität, Beachtung des Details, Wille zur Arbeit und die Fähigkeit, sich wirkungsvoll auszudrücken, sind Voraussetzungen für die PR-Arbeit.

4.2.2 Gliederung

Das Curriculum für PR gliedert sich in

1. Allgemeines Grundstudium (2 Jahre)
2. Hauptstudium (2 Jahre)
2.1 Journalistische Pflicht- bzw. Wahlpflichtkurse

2.2 *Empfohlene Kurse* (Wahlkurse)
Journalistische Kurse
Kurse aus anderen Disziplinen

Das Allgemeine Grundstudium gilt für alle Journalismus-Studenten. Im Hauptstudium können die Studenten einen speziellen Schwerpunkt wählen, entweder Public Relations oder Nachrichten und „Public Affairs"-Berichterstattung, Magazin-Journalismus, Radio- und Fernsehnachrichten, Fotojournalismus.

4.3 Pflichtkurse Journalismus

(1) Writing for the Mass Media

Einführung in grundlegende Fertigkeiten des Schreibens und der Faktensammlung im Journalismus, in Werbung und Public Relations für gedruckte und elektronische Medien.

(2) Copy Editing

Grundlagen des Redigierens für gedruckte Medien einschl. Auswahl, Abfolge und Anordnung von Nachrichten und anderen Informationen; Untersuchungen über Leserinteresse, Lesbarkeit, Klarheit, Beurteilung und Stil.

4.4 Wahlpflicht-Kurse

(1) News Reporting

Fortgeschrittene Fertigkeiten im Sammeln und Schreiben von Nachrichten für Print-Medien (Lektüre und praktische Übung)
oder

(2) Feature Writing

Verfahren zur Materialsammlung für Feature-Stories mit besonderem Gewicht auf Zeitungsartikeln; Analyse von Leserverhalten; Untersuchung der Struktur von Feature-Stories; Entwicklung des Stils durch praktische Übungen.

(3) Principles of Public Relations

Prinzipien und Methoden zur Erhaltung von „Good-Will" und „Publicity"; Prozeß der Beeinflussung der öffentlichen Meinung; Analyse der Massenmedien; Public Relations; Durchführung von Public Relations-Programmen.

(4) Graphics of Journalism

Gestaltung und Produktion von Magazinen und Public Relations Material. Richtlinien für Design, Typographie, Druckvorlagen, Fotoausstattung, Druckprozesse und Farbreproduktion.

(5) Public Relations: Specialized Media
Gebrauch der Massenmedien, um Motivation von verschiedenen Publikumsgruppen zu erreichen; Theorie und Beschaffenheit spezieller Medien.

(6) Theories of Mass Communication
Vergleichende Untersuchungen über Theorien der Kommunikation durch Massenmedien; Theorien der Wahrnehmung und Kommunikation; Information und Rückkopplung.

(7) Public Relations Campaigns
Planung und Aufbereitung von publizistischem Material für verschiedene Medien; Anwendung von Public Relations-Techniken, Analyse laufender Public Relations-Kampagnen.

(8) The Mass Media and Society
Vorlesungen, Lektüre, Filme, Diskussionen über die Funktionen, Rollen und die soziale Verantwortung der Massenmedien in der modernen Gesellschaft.

(9) Media Law and Ethics
Soziale und ethische Verantwortlichkeiten; Rechte und Einschränkungen einschl. der konstitutionellen Garantien.

(10) History of Journalism
Entwicklung der Massenmedien; soziale, ökonomische und politische Faktoren, die zu ihrem Wandel beigetragen haben.

4.5 Wahlkurse aus dem Journalismus-Bereich

– Broadcast News
Reporterbericht, Schreiben, Mikrophon- und Kameratechnik, Nachrichtenfilm.

– Projects in Professional Experience
Individuelle Projekte, die von Studenten organisiert und von Dozenten beaufsichtigt werden.

– Photographic Communication
Eine Einführung in die Auswertung, die Diskussion und die Verwendung von Fotografien.

– Photography
Kameratechnik; ästhetische kommunikative und technische Anforderungen an die Fotografie (Lektüre und praktische Übungen).

– Politics and Publicity
Herstellung von öffentlicher Meinung im politischen Machtkampf; politische Führung und die Presse; der Gebrauch der Kommunikation in demokratischen Prozessen.

– Media Management

Zeitungs- und Rundfunkmanagement, Entscheidungsprozesse in den Bereichen Durchführung, Personal, Inhalt, Verkaufsförderung, Finanzwesen und staatliche Regelungen.

4.6 Wahlkurse aus anderen Disziplinen

(1) Werbung

– Introduction to Advertising

Funktionen der Werbung; Rolle im Marketing/Kommunikationsmix; ökonomischer und sozialer Einfluß; Institutionen und Medien der Werbung; Kampagnen; Bedeutung für Industrie und Handel.

(2) Sprache

– Principles of Speech Communication

Analyse und Übung interpersoneller Sprachkommunikation.

– Persuasion: Motivation

Studium der motivationalen Faktoren, die im Überzeugungsprozeß Glauben und Handeln absichern.

– Communication and Social Change

Studium der bewegenden Momente im Prozeß sozialen Wandels; Ausrichten von Aussagen; Strategien des sozialen Wandels; Symbolismus und der Gebrauch der Medien für die Diffusion von Innovationen.

(3) Hörfunk, TV, Film

– The Electronic Culture

Studium der wechselseitigen Beziehungen zwischen elektronischen Medien und Gesellschaft sowie gesellschaftlicher Entwicklung.

– Introduction to Image and Sound

Grundinformationen, Fertigkeiten und Theorien, die zur Kommunikation mit auditiven und visuellen Medien befähigen; wechselseitige Beziehung zwischen Ton, Bild, Redigieren, Bewegung, Musik, Dekor und anderen Komponenten einer Medienbotschaft.

– Television Production I

Grundfertigkeiten und Praktiken in der Produktion und Koordination von Bild und Ton in elektronischen Medien; Kostenprobleme.

(4) Kurse außerhalb von „Communication“

– Management (3 Kurse)
– Marketing (3 Kurse)

- Business Communications (2 Kurse)
- Business Law
- Finance
- Accounting (3 Kurse)
- Art (3 Kurse)
- Drama
- Anthropology (2 Kurse)
- Economics (4 Kurse)
- English
- Government (5 Kurse)
- Philosophy (4 Kurse)
- Psychology (3 Kurse)
- Sociology (6 Kurse)
- Home Economics

4.7 Zum Praxisteil des Studiums

4.7.1 Praxisveranstaltungen, Trainingskurse

(1) Viele der journalistischen Pflicht- und Wahlpflichtkurse sind mit praktischen Übungen verbunden (u. a. casestudies).

(2) „High Noon Agency“
Diese PR-Agentur wird von max. 15 fortgeschrittenen PR-Studenten dargestellt; ein Mitglied des Department of Journalism steht ihr als „Präsident“ vor. Die Agentur ist arbeitsteilig gegliedert und arbeitet für „echte“ Klienten. Als Klienten werden nur kleine Firmen oder Organisationen mit begrenzten Ressourcen für PR-Aktivitäten akzeptiert (meistens Non-Profit-Organisationen), denn die Agentur agiert als Non-Profit-Organisation und konkurriert nicht mit professionellen PR-Firmen.
Die Studenten arbeiten PR-Pläne aus, kaufen erforderliche Dienstleistungen ein und überwachen die Durchführung.

(3) Die Studenten können an der universitätseigenen Zeitung, dem Hörfunk- und Fernsehprogramm der Universität mitarbeiten.

4.7.2 Praktiker-Beteiligung

(1) Die verantwortlichen Hochschullehrer haben selber einige Jahre Praxiserfahrung.

(2) Ein PR-Praktiker ist fest angestellt.

(3) Praktiker als Gastdozenten sind an einzelnen Lehrveranstaltungen beteiligt.

4.7.3 Zusammenarbeit mit Betrieben, Medien und anderen Organisationen

(1) Die „Public Relations Student Society" (Teil der PRSA) organisiert Begegnungen mit Praktikern, veranstaltet Seminare und Symposien.
(2) Die Studenten nehmen Praktika im externen PR-Bereich wahr. Bei der Vermittlung hilft die Universität.

4.7.4 Anleitungen für die Praxisausbildung

(1) Es gibt kontrollierte Anleitungen für die Praxis in der „High Noon Agency".
(2) Ob die externen Praktika angeleitet und ausgewertet werden, konnte nicht festgestellt werden.

4.7.5 Technische Ausstattung

Die universitätseigene Verlagsgesellschaft „Texas Student Publications, Inc." publiziert fünfmal wöchentlich die Zeitung „The Daily Texan", außerdem das Jahrbuch „Cactus" und vierteljährlich das Magazin „UTmost".

Darüber hinaus besitzt die Universität Produktions- und Sendeanlagen für Hörfunk und Fernsehprogramme sowie für ein Bildungsfernsehen, das besonders die Region Austin und San Antonio versorgt.

Zusätzlich steht den Wissenschaftlern und Studenten ein Computer-Rechenzentrum zur Verfügung.

5. Exemplarische Darstellung einer Graduate-Ausbildung: Boston University, School of Public Communication

5.1 Allgemeines

An der Boston University ist die PR-Ausbildung in die School of Public Communication eingegliedert. Diese wiederum ist unterteilt in 2 Departments – das Communication Department und das Department of Journalism. Die PR-Ausbildung ist Teil des Studienangebots im Communication Department.

Insgesamt wurden im Jahre 1980 an der School of Public Communication ca. 600–700 Studenten ausgebildet. Davon entfielen ca. 300 auf den Bereich PR. Diese Angabe bezieht sich sowohl auf die Undergraduate- als auch auf die Graduate-Ebene. Die Veranstaltungen wurden von insgesamt ca. 30 Lehrkräften getragen.

Eine spezielle PR-Ausbildung gibt es an der Boston University seit 1947. Dieses war das erste akademische PR-Programm in den Vereinigten Staaten.

Das Ziel der PR-Ausbildung in Boston besteht darin, die Studenten auf eine Tätigkeit sowohl in Unternehmen als auch in politischen Institutionen und Not-for-Profit-Organisationen vorzubereiten. Durch ihre Mitwirkung sollen sie zu einem besseren gegenseitigen Verständnis und zu einer stärkeren Kooperation zwischen verschiedenen Individuen, Gruppen und Institutionen einer modernen Gesellschaft beitragen.

Wesentliches Merkmal des Bostoner Ausbildungsprogramms ist das Verständnis von Public Relations als Managementfunktion. Daraus erfolgt eine starke Betonung von Managementmethoden und -fähigkeiten.

In Vorbereitung auf gehobene, mit hohen Anforderungen ausgestattete Positionen sollen die PR-Absolventen in die Lage versetzt werden, Kommunikationsstrategien zu erarbeiten und Kenntnisse über die öffentliche Meinung und menschliches Verhalten dazu einzusetzen, organisationale und soziale Ziele zu fördern und zu erreichen.

Dazu werden ihnen nicht zuletzt PR-relevante sozialwissenschaftliche Inhalte, insbesondere der Psychologie, Soziologie und Politologie, vermittelt.

Die starke Gewichtung von Lehrinhalten innerhalb des M. A.-Programms, die für leitende PR-Tätigkeiten qualifizieren sollen, resultiert daraus, daß die Studenten in aller Regel vorher bereits innerhalb des B. A.-Studiengangs ausführlich Gelegenheit hatten, sich technische Fähigkeiten wie z. B. Produktion audivisueller Materialien oder Sprachtechnik anzueignen.

Der Beherrschung solcher Fähigkeiten wird insbesondere auf der Eingangsstufe im PR-Beruf eine wesentliche Bedeutung beigemessen.

5.2 Curriculum-Struktur

Das PR-Studium gliedert sich in zwei Hauptblöcke

1. Pflicht- und Wahlpflichtveranstaltungen
2. Spezialisierungsgebiete

(1) Pflicht- und Wahlpflichtveranstaltungen

Innerhalb dieses Ausbildungsblocks, der zur Aufgabe hat, ein Grundlagenwissen zu vermitteln, bestehen wiederum drei Ausbildungsbereiche

- Grundlagen der Public Relations und Kommunikation
- Kommunikationstechniken
- Praktische Übungen

Innerhalb dieser einzelnen Ausbildungsbereiche ergeben sich nun jeweils Pflichtveranstaltungen (*) und Wahlpflichtveranstaltungen.

Required and Elective Courses

Foundations For Public Relations and Communication

*Choose one:

*Contemporary Public Relations

Contemporary Advertising

Contemporary Mass Communication
Communication Process
Contemporary Social Change

*Choose one:
Corporate Public Relations
Public Relations for Health, Education and Welfare
Governmental Public Relations

*Choose one:
Computers in Communication
Introduction to Communication Research

Communication Techniques (two required)

Print Media and Editing
Publicity: Introduction to Principles and Methods
Audio-Visual Production
Writing for Public Communicaton or Writing for International Students*
Communication Campaign Planning
Oral Presentations
Advanced Writing for Public Communication
Applied Television Production
Informational Film
Magazine Writing

Practicum (one required)
Problem Solving in Communication
Public Relations Agency Administration and Counseling
Graduate Internship
Residency

(2) Spezialisierungsbereiche
Insgesamt werden vier Spezialisierungsbereiche angeboten, und zwar

- Unternehmenskommunikation
- Public Affairs
- International Public Relations
- Kommunale Entwicklung

Den Studenten wird vorgeschlagen, sich auf einen dieser vier Bereiche zu spezialisieren und darin mindestens zwei der angebotenen Veranstaltungen wahrzunehmen.

Areas of Concentration

Corporate Communication:
Organizational Structure and Behavior

Organizational Communication
Marketing Management

Public Affairs:

Issues in First Amendment Communication
Public Opinion Dynamics
Seminar: Pressure Groups, Public Interest, and Public Relations Power
Mass Movement Ideologies of the Twentieth Century

International Public Relations:

Communication and National Development
Social Processes in Institutional and Community Development
Propaganda in International Affairs
Seminar in Public Diplomacy
International Communication

Community Development:

Urban Communication
Social Processes in Institutional and Community Development
Fund Raising for Institutional Development

(3) Kurzbeschreibung der Veranstaltungen

Contemporary Public Relations

Wissensgebiete und Disziplinen, auf denen Public Relations beruhen, die integriert sind und Bezug haben zur gegenwärtigen Berufspraxis; die Rolle der Kommunikationstechniken und -forschung im Bereich der PR-Programmentwicklung; Anwendung der Prinzipien und der Praxis von Public Relations hinsichtlich der Lösung von Problemen, die aus aktuellen Fallstudien herausgezogen sind.

Contemporary Advertising

Überblick über die Natur, Funktion, Praxis sowie die sozialen ökonomischen und psychologischen Aspekte der Werbung; Studentengruppen entwerfen Werbepläne, entwickeln Kampagnen und untersuchen Probleme des Werbebudgets, der Kreativität, der Produktion, der Ethik etc.

Contemporary Mass Communication

Überblick über die Organe der Massenkommunikation, die als einflußreiche ökonomische und soziale Institutionen begriffen werden; Tageszeitungen, Zeitschriften, Fernsehen und Kabelfernsehen, Radio, Bücher, Filme, Werbung, PR, Schallplatten, Video- und Audio-Kassetten; Einsatz von Computern bei der Edition und Produktion. Spezialisten dienen als Diskussionsleiter.

Values for Public Relations

Gegenseitige Rechte und Pflichten in der öffentlichen Kommunikation innerhalb und zwischen modernen Institutionen und Personen, die in den Institutionen arbeiten; u.a. Ethik, soziale Werte und soziale Verantwortung.

Theory & Process of Communication

Der Prozeß der interpersonellen Gruppen- und Massenkommunikation; Überzeugung, Werthaltung und Meinung und andere Prinzipien der Psychologie und Sozialpsychologie, bezogen auf den Kommunikationsprozeß.

Contemporary Social Change

Der Berater als ein „Agent der Veränderung"; Theorien des sozialen Wandels und Implikationen für die PR-Praxis; Auswirkungen der Veränderung in der Bevölkerung, in den sozialen Organisationen, in der Technologie und den Werten des modernen Lebens; Fallstudien aus amerikanischen und internationalen Quellen.

Corporate Public Relations

Die sozio-politische Umwelt der Wirtschaft und der Einfluß der öffentlichen Meinung auf Unternehmenspolitik; typische Kommunikationsprogramme von Unternehmen im Bereich Marketing, Mitarbeiterbeziehungen, Finanzbeziehungen und Unternehmens-Regierungsbeziehungen; Philosophie unternehmerischer Sozialverantwortung, Meßmethoden der sozialen Ansprache.

Public Relations for HEW (Health, Education, Welfare)

Prinzipien und Praxis der öffentlichen Kommunikation in sozialen, Gesundheits- oder Erziehungsinstitutionen; Public Relations und Kapitalbeschaffung, unter besonderer Beachtung der Rekrutierung freiwilliger Mitarbeiter und der internen und externen Beziehungen auf lokaler, regionaler und nationaler Ebene.

Government Public Relations

Public Relations von Regierungen in diesem Jahrhundert; besondere Beachtung der aktuellen PR-Programme auf nationaler, regionaler und lokaler Ebene; Probleme des öffentlichen Kontaktes, d. h. Personalrekrutierung, Zweck, Handeln und Öffentlichkeit der jeweiligen politischen Institutionen; Forschung über Partizipation im Feld der öffentlichen Verwaltung.

Introduction to Communications Research

Einführung in die Methodologie der Verhaltenswissenschaften, bezogen auf Kommunikationsforschung incl. Forschungsdesign, Datenerhebung und -analyse.

Print Media and Editing

Aufgaben und Funktionen eines Herausgebers als kreativer Interpret von Nachrichten gegenüber zahlreichen Öffentlichkeiten innerhalb und außerhalb der Organisation; technische Fertigkeiten, Betonung der grafischen Aspekte des Designs und der Produktion.

Media of Communication

Intensive Einführung in das Schreiben und die Produktionstechniken bezüglich audiovisueller Medien; studentische Produktionsgruppen schreiben Skripts, produzieren Ton und Bild, Super 8-Filme und Videopräsentationen.

Publicity

Heranführung der Studenten an verschiedene Techniken, die im Bereich der Medien der Massenkommunikation benutzt werden, einschl. Tages- und Wochenzeitungen, Zeitschriften, Radio, Fernsehen und Film; Praktiker präsentieren Publicity Probleme.

Writing for Public Relations

Einführung in grundlegende publizistische Formen wie Nachrichten, Features, Editorials, Artikel etc.

Communications Campaign Planning

Die Verantwortung eines Managers, der für die Kommunikationsplanung zuständig ist, im Bereich der Problemlösung und Entscheidungsfindung; Studenten identifizieren signifikante soziale Probleme und führen Analysen durch, definieren Ziele, entwickeln Nachrichten und Medienstrategien, organisieren Ablaufdiagramme, determinieren Budgets, entwickeln Methoden der Erfolgskontrolle und präsentieren Vorschläge.

Oral Communications

Studium und Anwendung der Prinzipien mündlicher Präsentation, Überzeugung und Interviewtechnik; Inhalte effektiver Vorbereitung und Verkündung informativer und überzeugender Präsentationen; Betonung auf Selbstkritik zur eigenen Weiterentwicklung.

Advanced Writing for Public Communication

Professioneller Work-Shop zur Fortsetzung der Einführungsveranstaltung.

Applied TV Production

Studiolehrgänge mit besonderer Betonung konzeptioneller und planerischer Aspekte der Fernsehproduktion bezogen auf Studenten, die beabsichtigen, im Bereich der Werbung, der industriellen Kommunikation oder ähnlicher Berufe tätig zu sein.

Informational Film

Grundlagen des Filmdesign und Produktion kurzer Filme.

Magazine Writing

Studenten lernen die Recherche und das Schreiben längerer Zeitschriftenartikel auf einem hohen Zeitschriftenniveau.

Problem Solving in Communication

Entwicklung von Fertigkeiten beim Schreiben von Kommunikationsprogrammen, basierend auf schriftlichen Zusammenfassungen aktueller Fälle aus dem Bereich der Wirtschaft, der Not-for-Profit-Organisationen, Organisationen des Erziehungswesens; Vergleich der studentischen Lösungen mit den tatsächlichen Problemlösungen; Kleingruppenarbeit.

Public Relations Agency Administration and Counselling

Die Aufgaben von PR-Agenturen und der PR-Beratung; Probleme der Organisation, der personellen Ausstattung, des Budgets, der Programmentwicklung und der Kundenberatung; Planung und Durchführung von PR-Programmen unter der Anleitung von Lehrkräften.

Graduate Student Internship

Studenten werden in PR- oder Kommunikations-Abteilungen der Industrie, des Erziehungswesens oder von Regierungsinstitutionen untergebracht; Arbeit unter Anleitung; zusammenfassender Bericht mit einer Bewertung der Praktikumserfahrungen am Ende des Semesters.

Graduate Student Residency

Studenten arbeiten ganzzeitig 1 Semester lang oder während der Sommerferien in einem Bereich der Kommunikation; auswertender Bericht über die Erfahrungen.

Organizational Structure & Behavior

Die Organisationsstruktur und das Verhalten im Wirtschaftsbereich, im militärischen Bereich, in der Forschung, im Gesundheitsbereich und in Kommunen; Kommunikationsprozesse, Konzepte administrativer Kommunikation, Problemlösungsprozesse, Koordinationsprobleme und Kontrolle; Überzeugung als administratives Mittel; analytische Betrachtung der Dezentralisation.

Organizational Communication

Studien kommunikativer Strukturen und Verhaltensweisen in Organisationen, auf interpersoneller Kleingruppen- und Systemebene; Betrachtung von Kommunikationskanälen und -beziehungen und organisationaler Kommunikationstechniken, Kommunikation auf Managementebene, Praxis und Fertigkeiten.

Public Opinion Dynamics

Trends in der öffentlichen Meinung betreffend die Vereinigten Staaten und ihre Position in Weltproblemen; Kräfte, die Gruppenhaltungen und öffentliche Politik beeinflußt haben.

Pressure Groups

Die Rolle von öffentlichen Interessengruppen; Interessen von Öffentlichkeiten, die Gruppen dienen oder diese beeinflussen; Regierungskontrolle; Betrachtung typischer Pressure- oder Ideengruppen.

Mass Movement Ideologies

Ideologien von Massenbewegungen, die die politische, soziale und ökonomische Umwelt beeinflußt haben; elitäres Führungsverhalten und die Beeinflussung von Massen; Massenmeinungen und deren Analyse; die Auswirkungen von Ideologien im Kampf zwischen demokratischen Regierungen und nichtdemokratischen Staaten.

Communicaton & National Development

Die Rolle von Kommunikation in der sozialen, ökonomischen und politischen Entwicklung von Nationen; Probleme der Entwicklung und der Unterentwicklung anhand von Fallstudien und theoretischen Überlegungen.

Social Processes

Theorie und Prozeß der sozialen Aktion; Individuen, Gruppen und Institutionen und ihr Einfluß im Bereich des sozialen Wandels; Kommunikation und soziale Aktionsmodelle und ihre Implikationen im Bereich des sozialen Wandels; Kommunikation und soziale Aktionsmodelle und ihre Implikationen für Sozialpolitik und Planung; Fallstudien.

Propaganda in International Affairs

Propaganda und psychologische Kriegsführung, Fallstudien, soziale und politische Implikationen; verschiedene Methoden der Überzeugung und die Nutzbarmachung von Massenmedien bezogen auf freie Gesellschaften, unfreie Staaten und unterentwickelte Gebiete.

Seminar in Public Diplomacy

Analyse internationaler Beziehungen im 20. Jahrhundert, soweit sie von Medien der Massenkommunikation beeinflußt worden sind; Fallstudien.

International Communication

Faktoren internationaler Kommunikation; kulturelle, wirtschaftliche, politische und soziale Auswirkungen; die Rolle der Kommunikationsmedien beim sozialen Wandel; Kommunikationsprobleme in sich entwickelnden Ländern.

Urban Communications

Einführung in städtische Probleme; Kommunikationstheorien der Stadt, neue städtische Kommunikationstechniken, Bürgerbeteiligung, städtische PR-Funktionen, Fallstudien.

Social Processes in Institutional and Community Development

Theorie und Prozeß der sozialen Handlung; Modelle der Kommunikation und des sozialen Handelns und ihre Implikationen für Sozialpolitik und -planung; Fallstudien.

Fund Raising for Institutional Development

Kapitalbeschaffung von Not-for-Profit-Institutionen, Theorien der Kapitalbeschaffung und Anwendung auf aktuelle Probleme.

5.3 Studiendauer und Semesterverteilung

Die Veranstaltungen innerhalb der beschriebenen Ausbildungsblöcke erstrecken sich jeweils über 3 Semesterwochenstunden. Insgesamt beträgt die Studiendauer auf dem Graduate Level 3 Semester. Innerhalb dieser 3 Semester sind mindestens

12 Veranstaltungen zu absolvieren, so daß insgesamt mindestens 36 Semesterwochenstunden belegt werden müssen.

5.4 Besonderheiten der Boston-Ausbildung

Neben der normalen Studentenausbildung wird in Boston auch Berufspraktikern die Gelegenheit gegeben, in Abendlehrgängen das Examen in Public Relations zu erwerben. Die Anforderungen sind identisch mit denen des normalen Studienprogramms, wobei die Veranstaltungen allwöchentlich an Werktagen von 17.30 Uhr–20.30 Uhr abgehalten werden.

6. Anforderungen der Berufspraxis und wissenschaftliches Angebot

6.1. Die Nachfrage nach PR-Spezialisten

Über die Möglichkeiten für PR-Fachleute in der Berufspraxis, aber auch über die Anforderungen, die die Praxis an eine wissenschaftliche PR-Ausbildung stellt, informierte sich die Reisegruppe bei der amerikanischen PR-Gesellschaft (PRSA) der größten PR-Agentur der Welt, Hill & Knowlton, New York, und einer mittleren selbständigen PR-Agentur, der Fa. Edelman, Chicago.
Die Gesamtzahl der Beschäftigten im Sektor PR wird in den USA auf ca. 100.000 Personen geschätzt, und es kann davon ausgegangen werden, daß sich diese Zahl im Laufe der 80er Jahre um mindestens 20% erhöht. Vor allem in Non-for-Profit-Organisationen wird allgemein mit einem überdurchschnittlichen Anstieg gerechnet, da – durch die gravierenden Veränderungen der Umwelt bedingt – Öffentlichkeitsarbeit mit einem „time lag“ in diese Institutionen jetzt verstärkt Eingang findet. Dabei scheint sich übrigens die Mehrzahl der Studierenden eher für kommerzielle PR zu interessieren, unter anderem aus finanziellen Erwägungen. Der Anteil der Interessenten für spätere Tätigkeiten bei Verbänden, Regierungsstellen und sozialen Organisationen ist jedoch wachsend.

Sicherlich: Der Bereich der Profit-Organisationen ist von seinem Volumen her auch in Zukunft wichtig; die weitaus größten Agenturaufträge kommen von kommerziellen Unternehmen, obwohl sich die Agenturen inzwischen auch auf andere Aufgabengebiete eingestellt haben, z. B. auf „Government Relations“ oder „Employee Relations“ (PR in den Sektoren Politik bzw. Arbeitsmarkt).

6.2 Aufgabengebiete innerhalb der PR als Anforderungskatalog

PR als Informationsinstrument ist – das wurde in verschiedenen Aufsätzen deutlich – wissenschaftlich nicht exakt von anderen Instrumenten abgrenzbar; dieser Umstand führt in der Berufspraxis u. U. zu einem Verschwimmen der Konturen, beispielsweise zwischen PR, Product Promotions oder Public Affairs. Die Konsequenz daraus kann einmal sein, daß in Zukunft bereits in der wissenschaftlichen Ausbildung auf eine saubere Trennung Wert gelegt werden muß; zwangsläufig bietet sich jedoch auch die Schlußfolgerung an, daß in Zukunft PR-Fachleute gefragt sind, die trotz aller Abgrenzungsversuche ihr eigenes Betätigungsfeld nicht zu eng sehen dürfen. Noch weiter gehend: Sie müssen Grundkenntnisse der Methoden und des Wirkungsspektrums dieser Nachbardisziplinen mitbringen, denn Kommunikation entfaltet sich in immer stärkerem Maße auf der Basis einer *kommunikativen Gesamtplanung* mit dem Ziel, für eine bestimmte Organisation eine Corporate Identity aufzubauen und zu pflegen, unabhängig davon, ob es sich um ein kommerzielles Unternehmen oder um eine Institution handelt, die satzungsgemäß keine Gewinnerwirtschaftung anstrebt.

Kommunikationsmethoden können nur dann zweckmäßig eingesetzt werden, wenn der PR-Spezialist etwas von den *Inhalten* versteht, die er kommunizieren will. Das setzt voraus, daß Entscheidungszusammenhänge innerhalb der Organisation transparent gemacht werden können, daß außerhalb das Geflecht zwischen der Organisation und ihren zahlreichen externen Teil-Öffentlichkeiten inhaltlich analysiert werden kann, um anschließend die notwendigen strategischen Maßnahmen zu treffen. Dazu braucht der zukünftige PR-Fachmann mehr als bisher betriebs- und volkswirtschaftliche, politische und juristische Fachkenntnisse, z. B. im betriebswirtschaftlichen Bereich über das Planungs-, Informations-, Organisations- und Führungssystem eines Unternehmens, die integrative Funktion des Marketing für unternehmerische Funktionsbereiche wie Absatz, Personal und Finanzen. Spezielle Bereiche wie „Financial PR" oder „Real Estate PR" (Finanzmarkt-PR bzw. PR im Immobiliensektor) nehmen an Bedeutung zu, ebenso aber auch beispielsweise „Government Relations" und „Employee PR".

Die PR-Abteilung stellt die Schnittstelle in einem kommunikativen Netz dar, die von dem Stelleninhaber aber noch mehr abverlangt: Den Umgang mit Menschen. Kommunikation findet nur teilweise ausschließlich auf medialem Wege statt, in der Mehrzahl der Fälle ist die personale Kommunikation beteiligt oder sogar einziger Übermittlungskanal. Grundlegende Verhaltensmuster sind erlernbar bzw. trainierbar, und die sozialpsychologische Dimension ergänzt und erweitert die methodischen und inhaltlichen Anforderungen und formuliert ihrerseits Anforderungskriterien, die das Bild des PR-Fachmannes abrunden.

Darüber hinaus muß der Öffentlichkeitsarbeiter sich selbstverständlich ein umfassendes Wissen über die Wege und Formen der gesellschaftlichen Meinungs- und Willensbildung, insbesondere die sog. Massenmedien aneignen, um seine Anliegen gezielt in die öffentliche Diskussion einbringen zu können. Selber zweckentsprechend schreiben und mit anderen Kommunikationsfachleuten wie Journalisten, Werbefachleuten, Graphikern und Kommunikationsforschern zusammenarbeiten zu können, ist eine unabdingbare Berufsqualifikation. Nicht zuletzt sollten neue Kommunikations- und Medientechnologien rechtzeitig im Hinblick auf ihre Verwertbarkeit für die Öffentlichkeitsarbeit geprüft werden.

7. Zusammenfassung

7.1 Zum Theorie-Praxis-Verhältnis

Prinzipiell besteht das Studienangebot aus theoretischen und praktischen Anteilen. Dabei unterscheiden sich das Graduate- und Undergraduate-Studium dadurch, daß das erstere einen höheren Anteil an Theorieveranstaltungen vorschreibt. Viele Veranstaltungen sind insofern praxisorientiert, als sie nach einer Lektürephase praktische Übungen anschließen.

Die praktische Ausbildung der PR-Anwärter hat in den USA einen wesentlich höheren Stellenwert als in Deutschland. Dies wird u. a. in der außerordentlich guten und umfassenden Ausstattung vieler Universitäten mit journalistischer Produktionstechnik deutlich.

7.2 Zum interdisziplinären Angebot

An der theoretischen Ausbildung sind alle Fächer, die die gesellschaftlichen, institutionellen und organisatorischen Bedingungen sowie die Ausbildung analytischer, planerischer und organisatorischer Fähigkeiten betreffen, beteiligt. Allerdings besteht in der Auswahl der Fächer für den Studenten eine große Freiheit. Dies hat den Nachteil, daß an vielen Veranstaltungen außerhalb des Kommunikationsfaches nicht nur PR-Studenten, sondern auch solche mit ganz anderen Hauptfächern und entsprechenden Interessen teilnehmen können.

7.3 Zur organisatorischen Anbindung

Die PR-Ausbildung findet zum größten Teil im Rahmen von Fachbereichen der Kommunikation und Business-Administration (Betriebswirtschaftslehre) statt. Wie aus vielen Gesprächen mit Dozenten zu erfahren war, scheint diese formelle Zuordnung jedoch nicht entscheidend zu sein, wichtiger ist vielmehr die inhaltliche Durchführung des Studiums. Die Nähe zu universitätseigenen journalistischen Produktionsstätten ist allerdings wichtig.

Zwar gibt es keine eigenen Fachbereiche für Public Relations-Ausbildung, jedoch ist Public Relations als Studienschwerpunkt im Hauptstudium auch institutionell mit entsprechend verantwortlichen Professoren ausgewiesen. Der Studienabschluß wird zumeist mit dem B.A., B.J., M.A. oder PH.D. im Fach Journalismus oder Kommunikation gemacht. Es gibt Ausnahmen; so kann z. B. an der San Jose State University der B.A. in *Public Relations* am Department of Journalism & Mass Communications erworben werden.

7.4 Die Anforderungen der Berufspraxis

Wie nicht anders zu erwarten, genießt die Praxisorientierung eines Ausbildungsganges in PR einen hohen Stellenwert in seiner Beurteilung durch die Berufspraxis.

Praxisorientierung heißt, daß die zukünftigen PR-Anwärter noch während ihres Studiums durch Praktika, Fallstudien und die Einbeziehung von Praktikern in die Unterrichtsgestaltung auf die Anforderungen der Praxis vorbereitet werden.

Das reicht aber oftmals nicht aus, um sofort nach Abschluß der Ausbildung voll in den Beruf „einsteigen" zu können: Die größeren Unternehmen und Agenturen bieten daher Absolventen zunächst Trainee-Programme an, bevor diese mit der Karriereplanung selbständig beginnen können.

Daraus auf eine grundsätzliche Kritik an dem bestehenden Ausbildungssystem in den USA schließen zu wollen, wäre allerdings voreilig. Frage ist, ob eine Ausbildung überhaupt das Ziel haben kann, eine nahtlose Überführung der Absolventen in die berufliche Praxis zu bewerkstelligen. Nach allen Erfahrungen ist das nicht realisierbar und im Sinne der zweckentsprechenden Karriereplanung auch gar nicht wünschenswert: Eine abgestimmte theoretische und praktische Berufsausbildung sollte anstreben, eine möglichst rasche Orientierungsmöglichkeit in dem späteren Berufsfeld sicherzustellen, dem angehenden Spezialisten in jedem Falle ein theoretisches Rüstzeug mitzugeben, auf dem er seine praktische Tätigkeit aufbauen kann und das ihm vor allem Chancen für ein kontinuierliches berufliches Fortkommen einräumt.

Literatur

Boston University Bulletin, School of Public Communication, Volume LXIX, Number 17, Boston 1980.

Bulletin of the University of Wisconsin/Madison, College of Letters and Science, Volume 1978. Madison.

Bulletin of the University of Wisconsin/Madison, Social Science and Humanities, Volume 1979. Madison.

College of Communication 1977–1978 and 1978–1979 with announcements for 1979–1980 and 1980–1981. Publ. by the University of Texas at Austin 1979.

A Design for Public Relations Education. Publ. by the Foundation for Public Relations Research and Education. New York 1975.

Oeckl, A. (1976): Public Relations Education Worldwide General Report on the Research Study conducted on behalf of the IPRA Council for the Professional Standards Committee. O. O.

– (1976): PR-Praxis. Der Schlüssel zur Öffentlichkeitsarbeit. Düsseldorf/Wien.

What makes San Jose State outstanding in the Field of Journalism and Mass Communications. Informationsblatt der San Jose State University, Department of Journalism and Mass Communications, 1980

Anhang

Liste der akkreditierten Public Relations-Curricula (Stand Juni 1980):

Dr. Otto Lerbinger, APR
School of Public Communication
Boston University
640 Commonwealth Avenue
Boston, MA 02215

Dr. Norman Nager, APR
Department of Communications
California State University, Fullerton
800 North State College Boulevard
Fullerton, CA 92634

Prof. Scott M. Cutlip, APR
Dean, School of Journalism
University of Georgia
Athens, GA 30602

Prof. Ralph Darrow
School of Journalism
Kent State University
Kent, OH 44240

Dr. Ray E. Hiebert, APR
College of Journalism
University of Maryland
College Park, MD 20742

Dr. Albert Walker, APR
Department of Journalism
Northern Illinois University
DeKalb, IL 60115

Dr. Hugh M. Culbertson
School of Journalism
Ohio University
205 Lasher Hall
Athens, OH 45701

Prof. Walter W. Seifert, APR
School of Journalism
Ohio State University
242 West 18th Avenue
Columbus, OH 43210

Prof. Paul Dannelley, APR
School of Journalism
Univesity of Oklahoma
860 Van Vleet Oval
Norman, OK 73069

Dr. Kenneth Owler Smith, APR
Associate Director
School of Journalism
University of Southern California
University Park
Los Angeles, CA 90007

Dr. William P. Ehling
Newhouse School of Public Communication
Syracuse University
215 University Place
Syracuse, NY 13210

Dr. Dozier C. Cade
Director, School of Journalism
University of Tennessee
330 Communications Building
Knoxville, TN 37916

Dr. Melvin Sharpe
Department of Journalism
University of Texas
Austin, TX 78712

Dr. Hunter P. McCartney, APR
School of Journalism
West Virginia University
Morgantown, WV 26505

Prof. Robert Taylor
School of Journalism
and Mass Communication
Vilas Communication Hall
University of Wisconsin
Madison, WI 53706

Die Autoren – Biographische Notizen

Klaas Apitz, geb. 1941 in Posen. Seit 1962 PR-Berater, seit 1964 Inhaber und Geschäftsführer der PR-Agentur Apitz, Kohtes & Partner.

Barbara Baerns, derzeit Akademische Oberrätin an der Sektion für Publizistik und Kommunikation der Ruhr-Universität Bochum. Studium (Hauptfach Publizistik) und Promotion zum Dr. phil. (1967) an der Freien Universität Berlin. Jeweils mehrjährige Tätigkeit als politische Redakteurin bei zwei mittleren Tageszeitungen, in der Öffentlichkeitsarbeit einer amerikanischen zwischenstaatlichen Behörde, als Abteilungsleiterin Public Relations eines internationalen Wirtschaftsunternehmens. Seit Wintersemester 1974/75 Lehre und Forschung an der Sektion für Publizistik und Kommunikation der Ruhr-Universität Bochum.

Günter Barthenheier, M.A., geb. 1943 in Essen. Hauptamtlicher Wissenschaftlicher Mitarbeiter im Modellversuch Öffentlichkeitsarbeit seit April 1980. Studium der Publizistik, Soziologie und Germanistik. Bis 1980 Wissenschaftlicher Assistent am Institut für Publizistik der Freien Universität Berlin. Lehrtätigkeit besonders für die Bereiche Öffentlichkeitsarbeit und Werbung. Publizistische Tätigkeit als Redaktionsvolontär, freier Journalist und Kommunikationsberater für verschiedene Institutionen.

Dirk Bläse, geb. 1940, Studium der Wirtschafts- und Sozialwissenschaften an der Universität Lausanne und Bern, Abschluß als Lic. rer. pol. an der Universität Bern, ehemals Lehrbeauftragter für Public Relations an der Universität Hohenheim/Stuttgart. Mitinhaber und Geschäftsführer der Bläse-Gruppe (Stuttgart, Düsseldorf, Darmstadt, Sao Paulo/Brasilien), Geschäftsführender Gesellschafter der Dirk Bläse Public Relations, Gesellschaft für angewandte Kommunikation mbH, Stuttgart. Fouding-Member of Ruder & Finn International Partners, New York.

Jean-Marie van Bol, geb. 1930 in St. Gilles (Bruxelles). Diplom in Politik- und Sozialwissenschaften und Diplom in Politikwissenschaft und Wirtschaft. Seit 1956 Konferenzleiter an der Université Catholique de Louvain. Professor am Institut für fortgeschrittene Studien der sozialen Kommunikation. Direktor am Belgischen Institut für Information und Dokumentation. Präsident der Europäischen Public Relations-Vereinigung.

Henning von Borstell, geb. 1941 in Berlin, 1963 bis 1968 Studium der Volkswirtschaftslehre in München; 3 Jahre wissenschaftlicher Assistent am Institut für Finanzwissenschaft der Universität München. Seit 1972 als wissenschaftlicher Mitarbeiter beim Vorstand der SPD, Bonn, mit den Arbeitsgebieten Wählerforschung, Konzeption und Gestaltung der politischen Öffentlichkeitsarbeit. Als wesentliche Nebentätigkeit: Handwerklich-künstlerische Arbeiten auf dem Gebiet des Designs für Gebrauchsgegenstände aus Holz. Die handwerkliche Ausbildung dafür erfolgte bereits in der Schulzeit und konnte als Werkstudent vertieft werden.

Gisela Brackert, geb. 1937 in Bad Kreuznach; Abitur, Studium der Germanistik und Kunstgeschichte von 1956 bis 1962 in Berlin und Heidelberg. 1966 bis 1973 freiberufliche journalistische Tätigkeit im Bereich Kunst und Kultur. 1973 bis 1976 Öffentlichkeitsreferentin des Rats für Formgebung, stellvertretender Fachlicher Leiter. Seit 1976 Leiterin des Fachbereichs Werbung und Public Relations im Gemeinschaftswerk der Ev. Publizistik.

Herbert Brandt, geb. 1931 in Hannover. Schriftsetzerlehre, 2 Semester Werkkunstschule, 4 Semester Absatzakademie. Seit 1958 in der Touristik. Öffentlichkeitsarbeit der Scharnow-Reisen: 1965 Werbeleiter Scharnow, 1969 Prokurist Scharnow, Hauptabteilungsleiter Marketing, 1976 Hauptabteilungsleiter für Strategisches Marketing bei der Touristik-Union-International, 1978 Verkehrsdirektor Goslar, 1979 Geschäftsführer der Hamburg-Information GmbH Geschäftsbereiche Stadt-Image und Fremdenverkehr.

Gernot Brauer, geb. 1940 in Darmstadt, Studium Germanistik und Soziologie; parallele Ausbildung in journalistischen Disziplinen beim Axel-Springer-Verlag Hamburg sowie durch Hospitationen bei NDR und BR. Jeweils einige Jahre regelmäßiger freier Mitarbeiter einer norddeutschen Lokalzeitung und einer Wochenzeitung (Dt. Allg. Sonntagsblatt Hamburg). Seit 1970 Mitarbeiter der BMW AG, zunächst als Leiter der Werkredaktion. Mitgründer der BMW-Werkzeitung. Für diese Arbeit ausgezeichnet mit dem Dr. Martin-Nebe-Preis der AWR und dem Informationskristall des DJV. Innerhalb des BMW-Bereichs Information und Öffentlichkeitsarbeit (Leitung: Dr. Horst Avenarius) zugleich für bestimmte Teilbereiche der Presse-/PR-Arbeit tätig; seit 1979 innerhalb dieses Bereichs verantwortlich für das Büro München der wirtschaftspolitischen Abteilung, zu der auch die Beschäftigung mit Grundsatzfragen gehört. Drei Semester Tätigkeit als Lehrbeauftragter für die Praxis der Öffentlichkeitsarbeit am Institut für Kommunikationswissenschaft der Universität München; Ausbildungsbeauftragter für Presse- und Öffentlichkeitsarbeit der BMW AG.

Ralph A. Brown, geb. 1920 in Berlin. Studium: Communication and Psychology an der Stanford University, California, USA, und an der American University Washington, D.C., USA. Bachelor of Arts Degree, Cum Laude. Doktorand in Publizistik und Psychologie an der FU Berlin. 1945 bis 1968 Beamter des Amerikanischen Auswärtigen Amtes (State Department), Schwerpunkt: Pressearbeit und Public Relations. 1969 Niederlassung als freier PR-Berater in Berlin. 1976 bis 1978 Lehrbeauftragter für Öffentlichkeitsarbeit am Institut für Publizistik der FU Berlin. Mitglied des Vorstandes der Deutschen Public Relations Gesellschaft (DPRG) und Regionalsprecher der Landesgruppe Berlin. Council Member der International Public Relations Association (IPRA). Mitglied der European Federation of Public Relations, des British Institute of Public Relations, des Berliner Presseclubs und des Deutschen Presseclubs Bonn. Auszeichnungen: Bundesverdienstkreuz, Erster Klasse.

Heinz Fanselau, geb. 1935 in Berlin; 1956 bis 1960 Verwaltungsausbildung in Berlin; 1960 bis 1962 Abschnittsleiter bei der Kriegsopferversorgungsverwaltung; 1963 Tätigkeit bei der Senatsverwaltung für Inneres; 1963 bis 1966 Persönlicher und Presse-Referent des Bürgermeisters und Senators für Inneres Heinrich Albertz; seit 1967 Tätigkeiten im Presse- und Informationsamt des Landes Berlin; Redaktion des Landespressedienstes, Leiter des Planungsreferats; 1975 Ernennung zum Regierungsdirektor, derzeit Leiter des Referats Öffentlichkeitsarbeit. Dozent an der Freien Universität Berlin.

Heinz Flieger, geb. 1923 in Wuppertal, kaufm. Lehre, Abitur, Studium der Philosophie, Psychologie, deutscher, amerikanischer und englischer Geschichte, Anglistik, Volkswirtschaft und Soziologie in Chicago, Madison (Wisc.), Freiburg im Brsg., Frankfurt am Main. 1974 Promotion zum Dr. phil. über „Die öffentliche Meinung in der Staatsphilosophie von Thomas Hobbes", Verlagsinhaber in Düsseldorf seit 1955, Geschäftsführer für Public Relations in Großunternehmen und Bundesverbänden von 1961–1979. Seit 1977 Dozent für Theorie und Praxis der Public Relations an der Universität Erlangen-Nürnberg und ab 1979 freier PR-Berater in Wiesbaden.

Peter J. Grell, geb. 1936 in Berlin. Ab 1954 Ausbildung zum Reisebüro-Kaufmann. Seit 1964 bei Hapag-Lloyd Reisebüro; seit 1969 in der Direktion der Hapag-Lloyd Reisebüro GmbH, bis 1980 als Leiter der Hauptabteilung Verkauf beschäftigt. Ab 1981 President Hapag-Lloyd Travel Amerika mit Sitz in New York.

Günther Haedrich, geb. 1934 in Berlin, 1955 bis 1960 Studium der Betriebswirtschaftslehre an der Freien Universität Berlin. Nach der Promotion zum Dr. rer. pol. von 1961 bis 1963 Leiter der Abteilung Marktforschung in einem Unternehmen der Kosmetikindustrie. Von 1963 bis 1970 Geschäftsführer bzw. Mitglied der Geschäftsleitung in zwei Werbeagenturen.

1970 bis 1972 Projektleiter und Mitglied der Geschäftsleitung bei Roland Berger & Partner GmbH. München. Seit 1972 Professor für Marketing und Allgemeine Betriebswirtschaftslehre an der Freien Universität Berlin. Wissenschaftlicher Leiter der Modellversuche „Tourismus mit Schwerpunkt Management und regionale Planung" und „Öffentlichkeitsarbeit" an der Freien Universität Berlin.

Rudolf Hammerschmidt, geb. 1937 in Duppach/Eifel. Von 1957 bis 1963 Studium der Germanistik, Geschichte und Leibeserziehung an der Universität Bonn. 1959 Vorsitzender des Allgemeinen Studentenausschusses. U. a. einige Zeit Redakteur einer Studentenzeitung. Anschließend Studium der Germanistik, Zeitgeschichte und Zeitungswissenschaft an der Universität Wien. 1966 Abschluß mit der Promotion zum Dr. phil. Nach dem Studium Tätigkeit als Redakteur. Zur Zeit Pressereferent der Deutschen Bischofskonferenz.

Herbert G. Hassold, geb. 1938 in Ansbach. 1954 bis 1957 Lehre als Großhandelskaufmann. 1958 bis 1963 Besuch des Städt. Abendgymnasiums für Berufstätige (Wirtschaftsoberrealschule) in München. Nach dem Abitur Volontariat und Tätigkeit als politischer Redakteur beim Münchner Merkur. Seit September 1974 Leiter des Informations- und Pressereferats „Brot für die Welt" bei der Hauptgeschäftsstelle des Diakonischen Werkes der EKD in Stuttgart.

Lothar Heidepeter, geb. 1947 in Remscheid, 1966 bis 1968 Studium der Volks- und Betriebswirtschaft an der Ruhr-Universität Bochum; 1968 bis 1970 Studium der Betriebswirtschaft an der Universität Köln. Nach dem Studium von 1971 bis 1972 Kontakter in Werbeagenturen, 1972 bis 1975 Referent bei der Rationalisierungsgemeinschaft des Handels in Köln, 1975 bis 1980 Referent bei der Verbraucher-Zentrale Nordrhein-Westfalen, Düsseldorf. Seit 1980 Abteilungsleiter für Verbraucherinformation bei der Verbraucher-Zentrale Nordrhein-Westfalen.

Andreas Hoff, geb. 1952 in Düsseldorf. 1970 bis 1976 Studium der Volkswirtschaftslehre und der Mathematik an der Freien Universität Berlin, 1976 bis 1977 Master-Kurs Industrial Relations an der Warwick University, Coventry, Großbritannien. 1977 bis 1980 Wissenschaftlicher Assistent am Institut für Markt- und Verbrauchsforschung der Freien Universität Berlin. Seit 1980 Wissenschaftlicher Mitarbeiter des Internationalen Instituts für Management und Verwaltung, Schwerpunkt Arbeitsmarktpolitik, des Wissenschaftszentrums Berlin.

Peter Hoss, geb. 1946 in Bonn, 1962 bis 1965 Kaufm. Lehre als Mineralölgroßhandelskaufmann, 1965 bis 1971 Kaufm. Angestellter in Unternehmen der Mineralölwirtschaft und der Chemischen Industrie, 1972 bis 1973 Auslandstätigkeit; anschließend bis 1976 Geschäftsleitungs-Assistent und Leiter der Organisationsabteilung eines Handelsunternehmens in Köln. Ab 1976 Informationszentrale der Elektrizitätswirtschaft e. V. – IZE, Bonn und ab 1978 Geschäftsführer Öffentlichkeitsarbeit der IZE.

Hans D. Jarras, geb. 1945 in Deggendorf, 1965 bis 1970 Studium in München. Erstes Staatsexamen 1970, zweites Staatsexamen 1974, Promotion 1974, Habilitation 1977. Seit 1977 Professor an der Freien Universität Berlin.

Hugo Jung, geb. 1943 in Metz (Lothringen), 1965 bis 1969 Studium der Volkswirtschaftslehre und Soziologie an der J. W. Goethe-Universität in Frankfurt. Nach dem Examen als Diplom-Soziologe Volontariat beim Höchster Kreisblatt und bei der Frankfurter Neuen Presse. Von 1970 bis 1972 Wirtschaftsredakteur bei der Frankfurter Neuen Presse. Seit 1973 Referent in der Abteilung für Öffentlichkeitsarbeit. Zunächst geschäftsführender Redakteur der Nachbarschaftszeitung „Blick auf Hoechst" und Referent für den Bereich Pharma. Seit 1978 Prokurist und stellvertretender Leiter der Abteilung für Öffentlichkeitsarbeit der Hoechst AG. Besondere Schwerpunkte: Wirtschaft, Gesellschaft, Pharma, Medien (insbesondere neue Medien), Buch und Regie für zahlreiche Industriefilme.

Michael Kalmus, geb. 1935 in Stettin, von 1957 bis 1964 Studium (Germanistik, Kunstgeschichte, Theaterwissenschaften) an den Universitäten Bonn, Köln und Freiburg. Der gelernte Journalist arbeitete zunächst für verschiedene Zeitungen, für Rundfunk und Fernsehen. Seit 17 Jahren ist er als Informations-Fachmann in der Industrie tätig. So war er von 1965 bis 1970 Pressereferent für die Pharma, Foto und Film der Farbwerke Hoechst. Von 1970 bis 1974 Leiter der Abteilung für Öffentlichkeitsarbeit der Schering AG, Berlin. Seit 1975 Leiter der Mitarbeiter-Information der Bayer AG. Hier widmete er sich neben der praktischen Tätigkeit (Herausgabe von 4 Zeitschriften und 8 Informationsdiensten) besonders der theoretischen Bearbeitung von Problemen der Internen Information. Das Ergebnis dieser kommunikationswissenschaftlichen Arbeiten war die Broschüre: Kalmus/Classen, „Zielgruppe unbekannt? – Neue Wege der Internen Information", Deutscher Instituts-Verlag, Köln 1979.

Bruno Kalusche, geb. 1922 in Wiesbaden, Autodidakt, da keine Studienzulassung im Dritten Reich. Ab 1960 Public Relations-Consultant, ab 1966 Leiter des IFK – Institut für Kommunikationsforschung in Ittel. Ab 1971 – seit der Gründung des DIPR – Wiss. Direktor und Seminarleiter des Deutschen Instituts für Public Relations, Köln.

Karl-Joachim Kierey, geb. 1940 in Nordhausen, 1960 bis 1967 Studium der Geschichte und Politologie in Berlin und Frankfurt. Diplom-Politologe 1967 an der FU Berlin. Seit 1970 tätig bei der CDU, u. a. als Leiter des Büros des Bundesgeschäftsführers und Leiter der Abteilung Öffentlichkeitsarbeit, seit 1979 Leiter der Abteilung Wahlkampf. Von 1977 bis 1979 Landesgeschäftsführer der CDU Berlin und Wahlkampfleiter.

Horst Kleinert, Dr. rer. pol., Dipl.-Kfm., Jahrgang 1945. 1968 bis 1973 Studium der Betriebswirtschaftslehre an der Freien Universität Berlin. Anschließend bis 1975 Kundenberater in einer Frankfurter Werbeagentur. 1975 bis 1978 Wissenschaftlicher Assistent am Institut für Markt- und Verbrauchsforschung der FU Berlin. Seit 1979 hauptamtlicher Wissenschaftlicher Mitarbeiter im Modellversuch Tourismus der FU Berlin (Projektleitung und Lehraufgaben). Diverse Veröffentlichungen zu marketing- und kommunikationspolitischen Problemen.

Albrecht Koch, geb. 1936 in Halle/Saale, 1954 Abitur, 1954 bis 1960 Studium in Hannover und Hamburg mit Abschluß als Dipl.-Kaufmann. Seit 1968 in leitender PR-Funktion tätig; gegenwärtig PR-Chef der Nestlé-Gruppe Deutschland GmbH. Außerdem Vorstandsmitglied der deutschen Public Relations-Gesellschaft, PR-Berater der Bundesvereinigung der deutschen Ernährungsindustrie, Vorsitzender der Projektgruppe neue Medien in der deutschen Public Relations-Gesellschaft, Mitglied des Arbeitskreises Bildschirmtext des Instituts der deutschen Wirtschaft.

Mihajlo Kolaković, Dipl.Psych., geb. 1953 in Berlin. Hauptamtlicher Wissenschaftlicher Mitarbeiter im Modellversuch Öffentlichkeitsarbeit an der FU Berlin seit Mai 1980. 1975 bis 1980 Mitarbeiter im Bundesinstitut für Berufsbildungsforschung (Abt. Medienforschung). Erstellung, Durchführung und Evaluation von Forschungsprogrammen für Verhaltens- und Kommunikationstraining bei verschiedenen Trägern der Erwachsenenbildung. Seit 1977 Lehrbeauftragter an der Verwaltungsakademie Berlin.

Friedrich H. Korte, geb. 1914 in Hamburg, Studium der Soziologie und Philosophie in Hamburg und Berlin. 1943 Promotion zum Doktor der Philosophie. Langjährige Tätigkeit in Zeitungsverlagen, Rundfunk- und Fernsehanstalten, einer Filmproduktionsgesellschaft und einem öffentlichen Versorgungsunternehmen in Hamburg. Seit 1962 selbständiger Unternehmensberater; Dozent an der Akademie für Führungskräfte der Wirtschaft in Bad Harzburg und Gastdozent am Institut für Management-Bildung Schloß Hernstein bei Wien.

Renate Kunze, geb. 1939 in Duisburg, 1959 bis 1967 Studium der politischen Wissenschaft, Geschichte und Französisch in Bonn, Hamburg und Caen/Frankreich, 1967 Promotion zum

Dr. phil. 1968 bis 1970 Referentin im Sekretariat der Ständigen Konferenz der Kultusminister, Bonn; seit 1970 Verwaltungsleiterin, Mitarbeiterin des Planungsstabs an der Freien Universität Berlin. Zur Zeit Leiterin des Referats Ergänzende Studienangebote der Zentralen Universitätsverwaltung der Freien Universität Berlin.

Friedrich Löhr, geb. 1941 in Kornelimünster Kreis Aachen. 1955–1966 Ausbildung und Tätigkeit als Beamter bei der Deutschen Bundesbahn. Wechsel in den Kommunaldienst und Aufstieg in den gehobenen Dienst. Seit 1973 Verwaltungsleiter der Volkshochschule Rhein-Erft. Von 1972 bis 1975 Besuch der Verwaltungs- und Wirtschaftsakademie in Köln und Erwerb des Kommunal-Diploms.

Hubert Nachtsheim, geb. 1921 in Barmen. Besuch des damaligen Realgymnasiums bis zum Kriegsabitur im Januar 1940. Nach dem Militärdienst und der Kriegsgefangenschaft ab 1949 tätig als Reporter und Redakteur an westdeutschen Tageszeitungen. 1956 Übernahme der Leitung der Pressestelle der Hauptgemeinschaft des Deutschen Einzelhandels in Köln. Ab 1960 Aufbau einer Public Relations-Abteilung bei der Frankfurter Werbeagentur Brose (heute Benton & Bowles) und Leitung dieser Abteilung bis 1963. Danach bis 1966 Geschäftsführer der zur Brose-Gruppe gehörenden Ala-Werbung. 1966 Eintritt in den Verband der Chemischen Industrie in Frankfurt/Main und Leiter der Pressestelle des Verbandes. Seit 1978 dort als Leiter der Öffentlichkeitsarbeit tätig. In Personalunion Geschäftsführer der Initiative „Geschützter leben" – Aktionsgemeinschaft der Chemischen Industrie.

Walter Nickel, geb. 1929 in Hanau/Main, bis 1963 Studium der Soziologie in Frankfurt/Main, 1972 Promotion zum Dr. phil. in Frankfurt/Main. Seit 1963 wissenschaftlicher Referent des DGB-Bundesvorstandes (Öffentlichkeitsarbeit); Leiter der Abt. Grundlagenforschung in der Werbeagentur acon, Köln, Mitglied des DBG-Werbeausschusses. Direktor der Bank für Gemeinwirtschaft (Abteilung Gemeinwirtschaft).

Albert Oeckl, geb. 1909 in Nürnberg, 1929–33 Studium Rechtswissenschaft und Volkswirtschaftslehre Berlin und München. Promotion zum Dr. oec. publ. München 1934. Referendarausbildung. 1936–45 Chemische Industrie (Kriegsteilnahme 1939–45), 46–50 Wirtschaftsberater, 50–59 Geschäftsführer Deutscher Industrie- und Handelstag, 59–74 BASF-Direktor, Leiter der Abteilung Öffentlichkeitsarbeit, seit 1975 PR-Berater. Seit 1960 Lehrbeauftragter für Öffentlichkeitsarbeit an der Universität in Heidelberg und später in Augsburg und von 1974–78 Professor für Sozialpsychologie und Public Relations in Rom.
Deutsche Public Relations-Gesellschaft Vorsitzender 1961–67, Ehrenmitglied, Leiter der Projektgruppe PR-Lehre und -Forschung an Universitäten und Fachhochschulen seit 1978. Confédération Européenne des Relations Publiques Ehrenmitglied. International Public Relations Association Past Presidents Advisory Council, Member Education Committee, Corresponding Council Member Germany, Ehrenmitglied.

Ulrich Pätzold, geb. 1943 in Bielefeld, 1963 bis 1969 Studium der Publizistik, Theaterwissenschaft und Philosophie an der FU Berlin, Abschluß mit dem Magister Artium; bis 1971 journalistische Tätigkeiten im RIAS Berlin und in der Weltwoche – Zürich, danach freier Mitarbeiter verschiedener Medien. 1972 bis 1975 Wissenschaftlicher Assistent am Institut für Publizistik der FU Berlin, 1975 bis 1978 Assistenzprofessor. 1975 Promotion zum Dr. phil. mit dem Dissertationsthema „Journalistenausbildung". 1975 bis 1978 Forschungsarbeiten zum Thema „Neue Medien". Seit 1978 Professor für Journalistik an der Universität Dortmund.

Eberhard Roloff, Dipl. Kfm., geb. 1952 in Goslar. Hauptamtlicher Wissenschaftlicher Mitarbeiter im Modellversuch Öffentlichkeitsarbeit an der FU Berlin seit April 1980. Von 1978 bis 1980 Mitarbeit in einer Unternehmensberatung, einer Werbeagentur und einem Marktforschungsinstitut. Durchführung von Unternehmensseminaren, Lehrbeauftragter für Marketing und Marktforschung in der Erwachsenenbildung.

Werner Rudloff, geb. 1934 in Berlin, bis 1962 Studium der Physik (Schwerpunkt Experimental-Physik), Mathematik, Chemie und Geologie an der Freien Universität Berlin, 1962 bis 1966 wissenschaftlicher Assistent, 1. Physikalisches Institut, FU Berlin; nach der Promotion 1966 zum Dr. rer. nat. an der Freien Universität Berlin bis 1969 wissenschaftliche Tätigkeit im Kernforschungszentrum Karlsruhe; 1970 bis 1971 Mitarbeiter der Geschäftsführung des Kernforschungszentrums Karlsruhe (Schwerpunkt Forschungsplanung und Betreuung größerer Forschungsvorhaben); 1972 bis 1975 Geschäftsführer des Deutschen Atomforums e. V., Bonn und der Kerntechnischen Gesellschaft im Deutschen Atomforum (KTG). Seit 1975 Mitarbeiter der Kraftwerk Union AG in Erlangen, 1975 bis 1980 Aufbau und Leitung des Hauptreferates „Kernenergie und Öffentlichkeit". Ab 1980 Leiter des Bereiches „Publizistik und Kommunikation" der KWU.

Hannelore Selinski, geb. 1945 in Molchow Krs. Ruppin, Lehre als Industriekaufmann, 1967 bis 1970 als Entwicklungshelferin in Südamerika tätig, 1972 bis 1975 Studium der Betriebswirtschaftslehre an der Fachhochschule für Wirtschaft Berlin. 1975 bis 1978 Studium der Betriebswirtschaftslehre an der Freien Universität Berlin. Seit 1979 wissenschaftliche Mitarbeiterin am Institut für Markt- und Verbrauchsforschung und im Modellversuch Öffentlichkeitsarbeit der Freien Universität Berlin.

Dietrich von Stebut, geb. 1936 in Marienwerder, 1956 bis 1963 Studium in Hamburg, Abschluß als Volkswirt und Jurist. 1971 Promotion, 1977 Habilitation. Lehrtätigkeiten an den Universitäten Frankfurt, Gießen, Bielefeld und München. Seit 1979 Professor für Bürgerliches Recht, Arbeitsrecht, Handelsrecht und Zivilprozeßrecht an der Freien Universität Berlin.

Wolfgang Sternstein, geb. 1939 in Braunschweig, 1959 bis 1970 Studium der Germanistik, Philosophie, Geschichte und Politologie in Tübingen, Wien und Frankfurt a. Main, 1974 Promotion; 1974 bis 1977 wissenschaftlicher Mitarbeiter der Berghof-Stiftung für Konfliktforschung in Berlin. Derzeit tätig als freier Wissenschaftler und Publizist in Stuttgart.

Volker Stoltz, geb. 1939 in Stuttgart, 1958 bis 1963 Studium der Volks- und Betriebswirtschaft in Frankfurt, Berlin und Marburg mit Abschluß als Diplom-Volkswirt. 1963 Volontärzeit als Wirtschaftsjournalist in Bonn. Von 1964 bis 1967 Referent der Bundesparteileitung der F.D.P. für Wahlkampf, Werbung, Meinungsforschung. 1968 Leiter der Abteilung Public Relations der Gesellschaft für Absatzförderung der deutschen Landwirtschaft. Seit 1969 Geschäftsführender Gesellschafter der PR-Agentur KOMMUNIKATION, Kommunikation & Marketing, Volker Stoltz GmbH & Co. KG., Bonn. In der Zeit von 1975 bis 1979 Vorsitzender und Sprecher der Gesellschaft Public Relations-Agenturen e. V. (GPRA). Seit 1979 Mitglied des Präsidiums des BDW Deutscher Kommunikationsverband. Seit 1979 Regional Vice President der International Public Relations Group of Companies (IPR).

Burkhard Strümpel, geb. 1935 in Frankfurt/Oder, 1953–1956 kaufmännische Lehre bei der Bayer AG, 1954–1959 Studium der Betriebswirtschaftslehre in Köln, 1960/61 und 1964/65 Studienaufenthalte in den Vereinigten Staaten, 1962 Dr. rer. pol., 1968 Habilitation Köln, 1968–1976 Assoc. Professor of Economics und Programmdirektor am Institut für Sozialforschung an der Universität von Michigan. Seit 1977 Professor am Fachbereich Wirtschaftswissenschaft und Direktor der Forschungsstelle Sozialökonomik der Arbeit der Freien Universität Berlin.

Jan Tonnemacher, geb. 1940 in Berlin. 1962–1967 Studium der Volkswirtschaftslehre an der FU Berlin. 1967–1969 verschiedene wissenschaftliche bzw. journalistische Tätigkeiten bei einer kanadischen Zeitung, an der University of California, Los Angeles sowie beim Institut für Publizistik der Universität Mainz. 1969–1973 Projektleiter bei der Prognos AG Basel; verantwortlich für den Bereich Kommunikation und Massenmedien. 1973–1974 Studium der Publizistik, Altamerikanistik und Betriebswirtschaftslehre an der FU Berlin. Promotion zum Dr. phil. 1975. 1974–1978 Pressereferent für Wissenschaftsberichterstattung und später Leiter des Presse- und Informationsamtes der TU Berlin. Seit 1978 Wiss. Mitarbeiter am Heinrich-Hertz-Institut für Nachrichtentechnik. Seit 1974 Lehrbeauftragter am Institut für Publizistik, seit der Habilitation für das Fachgebiet Publizistik im Jahre 1977 Privatdozent an der FU Berlin. Seit Januar 1982 apl. Professor an der Freien Universität Berlin.

Stichwortverzeichnis

Kolibri 360 GmbH
Ferdinand-Jühlke-Straße 7
99095 Erfurt, Deutschland
produktsicherheit@kolibri360.de